ANDREAS OETTEL

FUNDKONTEXTE RÖMISCHER VESUVVILLEN IM GEBIET UM POMPEJI

ANDREAS OETTEL

Fundkontexte römischer Vesuvvillen im Gebiet um Pompeji

Die Grabungen von 1894 bis 1908

VERLAG PHILIPP VON ZABERN · GEGRÜNDET 1785 · MAINZ

XVI, 286 Seiten mit 33 Abbildungen und 2 Tafeln

Gedruckt mit Unterstützung des Deutschen Archäologischen Instituts

Die Deutsche Bibliothek – CIP-Einheitsaufnahme

Oettel, Andreas:
Fundkontexte römischer Vesuvvillen im Gebiet um Pompeji :
die Grabungen von 1894 bis 1908 / Andreas Oettel. –
Mainz : von Zabern, 1996
Zugl.: Berlin, Freie Univ., Diss., 1994
ISBN 3-8053-1923-1

ISBN 3-8053-1923-1

Printed in Germany by Philipp von Zabern
Printed on fade resistant and archival quality paper (PH 7 neutral)

Für Erika und Harry

INHALTSVERZEICHNIS

Vorwort

Die Beschäftigung mit den um die Jahrhundertwende im Umland von Pompeji durchgeführten privaten Grabungen und den daraus in zahlreiche Sammlungen verstreuten Funden wurde angeregt durch eine Untersuchung der „Bronzen aus Boscoreale in Berlin". Hatte diese Arbeit zunächst primär den technischen Aspekten und der Werkstättenproblematik der Bronzegefäße gegolten, so zeigte sich sehr bald, wie notwendig und lohnend eine kritische Überprüfung der so präzise klingenden Herkunftsangaben war, um wirkliche Fundkontexte als Grundlage weitergehender Interpretationen zu gewinnen.

Bei dem vorliegenden Buch handelt es sich um die geringfügig überarbeitete und aktualisierte Fassung meiner Dissertation, die 1994 vom Fachbereich Altertumswissenschaften der Freien Universität Berlin angenommen wurde.

Die Untersuchung zu den „Bronzen aus Boscoreale in Berlin" war auf Anregung von Wolf-Dieter Heilmeyer entstanden. Er hat auch diese Arbeit mit stetem Interesse und reger Anteilnahme betreut. Hierfür möchte ich ihm herzlich danken. Mein Dank gilt auch Adolf Heinrich Borbein für seine Tätigkeit als Gutachter und für seine freundliche Kritik.

Das Land Berlin gewährte mir ein Promotionsstipendium, wofür ich sehr dankbar bin. Von großem Wert war für mich ein Studienaufenthalt in Italien, v.a. an der Universität von Pisa, in Rom und in Pompeji, den mir der „Premio Nicoletta Quinto" der Rotary Italiani ermöglichte. Der „Fondazione Premio Internazionale Galilei" in Pisa und ihrem Präsidenten Tristano Bolelli möchte ich daher meinen Dank aussprechen.

Zum besonderen Dank bin ich der Soprintendenza von Pompeji verpflichtet, ihrem damaligen Direktor Baldassare Conticello, der die Arbeit in den Archiven und die Publikation der Archivalien genehmigte, und seinen Mitarbeitern, allen voran Grete Stefani und Antonio Varone, die mir mit großem Zeitaufwand bei der Suche nach Grabungsunterlagen halfen.

Anja Sakowski hat das Entstehen dieses Buches in zahllosen Diskussionen begleitet und mich bei der Arbeit in den Archiven von Pompeji tatkräftig unterstützt. Hierfür möchte ich ihr aufrichtig danken.

Mein Dank gilt den Kollegen, die mir durch Rat und bei der Beschaffung von Photos geholfen haben: Bernard Andreae, Paolo Enrico Arias, Horst Blanck, Huberta Heres, Wolfram Hoepfner, Helmut Jung, Eugenio La Rocca, Klaus Sakowski und Christoph Martin Vogtherr.

Ein besonderes Anliegen ist es mir, meinen Eltern für die vielfältige und selbstlose Hilfe zu danken, die mir mein Studium und diese Arbeit erst ermöglicht hat. Ihnen ist dieses Buch gewidmet.

Berlin, im April 1996 — Andreas Oettel

ABKÜRZUNGSVERZEICHNIS

Antike Quellen werden nach dem Lexikon der Alten Welt zitiert. Außer den im Archäologischen Anzeiger 1992, 743ff., und in der Archäologischen Bibliographie 1993, IXff., veröffentlichten Abkürzungen werden hier folgende verwendet:

Allroggen-Bedel, Maskendarstellungen	= A.Allroggen-Bedel, Maskendarstellungen in der römisch-kampanischen Wandmalerei (1974).
Arch.Pomp.	= Archivio dell'Ufficio scavi di Pompei (s. Anhang 1).
AuS	= Archäologie und Seismologie. La regione vesuviana dal 62 al 79 d.C. Problemi archeologici e sismolgici. Colloquium Boscoreale 26.-27. November 1993 (1995).
BaBiB	= A.Oettel, Bronzen aus Boscoreale in Berlin (1991).
Baratte, Trésor	= F.Baratte, Le trésor d'orfevrerie Romaine de Boscoreale (1986).
Barnabei, Memorie	= M.Barnabei-F.Delpino (Hrsg.), Le memorie di un archeologo di Felice Barnabei (1991).
Barnabei, Villa	= F.Barnabei, La villa pompeiana di P. Fannio Sinistore (1901).
Beyen	= H.G.Beyen, Die Pompejanische Wanddekoration vom zweiten bis zum vierten Stil I (1938).
Blançkenhagen	= P.H.von Blanckenhagen - Chr.Alexander, The Augustan Villa at Boscotrecase (1990).
Casale-Bianco	= A.Casale-A.Bianco, Contributo alla topografia del suburbio pompeiano, Antiqua 15, Okt.- Dez., 1979, Suppl. 27ff.
Castrén	= P.Castrén, Ordo Populusque Pompeianus. Policy and Society in Roman Pompeii. Acta InstRomFin 8 (1975).
Collezioni Napoli 1986	= M.R.Borriello u.a., Le collezioni del Museo Nazionale di Napoli (1986).

CTP III, IV, V	=	Corpus Topographicum Pompeianum III (1984); V (1981); IV (1977).
D'Arms, Romans	=	J.H.d'Arms, Romans on the Bay of Naples (1970).
De Cou, Boscoreale	=	H.F.de Cou, Antiquities from Boscoreale in Field Museum of Natural History, Field Museum of Natural History, Publication 152 Anthropological Series 7.4, 1912, 149ff.
Della Corte, Case[3]	=	M.Della Corte, Case ed abitanti di Pompei[3] (1965).
De Vos, Pompei	=	A.de Vos-M.de Vos, Pompei, Ercolano, Stabia (1982).
Ehrhardt, Untersuchungen	=	W.Ehrhardt, Stilgeschichtliche Untersuchungen an römischen Wandmalereien von der späten Republik bis zur Zeit Neros (1987).
Ercolano 1738 - 1988	=	L.Franchi dell'Orto (Hrsg.), Ercolano 1738 - 1988. 250 anni di ricerca archeologica. Atti del Convegno Internazionale Ravello - Ercolano - Napoli - Pompei 30 ottobre - 5 novembre 1988 (1993).
Flach, Agrargeschichte	=	D.Flach, Römische Agrargeschichte, HdA III/9 (1990).
Förtsch, Kommentar	=	R.Förtsch, Archäologischer Kommentar zu den Villenbriefen des jüngeren Plinius (1993).
Fröhlich, Lararienbilder	=	T.Fröhlich, Lararien- und Fassadenbilder in den Vesuvstädten, 32. Ergh.RM (1991).
Gorecki, Metallgefäße	=	J.Gorecki, Metallgefäße und -objekte aus der Villa des N.Popidius Florus (Boscoreale) im J.Paul Getty Museum, Malibu Kalifornien, in: Bronces y Religion Romana. Actas del XI Congreso Internacional de Bronces Antiguos, Madrid 1990 (1993).
Gralfs, Produktionsstätten	=	B.Gralfs, Metallverarbeitende Produktionsstätten in Pompeji (1988).
Jashemski, Gardens I, II	=	W.F.Jashemski - A.Stanley, The Gardens of Pompeii, Herculaneum and the Villas Destroyed by Vesuvius I (1979), II (1993).
Jongman, Economy	=	W.Jongman, The Econonmy and Society of Pompeii (1988).

Kat.Boston 1978	=	Pompeii AD 79, Treasures from the National Archaeological Museum, Naples. Katalog der Ausstellung Boston, Chicago, Dallas, New York (1978).
Kat.Essen 1973	=	Pompeji, Leben und Kunst in den Vesuvstädten. Katalog der Ausstellung Essen, Villa Hügel[2] (1973).
Kat.New York 1990	=	Rediscovering Pompeii. Katalog der Ausstellung New York (1990).
Kat.Pompei 1988	=	Il tesoro di Boscoreale. Katalog der Ausstellung Pompei (1988).
Kat.Slg.Ruesch	=	Sammlung A.Ruesch, Griechische, etruskische und römische Altertümer. Katalog der Auktion der Galerie Fischer, Luzern am 1. und 2. September 1936 in Luzern, Hotel National. Beschreibungen von Paul Fischer (1936).
Kat.Zürich 1974	=	Pompeji. Katalog der Ausstellung Zürich (1974).
Kockel-Nr.	=	Numerierung der Villen im Gebiet von Pompeji und Stabiae nach V.Kockel, AA 1985, 534 Abb.23.
La Rocca-De Vos	=	F.Coarelli (Hrsg.) - E.La Rocca - A.de Vos - M.de Vos, Pompeji (1990).
Lehmann	=	Ph.W.Lehmann, Roman Wall Paintings from Boscoreale in the Metropolitan Museum of Art (1953).
Mielsch, Villa	=	H.Mielsch, Die römische Villa (1987).
Miniero, Ricerche	=	P.Miniero, Ricerche sull'Ager Stabianus, in: Studia Pompeiana & Classica in honor of W.F.Jashemski I (1988) 231ff.
Miniero-Nr.	=	Numerierung der Villen im Gebiet von Stabiae nach Miniero, Ricerche.
Moormann, Pittura	=	E.M.Moormann, La pittura parietale romana come fonte di conoscenza per la scultura antica (1988).
Neudecker	=	R.Neudecker, Die Skulpturenausstattung römischer Villen in Italien (1988).

Neuerburg, Catalogue	= N.Neuerburg in: C.Vermeule-N.Neuerburg, Catalogue of the Ancient Art in the J.Paul Getty Museum (1973) 41ff.
NFP	= B.Andreae - H.Kyrieleis (Hrsg.), Neue Forschungen in Pompeji (1975).
Pasqui	= A.Pasqui, La villa pompeiana della Pisanella presso Boscoreale, MonAnt 7, 1897, 397ff.
Pompei 79	= F.Zevi (Hrsg.), Pompei 79. Raccolta di studi per il decimonono centenario dell'eruzione vesuviana[2] (1984).
Pompejanische Wandmalerei	= G.Cerulli Irelli u.a., Pompejanische Wandmalerei (1990).
Regione sotterrata	= La regione sotterrata dal Vesuvio. Studi e prospettive. Atti del convegno internazionale 11-15 Novembre 1979 (1982).
Richardson, Pompeii	= L.Richardson jr., Pompeii. An Architectural History (1988).
Rossiter, Farm Buildings	= J.J.Rossiter, Roman Farm Buildings in Italy, BAR 52 (1978).
Stefani	= G.Stefani, Pompei. Vecchi scavi sconosciuti. La villa rinvenuta dal marchese Giovanni Imperiali in località Civita [1907 - 1908] (1994).
Structures agraires	= G.Chouquer-M.Clavel-Léveque - F.Favory - J.-P.Vallat, Structures agraires en Italie centro-méridionale (1987).
Tassinari, Vasellame	= S.Tassinari, Il vasellame bronzeo di Pompei. Soprintendenza Archeologica di Pompei. Cataloghi 5 (1993).
Villefosse	= A.M.A.Héron de Villefosse, Le trésor de Boscoreale, MonPiot 5, 1899, 1ff.
Winkes, Paintings	= R.Winkes, Roman Paintings and Mosaics. Museum of Art, Rhode Island School of Design, Providence (1982).
Zanker, Pompeji	= P.Zanker, Pompeji. Stadtbilder als Spiegel von Gesellschaft und Herrschaftsform, TrWPr 9 (1987).

1. EINLEITUNG

1.1. Forschungsgeschichte

Als der Landbesitzer und spätere Abgeordnete des Parlaments, Vincenzo de Prisco, im Jahre 1894 mit der Freilegung der „Silberschatzvilla“ (Kat.Nr.1) auf einem seiner Grundstücke bei dem kleinen, nördlich von Pompeji gelegenen Ort Boscoreale begann, hatte es bisher noch keine nennenswerten privaten Ausgrabungen im Gebiet um Pompeji gegeben. Die sensationellen Funde, wie der Silberschatz, die Goldmünzen und der Goldschmuck, erregten großes Aufsehen. Damit hatte die Grabung eine Signalwirkung auf die private Ausgrabungstätigkeit am Vesuv, die sich in einer Art Goldrauschstimmung[1] in den folgenden Jahren sprunghaft entwickelte und bis zum Jahre 1908 zur Freilegung von über zwanzig Villen führte[2]. Zu einer Zeit, als in Pompeji im Vettierhaus erstmals die komplette Ausstattung zusammen vor Ort blieb[3], wurden in der Umgebung Pompejis Fundkontexte ohne Beachtung dieser Problematik auseinandergerissen und die Funde über den Kunstmarkt verstreut.

Diese privaten Grabungen in der Umgebung von Pompeji, v.a. in den Gemeinden Torre Annunziata, Boscotrecase, Boscoreale, Scafati und Gragnano[4], standen unter staatlicher Aufsicht und wurden in knappen Berichten in den Notizie degli Scavi bekannt gemacht. Lediglich die „Silberschatzvilla“ (Kat.Nr.1) erfuhr eine ausführliche Publikation[5]. Nach Abschluß der Arbeiten wurden die Grabungen wieder zugeschüttet. Diese Grabungswelle dauerte bis 1908. Die im Jahr darauf teilweise freigelegte Mysterienvilla war die erste Villa, deren Fresken am Ort blieben und dort heute noch zu sehen sind.

Um 1930 wurden neuerlich mehrere Villen von Privatleuten angegraben. Keine dieser Villen wurde jedoch komplett freigelegt. Folglich besitzen diese Grabungen keine größere Bedeutung. Für lange Zeit wurden in der Folge keine Villen mehr in der Umgebung von Pompeji und Stabiae ausgegraben. Erst in jüngerer Zeit erfolgten mehrere staatliche Grabungen, die wieder Villen freigelegten, darunter die prachtvolle „Villa der Poppaea“ in Oplontis, das kleine Gut in Boscoreale, contrada Regina, in dessen Nähe das neue Antiqua-

---

[1] Vgl. Jongman, Economy 122.

[2] Vgl. BaBiB 9 Abb.1 (Übersicht über die Grabungen 1894-1904).

[3] F.Zevi, in Pompei 79, 7f.; E.C.Corti, Untergang und Auferstehung von Pompeji und Herculaneum (1951) 208f.

[4] Vgl. die Karte von V.Kockel, AA 1985, 534 Abb.23. Die hier behandelten alten Grabungen werden im folgenden nach ihrer damaligen Gemeindezugehörigkeit benannt, auch wenn die betreffende Grabung heute im Gebiet der Gemeinde Pompei liegt.

[5] Pasqui.

rium von Boscoreale errichtet wurde[6], und einige der Villen auf dem Varano-Hügel in Castellamare di Stabia, die bereits im 18. Jh. teilweise ausgegraben worden waren[7].

Der hohe Bekanntheitsgrad des heutigen Ortes Boscoreale nördlich von Pompeji resultiert aus den hochrangigen Funden, v.a. dem Silberschatz im Louvre und den über Europa und Nordamerika verstreuten Fresken aus der „Villa des Fannius Synistor" (Kat.Nr.10). Die Villen selbst haben dagegen vergleichsweise wenig Beachtung gefunden. In Untersuchungen zur Architekturgeschichte der römischen Villa werden von den in der Vesuvregion gelegenen Villen zumeist nur diejenigen vor der Porta Ercolano und die „Silberschatzvilla" (Kat.Nr.1) behandelt[8]. Dafür waren sie häufig Gegenstand von Interpretationen im Hinblick auf die römische Agrarwirtschaft. Eine bemerkenswerte Beachtung fand die Einteilung der Villen im Gebiet um Pompeji durch M.Rostovtzeff, der als erster eine Liste der Villen vorlegte. Er unterscheidet die Villen in solche, die von ihren Besitzern nur zeitweise besucht wurden und die aus einem landwirtschaftlichen Teil sowie aus einem Bereich mit aufwendig ausgestatteten Wohnräumen bestanden, in solche, die von ihren Besitzern ständig bewohnt wurden und die vorrangig der Landwirtschaft dienten, und schließlich in solche, die von einer größeren Anzahl von Sklaven bewirtschaftet wurden[9]. Diese Einteilung diente zu einer ersten Auswertung der Villen im Gebiet um Pompeji im Rahmen einer Untersuchung der Wirtschaft der römischen Kaiserzeit. Eine kritische Analyse der Architektur und des Benutzungszustandes von 79 n.Chr., d.h. die eigentliche Voraussetzung für verallgemeinernde Schlußfolgerungen dieser Art, ist bisher aber nicht erfolgt. Auch die wenigen Arbeiten über die Architektur der Villen interpretieren diese zunächst nach ihrer erschlossenen Nutzung, die in den gegensätzlichen Begriffen Villa urbana - Villa rustica Ausdruck findet. Auf diese Einteilung aufbauend haben R.C.Carrington und J.Day ausführlich die landwirtschaftliche Produktion in den Villen behandelt[10].

Heinrich Drerups Untersuchung beschäftigt sich mit der Villa urbana, die von ihm *„als der vom Gutsbetrieb mehr oder weniger abgesonderte ... ländliche Feudalsitz des Stadtbewohners"* definiert wird[11]. Ihren Grundtypus erkennt er in der Mysterienvilla und in der Pisonenvilla[12]. Die Villen der Vesuvgegend weist er dagegen geschlossen der Gruppe

---

[6] Zum Antiquarium vgl. L.Fergola, RStPomp 3, 1989, 248f.; A.Dierichs, AW 24, 1993 H.1, 74.

[7] Zu diesen neueren Aktivitäten vgl. die Übersicht von V.Kockel, AA 1985, 519ff.

[8] Vgl. z.B. A.G.McKay, Römische Häuser, Villen und Paläste (1980) 100; J.Percival, The Roman Villa (1988) 53f. Abb.8. 9; Mielsch, Villa 12ff.

[9] M.Rostovtzeff, The Social and Economic History of the Roman Empire^2 (1957) 564 Anm.23; Liste: 551 Anm.2. Kritisch zur Einteilung äußert sich J.H.d'Arms in: Pompei 79, 66f.

[10] Vgl. R.C.Carrington, JRS 21, 1931, 110ff.; J.Day, YaleClSt 3, 1932, 165ff. Die Arbeiten von B.Crova, Edilizia e tecnica rurale di Roma antica (1942), und von F.Castaldi, La trasformazione della villa rustica in rapporto alle condizioni della agricoltura in: Annali Istituto Sup.S.Chiara di Napoli 2, 1950, 225ff., waren mir nicht zugänglich.

[11] H.Drerup, Die römische Villa, MarbWPr 1959, 1.

[12] Ebenda 2ff.

der „Gutshöfe“ zu[13]. Von Bedeutung ist seine an zwei Beispielen (Kat.Nr.16.20; Abb.7.8) verdeutlichte Charakterisierung der architektonischen Grundzüge der „Gutshöfe“: *„Als typisch darf eine von Räumlichkeiten zwanglos umgebene, häufig unterteilte Hofanlage gelten, wobei der ganz oder teilweise zweigeschossige Wohntrakt, meist mit Atrium und Bad und stets mit vorgelagerter, deutlich hervorgehobener Portikus eine der Hofseiten, in der Mehrzahl der Fälle die nördliche, d.h. nach Süden sich öffnende einnimmt“*. Der Hinweis, daß der Grundriß der Villa in Scafati, fondo Matrone (Kat.Nr.20), *„im lockeren Gefüge seiner Teile, in seiner Erweiterungsfähigkeit nach innen und nach außen eine Vorstellung von der Variationsbreite der angetroffenen Grundrißlösungen“* vermittelt[14], zeigt allerdings auch, wie wenig die Typologie dieser Villen noch erschlossen ist. Von den derart definierten „Gutshöfen“ setzt Drerup die Villa urbana ab. Sie sieht er durch die *„Unterteilung in einen Atriumkomplex und einen anschließenden Hof- bzw. Peristylkomplex“* [15] gekennzeichnet. Diese Unterscheidung scheint nachvollziehbar, allerdings bleibt Drerup eine nicht ausschließlich die Architektur betreffende Definition der „Gutshöfe“ schuldig[16].

Die verschiedenen Erscheinungsformen der Villa rustica in Italien behandelt J.J.Rossiter, wobei er die seiner Meinung nach neutralere Bezeichnung *„Farm Buildings“* vorzieht[17]. Die Themenstellung bedingt den Ausschluß einiger Villen der Vesuvgegend, für die eine landwirtschaftliche Nutzung nicht nachzuweisen ist. Zudem beschränkt der Autor Betrachtung und Katalog in bezug auf die Villen im Gebiet um Pompeji auf einige ausgewählte Beispiele[18]. Seine Einteilung des Materials erfolgt nicht primär nach architektonischen Gesichtspunkten, sondern unterscheidet nach dem Umfang der Gebäude (Kapitel 1-3) und danach, ob Sklavenkammern vorhanden sind (Kapitel 4)[19]. Daß Rossiter nicht die Architektur der Gebäude, sondern die landwirtschaftliche Nutzung darin in den Vordergrund der Betrachtung gerückt hat, hat zur Folge, daß der Nutzungszustand von 79 n.Chr. nicht von einem früheren, mit der Errichtung des Gebäudes verbundenen, getrennt werden kann. Daß sich dieser innerhalb der bis zu 200 Jahre umfassenden Bewohnung ändern konnte, ist vorauszusetzen[20].

[13] Ebenda 4. Drerup verweist, ebenda 4 Anm.23, auf die Liste von Rostovtzeff a.O. 564 Anm.23. Dabei ist zu beachten, daß sich unter diesen Villen auch so bemerkenswerte wie grundverschiedene Villen wie die „Silberschatzvilla“ (Kat.Nr.1), die „Villa des Fannius Synistor“ (Kat.Nr.10) sowie die „Villa des Siminius Stephanus“ (Kat.Nr.6) befinden.
[14] Ebenda 4f.
[15] Ebenda 5.
[16] Dieses Problem zeigt sich insbesondere bei der von ihm als Beispiel herangezogenen „Villa des Asellius“ (Kat.Nr.16), die keine Anhaltspunkte für eine landwirtschaftliche Produktion liefert.
[17] Rossiter, Farm Buildings; zur Terminologie ebenda 3.
[18] Ebenda 2.
[19] Dieses Kriterium wird jedoch nicht konsequent befolgt, vgl. hier Anm.435.
[20] Ein gut bekanntes Beispiel hierfür ist die Mysterienvilla, in die nachträglich eine Weinpresse eingebaut wurde, ohne daß sie deshalb als Villa rustica geplant gewesen wäre, vgl. La Rocca-De Vos 450ff.; Mielsch, Villa 41.

W.Jongman betrachtet in seiner Untersuchung zur Wirtschaft und Gesellschaft in Pompeji die Verteilung der Villen und versucht hier Gesetzmäßigkeiten herauszuarbeiten[21]. Mit der Landwirtschaft im Gebiet um Pompeji befaßt sich die Untersuchung von T.Asaka, in der die Villen jedoch nur am Rande behandelt werden[22].

Im 1990 erschienenen Handbuch zur römischen Agrargeschichte bespricht D.Flach mehrere der Villen der Vesuvgegend auf der Basis der Einteilung von M.Rostovtzeff [23], darunter auch einige der hier behandelten Grabungen. Stärker als seine Vorgänger ist er darauf bedacht, Veränderungen in den Villen zu erkennen und zu werten. Abschließend warnt er davor, die Aussagekraft dieser Grabungen für die italische Agrargeschichte überzubewerten[24].

L.Richardson behandelt in seiner Architekturgeschichte Pompejis die sog. Villen des Diomedes und des Cicero vor der Porta Ercolano, die Mysterienvilla, die „Villa der Poppaea" in Oplontis und einige der Varano-Villen von Stabiae[25]. Von den hier untersuchten Villen bespricht er lediglich die „Villa des Fannius Synistor" und die „Villa des Agrippa Postumus" (Kat.Nr.10.18). Überraschend ist sein Ergebnis, daß alle Villen der Umgebung Pompejis nicht wesentlich vor der Mitte des 1. Jhs.v.Chr. entstanden seien, was durch die zuvor bestandene Seeräubergefahr zu erklären sei[26].

Die Beschäftigung mit den Villen unter topographischen Gesichtspunkten begann erst in jüngerer Zeit. Aus Anlaß der 1900-Jahr-Feier der Verschüttung Pompejis erschien eine Zusammenstellung und Kartierung der archäologischen Funde im Gebiet unmittelbar um Pompeji durch A.Casale und A.Bianco[27]. Diese Liste, die auch die in den Archiven der Soprintendenza di Pompei und des Ufficio Scavi di Pompei aufbewahrten Materialien berücksichtigt, bildet die Grundlage einer Beschäftigung mit den Villen um Pompeji. Einen interessanten und nützlichen Überblick über die Geschichte der Grabungen im Gebiet der Gemeinden Boscoreale und Boscotrecase bietet eine Darstellung von A.Casale, die aber aufgrund ihres entlegenen Erscheinungsortes leider nur wenig Verbreitung gefunden hat[28]. Eine weitere Karte der Villen in der Umgebung Pompejis haben A.Casale und A.Bianco im Rahmen des Corpus Topographicum Pompeianum vorgelegt[29].

In seiner ausführlichen und sehr nützlichen Übersicht über die jüngeren Forschungen zu den Vesuvstädten hat V.Kockel nach kritischer Durchsicht des von A.Casale und A.Bianco zusammengestellten Materials eine Liste der Villen aufgestellt, die allzu unklare

[21] Jongman, Economy 112ff.
[22] T.Asaka, Villae Rusticae in the Vicinity of Pompeii, OpPomp 1, 1991, 4ff.
[23] Flach, Agrargeschichte 215ff.
[24] Ebenda 243.
[25] Richardson, Pompeii 171ff. 242ff. 347ff. Rez.: St.De Caro, Gnomon 62, 1990, 152ff.
[26] Richardson, Pompeii 171; vgl. De Caro a.O. 160.
[27] Hier: Casale-Bianco. Vgl. die topographisch erweiterte Zusammenstellung von T.Asaka, OpPomp 3, 1993, 25ff.
[28] A.Casale, Breve storia degli scavi archeologici nel Pagus Augustus, Edizioni „Il Gazzettino Vesuviano" (1979).
[29] CTP III Plan 7; CTP IV 337f.; CTP V 22 mit Taf.

Fälle sowie erst nach 79 n.Chr. entstandene Villen ausscheidet, dafür aber auch die südlich von Pompeji und die in Stabiae gelegenen Villen berücksichtigt. Die von ihm erstellte Karte ergibt damit einen guten Überblick über die im Gebiet um Pompeji und Stabiae nachgewiesenen Villen[30]. Für den Bereich von Stabiae hat P.Miniero das Material zusammengestellt, das auch die neuesten Grabungen umfaßt[31]. Diese archäologische Karte von Stabiae wird in vorbildlicher Weise jährlich aktualisiert[32], wie dies auch für das Gebiet um Pompeji wünschenswert wäre.

Gesamtübersichten zu den Villen des Ager Pompeianus gibt es bisher nur sehr wenige. J.H.d'Arms, der sich zunächst auf der Basis literarischer und epigraphischer Quellen mit der römischen Besiedlung der Golfs von Neapel beschäftigt hat, interpretiert einige der Villen in der Umgebung von Pompeji und Stabiae aus historischer Sicht[33].

A.Allroggen-Bedel hat die verfügbaren Informationen zu den Wanddekorationen der Villen zusammengestellt[34]. Sie weist darauf hin, daß die Mehrzahl der bedeutendsten Wandmalereien in den Villen in der Umgebung von Pompeji und Stabiae gefunden wurde, wodurch sich die Frage nach dem Verhältnis der Wanddekorationen der Villen zu den übrigen bisher bekannten campanischen Wandmalereien stellt[35]. Sie kommt zu dem Ergebnis, daß der 2. und 3. Stil in den Villen relativ stark vertreten sind, während die vorhandenen Dekorationen des 4. Stils eher von geringerer Bedeutung sind und sich vorwiegend in den Villen finden, die der landwirtschaftlichen Produktion dienten[36]. Sie bestätigt die Schlußfolgerung von J.-H.d'Arms, daß der Golf von Neapel als Standort für Villen in flavischer Zeit außer Mode kam[37]. Abschließend stellt sie fest, daß *„die Villen bis in neronische Zeit mit Dekorationen ausgestattet wurden, die meist über dem Durchschnitt der campanischen Malerei lagen"*[38].

Der Ausstattungsluxus in den Villen im Gebiet um Pompeji wurde bisher nicht untersucht. In den Publikationen der Fresken der hier behandelten Villen nehmen die zugehörigen Fundorte eher geringen Raum ein[39]. Ausschlaggebend hierfür ist die starke Vereinzelung der Funde, die ihren Ausdruck in zahlreichen Katalogpublikationen findet. In seiner Abhandlung zu den Glas- und Tongefäßen in Pompeji untersucht J.-P.Morel[40] auch das quantitative Verhältnis zwischen diesen Materialgattungen und Bronzegefäßen unter beson-

---

[30] V.Kockel, AA 1985, 534 Abb.23. Die älteren Listen sind zusammengestellt bei T.Asaka, OpPomp 2, 1992, 35ff.
[31] Miniero, Ricerche.
[32] Dies geschieht im Rahmen der jährlichen Tätigkeitsberichte der Soprintendenza di Pompei, zuletzt RivStPomp 4, 1990, 216ff. Abb.9.
[33] J.H.d'Arms in: Pompei 79, 65ff.; vgl. D'Arms, Romans.
[34] A.Allroggen-Bedel in: Regione sotterrata 519ff.
[35] Ebenda 519.
[36] Ebenda 525f.
[37] Ebenda 528.
[38] Ebenda 529f.
[39] Vgl. z.B. Blanckenhagen; Lehmann; Winkes, Paintings.
[40] J.-P.Morel in: Pompei 79, 241ff.

derer Berücksichtigung der „Silberschatzvilla" (Kat.Nr.1)[41]. Der Aussagewert einer solchen Untersuchung wird jedoch durch die fehlende Differenzierung der Funktionsbereiche einer Villa in Frage gestellt, zumal Morel die anderen Villen nicht zum Vergleich heranzieht[42]. Eine größere Anzahl von Materialgruppen aus insgesamt acht Villen wertet St.De Caro statistisch aus, wobei die Materialzusammensetzung jeweils deutlich differiert[43]. Die Gründe dafür sind sicher auch in der fehlenden Trennung der Funktionsbereiche sowie in den möglicherweise deutlich unterschiedlichen Nutzungszuständen der Villen zum Verschüttungszeitpunkt zu sehen.

E.J.Dwyer behandelt einige Fundkontexte von Skulpturen in Pompeji[44]. Während sich die Skulpturen noch in Neapel oder Pompeji auffinden ließen, sind die meisten anderen Objekte, darunter sehr viele Bronzegefäße, nur durch völlig unzulängliche Listen bekannt. In seiner Untersuchung zur Skulpturenaufstellung in italischen Villen behandelt R.Neudecker auch fünf Villen der Vesuvgegend[45]. Die Arbeit von W.Wohlmayer bezieht sich dagegen auf die Skulpturenfunde in Pompeji und Herculaneum[46]. Wichtig für die Beurteilung der Situation in den Villen ist die Untersuchung von P.Zanker, der sich mit dem Wohngeschmack in Pompeji, insbesondere in flavischer Zeit, beschäftigt und als Vorbild die Villa herausarbeitet[47].

W.F.Jashemski beschäftigt sich ausführlich mit den Gartenanlagen der Villen, wobei die von ihr durchgeführten Untersuchungen in der „Villa der Poppaea" von Oplontis besondere Beachtung verdienen. Auf dieser Grundlage bespricht und interpretiert sie auch einige der alten Grabungen[48].

Eine Ausstellung vereinte in Pompeji 1988 einige der im Louvre aufbewahrten Silbergefäße mit einem Teil der in Pompeji vorhandenen Bronzegefäße und -geräte sowie einigen Fresken aus der „Silberschatzvilla" (Kat.Nr.1). Wenngleich wesentliche Teile fehlten, wurde hier zumindest ein größerer Teil der Ausstattung einer Villa im Zusammenhang ge-

---

[41] Ebenda 258ff.

[42] Seine statistische Auswertung leidet unter den ungenauen Angaben von Pasqui, der häufig Formulierungen wie *alcuni*, *numerosi* und *molto numerosi* benutzt, die Morel a.O. 258 willkürlich mit 5, 10 und 15 gleichsetzt. Entscheidend ist aber, daß von den vier Untersuchungsgruppen eine überhaupt keine Bronzegefäße beinhaltet (4.) und eine insgesamt nur aus wenigen Gefäße besteht (3). Von den beiden materialstarken Gruppen, die beide zum Inventar der „Silberschatzvilla" (Kat.Nr.1) gehören, muß die 2. unberücksichtigt bleiben, da es sich hier nicht, wie Morel a.O. 259 glaubt, um die Funde einer früheren, von V.de Prisco durchgeführten Grabung handelt, sondern um die Funde, die de Prisco dem Antiquarium schenkte. Damit sind sie ein Teil der 1. Gruppe und statistisch zumindest nicht im Sinne von Morel auszuwerten.

[43] St.De Caro, Villa rustica in località Petraro (Stabiae), RIA Ser.3, 10, 1987, 84ff.

[44] E.J.Dwyer, Pompeian Domestic Sculpture. A Study of five Pompeian Houses and their Contents (1982).

[45] Neudecker, Skulpturenausstattung 147ff. Nr.14; 178f. Nr.32; 179f. Nr.33 (= Kat.Nr.9); 241f. Nr.71; 243f. Nr.73.

[46] W.Wohlmayr, Studien zur Idealplastik der Vesuvstädte (1991).

[47] P.Zanker, JdI 94, 1979, 460ff. Vgl. jetzt P.Zanker, Pompeji. Stadtbild und Wohngeschmack (1995) 141ff.

[48] Jashemski, Gardens I 289ff.; II 277ff.

zeigt[49]. Die erneute Untersuchung der Bronzen aus Boscoreale in Berlin, die vorwiegend den technischen Aspekten und der Werkstättenproblematik der Gefäße gilt, erbrachte für die Herkunft der Funde überraschende Ergebnisse und lenkt damit die Aufmerksamkeit verstärkt auf die privaten Grabungsunternehmungen im Gebiet um Pompeji sowie auf die Praktiken des Kunsthandels[50]. Eine dieser Grabungen, die bisher praktisch unbekannt war, hat jetzt G.Stefani nach sorgfältiger Auswertung der noch vorhandenen Archivmaterialien in beispielhafter Form vorgelegt[51].

1.2. Zielsetzung

Die Gründe für die beschriebene Literaturlage sind weniger im fehlenden Interesse an Fundkontexten, das zumindest in den letzten Jahrzehnten stark erwacht ist, sondern v.a. in den nicht unerheblichen Schwierigkeiten zu suchen, denen eine solche Untersuchung ausgesetzt ist. Sehr knappe Grabungsberichte und die häufig in der Welt verteilten Funde lassen eine Beschäftigung mit einzelnen Villen zunächst als wenig lohnend erscheinen. Zudem kann kein Zweifel daran bestehen, daß die Erkenntnismöglichkeiten durch eine archäologische Auswertung der Grabungsberichte auch im besten Falle deutlich unter denen einer heutigen Grabung liegen. Andererseits befinden sich unter diesen Villen auch solche von herausragender Bedeutung, die trotz der vermeintlich widrigen Umstände eine genaue Untersuchung ihrer Fundkontexte rechtfertigen. Zudem ist zu bedenken, daß die annähernd gleichzeitige Ausgrabung von über 20 Villen heutzutage ein Jahrhundertprojekt und damit praktisch nicht durchführbar wäre. Trotz der unvermeidbaren Einschränkungen der Aussagefähigkeit eröffnet die vergleichsweise große Anzahl von rund 20 zumindest teilweise bekannten Villen ein reiches Material, das bisher kaum interpretiert wurde.

Ziel dieser Untersuchung ist es daher, die über die Museen verstreuten Funde in den Grabungsberichten zu identifizieren und auf dieser Grundlage die Fundkontexte im Hinblick auf ihre Aussagen zum „Ausstattungsluxus“ in den Villen zu untersuchen. Da es sich bereits von der Architektur her um sehr unterschiedliche Villen handelt, ist hier mit sehr verschiedenartigen Erscheinungsformen zu rechnen. Dabei ist zu beachten, daß die 79 n.Chr. verschütteten Villen das Ergebnis einer bis zu 200-jährigen Entwicklung waren, die 79 n.Chr. durch die Architektur und z.T. durch Teile der Wanddekorationen noch gegenwärtig war. Soweit es aufgrund der beschränkten Informationen möglich ist, soll versucht werden, diese Entwicklung beschreibbar zu machen. Die genaue Untersuchung der Fundsituationen in den

[49] Kat.Pompei 1988.
[50] BaBiB 9ff.
[51] Stefani.

verschiedenen Bereichen einer Villa soll auch darüber Aufschluß geben, inwieweit sich auf dieser Grundlage Aussagen zu den Funktionsbereichen einzelner Fundgattungen machen lassen. Die vergleichsweise große Anzahl von Villen bildet hier ein wichtiges Korrektiv, da Fundkontextverfälschungen durch Raubgräber im Einzelfall nicht sicher ausgeschlossen werden können.

Die hier untersuchten Grabungen der Jahre 1894 bis 1908 bilden eine durch ihre jeweils gleiche Problematik eng geschlossene Gruppe, die sich für eine Untersuchung besonders anbietet. Nicht berücksichtigt werden dagegen in dieser Untersuchung aufgrund ihrer anderen Problematik die bereits im 18.Jh. in Stabiae erfolgten Grabungen, deren Funde sich heute im Nationalmuseum in Neapel befinden und zum großen Teil noch auf eine Identifizierung warten[52]. Ebenfalls ausgeschlossen werden die Grabungen der jüngeren Zeit, die noch unpubliziert sind und von denen wichtige Aufschlüsse zu erwarten sind[53]. Zwischen den Grabungen jüngeren Datums und denen vor 1908 wurden lediglich um 1930 einige Grabungen durchgeführt, die jedoch geringe Bedeutung besitzen und daher nicht berücksichtigt werden. Mit Ausnahme der Villen in Stabiae wurde der ganz überwiegende Teil der bekannten Villen in der hier behandelten Grabungsphase von 1894 bis 1908 freigelegt.

Das vorrangige Interesse dieser Arbeit gilt dem Zusammenhang zwischen der Villa und ihrem Inventar, der genau betrachtet und in einer homogenen Gruppe verglichen, neue oder doch zumindest sichere Aufschlüsse zu geben vermag. Dagegen kann es nicht Ziel dieser Arbeit sein, gut bekannte Denkmäler, wie z.B. die Fresken der „Villa des Fannius Synistor“ (Kat.Nr.10), erneut zu besprechen.

---

[52] Vgl. A.Allrogen-Bedel in: NFP 115ff.; dies., RM 84, 1977, 27ff.
[53] s. Anm.7.

1.3. Vorgehensweise

Die Grundlage einer Interpretation der Fundkontexte muß die möglichst gute Kenntnis der Grabung und ihrer Funde sein. Um in die Problematik der privaten Grabungen einzuführen, wird zunächst ein kurzer Überblick über die vor 1894 erfolgten Grabungen gegeben (Kap. 2.1.). Die Darstellung der Grabungsgeschichte von 1894 bis 1908 wird in drei Abschnitte unterteilt und innerhalb dieser Abschnitte nach Ausgräbern behandelt. Dabei zeigt sich deutlich die Dominanz einzelner Ausgräber. Während des ersten Grabungszeitraumes von 1894 bis 1899 (Kap.2.2.) war Vincenzo de Prisco mit Abstand der aktivste und erfolgreichste Ausgräber. Der zweite Abschnitt von 1899 bis 1902 ist geprägt von zwei bedeutenden Grabungen, die von V.de Prisco und Gennaro Matrone unternommen wurden (Kap.2.3.). Von den zwölf zwischen 1901 und 1908 erfolgten Grabungen, die größere Grundrisse antiker Villen freilegten, wurden neun von den Familien de Prisco, Matrone und Rossi-Filangieri durchgeführt (Kap.2.4.).

Da die publizierten Grabungsberichte häufig Unklarheiten aufweisen und in einigen Fällen auch detaillierte Fundortangaben der Objekte fehlen, werden die teilweise noch im Archiv des Ufficio Scavi di Pompei aufbewahrten Unterlagen mit in die Untersuchung einbezogen. Auf dieser Basis soll versucht werden, die Funde einer Villa soweit wie möglich zusammenzustellen oder zumindest die Grundlage für eine spätere Identifizierung zu schaffen. Die Untersuchung wird schließlich durch einen kurzen Überblick über die privaten Grabungen nach 1908 vervollständigt (Kap.2.5.). Abschließend soll versucht werden, aus den Betrachtungen der einzelnen Villen ein zusammenfassendes Bild der privaten Grabungen und des Verkaufs der Funde zu zeichnen, auch um damit die Basis für weitere zur Zeit noch nicht mögliche Identifizierungen zu schaffen (Kap.2.6).

Um die Fundkontexte in den Villen miteinander vergleichen und interpretieren zu können, ist ein möglichst weitgehendes Verständnis der Architektur der Villen (Kap.3.) nötig. Der Versuch einer typologischen Beschreibung der Villen (Kap.3.1.) muß vom Zustand zum Zeitpunkt der Verschüttung ausgehen. Den Grabungsberichten sind nur selten Beobachtungen zu den Bauphasen und Beschreibungen der verwendeten Mauertechnik zu entnehmen. Durch die kritische Auswertung der Grabungsberichte sowie die vergleichende Betrachtung und Interpretation der Grundrisse soll jedoch versucht werden, Veränderungen des Bauzustandes soweit wie möglich zu erkennen und in die Auswertung einzubeziehen. Die Villen werden, um den Vergleich untereinander zu erleichtern, in mehrere Gruppen eingeteilt. Diese Aufteilung folgt typologischen Kriterien. Definiert werden diese Gruppen durch das Vorhandensein eines großen Peristyls, an dem ein bis drei Gebäudetrakte liegen können[54] (Kap.3.1.1.), durch die Verbindung mehrerer solcher Hofanlagen (Kap.3.1.2.)

[54] Diese Villen werden hier im folgenden als „Peristylvillen" bezeichnet, wobei zu beachten ist, daß dieser Begriff nicht einheitlicht gebraucht wird. So verwendet ihn z.B. Harald Mielsch auch für die aus Atrium und Peristyl bestehenden Villen; Mielsch, Villa passim, bes. 61.

oder durch das Fehlen eines Peristyls (Kap.3.1.3.). Nur eine einzige Villa besitzt als zentrales Element ein Atrium (Kap.3.1.4.). Die zahlreichen nur teilweise freigelegten Villen sollen aufgrund der Unsicherheit ihrer Zuordnung getrennt behandelt werden (Kap.3.1.5.). Diese Unterteilung dient zunächst nur als Basis zur Herausarbeitung typologischer Eigenheiten. Den im Katalog behandelten Villen werden daher die bekannten Villen der Vesuvregion, soweit es der Befund zuläßt, gegenübergestellt.

Besonderes Augenmerk liegt auf der Raumtypologie, die herausgearbeitet werden soll (Kap.3.2.). Die Ausstattung der Räume, insbesondere die Dekoration der Wände und Böden, wird dabei außer acht gelassen. Funktionsbezeichnungen wie Oecus, Triclinium und Cubiculum sollen, auch wenn sie in der archäologischen Literatur etabliert sind, weitgehend vermieden werden. An ihre Stelle treten zunächst neutrale Begriffe, die die Größe beschreiben, wie Saal, Raum und Kammern, ohne daß eine direkte Gleichsetzung möglich oder beabsichtigt wäre. Nur dort, wo die Funktion aufgrund von Installationen sicher ist, wie dies in der Regel für Küchen, Backräume, Baderäume und Torcularia gilt, werden diese Begriffe von vornherein verwendet.

Zugrundegelegt wird der Untersuchung der Grundsatz, daß die Form, Größe und Lage eines Raumes innerhalb der Villa sowie seine mögliche Kombination mit anderen Räumen von seiner Funktion abhängig sind und somit Rückschlüsse auf diese möglich sind. Durch den analytischen Vergleich der Villengrundrisse sollen diese Raumgruppen herausgearbeitet werden. Die Voraussetzungen dafür sind durch die große Anzahl bekannter Villen aus einem kleinen und damit geschlossenen Gebiet sehr günstig.

Darauf aufbauend werden die Fundkontexte innerhalb dieser definierten Raumeinheiten miteinander verglichen und ausgewertet (Kap.4.2.). Nicht berücksichtigt werden lediglich Ställe und Scheunen, die sich häufig nur schwer definieren lassen. Die Höfe werden ebenfalls erst zu einem späteren Zeitpunkt besprochen, da lediglich eine einzige der hier untersuchten Villen eine Skulpturenausstattung im Hof aufweist. Von dieser Vorgehensweise bleiben Räume unklarer Zuordnung sowie diejenigen Villen (Kat.Nr.6.11.13.14.19) ausgenommen, deren Raumgruppen sich mit den aufgestellten Definitionen nur ungenügend beschreiben lassen. Vorangestellt wird dieser Untersuchung eine Betrachtung der wahrscheinlichsten Fundkontextstörungen, um ihre Auswirkungen auf die Fundsituation im Einzelfall möglichst genau abschätzen zu können (Kap.4.1.). Bei der Besprechung der Fundkontexte werden die Funde jeweils nur kurz charakterisiert (Kap.4.2.). Genauere Angaben sind dem Katalog und den dort angegebenen Grabungsberichten zu entnehmen. Abschließend sollen die Rauminventare miteinander verglichen und nach Gesetzmäßigkeiten befragt werden (Kap.4.2.6.).

Da durch diese Verfahrensweise zunächst der Zusammenhang der einzelnen Villen verloren geht, sollen die Villen anschließend in einem auswertenden Teil in ihrer Gesamtheit einander gegenübergestellt und die Fundsituationen in den Villen im Vergleich betrachtet werden (Kap.4.3.). Dies dient als Korrektiv, da die einzelnen Fundkontexte jetzt vor dem Hintergrund der Gesamtsituation einer Villa interpretiert werden können. Dabei soll durch die Berücksichtigung der Situation in der gesamten Villa der jeweilige Komplex besser interpretierbar werden. Die Villen werden entsprechend ihrer „Architektur-Typen" in Gruppen behandelt. Die Villen, die wegen abweichender architcktonischer Grundzüge nicht in die Gliederung von Kap.4.2. einbezogen werden konnten, werden hier ausführlicher behandelt. Die in diesen Villen angetroffenen Fundkontexte werden zudem mit den Ergebnissen von Kap.4.2. verglichen.

Die Villen, die im Jahr 79 n.Chr. Pompeji umgaben, waren während mehrerer Jahrhunderte entstanden. Aber lediglich das durch den Vesuvausbruch plötzliche Endergebnis dieser Entwicklung, die sicherlich entsprechend der historischen und kulturellen Entwicklung Pompejis sehr unterschiedliche Phasen kannte, ist uns durch die Villen bekannt. Diese Entwicklung läßt sich bisher nicht beschreiben, da bauhistorische Untersuchungen für die zumeist wieder zugeschütteten Grabungen fehlen und Angaben zu den verwendeten Baumaterialien nur unregelmäßig und nicht sehr sorgfältig erfolgten. Daher ist auf dieser Grundlage nur bedingt eine Datierung möglich[55]. Wichtigstes Datierungsmittel sind bisher die Wanddekorationen, die aber nur einen Terminus ante quem liefern können. Allein auf dieser Grundlage ist daher eine Differenzierung der Villen nach ihrem Entstehungszeitpunkt nicht durchführbar[56].

Eine bisher nicht hinreichend beachtete Datierungsmethodik baut auf der Vermessung und Parzellierung des Agers, der Zenturiation[57], auf. Durch die Auswertung von Luftbildaufnahmen lassen sich diese Zenturiationen häufig noch nachweisen[58]. Für den Ager Pompeianus ist dies aufgrund der historischen Situation, d.h. dem Ende der Existenz Pompejis und des Ager Pompeianus 79 n.Chr., nicht möglich. Ausgangspunkt der hier vorgelegten Methode ist die These, daß die Orientierung der Villen dem zugrundeliegenden Vermessungsnetz, der Zenturiation, entspricht. Für einige unmittelbar vor der Stadtmauer von Pompeji gelegene Villen wurde dieses Verhältnis bereits von F.Zevi beobachtet, dem es gelang, eine frühe Zenturiation herauszuarbeiten[59]. Auch für den Ager Cosanus konnte eine Übereinstimmung einzelner Villen mit der bekannten Zenturiation nachgewiesen werden[60]. Die

[55] Vgl. V.Kockel, AA 1985, 59, der sich kritisch zur Aussagekraft des Baumaterials hinsichtlich der Datierung in der Privatarchitektur äußert. Sein Hinweis, daß bestimmte Bautechniken wie das Opus incertum über längere Zeit verwendet wurden, ist besonders wichtig, da die meisten der hier behandelten Villen in dieser Technik erbaut wurden. Zu den Baumaterialien in Pompeji s. R.C.Carrington, JRS 23, 1933, 125ff. Zur Datierungsproblematik in Hinblick auf mögliche Veränderungen durch die sullanische Koloniegründung s. V.Kockel in: Römische Gräberstraßen. Kolloquium München 1985 (1987) 186f.

[56] s. die entsprechende Zusammenstellung von R.C.Carrington, JRS 21, 1931, 125ff.

[57] Zu den Zenturiationen griechischer und römischer Städte vgl. F.Castagnoli, Orthogonal Town Planning in Antiquity (1971); U.Heimberg, Griechische und römische Landvermessung, in: DiskAB 4 (1983) 277ff. mit weiterer Lit.

[58] Zur Methode vgl. G.Chouquer-F.Favory, Contribution à la recherche des cadastres antiques (1980); M.Clavel-Lèveque in: Structures agraires 3ff.; Flach, Agrargeschichte 14ff. mit weiterer Literatur.

[59] F.Zevi in: Regione sotterrata 353ff.; s.u. S.147.

[60] M.G.Geluzza-E.Regoli in: A.Carandini (Hrsg.), Settefinestre I (1985) 52ff. Vgl. auch M.G.Celuzza, Il territorio di Vulci, in: La romanizzazione dell'Etruria. Ausstellung Orbetello (1985) 147f. Zur Besiedlung des Ager Cosanus vgl. S.L.Dyson, JFieldA 5, 1978, 251ff.

Möglichkeit, Villen aufgrund ihrer Zugehörigkeit zu einer Zenturiation zeitlich zu differenzieren, ergibt sich dort, wo sich zwei oder mehrere Zenturiationen überlagern. Historisch sind diese Neuvermessungen und -zuteilungen des Landes, die bisher am genauesten in zahlreichen Städten Latiums und Kampaniens[61] sowie im samnitischen Siedlungsgebiet[62] beobachtet wurden, zumeist mit der Ansiedlung von Veteranen zu erklären. Zu den bisher bekannten Extremfällen mit mindestens drei übereinanderliegenden Zenturiationen gehört wahrscheinlich nicht zufällig das in unmittelbarer Nachbarschaft zu Pompeji gelegene Gebiet von Nola[63]. Die über die Luftbildauswertung festgestellten Zenturiationen lassen sich in der Regel nur über die Verbindung mit häufig unklaren oder vereinzelten literarischen Quellen datieren. Wenn man voraussetzt, daß es zu mehreren Zenturiationen des Ager Pompeianus kam und diese an der Orientierung der Villen ablesbar sind, ergibt sich aufgrund der vergleichsweise guten Kenntnis der dortigen Villen eine einmalige Ausgangslage für eine Rekonstruktion der Entwicklungsgeschichte der Villen um Pompeji. Durch die datierenden Merkmale der Villen, die einer Zenturiation angehören, läßt sich diese selbst nach archäologischen Kriterien ungefähr datieren. Im Vergleich mit anderen durch die Luftbildauswertung nachgewiesenen Zenturiationen ist die historische Einordnung derjenigen des Ager Pompeianus auf dieser Basis weitaus sicherer möglich. Diese Zenturiationen erlauben, da sie durch einige sicher datierbare Villen und durch den historischen Hintergrund in der zeitlichen Abfolge gesichert sind, in der Folge auch die relative Einordnung von Villen, die bisher nicht datierbar waren. Die Berücksichtigung der historischen Situation ermöglicht so das genauere Verständnis der Villen, insbesondere in bezug auf ihre Architektur und ihre dekorative Ausstattung.

Die Villen des Ager Pompeianus werden zunächst auf ihre chronologische Aussagefähigkeit hin untersucht. Jede Gruppe mit gleicher Orientierung wird daher auf archäologische Merkmale für die zeitliche Einordnung betrachtet. Daran anschließend soll versucht werden, den historischen Anlaß der jeweiligen Zenturiation zu benennen und diesen möglichst genau zu datieren (Kap.5.1.). Zusätzlich werden die Villen im Gebiet von Stabiae mit der gleichen Fragestellung untersucht (Kap.5.2.). Abschließend werden kurz die Ergebnisse betrachtet, welche die Luftbildauswertung für die Territorien von Nuceria und Nola, den Nachbarstädten von Pompeji, erbracht hat (Kap.5.3.).

Indem die Ergebnisse aus der Betrachtung der Architektur und der Ausstattung nach chronologischen Gesichtspunkten zusammengefaßt werden, soll die historische Entwicklung der Villen im Gebiet um Pompeji nachgezeichnet werden (Kap.6.).

---

[61] Structures agraires.
[62] R.Compatangelo in: La romanisation du Samnium aux IIe et Ier siècles av. J.C., Actes du colloque Naples 1988 (1991) 139ff.
[63] G.Chouquer-F.Favory in: Structures agraires 209ff.

2. GESCHICHTE DER GRABUNGEN UND IHRER FUNDE

2.1. Überblick über die Grabungen vor 1894

Die Eingrenzung dieser Untersuchung auf den Grabungszeitraum von 1894 bis 1908 erscheint sinnvoll, wenn man die zuvor erfolgten Grabungstätigkeiten im Gebiet um Pompeji betrachtet.

Zehn Jahre nach Beginn der bourbonischen Ausgrabungen in Pompeji wurde im Dezember 1758 bei den Arbeiten für eine Straße von Torre Annunziata nach Boscotrecase ebendort, in der contrada Mortellari, ein antikes Gebäude, nach den Funden offenbar eine Villa rustica, angeschnitten. Ein kurzer Bericht wurde von Karl Weber verfaßt[64]. Im Dezember 1760 wurden ebenfalls in Boscotrecase, contrada Setari, auf dem Gebiet von Aniello Boccia, nahe dem Besitz von Don Rocco Vitelli, einige Gold- und Silbermünzen gefunden, die in das königliche Museum in Portici kamen[65]. In derselben contrada wurde rund 140 Jahre später auf dem Besitz von Nicola Vitelli eine der hier behandelten Villen freigelegt[66]. Boscotrecase blieb auch weiterhin der fundreichste Ort in der Nähe der Ausgrabungen von Pompeji. Im Jahre 1774 wurden in einer römischen Villa in Boscotrecase nach dem Bericht von Rocco Gioacchino de Alcubierre u.a. zahlreiche Bronzegefäße gefunden[67], die, wie auch die Funde der zwischen 1749 und 1782 im Gebiet von Stabiae ausgegrabenen Villen[68], in das königliche Museum in Portici gelangten.

Wenig erfolgreich war dagegen die erste „private", vom österreichischen Botschafter in Neapel im Jahre 1831 in Boscotrecase durchgeführte Grabung[69]. In den Jahren 1831 bis 1834 und 1841 wurden in Torre Annunziata zwei Villen teilweise ausgegraben[70].

---

[64] A.Casale, Breve storia degli scavi archeologici nel Pagus Augustus (1979) 4; K.Weber in: M.Ruggiero, Degli Scavi di Antichità nelle provincie di terraferma dell'antico Regno di Napoli (1888) 60f.

[65] Casale a.O. 4; G.Palante in: Ruggiero a.O. 61f.

[66] s.u. S. 19 Kat.Nr.4.

[67] Contrada Casavitelli: R.G.de Alcubierre in: Ruggiero a.O. 62ff. (Kockel-Nr.62). Vgl. Casale-Bianco 45 Nr.98; Casale, Breve storia a.O. 4f.

[68] Die Grabungsberichte wurden nachträglich von M.Ruggiero, Storia degli Scavi di Stabia dal 1749 al 1782 (1881), publiziert (Kockel-Nr.1-12), der auch einige der nach Neapel gebrachten Fresken identifizieren konnte. Zur Identifizierung der Fresken aus der sog. Villa in Varano s. A.Allroggen-Bedel, RM 84, 1977, 27ff.

[69] Ohne Kockel-Nr. Die Lage des Gebäudes ist unbekannt. Lit.: Scavo di Bosco tre case. Estratto di una lettera di S.E. il sig. conte di Lebzelten, ambasciatore di S.M.I.R. austriaca, al cav. Bunsen, BdI 1832, 12f.

[70] **1831-34:** Torre Annunziata, Terme Vesuviane: Kockel-Nr.90; vgl. C.Malandrino, Oplontis (1977) 41ff. Abb.9 Nr.1.; Casale-Bianco 47 Nr.120. **1841:** Kockel-Nr.54. Malandrino a.O. 51f. Abb.9 Nr.3. Zu weiteren Grabungen im Gebiet von Torre Annunziata s. M.Ruggiero, Degli Scavi di Antichità nelle provincie di terraferma dell'antico Regno di Napoli (1888) 99ff.

Zwischen Pompeji und Scafati entdeckte man 1834 auf dem Besitz von Federico Sebione ein antikes Gebäude, von dem man aber nur den Eingang und eine Dolie freilegte[71]. Eher zufälligen Charakter hatte offenbar eine Grabung, die im Jahre 1858 bei Scafati, contrada Musigno, 16 Dolien aufdeckte, die darauf nach Pompeji transportiert wurden[72].

Die erste in der Gemeinde von Boscoreale durchgeführte Grabung kennzeichnet einen neuen Abschnitt in der Grabungstätigkeit im Gebiet um Pompeji. In den Jahren 1876 und 1877 legte Luigi Modestino Pulzella in Boscoreale einen kleinen Teil der „Silberschatzvilla" (Kat.Nr.1) frei, wobei vorwiegend Bronze- und Tongefäße gefunden wurden[73]. Offenbar beabsichtigte Pulzella die weitere Ausgrabung der Villa; dieses Vorhaben scheiterte jedoch an der Grundstücksgrenze, bzw. an dem Nachbarn Angelo Andrea de Prisco[74].

Im Dezember 1880 begann eine Grabung südlich von Pompeji auf dem Besitz von Baron Michele Valiante[75]. Das Gebäude, bei dem es sich anscheinend um einen größeren Komplex handelt, von dem etwa 34 x 32 m freigelegt wurden[76], wurde ohne Grundriß publiziert. Offenbar wurde es, da es zwischen der Porta Stabiana und der Küste liegt, zum letzten Aufenthaltsort vieler Pompejaner auf ihrer Flucht zum Meer[77]. Bei den Flüchtenden wurden zahlreicher Goldschmuck sowie mehrere Gemmen gefunden. Zumindest Teile davon wurden 1885 von Valiante dem Nationalmuseum von Neapel verkauft[78]. Nur zwei der 20 ausgegrabenen Räume waren im 4. Stil ausgemalt[79]. Ob Teile der Fresken abgenommen wurden, ist dem Bericht nicht zu entnehmen. Die nur teilweise erhaltene Darstellung einer Nillandschaft gelangte aber offenbar nach Malibu[80]. Unklar bleibt der Verbleib von einigen Tonstatuetten und von einem Marmortisch.

---

[71] Taverna della Valle, C.Bonucci, BdI 1834, 146f.

[72] Vgl. A.Sogliano, NSc 1892, 122.

[73] G.Fiorelli, NSc 1876, 196f.; ders., NSc 1877, 17ff. 96.128.

[74] Pasqui 397ff.; Villefosse 8f. Vgl. E.De Carolis - L.Fergola in: Kat.Pompei 1988, 17, jedoch mit falscher Jahresangabe und mit der Nennung von Vincenzo statt Angelo Andrea de Prisco. Die Jahresangabe ebenso bei G.C.Ascione, ebenda 19 Anm.4.

[75] Contrada Moregine, fondo Bottaro: Kockel Nr.12a. Grabungszeitraum: 3.12.1880 bis 8.2.1881. Grabungsberichte: NSc 1880, 33ff. 494ff.; NSc 1881, 25ff. 64ff. Vgl. Richardson, Pompeii 32.

[76] NSc 1881, 28.

[77] Ebenda. Die genaue Lage der Villa ist unklar, vgl. V.Kockel, AA 1985, 534 Nr.12a.

[78] Gemmen: NSc 1881, 28 (19. Januar) = U.Pannuti, Catalogo della Collezione Glittica I (1983) 46 Nr.64 (inv.n.114427); 100 Nr.146 (inv.n.114429); 157 Nr.291 (inv.n.114428). Goldschmuck: NSc 1881, 27 (17 und 18 Januar) = R.Siviero, Gli ori e le ambre del Museo Nazionale di Napoli (1954) 51 Nr.164 (inv.n.113576), 165 (inv.n.114288); 65 Nr.240 (inv.n.114317. 114318); 68 Nr.257 (inv.n.113550); NSc 1881, 29 (29. Januar) = Siviero a.O. 109 Nr.478 (inv.n.113562).

[79] NSc 1881, 28. Die Dekoration eines dieser Räume war rot mit weißen und schwarzen Feldern, ebenda 27. Vgl. A.Allroggen-Bedel in: Regione sotterrata 522.

[80] Malibu, Getty Museum 72 AG 86: C.Vermeule-N.Neuerburg, Catalogue of the Ancient Art in the J.Paul Getty Museum (1973) 48f. Nr.101. Das Fresko, das nur an zwei Stellen am oberen und am unteren Rand die ursprüngliche Rahmung aufweist, wurde 1972 ohne Herkunftsangaben erworben. Es zeigt das im Grabungsbericht beschriebene Krokodil, das einen Pygmäen in einer Barke verfolgt. Die erwähnte Hütte ist am rechten Bildrand noch zur Hälfte zu sehen, ein zweites Krokodil und weitere Pygmäen, auf deren schlechte

Im Winter 1886/87 wurde in kurzer Entfernung vom antiken Pompeji, in der Nähe des Amphitheaters, ein Trakt eines Gebäudes freigelegt, das auch noch nach dem Vesuvausbruch des Jahres 79 n.Chr. genutzt wurde[81]. Über die Funde ist nichts bekannt. Keine weiteren Auswirkungen hatte auch die bei Erdarbeiten 1886 in Boscotrecase erfolgte Freilegung eines antiken Ofens mit anschließender Mauer[82]. Gleiches gilt für die im April 1892 erfolgte Grabung durch Francesco Di Palma auf seinem Besitz in Scafati[83].

Die wertvollen Funde aus der Grabung des Barone Valiante zeigten den Grundbesitzern um Pompeji jedoch, daß sich die Freilegung von antiken Resten auf ihren Grundstükken lohnen konnte.

Erhaltung ausdrücklich hingewiesen wird, wurden offenbar nicht mit herausgelöst. Allerdings erwähnt der Bericht nicht die auf dem Fresko über der beschriebenen Szenerie dargestellte Architektur, so daß die Identifizierung zwar sehr wahrscheinlich ist, aber nicht eindeutig bewiesen werden kann.

[81] Kockel-Nr.51. Fondo de Fusco: A.Sogliano, Nsc 1887, 246ff.; M.De'Spagnolis Conticello, Il pons Sarni di Scafati e la via Nuceria - Pompeios (1994) 21 Taf.1 Nr.8.

[82] Kockel-Nr.47. Contrada Carotenuto. A.Sogliano, NSc 1886, 131f.; vgl. Casale-Bianco 43 Nr.72.

[83] Contrada Iossa: Kockel-Nr.52. Grabungsbericht: A.Sogliano, NSc 1892, 122.

2.2. Die erste Phase: 1894 bis 1899 (Kat.Nr.1- 8)

Im Jahre 1894 eröffnete Vincenzo de Prisco mit der vollständigen Freilegung der „Silberschatzvilla“ (Kat.Nr.1) eine neue Phase in der Ausgrabungstätigkeit im Gebiet um Pompeji. Ursache dafür wurden die spektakulären Funde, die V.de Prisco selbst sowie weitere Landbesitzer dazu veranlaßten, zahlreiche antike Villen aus-, bzw. häufiger, lediglich anzugraben. Mit fünf Unternehmungen (Kat.Nr.1-5) im Zeitraum von 1897 bis 1899 behielt de Prisco zunächst seine führende Rolle. Aber bereits drei weitere private Ausgräber begannen in diesen Jahren mit der Suche nach wertvollen Antiken (Kat.Nr.6-8).

2.2.1. Die „Silberschatzvilla“ (Kat.Nr.1)

Die Motive, die Vincenzo de Prisco 18 Jahre nach dem ersten Grabungsversuch von Pulzella dazu veranlaßten, mit der großangelegten Ausgrabung der „Silberschatzvilla“ (Kat.Nr.1: Abb.1) auf seinem Grundstück zu beginnen, bleiben unbekannt. Liebe zur Antike war es offenbar nicht allein. Jedenfalls zeigte der spätere Abgeordnete Vincenzo de Prisco ein etwas zwiespältiges Verhältnis zur staatlichen Autorität, als im April 1895, ein Jahr nach Beginn der Grabung, ein Arbeiter in der Zisterne der Villa auf den Gold- und Silberschatz stieß. Die genauen Umstände der heimlichen Bergung der Silbergefäße, des Goldschmucks und der Goldmünzen in Abwesenheit der Kustoden sind weitgehend unbekannt. Als der Fund schließlich doch bekannt wurde, befand sich der Schatz im Mai desselben Jahres bereits in Paris. Die Silbergefäße wurden dort von V.de Prisco und dem neapolitanischen Kunsthändler E.Canessa dem Louvre angeboten, der aber nur die Hälfte der verlangten Summe zu zahlen bereit war. Der überwiegende Teil des Silbers kam dennoch dorthin, da Baron Edmond de Rothschild die geforderten 500.000 Franc bezahlte und die Gefäße bis auf wenige dem Louvre schenkte[84]. Ein Jahr später erwarb der Louvre auch den Goldschmuck[85]. Der Verkauf der spektakulären Funde ins Ausland erregte in der Öffentlichkeit

[84] Zur Fund- und Erwerbungsgeschichte vgl.: Villefosse 31ff.; E.C.Conte Corti, Untergang und Auferstehung von Pompeji und Herculaneum[7] (1951) 270ff.; Baratte, Trésor 10. Zu den Reaktionen auf den Verkauf des Fundes vgl. G.C.Ascione in: Kat.Pompei 1988, 19ff. In Pompeji werden lediglich einige Briefe aus dem Schriftverkehr zwischen dem Museum in Neapel und der Grabung in Pompeji, die die Verantwortlichkeit der eingesetzten Kustoden betreffen, aufbewahrt: Arch.Pomp. V/5. Auch einige Silbergefäße, die zunächst in die Privatsammlungen Tyskiewicz, E.P.Warren und Canessa gelangt waren, wurden später dem Louvre geschenkt, vgl. Baratte, Trésor 10.

[85] Héron de Villefosse a.O. 263.

großes Aufsehen und führte schließlich zu einem neuen Gesetz, das die privaten Grabungen und insbesondere den Kunstexport besser kontrollieren sollte[86].

Offenbar als Ausgleich für diese Verkäufe schenkte Vincenzo de Prisco den größten Teil der zahlreichen anderen Funde Pompeji. Im Anhang des vergleichsweise sehr ausführlichen Grabungsberichtes von A.Pasqui werden insgesamt 409 Nummern mit Objekten als Schenkung aufgelistet[87]. Darunter befinden sich 42 Bronzegefäße, bei denen es sich überwiegend um Töpfe, Kessel, Eimer, Kasserollen etc., d.h. um unverzierte Gefäße handelt[88]. Durch Kriegsverlust bedingt[89] werden nur noch 27 davon in Pompeji aufbewahrt, die S.Tassinari in einem Katalog zusammengestellt hat[90]. Seit 1991 sind sie im neuen Antiquarium von Boscoreale ausgestellt. Ihre Identifizierung ist v.a. wegen des Fehlens von Abbildungen im Bericht von Pasqui nicht unproblematisch[91].

Die Abbildungen im Textteil des Berichtes von Pasqui lassen keinen Zweifel daran, daß V.de Prisco nur die einfacheren Gefäße Pompeji schenkte, während er sich verzierte Gefäße für den Verkauf zurückbehielt. Im Archiv des Ufficio Scavi di Pompei befindet sich eine auf den 8. Juni 1896 datierte Liste, die alle bei V.de Prisco aufbewahrten Funde aus

---

[86] s.u. S. 53.

[87] Pasqui 525ff.

[88] Pasqui 535ff. Nr.140-179. Die im Vergleich zu S.Tassinari in: Kat.Pompei 1988, 68 um zwei Gefäße höhere Anzahl ergbibt sich daraus, daß die Nummern Pasqui 148 und 171 je zwei gleichartige Gefäße umfassen.

[89] Zudem wurden einige Bronzen in das Museo Nazionale in Neapel gebracht. Sie lassen sich jedoch nicht mehr identifizieren; E.De Carolis - L.Fergola in: Kat.Pompei 1988, 18.

[90] S.Tassinari in: Kat.Pompei 1988, 68ff. Nr.64-88.90.91. Tassinari, Vasellame 191 Taf.513.514 korrigiert jetzt die Anzahl auf 23 und weist vier Gefäße der Villa des Fannius Synistor zu, vgl. hier Anm.91. 224.

[91] S.Tassinari in: Kat.Pompei 1988, 68ff. identifiziert 12 Gefäße, vgl. Nr.64.66.68.69.71-73.75. 77.80.82.83. Der Begriff „*inedito*" für die anderen 15 Gefäße ist irreführend, da kein Zweifel daran besteht, daß es sich bei den 27 Gefäßen um einen Teil der ursprünglich 42 in Pompeji aufbewahrten und somit von Pasqui beschriebenen Bronzegefäße handelt. Die Identifizierungen werden u.a. dadurch erschwert, daß die von Tassinari angegebenen Höhenmaße Ringösen und überstehende Henkel mit einbeziehen, während Pasqui die Höhe bis zum Gefäßrand angibt. Ihren Identifizierungen lassen sich mit einiger Wahrscheinlichkeit folgende hinzufügen:

Tassinari	**Pasqui**	**Tassinari**	**Pasqui**	**Tassinari**	**Pasqui**
Nr.67	Nr.146	Nr.78	Nr.164	Nr.88	Nr.179
Nr.70	Nr.147	Nr.81	Nr.154	Nr.90	Nr.148
Nr.74	Nr.161-163	Nr.85	Nr.178	Nr. 91	Nr.148
Nr.76	Nr.176	Nr.87	Nr.143		

Allerdings führt Tassinari, Vasellame 191 jetzt die Gefäße Nr.87.88.90.91 als Inventar der „Villa des Fannius Synistor" (Kat.Nr.10) auf. Sie lassen sich dort jedoch nicht identifizieren, vgl. hier Anm.224. Die Identifizierung des Gefäßes Tassinari a.O. Nr.67 = Pasqui Nr.146, dessen unterer Teil jetzt fehlt, wird gestützt durch die Maßangaben zum Photo Archivio Soprintendenza Archeologica di Pompei Neg.n. D 41759: H (erhalten) 12 mm; Dm (Mündung) 17 mm; Dm max. 209 mm. Die Angabe des Mündungsdurchmessers bei Tassinari ist dagegen falsch. Keine Entsprechungen in ihren Abmessungen finden bisher noch die Gefäße Tassinari Nr.65 (= Pasqui Nr.144 ?); 79, 84 und 86 (Mündung fehlt heute, H und Dm daher unbekannt).

der „Silberschatzvilla" (Kat.Nr.1) beschreibt[92]. Eine zweite Liste beinhaltet ihrer Überschrift zufolge die Pompeji geschenkten Funde. Diese Liste unterscheidet sich von der ersten lediglich durch knappere Beschreibungen sowie durch Preisangaben[93]. Bei mehreren Antiken befindet sich in der Spalte der Wertangabe nur ein Strich, bei einigen durch den Hinweis *ritenuto da de Prisco* erläutert. Ein Vergleich mit der Liste von Pasqui, wo diese Stücke fehlen, bestätigt dies. Ihre Zahl ist allerdings nicht sehr groß (Vgl. Anhang 2.1.), und es kann daher kein Zweifel bestehen, daß eine größere Anzahl von Bronzen von V.de Prisco noch während der Grabung und damit vor Erstellung der Liste verkauft wurde. Zu diesen gehört ein Askos, der 1896 vom Berliner Antiquarium erworben wurde und sich aufgrund der ausführlichen Beschreibung von Pasqui eindeutig identifizieren läßt (Kat.Nr.1/28). Weitere Bronzen gelangten zunächst in verschiedene Privatsammlungen[94].

Unsicher bleibt, wie hoch der Anteil der Funde war, die de Prisco für sich behielt und verkaufte. So sind für etwa 50 Bronzen, die zumeist in Zeichnung oder Photo abgebildet sind, und für mehrere Sammelgruppen im Text keine Nummern angegeben. Allerdings ergibt ein Vergleich, daß von den 42 im Anhang von Pasqui aufgelisteten Bronzen in Pompeji nur 16 mit Angabe ihrer Nummern im Text zitiert werden. Zum Teil sind sie wahrscheinlich in den Sammelgruppen zu suchen, häufiger sind allerdings einfach nur die Nummern weggelassen worden. Die hier erstellte Liste (Anhang 2.2.) stellt den Versuch dar, die nicht mit Nummern versehenen Bronzen soweit wie möglich zu identifizieren. Unsicherheiten sind dabei aufgrund der geschilderten Situation nicht zu vermeiden.

Für die anderen Materialgruppen ist eine Identifizierung der bei Pasqui im Text oder im Anhang genannten Funde noch schwieriger.

---

92 Arch.Pomp. IV/4 Nr.1: *Catalogo di tutti gli oggetti che si conservano presso il Sig. Vincenzo De Prisco e che furono trovati negli scavi della villa rustica in località Pisanella - Settetermini presso Boscoreale.*

93 Arch.Pomp. IV/4 Nr.3: *Indice - stima degli oggetti compresi nel Catalogo descrittivo scoperti nella villa rustica della Pisanella - Settetermini e donati dal Sig. Vincenzo De Prisco al Museo di Pompei.*

94 Kat.Nr.1/10.48. Schwierig ist die Identifizierung eines Gefäßes in Mariemont (Kat.Nr.1/50). Das in der Form identische Gefäß wurde 1903 auf einer von E.Canessa durchgeführten Auktion verkauft. Sollte die Maßstabsangabe der Zeichnung bei Pasqui, Boscoreale Sp.481 Abb.59 korrekt sein (1:5, 1:3 würde genau dem Gefäß in Mariemont entsprechen), kann es sich nicht um dasselbe Gefäß handeln. Wahrscheinlich wurde aber der Maßstab verwechselt.

2.2.2. Die Grabungen Vincenzo de Priscos von 1897 bis 1899 (Kat.Nr.1- 5)

Noch während Vincenzo de Prisco mit der Ausgrabung der „Silberschatzvilla" (Kat.Nr.1) beschäftigt war, stieß Ippolito Zurlo 1895 auf einem seiner Grundstücke in Boscoreale bei landwirtschaftlichen Arbeiten auf antike Mauern, wobei lediglich ein Lararium freigelegt wurde. Am 1. März 1897 begann V.de Prisco mit Erlaubnis des Ministeriums die Ausgrabung dieser Villa in Boscoreale, fondo Zurlo (Kat.Nr.2: Abb.3), die er noch im September desselben Jahres abschloß. Die Villa wurde trotz der eher spärlichen Funde vollständig freigelegt. Bereits im April 1897 war Antonio Cirillo beim Lapilliabbau auf seinem Grundstück nahe dem Markt von Boscoreale auf die Reste eines antiken Gebäudes gestoßen. Das Grundstück wurde kurz darauf von der Familie de Prisco erworben, und noch im selben Jahr, am 25. Oktober, begann die Ausgrabung. Nachdem der nordöstliche Teil der Villa in Boscoreale, heute piazza Vargas (Kat.Nr.3: Abb.21), freigelegt worden war, wurden die Arbeiten, wohl wegen des fast völligen Fehlens von Funden oder Wandmalerei, am 5. Februar 1898 eingestellt. In der Zwischenzeit hatte V.de Prisco mit der Verlegung eines Teilabschnitts der via dei Settetermini die Voraussetzung für die bisher unterbliebene Ausgrabung der Nordwestecke der „Silberschatzvilla" (Kat.Nr.1: Abb.2) geschaffen. Die zwischen dem 27. Juni und 10. August freigelegten Räume erwiesen sich durch ihre Funde als Triclinium und Backstube. Noch im selben Jahr, am 23. Dezember 1898, begann V.de Prisco die Ausgrabung der „Villa des Arellius Sucessus" bei Boscotrecase (Kat.Nr.4: Abb.24), die auf dem Besitz von Nicola Vitelli lag. Bis zum Abschluß der Arbeiten am 10. März 1899 wurde nur ein kleiner Teil des Gebäudes freigelegt, wobei aber zahlreiche Bronzegefäße gefunden wurden. Der Fund einer Münze des 18. Jhs. zeigt, daß diese Villa bereits früher angegraben worden war. Im Jahre 1760 waren bei einer durch die Bourbonen erfolgten Grabung in derselben contrada Setari, nahe dem Besitz von Don Rocco Vitelli, einige Gold- und Silbermünzen gefunden worden. Den Beschreibungen von G.Palante zufolge handelt es sich jedoch um byzantinische Prägungen, so daß zwischen beiden Ausgrabungen offenbar kein direkter Zusammenhang besteht[95]. Unmittelbar darauf, am 13. März 1899, wurde V.de Prisco bei Scafati auf dem Besitz von Matteo Acanfora tätig. Die Grabung, die nur bis Mai 1899 dauerte, legte etwa die Hälfte der „Villa des Domitius Auctus" (Kat.Nr.5: Abb.26) frei. Zu den bemerkenswerten Funden gehören auch mehrere kleine Silberstatuetten. Die Villa bei Scafati war die letzte der von V.de Prisco zwischen 1897 und 1899 in jeweils nur wenigen Monaten ausgegrabenen Villen, deren Grabungen hier im folgenden als „Grabungsserie" bezeichnet werden.

Mit dieser Grabungsserie stehen die „Bronzen aus Boscoreale" in Berlin in engem Zusammenhang. Sie wurden im Frühjahr 1900 durch das Berliner Antiquarium angekauft

[95] s.o. S. 13.

und von Erich Pernice in einem gleichnamigen Erwerbungsbericht vorgestellt[96]. Bei den 80 Objekten handelt es sich um 30 Gefäße, zahlreiche kleinere Geräte, eine vollständige und eine nur zu Teilen erhaltene Kline, zwei Kandelaber sowie eine Laterne aus Bronze, aber auch um mehrere Gefäße aus Ton und Glas und Geräte aus Bein und Stein[97]. Die Erwerbung erfolgte durch Vermittlung der Neapler Kunsthändler Cesare und Ercole Canessa aus dem Besitz von Vincenzo de Prisco. Um einen geschlossenen Fundkomplex handelte es sich dabei auch nach den Angaben von Pernice nicht. In dem 1898 nachgegrabenen Komplex der „Silberschatzvilla" (Kat.Nr.1) wurden Pernice zufolge die Klinen, ein Kandelaber und eine Kanne gefunden, alle anderen Funde sollen aus der „Villa des Domitius Auctus" bei Scafati (Kat.Nr.5) kommen[98]. Ebenfalls mit dieser Herkunftsangabe ist der Widderkopf (Kat.Nr.5/14) *„gesondert in die Sammlung gelangt"*[99].

Bereits einige Jahre zuvor war ein Askos (Kat.Nr.1/28) mit der Herkunftsangabe „Silberschatzvilla" vom Berliner Antiquarium erworben worden[100]. Im Rahmen eines allgemeinen Erwerbungsberichtes des Antiquariums machte Pernice 1904 sechs nachträglich angekaufte Bronzen „aus Boscoreale" bekannt[101]. Fünf davon wurden zwischen dem 1.Oktober und 31.Dezember 1900 „aus Privatbesitz" erworben[102]. Aus dem Kunsthandel kam zwischen dem 1. April und 30. Juni 1901 die Schale mit beweglichen Henkeln (Kat.Nr.1/53)[103]. Als Herkunft dieser Bronzen gibt Pernice „aus Boscoreale" an, für einige Bronzen zitiert er zudem die Grabungspublikation der „Silberschatzvilla" (Kat.Nr.1) von Pasqui[104].

Für die im Jahre 1900 erworbenen Bronzen müßte durch die Kenntnis der Grabungsberichte auch in Anbetracht der häufig nur sehr schematischen Beschreibungen eine weitgehende Identifizierung möglich sein. Tatsächlich stehen den 45 Berliner Bronzegefäßen und -geräten[105] des ersten Ankaufs aber lediglich 26 in den beiden von Pernice zitierten Berichten gegenüber. Zudem widersprechen bei näherer Betrachtung die Herkunftsangaben von Pernice diesen Grabungsberichten. So sollen aus der „Silberschatzvilla" (Kat.Nr.1)

---

[96] E.Pernice, AA 1900, 177ff. Vgl. jetzt BaBiB. Der Ankauf erfolgte im Zeitraum 1. April bis 30. Juni 1900: R.Kekulé von Stradonitz, Amtliche Berichte aus den Königlichen Kunstsammlungen 21, 1900, S.LX.

[97] Zu den Kriegsverlusten vgl. jetzt BaBiB 9, Liste S.55f.

[98] Pernice a.O. 177.

[99] Pernice a.O. 192.

[100] Pernice a.O. 185; s.o. S. 18.

[101] E.Pernice, AA 1904, 17ff.

[102] R.Kekulé von Stradonitz, Amtliche Berichte aus den Königlichen Kunstsammlungen 22, 1901, S.XXIII. Offensichtlich falsch, da wegen der Inventarnummer sicher zu diesem Komplex gehörig, gibt H.Willers, Neue Untersuchungen über die römische Bronzeindustrie von Capua und von Niedergermanien (1907) 69, für die Griffschale Misc 8954 nach einer Mitteilung durch Zahn das Erwerbungsjahr 1901 an.

[103] Kekulé von Stradonitz a.O. S.LXIV.

[104] E.Pernice, AA 1904, 18f. Nr.1.2.5.

[105] Nicht berücksichtigt werden in dieser Aufstellung die Schlüssel, Schlösser, „Zimmermannslote" und der „Kastengriff" Misc 8897-8902. 8913.

zwei Klinen, eine Kanne und ein Kandelaber kommen, während der Fundbericht neben drei Klinen nur eine Schöpfkelle und *„una vaschetta ellittica con coperchio"* erwähnt[106]. Ein entsprechendes Gefäß befindet sich in Berlin (Kat.Nr.1/32), müßte aber nach Pernice aus der „Villa des Domitius Auctus" bei Scafati (Kat.Nr.5) stammen, ohne daß es im entsprechenden Grabungsbericht nachweisbar ist. Diese Angaben können daher nicht auf die publizierten Grabungsberichte zurückgehen, vielmehr muß Pernice sie beim Ankauf erhalten haben. So war ihm *„nach der Angabe der Finder"* die Länge der Klinen aufgrund ihrer Fundsituation bekannt, die im Grabungsbericht nicht vermerkt ist. Andererseits entnahm er erst diesem, daß den eineinhalb angekauften Klinen die Teile von ursprünglich drei entsprachen[107]. Ein wichtiger weiterer Anhaltspunkt ist die Angabe, daß die kleine Flasche zusammen mit einem Ring mit drei gekordelten Drähten gefunden worden sein soll[108], eine Flasche in den zitierten Grabungsberichten jedoch nicht erwähnt wird.

Daß die beiden von Pernice zitierten Grabungen Material für den Berliner Ankauf lieferten, ist sicher. Die wenigen Funde der Nachgrabung der „Silberschatzvilla" (Kat.Nr.1), die durch die Verlegung einer Straße möglich wurde, lassen sich problemlos identifizieren[109]. Für die „Villa des Domitius Auctus" bei Scafati (Kat.Nr.5) läßt sich die Mehrzahl der im Grabungsbericht genannten Bronzen nachweisen. Die höhere Anzahl der Berliner Bronzen führt aber zwangsläufig zu unklaren Fällen. Die offensichtlich verfälschten Herkunftsangaben und die höhere Anzahl von Bronzen lassen vermuten, daß verschiedene Fundkomplexe vermischt wurden. Da die beiden angegebenen Grabungen zur „Grabungsserie" de Priscos gehören, erscheint es sinnvoll, zunächst die anderen Villen dieser Serie zu betrachten. Die publizierten Fundlisten des Grabungsberichtes der „Villa des Arellius Sucessus" bei Boscotrecase (Kat.Nr.4) lassen tatsächlich keinen Zweifel daran, daß auch von dort Funde in den Berliner Ankauf gelangten. Der große Krater, zwei Tongefäße und zwei Bildlampen lassen sich jeweils eindeutig identifizieren[110]. Die Erwähnung einer *„fiaschetta con tre catenine"* zeigt, daß die entsprechende beim Ankauf erhaltene Fundbeschreibung, die Pernice bezweifelte, im Gegensatz zu der Herkunftsangabe *„aus Scafati"* der Wirklichkeit entsprach[111]. Allerdings lassen sich auf der Basis der Grabungsberichte, deren Fundbeschreibungen häufig sehr ungenau sind, in Anbetracht der immer noch zu hohen Anzahl von Bronzegefäßen mehrere Zuweisungen nur mit einer gewissen Wahrscheinlichkeit vornehmen[112]. Besonders problematisch ist die zusammen mit dem Krater gefundene Bronzegefäßgruppe von *„quattro vasi di diversa forma e grandezza"*[113].

---

[106] E.Pernice, AA 1900, 177; A.Sogliano, NSc 1899, 16.
[107] E.Pernice, AA 1900, 178f.
[108] Ebenda 195.
[109] Kat.Nr.1/24.31.32.
[110] Kat.Nr.4/1.13.14.16.20.
[111] Kat.Nr.4/8.
[112] BaBiB 9ff., vgl. die Fundortangaben im Katalog ebenda 41ff.
[113] A.Sogliano, NSc 1898, 298.

Als Glücksfall erweist sich die Existenz der *„giornali dello scavo"* der Grabungen bei Scafati (Kat.Nr.5) und Boscotrecase (Kat.Nr.4), die zwar die Grundlage der publizierten Grabungsberichte bildeten, im Informationsgehalt aber deutlich über diese hinausgehen. Dies betrifft insbesondere die „Villa des Arellius Sucessus" bei Boscotrecase (Kat.Nr.4). Dem publizierten Grabungsbericht ist nicht zu entnehmen, wo innerhalb der Villa der große Fundkomplex aus Bronze-, Glas- und Tongefäßen, zu dem auch die *„quattro vasi"* gehören, entdeckt wurde. Im *giornale dello scavo* vom 26.1.1899 ist dagegen als Fundort *„una stanza al lato opposto del forno"*, wahrscheinlich Raum (D), vermerkt (Abb.24). Die am publizierten Grabungsbericht gemessen ausführlichen Beschreibungen mit Maßangaben erlauben eine eindeutige Identifizierung der Funde[114]. Etwas schwieriger ist die Situation bei der „Villa des Domitius Auctus" (Kat.Nr.5) bei Scafati, da hier im *giornale dello scavo* nicht immer Maßangaben gegeben werden. Dennoch lassen sich mehrere Bronzen auf dieser Basis sicher identifizieren. Weitere Bronzen können nach dem Ausschlußverfahren mit großer Wahrscheinlichkeit zugewiesen werden[115].

Wenig ergiebig in Hinsicht auf Bronzefunde waren die beiden bereits 1897/98 von V.de Prisco ausgegrabenen Villen (Kat.Nr.2.3). Die beiden Bronzegefäße aus der Villa bei Boscoreale, fondo Zurlo (Kat.Nr.2: Abb.3), gelangten sehr wahrscheinlich nach Berlin[116]. Es ist anzunehmen, daß die anderen Funde, drei Goldringe, einer davon mit einer kleinen Gemme, eine Tonlampe mit Amor, zwei Silberringe, ein Bronzeschloß und eine Bronzeglocke, sicherlich in den Handel kamen; ihr Verbleib ist jedoch unbekannt. Die Ausgrabung der Villa in Boscoreale, piazza Vargas (Kat.Nr.3: Abb.21), legte nur sehr wenig frei,

[114] Arch.Pomp. V/2 Nr.13 = Anhang 3. Von den auf der Basis der publizierten Grabungsberichte erfolgten Identifizierungen in BaBiB 41ff. lassen sich bestätigen: BaBiB Nr.1 = Kat.Nr.4/1; BaBiB Nr.16 = Kat.Nr. 4/8; BaBiB Nr.24 = Kat.Nr.4/22; BaBiB Nr.25 = Kat.Nr.4/19; BaBiB Nr.38 = Kat.Nr.4/10. Präzisieren lassen sich aufgrund der Archivmaterialien: BaBiB Nr.12 = Kat.Nr.4/4; BaBiB Nr.9 = Kat.Nr.4/5. Zudem müssen folgende typengleiche Zuweisungen korrigiert werden: BaBiB Nr.7 = Kat.Nr.4/2; BaBiB Nr.20 = Kat.Nr.4/3. Von den verschollenen Bronzen des Antiquariums und den anderen Materialgruppen lassen sich zuweisen: Kat.Nr.4/12a-c.13-16.18.20.21.

[115] Arch.Pomp. IV/8: Anhang 4. Von den auf der Basis der publizierten Grabungsberichte erfolgten Zuweisungen in BaBiB 41ff. lassen sich bestätigen: BaBiB Nr.2 = Kat.Nr.5/3; BaBiB Nr.3 = Kat.Nr.5/19; BaBiB Nr.22 = Kat.Nr.5/14; BaBiB Nr.27 = Kat.Nr.5/4; BaBiB Nr.34 = Kat.Nr.5/13; BaBiB Nr.39.40 = Kat.Nr.5/2; Ohne Maßangaben lassen sich nach dem Ausschlußverfahren bestätigen: BaBiB Nr.14 = Kat. Nr.5/26; BaBiB Nr.26 = Kat.Nr.5/18; BaBiB Nr.32 = Kat.Nr.5/17; BaBiB Nr.37 = Kat.Nr.5/21. Präzisieren läßt sich: BaBiB Nr.18 = Kat.Nr.5/24. Nach dem Ausschlußverfahren zu präzisieren ist BaBiB 8 = Kat.Nr.5/20. Zudem muß eine typengleiche Zuweisung korrigiert werden: BaBiB Nr.13 = Kat.Nr.5/25. Nach dem Ausschlußverfahren ist zu korrigieren: BaBiB 21 = Kat.Nr.5/15. Von den verschollenen Bronzen des Antiquariums und den anderen Materialgruppen lassen sich zuweisen: Kat.Nr.5/1.22a,b.23. 30.

[116] Grundlage dafür ist, daß weder ein Kochtopf noch ein fragmentiertes Gefäß in den anderen herangezogenen Grabungsberichten vorkommen; *pignatta* - BaBiB Nr.4 = Kat.Nr.2/3; *piatto, tutto in frammenti* - BaBiB Nr.30 = Kat.Nr.2/4. Das Gefäß ist oval und mit 8 cm relativ hoch, die starke Fragmentierung könnte aber die Bezeichnung erklären. Zur Zuweisungsproblematik der Glasgefäße aus dieser Villa s. Anm.121.

was sich zum Verkauf eignete. Zumindest ein Alabastron wurde jedoch durch das Berliner Antiquarium erworben[117].

Eine Gegenüberstellung der Grabungsberichte der Villen der „Grabungsserie" und der Berliner Antiken „aus Boscoreale" erlaubt es, eine große Anzahl der Funde zu identifizieren. Nicht für Berlin erworben wurden besonders wertvolle Objekte wie Statuetten, Schmuck und Wandfresken und wenig wertvolle Funde wie Tongefäße[118], Kleinfunde aus Bronze[119] und Eisengeräte[120]. Die Materialgruppen Glas und Bein[121] sowie Gefäße und größere Geräte aus Bronze wurden dagegen weitgehend vollständig erworben[122]. Bei den Bronzegefäßen zeigt sich jedoch deutlich, daß noch weitere aus anderen Fundkomplexen herangezogen worden sein müssen[123].

[117] Kat.Nr.3/2. Zur Identifizierung der beiden Glasflaschen s. Anm.121.

[118] Von den äußerst zahlreichen Tongefäßen wurden nur sieben erworben: Kat.Nr.4/13-15 sowie die aufgrund ungenauer Beschreibungen nicht mehr identifizierbaren Gefäße Misc 8914-8916, E.Pernice, AA 1900, 198 Nr.70.73.74; Die Tonschale Misc 8917, Pernice a.O. 197 Nr.66 Abb.25, mit innen angebrachten Büsten ist dagegen in den Fundberichten offenbar nicht aufgeführt.

[119] Von den kleineren Bronzegeräten lassen sich die Pferdezäume und zwei Waagen zuweisen (Kat.Nr.5/1.2). Von den Materialgruppen Schlüssel, Schlösser, Griffe etc. wurden jedoch nur wenige Funde erworben, so daß eine Identifizierung nicht mehr sicher möglich ist: Misc 8897-99 (Gewichte), Misc 8902 (Scharnier - wahrscheinlich Kat.Nr.5 Saal D), BaBiB 53 Nr.41-44; Misc 8900 (Schlüssel), Misc 8901 (Schloß), Misc 8913 (Kastengriff), Pernice a.O. 196 Nr.41-43.

[120] Die Eisengeräte kamen nicht nach Berlin. Der Komplex in Chicago soll aus der „Villa des Fannius Synistor" (Kat.Nr.10) kommen, F.B. Tarbell in: de Cou, Boscoreale 211ff. (26150-26164). Entsprechungen insbesondere zu den zahlreichen Eisengeräten aus der „Villa des Domitius Auctus" bei Scafati (Kat.Nr.5) gibt es offenbar nicht.

[121] Von den Gläsern lassen sich mehrere sicher identifizieren: Kat.Nr.1/31; 4/12a-c; 5/22. Bei der Flasche Kat.Nr.4/11 handelt es sich wahrscheinlich um eines der Gläser Misc 8863-66, G.Platz, Antike Gläser (1976) 68 Nr.129, vgl. BaBiB 9 Anm.5. Woher die anderen drei Gläser kommen, ist nicht mehr festzustellen: Vgl. Kat.Nr.2 Raum A *(5 balsamari)* - Kat.Nr.5 Saal D *(giornali dello scavo* vom 13.-17.4.1899 - Anhang 4: *Diverse ampolline e piccoli vasi)*. Bei der kleinen Flasche Misc 8862 = 439x, Platz a.O. 52 Nr.90, vgl. BaBiB 9 Anm.5, könnte es sich um eines der beiden Gefäße aus der Villa in Boscoreale, piazza Vargas (Kat.Nr.3), nördliche Porticus *(piccola bottiglia / caraffinetta)*, handeln. Die beiden Flaschen Misc 8860-8861, E.Rohde, FuB 20, 1980, 171 Nr.58. 59 Abb.58, lassen sich dagegen in keinem der Berichte nachweisen. Von den Geräten aus Bein läßt sich nur eines (Kat.Nr.4/21) sicher identifizieren, für die anderen, Misc 8920-22, gibt es wieder zwei Möglichkeiten: Kat.Nr.4 *„stanza" (una stecca ed uno spillo)* - Kat.Nr.5 Raum D *(piccoli utensili)*.

[122] Einige Bronzegefäße wurden, wahrscheinlich wegen ihres schlechten Erhaltungszustandes, nicht erworben: Kat.Nr.4/6.7.9; 5/27-29.

[123] Aus mindestens einer weiteren Grabung kommt eine größere Anzahl der Berliner Bronzen: BaBiB Nr.5.6 (Misc 8880.8881: Amphoren); 10 (Misc 8885: Trichterrrandkanne); 23 (Misc 8876: Badeschale); 29 (Misc 8907: Tasse); 31 (Misc 8893: Schälchen); 33 (Misc 8853: Dreifußuntersatz); 36 (Misc 8854: Laterne); Misc 8880 (zwei Blechteller), Pernice a.O. 196 Nr.39. 40. Gleiches gilt offenbar auch für Misc 8917 (Tonschale), Pernice a.O. 197 Nr.66 Abb.25, BaBiB Nr.41-43 (Misc 8897-99: Bronzegewichte) und Misc 8860-8861 (Glasflaschen), E.Rohde, FuB 20, 1980, 171 Nr.58.59 Abb.58.

Daher sollen hier die Verkaufsaktivitäten des Ausgräbers betrachtet werden. Offenbar begann Vincenzo de Prisco erst nach dem Abschluß der Grabungsserie mit dem Verkauf der Funde. So läßt sich eine gesteigerte Verkaufstätigkeit de Priscos ab 1899 feststellen. In diesem Jahr wurden fünf Fresken aus der Villa bei Boscoreale, fondo Zurlo (Kat.Nr.2), die 1897 als erste der „Grabungsserie“ ergraben worden war, nach London verkauft[124]. Ein Jahr später kamen zwei weitere in den Louvre[125]. Teile der Wanddekoration des Tricliniums der „Silberschatzvilla“ (Kat.Nr.1), das erst in der Nachgrabung von 1898 freigelegt wurde, bilden den Schwerpunkt des im Field Museum of Natural History in Chicago aufbewahrten Komplexes[126]. Der Ankauf erfolgte zwischen 1899 und 1903 aus dem Besitz de Priscos über einen privaten Aufkäufer und umfaßte neben einigen Bronzen 15 Wandfresken, zwei Glasgefäße und zwei Mühlen mit der einheitlichen Herkunftsangabe „Silberschatzvilla“ (Kat.Nr.1)[127]. Wie bereits de Cou erkannte, wurde das Lararienbild der 1897/98 in Boscoreale, piazza Vargas, ausgegrabenen Villa (Kat.Nr.3) diesem Ankauf „untergeschoben“[128]. Der zahlenmäßig größte Anteil der Funde aus der „Grabungsserie“ wurde aber nach Berlin verkauft, lediglich zwei Mühlen kamen nach Chicago. Die große Mühle ist für die Nachgrabung der „Silberschatzvilla“ (Kat.Nr.1) nachzuweisen, während die kleine Handmühle, die tatsächlich aus der „Villa des Domitius Auctus“ bei Scafati (Kat.Nr.5) kommt, in ihrer Herkunftsangabe angepaßt wurde[129]. Drei Silberstatuetten und ein Halbmond aus Silber gelangten in das Nationalmuseum von Neapel (Kat.Nr.5/7-10). In verschiedene Privatsammlungen wurden ein Bronzestier und eine Schnellwaage mit figürlichem Laufgewicht (Kat.Nr.5/12.16) verkauft. Unbekannt ist bisher die Herkunft eines Goldkolliers, das Ende Mai 1899, also unmittelbar nach der Ausgrabung der „Villa des Domitius Auctus“ bei Scafati (Kat.Nr.5), dem Louvre von E.Canessa mit der Herkunftsangabe „Sil-

---

124 Kat.Nr.2/1a.d;2/5a.b.;2/6.

125 Kat.Nr.2/1c.f. Unbekannt ist, ob die drei restlichen Bilder des Saales (B) herausgeschnitten wurden und ob auch Beispiele der Wandgliederung des Saales (B) sowie der Räume (A.C) abgenommen wurden (Kat.Nr.2/1b.e.g; Kat.Nr.2/1.5.). Ein bereits 1895 entdecktes Lararienbild war jedenfalls 1897 bereits zerstört (Kat.Nr.2/7).

126 Kat.Nr.1/23. Zur Identifizierung s. de Cou, Boscoreale 155f.

127 De Cou, Boscoreale 149ff. Lediglich einige Eisenobjekte sollen aus der „Villa des Fannius Synistor“ (Kat.Nr.10) kommen, s. Anm.120.

128 Kat.Nr.3/1; de Cou, Boscoreale 171. Die beiden gemalten Laren, die eine Nische in der nördlichen Porticus flankierten, waren nur schlecht erhalten. Im Gegensatz zu dem unter der Nische befindlichen Lararienbild, das nach Chicago verkauft wurde, wurden sie daher sicherlich nicht herausgeschnitten. Ungewiß bleibt das Schicksal einer Kohlezeichnung zweier kämpfender Gladiatoren.

129 Die Handmühle aus Lavagestein (Kat.Nr.5/30) ist weder für die Nach- noch für die Hauptgrabung der „Silberschatzvilla“ (Kat.Nr.1) nachzuweisen, vgl. de Cou, Boscoreale 208 Anm.1, während in der „Villa des Domitius Auctus“ (Kat.Nr.5) bei Scafati eine kleine Mühle aus diesem Gestein mit entsprechendem Durchmesser gefunden wurde.

berschatzvilla“ (Kat.Nr.1) angeboten wurde, wahrscheinlich aber eher aus der Villa bei Scafati kommt[130].

Aus diesen Betrachtungen wird deutlich, daß die Verkäufe aus der Grabungsserie von 1897 bis 1899 unabhängig vom Funddatum unmittelbar nach deren Abschluß oder kurz darauf erfolgten. Die Zusammenstellung der Komplexe war primär materialbezogen. Die Herkunftsangaben wurden dabei vereinheitlicht, wie deutlich das Fresko aus der Villa in Boscoreale, piazza Vargas (Kat.Nr.3/1), in Chicago und die Zusammensetzung der Berliner Bronzen zeigen. Besonders aufschlußreich für die Berliner Bronzen ist die Zusammensetzung des Komplexes in Chicago, der neben Fresken aus der Nachgrabung der „Silberschatzvilla“ (Kat.Nr.1) auch Bronzen und Gläser aus deren Hauptgrabung enthält. Damit ist auch für den Berliner Komplex eine „Auffüllung“ mit Bronzegefäßen aus der Hauptgrabung der „Silberschatzvilla“ (Kat.Nr.1) denkbar.

Die erstellte Liste der bei Pasqui im Text ohne Nummer genannten Gefäße ist die Grundlage für eine Identifizierung der Bronzen des Berliner Komplexes aus dieser Villa. Zu den bald nach der Ausgrabung als Objekte besonderen Wertes einzeln verkauften Bronzen[131] gehören der bereits vor 1899 vom Berliner Antiquarium erworbene Askos[132] und die zunächst in eine Privatsammlung gelangte Schale mit beweglichen Henkeln[133]. Von den Bronzen des zweiten Erwerbungsberichtes[134] sind außer dieser Schale das Henkelbecken und der Türgriff in Zeichnungen abgebildet[135]. Für den Kandelaber ist lediglich der Typ beschrieben[136]. Die kleine Kanne ist mit einiger Wahrscheinlichkeit bei Pasqui erwähnt[137],

[130] Es gelangte wie der Stier (Kat.Nr.5/12) in die Sammlung Guilhou, Villefosse 273. Für keine der Grabungen des in Frage kommenden Zeitraums ist ein entsprechender Goldfund erwähnt. Sollte das Kollier der staatlichen Aufsicht vorenthalten worden sein, ist eine Herkunft aus dem Triclinium der „Silberschatzvilla“ (Kat.Nr.1) dennoch unwahrscheinlich, da dort fast alle wertvollen Objekte, darunter auch der Goldschmuck, in der Zisterne gefunden wurden. Wahrscheinlicher ist als Herkunftsort die Villa bei Scafati (Kat.Nr.5), Raum D, woher die Silberstatuetten sowie ein Paar Goldohrringe und ein Goldblättchen kommen. Tatsächlich werden im *giornale dello scavo* (Arch.Pomp. IV/8, s. Anhang 4) vom 13.-17.3.1899 *piccoli frammenti di catenina* aus Gold erwähnt, die im publizierten Grabungsbericht, A.Sogliano, NSc 1899, 393, nicht mehr (!) aufgeführt werden.

[131] s.o. S. 18.

[132] Kat.Nr.1/28 = Anhang 2.2. Nr.7.

[133] Kat.Nr.1/53 = Anhang 2.2. Nr.20. Die Schale aus der Sammlung Bourgnignon wurde 1901 auf einer Auktion in Paris versteigert, an der die neapolitanischen Kunsthändler C. und E.Canessa beteiligt waren, Hotel Drouot, Collection d'Antiquités, 18.3.1901 - 21.3.1901 (1901) 61 Nr.277.

[134] E.Pernice, AA 1904, 17ff.; s.o. S. 20.

[135] Kat.Nr.1/54 = Anhang 2.2. Nr.21; Kat.Nr.1/61 = Anhang 2.2. Nr.46.

[136] Kat.Nr.1/63 = Anhang 2.2. Nr.40.

[137] Kat.Nr.1/49 = Anhang 2.2. Nr.16. Pernice a.O. 18 verweist auf die *„Umrißzeichnung des Gefäßes“* bei Pasqui 432 Abb.24. Die dort abgebildete Kanne kam aber nach Pompeji (Pasqui Sp.432. 536 Nr.150). Pasqui zitiert die Abb.24 bei der Beschreibung eines weiteren Gefäßes (Anhang 2.2. Nr.16), das er allerdings als *„grande“* bezeichnet. Da Pasqui aber auch die sehr ähnliche Kanne Pasqui Nr.150, die nur 3,5 cm größer ist, als *„grosso“* bezeichnet, spricht dies nicht zwingend gegen eine Identifizierung.

während sich eine Griffschale ohne ornamentale Verzierung nicht nachweisen läßt[138]. Insgesamt ist es in Anbetracht der in dieser Hinsicht völlig unzureichenden Grabungspublikation jedoch sehr wahrscheinlich, daß die fünf Gefäße des zweiten Erwerbungskomplexes und die Schale mit beweglichen Henkeln aus der Hauptgrabung der „Silberschatzvilla" (Kat.Nr.1) kommen.

Ein Anhaltspunkt dafür, daß auch in den ersten Berliner Ankauf Bronzen aus dieser Grabung kamen, ist die Laterne, die ein eher seltenes und in den Fundberichten leicht zu identifizierendes Fundobjekt darstellt[139]. Die beiden in der „Silberschatzvilla" (Kat.Nr.1) gefundenen Laternen gelangten auf den Kunstmarkt. Die bei Pasqui abgebildete kam nach Chicago[140], so daß es sich bei der Berliner Laterne mit großer Wahrscheinlichkeit um das zweite Exemplar handelt[141].

Leider lassen sich die meisten der Berliner Bronzen, die nicht für die Grabungen bei Boscotrecase und Scafati und die Nachgrabung der „Silberschatzvilla" bei Boscoreale (Kat.Nr.4.5.1) nachzuweisen sind, in der Grabungspublikation der „Silberschatzvilla" (Kat.Nr.1) von Pasqui nicht oder nur schwer identifizieren[142]. Lediglich die beiden Amphoren sind mit einiger Wahrscheinlichkeit in der Beschreibung von Pasqui zu erkennen[143]. Da es sich aber überwiegend um unverzierte oder nur wenig verzierte Gefäße handelt, ist es durchaus wahrscheinlich, daß sie zu den zahlreichen der bei Pasqui genannten Sammelgruppen gehören. Gestützt wird diese These dadurch, daß in den gleichzeitig erfolgten Grabungen, deren Funde im Gegensatz zur „Silberschatzvilla" (Kat.Nr.1) jeweils einzeln in den Berichten aufgeführt sind, keine Gefäße dieser Art gefunden wurden[144]. Für die betroffenen Berliner Bronzen hat dies zur Folge, daß sie für die Rekonstruktion der Fundumstände in der „Silberschatzvilla" (Kat.Nr.1) nicht herangezogen werden können.

---

[138] Misc 8954 = Pernice a.O. 19 Nr.3.

[139] In dem in Frage kommenden Zeitraum wurde lediglich eine weitere Laterne in der Grabung von Masucci d'Aquino bei Pompeji (Kat.Nr.6) gefunden. Es gibt aber keine Anhaltspunkte, daß Funde aus dieser Grabung in den Berliner Komplex gelangten. Zu den gleichzeitigen Grabungen ausführlich: Kap.2.2.3. Kat.Nr.6-8.

[140] Kat.Nr.1/59b = Anhang 2.2. Nr.39. Die Abbildung bei Pasqui Sp.499 Abb.68 ist ungenügend. Die Aufnahmen bei de Cou, Boscoreale Taf.132.133 zeigen die Laterne von der anderen Seite. Die Proportionen sind identisch, ebenso entsprechen sich Details wie z.B. die unteren Abschlüsse der Seitenträger und sogar das Hängen der Ketten. Dagegen scheinen die oberen Aufhänger der Seitenteile auf der Aufnahme bei Pasqui in den Umrissen weniger geschwungen und dabei stärker gezackt zu sein. Sehr wahrscheinlich ist dies aber auf die Reproduktionstechnik zurückzuführen. Vgl. den Fuß des Kandelabers Kat.Nr.5/13 auf der Abbildung in NSc 1899, 396 Abb.7.

[141] Kat.Nr.1/59a = Anhang 2.2. Nr.39.

[142] Dies gilt für: BaBiB Nr.10 (Misc 8885: Trichterrandkanne); 23 (Misc 8876: Badeschale); 29 (Misc 8907: Tasse); 31 (Misc 8893: Schälchen); 33 (Misc 8853: Dreifußuntersatz); Misc 8880 (zwei Blechteller), Pernice a.O. 196 Nr.39. 40.

[143] Kat.Nr.1/60 = Anhang 2.2. Nr.32.

[144] s.Kap.2.2.3.

2.2.3. Die Grabungen von G.Masucci-D'Aquino, M.Liguori und P.Malerba (Kat.Nr.6 - 8)

Während Vincenzo de Prisco in seiner Grabungsserie eine Villa nach der anderen teilweise aufdeckte, führte Giuditta Masucci auf einem ihrer Grundstücke zusammen mit ihrem Ehemann Giuseppe d'Aquino in den Jahren 1897 bis 1900 eine Grabung durch, die, etwa 130 m von der Porta Vesuvio entfernt, eine Villa (Kat.Nr.6) zu größeren Teilen freilegte. Publiziert wurden davon lediglich die ersten drei Phasen zwischen März 1897 und November 1898 (Abb.16), während die späteren Unternehmungen bisher unerwähnt blieben.

Die Ausgrabung begann zunächst als „*scavo clandestino*" unbemerkt von der Antikenverwaltung. Diese ließ die Grabung daher kurz darauf stoppen[145]. Dem Ehepaar Masucci-d'Aquino wurde schließlich eine offizielle Grabungserlaubnis erteilt, nachdem es sich dazu bereit erklärte, ein Drittel der zu erwartenden Funde aus den „*lavori di scavo per ricerche di oggetti antichi di antichità*" dem Staat zu schenken[146]. Der Finanzier und offenbar die treibende Kraft dieser Familienunternehmung war der Bruder der Ausgräberin, Carmine Masucci[147]. Das bald darauf gefundene[148] berühmte Philosophenmosaik (Kat.Nr.6/6) wurde nach längeren Verhandlungen für die beachtliche Summe von 50.000 Lire für das Nationalmuseum in Neapel erworben[149]. Nach Abschluß der ersten drei Grabungsphasen im November 1898, die zur Freilegung des bekannten Grundrisses geführt hatten, wurde eine Liste aller Funde erstellt, aus der die Antikenverwaltung jedoch nur wenige Stücke auswählte. Die Differenz zum Drittel des Gesamtwertes wurde vom Ehepaar Massucci-d'Aquino ausgezahlt[150]. Fast alle Funde, darunter zahlreiche Bronzegefäße, blieben so zunächst im Besitz der Ausgräber. Ihr Verbleib ist unbekannt. Aufgrund der Beschreibungen im Grabungsbericht kann ein Zusammenhang mit dem oben behandelten Berliner Komplex aber sicher ausgeschlossen werden.

Die Fortsetzung dieser Grabung, die im September 1899 begann, ist lediglich durch die im Archiv des Ufficio degli Scavi di Pompei aufbewahrten Unterlagen bekannt. Dem *giornale dello scavo* ist zu entnehmen, daß in den ersten Arbeitstagen Teile der bereits in den Jahren zuvor freigelegten Grabung wieder zugeschüttet wurden, während gleichzeitig

[145] Arch.Pomp. III/2: *Relazione intorno alla vertenza Masucci-d'Aquino* vom 26.4.1920, S.1f.; wird im folgenden als *Relazione* abgekürzt.

[146] Arch.Pomp. III/2: Abschrift einer Erklärung vom 30.5.1897 von G.Masucci und G.d'Aquino. Vgl. *Relazione* a.O. (s. Anm.145) S.2.

[147] Arch.Pomp. III/2: Abschrift eines Vertrages vom 17.2. 1898; *Relazione* a.O. (s. Anm.145) S.3f.

[148] Die Fundumstände des Mosaiks lassen einige Fragen offen. Zu ihrer Interpretation s. hier S.137.

[149] s. Anm.147.

[150] *Relazione* a.O. (s. Anm.145) S.15f. Der Wert eines Drittels der Funde betrug 438,80 Lire. Nach Abzug der Objekte Nr.43.44.61 und 237 belief sich die zu zahlende Summe auf 335,80 Lire. Die Liste selbst ist nicht mehr vorhanden.

die Grabung erweitert wurde[151]. An dieser Grabungsstelle wurde in insgesamt drei Phasen gearbeitet[152]. Die Grabung endete schließlich am 23.11.1900 an der Grenze zum fondo Barbatelli[153]. Auf dem fondo Barbatelli, der sich bereits seit einiger Zeit im Besitz des Staates befand, wurde seit November 1899 eine Ausgrabung durchgeführt. Die Berichte dieser staatlichen Grabung, welche die sog. Metallwerkstatt freilegte, wurden in den Notizie degli Scavi veröffentlicht[154]. Auch diese Grabung wurde bald abgeschlossen. Beide Grabungen hatten einige Jahre später ein unerwartetes juristisches Nachspiel. Die Erben des im Laufe des Jahres 1900 verstorbenen Ehepaares Masucci-d'Aquino[155] beanspruchten die in der staatlichen Grabung gefundene Statue eines Epheben mit der Begründung für sich, sie sei auf ihrem Besitz gefunden worden[156]. Dem Bericht der Antikenverwaltung ist zu entnehmen, daß ein Weg beide Grundstücke trennte. Die Mitte des abgegrabenen Weges galt als Trennlinie, unmittelbar darunter gefundene Objekte sollten dem Wert nach geteilt werden[157]. Der Ephebe wurde jedoch erst Tage nach der Einstellung der privaten Grabung innerhalb des staatlichen Areals gefunden[158], und die Forderung der Erben erwies sich somit als gegenstandslos. Aus heutiger Sicht interessanter ist die aus dem Rechtsstreit abzuleitende Tatsache, daß es sich bei der Grabung von Masucci-d'Aquino um den nördlichen Teil der sog. Metallwerkstatt vor der Porta Vesuvio handelt und diese sich offensichtlich unmittelbar südlich an die „Villa des Siminius Stephanus" (Kat.Nr.6) anschloß. Ein erst 1914 aufgenommener Plan im Archivio Disegni der Soprintendenza di Pompei zeigt den Grundriß des als Werkstatt genützten Gebäudes mit Angabe des ehemaligen Weges[159]. Der Grundriß ist identisch mit den heute noch freiliegenden und entsprechend überwachsenen Mauern der Grabung vor der Porta Vesuvio[160]. Ein Vergleich des von A.Sogliano publizierten Planes der „Villa des Siminius Stephanus" (Kat.Nr.6) mit den kartierten Grabungsresten der Werkstatt vor der Porta Vesuvio zeigt exakte Übereinstimmungen im Bereich der Räume (3.4), die bereits Teil des südlichen Gebäudekomplexes, zu dem die Werkstatt gehört, sind (Abb.15). Beide Gebäudeteile gehörten offenbar zu einem größeren Komplex[161]. Die

---

[151] Arch.Pomp. III/3: *Giornale settimanale* vom 18.9. bis 24.9. 1899.

[152] Vom 18.9. bis 20.11.1899, vom 5.6.1900 bis 21.7.1900 und vom 8.10. bis 23.11.1900: Arch.Pomp. III/2 und III/3: Abschriften der *Giornali settimanali*.

[153] Arch.Pomp. III/2: Abschrift des *Giornale settimanale* vom 19. bis 23.11.1900; *Relazione* a.O. (s. Anm.145) S.2.8.

[154] A.Sogliano, NSc 1899, 391. 439ff. 493ff.; ders., NSc 1900, 30. 70. 500. 584. 599: Kockel-Nr.21. Vgl. Casale-Bianco 47 Nr.121. s. jetzt: Gralfs, Produktionsstätten 12ff.

[155] Relazione a.O. (s. Anm.145) S.4.

[156] Für diesen Prozeß wurden zahlreiche Aktenstücke (Arch. Pomp. III/2) sowie ein ausführlicher Bericht, *Relazione* a.O. (s. Anm.145), zusammengestellt.

[157] *Relazione* a.O. (s. Anm.145) S.7.

[158] *Relazione* a.O. (s. Anm.145) S.20.

[159] Cartella P 1078.1079.

[160] Die Grabung wird allgemein als die „Villa des Siminius Stephanus" (Kat.Nr.6) identifiziert, vgl. Gralfs, Produktionsstätten 13f.; De Vos, Pompei 180 mit entsprechenden Randsymbolen; ebenda Abb. S.175.

[161] Zum architektonischen Verhältnis zwischen der „Villa" und der „Werkstatt" s.u. S. 79f.

Fundsituation in der „Werkstatt“ ist von B.Gralfs ausführlich untersucht worden[162]. Die Existenz des bisher unbekannten Grundrisses, der auch Fundeintragungen enthält, sowie die Kenntnis der bisher völlig unbekannten Grabung im nördlichen Teil der „Werkstatt“ mit den jeweils vollständigen *giornali* und Fundlisten läßt eine Neuuntersuchung der „Werkstatt“ in Hinsicht auf die Werkstättenproblematik als lohnend erscheinen. Die anders orientierte Zielrichtung und der erhebliche Umfang einer solchen Untersuchung, die zudem zu großen Teilen einer Erstpublikation entspräche, machen jedoch eine Einbindung in den Rahmen dieser Arbeit unmöglich.

Die erwähnte Fundliste zählt 133 Fundnummern auf. Erst eine detaillierte Auswertung der *giornali* in Verbindung mit dem unpublizierten Plan kann allerdings mit Sicherheit klären, ob sich die gesamten Ausgrabungstätigkeiten auf den nördlichen Teil der „Werkstatt“ konzentrierten und folglich alle Funde von dort kommen. Bemerkenswert ist die Anzahl von 33 Marmorobjekten, zumeist Basen und Teile von Tischen, darunter aber auch die kleine Brunnenfigur eines Knaben mit Vogel und zwei Faun-Statuetten[163], in zwei Räumen, deren Fundzusammenhang bereits eine genaue Untersuchung lohnen würde. Die Funde aus der Grabung von Masucci-d'Aquino verblieben im Besitz der Erben[164]. Die Nachricht, daß 1910 ein überwiegend aus Tongefäßen, deren Inschriften die eindeutige Identifizierung erlaubten, bestehender Komplex aus dieser Grabung von der Zollbehörde in Torre Annunziata, die eine Herkunft aus der staatlichen Grabung von Pompeji vermutete, abgefangen wurde[165], zeigt, daß mit dem Verkauf sämtlicher Objekte aus dieser Grabung zu rechnen ist.

Die Grabung (Kat.Nr.7) von Maria Liguori bei Scafati wurde wegen des hohen Grundwasserspiegels schon bald wieder eingestellt. Der Verbleib der wenigen Funde, darunter ein Marmortisch (Kat.Nr.7/1), ist unbekannt. Auch die von Pasquale Malerba 1899 unternommene Grabung (Kat.Nr.8) wurde wegen des Grundwassers bald wieder aufgegeben[166]. Auch hier ist über den Verbleib der wenigen Funde, von denen einzig die in einer Wandnische gefundene Tonstatuette eines Isispriesters (Kat.Nr.8/1) besondere Beachtung verdient, nichts bekannt.

Weder die Familie Masucci-d'Aquino, noch M.Liguori oder P.Malerba haben in den folgenden Jahren weitere Grabungen durchgeführt.

---

[162] Gralfs, Produktionsstätten 12ff.

[163] Arch.Pomp.III/3: *Giornale settimanale* vom 31.10. bis 5.11.1899; Fundliste Nr.4.34.35.

[164] *Relazione* a.O. (s. Anm.145) S.14.

[165] *Relazione* a.O. (s. Anm.145) S.12f.; Arch.Pomp. II/2: Abschrift eines Briefes vom 26.4.1910 von Scav. Pomp. (M.Della Corte) an Dir.M.N.

[166] Die in Pompeji aufbewahrten *giornali dello scavo* (Arch.Pomp. I/7) entsprechen in ihrem Informationsgehalt dem Grabungsbericht von A.Sogliano, NSc 1900, 203ff.

2.3. Die zweite Phase: 1899 bis 1902 (Kat.Nr.9.10)

2.3.1. Die Grabung von Gennaro Matrone (Kat.Nr.9)

Die zweite Phase der Grabungsaktivitäten wird durch lediglich zwei Grabungen bestimmt. Die von Gennaro Matrone unternommene Ausgrabung südlich von Pompeji erfolgte in drei Abschnitten. Zwischen Juli und Dezember 1899 und Juni und Februar 1901 wurde eine Reihe von Tabernae ausgegraben. Aufgrund der Lage in der Nähe der antiken Küste wurden hier zahlreiche Skelette von Flüchtenden zusammen mit Goldschmuck, Silbergefäßen und zahlreichen Münzen aufgefunden.

Im Zeitraum Juli 1901 bis Juli 1902 ließ Gennaro Matrone eine Villa in unmittelbarer Nachbarschaft der Tabernae in Teilen freilegen. Kleinfunde gab es hier, im Gegensatz zur nahen Tabernae-Grabung, nur in sehr geringem Umfang, wobei es sich vorwiegend um Keramik und kleinere Bronzeobjekte handelte[167]. Bemerkenswert sind jedoch die Wanddekorationen des frühen 4. Stils des Peristyls und mehrerer angrenzender Räume sowie insbesondere die Skulpturenausstattung der Villa. Unglücklicherweise erfolgte ein Teil der Grabung in Abwesenheit der Archäologen[168]. So blieb der Zusammenhang zwischen beiden Gebäuden wegen der frühzeitigen Verschüttung von Teilen der Grabung, ohne daß sie zuvor aufgenommen worden waren, unklar[169]. Der von Winkes vorgelegte Plan, der auf den von Caskey (Abb.14) ohne Herkunftsangabe[170] publizierten aufbaut, jedoch jene Teile gestrichelt wiedergibt, die durch die Grabungspläne von Sogliano und Paribeni nicht verifizierbar sind, zeigt im gestrichelten Teil diesen Grabungsabschnitt. Ein Vergleich zeigt eindeutig, daß Caskey den Plan aus der bisher nicht beachteten Publikation des Ausgräbers Gennaro Matrone, die offenbar nur in sehr geringer Auflage erschien, übernommen hat[171]. Die Detailgenauigkeit der Vorlage läßt schon wegen des Maßstabes von 1:500 sehr zu wünschen übrig, dürfte aber im wesentlichen der Grabungssituation entsprechen. Ein Vergleich mit dem von Paribeni publizierten Plan macht aber deutlich, daß sowohl die Größe der Räume als auch die Durchgangssituation nur ungenau wiedergegeben sind[172].

---

[167] R.Paribeni, NSc 1902, 578.

[168] Ebenda 570.

[169] Ebenda 570. Vgl. den Plan von F.Fienga, Esplorazione del pago marittimo Pompeiano, in: Atti del III Congresso Nazionale di Studi Romani, Bologna 1933, I (1934) 172ff. Taf.25 Abb.2, der zwischen beiden Gebäuden einen Streifen von unbekannter Breite freiläßt.

[170] Winkes, Paintings 10 Anm.9 Abb.2; vgl. L.D.Caskey, BMusFA 37, 1939, 9 Abb.2.

[171] G.Matrone, Précis historique sur les fouilles executées par M. l'ingenieur I.Matrone près de l'ancienne bourgade de la marine de Pompéi, Castellamare di Stabia (1903) = Napoli (1909), Plan.

[172] Vgl. Paribeni a.O. Abb. auf S.569 und Caskey a.O. 9 Abb.2.

Gennaro Matrone ging es in seiner Grabungspublikation[173], die entgegen dem Titel keine genaue Beschreibung der Grabung ist und die publizierten Grabungsberichte keineswegs ersetzt, v.a. darum, die wissenschaftliche Bedeutung seines Unternehmens gebührend zu betonen. Seine These, inspiriert von dem einige Jahre zuvor erfolgten Fund eines Schiffswracks in der Nähe seiner Grabung, daß es sich bei einem der von ihm freigelegten Skelette um Plinius den Älteren handele[174], hat jedoch keine Würdigung erfahren.

Einen Teil der äußerst zahlreichen Schmuckstücke, die in und vor den Tabernae gefunden wurden, verkaufte Gennaro Matrone noch während der Grabung an verschiedene Sammler[175], während einige Stücke zunächst in seinem Besitz verblieben und erst einige Jahre später auf den Kunstmarkt gelangten. Sie befinden sich jetzt in Mariemont und wurden von V.Lamy identifiziert[176]. Von dem angeblich im Nationalmuseum in Neapel aufbewahrten Schmuck läßt sich nur ein Stück nachweisen[177]. Ebenfalls in Neapel befindet sich ein Tongefäß in Maskenform (Kat.Nr.9/19A)[178].

Auch die Funde aus der benachbarten Villa wurden zum Teil noch während der Grabung verkauft. Von dem Amor aus Bronze (Kat.Nr.9/48) bekam R.Paribeni aus diesem Grund nur noch eine Zeichnung zu sehen[179]. Leider geht auch aus der Publikation von Matrone nicht eindeutig der genaue Fundort der Statue, der im Grabungsbericht nicht vermerkt

---

173 s. Anm.171.

174 Matrone a.O. 5. Den entsprechenden Schädel ordnete er in seine Sammlung ein.

175 Eine Auflistung der Sammler und des erworbenen Schmucks gibt A.Sambon, Musée 3, 1906, 209ff.: Hearst, J.Pierpont-Morgan, Aucoc, de Béarn. Eine Identifizierung des Schmucks ist aufgrund der häufigen Typengleichheit in keinem Fall eindeutig möglich. Die Nennung einiger besonderer Anhänger, ebenda 209 *(en forme d'Harpocrate, en forme de coquille au milieu de laquelle se voit une statuette de la Fortune)*, die im Grabungsbericht nicht nachzuweisen sind, läßt aber daran zweifeln, ob der gesamte zitierte Goldschmuck aus dieser Grabung kommt. Zum Charakter der Publikation in Musée 3, 1906, s.u. S. 56f. Ein Schmuckkomplex aus 6 Nummern mit 10 Stücken mit dieser Herkunftsangabe, darunter auch der erwähnte Anhänger mit der Fortuna in der Muschel, wurde 1905 von Aucoc erworben, Catalogue des Objets antiques, Collection de M.Guilhou, Hotel Drouot, 16.-18.3.1905 (Paris 1905) 27 Nr.160-165 (handschriftliche Eintragung des Namens im Exemplar des DAI Rom).

176 Sambon a.O. 210; V.Lamy, Bijoux en or trouvés à Torre Annunziata, conservés au Musée Royal de Mariemont, in: Ercolano 1738-1988, 461-470. Die Identifizierung von Kat.Nr.9/31A ist sehr wahrscheinlich, während bei der Kette Kat.Nr.9/27A der kleine Amor-Anhänger nicht beschrieben wird. Für die restlichen sieben Schmuckstücke sind die Beschreibungen im Grabungsbericht sehr ungenau, bzw. kommen mehrmals vor: Lamy a.O. 462 Nr.1 (Mariemont Inv.B.357), Nr.2 (Inv.B.352); 467f. Nr.3 (Inv.B.354); 463 Nr.4 (Inv.B.353); Nr.5.6 (Inv.B.358); 463f. Nr.7 (Inv.B.356).

177 Kat.Nr.9/6b. Vgl. Sambon a.O. 210: *paire de boucles d'oreilles, deux bracelets, une bague en or ornés de plaques de lapislazuli*. Möglicherweise haben sie ihre Herkunftsangaben verloren.

178 Inv.n.125169; M.Grant, Eros a Pompei^2 (1975) 129 mit Abb.: *„dagli scavi eseguiti alla fine del secolo scorso in contrada Battari"*.

179 R.Paribeni, Nsc 1902, 577.

ist, hervor. Sie stand in einem der hervorgehobenen Räume[180], möglicherweise im Raum auf der Südseite des Peristyls[181]. Die Statue Amors als Fackelträger wurde vom Metropolitan Museum in New York erworben (Kat.Nr.9/48). Die Statuette eines sitzenden Hercules kam nach Neapel, während die Marmorskulpturen und anderen Marmorobjekte über Cleveland nach Boston gelangten[182]. Die stark korrodierten Eisengeräte blieben zunächst im Besitz der Familie und befinden sich heute in Philadelphia[183]. Aus den gut erhaltenen Wanddekorationen wurden zahlreiche Teile herausgeschnitten. Der hohe Grundwasserstand bedingte allerdings, daß der untere Teil der Fresken mitsamt der Sockelzone verloren ging[184]. Drei Fresken, ein Silbergefäß und zwei Terra sigillata-Schalen waren Bestandteil des Chicagoer Komplexes[185]. Die meisten der abgenommenen Fresken wurden jedoch erst Jahre später Bestandteil öffentlicher Sammlungen. Das Museum of Fine Arts in Boston erwarb 1925 vier Fresken, zunächst noch ohne genaue Herkunftsangabe[186], sowie 1933 zehn weitere[187]. Fünf Jahre später kam ein weiteres Fresko nach Boston[188], eine große Anzahl wurde ebenfalls im Jahre 1938 zusammen mit mehreren Fresken aus anderen Grabungen vom Museum of Art in Providence erworben[189]. Die Identifizierung der Fresken in Providence erfolgte durch Winkes anhand der Fresken in Chicago und Boston sowie anhand des Grabungsberichtes von Paribeni[190]. Die teilweise völlig unklare Grabungssituation und die wahrscheinlich zum Teil dadurch bedingten ungenauen Beschreibungen durch Paribeni[191] erschweren eine eindeutige Identifizierung der Fresken erheblich. Auch den in Pompeji teil-

---

[180] Vgl. Matrone a.O. 9: „*Dans le triclinium et dans les salles de réception, on a trouvé sur les murs des dessins et des peintures d'un fin travail et que l'eau n'avait pas altérées. ... Dans les meilleures chambres, on a trouvé une statuette en bronze représentant un Amour ailé d'une bonne exécution, ...*".

[181] Die Statue wurde am 20.11.1901 gefunden, vgl. Paribeni a.O. 570. Dieses Datum trägt auch ein Brief von Scav.Pomp. an Dir.M.N., in dem der Soprastante C.Lembo dem Direktor des Nationalmuseums von dem Fund unterrichtet: „*che allo scavo Matrone, nella contrada Bottaro comune di Torre Annunziata, proseguendo lo scavo al lato nord-est dell'appezzamento già scavato e precisamente nella stanza dove furono distaccati i dipinti dalle pareti, ...*". Da die Räume auf der Ostseite des Peristyls erst Mitte Dezember entdeckt wurden, s. Anm.192, könnte es sich hierbei um den Raum auf der Südseite des Peristyls, zu dem einige der schwarzgrundigen Fresken gehören, handeln.

[182] Die Liste von Neudecker, Skulpturenausstattung 179f. Nr.33 läßt sich damit vollständig ergänzen, s. Kat.Nr.9/42.44-48.

[183] H.Matthäus, BerRGK 65, 1984, 73ff. Eine Identifizierung der einzelnen Geräte, deren Zahl die der in den Grabungsberichten genannten nicht erreicht, ist nicht mehr möglich, ebenda 76.

[184] R.Paribeni, NSc 1902, 570. Vgl. die Rekonstruktion in: Kat.Boston 1978 II, 150f. Nr.87.

[185] s.o. S. 24.

[186] L.D.Caskey, BMusFA 23, 1925, 34. Als Herkunftsort gibt Caskey die private Grabung einer Villa in der Nähe Pompejis an, aus der acht weitere Fresken in Neapel aufbewahrt würden. Gemeint ist hier offenbar die „Villa des Fannius Synistor" (Kat.Nr.10).

[187] L.D.Caskey, BMusFa 37, 1939, 9ff.

[188] Ebenda 16.

[189] Die Fresken in Providence wurden von Brummer Galleries, New York erworben, Winkes, Paintings 8.

[190] Ebenda.

[191] Vgl. R.Paribeni, NSc 1902, 570f.

weise noch aufbewahrten Archivmaterialien ist nur wenig zu den Wanddekorationen zu entnehmen[192]. Dazu kommt, daß der Komplex in Providence eine größere Anzahl von Fresken aus unbekannten Grabungen umfaßt[193]. Lediglich die Wanddekoration des Peristyls, von der sich größere Teile in den drei genannten Sammlungen befinden, läßt sich aufgrund alter Photographien in ihrer allgemeinen Abfolge sicher rekonstruieren (Kat.Nr.9/43). Insbesondere die Identifizierung einer größeren Anzahl von schwarzgrundigen Fresken erweist sich als äußerst schwierig. Paribeni erwähnt einen Raum mit schwarzgrundiger Oberzone auf der Südseite des Peristyls und sagt ausdrücklich, daß Fresken abgenommen wurden. Da Paribeni von einem offenbar großen Raum -*"un'ampia sala"* [194]- zu sprechen scheint, sich aber auf der Südseite des Peristyls dem Caskey-Plan zufolge nur relativ kleine Räume befinden, bezweifelt Winkes diese Lokalisierung und geht von seiner tatsächlichen Existenz im Gebäudeteil westlich des Peristyls *(Room E)* aus[195]. Dieser sehr breite, auf die Außenwand des Peristyls weit geöffnete Raum konnte wegen moderner Bebauung in seiner Erstreckung nach Süden nur zu einem kleinen Stück freigelegt werden. Bei seinem Versuch, die Wandgliederung der schwarzgrundigen Fresken in Chicago, Boston und Providence zu rekonstruieren, kommt Winkes zu dem überraschenden Ergebnis, daß es sich um Fresken aus drei verschiedenen Räumen handeln müsse[196].

---

[192] Arch.Pomp. III/4 Nr.120 - 23.12.1901: „... *Si sono trovate fino ad oggi, parte delle colonne del peristilio del lato N.-E. ... Si è distaccato uno dei dipinti della parete sud del cubicolo scoperto la settimana scorsa raffigurante un paesaggio di m. 1.10 per 1.20.*" 24.12.1901: „... *si è distaccato l'altro dipinto simile al precedente paesaggio di (cent. 85 per 85) - appena riconoscibile, con un piccolo uccello*". 27.12.1901: „*Continua il lavoro di scavo nella stanza all'angolo del peristilio suddetto ...*". Arch.Pomp. III/4 Nr.121 - 30.12.1901: „*Si continua lo scavo ... d'una stanza successiva a quella parete monocroma gialla da dove furono già distaccati i due piccoli paesaggi ..., la quale trovasi a N.-E. rispetto al peristilio ... Detta stanza ha figura quasi quadrata con pareti rivestite di stucco bianco nell'ordine superiore e riquadri rossi inferiormente con fasce ad ovoli e decorazioni di animali diversi*". Der Ortsangabe zufolge handelt es sich um die Räume A und B, vgl. R.Paribeni, NSc 1902, 570.

[193] Winkes, Paintings 23.

[194] Paribeni a.O. 571.

[195] Winkes, Paintings 17 Anm.34. Ausschlaggebend für Winkes ist die Tatsache, daß das Photo Paribeni a.O. Abb.2 nicht die Nordseite des Peristyls, wie R.Paribeni, NSc 1902, 570 angibt, sondern die Ostseite zeigt und zudem keiner der Räume auf der Südseite als bemerkenswert groß zu bezeichnen ist. Die Tatsache, daß Paribeni und sein Zeichner zum Zeitpunkt der kurzzeitigen Freilegung des Raumes nicht am Ort waren (Paribeni a.O. 570), heißt nicht, daß ihm die Lage der Räume unbekannt gewesen sein muß. M.E. ist daher eher die Angabe „*un'ampia sala*" auf einen mittelgroßen Raum zu beziehen.

[196] Winkes, Paintings 18. Die Darstellung von Winkes ist etwas verwirrend, da er im Katalogteil selbst noch von der Zusammengehörigkeit eines Teiles der Fresken in Providence ausgeht, ebenda 28 Nr.1 Anm.1. Dieselben Fresken weist er im Text, ebenda 18, drei verschiedenen Räumen zu. Schwer nachvollziehbar wird die Darstellung dadurch, daß Winkes, Paintings 17f. die Bostoner Fresken in der Regel nur mit ihren Inv.Nr. zitiert. Diese sind jedoch in den Aufsätzen von L.D.Caskey, BMusFA 23, 1925, 34; BMusFA 37, 1939, 9ff., nicht angegeben. In einem Fall zitiert Winkes, Paintings 17 Anm. 41 zwar das Photo bei L.D.Caskey, BMusFA 37, 1938, 15 Abb.10, jedoch ohne die Inv.Nr. anzugeben.

Gegen den Rekonstruktionsvorschlag von Winkes ist zunächst vorzubringen, daß Paribeni[197] für den Raum südlich des Peristyls Dekorationselemente beschreibt, die zwar alle auf den hier diskutierten Fresken vorkommen, die Winkes jedoch auf drei Räume verteilt: „*i soliti prospetti architettonici dell'ultimo stilo pompeiano, con figurine di animali e di mostri alati (Second Room)* [198], *festoni di fiori con uccelli (Second Room - Third Room)*[199], *bei tripodi d'oro e vasi di argento" (First Room)* [200]. Allerdings kann jedoch nicht völlig ausgeschlossen werden, daß Paribeni vom Ausgräber Fresken aus verschiedenen Räumen als aus einem Raum kommend präsentiert wurden. Tatsächlich erscheint die Rekonstruktion der Fresken des *Third Room* durch Winkes weitgehend schlüssig, so daß offenbar mit mehreren Räumen gerechnet werden muß[201].

Damit stellt sich aber die Frage nach der Grundlage der Zuweisungen. Bisher läßt sich nur die Dekoration des Peristyls einwandfrei identifizieren[202]. Eine im wesentlichen auf der Basis von Farbgebung und allgemeinem Aufbau erfolgende Zuschreibung kann nur erfolgen, wenn es sich bei den zur Verfügung stehenden Dekorationen tatsächlich um einen geschlossenen Komplex handelt. Dies ist aber bei den Fresken in Providence nicht der Fall, wobei sich bisher keines der Fresken anderer Herkunft identifizieren ließ[203]. Zumindest ein Dekorationsfragment läßt sich jedoch aufgrund eines Photos in den Notizie degli Scavi zweifelsfrei zuordnen. Es ist wohl kein Zufall, daß es aus einer von Gennaro Matrone ausgegrabenen Villa kommt (Kat.Nr.20/8b). In der Villa in Scafati, fondo Matrone (Kat.Nr.20), wurden acht Räume mit weiß-, gelb-, rot-, und schwarzgrundigen Wanddekorationen des 4. Stils (Kat.Nr.20/8-11.13) freigelegt. Zwar scheinen den Beschreibungen zufolge nur kleinere Fragmente abgenommen worden zu sein, sicher ist dies aber nicht[204]. Zumindest ein von Winkes der Villa bei Torre Annunziata, fondo Matrone (Kat.Nr.9), zugeschriebenes Stilleben gehört mit großer Wahrscheinlichkeit zur Villa bei Scafati (Kat.Nr.20)[205]. Sieht man von der Dekoration des Peristyls ab, existiert bei den vorgeschlagenen Zuweisungen ein er-

197 R.Paribeni, NSc 1902, 571.

198 Chicago, Field Museum Acc.no.24672; De Cou, Boscoreale 177ff. Taf.129; Winkes, Paintings 18 Abb.15. Boston, Museum of Fine Arts Acc.no.25.46. Winkes, Paintings 17f.

199 Boston, Museum of Fine Arts Acc.no.38.734; 25.44.

200 Providence, Museum of Art Acc.no.38.058.2a-d; 38.058.3; 38.058.13. Winkes, Paintings 18 Abb.16.17 S.28ff. Nr.1-6.

201 Winkes, Paintings 18 Abb.16.17. Diese einzige rekonstruierbare Oberzone eines Raumes ergibt lediglich eine Länge von 3-4 m, was gegen die von Winkes vorgeschlagene Lokalisierung des Raumes im Westen des Peristyls spricht. Winkes denkt daher an eine mögliche Wiederholung des Motivs.

202 Kat.Nr.9/43. Hinzuzufügen sind auf der Basis der Archivmaterialien, s. Anm.192: Arch.Pomp. III/4 Nr.120, möglicherweise zwei Fresken in Boston, Museum of Fine Arts, s. L.D.Caskey, BMusFA 37, 1939, 16 Abb.9. Bis zu einer Überprüfung der Maße bleibt dies jedoch eine Vermutung.

203 Winkes, Paintings 23.

204 s.u. S. 60f.

205 Winkes, Paintings 38 Nr.7 = Kat.Nr.20/10c.

heblicher Unsicherheitsfaktor[206], so daß sie für eine Interpretation der Ausstattung der Villa in Torre Annunziata, fondo Matrone (Kat.Nr.9), nicht herangezogen werden können.

Es bleibt zu hoffen, daß eine detaillierte Publikation der Fresken und Skulpturen aus dieser Villa einige der hier angesprochenen Probleme zu lösen vermag[207].

2.3.2. Die „Villa des Fannius Synistor" (Kat.Nr.10)

Wenige Monate nach Abschluß der Arbeiten an der „Villa des Domitius Auctus" (Kat.Nr.5) bei Scafati, der letzen Grabung der sog. Grabungsserie, begann Vincenzo de Prisco im Sommer 1899 mit einer neuen Grabung auf dem Besitz von Francesco Vona und legte eine große Peristylanlage, die Villa des „Fannius Synistor" (Kat.Nr.10: Abb.10), frei. Im Gegensatz zur „Silberschatzvilla" (Kat.Nr.1) handelte es sich um eine ganz überwiegend repräsentative Anlage mit hervorragenden Wandmalereien, jedoch relativ wenigen beweglichen Funden. Und doch mußte einiges an die nur wenige Jahre zuvor freigelegte „Silberschatzvilla" (Kat.Nr.1) erinnern. Denn wieder war V.de Prisco bemüht, „seinen" kostbaren Fund - 71 Fresken, deren Herauslösung und Einrahmung von ihm sofort veranlaßt worden war - unter größtmöglichem Gewinn ins Ausland zu verkaufen. Die außergewöhnlich qualitätvollen Fresken erregten sofort große Aufmerksamkeit und führten im September 1900 zur Bildung einer staatlichen Kommission, die unter der Leitung des Direktors des Nationalmuseums von Neapel, Giulio de Petra, den Verkauf der Funde ins Ausland verhindern sollte. Der 1901 erschienene Bericht des Kommissionsmitglieds Felice Barnabei beschreibt die Fundsituation der Fresken, was um so wichtiger war, da die insgesamt 71 Freskenfragmente bereits von Vincenzo de Prisco herausgelöst worden waren[208]. Die Hoffnung der Kommission, diese Fresken für Italien bewahren zu können[209], ging jedoch nicht in Erfüllung. Zwar war das Fehlen einer entsprechenden Gesetzesgrundlage bereits angesichts des Verkaufs des Silberschatzes im Jahre 1895 schmerzhaft bewußt geworden und hatte auch bereits zu mehreren Gesetzesvorlagen im Parlament geführt, eine Zustimmung war ihnen jedoch zunächst versagt geblieben[210]. Das offenbar zähe Ringen um die Fresken

[206] Dies gilt insbesondere für die gelb- und rotgrundigen Fresken: Providence, Museum of Art Acc.no.38.058.16; 38.058.4; 38.058.5a.b; 38.058.17; 38.058.2E; 38.058.1a; 38.058.6; Winkes, Paintings 39 Nr.8-11.18.19.26.28. Boston, Museum of Fine Arts: L.D.Caskey, BMusFA 37, 1939, 16 Abb.8. Chicago, Field Museum Acc.no.24673; De Cou, Boscoreale 177ff. Taf.129; Winkes, Paintings 21 Abb.20.

[207] Eine entsprechende Publikation wird von J.J.Herrmann jr. vorbereitet, vgl. C.C.Vermeule-M.V.Comstock, Sculpture in Stone and Bronze in the Museum of Fine Arts, Boston. Additions to the Collection of Greek, Etruscan, and Roman Art 1971-1988 (1988) 6.

[208] Barnabei 3f.

[209] Barnabei 3; vgl. F.Zevi in: Pompei 79, 8.

[210] s.u. S. 53.

spiegelt sich in einigen Tagebuchnotizen von Felice Barnabei[211], der den Ausgräber Vincenzo de Prisco, der wie er Abgeordneter im Parlament war, mißtrauisch beobachtete[212]. V.de Prisco und sein Beauftragter, der Antikenhändler E.Canessa, führten zu dieser Zeit offenbar sehr intensive Gespräche über einen Erwerb der Fresken durch das Berliner Antiquarium. Beide reisten dazu mehrmals nach Berlin. Für Berlin führten in Neapel und Boscoreale der Direktor des Antiquariums, Reinhard Kekulé von Stradonitz, sowie der Generaldirektor der Preußischen Museen, Richard Schöne, die Gespräche[213]. Der Archäologe R.Schöne, dessen Habilitationsschrift Fragen der Baugeschichte Pompejis gegolten hatte[214], setzte sich sehr für den Ankauf ein und konnte auch die von ihm als ausreichend angesehenen Geldmittel beschaffen. Daß die lange Zeit geführten Verhandlungen, die das Gesamtpaket der Fresken betrafen, dennoch ein abruptes Ende fanden, lag zum einen an dem *„unsinnig hohen Preise“*, den Vincenzo de Prisco forderte[215]. Zum anderen spielte aber auch sicher die Entscheidung des Ministers Nasi eine Rolle, zwei der Fresken für Italien zu behalten. Der Minister dachte an eine Figur sowie ein Fresko aus dem Cubiculum[216]. Letzteres war kein sehr glücklicher Vorschlag, da es sich bei dem Cubiculum um den einzigen Raum handelt, dessen Wände vollständig abgenommen worden waren. Dafür blieb ein Teil der Porticus-Fresken in Neapel[217]. Der weitaus größte Teil der Fresken wurde 1903 in Paris versteigert und in zahlreiche Museen Europas und der Vereinigten Staaten von Amerika verstreut[218]. Lediglich die Fresken des Cubiculums blieben vor der Vereinzelung als Gemälde bewahrt[219]. Wie wichtig eine Vergegenwärtigung des Raumzusammenhanges ist, zeigt auch die Rekonstruktion des Oecus (H) durch B.Andreae[220].

---

[211] M.Barnabei-F.Delpino (Hrsg.), Le „Memorie di un Archeologo“ di Felice Barnabei (1991). Für den freundlichen Hinweis danke ich Paolo Enrico Arias.

[212] Ebenda 322, Venerdì 30 Novembre 1900; 326 Martedì 1 Gennaio 1901; 328 Sabato 9 Febbraio 1901; 334 Mercoledì 1 Maggio 1901.

[213] Barnabei-Delpino a.O. 321, Sabato 10 Novembre 1900; 333f. Mercoledì 1 Maggio 1901. In der Antikensammlung in Berlin werden im Archiv Abzüge von Photos einiger Fresken aufbewahrt. Freundliche Mitteilung von Huberta Heres.

[214] L.Pallat, Richard Schöne. Generaldirektor der Königlichen Museen zu Berlin (1959) 36.

[215] Ebenda 310.

[216] Barnabei-Delpino a.O. 349, Martedì 5 Novembre 1901. F.Barnabei notiert zudem, daß auch der Direktor des *„museo di Chicago“* ein Angebot über eine Million Dollar gemacht habe.

[217] s. Kat.Nr.10/5c; 5k; 5l; 8a; 9b; 9d; 9e.

[218] Auktionskatalog: Sambon; vgl. das Register zu diesem Katalog Anhang 5.1.

[219] Das Cubiculum wurde im Metropolitan Museum in New York rekonstruiert (Kat.Nr. 10/12). Allerdings wurde die den Fundzusammenhang rekonstruierende Ausstellung der Fresken mit weißem Mosaikboden und ohne Inventar später zugunsten eines Pseudo-Kontextes mit einem späten figürlichen Mosaikboden und rekonstruierten Möbeln aufgegeben. Die dem Grabungsbericht entsprechende Rekonstruktion des Cubiculums zeigt Lehmann Taf.10. Zur neueren New Yorker Ausstattungsvariante, die häufig abgebildet, jedoch nie kommentiert wird vgl. z.B. A.G.McKay, Römische Häuser, Villen und Paläste (1980) 140f. Abb.132, dagegen mit älterem Zustand: Abb.133; Kat.New York 1990, Abb.S.95.

[220] B.Andreae in: NFP 71ff. Vgl. ders. in: Kat.Essen 1973, 205ff.

Der 1901 erschienene Bericht von Barnabei diente der wissenschaftlichen Erfassung der Wanddekorationen und geht in dieser Hinsicht weit über die *giornali dello scavo* hinaus. Wenngleich Barnabei diese benutzte, zählt er aufgrund seiner anderen Zielsetzung aber nur die wichtigsten Funde auf, ohne dabei den genaueren Fundort innerhalb der Villa anzugeben. Glücklicherweise sind die meisten der *giornali dello scavo* sowie die Liste aller Funde noch vorhanden, so daß sich die Fundsituation in der Villa weitgehend rekonstruieren läßt. Während dem Bericht von Barnabei als Grabungsdatum nur das Jahr 1900 zu entnehmen ist[221], belegen die im Archiv des Ufficio Scavi di Pompei aufbewahrten Materialien, daß die Grabung bereits im Juli 1899 begann und mit einer Unterbrechung bis zum November 1900 fortgeführt wurde. Auch während des folgenden Jahres fanden noch kleinere Untersuchungen in der Villa statt, die aber nur sehr bruchstückhaft dokumentiert sind[222]. Weitgehend unbekannt ist der Verbleib der Kleinfunde. Barnabei betont, daß nur wenige Objekte, darunter ein Goldring, zwei Kandelaber und einige Gefäße aus Bronze, gefunden wurden[223]. Tatsächlich verzeichnet die Liste aller Funde vom Sommer 1899 bis zum Herbst 1900 lediglich 85 Eintragungen, darunter zahlreiche kleine Bronzefunde und Tongefäße[224]. Ein erst später gefundenes Siegel kam mit einem Teil der Fresken nach New York (Kat.Nr.10/24). Das Randfragment einer Bronzekanne mit der berühmten Besitzerinschrift, die auf die Villa übertragen wurde, schenkte de Prisco dem Antiquarium in Pompeji (Kat.Nr.10/21). Die von F.B.Tarbell publizierten Eisengeräte in Chicago sollen den Verkaufsangaben entsprechend in dieser Villa gefunden worden sein[225], was nicht auszuschließen ist, aber wegen der Ungenauigkeit der Angaben in den *giornali* nicht überprüft werden kann[226]. Die vorhandenen Materialien zeigen aber auch, daß noch einige weitere bemerkenswerte Objekte in der Villa gefunden wurden. Dabei handelt es sich insbesondere um eine Sonnenuhr und eine Schnellwaage mit Laufgewicht in Form einer Merkurbüste (Kat.Nr.10/3.6). Zwei entsprechende Objekte befanden sich im Besitz des Schweizer Sammlers Arnold Ruesch, der sie mit der Herkunftsangabe *„aus den Grabungen von V.de Prisco bei Boscoreale"* erworben hatte. Aber auch in diesem scheinbar eindeutigen Fall ist

---

[221] Die Angabe 1894-1895 bei Della Corte, Case[3] 429; Casale-Bianco 30 Nr.5 und De Vos, Pompei 243 ist falsch. Barnabei 7 gibt diesen Grabungszeitraum für die „Silberschatzvilla" (Kat.Nr.1) an, über die er in der Einleitung ausführlich berichtet.

[222] *Giornali dello scavo* sind für eine Februarwoche und eine Dezemberwoche vorhanden, s. Kat.Nr.10 „Archivmaterialien". Vgl. aber auch Kat.Nr.10/24.

[223] Barnabei 11.

[224] Tassinari, Vasellame 192 Taf.515, listet jetzt sechs Bronzegefäße aus der Villa des Fannius Synistor (Kat.Nr.10) auf, von denen sie zuvor vier als Teil der insgesamt 27 noch erhaltenen Bronzegefäße der „Silberschatzvilla" (Kat.Nr.1) veröffentlicht hatte, s. S.Tassinari in: Kat.Pompei 1988, 68.71 Nr.87.88.80. 91, vgl. hier Anm.90.91. Bis auf den Kessel Nr.87, der aus dieser Villa kommen könnte, lassen sie sich jedoch in den *giornali* und der Fundliste nicht nachweisen: vgl. Kat.Nr.10/4, 10/15, 10/16, 10/18, 10/21-23 sowie die Inventare der Räume 10 und 13/14.

[225] F.B.Tarbell in: De Cou, Boscoreale 211ff.

[226] Vgl. Arch.Pomp. IV/4 *(Elenco): No.49 Ferro: Gruppo di svariati strumenti agricoli, catene e chiodi.*

ihre Identifizierung keineswegs problemlos. Die Sonnenuhr besitzt z.T. differierende Maße, die möglicherweise mit unterschiedlichen Meßstrecken zu erklären sind. Während der Grabungsbericht einen oxidierten Gnomon aus Eisen erwähnt, besitzt das Exemplar der Sammlung Ruesch einen bronzenen[227]. Für die Schale der Schnellwaage beschreibt die Fundliste ein Reliefbild, während die ehemals in der Sammlung Ruesch befindliche Schale nur Drehverzierungen aufweist (Kat.Nr.10/3). Allerdings sind die vier Ketten gebrochen, und von drei von ihnen fehlt offenbar der mittlere Teil. Es ist daher nicht auszuschließen, daß diese Schale nicht zugehörig ist und gegen die reliefverzierte Schale ausgetauscht wurde, um diese als Einzelstück noch gewinnbringender verkaufen zu können. Allerdings ist diese Schale bisher nicht nachweisbar. Auch der Gnomon der Sonnenuhr könnte das Ergebnis einer „Restaurierung" sein. Für die Identifizierungen spricht, daß es sich hierbei um vergleichsweise sehr seltene Funde handelt[228]. Entscheidend ist aber, daß auch die Bronzelampe mit einer Fledermaus auf dem Henkel der Sammlung A.Ruesch *„aus den Grabungen von V.de Prisco bei Boscoreale"* in der Fundliste der „Villa des Fannius Synistor" (Kat.Nr.10/4A) erwähnt wird[229]. Einige weitere ehemals zur Sammlung A.Ruesch gehörende Funde mit derselben Herkunftsangabe lassen sich nicht sicher nachweisen[230].

Ein mit dieser Villa in Zusammenhang gebrachtes Freskenfragment im Museo Nazionale in Neapel[231] mit der Darstellung eines Dreizacks wird A.Allroggen-Bedel zufolge bereits in einem Katalog der Funde aus Herculaneum aus dem Jahre 1755 erwähnt und kommt daher wahrscheinlich aus Herculaneum[232]. Zwei Fragmente der Sockelzone einer Wanddekoration des 3. Stils kamen erst einige Zeit später mit dieser Herkunftsangabe in das Museo Nazionale in Neapel. Sie gehören aber offensichtlich zu einer anderen Villa[233]. Ein möglicherweise nichtantikes Fresko in Frankfurt, das Vögel in einem Vogelbauer zeigt, wurde, wohl zur Steigerung des Verkaufswertes, ebenfalls mit dieser Herkunftsangabe versehen[234].

---

[227] Arch.Pomp. IV/1 *Giornale* vom 6.7.1900: *Marmo - Una meridiana di forma concava convetta, sormontata da un'indice di ferro ossidato - alt. mm. 320 - larga mm. 320 lunga mm. 220 ben conservato* = vgl. Kat.Nr.10/6.

[228] Vgl. die Sonnenuhr aus Nocera-Tuff Kat.Nr.21/1 und die Schnellwaage mit Laufgewicht in Form der Büste eines jungen Mannes Kat.Nr.5/16.

[229] Arch.Pomp. IV/4 *(Elenco): no.23. Bronzo Grande lucerna ad un luminello, e manico ad anello, sul quale poggia un pipistrello di grandezza naturale, con ali spiegate; rivolto verso il luminello* = Kat.Nr.10/4A.

[230] Kat.Slg.Ruesch 13 Nr.114 (Winkelmaß); 15 Nr.130 (Schale), Nr.131 (Patera); 19 Nr.177 (Fresko), Nr.180 (Fresko).

[231] Lehmann 11f. Abb.9

[232] A.Allroggen-Bedel in: Regione sotterrata 523. Allroggen-Bedel rechnet das Fragment dem 4. Stil zu.

[233] Inv.n.8758.8763; Lehmann 128. Vgl. Collezioni Napoli 1986, 142 Nr.132 *„dall'area vesuviana"* (Inv.n.8758).

[234] Frankfurt, Liebieghaus Inv.Nr.154. Erworben 1908 bei Pollak in Rom; P.C.Bol, Antike Bildwerke I. Liebieghaus-Museum alter Plastik. Frankfurt am Main (1983) 341f. Kat.Nr.127. Bol vermutet, daß es sich bei dem Fresko um den Teil einer barocken Wanddekoration handelt.

2.4. Die dritte Phase: 1902 bis 1908 (Kat.Nr.11- 23)

2.4.1. Die Grabungen von Carlo Rossi-Filangieri (Kat.Nr.11-14)

Der aktivste Ausgräber der folgenden Jahre war Carlo Rossi-Filangieri mit vier Grabungen. Zunächst ließ er vom 31. Oktober 1901 bis zum 18. Januar 1902 eine Villa bei Boscoreale auf dem Besitz von Pasquale Vitiello (Kat.Nr.11: Abb.27) ausgraben. Eine in Pompeji aufbewahrte Abschrift eines Briefes von Carlo Rossi-Filangieri an den Direktor des Nationalmuseums von Neapel, Ettore Pais, nennt die von Rossi akzeptierten Bedingungen für die Grabungserlaubnis[235]. Darin verpflichtete sich C.Rossi-Filangieri u.a. dazu, das gefundene Material in der Nähe der Grabungsstelle aufzubewahren (3.), dem Wert nach ein Drittel davon an den Staat abzuführen (5.), sowie im Falle einer Verkaufsabsicht dem Staat ein Vorkaufsrecht zum der Fundteilung zugrundeliegenden Schätzpreis einzuräumen (6.). Zudem geht aus dem Brief hervor, daß sich Rossi-Filangieri gegenüber dem Grundstücksbesitzer verpflichtet hatte, die Grabungsstelle nach Abschluß der Arbeiten wieder aufzuschütten (4.). Von den von Paribeni beschriebenen Wandmalereien wurden Teile von Rossi-Filangieri herausgeschnitten und dem Nationalmuseum von Neapel geschenkt[236]. Daß nur aus zwei Räumen Fresken entfernt wurden, ist einem Brief von E.Pais, dem Direktor des Nationalmuseums von Neapel, zu entnehmen, der die Fresken kurz beschreibt und damit die Grundlage für ihre Identifizierung liefert[237]. Ein Fresko ohne Inventarnummer und Herkunftsangaben läßt sich dort aufgrund der Beschreibung eindeutig identifizieren (Kat.Nr.11/7). Die Funde waren Paribeni zufolge „*molto scarsi e di nessun valore*". Es handelt sich vorwiegend um landwirtschaftliche Geräte, Kücheninventar und Tongefäße. Ausführlicher erwähnt er nur einen Bronzekandelaber sowie mit Stempeln versehene Tongefäße und -lampen, jedoch jeweils ohne genauere Fundangaben[238]. Ein gut erhaltenes Bronzesieb wurde wegen seiner interessanten Herstellerinschrift nachträglich von M.Della Corte publiziert. Als Einzelstück wurde es vom Münchner Antiquarium erworben (Kat.Nr.11/6). In Pompeji werden zu dieser Grabung u.a. die *giornali dello scavo* sowie eine Skizze mit Eintragung einiger, allerdings nicht aller, Funde aufbewahrt[239]. Auf dieser Grundlage läßt sich die Fundsituation in der Villa weitgehend klären. Die große Anzahl der ausgemalten Räume überrascht gegenüber den wenigen Angaben im Grabungsbericht. Die

---

[235] Arch.Pomp. I/4: Undatierte Kopie eines Briefes von C.Rossi an Dir.M.N.
[236] R.Paribeni, NSc 1903, 66.
[237] Brief vom 14.5.1902 von Dir.M.N. an Scav.Pomp. (Arch. Pomp. I/4): „... *quali siano le pareti prescelte pel distacco, e cioè lo zoccolo di un piccolo calidario su cui sono rappresentate scene di pugilato, e la porzione compresa fra due colonne della grande parete in mezzo alla quale corre quella fascina a foglie di vite.*"
[238] Paribeni a.O. 67.
[239] Arch.Pomp. V/1. Abschrift des Giornale: Anhang 6.

Unterlagen zeigen auch, daß die Funde keineswegs völlig uninteressant waren und geben zudem über ihre Fundlage Auskunft. Leider blieb die Inventarliste der Funde nicht erhalten. Der Verbleib der meisten Funde ist unbekannt.

Von Februar bis Juli 1903 ließ Rossi-Filangieri eine weitere Villa in Boscoreale (Kat.Nr.12: Abb.18) mit zugehörigem Grabmonument auf dem Besitz von Antonio Prisco ausgraben. Die Herausnahme eines Mosaiks erfolgte mit der Erlaubnis des Direktors des Museo Nazionale in Neapel[240]. Nach der erfolgten Aufnahme des Grundrisses durch den Ing. De Angelis wurde die Zuschüttung der Grabung genehmigt[241]. Dem Staat stand ein Viertel des Wertes der Grabungsfunde zu. Rossi-Filangieri bezahlte jedoch die Summe von 320 Lire[242]. Daher ist davon auszugehen, daß nur sehr wenige Funde in den Besitz des Staates übergingen[243]. Das große Mosaik aus dem Caldarium (Kat.Nr.12/3), zwei Grabbüsten (Kat.Nr.12/5.6) und ein Tisch aus mehreren Buntmarmorsorten (Kat.Nr.12/2) befanden sich noch 1906 in den beiden Privathäusern von C.Rossi-Filangieri in Torre Annunziata und Neapel[244]. Das Mosaik und der Tisch gehörten später zur Ausstattung der Züricher Villa des neapolitanischen Kunstliebhabers Arnold Ruesch[245]. Der Verbleib der anderen Funde, darunter mehrere Bronzegefäße, ist unbekannt.

Von Januar bis März 1904 ließ C.Rossi-Filangieri eine weitere Villa (Kat.Nr.13: Abb.19) bei Boscoreale auf dem Besitz von Raffaele Brancaccio ausgraben. Bereits Anfang März 1904 erfolgte die Erlaubnis zum Zuschütten[246]. Von den Funden her gesehen war die Grabung wenig erfolgreich. Der Verbleib der Funde ist auch hier unbekannt[247].

Die letzte Ausgrabung, die Rossi-Filangieri unternahm und die einer Villa bei Gragnano, fondo Marchetti (Kat.Nr.14: Abb.11), galt, fand in den Jahren 1904/1905 statt[248]. Die Ausgrabung wurde durch das in den Räumen anstehende Grundwasser erheb-

[240] Arch.Pomp. I/4: Brief vom 30.6.1903 von Dir.M.N. an Scav.Pomp.
[241] Arch.Pomp. I/4: Brief vom 18.5.1903 von Dir.M.N. an Scav.Pomp.
[242] Diese Zahlung und die aus ihr resultierende Freigabe der Grabungsfunde ist Gegenstand eines Briefes vom 3.1.1904 von Dir.M.N. an Scav.Pomp. (Arch.Pomp. I/4).
[243] Dazu gehört die Pilasterbekrönung in Form einer Sphinx (Kat.Nr.12/1a).
[244] Dies ist einem Brief vom 25.1.1906 von Scav.Pomp. an Dir.M.N. zu entnehmen, in dem A.Sogliano um die Beauftragung eines Photographen bittet, da M.Della Corte Abbildungen dieser vier Antiken für seinen Grabungsbericht benötige (Arch.Pomp. I/5). Entsprechende Photos finden sich im Archivio Fotografico B 43; C 43 und wurden von M.Della Corte für seinen Grabungsbericht verwendet: NSc 1921, 420 Abb.2.4.
[245] Zur Sammlung A.Ruesch s.u. S.57f.
[246] Arch.Pomp.V/4 Nr.6: Brief vom 4.3.1904 von Dir.M.N. an Scav.Pomp.
[247] Als dem Staat zustehendes Viertel wurden die Nr.2, 13 und 22 einer Liste ausgewählt (Arch.Pomp.V/4 Nr.10: Brief vom 1.5.1905 von Scav.Pomp. an Dir.M.N.), die heute nicht mehr vorhanden ist. Im RRS sind Funde aus dieser Grabung nicht verzeichnet. Zum RRS vgl. S. 55.
[248] Das bisher unpublizierte Grabungsdatum geht aus den Archivmaterialien hervor: Die Grabung wurde Ende August 1904 genehmigt (Arch.Pomp.V/7 Nr.2: Brief vom 30.8.1904 von Dir.M.N. an Scav.Pomp.). Der letzte Grabungstag war der 26.11.1905 (Arch.Pomp.V/7 Nr.54: Brief vom 25.11.1905 von Scav.Pomp. an Dir.M.N.).

lich erschwert[249]. Sie erbrachte zahlreiche Tongefäße, einige Bronzegefäße, wenig Edelmetallschmuck und die Reste eines Marmortischs. Der vom epigraphisch interessierten Della Corte für den Staat ausgewählte Teil der Funde besteht aus 16 Nummern, bei denen es sich fast ausschließlich um Ziegel, Amphoren und Terra sigillata-Gefäße bzw. Scherben mit Inschriften oder Stempeln handelt. Das einzige Bronzegefäß darunter ist eine Kasserolle mit Herstellerstempel[250]. Diese Objekte erreichten nicht den Wert von 671,25 Lire, der als vierter Teil dem Staat zustand, weswegen Rossi-Filangieri die fehlende Summe von 167,25 Lire an den Staat zahlte[251]. Der weitere Verbleib dieser Funde ist aber bisher unbekannt. Ein größerer Teil der Bronzegefäße war der Fundliste zufolge nur in schlechtem Zustand geborgen worden und gelangte daher möglicherweise, wie die einfache Keramik vermutlich auch, nicht in den Kunsthandel. Die beiden Trichterrandkannen (Kat.Nr.14/8) waren dagegen mit 1000 Lire der teuerste Einzelposten. Aber auch ihr Verbleib ist unbekannt. Ein Kandelaber im Metropolitan Museum in New York wurde 1908 aus der „*Filangieri Collection*“ erworben, läßt sich aber in keiner dieser Grabungen nachweisen[252].

2.4.2. Die Grabungen von Ferruccio und Vincenzo de Prisco (Kat.Nr.15-17)

Die Familie de Prisco war in diesen Jahren nicht mehr im gewohntem Maße erfolgreich. Im Jahre 1903 führte Ferruccio de Prisco auf einem Grundstück von D'Acunzo eine Grabung durch, die größere Teile einer Villa (Kat.Nr.15: Abb.17) aufdeckte. Keiner der freigelegten Räume war ausgemalt. Da sich in Pompeji keine Archivmaterialien mehr zu dieser Grabung befinden, sind die Modalitäten der Fundverteilung[253] ebenso wie der Verbleib der zahlreichen Bronze-, Glas- und Tongefäße unbekannt. Die sieben Bronzestatuetten eines Larariums befinden sich heute in Baltimore (Kat.Nr.15/9), ein mit Inschriften versehener Pilaster kam nach Pompeji (Kat.Nr.15/1).

Wahrscheinlich noch im Sommer 1903 begann Vincenzo de Prisco die „Villa des Asellius“ auf einem Grundstück von de Martino auszugraben (Kat.Nr.16: Abb.7). Das genaue Datum der Grabung ist unbekannt[254]. Die Arbeiten dauerten bis Ende November 1904

---

[249] M.Della Corte, NSc 1923, 275.

[250] Arch.Pomp. V/7 Nr.58: Liste aller Funde und Liste der dem Staat zustehenden Funde. In Pompeji befinden sich dem RRS zufolge aus dieser Grabung zwei Terra sigillata-Gefäße (Inv.15329.15341), mehrere Terra sigillata-Fragmente (Inv.n.15315-15318.15323.15327.15329.15342), einige Tongefäße (Inv.n. 14001. 14438. 15330. 15339. 15340) und ein kleiner Glas-Knopf (Inv.n.14439). Letzterer ist aber auf beiden Fundlisten nicht aufgeführt. Die Kasserolle gelangte offenbar in das Nationalmuseum von Neapel.

[251] Arch.Pomp. V/7 Nr.61: Brief vom 7.9.1906 von Dir.M.N. an Scav.Pomp.

[252] Acc.no.08.258.15; G.M.A.Richter, Greek, Etruscan and Roman Bronzes (1915) 376 Nr.1315.

[253] Im RRS sind keine Funde aus dieser Grabung eingetragen.

[254] Einem Brief vom 12.2.1904 von Dir.M.N. an Scav.Pomp. (Arch.Pomp.IV/1) ist zu entnehmen, daß die Grabungserlaubnis, die gewöhnlich für sechs Monate vergeben wurde, abgelaufen war und die Arbeiten vorläufig eingestellt worden sind. Die Grabung dürfte daher im August 1903 begonnen haben.

und legten das Gebäude vollständig frei[255]. Daß zahlreiche Beispiele der im Grabungsbericht vergleichsweise ausführlich beschriebenen Wandmalereien aus den Wänden herausgeschnitten wurden, ist dem Bericht nicht ausdrücklich zu entnehmen, dafür aber einem Brief, in dem E.Pais, Direktor des Nationalmuseums in Neapel, den Ispettore degli Scavi di Pompei davon unterrichtet, daß de Prisco die Erlaubnis erteilt wird, Wandmalereien abzunehmen und daß dies unter der Aufsicht des Soprastante M.Della Corte geschehen solle[256]. Den lediglich für den Zeitraum April bis November 1904 vorliegenden *giornali dello scavo* ist zu entnehmen, daß in der Woche vom 1. bis. 7. August 1904 im Laufe der Zuschüttung der Grabung auf der östlichen Seite ein Lararienbild aus Raum (22) entfernt wurde (Kat.Nr.16/11)[257]. Über die Teilung der Funde ist nichts bekannt. Der Verbleib der Fresken und der nicht sehr zahlreichen Kleinfunde, darunter eine herausragende Haarnadel aus Bein (Kat.Nr.16/8), bleiben ungewiß[258]. Lediglich für das Bronzesiegel mit Besitzerinschrift gibt Della Corte den Aufbewahrungsort Pompeji an (Kat.Nr.16/6).

Im Juni 1906 erhielt Vincenzo de Prisco die Erlaubnis, ab dem 18.6.1906 für sechs Monate eine auf seinem Besitz bei Scafati gelegene Villa (Kat.Nr.17: Abb.22) auszugraben[259]. Die Grabung erbrachte nur sehr wenige Funde, im wesentlichen einige Bronzegefäße und Eisengeräte, und wurde, wohl wegen des geringen Ertrages[260], bald aufgegeben, nachdem lediglich der östliche Teil der Villa aufgedeckt worden war. Ende August 1906 wurde de Prisco das Zuschütten der Grabung genehmigt[261]. Im Dezember 1906 wurden die Arbeiten ganz abgeschlossen[262]. Die Gesamtliste der Funde umfaßt 14 Nummern mit dem Schätzwert von 180 Lire[263]. Eine zweite Liste nennt die vom Staat ausgewählten Funde im Werte eines Viertels des Schätzpreises: drei Amphoren und sieben Ziegel[264]. Diesen Listen ist zu entnehmen, daß die im Grabungsbericht erwähnte einzige dekorative Wandmalerei, die Darstellung der Juno in Raum (11) möglicherweise wegen des schlechten Erhaltungs-

---

[255] Für den Zeitraum vom 4.7.1904 bis zum 27.11.1904 werden die *giornali dello scavo* in Pompeji aufbewahrt: Arch.Pomp. IV/1, IV/5.

[256] Arch.Pomp. IV/1: Brief vom 30.12.1903 von Dir.M.N. an Scav.Pomp.

[257] Arch.Pomp. IV/1: *Giornale dello scavo* vom 1.8. bis 7.8.1904.

[258] Tassinari, Vasellame 192 Taf.516 listet jetzt drei Gefäße mit der Herkunftsangabe „*fondo de Martino*" auf. Für eine Kanne (inv.4224) entsprechen sich die Höhenangaben weitgehend (Della Corte [Raum 3]: 13 cm; Tassinari: 12,6 cm). Auch die Griffschale (inv.4225) könnte aus dieser Villa kommen (Raum 17). Das Henkelbecken (inv.4226) läßt sich im Grabungsbericht allerdings nicht identifizieren.

[259] Arch.Pomp. IV/6: Brief vom 13.6.1906 von Dir.M.N. an Scav.Pomp.

[260] M.Della Corte, NSc 1923, 284.

[261] Arch.Pomp. IV/6: Brief vom 29.8.1906 von Scav.Pomp. an V.de Prisco.

[262] s. Anm.263.

[263] Arch.Pomp. IV/6: *Elenco degli oggetti rinvenuti negli scavi eseguiti dal Sig. Vincenzo [de] Prisco in un fondo di sua proprietà alla con[tra]da Crapolla (Scafati), da Giugno a Dicem[bre] 1906*.- Die Liste bringt gegenüber den im Grabungsbericht aufgelisteten Fundbeschreibungen keine zusätzlichen Informationen.

[264] Arch.Pomp. IV/6: *Elenco degli oggetti prescelti del prodotto degli scavi eseguiti da Giugno a Dicembre 1906 da Sig. Vincenzo de Prisco, alla Contrada Crapolla-Scafati.*

zustandes nicht herausgelöst wurde. Bis auf die erwähnten Ziegel und Amphoren blieben alle Funde im Besitz von de Prisco. Für den Verkauf eigneten sie sich, von einer Bronzekanne aus Raum (11) und den beiden antoninischen Münzen aus den oberen Schichten abgesehen, nicht.

2.4.3. Die Grabung von Ernesto Santini (Kat.Nr.18)

Beim Bau des Bahnabschnitts der Circumvesuviana zwischen Torre Annunziata und Boscotrecase wurde im März 1903 die „Villa des Agrippa Postumus" (Kat.Nr.18: Abb.12) angeschnitten, die zwischen 1903 und 1905 vom Besitzer des Grundstücks, Ernesto Santini, ausgegraben wurde[265]. Im Oktober 1903 erhielt die Società Meridionale di Elettricità die Erlaubnis, den beim Trassenbau für die Ferrovia Circumvesuviana entstandenen Graben wieder zuzuschütten[266]. Wann genau Ernesto Santini mit seiner privaten Grabung begann, ist unbekannt. Bereits Anfang Dezember 1903 erhielt er die Erlaubnis zur Abnahme von Wandmalereien und Inschriften[267]. Im März 1904 erfolgte eine weitere Genehmigung gleichen Inhalts[268]. Im Juni desselben Jahres wurde schließlich die Erlaubnis zum Entfernen der dekorativen Teile der Mosaiken gegeben[269]. Die erste Grabungsphase dauerte bis zum 27.7.1904. Eine für diesen Zeitraum angefertigte Liste mit Schätzpreisen[270] ist in Pompeji nicht mehr vorhanden. Für die zweite Grabungsphase vom 28.7.1904 bis zum 19.9.1905 liegen dagegen die Liste aller Funde sowie die Liste der vom Staat beanspruchten Funde vor[271].

---

[265] M.Della Corte, NSc 1922, 459ff. Eine vom Ausgräber herausgegebene Monographie besteht aus mehreren Originalphotographien der Fresken mit kurzen Beschreibungen: E.Santini, Fouilles exécutées par Mr. le Chev. Ernest Santini à Boscotrecase, endroit nommé „Rota" (1905). Die Photos nachgedruckt bei Blanckenhagen Taf.13,1. 19,2. 20,1.2.

[266] Arch.Pomp. II/1: Brief vom 21.10.1903 von Dir.M.N. an Scav.Pomp.

[267] Arch.Pomp. II/1: Brief vom 5.12.1903 von Dir.M.N. an Scav.Pomp.: *Al Signor Ispettore degli Scavi di Pompei. Il Ministero della P.I. con telegramma odierno autorizza il distacco dei dipinti e dei graffiti esistenti sulle pareti degli'edifizi venuti in luce nello scavo Santini. La S.V. abbia cura di provvedere affinchè tale distacco venga eseguito con tutte le debite cautele e sotto la sorveglianza del Soprastante Della Corte. Il Direttore* [Pais]

[268] Arch.Pomp. II/1: Brief vom 22.3.1904 von Dir.M.N. an Scav.Pomp.

[269] Arch,Pomp. II/1: Brief vom 24.6.1904 von Dir.M.N. an Scav.Pomp.: *A seguito della mia lettera in data del 23 corrente n.1049, e della relazione del 27 aprile decorso del Prof. Dall'Orso, il quale trova opportuno „di aderire alla richiesta dell'assuntore dello scavo di staccare soltanto le parti decorate cioè le quattro soglie e l'ornato centrale del secondo cubiculo" la S.V. è autorizzata a farli distaccare. Però tale operazione deve essere fatta con tutte le debita precauzioni che la tecnica consiglia, e sotto la Sua diretta sorveglianza e responsabilità. Il Direttore.*

[270] Diese Liste wird in einem Brief vom 2.2.1905 von Scav. Pomp. an Dir.M.N. erwähnt: Arch.Pomp. II/1.

[271] Arch.Pomp. II/1 (*Elenco degli oggetti antichi ...*): Die Liste aller Funde beginnt mit der Aufzählung der Fresken des „mythologischen Raumes" 19 (Kat.Nr.18/35a-f). Unklar ist dagegen die Herkunft eines Fres-

Mehrere Antiken aus dieser Villa werden in Pompeji aufbewahrt. Dabei handelt es sich um die bekannte Eisenkonstruktion zum Fesseln von Sklaven (Kat.Nr.18/7), zwei Terra sigillata-Scherben[272], einige Stücke von herausgeschnittenem Wandverputz mit Inschriften[273] sowie um verschiedene Kleinfunde[274]. Die berühmten Wandfresken des 3. Stils aus vier Sälen der Villa befinden sich im Museo Nazionale in Neapel[275] und im Metropolitan Museum in New York[276]. Die weitgehende Rekonstruktion dieser Säle ist Peter H. von Blanckenhagen zu verdanken[277]. Von den Kleinfunden kamen zwei Gemmen und zwei Kameen aus Glaspaste ebenfalls nach Neapel[278]. Eine im Metropolitan Museum in New York aufbewahrte Marmortischplatte, die durch Bronzeleisten eingefaßt ist und „aus Boscoreale“ kommen soll, läßt sich anhand des Grabungsberichtes wegen der Maßangaben sicher identifizieren (Kat.Nr.18/29). Sie kommt aus dem zweiten Raum unter der Terrasse. Da im Bericht eine Tischstütze nicht erwähnt ist, erweist sich der ungewöhnliche New Yorker Tischfuß offenbar als Kreation des Kunsthandels, bestehend aus dem fragmentierten Schaft eines Marmorkandelabers und dem Fußteil eines Bronzekandelabers. Die anderen Funde, darunter insbesondere die zahlreichen Bronzegefäße, verblieben offenbar zunächst im Besitz des Ausgräbers und gelangten vermutlich von dort in den Kunsthandel.

---

kos (Nr.264) der Liste: *Affresco di m. 0,69², contenente la rappresentazione di una sonatrice di lira in piedi, accanto ad una figura muliebre assisa in ricco soglio*. Außerdem zählt die Liste zahlreiche andere Funde, vorwiegend Gefäße, in sehr kurzen Beschreibungen auf. Die Liste der für den Staat ausgewählten Funde (*Elenco degli oggetti prescelti a soddisfazione del diritto dello Stato ...*) nennt neun Nummern, wobei es sich um epigraphische Zeugnisse handelt.

272 Pompeji, Antiquarium inv.n.15382. 15383.

273 Pompeji, Antiquarium inv.n.17004. 17005. 20519. 20573. 20575. 20578. 20579. 20581.

274 Pompeji, Antiquarium inv.n.15385 (Teil eines Messers aus Bein und Eisen); 15386 (Marmorreiber); 17001 (Steingewicht); 18418 (Bein-Phallus ?); 20058 (Bronzering). Die in der Liste der an den Staat abgetretenen Funde (s. Anm. 271) erwähnten Amphoren mit Inschriften sind im RRS nicht aufgeführt. Zum RRS vgl. S. 55.

275 Kat.Nr.18/30e-g. l. m; 18/34a-e; 18/35e.

276 Kat.Nr.18/30a-c. h-k. n-p; 18/35a-d. f; 18/36a.b.

277 Blanckenhagen. Die hier zitierte Neuauflage von 1990 schlägt für den „mythologischen“ Raum (19) eine neue Rekonstruktion vor, Blanckenhagen Taf.34.36.37.

278 Kat.Nr.18/8-11.

2.4.4. Die Grabungen der Gebrüder Matrone (Kat.Nr.19.20)

Wie der Familie de Prisco gelang auch den Brüdern Matrone in diesen Jahren keine sensationelle Ausgrabung mehr. Giacomo Matrone führte vom Oktober 1904 bis zum Juli 1905 eine Grabung auf seinem Besitz bei Gragnano (Kat.Nr.19: Abb.20) durch. Die Genehmigung galt ab dem 14. Oktober für zunächst sechs Monate und wurde dann um weitere drei Monate verlängert. Von dieser Grabung ist eine Kopie der Grabungslizenz noch vorhanden[279]. Grundlage dieser Lizenz, die im wesentlichen der bereits erwähnten Verpflichtungserklärung von C.Rossi-Filangieri für seine Ende 1901 begonnene Grabung entspricht[280], ist ein Gesetz vom 12.6.1902. Der Staatsanteil wurde darin auf ein Viertel des Wertes festgesetzt, während Rossi-Filangieri sich noch zur Abgabe eines Drittels verpflichten mußte. Der Anteil der Funde aus dieser Grabung für den Staat umfaßte den Sarkophag einer in der verschütteten Villa erfolgten Bestattung, ein Tongefäß, einen Doliendeckel, mehrere Dachziegel sowie drei Terra sigillata-Fragmente, jeweils mit Inschriften bzw. Stempeln[281]. Ob von den Wanddekorationen des 4. Stils Teile herausgeschnitten wurden, ist unbekannt. Offenbar waren die Erhaltungsbedingungen durch den hohen Grundwasserstand sehr schlecht[282].

Gennaro Matrone ließ auf seinem Besitz bei Scafati eine Villa (Kat.Nr.20: Abb.8) teilweise freilegen. Der genaue Zeitpunkt dieser Grabung ist unbekannt[283]. Die zahlreichen Wanddekorationen des 4. Stils werden im Grabungsbericht in ihrem Aufbau nicht beschrieben[284], jedoch werden mehrere Bilder und Details aufgelistet, die herausgeschnitten wurden. Drei Bilder davon werden auf einer Tafel abgebildet. Ein in Providence aufbewahrtes Fresko, das von Winkes mit der Herkunftsangabe „*from the vicinity of Pompei*" publiziert wurde, läßt sich daher eindeutig identifizieren (Kat.Nr.20/8b). Winkes stellte bei seiner Untersuchung zahlreiche Übermalungen fest, schloß aber deren antike Entstehung nicht aus[285]. Der Vergleich beider Abbildungen zeigt jedoch, daß das Fresko erst nach seinem Herauslösen stark übermalt wurde. Wie bereits bei der Betrachtung der Fresken aus der

---

279 Arch.Pomp.I/2 Nr.1bis: Brief vom 8.10.1904 von Dir.M.N. an Scav.Pomp. mit Kopie der Erlaubnis; Nr.24: Brief (Kopie) vom 17.4.1905 von Scav.Pomp an G.Matrone; *giornali dello scavo* vom 14.10.1904 bis 14.7.1905.

280 s.o. S. 39.

281 Arch.Pomp. I/2: Liste vom 16. Februar 1906; die Liste aller Funde fehlt.

282 Im *giornale dello scavo* vom 1. Nov. 1904 (Arch.Pomp. I/2) wird für eine rotgrundige Wanddekoration mit weißer Oberzone (Atrium ?) die völlige Zerstörung durch Grundwasser ausdrücklich genannt. Das Fehlen irgendwelcher Detailinformationen zu den Dekorationen im Grabungsbericht wie in den *giornali* läßt auf einen allgemein schlechten Erhaltungszustand der Dekorationen schließen.

283 Der Grabungsbericht macht dazu, wie bei allen in NSc 1923, 270ff. von M.Della Corte veröffentlichten Grabungsberichten (vgl. Kat.Nr.14.17.19), keine Angaben. Da in Pompeji keine Archivmaterialien zu dieser Grabung aufbewahrt werden, bleibt das Datum unbekannt.

284 M.Della Corte, NSc 1923, 283: „*Quivi solo le pareti erano dipinte, con decorazioni del IV stile, ben semplici però, che non vale la pena di descrivere partitamente* ...".

285 M.Della Corte, NSc 1923, 283 Taf.c = Winkes, Paintings 52 Nr.22 mit Abb.

Villa in Torre Annunziata, fondo Matrone (Kat.Nr.9), in Providence deutlich wurde, ist es wahrscheinlich, daß sich auch weitere Fresken aus dieser Villa (Kat.Nr.20), möglicherweise aber auch aus der Villa in Gragnano, fondo Matrone (Kat.Nr.19), dort befinden. Von den Funden verdienen zwei Tierstatuetten aus Bronze besondere Beachtung (Kat.Nr.20/6.7). Ihr Verbleib ist ebenso unbekannt wie auch der Verbleib der anderen Funde, darunter einige Bronzegefäße.

2.4.5. Die Grabung von Giovanna Zurlo-Pulzella (Kat.Nr.21)

Vom 11. Dezember 1905 bis zum 26. August 1906 ließ Giovanna Zurlo-Pulzella auf ihrem Grundstück bei Boscoreale eine Grabung durchführen, die eine Villa vollständig freilegte[286]. Die meisten Räume der „Villa des Popidius Florus“ (Kat.Nr.21: Abb.4) waren im 2., 3. und 4. Stil ausgemalt. Auch die Anzahl der Funde in der Villa, darunter zahlreiche Bronzegefäße, war verhältnismäßig groß. Von dieser Grabung werden im Archiv des Ufficio Scavi di Pompei noch die Gesamtliste aller Funde sowie die Liste der dem Staat zustehenden Objekte aufbewahrt[287]. Bei den von Matteo Della Corte ausgewählten Antiken handelt es sich wieder ausschließlich um epigraphisches Material. Der festgelegte Wert dieser 15 Amphoren, Scherben und Ziegel erreichte nicht die dem Staat zustehende Summe von 1085,75 Lire. Da sich Giovanna Zurlo-Pulzella jedoch nicht von weiteren Funden trennen wollte, zahlte sie die restliche Summe aus[288]. Die Gesamtliste aller Funde aus dieser Villa ist besonders wichtig, da sie neben den beweglichen Funden auch alle herausgeschnittenen Wandfresken mit Kurzbeschreibung und Maßangaben auflistet[289]. Es ist nicht bekannt, ob die Funde sofort nach der Grabung verkauft wurden. Das Alabastertablett aus Raum (13) gelangte, den identischen Maßangaben zufolge, als *„Schreibplatte“* in die Sammlung von Arnold Ruesch und wurde 1936 wieder versteigert (Kat.Nr.21/29). Die Tatsache, daß G.Zurlo-Pulzella die nicht unerhebliche Summe von 611,75 Lire zahlte, um keine weiteren Funde abgeben zu müssen, könnte ein Hinweis auf eine geplante Privatsammlung sein, da bei einem Verkauf der Staat per Gesetz das Vorkaufsrecht zum Schätzpreis besaß[290]. Eine vorherige Auszahlung würde im letzteren Fall wenig Sinn machen. Jedenfalls bleibt der Verbleib der meisten Funde aus dieser Villa für fast sechs Jahrzehnte im Dunkeln. Größere

---

[286] Das genaue Grabungsdatum wird in der Fundliste genannt, vgl. Anm. 287.

[287] Arch.Pomp. IV/4 Nr.6: *Elenco degli oggetti rinvenuti nello scavo Zurlo a Boscoreale (Pisanella) nelle esplorazioni praticatevi dall'11 Dicembre 1905 al 26 Agosto 1906*; Nr.7/8: *Elenco degli oggetti prescelti a soddisfazione del diritto dello Stato* ...; s. Anhang 7.

[288] Arch.Pomp. IV/4 Nr.7: ... *La Signora Zurlo, proprietaria dello scavo si offre a versare in contanti allo Stato il resto in lire 611,75, non volendo cedere altri oggetti rinvenuti nel detto scavo.* Die Zahlung wird bestätigt in Arch.Pomp. IV/4 Nr.8 vom 30.10.1906.

[289] Arch.Pomp. IV/4 Nr.6: Nr.126-163 = Anhang 7.

[290] s.o. S.39.

Teile der Wanddekorationen wurden 1966 durch das Virginia Museum in Richmond[291] und 1970 bzw. 1972 durch das J.Paul Getty Museum in Malibu[292] erworben. Mehrere kleinere Bilder im Nationalmuseum in Neapel konnten von A.Allroggen-Bedel anhand der Beschreibungen im Grabungsbericht identifiziert werden[293]. Auch sie waren erst in jüngerer Zeit in das Museum gekommen[294]. Fresken einer blaugrundigen Wanddekoration des 4. Stils sind im Antiquarium von Boscoreale ausgestellt[295]. Bis auf ein Sockelfragment[296] lassen sich alle in der Fundliste aufgeführten Freskenfragmente einem Raum zuweisen. Damit läßt sich für die „Villa des Popidius Florus“ (Kat.Nr.21) genau beschreiben, welche Wanddekorationen abgenommen wurden. Von den Wanddekorationen des 4. Stils aus den im Südtrakt gelegenen Räumen (19-21), die im Grabungsbericht nur summarisch (19) beschrieben werden, wurden keine Fresken herausgeschnitten. Die Liste zeigt auch, daß mehrere bis heute unbekannte Fresken abgenommen wurden.

Weitgehend unbekannt ist auch der Verbleib der beweglichen Funde, insbesondere der Bronzegefäße. Ein 1971 erworbener Komplex von 16 Bronzegefäßen und -geräten im Getty Museum in Malibu trägt die Herkunftsangabe „Villa des Popidius Florus“. Zur gleichen Zeit und mit derselben Herkunftsangabe erwarb Malibu auch drei Silbergefäße. Da in der Villa aber keine Silbergefäße gefunden wurden, ist diese Herkunft auszuschließen[297]. Über die Bronzegefäße in Malibu hat jetzt J.Gorecki einen sehr ausführlichen Vorbericht vorgelegt[298]. Er kommt zu dem Ergebnis, daß die im Grabungsbericht erwähnten und zum größten Teil abgebildeten Bronzen nicht identisch mit den in Malibu aufbewahrten sind. Daraus schließt er allerdings, daß die Bronzen zwischen der Grabung im Jahre 1906 und der Grabungspublikation im Jahre 1921 verschwunden seien[299] und die ursprüngliche Anzahl der Bronzen in der „Villa des Popidius Florus“ über 30 betragen habe[300]. Durch die Existenz der 1906 erstellten Fundliste, die keine außer den im Grabungsbericht genannten Bronzen auflistet[301], ist diese These auszuschließen. Naheliegender ist die Möglichkeit, daß die mit den Bronzen erworbene Herkunftsangabe zweifelhaft ist. Unterstützt wird diese Annahme durch die Beobachtung von Gorecki, daß zu dem Komplex auch ein Aryballos, ein etruskischer Krug und eine frühe Strigilis gehören, die sich in das 5. bzw. 4. Jh.v.Chr. datie-

---

[291] Kat.Nr.21/5a.

[292] Kat.Nr.21/5c-e; 28a.c.

[293] Kat.Nr.21/2a-f; 28e.f. Allroggen-Bedel, Maskendarstellungen 118f.; A.Allroggen-Bedel in: Regione sotterrata 523 mit Anm.19.

[294] M.De Vos in: Civiltà dell'antico Egitto in Campania (1983) 70.

[295] Kat.Nr.21/35.

[296] Anhang 7 Nr.163.

[297] L.Byvanck-Quarles van Ufford in: GettyMusJ 5, 1977, 79ff. Acc.no.72 AI 33. Zumindest diese Schale soll nach Frel, Mitteilung bei V.Kockel, AA 1985, 511 Anm.118, doch nicht aus Boscoreale kommen.

[298] Gorecki, Metallgefäße 229ff. Acc.no.71 AC 131-146.

[299] Gorecki, Metallgefäße 230.

[300] Gorecki, Metallgefäße 236.

[301] s. Anhang 7.

ren lassen[302]. Nicht nur die Herkunftsangabe, sondern auch die Zusammensetzung des Komplexes läßt daher einige Fragen offen. Im Zusammenhang mit der Ausstattung der „Villa des Popidius Florus" (Kat.Nr.21) muß dieser Komplex daher außer acht gelassen werden[303].

2.4.6. Die Grabung von Marchese Giovanni Imperiali (Kat.Nr.22)

Die Grabung, die der Marchese Giovanni Imperiali auf einem seiner Grundstücke in Boscoreale, contrada Cività di Nitto (Kat.Nr.22), durchführte, ist weitgehend unbekannt geblieben[304]. In den von M.Della Corte in den Notizie degli Scavi 1921-1923 vorgelegten Grabungsberichten wird sie nicht erwähnt. Der Grund dafür geht aus dem noch im Archiv des Uffico Scavi di Pompei aufbewahrten Archivmaterial hervor. Aufgrund der überaus reichen Funde war eine ausführliche Publikation der Villa in den Monumenti Antichi vorgesehen[305], zu der es jedoch nicht kam. Die Grabung wird daher in keiner der Listen der Villen im Gebiet um Pompeji geführt[306]. Leider ist das in Pompeji vorhandene Archivmaterial nicht mehr vollständig[307]. Es werden nur noch ein Teil der *giornali*, einige Briefe sowie die Liste der vom Staat ausgewählten Funde aufbewahrt, während zahlreiche *giornali*, die Gesamtfundliste und der Grundriß fehlen. Ergänzt werden diese Materialien durch einige Photos. Von Vorteil ist die Tatsache, daß bei dieser Grabung eine fortlaufende Fundliste geführt wurde, deren Nummern auch im jeweiligen *giornale* vermerkt wurden, wie dies bei den meisten früheren Grabungen offenbar ansonsten nicht üblich war. Daher läßt sich zumindest ein Teil der Gesamtfundliste rekonstruieren.

Die dem Marchese Imperiali erteilte Grabungserlaubnis galt zunächst vom 26.9.1907 an für vier Monate[308]. Mit der Durchführung der Grabung beauftragte der Marchese Luigi

---

[302] Gorecki, Metallgefäße 230f. A 3-5.

[303] Gegen Gorecki, Metallgefäße 236. s. auch u. S. 58.

[304] Die Grabung wird kurz erwähnt von A.Maiuri, La Villa dei Misteri (1931) 20, und von M.De Vos in: Civiltà dell'antico Egitto in Campania (1983) 69. Die noch vorhandenen Archivmaterialien und Funde hat jetzt G.Stefani grundlegend ausgewertet: Stefani.

[305] Arch.Pomp. III/1: Brief vom 15.9.1908 von Scav.Pomp. (G.Spano) an Dir.M.N.

[306] Auch in der Liste von Casale-Bianco, die auch das Archivmaterial des Ufficio Scavi di Pompei berücksichtigt, wird sie nicht genannt. Dies ist vermutlich damit zu erklären, daß auf dem entsprechenden Aktendeckel neben der richtigen Aufschrift *Marchese Giovanni Imperiali-Boscoreale 1907-1908* zusätzlich *Villa dei Misteri* vermerkt ist, ohne daß sich der Inhalt der Akte auf diese Grabung bezieht. Vgl. Stefani 5.

[307] Eine komplette Liste mit kurzen Inhaltsangaben der noch vorhandenen Archivmaterialien, die auch die Archive der Soprintendenzen von Pompeji und Neapel und das Zentrale Staatsarchiv in Rom berücksichtigt, gibt jetzt Stefani 103ff. Zu den in diesen Archiven aufbewahrten zusätzlichen *giornali* s. Stefani 12 Anm.16.

[308] Arch.Pomp. III/1: Brief vom 23.9.1907 von Dir.M.N. an Scav.Pomp.

Zurlo[309], dessen Verwandschaftsverhältnis zu Giovanna Zurlo-Pulzella, der Ausgräberin der „Villa des Popidius Florus“ (Kat.Nr.21), nicht weiter bekannt ist. Die Grabung wurde der Fundliste zufolge am 26.1.1908 eingestellt[310]. Die Gesamtfundliste umfaßte zu diesem Zeitpunkt 218 Nummern[311]. Bis zum 9.2.1908 wurden nur noch Dokumentationsarbeiten durchgeführt[312].

Die erhaltene Dokumentation der Grabung durch die *giornali* setzt erst mit dem 11.11.1907 und der Fundnummer 121 ein[313]. Über den Grabungsverlauf vor diesem Zeitpunkt ist kaum etwas bekannt. Zumindest zwei Räume mit Wanddekorationen, von denen Photographien existieren, wurden freigelegt[314]. Dazu gehört auch ein Sakralbild mit Schlange. Das Herausschneiden einiger Fragmente wurde zunächst beabsichtigt[315], kam aber nicht zur Ausführung, da weder der Marchese noch die Antikenverwaltung in Neapel die Fresken haben wollten, da sie folglich auf andere Funde hätten verzichten müssen[316]. Von den 120 Fundnummern des nicht durch *giornali* belegten Zeitraumes gelangten über 30 in Staatsbesitz. Dabei handelt es sich wahrscheinlich um das Inventar einesĒrariums, das aus acht kleinen Bronzestatuetten sowie den dazugehörigen Sockeln besteht: Harpokratis (H 110 mm), Selene (H 95 mm), eine unbestimmte bärtige Gottheit (H 70/100 mm), Harpokratis (H 55 mm), Isis (H 50 mm), Minerva (H 70/105 mm), Isis-Fortuna (H 110 mm) und ein kleiner Vogel (L 25 mm), sowie um ein sehr dünnes, versilbertes Bronzeblech (186 x 176 mm), das Harpokrates und weitere Figuren zeigt[317]. Sie waren im Antiquarium von Pompeji ausgestellt und fielen zum großen Teil, wie die meisten der dort gezeigten Funde aus dieser Villa, dem Bombenangriff von 1943 zum Opfer[318]. Gleiches gilt sehr wahr-

[309] Arch.Pomp. III/1: Brief vom 30.10.1907 von Dir.M.N. an Scav.Pomp.

[310] Arch.Pomp. III/1: *Elenco degli oggetti prescelti a soddisfazione del diritto dello Stato ...*

[311] Arch.Pomp. III/1: *Giornali* vom 6.-12.1.1908.

[312] Arch.Pomp. III/1: *Giornali* vom 20.1.-9.2.1908.

[313] Aus einem Brief vom 27.11.1907 von Dir.M.N. an Scav. Pomp. (Arch.Pomp. III/1) geht hervor, daß zu diesem Zeitpunkt nur für den Zeitraum 30.9.-27.10. *giornali* vorlagen, während sie für den Zeitraum 28.10.-20.11. fehlten. Die auch für den Fall, daß die Grabung während dieser Zeit ruhte, angeforderten Berichte sind nicht erhalten.

[314] AFS Pompei B 64. 70. 71. Vgl. jetzt Stefani.

[315] Die Abschrift eines Briefes vom 12.2.1908 von Scav.Pomp. an Dir.M.N. (Arch.Pomp. III/1) erwähnt den Fries der Ostwand von Raum (3) und den Sockel der Ostwand von Raum (5), die vor der Verschüttung bewahrt werden sollten. Das Photo des identifizierbaren Sockels mit der Darstellung der Schlange am Altar hat Fröhlich, Lararienbilder 304f. Nr.L 125 Taf.53.2, mit der Herkunftsangabe „Pompeji, contrada Cività Giuliana“ publiziert.

[316] Dieser Sachverhalt geht aus einem Brief vom 20.2.1908 von Dir.M.N. an Scav.Pomp. hervor: ... *Non credo che il marchese Imperiali accetti la proposta che Ella fa, cioè di rinunziare alla quota che gli spetterebbe sul valore dei dipinti che si vorrebbero distaccare.* Vgl. jetzt Stefani 10 mit weiteren Archivmaterialien.

[317] Arch.Pomp. III/1: *Elenco degli oggetti prescelti a soddisfazione del diritto dello Stato ...*: Nr.51-58.63. Erwähnt von M.De Vos in: Civiltà dell'antico Egitto in Campania (1983) 69.

[318] Stefani 33ff. Nr.53-60.65. Zu den die Villa betreffenden Kriegsverlusten s. Stefani 19f.

scheinlich für die anderen aufgelisteten Funde, darunter Glas- und Tongefäße, Münzen, zwei Gemmen und verschiedene kleinere Geräte.

Am 11.11.1907 wurde die Grabung in der Südostecke des Peristyls fortgeführt. Dort wurde der Raum (9) freigelegt, in dem ein kleiner Schatz aus Goldschmuck, zwanzig Goldmünzen, zwei Silbergefäßen und einer Silberstatuette gefunden wurde. In den anschließenden Räumen (10-12) befand sich eine große Anzahl von Bronzegefäßen. In den auf der Ostseite des Gebäudes freigelegten Räumen (13-15) wurden dagegen überwiegend Tongefäße gefunden. Die Grabung wurde dann östlich der zuerst ausgegrabenen Räume erweitert, wo ein weiterer Hof mit einer Porticus an der östlichen Seite freigelegt wurde. In der Porticus fand man eine Larariumsnische mit flankierender Bemalung. Der Marchese Imperiali beantragte das Abnehmen der Malereien, wofür er die Genehmigung erhielt[319]. Im *giornale* vom 30.1.1908 wird ausdrücklich das Herausschneiden der beiden die Nische flankierenden Laren erwähnt, während die darunter gemalten Schlangen mit Altar in situ blieben. Einer der beiden gemalten Laren gelangte in die Sammlung von Arnold Ruesch in Zürich, der ihn in seine Villa einmauern ließ. Im Katalog der 1936 erfolgten Auktion ist er mit abgebildet[320], blieb jedoch in der Villa von A.Ruesch. Nach deren Abriß wurde er Bestandteil der Sammlung des Institute of Arts in Minneapolis. Spätestens zu diesem Zeitpunkt hatte er seine Herkunftsangaben verloren. Er läßt sich jetzt aufgrund eines beschrifteten Photos in Pompeji und der genauen Beschreibung im *giornale* identifizieren[321]. Der Verbleib des anderen Laren ist dagegen unbekannt. Die Identifizierung der zahlreichen Bronzegefäße und -geräte aus dieser Villa ist äußerst schwierig. Ein kleiner Dreifußuntersatz (Kat.Nr.22/22), Ende November in Raum (12) gefunden, wurde 1908 vom Metropolitan Museum in New York erworben. Die Identifizierung ist aufgrund des Vergleichs der Photos, der Maßgleichheit sowie der starken Lapilliverkrustung auf dem Teller möglich[322]. Ansonsten ist der Verbleib der meisten Bronzegefäße, darunter ein Krater (Kat.Nr.22/13), unbekannt.

---

[319] Arch.Pomp. III/1: Brief vom 22.1.1908 von Dir.M.N. an Scav.Pomp.

[320] Kat.Slg.Ruesch Taf.46.

[321] Th.Fröhlich identifizierte den Laren anhand einer alten Photographie der Soprintendenza di Pompei und publizierte das Photo mit der Herkunftsangabe „*Pompeji, Contrada Cività Giuliana*". Offenbar wird im Archivio fotografico ein zweiter Abzug aufbewahrt, der auf den 8.1.1908 datiert ist: *Contrada Cività, Villa rustica scavata del M.se Imperiali (A.1907)*. s. Kat.Nr.22/27a.

[322] Leider zeigen das Grabungs- und das Museumsphoto den Dreifuß von verschiedenen Seiten, so daß die Patina nicht zum direkten Vergleich herangezogen werden kann. Die von G.M.A.Richter erwähnte starke Korrosion ist auf dem Grabungsphoto deutlich zu sehen. Im *giornale* wird die Höhe mit 150 mm angegeben, nach G.M.A.Richter beträgt sie 152 mm. Vgl. die Angaben zu Kat.Nr.22/22.

2.4.7. Die Grabung von Giovanni Di Palma (Kat.Nr.23)

Die im April 1903 erfolgte Grabung von Giovanni Di Palma auf seinem Besitz bei Scafati, contrada Iossa, dauerte nur wenige Tage[323]. Drei Jahre später stieß Di Palma bei Boscoreale auf eine Villa (Kat.Nr.23: Abb.23). Wieder dauerte die Grabung nur sechs Tage. Im Jahre 1908 führte er hier jedoch eine sechsmonatige Grabung durch, die den Osttrakt der Villa freilegte. Die Anzahl der Kleinfunde war sehr gering. Einige der Wanddekorationen des 3. Stils ließ G.Di Palma auf Wunsch von M.Della Corte photographieren und wegen des schlechten Erhaltungszustandes von V.Esposito zusätzlich aquarellieren. Lediglich zwei dieser Aquarelle sind im Grabungsbericht abgebildet. Die anderen sowie die angefertigten Photos wurden erst von F.L.Bastet veröffentlicht[324]. Im Archiv von Pompeji wird ein undatiertes Manuskript eines Grabungsberichtes zu dieser Villa von M.Della Corte aufbewahrt[325], das nicht zum Druck gelangte. Vom 1922 publizierten Bericht unterscheidet es sich im wesentlichen dadurch, daß der Beschreibung eines Raumes die Aufzählung der dort gefundenen Objekte folgt, während sie im publizierten Bericht nur zusammen und ohne Angabe der Räume aufgelistet werden[326]. Westlich des für kurze Zeit freigelegten Traktes befand sich offenbar ein Dolienhof. Dies läßt die Existenz von mehreren Dolien unweit der westlichen Grabungsgrenze vermuten, die dort 1908 in einem kleinen „Testschnitt" gefunden wurden. Mehr als 20 Jahre nach dieser Grabung plante Giovanni Di Palma die Bergung dieser in mehreren Metern Tiefe belassenen Dolien. Offenbar dachte Di Palma auch an die teilweise Freilegung des noch nicht erforschten Teils der Villa. Jedenfalls wurde ihm dies von der Soprintendenz ausdrücklich untersagt[327]. Ob die Grabung schließlich bis zur Bergung durchgeführt wurde, bleibt aber unklar. Weder der Grabungsbericht noch die in Pompeji aufbewahrten Archivmaterialien geben Hinweise darauf, daß Teile der Fresken herausgelöst wurden. Ein vom Getty Museum in Malibu 1971 erworbenes Fragment (Kat.Nr.23/2a) wurde von A.Allroggen-Bedel anhand eines Aquarells von V.Esposito identifiziert[328]. Weitere in Malibu aufbewahrte Fresken gehören sehr wahrscheinlich zur selben Wand[329]. Ob auch von den anderen zumeist schlecht erhaltenen Wänden Fragmente abgenommen wurden, ist unbekannt.

---

[323] Kockel-Nr.37; M.Della Corte, NSc 1922, 478f. In Pompeji befinden sich zu dieser Grabung nur einige Briefe: Arch.Pomp. IV/2.

[324] F.L.Bastet, Villa rustica in contrada Pisanella, CronPomp 2, 1976, 112ff.

[325] Arch.Pomp. IV/11 Nr.38.

[326] M.Della Corte, NSc 1921, 460.

[327] Dieser Sachverhalt geht aus mehreren in Pompeji aufbewahrten Briefen hervor: Arch.Pomp. IV/11 Nr.53: Brief vom 20.2.1929 von Dir.M.N. an Scav.Pomp.; Arch.Pomp. IV/11 Nr.54.55: Abschrift je eines Briefes vom 22.12.1929 von Scav.Pomp. an Giovanni Di Palma und an Dir.M.N.

[328] A.Allroggen-Bedel in: Regione sotterrata 524 Anm.22; Bastet a.O. 130f. Abb.13.

[329] Acc.no.71 AG 111; Neuerburg, Catalogue 41f. Nr.92 b-f. Drei der Fragmente gehören nach Neuerburg ebenfalls zur Hauptzone und eines zur Sockelzone. Während diese Fresken möglicherweise von derselben Wand kommen, gehörte das abgebildete Fragment Nr.92b sicher nicht dazu.

2.5. Überblick über die privaten Grabungen nach 1908

Keine weitere Bedeutung hatte eine zwischen Januar und April 1908 in Scafati, contrada S.Abbondio, erfolgte Grabung durch Giuseppe Cipriano, die einen Teil einer Villa freilegte. Drei Dolien wurden nach Pompeji gebracht. Zusammen mit einem menschlichen Skelett wurden einige Münzen aus Gold, Silber und Bronze sowie ein Goldring gefunden[330]. Die im Jahre 1908 von Aurelio Item auf dem Besitz von Elisabetta Gargiuolo bereits zu großen Teilen freigelegte Mysterienvilla (Kockel-Nr.24) war die erste Villa, bei der das Herausschneiden der Wandfresken trotz ihrer hohen Qualität und guten Erhaltung glücklicherweise unterbunden werden konnte[331]. Die beweglichen Funde gelangten jedoch direkt in den Verkauf. Eine Griffschale mit Schwanenhalsgriffende, ein Öllämpchen, eine Trifoliarkanne, ein Armreif in Schlangenform und ein Henkelbecken aus Bronze wurden von Arnold Ruesch *„auf dem Bauerngute selbst erworben, wo die Villa steht"*. Sie lassen sich anhand der Beschreibungen und Maßangaben eindeutig identifizieren[332]. Allerdings korrigiert der Grabungsbericht die offenbar beim Verkauf erhaltenen näheren Fundangaben. Während die Lampe zusammen mit einem Skelett gefunden worden sein soll, erwähnt der Grabungsbericht überhaupt keine menschlichen Skelette. Das Becken, die Kanne und die Griffschale wurden zwar zusammen gefunden, dem Bericht ist aber nicht zu entnehmen, daß es sich um einen Wandschrank handelt. Vermutlich sollten diese Angaben die Funde interessanter erscheinen lassen. Mit dem neuen Gesetz von 1909 hört die private Ausgrabungstätigkeit um Pompeji zunächst fast völlig auf. Eine 1910 bei Terzigno, contrada Acquavitrara, unternommene Grabung besaß nur sehr geringe Ausmaße[333]. Erst in den Jahren 1922 bis 1934 wurden wieder mehrere Villen angegraben. Dabei handelt es sich jeweils um zufällige Entdeckungen[334], die nur in wenigen Fällen zur Freilegung eines Teiles der Villa führten. Ein letztes Mal wurden die Funde zwischen dem Staat und den privaten Ausgräbern aufgeteilt[335].

[330] Kockel-Nr.32: M.Della Corte, NSc 1922, 479f.
[331] A.Maiuri, La Villa dei Misteri (1931) 19.
[332] Kat.Slg.Ruesch 13 Nr.124-128 Taf.36; vgl. mit M.Della Corte, NSc 1922, 481f. Lediglich bei dem Henkelbecken gibt der Grabungsbericht mit 25 cm einen um 5 cm geringeren Dm-Wert an. Das Lämpchen kommt aus Raum (11), während die Gefäße und der Armreif in Raum (19) gefunden wurden.
[333] M.Della Corte, NSc 1928, 375ff.; vgl. Casale-Bianco 49f. Nr.147.
[334] **1922:** Boscoreale Kockel-Nr. (= K) 83; Casale-Bianco (= CB) 47 Nr.122.- **1925/27:** Scafati K 39; CB 49f. Nr.147.- **1926:** Valle di Pompei K 38; CB 49 Nr.146.- **1927:** Boscotrecase K 40; CB 36f. Nr.35.- **1928:** Boscoreale „Villa des Livius Marcellus" K 43; M.Della Corte, NSc 1929, 178ff.; CB 33f. Nr.12 Abb.8.- **1929:** Valle di Pompei K 41; M.Della Corte, NSc 1929, 190ff.- Domicella K 42; M.Della Corte, NSc 1929, 199-203ff.- **1930:** Pompei K 81; CB 51 Nr.158.- Pompei K 58; CB 49 Nr.145.- Scafati K 73; CB 50 Nr.148; Boscotrecase K 69; CB 35 Nr.27.- **1933:** Scafati K 79; CB 50 Nr.156.- **1934:** Scafati K 53; CB 50 Nr.152.
[335] Die Aufteilung zu gleichen Teilen geht aus einigen im Archiv des Ufficio Scavi di Pompei aufbewahrten Unterlagen hervor. Ein kleines Elfenbeinrelief aus der „Villa des Livius Marcellus", M.Della Corte, NSc 1929, 184f. Abb.7, ist im Antiquarium von Boscoreale ausgestellt, während der Verbleib der anderen Funde aus dieser Villa unbekannt ist.

2.6. Antiken aus Boscoreale: Ausgräber, Kunsthandel, Sammler und Museen

Die hier dargestellte Geschichte der privaten Grabungen im Gebiet um Pompeji begann im Jahre 1894 mit der Freilegung der „Silberschatzvilla“ (Kat.Nr.1) durch den späteren Abgeordneten Vincenzo de Prisco. Die spektakulären Funde dieser Villa veranlaßten V.de Prisco selbst sowie weitere Landbesitzer dazu, zahlreiche auf Privatbesitz gelegene römische Villen auf der Suche nach wertvollen Antiken zumindest teilweise anzugraben. Die Beweggründe dieser „Ausgräber“ waren ganz überwiegend kommerzieller Natur. Dies kann nicht deutlich genug betont werden, da diesen Grabungen häufig eine wissenschaftliche Zielsetzung unterstellt wird[336]. Daß innerhalb weniger Jahre eine große Anzahl von Villen freigelegt wurde, lag jedoch nicht im geringsten an einem gesteigerten wissenschaftlichen Interesse, sondern an hauptsächlich am Gewinn orientierten Privatleuten, die aufgrund der Rechtslage für wenige Jahre in den um das antike Pompeji gelegenen Gemeinden, insbesondere Torre Annunziata, Boscotrecase, Boscoreale, Scafati und Gragnano, lukrativ tätig werden konnten. Indem diese Grabungen eine Schwachstelle im Recht des noch vergleichsweise jungen italienischen Staates aufdeckten, schrieben sie auch ein Stück italienischer Rechtsgeschichte.

Der von einer großen Öffentlichkeit beachtete Verkauf des Silberschatzes nach Paris hatte in aller Deutlichkeit gezeigt, wie unzureichend die Gesetzesgrundlage für private Ausgrabungen und für den Kunstexport war. Der Schock über den Verlust eines bedeutenden Kulturgutes saß in Italien tief und führte zu einem neuen Gesetz. Bedauerlicherweise kam die Verabschiedung des Gesetzes aufgrund zahlreicher Veränderungen erst im Juni 1902 zustande[337]. Damit wurde die Chance vertan, zwei Grabungen zu kontrollieren, die wie kaum eine andere den Kunstmarkt belieferten (Kat.Nr.9.10). Insbesondere der Verkauf der meisten Fresken aus der „Villa des Fannius Synistor“ (Kat.Nr.10) ins Ausland, den man nicht verhindern konnte, schmerzte und mußte sehr an den Verkauf des Silberschatzes durch denselben Ausgräber und Abgeordneten des Parlamentes, Vincenzo de Prisco, erinnern. Die Folge war ein weiteres Gesetz von 1903, daß dem Staat ein Eingriffsrecht beim

[336] Vgl. z.B. Flach, Agrargeschichte 215 zur Forschungsgeschichte römischer Landgüter: „*Bekanntlich richtete die ältere Spatenforschung ihr Augenmerk vor allem auf das von dem Vesuvausbruch betroffene Gebiet.*“ Zumindest mißverständlich: A.Allroggen-Bedel, Die Wanddekorationen der Villen am Golf von Neapel, in: Regione sotterrata 519ff., 519: „... *die reichen Villenbesitzer konnten sich künstlerisch und technisch hochwertige Dekorationen leisten, entsprechend groß war das Interesse der Ausgräber an den Malereien in den Villen.*“ Nur die Villen lagen jedoch auf Privatbesitz und konnten somit das Ziel privater Ausgräber werden. Vgl. dagegen die wohl etwas zu harte, weil die staatliche Aufsicht gleichfalls beschuldigende Formulierung von Jongman, Economy 112 „... *and the finds spoils were shared by the landowner and the government. Both parties concerned were primarily interested in treasure, ...* „.

[337] G.C.Ascione in: Kat.Pompei 1988, 19ff.; Barnabei, Memorie 31.

geplanten Export besonderer Kulturgüter sicherte[338]. Wenig ist bisher über das Gesetz von 1909 bekannt[339]. Offenbar schränkte es den kommerziellen Anreiz erheblich ein, denn die private Ausgrabungstätigkeit im Gebiet um Pompeji kam praktisch zum Erliegen.

Das Gesetz vom 12. Juni 1902 unterstellte die privaten Grabungen einer geregelten staatlichen Kontrolle, sicherte dem Staat ein Viertel der Funde und räumte ihm das Vorkaufsrecht für alle Funde zu einem unabhängig erstellten Schätzpreis ein. Während der Grabung war vor Ort ein Kustode anwesend, der die Arbeiten überwachte und die *giornali dello scavo* mit der Eintragung aller Funde anfertigte. Diese Praxis galt ihm Vorgriff auf das Gesetz seit der Ausgrabung der „Silberschatzvilla" (Kat.Nr.1), wo allerdings bei der Hebung des Silberschatzes die staatliche Aufsicht hintergangen worden war. Wie notwendig dieses Gesetz war, zeigte auch die Ausgrabung der Villa bei Torre Annunziata, fondo Matrone (Kat.Nr.9), von der Teile wieder zugeschüttet worden waren, bevor sie von einem Zeichner der Antikenverwaltung aufgenommen werden konnten, und deren Funde zum Teil aus der Grabung heraus verkauft worden waren[340]. Der Anteil des Staates am Wert der Funde wurde noch unmittelbar vor der Verabschiedung des Gesetzes auf ein Drittel festgelegt und schließlich durch das Gesetz auf ein Viertel reduziert[341]. Für jede Grabung existierten in Pompeji und Neapel die *giornali dello scavo*, eine Liste aller Funde sowie eine Liste der dem Staat vorbehaltenen Funde, ein Grabungsplan sowie in einigen Fällen Photos und Aquarelle. Diese Materialien bildeten die Grundlage für die in den Notizie degli Scavi erschienenen Grabungsberichte. Während A.Sogliano und R.Paribeni die Berichte unmittelbar nach Abschluß der Grabungen publizierten, wurden die unter der Zuständigkeit von M.Della Corte erfolgten Ausgrabungen erst in den Jahren 1921 bis 1923 veröffentlicht. Für eine Grabung unterblieb dies ganz (Kat.Nr.22). Leider sind die im Archiv des Ufficio Scavi di Pompei aufbewahrten Archivmaterialien heute unvollständig[342].

Wichtig sind insbesondere die in einigen Fällen noch vorhandenen Fundlisten, die, wenn komplett erhalten, Auskunft über den Verbleib der Funde in Pompeji oder Neapel oder aber im Besitz des Ausgräbers geben. Von großem Wert sind diese Listen insbeson-

---

[338] Barnabei, Memorie 31.

[339] F.Zevi in: Pompei 79, 8.

[340] s.o. S. 31.

[341] s.o. S. 39f.

[342] Ihr Verbleib ist ungeklärt. Im Archiv der Soprintendenza di Pompei, das sich ursprünglich in Neapel befand, befinden sich nach freundlicher Auskunft von Antonio Varone keine Unterlagen mehr. Die Angabe von Jongman, Economy 113, M.Della Corte hätte einen Teil seiner Aufzeichnungen verloren und daher einen größeren Teil aus dem Gedächtnis heraus publizieren müssen, ließ sich nicht überprüfen. Die Grundlage seiner Berichte waren jedenfalls die, damals ganz offensichtlich noch vollständigen, *giornali dello scavo*. Zu den nur noch teilweise vorhandenen Druckvorlagen der Notizie degli Scavi s. R.Vighi, Spoglio d'archivio delle „Notizie degli Scavi ...," Bollettino del Reale Istituto di Archeologia e Storia dell'Arte 9, 1931, 22ff.

dere dann, wenn sie auch die herausgelösten Wandmalereifragmente mitaufführen[343], da das Abnehmen von Dekorationen in den publizierten Berichten in der Regel nicht erwähnt wird.

Von den in Pompeji und im Museo Nazionale in Neapel aufbewahrten Funden aus diesen Villen lassen sich leider nicht mehr alle identifizieren. Hinsichtlich der in Pompeji inventarisierten Funde listet das nachträglich angelegte, nach Grabungen geordnete „Registro Rinvenimenti Suburbio" (RRS) neben den Funden neuerer Grabungen lediglich die von drei alten Grabungen auf. Dabei handelt es sich um die „Silberschatzvilla" (Kat.Nr.1), die „Villa des Agrippa Postumus" (Kat.Nr.18) und die Villa in Gragnano, fondo Marchetti (Kat.Nr.14). Das im RRS leider äußerst zahlreiche vermerkte *„materiale di provenienza sconosciuta"* [344] zeigt, daß wahrscheinlich erheblich mehr aus diesen Grabungen dort aufbewahrt wird. Allerdings ist bei diesen Funden auch eine Herkunft aus Pompeji nicht auszuschließen. Bei den durch einige Fundlisten belegten Objekten aus den Villen handelt es sich ganz überwiegend um epigraphisches Material, d.h. v.a. um Ziegel, Amphoren und andere Gefäße mit Inschriften und Stempeln. Die meisten der Funde ohne Inschriften werden sich daher auch in Zukunft nicht mehr identifizieren lassen. Auch einige der in Neapel aufbewahrten Antiken haben ihre Herkunftsangaben verloren[345]. Von großem Wert sind in dieser Hinsicht die Bestandspublikationen, von denen in jüngerer Zeit bereits einige erschienen sind[346].

Der Weg der in den Kunsthandel gelangten Antiken ist nur selten nachzuvollziehen. Die Anzahl der „alten Museumskomplexe", d.h. der Funde, die bald nach ihrer Ausgrabung Bestandteil einer öffentlichen Sammlung wurden, ist eher gering. Dazu gehören insbesondere die entsprechenden Antiken in Berlin und Chicago[347]. Aber schon bei diesen Erwerbungskomplexen wurden Herkunftsangaben, offenbar durch den Kunsthandel, vereinheitlicht und damit verfälscht. Zudem wird dabei deutlich, wie stark die Funde bereits vor ihrem Verkauf „restauriert" wurden. Ein besonders krasses Beispiel ist die Tischplatte aus

---

[343] s.o. S. 46f.

[344] Registro Rinvenimenti Suburbio S.75-173.

[345] s.o. S. 39.

[346] Für die hier besprochene Problematik sind wichtig: A.d'Ambrosio-M.Borriello, Le terrecotte figurate di Pompei (1990) - vgl. 116f. mit 91 Nummern mit der Angabe *Pompei* oder *suburbio;* A.Levi, Le terrecotte figurate del Museo Nazionale di Napoli (1926); M.Conticello De Spagnolis-E.De Carolis, Le lucerne di bronzo di Ercolano e Pompei (1988); N.V.Mele, Catalogo delle lucerne in bronzo. Museo Nazionale Archeologico di Napoli (1981); U.Pannuti, Catalogo della Collezione Glittica I (1983); L.Breglia, Catalogo delle Oreficerie del Museo Nazionale di Napoli (1941); R.Siviero, Gli ori e le ambre del Museo Nazionale di Napoli (1954). L.J.Bliquez, Roman Surgical Instruments and other Minor Objects in the National Archaeological Museum of Naples. With a Catalogue of the Surgical Instruments in the „Antiquarium" at Pompei by Ralph Jackson (1994). Der neue Katalog des Nationalmuseums umfaßt nur eine Auswahl des Bestandes und ist daher nur von beschränktem Nutzen: Collezioni Napoli 1986. Die in Pompeji aufbewahrten Bronzegefäße sind jetzt von S.Tassinari vorgelegt worden: Tassinari, Vasellame.

[347] s.o. S. 19f. 24.

Boscotrecase in New York (Kat.Nr.18/29), die einen aus einem Marmorkandelaberschaft und einem Bronzekandelaberfuß zusammengesetzen Fuß bekam[348]. Viele der Fresken wurden zur Steigerung des Verkaufswertes übermalt[349].

Mit dem Erwerb des Silberschatzes durch den Louvre war der kleine Ort Boscoreale nahe dem antiken Pompeji schlagartig bekannt geworden. Die Freilegung der „Villa des Fannius Synistor“ (Kat.Nr.10) steigerte diesen Bekanntheitsgrad nochmals. Funde „aus Boscoreale“ waren damit besonders begehrt. So kam z.B. auch die erwähnte Marmortischplatte aus der „Villa des Agrippa Postumus“ (Kat.Nr.18/29) in Boscotrecase mit der Herkunftsbezeichnung „Boscoreale“ nach New York. Aber auch Zweifelhaftes wurde unter diesem „Etikett“ verkauft. Eine 1897 vom British Museum erworbene Silberschale, die sich in das späte 4. Jh.v.Chr. datieren läßt, trägt die Herkunftsbezeichnung „Boscoreale“[350]. Eine Herkunft aus den Vesuvstädten wäre sicherlich interessant, wahrscheinlicher ist jedoch, daß die Herkunftsangabe „Boscoreale“ lediglich aus verkaufstaktischen Gründen gewählt wurde. Ein wahrscheinlich nichtantikes Fresko kam mit dieser Angabe nach Frankfurt[351].

Die meisten Funde gelangten zunächst in Privatbesitz. Entsprechend tauchen sie teilweise schon bald nach den Grabungen wieder in Auktionskatalogen auf. Eine Identifizierung dieser Antiken ist aufgrund der meist unbestimmten Herkunftsangaben und der ungenügenden Beschreibungen in den Katalogen häufig nicht mehr möglich[352].

Kurz zu erwähnen ist in diesem Zusammenhang noch ein sehr umfangreicher Beitrag von J.de Foville, A.Sambon und G.Toudouze in der Zeitschrift Musée des Jahres 1906[353]. Die Autoren beschäftigen sich ausführlich mit den Funden aus den privaten Grabungen um

---

[348] s.o. S. 44.

[349] Zu den Übermalungen der Fresken aus der „Villa des Agrippa Postumus“ in Boscotrecase (Kat.Nr.18) in New York s. Chr.Faltermeier in: Blanckenhagen 73. Auch an der Mehrzahl der in Providence aufbewahrten Fresken hat Winkes, Paintings 28ff. Übermalungen festgestellt; s.o. S. 45f. und Kat.Nr.2/5a.

[350] K.Fittschen in: Kat.Essen 1973, 112 Nr.134.

[351] s.o. S. 38.

[352] Die Herkunftsangaben lauten jeweils „Boscoreale“: Hotel Drouot, Collection d'Antiquites (Sammlung Bourgnignon), 18.-21.3.1901 (Paris 1901) 37 Nr. 158. 167 (Glasgefäße); 60 Nr.274 (Bronzekanne); 60f. Nr.276 (Bronzekessel); 61 Nr.277 (Bronzeschale = Kat.Nr.1/53). Hotel Drouot, Collection d'Antiquites, 11.- 24.5.1903 (Paris 1903) 66 Nr.244-250 *(Peintures de Pompéi)*; 85 Nr.370. 371 (Möbelfüße aus Bronze); 87 Nr.384 (Schalengriff aus Bronze); 87 Nr.385 (Strigilis); Catalogue des objets antiques, Collection de M.Guilhou, Hotel Drouot, 16.-18.3.1905 (Paris 1905) 27 Nr.160-165 (Goldschmuck, s. Anm.175; 44 Nr.298 (Bronzemaske); Nr.301 (Bronzestier = Kat.Nr.5/12); 45 Nr.302 Taf.12 (Merkurstatuette); 46 Nr.309 (Bronzelampe). Hotel Drouot, Objets d'art antique, Succession de M.me E.Warneck, 13.- 16.6.1905 (Paris 1905) 27 Nr.168 (Laufgewicht = Kat.Nr.5/16); 35 Nr.238 (Bronzelampe = Kat.Nr.1/10); Hotel Drouot, Catalogue des objets antiques, Collections de Dr.B. et de M.C., 19.- 21.5.1910 (Paris 1910) 8 Nr.59 (Fragment eines Marmorgefäßes); 13 Nr.114 (Minervabüste = Kat.Nr.9/31); 26 Nr.247 (Fresken); 28 Nr.268 (Goldring mit Gemme); 32 Nr.314 (Gemme).

[353] J.de Foville - A.Sambon - G.Toudouze, La banlieu de Pompei. Boscoreale, Boscotrecase et la marine du Sarno, Le Musée. Revue d'art mensuelle 3, 1906, 159ff.

Pompeji. Der Wert dieser wortreichen, aber eher allgemeinen Ausführungen wird durch einige Fehlinformationen ganz erheblich gemindert. So wird z.B. die Fledermauslampe, die sich jetzt anhand der Archivmaterialien in Pompeji als aus der „Villa des Fannius Synistor“ (Kat.Nr.10/4A) kommend identifizieren ließ[354], bei J.de Foville Bestandteil des Inventars der „Silberschatzvilla“ (Kat.Nr.1)[355]. Besonders bemerkenswert ist die Beschreibung eines Fundkontextes, den Foville als Argument für seine These anführt, daß der Besitzer der Villa ägyptischer Herkunft sei. Danach sollen in einem Lararium der Küche der „Silberschatzvilla“ (Kat.Nr.1) zwei Silberstatuetten gefunden worden sein, darunter eine Isis-Fortuna[356]. Das Lararium der Küche war jedoch leer[357], und bei den Silberstatuetten handelt es sich ganz offensichtlich um diejenigen vom selben Ausgräber, Vincenzo de Prisco, in der „Villa des Domitius Auctus“ (Kat.Nr.5/7.8) ausgegrabenen Figuren. Die Grabungsberichte beider Villen lagen zu diesem Zeitpunkt bereits vor. Vermutlich kamen daher die von J.de Foville verbreiteten Angaben aus dem Kunsthandel. Damit werden leider auch die zunächst wertvoll erscheinenden Angaben zur Herkunft des zahlreichen in Privatsammlungen gelangten Goldschmucks unsicher[358].

Eine Privatsammlung verlangt es, hier genauer betrachtet zu werden. Es ist die Züricher Sammlung des in Neapel lebenden Schweizers Arnold Ruesch. Durch seinen unmittelbaren Kontakt zu den Händlern in Neapel und zu den Ausgrabungen selbst befinden sich in seiner Sammlung besonders viele Antiken aus den privaten Grabungen um Pompeji. Seine Sammlung wurde 1936 in einer Auktion versteigert, zu der ein Katalog vorliegt[359]. A.Ruesch hatte die Villa in Zürich für seine Sammlung erbauen lassen. Die Antiken wurden jedoch nicht museal ausgestellt, sondern nach dem Geschmack des Besitzers in die Ausstattung der Villa einbezogen[360]. So diente jetzt ein Türgriff wieder in seiner alten Funktion, während eine Bronzekanne zur Blumenvase umfunktioniert wurde[361]. Einige der von ihm erworbenen Fresken wurden in die Villa eingemauert. Sie sind im Katalog mit abgebildet, blieben jedoch zunächst in der Villa. Nur der Verbleib eines Larenbildes aus der Grabung des Marchese Imperiali (Kat.Nr.22) ist bekannt[362]. Acht Objekte tragen die Herkunftsangabe *„aus den Grabungen von V.De Prisco bei Boscoreale“*. Aber nur drei der acht Antiken lassen sich noch als aus der „Villa des Fannius Synistor“ (Kat.Nr.10) kommend identifizieren[363]. Nachweisen lassen sich zudem ein Marmortisch und ein Mosaik aus der Villa in

---

354 s.o. S. 38.
355 De Foville a.O. 181 Abb.10.
356 De Foville a.O. 183f.
357 Pasqui 441.
358 s. Anm.175.
359 Kat.Slg.Ruesch.
360 Vgl. das Vorwort von O.Waser in Kat.Slg.Ruesch.
361 Kat.Slg.Ruesch Taf.25.
362 Kat.Nr.22/27a; s.o. S.50.
363 Kat.Nr.10/3. 4A. 6; s.o. S. 37f.

Boscoreale, fondo Prisco (Kat.Nr.12)[364], ein Alabastertablett aus der „Villa des Popidius Florus“ (Kat.Nr.21)[365] und mehrere Bronzen aus der Mysterienvilla[366]. Für zahlreiche Bronzen der Sammlung Ruesch, die sich aufgrund der Angabe ihrer Patina sehr wahrscheinlich allgemein der Vesuvgegend zuweisen lassen, sowie für einige Freskenfragmente und Marmormöbel läßt sich die Herkunft nicht mehr klären[367].

Nach dem gesetzlichen Verbot der Ausfuhr von Antiken aus Italien im Jahre 1939[368] erschienen für mehrere Jahrzehnte keine weiteren Antiken aus den privaten Grabungen neu auf dem Kunstmarkt. In den 60er und 70er Jahren fanden sich dann plötzlich im Kunsthandel mehrere Komplexe, die aus „Boscoreale“ kommen sollten, aber offenbar keine genauen Angaben zur Herkunft oder zur Sammlungsgeschichte besaßen. Entsprechend ist eine jüngere Herkunft aus italienischen Privatsammlungen in keinem Fall sicher auszuschließen, um an eine noch dubiosere Herkunft nicht erst denken zu wollen.

In hohem Maße bemerkenswert ist die Zusammensetzung des einzigen neueren Bronzegefäßkomplexes in Malibu, der 1971 mit der ungewöhnlich konkreten Herkunftsangabe Boscoreale, „Villa des Popidius Florus“ (Kat.Nr.21), erworben wurde. Er umfaßt auch zwei Gefäße und eine Strigilis, die in das 5. bzw. 4. Jh.v.Chr. datiert werden. Für den überwiegenden Teil der Gefäße läßt sich eine Herkunft aus dieser Villa sicher ausschließen[369]. Vermutlich kommen die meisten dieser Bronzen aus den hier besprochenen Grabungen. Identifizieren lassen sie sich jedoch nicht mehr[370]. Wie es zu dieser Provenienzangabe gekommen ist, läßt sich nur vermuten. Auffällig ist zumindest, daß Malibu kurz zuvor mehrere Fresken aus dieser Villa erworben hat.

---

[364] Kat.Nr.12/2. 3; s.o. S. 40.

[365] Kat.Nr.21/29; s.o. S. 46.

[366] s.o. S. 52.

[367] Kat.Slg.Ruesch 11 Nr.103 (Eimer); 12 Nr.104. 108. 109; 16 Nr.144 (Kannen); 13 Nr.115 (Siebkelle); Nr.116.117 (Kasserollen); Nr.118 (Schöpflöffel); 14 Nr.120.122.123 (Beschläge, Schrankgriffe und -füße); Nr.129 (Aschenurne - ?); 16 Nr.143 (Henkelbecken); Nr.145-147 (Kandelaber); 17 Nr.150.151 (Strigiles); Nr.155.160 (Kessel); Nr.156 (Fibeln); Nr.157.158 (Wasserhähne); Nr.159 (Beil); Nr.162 (Bronzestreifen); Nr.163 (Kette mit Anhängern); Nr.164 (Armreif); Nr.165 (großer Bronzering); 19 Nr.178.179.181 (Freskenfragmente); 23 Nr.202 (Marmorbecken); 24 Nr.216 (Marmortischchen); 25 Nr.221 (Marmortischfuß).

[368] W.-D.Heilmeyer, JbPreussKul 25, 1988, 123.

[369] s.o. S.47f.

[370] Die publizierten Photos lassen nur bei einigen Bronzen die typische Patina erkennen, so daß auf dieser Grundlage auch eine Untermischung anderer römischer Bronzegefäße nicht sicher ausgeschlossen werden kann, vgl. Gorecki, Metallgefäße Abb. S.241ff.; dagegen: S.231. Die z.T. häufig vorkommenden Formen wie Kanne und Griffschale machen eine Identifizierung praktisch unmöglich. Einzig die außergewöhnliche Höhe der beiden Kandelaber könnte ein Anhaltspunkt sein. Alle in den Berichten mit Maßangaben versehenen Kandelaber sind jedoch kleiner.

Einige weitere Bronzen[371] sowie Objekte aus anderen Materialien[372], die aufgrund ihrer Herkunftsangaben wahrscheinlich aus einer der Grabungen zwischen 1894 und 1908 kommen und die zum Teil schon bald nach 1900 auf den Kunstmarkt gelangten, lassen sich heute ebenfalls nicht mehr identifizieren.

Ein besonderes Problem stellen die zahlreichen seit den 60er Jahren auf dem Kunstmarkt angebotenen Fresken dar. Die Anzahl der Fresken, deren Herkunft unklar bleibt, ist überraschend groß. Dabei handelt es keineswegs nur um sehr kleine Fragmente oder um einfachere Ausschnitte des Wandaufbaus, sondern um eine erstaunlich große Anzahl an herausgeschnittenen Bildern und Figuren. Im folgenden soll eine kurze Übersicht über die in den Villen gefundenen Wandmalereien einerseits und über die in Museen, Sammlungen und auf dem Kunstmarkt befindlichen Fresken, bei denen eine Herkunft aus der Vesuvgegend sicher oder sehr wahrscheinlich ist, andererseits gegeben werden.

Betrachtet man zunächst die Wanddekorationen des 2. Stils, so fällt auf, daß lediglich die Identifizierung der Fresken aus der Villa des Fannius Synistor (Kat.Nr.10) keine Probleme bereitet[373]. Aus der Villa in Boscoreale, fondo Vitiello (Kat.Nr.11) kamen wahrscheinlich alle herausgeschnittenen Fresken nach Neapel[374]. Während bei der Villa des Asellius (Kat.Nr.16) eine Abnahme der Wanddekorationen unsicher bleibt, ist sie für die 3,55 m hohe und 2,60 m breite Westwand von Raum (5) der Villa des Popidius Florus (Kat.Nr.21) dokumentiert[375]. Dennoch ist ihr Verbleib unbekannt. Andererseits befinden sich mehrere Ausschnitte aus einer Raumdekoration des 2. Stils von hervorragender Qualität in zwei amerikanischen Privatsammlungen[376]. Trotz ihrer hohen Qualität, die an die Dekoration der „Villa der Poppaea“ in Oplontis erinnert, lassen sie sich nicht identifizieren.

---

[371] Mariemont: R 32 (Kleine Maske); R 31 (Zaumzeug); Les anitiqiuités égyptiennes, grecques, etrusques, romaines et gallo-romaines du Musée de Mariemont (1952) 143f. Providence, Museum of Art Acc.no.06.018 (Armreif); Acc.no.06.024 (Schöpfkelle) Acc.no.06.054 (Anhänger); D.G.Mitten, Classical Bronzes (1975) 152 Nr.40; 153 Nr.41; 161 Nr.46. Privatbesitz: Kanne; Kat.Zürich 1974, 109 Nr.118. Vgl. auch die Zusammenstellung von V.Kockel, AA 1985, 511f.

[372] Berlin, Antikensammlung TC 8760 (Bildlampe; erworben 1904 aus dem italienischen Kunsthandel mit der Herkunftsangabe Boscotrecase); G.Heres, Die römischen Bildlampen der Berliner Antiken-Sammlung (1972) 13 Nr.5. Mariemont: R 73 (Silbermünzen in Klumpenform); R 55 (Marmorbecken); Kat.Essen 1973 105 Nr.108; 141 Nr.194; Kat.Zürich 109 Nr.118 (Bronzekanne).

[373] s.o. S. 36 und Anhang 5.

[374] s.o. S. 39 Kat.Nr.11/2.7.

[375] s.o. S. 42 Kat.Nr.16/3 und Raum 9; s.o. S. 47 Kat.Nr.21/8.

[376] Sicher zur gleichen Dekoration gehören zwei Ausschnitte: Glories of the Past. Ancient Art from the Shelby White and Leon Levy Collection (1990) 201 Nr.142 (M.L.Anderson); A Passion for Antiquities. Ancient Art from the Collection of Barbara and Lawrence Fleischmann. Katalog der Ausstellung Malibu und Cleveland 1994/95 (1994) 251f. Nr.126 (M.L.Anderson). Ein zweites Fresko in der Sammlung Fleischmann wird von M.L.Anderson in: Passion a.O. 251 Nr.125 der gleichen Wanddekoration zugeschrieben. Ein weiteres Fresko gehört zu einer anderen Dekoration, Passion a.O. 252f. Nr.127.

Der überwiegende Teil der Fresken des 3. Stils läßt sich dagegen zuweisen. Dabei handelt es sich um Wandmalereien aus der Villa des Popidius Florus (Kat.Nr.21) in Malibu und Richmond[377], aus der Villa des Agrippa Postumus (Kat.Nr.18) in New York und Neapel[378], aus der „Silberschatzvilla" (Kat.Nr.1) in Pompeji bzw. Boscoreale[379] und aus der Villa in Boscoreale, fondo Palma (Kat.Nr.23), die sich sehr wahrscheinlich in Malibu befinden[380]. Weitere Wanddekorationen des 3. Stils wurden in den Villen nicht gefunden.

Eine Ausstellung im Bible Lands Museum in Jerusalem 1993 zeigte über 70 Fresken aus der Vesuvgegend aus dem Besitz des Kunsthändlers und Sammlers Elie Borowski[381]. Herkunftsorte für den überwiegenden Teil der Fresken sollen zwei Villen in Boscotrecase sein, wobei die Angabe Boscotrecase aber möglicherweise nur für die Herkunft aus der Umgebung Pompejis steht[382]. Es handelt sich dabei um mehrere Einzelkomplexe, die jeweils der Dekoration eines Raumes entsprechen. Dazu gehören auch einige weißgrundige Fresken des 3. Stils, die mit der Herkunftsangabe Stabiae versehen sind[383], sowie rotgrundige Freskenfragmente, die S.Rozenberg dem späten 3. Stil zuordnet[384]. Ihre genaue Herkunft läßt sich jeweils nicht benennen.

Besonders schwierig ist die Situation bei den Fresken des 4. Stils. Sicher identifizieren lassen sich lediglich die Fresken aus der „Silberschatzvilla" (Kat.Nr.1) in Chicago und Pompeji bzw. Boscoreale[385], aus der Villa in Boscoreale, fondo Zurlo (Kat.Nr.2), in Paris und London[386], aus der Villa in Boscoreale, piazza Vargas (Kat.Nr.3), in Chicago[387], aus der Villa des Popidius Florus (Kat.Nr.21) in Malibu, Neapel und Boscoreale[388], ein Lararienbild aus der Villa in Boscoreale, fondo Marchese Imperiali (Kat.Nr.22), in Minneapolis[389], und ein Ausschnitt aus der Villa in Scafati, fondo Matrone (Kat.Nr.20), in Provi-

---

377 s.o. S. 47 Kat.Nr.21/5.

378 s.o. S. 44 Kat.Nr.18/30; 34; 35; 36.

379 Kat.Nr.1/67.68 (3. Stil ?).

380 s.o. S. 51 Kat.Nr.23/2a.

381 S.Rozenberg, Enchanted Landscapes. Wall Paintings from the Roman Era (1993). Im Anschluß an die Ausstellung wurde die Sammlung verkauft.

382 Rozenberg a.O. 9: „*The Paintings shown here are traditionally believed to have come from villas excavated at the turn of the century at Boscotrecase (a suburb of Pompeii), its surroundings, and the vicinity of Rome*".

383 Rozenberg a.O. 108ff. Nr.52-59.

384 Rozenberg a.O. 87ff. Nr.42-51. Sehr wahrscheinlich zugehörig: Kat.Zürich 1974, 216 Nr.373 (Ben Heller, Inc., New York). Dazu kommen noch fünf schwarzgrundige Fragmente: Rozenberg a.O. 84f. Nr.37-41.

385 Kat.Nr.1/23.25.33 (4. Stil ?).

386 s.o. S.24 Kat.Nr.2/1.5.6.

387 s.o. S.24 Kat.Nr.3/1.

388 s.o. S.47 Kat.Nr.21/2.28.35.

389 s.o. S.50 Kat.Nr.22/27a.

dence[390]. Probleme bereiten die schwarzgrundigen Fresken aus der Villa bei Torre Annunziata, fondo Matrone (Kat.Nr.9) in Boston, Chicago und Providence[391], während sich die dort aufbewahrten Fresken aus dem Peristyl eindeutig zuweisen lassen[392].

Überraschend groß ist die Anzahl von Freskenfragmenten des 4. Stils, die sich im Kunsthandel bzw. in Privatsammlungen befinden oder erst in jüngerer Zeit in Museen gelangten. Dabei handelt es sich häufiger um eine größere Anzahl von Fresken, die einer Raumdekoration zugeschrieben werden können. Allein in Jerusalem wurden aus der Sammlung Borowski drei größere Komplexe des 4. Stils gezeigt. Dabei handelt es sich um den „weißen Raum"[393], den „schwarzen Raum"[394], den „Eros-Raum"[395] sowie um vereinzelte Fragmente[396], von denen insbesondere ein Medaillon mit Landschaftsdarstellung auf schwarzem Grund interessant ist, da sich in Malibu zwei Gegenstücke befinden[397].

Im Württembergischen Landesmuseum in Stuttgart ist ein aus 18 Fresken des frühen 4. Stils bestehender Komplex ausgestellt, der 1983 nach vierjährigen Verhandlungen von demselben Sammler und Kunsthändler erworben wurde[398]. Bis auf eine Ausnahme gehören die Stuttgarter Fragmente sehr wahrscheinlich zum selben Raum[399]. Darunter befinden sich drei Bilder, u.a. Leda mit dem Schwan, die in den Grabungsberichten erwähnt worden sein müßten. Vom selben Händler kommen 18 Fragmente der gleichen Stilstufe, die das Getty Museum in Malibu 1971 und 1972 erworben hat[400]. Zwar wurden in zahlreichen Villen Wanddekorationen des 4. Stils gefunden[401], es bleibt aber zweifelhaft, ob sie herausge-

[390] s.o. S. 45 Kat.Nr.20/8b.
[391] s. Kap.2.3.1.
[392] s.o. S. 33 Kat.Nr.9/43.
[393] S.Rozenberg, Enchanted Landscapes. Wall Paintings from the Roman Era (1993) 17ff. Nr.1-16.
[394] Ebenda 51ff. Nr.17-35.
[395] Ebenda 116ff. Nr.56-59.
[396] Ebenda 123ff. Nr.60-71. Aus einer kaiserlichen Villa in Unteritalien sollen einige Fragmente aus einer Sockelzone kommen: ebenda 139 Nr.72-76; Karlsruhe, Badisches Landesmuseum Inv.Nr.75/8; 75/23; 76/26: J.Thimme, Antike Meisterwerke im Karlsruher Schloß (1986) 222. 239 Nr.78. 79 S.23 Taf.15
[397] Rozenberg a.O. 82f. Nr.36; Malibu, Getty Museum Acc.no. 72 AG 83; Acc.no. 72 AG 84: Neuerburg, Catalogue 49f. Nr. 105.106.
[398] Inv.Nr.Arch.83/1. V.M.Strocka, Römische Fresken in der Antikensammlung des Württembergischen Landesmuseums (1991).
[399] Ebenda 9.
[400] Ebenda 9 mit Anm.3. Neuerburg, Catalogue 46f. Nr.95a-k (Acc.no.72 AG 78); 47f. Nr.97-100 (Acc.no.71 AG 112. 72 AG 80-82); 49f. Nr.105-107 (Acc.no.72 AG 83. 72 AG 84. 72 AG 87).
[401] **Gelbgrundig:** Kat.Nr.9/1; Kat.Nr.16/1; Kat.Nr.16/2; Kat.Nr.16/4; Kat.Nr.16/5; Kat.Nr.16/13; Kat.Nr.19, Raum 8; Kat.Nr.19, Exedra 9; Kat.Nr.19, Raum 11; Kat.Nr.20/9; Kat.Nr.21, Tepidarium 7; Kat.Nr.21/30. **Rotgrundig:** Kat.Nr.16/9; Kat.Nr.16/10; Kat.Nr.19, Atrium A; Kat.Nr.20, Peristyl A; Kat.Nr.20/10; Kat.Nr.20/11; Kat.Nr.21/13. **Gelbe und rote Felder:** Kat.Nr.2/1; Kat.Nr.5/5; Kat.Nr.9, Saal A; Kat.Nr.18/18; Kat.Nr.19, Caldarium 15; Kat.Nr.21, Frigidarium 7; Kat.Nr.21, Räume 18-20. **Weißgrundig:** Kat.Nr.6/5; Kat.Nr.20, Raum 1; Kat.Nr.20, Raum 2; Kat.Nr.20/8;. Kat.Nr.21/27; Kat.Nr.16/11 (Lararienbild). **Schwarzgrundig**: Kat.Nr.20/13. Kat.Nr.16/12 (Sakralbild).

schnitten wurden. Aber selbst wenn man davon ausgeht, ist eine Identifizierung nicht möglich. Eher in wenigen Fällen dürfte dies an den unzureichenden Grabungsberichten liegen. Daher muß auch mit anderen Provenienzen gerechnet werden. Bei vielen kleineren Fragmenten und Fresken, die lediglich den Teil eines einfachen Wandaufbaus zeigen, wird sich die Herkunft nicht mehr feststellen lassen[402].

Die Betrachtung der Grabungsberichte und der erhaltenen Fundlisten macht deutlich, daß sich erheblich mehr Material auf dem Markt befinden muß, als bekannt ist. Durch die Grabungs- und Verkaufsgeschichte bedingt, ist der Anteil des Materials in Privatsammlungen extrem hoch. Aber auch von dem bekannten Material läßt sich aufgrund mangelnder Herkunftsangaben nur noch ein Teil identifizieren. Als Beispiel lassen sich die zahlreichen Bronzen der Sammlung A.Ruesch anführen, die wahrscheinlich zum großen Teil aus den hier behandelten Villen kommen[403]. Kannen, Kasserollen und Kandelaber wurden jedoch auch sonst häufig gefunden. In der Zeit unmittelbar nach den Ausgrabungen interessierten die genauen Fundumstände weder die Sammler noch die Museumswissenschaftler. Im Mittelpunkt ihres Interesses stand der Ausgrabungsgegenstand, sei es als Kunstwerk oder als Zeugnis des täglichen Lebens. Das Desinteresse an den Fundumständen ist daher wissenschaftsgeschichtlich zu erklären. Als Folge ergab sich für den Kunsthandel die Möglichkeit, Objekte anderer Provenienz mit der Herkunftsangabe „aus Boscoreale" zu deklarieren. Die Praxis einiger Museen, auch in jüngerer Zeit noch Antiken ohne ausreichende Sammlungsgeschichte zu erwerben, hat die Situation verschärft. So läßt sich anhand der vorhandenen Informationen nicht sicher sagen, ob es sich um vor 1939 aus Italien ausgeführte oder um danach außer Landes gebrachte Funde der hier behandelten Grabungen handelt. Nicht ausschließen läßt sich auf dieser Basis sogar eine Herkunft aus anderen unbekannten Grabungen. Die Herkunftsangabe „Boscoreale" wirft damit noch mehr Fragen auf.

---

[402] Frankfurt, Liebieghaus Inv.-Nr.153. 170. 171. 344. 2384. Es handelt sich um 22 im Jahre 1908 bei Pollak in Rom erworbene Fragmente des 3. Stils und um ein im Jahre 1912 beim gleichen Händler gekauftes Fragment des 4. Stils ohne Herkunftsangaben; vgl. P.C.Bol, Antike Bildwerke I (1983) 320ff. Nr.110-114. Von den Fragmenten waren 18 in eine Gipsplatte eingelassen. Auf dem als Isolierschicht verwendeten Zeitungspapier war noch die Jahreszahl 1881 zu erkennen. Möglicherweise könnten die Fragmente daher aus der im Dezember 1881 vom Barone Michele Valiante südlich von Pompeji durchgeführten Grabung (Kockel-Nr.12a) kommen, s.o. S. 14f. Nachweisen läßt sich dies aber nicht mehr. Malibu, Getty Museum Acc.no. 70 AG 92; 71 AG 117; 71 AG 109; 71 AG 108: Neuerburg, Catalogue 47 Nr.96; 49 Nr.102-104. Kunsthandel und schweizerische Privatsammlungen: Kat.Zürich 1974, 167 Nr. 288; 172f. Nr.297-99; 187 Nr.318; 212ff. Nr.369.370.372.375-378. Vgl. auch die Materialzusammenstellungen von: Kockel a.O. 510; H.Mielsch, ANRW II 12,2 (1981) 175f.; A.de Franciscis in: Pompejanische Wandmalerei 14. Hinzufügen lassen sich nur einige wenige Fragmente: Canberra, Australian National University Inv.Nr.78.04; 70.05; 78.05; 78.06; 75.02; 71.10: mehrere Fragmente, die zwischen 1970 und 1978 auf Auktionen erworben wurden und wahrscheinlich aus der Vesuvgegend kommen, J.R.Green, Antiquities (1981) 107ff. Kunsthandel: Animali nel mondo antico. Esposizione e vendita 23.10.-24.12.1992. Atelier Amphora S.A., Lugano (1992) 68 Nr.204 mit Abb.

[403] s.o. S. 57f. mit Anm.367.

3. DIE ARCHITEKTUR DER VILLEN

3.1. Typologie

3.1.1. Die „Silberschatzvilla“ und die Gruppe der Peristylvillen (Gruppe I: Kat.Nr.1. 2. 16. 20. 21)

Die „Silberschatzvilla“ (Kat.Nr.1) war, sieht man von den Villen unmittelbar vor der Porta Ercolano ab, die erste in der Umgebung Pompejis vollständig ausgegrabene Villa. Bereits kurz nach ihrer Freilegung war sie von A.Pasqui in einem Bericht publiziert worden[404], der für diese Zeit mustergültig war und dessen Ausführlichkeit von den Berichten der in den Jahren darauf in der Vesuvgegend ausgegrabenen Villen nicht wieder erreicht werden sollte. Die Villa gilt seitdem in allen Übersichten, die vornehmlich die Architektur oder agrarwirtschaftliche Aspekte betreffen, als Musterbeispiel der Villa rustica[405].

Wenngleich diese Villa als gut bekannt gilt, sollen hier dennoch nochmals die wesentlichen Merkmale des Gebäudes beschrieben werden (Abb.2): Die rechteckige Villa besteht aus zwei etwa gleich großen Teilen, einem Wohn- und einem landwirtschaftlichen Bereich, deren Räume sich jeweils um einen Hof gruppieren. Zwei in der Photothek des Deutschen Archäologischen Instituts in Rom aufbewahrte Photos (Taf.1.2) zeigen die Villa in ihrem Zustand offenbar kurz nach der Grabung[406]. Zu sehen sind die beiden Höfe und der dahinter liegende Osttrakt, wobei der Standpunkt dieser Aufnahme oberhalb der Nordwestecke des Peristyls liegt (Taf.1), sowie der Dolienhof (Q) aus westlicher Richtung (Taf.2).

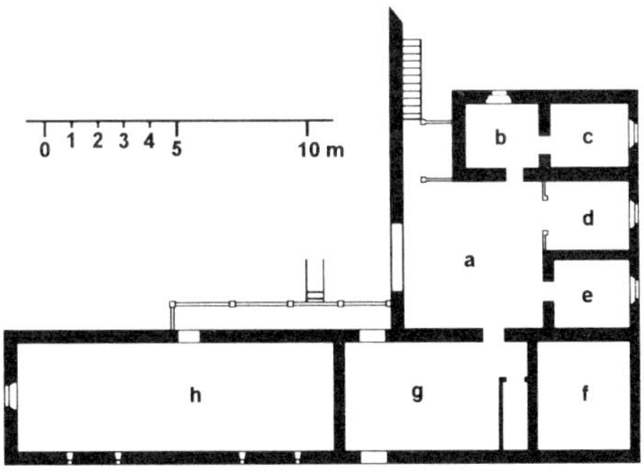

Abb. 1 "Silberschatzvilla" (Kat.Nr.1): Obergeschoß

---

[404] Pasqui.

[405] Literaturangaben zur Villa und den einzelnen Räumen sind hier und bei den folgenden Villen jeweils dem Katalog zu entnehmen.

[406] In der Photothek des DAI Rom befinden sich außer den hier abgebildeten Aufnahmen (Taf.1.2) noch vier Abzüge, die jedoch stark verblaßt sind: Inv.Nr.3357. 5914-6. Weitere Aufnahmen der „Silberschatzvilla“ (Kat.Nr.1) sind mir nicht bekannt.

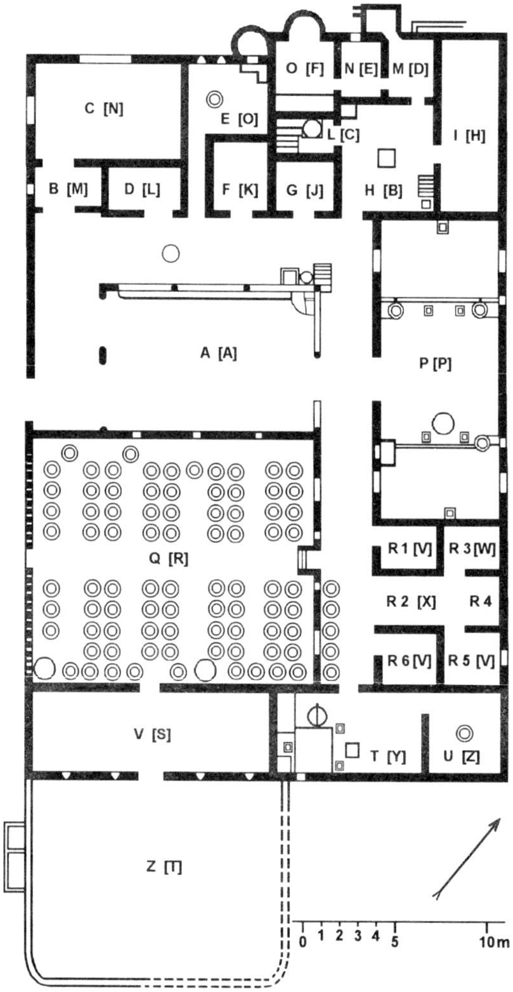

Abb. 2 "Silberschatzvilla" (Kat.Nr.1) nach A.Mau mit Raumzählung nach Pasqui [Mau]

Die Wohn- und Küchenräume befinden sich auf der nördlichen Schmalseite. Sie öffnen sich nach Süden auf eine Porticus, die beinahe doppelt so lang ist wie die beiden seitlich den Hof umgebenden Hallen. Den westlichen Teil dieses Gebäudetraktes bildet ein großer Saal (C), dem zwei kleine Räume (D) vorgelagert sind, von denen einer (B) den Durchgang von der Porticus aus ermöglicht. An diese Raumgruppe schließen sich der Backraum (E) und die Küche (H) an, die jeweils von der Porticus aus zu betreten sind und zwei ebenfalls von dort erreichbare, kleine Räume umschließen (F.G). Von der Küche (H) aus sind der dreiteilige Badbereich (M-O) sowie der Heizraum (L) und ein großer Nebenraum (I) zugänglich. Die südliche Begrenzung des Hofes (A) bildet die Trennwand zum Dolienhof (Q), dessen östliche Wand mit den Säulen der östlichen Porticus des ersten Hofes (A) fluchtet (Taf.1). Als Fortsetzung dieser Porticus führt ein Gang zwischen dem Dolienhof (Q) auf der einen Seite sowie dem Torcularium (P) und den sich anschließenden kleinen Kammern (R 1-6) auf der anderen Seite entlang. An seinem Ende liegt der Eingang zu zwei Räumen (T.U) mit Preßanlage und Olivenquetsche. Diese Räume nehmen zusammen mit einem langgestreckten Raum (V), der vom Dolienhof aus zu betreten ist und von dem aus die Tenne (Z) zugänglich ist, die südliche Schmalseite des Gebäudes ein.

Verhältnismäßig gut bekannt ist das Obergeschoß der „Silberschatzvilla“ (Kat.Nr.1). So befinden sich über dem auf den Hof (A) führenden Eingang zur Villa ein großer und ein kleiner Raum. Ein Obergeschoß ist außerdem in der Südostecke und im Süden des Gebäudes nachgewiesen. Der südöstliche Teil, über den Räumen (R.U.T.V) östlich des Dolienhofes gelegen (Taf.1.2), war über eine Treppe vom Gang aus zu erreichen und besteht aus einem Vorraum (a), von dem aus vier kleine Räume (b-e) und ein großer Saal (g) zu betreten sind (Abb.1)[407]. Über dem langgestreckten Raum (V) liegt ein weiterer Raum (h), der nur über eine Treppe vom Dolienhof aus zu erreichen war.

Da die „Silberschatzvilla" (Kat.Nr.1) häufig wegen der auffälligen Trennung zwischen Wohn- und Arbeitstrakt als der Prototyp der kampanischen Villa rustica herausgestellt wird[408], stellt sich in diesem Zusammenhang die Frage, ob sich weitere Villen unmittelbar anschließen lassen und somit von einem typischen Beispiel gesprochen werden kann. B.Crova und J.J.Rossiter haben auf die ihrer Meinung nach große Ähnlichkeit zwischen der „Silberschatzvilla" (Kat.Nr.1) und der Villa in Boscoreale, fondo Zurlo (Kat.Nr.2), hingewiesen[409]. Die Wohnräume dieser Villa (Abb.3) liegen im Osttrakt und öffnen sich auf das Peristyl. Der nördliche Teil dieses Traktes wird von der Küche (K) mit Backofen eingenommen, von der aus die Latrine (M) und zwei kleine Räume (N.O) zu betreten sind. Ein dritter Raum ist von der Porticus aus zugänglich. Den südlichen Teil des östlichen Traktes beherrscht ein Saal (B), an dessen Seite zwei kleine Räume (C.A) liegen. Der Saal (B) ist durch den südlich gelegenen Durchgangsraum (C), vor dem sich eine Pfeilerstellung befindet, zusätzlich von außerhalb der Villa zu betreten. Der in der Südostecke des Gebäudes gelegene Raum (A) ist dagegen ausschließlich von außerhalb der Villa aus zugänglich. Das Peristyl besteht aus zwei Säulenhallen auf der östlichen und südlichen Seite. Seinen größten Teil nimmt jedoch ein Dolienhof ein. In der Südostecke des Peristyls ist eine Weinpresse in-

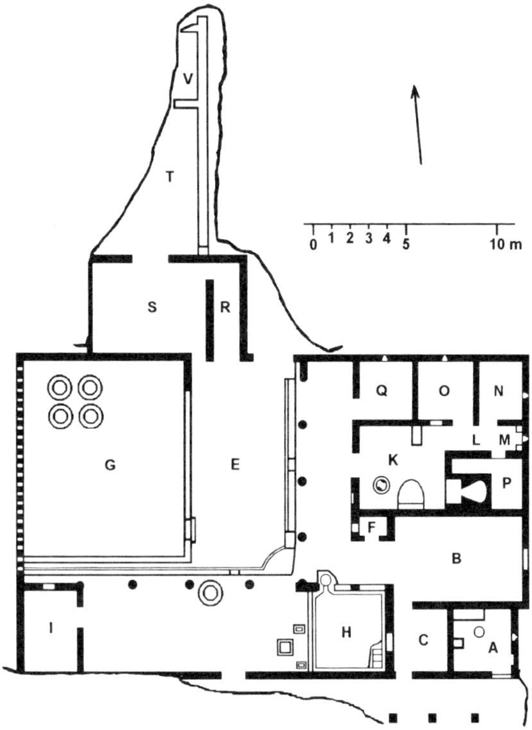

Abb. 3 Villa bei Boscoreale, fondo Zurlo (Kat.Nr.2)

[407] Der in der Gebäudeecke gelegene Raum (f) war isoliert und möglicherweise über eine Treppe vom Saal (g) zu erreichen, Pasqui 517f. Seine Bestimmung ist unklar.

[408] Vgl. o. S.2ff.

[409] B.Crova, Edilizia e tecnica rurale di Roma antica (1942) 77 (Mir nicht zugänglich); Rossiter, Farm Buildings 18ff. Vgl. auch J.H.D'Arms in: Pompei 79, 77.

stalliert (H). Im Norden schließen sich an den Hof weitere zum landwirtschaftlichen Bereich gehörende Räume an.

Rossiter hält die Entsprechungen zwischen der „Silberschatzvilla“ (Kat.Nr.1) und der Villa in Boscoreale, fondo Zurlo (Kat.Nr.2), für so weitgehend[410], daß er die Beschreibungen beider zusammenfaßt. Die von ihm festgestellten Übereinstimmungen seien hier kurz referiert: Bei beiden Villen trennt ein offener Hof den Wohnbereich vom landwirtschaftlich genutzten Teil, und die Wohnräume liegen jeweils hinter einer Porticus. Beiden gleich sind auch eine große Küche und ein großes, jeweils mit Wanddekoration versehenes Triclinium. Schließlich nimmt der landwirtschaftlich genutzte Bereich den größten Teil der Villa ein und der Dolienhof enthält zahlreiche Dolien[411]. Jedoch unterscheiden sich bereits die Höfe beider Gebäude in einem wichtigen Aspekt; denn während bei der „Silberschatzvilla“ (Kat.Nr.1) Peristylhof und Dolienhof durch eine gemeinsame Mauer getrennt werden, ist bei der Villa in Boscoreale, fondo Zurlo (Kat.Nr.2), der Dolienhof ein Teil des Peristylhofes. Zudem liegt das Torcularium nicht hinter dem Peristyl, wie bei der „Silberschatzvilla“, sondern in demselben. Gut vergleichbar ist dagegen die Anordnung der Wohnräume innerhalb des Haupttraktes. Bei der Anzahl der zahlreichen Dolien ist Rossiter bei der Villa in Boscoreale, fondo Zurlo (Kat.Nr.2), offensichtlich vom möglichen Maximalzustand innerhalb der Umgrenzung ausgegangen. Denn während in der „Silberschatzvilla“ (Kat.Nr.1) innerhalb des Hofes 83 Dolien gefunden wurden, befanden sich im entsprechenden Hof der Villa in Boscoreale, fondo Zurlo (Kat.Nr.2), im Jahre 79 n.Chr. lediglich vier Dolien[412]. Das Fehlen einer größeren Badeanlage in der Villa in Boscoreale, fondo Zurlo (Kat.Nr.2), mag ihrem einfacheren Charakter entsprechen[413]. Ein weiterer Unterschied erscheint jedoch wichtiger. Bei dieser Villa gehen von der Küche aus zwei kleine Räume ab; ein dritter sich anschließender öffnet sich auf die Porticus. In der „Silberschatzvilla“ (Kat.Nr.1) sind keine Kammern unmittelbar an die Küche angeschlossen, mehrere Räume vergleichbarer Größe finden sich jedoch gegenüber dem Dolienhof. Zusammenfassend läßt sich daher feststellen, daß das nach Rossiter beiden Villen gemeinsame Kriterium der strikten Trennung zwischen Wohnbereich und landwirtschaftlichem Teil für die Villa in Boscoreale, fondo Zurlo (Kat.Nr.2), nicht zutrifft. Vielmehr scheint das landwirtschaftliche Element, soweit es die Weinverarbeitung betrifft, in die schon bestehende Villa integriert worden zu sein. Die Tatsache, daß der Raum (J) und das Torcularium (H) einige Säulen der südlichen Porticus einbinden, spricht dafür, daß beide Räume nachträglich eingebaut wurden. Gleichzeitig mit der Einrichtung des Torculariums wird wahrscheinlich auch

---

[410] Rossiter, Farm Buildings 18: „*The similarity is unlikely to be coincidental, considering the proximity of the two farms, and one may suppose that either they directly influenced the design of the other, or that both reflect a local tradition of farm design which may have been echoed in several farmhouses in the same region.*“

[411] Rossiter, Farm Buildings 18f.

[412] Vgl. hierzu A.Sogliano, NSc 1897, 398 Abb.8.

[413] E.Fabbricotti, CronPomp 2, 1976, 36 sieht in Raum (P) eine Art Schwitzraum.

die Anlage des Dolienhofes erfolgt sein. Ursprünglich handelte es sich bei der Villa in Boscoreale, fondo Zurlo (Kat.Nr.2), daher sehr wahrscheinlich um einen Wohn- und Küchentrakt mit vorgelagertem Peristyl aus zwei Säulenhallen.

Parallelen zu diesem Befund zeigt die „Villa des Popidius Florus" (Kat.Nr.21). Die annähernd quadratische Anlage (Abb.4) wird durch ein Peristyl, das auf drei Seiten von Raumtrakten umgeben ist, bestimmt. Der nördliche Gebäudetrakt ist durch den als Gang auf den Hof führenden Eingang in zwei Teile geteilt. Der westlich des Eingangskorridors gelegene Raum (1) öffnet sich zum Gang noch außerhalb der zweiflügeligen Holztür. In der Nordwestecke des Gebäudes liegen im Erdgeschoß zwei Säle, ein kleiner Raum und ein Raum mit Treppe (2-5). Die nordöstliche Gebäudeecke wird durch einen großen Raum (6) mit Praefurnium und den Baderäumen (7-10) gebildet. Die im südlichen Teil des Osttraktes gelegenen Räume (11-16) sind von der östlichen Porticus aus durch eine zweiteilige Holztür zu betreten oder durch Raum (15) von außerhalb der Villa. In der Südostecke des Gebäudes liegt der von Raum (15) aus zu betretende Saal (16). Von der südlichen Porticus aus sind die Räume (18-21) des Südtraktes zugänglich. Ein Obergeschoß gibt es im Norden über Raum (1) und, von außerhalb der Villa über eine Treppe zugänglich, im Osten über den Räumen

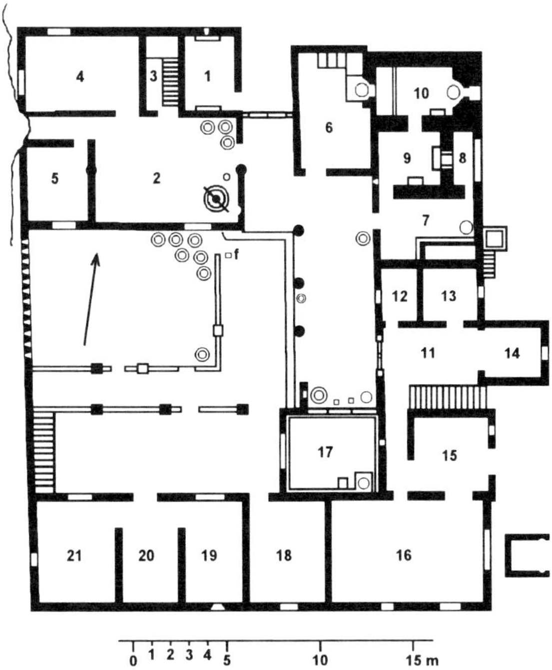

Abb. 4 "Villa des Popidius Florus" (Kat.Nr.21)

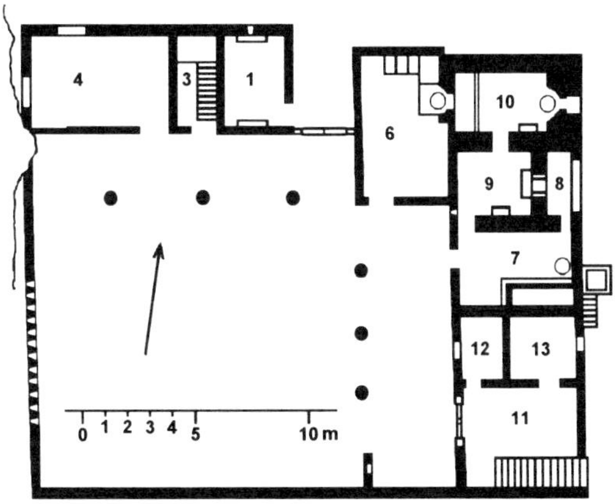

Abb. 5 Hypothetische Rekonstruktion einer früheren Phase der "Villa des Popidius Florus" (Kat.Nr.21)

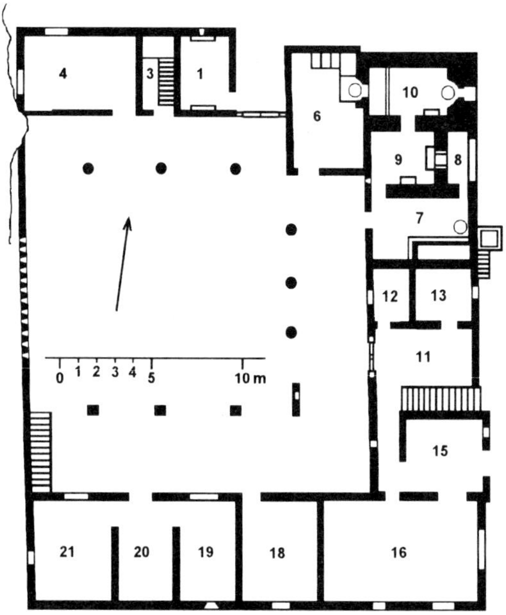

Abb. 6 Hypothetische Rekonstruktion einer früheren Phase der "Villa des Popidius Florus" (Kat.Nr.21)

(11-15). Im Süden befindet sich über den Räumen (18-21) eine Terrasse[414].

Bereits Della Corte erkannte, daß in die östlichen Wände der Räume (2.5) Säulen eingebaut worden waren und diese Räume daher anstelle einer nördlichen Porticus und eines Teiles des Hofes entstanden waren. Den aus dem Osttrakt herausgreifenden Raum (14) hält Della Corte ebenfalls für eine spätere Anfügung. Als Mauertechnik gibt er Opus incertum aus Vesuvgestein, Nocera-Tuff und Sarnokalk an. Da Della Corte die Umbauten aus dem Grundriß erschließt[415], waren sie aufgrund ihrer Mauertechnik offenbar nicht zu erkennen. Die Tatsache, daß das Peristyl nur im Norden und Osten durch Säulen gebildet wird, während im Süden Pfeiler stehen, weist auf eine nachträgliche Entstehung des Südtraktes hin. Der spätere Einbau der Räume (2.5) sowie der wahrscheinliche Anbau des Südtraktes mitsamt der Halle sind mit einem gesteigerten Bedarf an Wohnfläche zu erklären. Dem scheint jedoch die landwirtschaftliche Nutzung des Hofes sowie der östlichen Porticus zu widersprechen. Da sich der nachträglich eingebaute Saal (2), der zweifellos zu den hervorgehobenen Wohnräumen gehörte[416], durch ein großes und niedriges Fenster unmittelbar auf die Dolien öffnet, ist davon auszugehen, daß der Dolienhof und das in der östlichen Porticus gelegene Torcularium spätere Einbauten sind, d.h. daß der Peristylhof und die östliche Porticus sowie der später eingerichtete Raum (17) erst in einer späteren Benutzungsphase landwirtschaftlich genutzt wurden. Es erscheint wahrscheinlich, daß die Aufgabe der nördlichen Porticus und eines Teiles des Hofs gleichzeitig mit der Erweiterung des Südtraktes und seiner Halle erfolgte. Der hier rekonstruierte Grundriß einer früheren Phase der Villa kann aber nur hypothetisch sein (Abb.5). Nicht auszuschließen ist, daß der Südtrakt bereits vor dem Umbau der nördlichen Porticus existierte (Abb.6).

---

414 M.Della Corte, NSc 1921, 444.

415 Ebenda 442f.

416 Die Situation zeigt ein altes Grabungsphoto, das im Archivio fotografico della Soprintendenza di Pompei (AFS Pompei C 54) aufbewahrt wird. Die Publikation der diese Grabung betreffenden alten Aufnahmen wird von L.Fergola vorbereitet.

Mit der „Villa des Popidius Florus“ (Kat.Nr.21) läßt sich eine weitere, ebenfalls nördlich von Pompeji gelegene Villa vergleichen. Der Grundriß der „Villa des Asellius“ (Kat.Nr.16) ist quadratisch (Abb.7), wobei um einen rechteckigen Hof im Westen, Norden und Osten drei Hallen verlaufen, hinter denen jeweils Raumkomplexe liegen. Die Säulen der Porticus werden durch 70 cm hohe Schranken und durch große Holzläden darüber verbunden. In der Achse der nördlichen Porticus liegen die Eingänge (A) und (A'). Im Westen öffnet sich die Küche (B) mit den von dort aus zugänglichen kleinen Räumen (1-3) und der Latrine (4). In der letzten Phase waren auch die Räume (6.7), ehemals Teile des Bades, von der Küche (B) aus zu betreten. Lediglich das von der Porticus zugängliche Frigidarium (5) war noch benutzbar. Zur Mittelachse der Porticus hin öffnet sich auf ganzer Breite der Raum (8). Daneben liegt der Eingang von Raum (9), der als Vorraum der kleinen Räume (10-12), weiterer Räume im Obergeschoß sowie des seitlich gelegenen großen Saales (13) dient. Dieser besitzt zusätzlich eine Tür direkt zur Porticus. In der nordöstlichen Gebäudeecke befindet sich Raum (16) mit einer runden Nische in der Nordwand, in seinem südlichen Teil aus einem Gang und zwei Kammern (14.15) bestehend. Die Räume (17.21) dienen als Pförtnerräume. Von der westlichen Porticus aus sind die Räume (18.19) sowie der sehr große, langgestreckte Saal (20) zugänglich. Hinter der östlichen Porticus liegen im nördlichen Teil die Räume (21.22) und der Durchgang (24), der seitlich jeweils von den sehr kleinen zur Porticus geöffneten Räumen (23.27) eingefaßt wird. Er führt zu zwei dahinterliegenden Räumen (25.26). Den südlichen Teil des östlichen Traktes nimmt wie auf der Westseite ein sehr großer Raum (28) ein, der ursprünglich in drei Teile geteilt war[417]. Ein

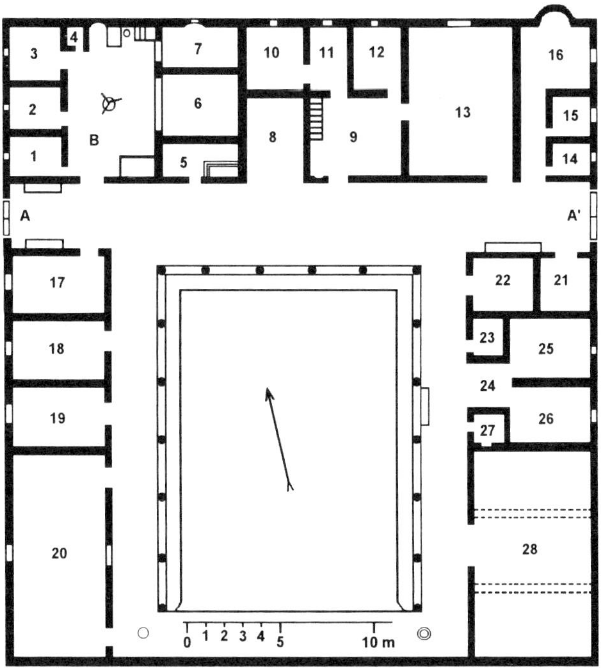

Abb. 7 "Villa des Asellius" (Kat.Nr.16)

[417] M.Della Corte, NSc 1921, 428.

Obergeschoß, das über die Treppe in Raum (9) zu erreichen war, gab es über den Räumen (10.11.12)[418].

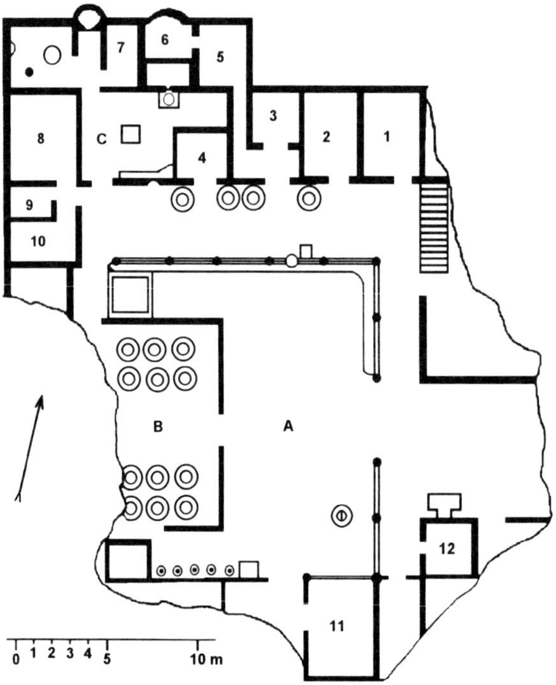

Abb. 8 Villa in Scafati, fondo Matrone (Kat.Nr.20)

Den bisher betrachteten Villen läßt sich noch die Villa in Scafati, fondo Matrone (Kat.Nr.20), anschließen (Abb.8). Ihren zentralen Bereich bildet der große Hof (A), dessen westlicher Teil von einem Dolienhof eingenommen wird. Della Corte vermutet, daß die Eingänge der Villa auf der gleichen Achse lagen, die den Hof (A) in der Mitte sowie den östlichen Eingang des Dolienhofes und die Öffnung der östlichen Porticus durchschneidet. Den Haupteingang nimmt Della Corte im Osten an[419]. Von der nördlichen Porticus aus waren mehrere Raumgruppen aus zugänglich. Bei den Räumen (8-10) könnte es sich wiederum um die auch bei den anderen Villen beobachtete Kombination von einem Saal mit kleinen Nebenräumen handeln. Allerdings ist der Saal (8) in diesem Fall kleiner und die Anordnung der Nebenräume ist ungewöhnlich. Ebenfalls von der Porticus aus zugänglich waren die Küche (C) mit der Backstube (7), das Bad (5.6) sowie vier weitere Räume (1-4). Soweit der Grabungsbefund erkennen läßt, ist der Hof auf der westlichen und südlichen Seite von je einer Raumreihe umgeben. Die Räume im Süden entstanden anstelle der Porticus, wie eine in Raum (11) eingebaute Säule zeigt. Östlich des Hofes schließt sich eine weitere Porticus an. Der östliche Bereich der Villa bleibt weitgehend unbekannt. Ein Obergeschoß gab es offenbar nur über den Räumen (1-4)[420].

Die Betrachtung der fünf soeben besprochenen Villen zeigt, daß es sich hier um einen einheitlichen Gebäudetyp handelt, dessen zentrales Element ein großer, auf zwei oder drei Seiten von Säulenhallen umgebener Hof ist. Charakteristisch ist die Konzentration der repräsentativen Wohnräume, häufig in der Kombination von einem Saal mit kleinen Nebenräumen, sowie der Küchen- und Badbereiche in einem, zumeist dem nördlichen Gebäude-

[418] M.Della Corte, NSc 1921, 428.

[419] M.Della Corte, NSc 1923, 280.

[420] Ebenda 283.

trakt. Die „Silberschatzvilla“ (Kat.Nr.1) gleicht hierin den anderen Villen, vertritt aber mit ihrem abgetrennten Dolienhof, den landwirtschaftlich genutzte Räume umschließen, eine deutlich zu unterscheidende Variante. Wesentliches Merkmal ist hier die klare Trennung zwischen Wohn- und Arbeitsbereich (Gruppe Ia). Dagegen ist bei den anderen Villen (Gruppe Ib) der Wohnbereich vom landwirtschaftlichen Bereich gerade nicht getrennt. Die „Villa des Asellius“ (Kat.Nr.16) liefert sogar überhaupt keine Hinweise auf landwirtschaftliche Aktivitäten. Wie deutlich wurde, gibt es zudem Indizien, daß bei den anderen Villen (Kat.Nr.2.20.21) die Anlagen für die landwirtschaftliche Produktion erst in einer späten Benutzungsphase der Peristyle eingebaut wurden.

Eine bereits im 18. Jh. ausgegrabene Villa in der Nähe von Stabiae[421] (Abb.9) weist im Aufbau enge Parallelen zur kleinsten Villa dieser Gruppe (Kat.Nr.2) auf (Abb.3). Auch hier wurde das Torcularium (4) nachträglich in die Porticus des Haupttraktes eingebaut. Betriebsbereit montiert befand sich der Preßbalken dann unmittelbar vor dem Eingang der Küche (8).

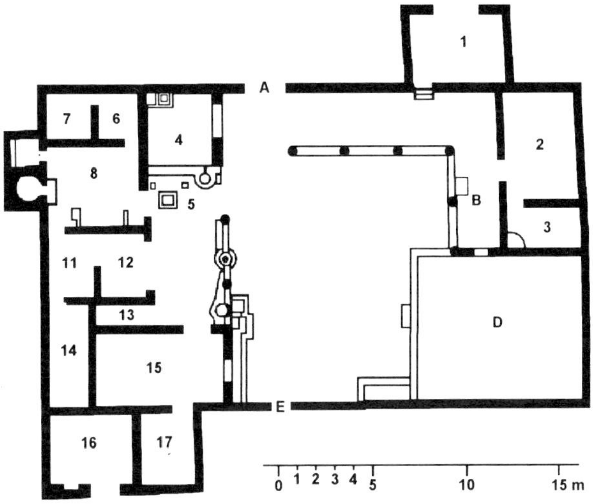

Abb. 9 Villa bei Stabiae

Zwei der Villen dieser Gruppe (Kat.Nr.16.20) hat Heinrich Drerup in seiner Untersuchung zur römischen Villa kurz besprochen[422]. Er behandelt sie als Beispiele für die Gruppe der „Gutshöfe“, in der er auch die anderen Villen der Gegend um Pompeji zusammenfaßt. Daher sind seine Ausführungen zum „Gutshof“ im folgenden auf die Gruppe der Peristylvillen übertragbar[423]. Im Gegensatz zu Rossiter setzt Drerup den landwirtschaftlichen Aspekt für alle von ihm als „Gutshöfe“ angesehenen Villen voraus[424]. Daraus ergibt sich der Widerspruch, daß die „Villa des Asellius“ (Kat.Nr.16: Abb.7) als typisches Beispiel für einen „Gutshof“ herausgestellt wird[425], obwohl diese, wie bereits oben festgestellt wurde, keinerlei Anhaltspunkte für eine landwirtschaftliche Nutzung liefert. Die „Gutshöfe“ bilden für ihn den Gegensatz zu

[421] Kockel-Nr.10; M.Ruggiero, Storia degli Scavi di Stabia dal 1749 al 1782 (1881) 351ff. Taf.17; Flach, Agrargeschichte 233ff. Abb.14.
[422] H.Drerup, Die römische Villa, MarbWPr (1959) 1ff.; bes. 4f. Vgl. hier S. 2f.
[423] Vgl. hier 2f. mit Anm.13.
[424] Zu den Definitionen: Drerup a.O. 2. 4f.
[425] Drerup a.O. 5.

der durch die Kombination von Atrium und Peristyl definierten Villa urbana, die er in der Mysterien- und der Pisonenvilla erkennt. Als typisch für den Gutshof sieht er eine Hofanlage an, die häufig unterteilt ist, wobei der Wohntrakt mit vorgelagerter Porticus eine der Seiten einnimmt[426]. Interessant ist nun die Frage der Herleitung dieser Architekturform. Drerup verweist auf die Verwandtschaft zum *„klassisch-griechischen Normalhaus, dessen bekannteste Beispiele Olynth bietet"* und vermutet, man habe *„es bei den Gutshöfen der Vesuvgegend mit den Ausläufern eines in zahlreiche Varianten aufgesplitterten Hoftypus griechischer Prägung zu tun, dessen Verbindlichkeit sich im wesentlichen auf den griechischen Teil Italiens beschränkt haben dürfte"*[427]. Auch J.J.Rossiter betont bei der Besprechung der „Silberschatzvilla" (Kat.Nr.1: Abb.2) die Ähnlichkeiten zu den Häusern von Olynth, wobei er zudem die besondere Rolle eines Gebäudetraktes, zumeist des nördlichen, hervorhebt[428]. Anzahl und Größe der Räume zeigen jedoch, daß ein Vergleich sich hier auf die genannten Elemente beschränken muß. In Bezug auf die hervorgehobene Stellung des Nordtraktes ist zudem zu bedenken, daß der Andron mit Vorraum zumeist seitlich des Hofes liegt[429], während in den besprochenen römischen Villen der große Saal immer im Haupttrakt liegt. Besser zu vergleichen sind die Häuser der Reihe A in Olynth aus der Zeit des peloponnesischen Krieges mit breiterem Grundriß und größerem Hof[430].

Einige Parallelen lassen jedoch die Mitte des 4. Jhs.v.Chr. in Olynth vereinzelt entstehenden Peristylhäuser erkennen, die durch den Ankauf von Teilen anliegender Typenhäuser ermöglicht wurden[431]. Die Veränderung des Hofes, der schließlich von vier Säulenhallen umgeben wird, deutet, wie W.Hoepfner und E.-L.Schwandner erkannt haben, auf eine Veränderung der Funktion hin[432]. Die weitere Entwicklung der Peristylhäuser läßt sich sehr gut anhand der hellenistischen Häuser von Delos verfolgen[433].

Auffällig ist, daß weder Drerup noch Rossiter bei ihrer Herleitung der römischen Peristylvillen vom klassischen Wohnhaus in Olynth auf das Problem eingegangen sind, daß es sich dabei um städtische Wohnhäuser handelt. Tatsächlich wirken bei den Villen die landwirtschaftlichen Elemente, v.a. Dolienhof und Weinpresse, wie in dieses Schema nachträg-

---

[426] H.Drerup, Die römische Villa, MarbWPr (1959) 4f.
[427] Ebenda 5.
[428] Rossiter, Farm Buildings 21f.
[429] Vgl. W.Hoepfner-E.-L.Schwandner, Haus und Stadt im klassischen Griechenland (1986) 42f. Abb.29. Dagegen befindet sich bei den Eckhäusern in Olynth der Andron im Nordtrakt; es ist jedoch nicht von der Halle aus zu betreten, vgl. ebenda 43f. Abb.30. Möglicherweise handelt es sich hier um die von einem anderen Ort übernommene Grundform, ebenda 46.
[430] Ebenda 50ff. Abb.36.
[431] Ebenda 68 Abb.55.
[432] Ebenda 270: *„Der Hof mit seiner Vorhalle in Form von Prostas und Pastas diente nicht mehr in erster Linie der Hausarbeit und Muße, sondern wurde mit Säulen als Würdeformen zu einem Ort der Repräsentation, in dem Hausherr und Gäste dominierten"*.
[433] Vgl. ebenda 243ff. Abb.247. 264.

lich hineingesetzt. Die Lösung, das repräsentative Peristyl[434] gleichzeitig für die Weinherstellung zu benutzen, muß befremden. Daß diese Anforderung eine geschicktere architektonische Lösung finden konnte, zeigt die „Silberschatzvilla" (Kat.Nr.1: Abb.2), bei der Peristylhof und Dolienhof voneinander getrennt sind. Der Vergleich mit möglichen griechischen Vorbildern unterstützt daher die These, daß die Anlagen zur Weinerzeugung erst nachträglich in die Villen eingebaut wurden.

3.1.2. Die großen Villen mit Peristyl (Gruppe II: Kat.Nr.6.9.10.14.18)

Auch bei einer weiteren Gruppe von fünf Villen ist das zentrale Element das Peristyl. Im Gegensatz zu den eben besprochenen Peristylvillen sind die den Hof umgebenden Trakte in der Regel tiefer gestaffelt und können eigene Höfe aufweisen. Außerdem können sich teilweise weitere Trakte mit großen Hofanlagen anschließen. Daraus resultiert, daß die Anzahl der Räume und die Größe der Gebäude deutlich die der Peristylvillen übersteigt. Jedoch kann bei den fünf Villen nicht von einer einheitlichen Grundrißplanung die Rede sein. Abgesehen davon wurden vier der Villen nicht vollständig ausgegraben. Diese fünf Villen sollen dennoch zusammen besprochen werden, da eine weitergehende Differenzierung wegen ihrer geringen Anzahl zunächst nicht sinnvoll erscheint. Die häufig vorhandenen Kammern und kleinen Räume, die teilweise als Unterkünfte von Sklaven gedeutet werden, wurden nicht als Kriterium herangezogen[435], da ihre tatsächliche Funktion zumeist nicht mehr sicher zu ermitteln ist.

Zunächst werden die beiden bekannteren Villen, diejenige „des Fannius Synistor" (Kat.Nr.10) und diejenige in Gragnano, fondo Marchetti (Kat.Nr.14), besprochen, die sich beide deutlich voneinander unterscheiden. Ihnen werden dann die anderen Villen zugeordnet. Die „Villa des Fannius Synistor" (Kat.Nr.10) weist die engsten Beziehungen zur zuvor besprochenen Gruppe der Peristylvillen auf (Abb.10). Das große vierseitige Peristyl wird auf drei Seiten von Raumgruppen umgeben. Wie bei den Peristylvillen ist ein Trakt besonders hervorgehoben, der hier ebenfalls im Norden liegt. Die Kombination von einem großen Saal und kleinen Nebenräumen findet sich hier gleich zweimal, in der Nordwest- (N.M.O) und in der Nordostecke (G.23.F). Bemerkenswert ist ein weiterer großer, aber

[434] Zur repräsentativen Funktion des Peristyls vgl. Vitr.arch. VI,V.1.

[435] Vgl. Rossiter, Farm Buildings 33. 40ff., der entsprechend unterscheidet. Die „Villa des Fannius Synistor" (Kat.Nr.10) behandelt er im Kapitel *„Rural Villas"*, während die Villa in Gragnano, fondo Marchetti (Kat.Nr.14), und die „Villa des Agrippa Postumus" (Kat.Nr.18) unter *„Slavery and Farms"* besprochen werden. Die „Villa des Siminius Stephanus" (Kat.Nr.6) wird von Rossiter nicht einbezogen. Auch R.C.Carrington, JRS 21, 1931, 116 Nr.20, läßt sie in seinem Kapitel über die Landwirtschaft außer acht, da seiner Meinung nach keine Anhaltspunkte für Landwirtschaft vorhanden sind. Andererseits besitzt die Villa im Südtrakt einige sehr kleine Räume, so daß eine klare Einordnung nach den Kriterien von Rossiter schwierig erscheint.

quadratischer Saal (H) mit einer Tür und zwei Fenstern zum Peristyl, dem sich ein Nebenraum (I) anschließt. Ein Raum von vergleichbarer Form und Größe war bei den Peristylvillen nicht zu beobachten.

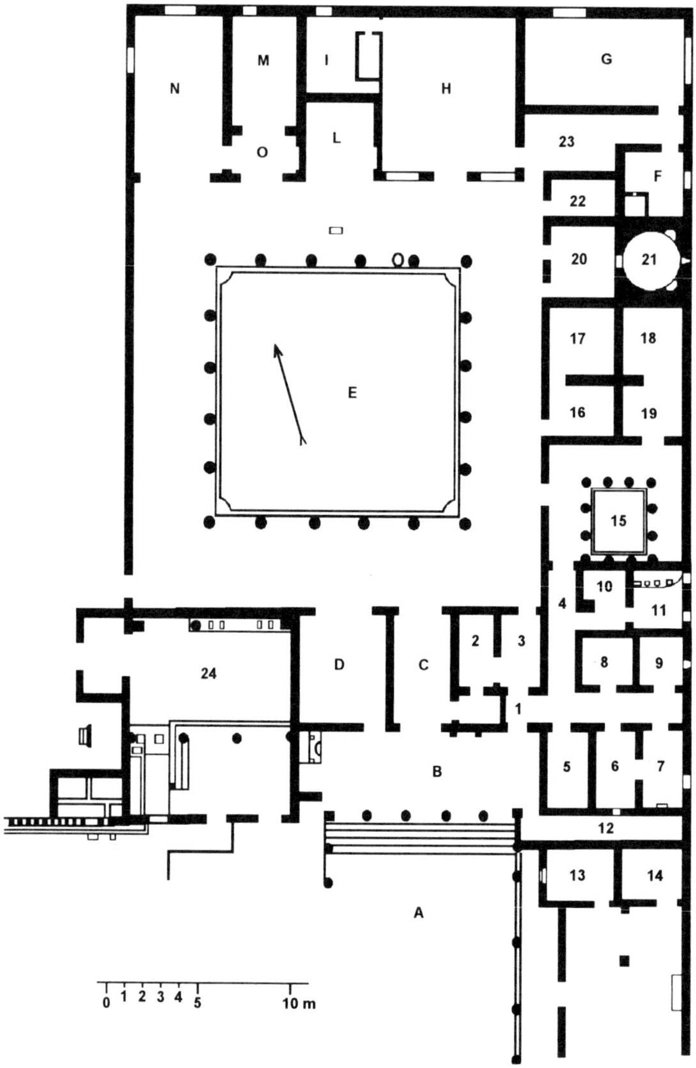

Abb. 10 "Villa des Fannius Synistor" (Kat.Nr.10)

In der Mittelachse der Porticus öffnet sich ein kleiner Raum (L) in seiner ganzen Breite, der eine genaue Parallele in Raum (8) der „Villa des Asellius" (Kat.Nr.16) findet (Abb.7). Den östlichen Gebäudetrakt nehmen die Baderäume, einige kleinere Räume und ein weiteres, sehr kleines Peristyl ein. Von hier, nicht jedoch vom großen Peristyl aus, sind zahlreiche sehr kleine Räume in der Südostecke des Gebäudes zugänglich, zu denen auch die Latrine (13) gehört. Der Südtrakt besteht aus einem repräsentativen Eingangsbereich in der Mitte und einem sehr großen Torcularium (24) in seinem westlichen Teil. Im Süden ist diesem Eingangsbereich ein weiterer, schmaler Peristylhof vorgelagert, der offenbar als repräsentativer Zugang zum beschriebenen Gebäudekomplex diente. Vor der nördlichen Porticus befindet sich zum Hof hin eine vierstufige Treppe, die den Niveauunterschied zum tieferliegenden Hof ausgleicht. Hinter der östlichen Porticus liegen zwei sehr kleine Räume (13.14), aufgrund ihrer Installationen als Küche und Backraum zu deuten[436], und ein sehr großer Raum, dessen Dach durch vermutlich mehrere Pfeiler abgestützt wurde und der wegen seiner Größe vermutlich als Scheune oder Stall diente[437].

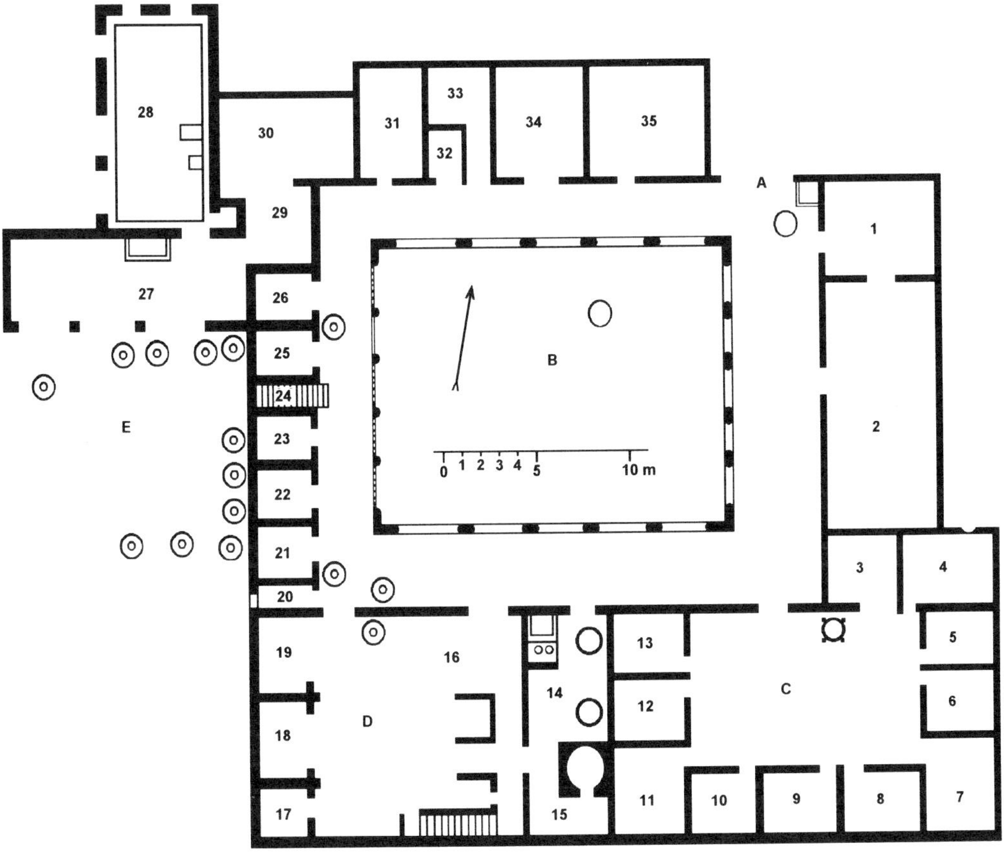

Abb. 11 Villa in Gragnano, fondo Marchetti (Kat.Nr.14)

Die Annahme von Rossiter, daß sich an die im Norden gelegene Villa urbana südlich eine Villa rustica in der Form eines von landwirtschaftlichen Räumen umgebenen Peristyls, vergleichbar den Villen von San Rocco und Russi, angeschlossen hätte[438], ist wegen des beschriebenen repräsentativen Charakters dieses Hofes unwahrscheinlich. Dies wird auch dar-

[436] Barnabei, Villa 18.
[437] Rossiter, Farm Buildings 33.
[438] Ebenda 33.

aus deutlich, daß die östliche Porticus, deren Säulen durch Schranken miteinander verbunden sind, im Norden durch eine Mauer abgesperrt ist und somit keinen Zugang zum Eingangsbereich besitzt. Die westliche Porticus besitzt einen versteckten Zugang hinter einer kurzen, vorspringenden Mauer. Eine westlich an das Torcularium anschließende Mauer, in der sich schmale Öffnungen befinden, wie sie bei Dolienhöfen üblich sind, läßt vermuten, daß sich hier eine Cella vinaria befand.

Bei der Villa in Gragnano, fondo Marchetti (Kat.Nr.14), haben dagegen vergleichbare architektonische Grundzüge eine ganz andersgeartete Ausprägung erfahren (Abb.11). Ein großer Peristylhof wird auf vier Seiten von Räumen umgeben, so daß ein annähernd quadratischer Grundriß entsteht. Der Eingang (A) der Villa liegt in der Nordostecke. Den östlichen Teil der Villa bilden ein fast quadratischer Raum (1), möglicherweise ein Pförtnerraum, und ein großer, sehr langgestreckter Raum (2). Der südöstliche Bereich wird von einem Hof (C) eingenommen, auf den sich elf kleine Räume (3-13) öffnen. Ungefähr in der Mittelachse der südlichen Porticus liegt die Backstube (14/15). Den südwestlichen Bereich bildet ein weiterer Hof (D), von dem aus mehrere Räume und das Obergeschoß zugänglich sind (16-19). An der westlichen Porticus liegen sieben kleine Räume (20-26) nebeneinander, davon einer (24) mit einer Treppe zum Obergeschoß. Raum (20) besitzt zudem einen Eingang von außen. Im Westen schließt sich eine als Dolienhof genutzte, aber offenbar nicht abgetrennte Fläche (E) an die Villa an. Nördlich liegt eine zum Dolienhof offene Porticus (27), mit der das Torcularium (28) und die Räume (29.30) verbunden sind, die keinen Zugang zur Villa besitzen. Dieser außerhalb der eigentlichen Villa gelegene Bereich war offenbar nur durch Raum (20) zu erreichen. Der Nordtrakt der Villa besteht aus fünf Räumen (31-35), von denen zwei (34.35) aufgrund ihrer quadratischen Form auffallen.

Die Unterschiede zwischen beiden Villen sind offensichtlich. Die „Villa des Fannius Synistor" (Kat.Nr.10) ist mit ihrem repräsentativen Eingangsbereich und den großen Wohnräumen in erster Linie auf das luxuriöse und repräsentative Wohnen ausgerichtet (Abb.10). Dagegen öffnen sich bei der Villa in Gragnano (Kat.Nr.14) zahlreiche kleine Räume sowie zwei Höfe mit weiteren kleinen Räumen unmittelbar auf das Peristyl (Abb.11). Das repräsentative Wohnen tritt eindeutig hinter den landwirtschaftlichen Aktivitäten zurück. Das macht auch ein Vergleich der nördlichen Trakte deutlich, in denen sich jeweils die repräsentativen Räume befinden.

Interessant ist in diesem Zusammenhang ein Vergleich mit der „Villa des Agrippa Postumus" (Kat.Nr.18). Die Villa (Abb.12) wird durch eine in Nord-Süd-Richtung verlaufende Mauer in zwei Teile mit einem Niveauunterschied von 4 m geteilt[439]. Der östliche Teil besteht aus einem in Nord-Süd-Richtung liegenden Peristyl (A), das in der Nordwestecke des Hofes unterbrochen ist. Auf der Westseite des Peristyls befinden sich die Kücheninstallationen und ein Abstellraum. Die Ostseite wird auf ihrer gesamten Länge von

[439] M.Della Corte, NSc 1922, 465.

jeweils neun in zwei Geschossen übereinander angeordneten Kammern (4-12) sowie in der Südostecke von drei weiteren größeren Räumen (1-3) eingenommen, von denen der Raum (1) unmittelbar am Eingang sicher ein Pförtnerraum war. Der Eingang bestand aus einer zweiflügeligen Holztür und einer Schwelle aus fünf mit Zwischenräumen versetzten Lavablocken, die das Durchfahren von Wagen ermöglichte[440]. In der Südwestecke des Hofes (A) liegt der Raum (13). Auch er ist als Pförtnerraum anzusprechen, denn von hier führten zwei Treppen zum höher gelegenen westlichen Gebäudekomplex. Auf dem Absatz zwischen den Treppen liegt die Latrine (14). Von Raum (13) aus ist zudem der erste der unter der Terrasse (D) gelegenen Räume zugänglich.

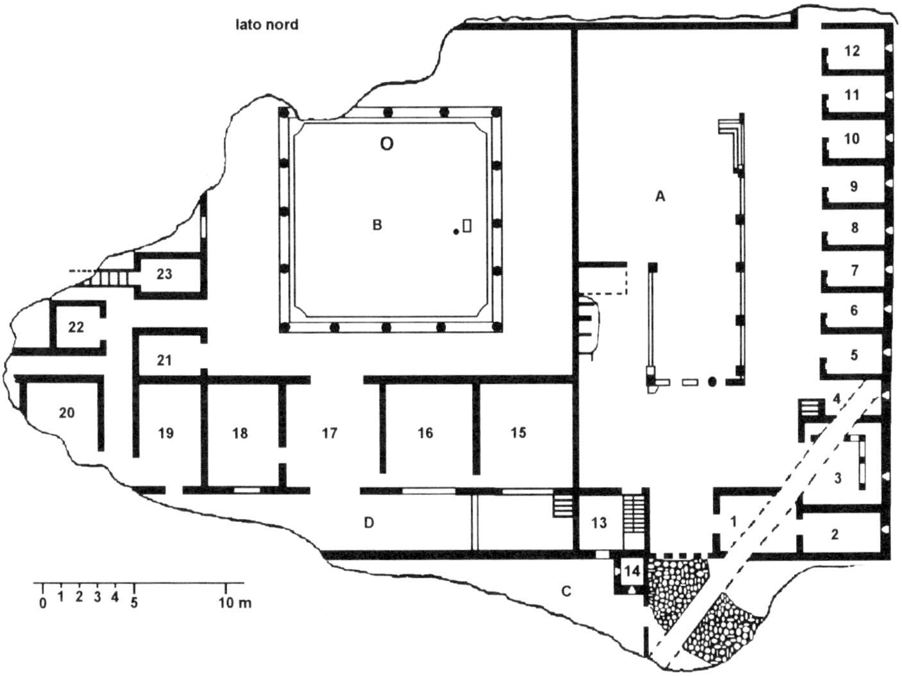

Abb. 12 "Villa des Agrippa Postumus" (Kat.Nr.18)

Der westliche Gebäudeteil wird von einem großen, quadratischen Peristyl bestimmt. Nur im Süden und Westen schließen sich Räume an, während im Osten die Trennmauer zum östlichen Komplex und im Norden vermutlich die Begrenzungsmauer des Gebäudes verlaufen. Von den vier südlich des Peristyls liegenden Sälen (15-18) öffnet sich nur einer (17) mit einem breiten Eingang auf das Peristyl und zugleich auf die vorgelagerte Terrasse (D). Außerdem besitzt er Zugänge zu den seitlich gelegenen Räumen. Die anderen drei Säle bieten mit ihren großen Fenstern zur Terrasse einen Ausblick auf den Golf. An Saal (18) schließt

[440] Ebenda 460.

sich westlich Saal (19) an, der einen schmalen Zugang zur Terrasse besitzt. Von dem Raum (20) wird er durch einen Gang getrennt, der in den westlich des Peristyls gelegenen Bereich führt. Dieser Bereich wurde nur zum Teil angegraben und läßt keine eindeutigen Strukturen erkennen.

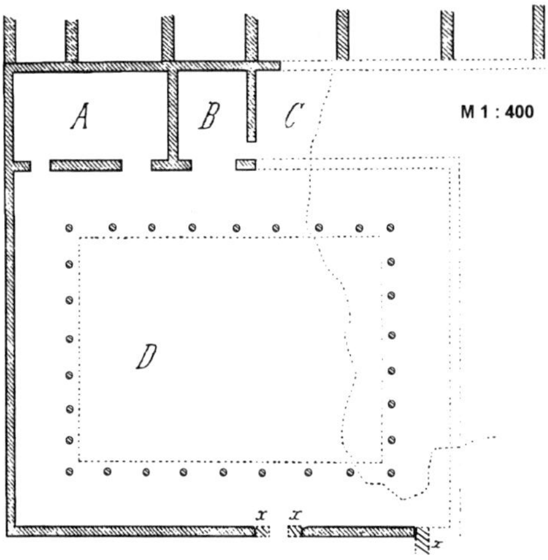

Abb. 13 Villa in Torre Annunziata, fondo Matrone (Kat.Nr.9)

Diese Villa wird häufig zusammen mit der „Villa des Fannius Synistor" (Kat.Nr.10) in Zusammenhang gebracht wegen ihrer jeweils sehr qualitätvollen Wandmalereien, die jedoch unterschiedlichen Stilen angehören. Von der Architektur her verbindet beide Villen die repräsentative Anlage des Peristyls, wobei sich bei der „Villa des Agrippa Postumus" (Kat.Nr.18) die Wohnräume nicht auf das Peristyl, sondern zur Landschaft des Golfes hin öffnen. Andererseits wird die „Villa des Agrippa Postumus" mit der Villa in Gragnano, fondo Marchetti (Kat.Nr.14), wegen der großen Anzahl von kleinen Räumen, die jeweils mit einer intensiven Sklavenhaltung in Verbindung gebracht werden[441], verbunden.

Die Villa in Torre Annunziata, fondo Matrone (Kat.Nr.9), an die sich eine Reihe von Tabernen anschloß, wurde nur teilweise ausgegraben (Abb.13). Zentrales Element ist auch hier ein großes Peristyl (D). Nur hinter der östlichen und der südlichen Porticus befinden sich Räume (Abb.14).

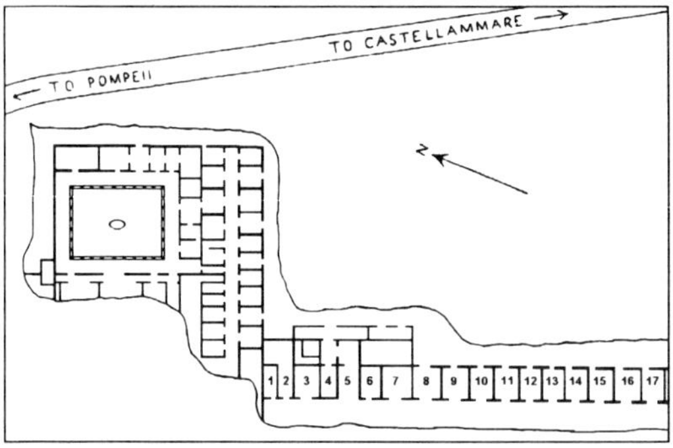

Abb. 14 Villa in Torre Annunziata, fondo Matrone (Kat.Nr.9)

In der westlichen Halle befand sich ein Eingang, auf den sich dahinter ein großer Raum breit öffnete. Dieser westlich des Peristyls gelegene Bereich wurde jedoch nur auf wenige Meter freigelegt. Auf der Ostseite liegt ein Saal (A) mit Tür und Fenster. Daneben befindet sich ein kleiner Raum (B), der sich fast auf seiner ganzen Breite auf die Mitte der Porticus, d.h. exakt auf das Interkolumnium nördlich der Säule in der Mitte der Porticus, öffnet. Offenbar schlossen sich hier weitere klei-

[441] Vgl. Della Corte, Case[3] 414; Rossiter, Farm Buildings 40ff.

nere Räume an. Sie sind aber nur durch den sehr ungenauen Plan des Ausgräbers Matrone bekannt, auf dem z.B. Raum (B) breiter ist und nur einen schmalen Eingang besitzt (Abb.14)[442]. Auf der Südseite des Peristyls liegen sechs Räume, von denen jedoch nur drei von dort aus zugänglich sind. Dahinter schließen sich zwei gegenüberliegende, beiderseits eines langen Ganges in Ost-West-Richtung verlaufende Reihen von kleinen Räumen an, die im Südwesten an die in Nord-Süd-Richtung liegenden Tabernen angrenzen. Unter den kleinen Räumen am Gang befand sich nach dem Plan von Matrone auch der Backraum. Dieser Raumkomplex erinnert an die Räume (4-11) der „Villa des Fannius Synistor“ (Kat.Nr.10). Allerdings ist die Anzahl der vergleichbaren Räume der Villa in Torre Annunziata (Kat.Nr.9) erheblich größer (Abb.10.14).

Die „Villa des Siminius Stephanus“ (Kat.Nr.6) wurde ebenfalls nur teilweise ausgegraben (Abb.16). Der freigelegte Teil gliedert sich um einen großen, offenbar nur auf zwei Seiten von Säulen umgebenen Hof. Im Südwesten dieses Hofes liegen zwei Räume (2), von denen sich einer (1) nach Norden öffnet. Möglicherweise befindet sich daher hier ein Eingang der Villa. Im Süden schließt sich an Raum (2) eine Porticus mit ihrer Schmalseite an. Es wurden lediglich die herzförmige Ecksäule und eine weitere Säule freigelegt, so daß die Länge der Porticus daher nicht bekannt ist. Zumindest im freigelegten Abschnitt ist ihre Rückwand mit der Westwand des langgestreckten Gebäudetraktes identisch, der auf der Südseite des Hofes liegt. Dieser Trakt setzt sich aus zwei Raumreihen zusammen, die sich jeweils nach Norden bzw. nach Süden öffnen. Daher kann er nicht den südlichen Abschluß des Gebäudes gebildet haben. Die Verbindung beider Gebäudeteile wird auch durch die Existenz eines Obergeschosses über dem Gang (C) belegt. Von diesem südlichen Gebäudeteil sind im Grabungsplan von 1899 (Abb.16) nur wenige Räume eingezeichnet, von denen Raum (4) wegen seines Fensters in der Ostwand offenbar eine Art Pförtnerraum war. Der östliche Teil dieses Gebäudetraktes wird von einem annähernd quadratischen Hof, der „Metallwerkstatt vor der Porta Vesuvio“ (Abb.15), eingenommen[443]. Nördlich davon führt durch den Südtrakt des großen Hofes ein Gang (D) an den Räumen (15/14. 16/18) vorbei in die östliche Porticus. Raum (16) ist wegen seiner Fenster wahrscheinlich wieder ein Pförtnerraum. Zudem konnte der Trakt ganz im Westen durch den Saal (7) und den Raum (8) durchschritten werden. Abgesehen von den Räumen

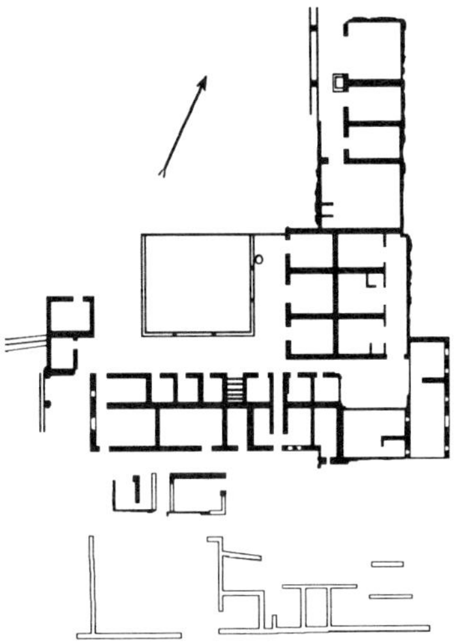

Abb. 15 "Villa des Siminius Stephanus" (Kat.Nr.6) und "Metallwerkstatt vor der Porta Vesuvio"

[442] s. hierzu S.30.

[443] Zur Problematik dieses Gebäudeteiles s.o. S. 28f.

(5.7.8) handelt es sich bei den meisten Räumen des Südtraktes um sehr kleine Räume. Im südöstlichen Teil des freigelegten Gebäudes liegen mehrere größere Räume (20-23). Der östliche Trakt hat eine annähernd quadratische Form. Auf die östliche Porticus öffnen sich drei große Räume (27-29), hinter denen drei in ihren Abmessungen identische Räume (24-26) liegen.

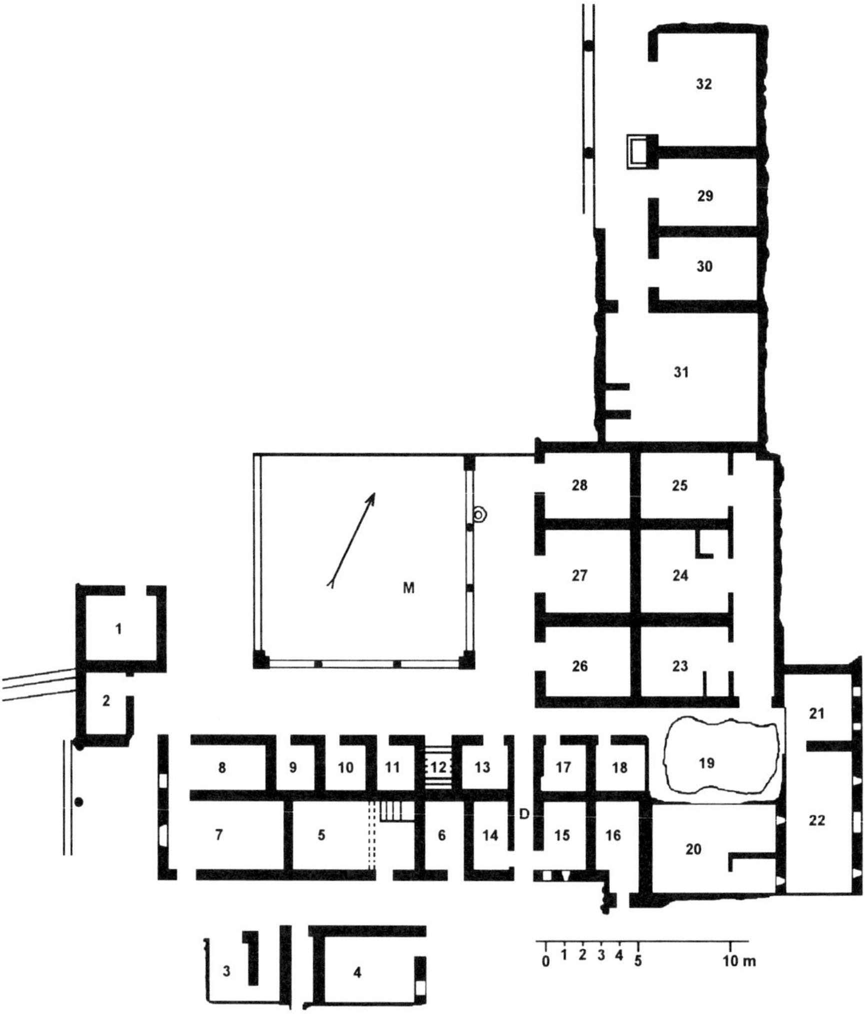

Abb. 16 "Villa des Siminius Stephanus" (Kat.Nr.6)

Diese öffnen sich nach Osten auf einen Gang, der im Süden zu Raum (20) und zu einem weiteren Gang als Verbindung zum Peristyl führt. Durch seine großen, fast quadratischen

Räume unterscheidet sich dieser Trakt grundlegend vom Südtrakt. Unklar bleibt die Situation nördlich des Peristyls. Im Plan gibt offenbar eine durchgezogene Linie den von Sogliano festgestellten Niveauunterschied von 1,70 m an. Sogliano erkennt daher in den anschließenden Resten eine weitere Villa und verbindet beide mit dem *pagus Augustus Felix suburbanus*[444]. Von diesem nördlichen Komplex wurden lediglich vier teilweise recht große Räume und zwei Säulen eines offenbar sehr großen Peristyls freigelegt. Niveauunterschiede zwischen verschiedenen Gebäudeteilen, die jeweils mit Höfen verbunden sind, weisen zudem auch zwei der in dieser Gruppe behandelten Villen (Kat.Nr.10.18) auf. Der nordwestliche Gebäudeteil, wo sich eine Verbindung zwischen den Höfen befunden haben könnte, ist weitgehend unbekannt. Eine Entscheidung, ob es sich hierbei, wie dies Sogliano annimmt, tatsächlich um ein eigenes Gebäude handelt, ist kaum zu treffen. Eher dagegen spricht die gemeinsame Mauer zwischen den Räumen (26.32).

Wenngleich die großen Villen mit Peristyl untereinander deutliche Unterschiede aufweisen, lassen sich doch zwei Gruppen bilden, deren Villen im wesentlichen die gleichen Merkmale aufweisen. Bei der einen Gruppe (IIa) handelt es sich um die Villa in Torre Annunziata, fondo Matrone (Kat.Nr.9), die „Villa des Fannius Synistor“ in Boscoreale (Kat. Nr.10) und die „Villa des Agrippa Postumus“ (Kat.Nr.18) in Boscotrecase (Abb.14.10.12). Sie besitzen jeweils einen herausragenden, repräsentativen Gebäudetrakt mit der Raumkombination von einem Saal mit Nebenräumen, bzw. mit mehreren nebeneinanderliegenden Sälen (Kat.Nr.18), die auf das Peristyl (Kat.Nr.9.10) bzw. auf die Landschaft des Golfes (Kat.Nr.18) ausgerichtet sind. Gemeinsam ist diesen drei Villen auch eine jeweils größere Anzahl von kleinen Räumen, die in der Nähe des großen Peristyls liegen, sich aber nicht unmittelbar auf dieses öffnen. Über die landwirtschaftliche Produktion dieser Villen läßt sich keine Aussage machen. Bei der „Villa des Fannius Synistor“ (Kat.Nr.10) weist das geräumige Torcularium auf eine größere Weinverarbeitung hin. Bei den Villen in Torre Annunziata (Kat.Nr.9) und Boscotrecase (Kat.Nr.18) könnten entsprechende Anlagen im unausgegrabenen Teil der Villa gelegen haben. Bemerkenswert sind auch die Tabernen der Villa in Torre Annunziata (Kat.Nr.9). Die Betonung eines Gebäudetraktes weist auf die Verwandtschaft der großen Peristylvillen der Gruppe IIa mit den Peristylvillen der Gruppe Ib hin, von denen sie sich v.a. durch ihre Größe und die damit verbundene Mehrzahl an Räumen unterscheiden. Entsprechend lassen sich auch diese großen Peristylvillen (Gruppe IIa) von griechischen Vorbildern herleiten. H.Mielsch hat bereits auf die Vorbildwirkung der Gymnasien und Palästren für die Hofanlagen der römischen Villen hingewiesen[445]. Die hellenistischen Paläste weisen in der Regel eine andere Anordnung der Räume auf[446]. Allein der sog. Palazzo delle Colonne in Ptolemais, Libyen, weist in seinem Südtrakt

---

[444] A.Sogliano, NSc 1899, 237f.

[445] Mielsch, Villa 97.

[446] Vgl. z.B. Pella, Haus I 1 und Königlicher Palast: H.Lauter, Die Architektur des Hellenismus (1986) Abb.45a.b.

Raumanordnungen auf[447], die sich gut mit dem Nordtrakt der „Villa des Fannius Synistor" (Kat.Nr.10) vergleichen lassen (Abb.10). Allerdings sind die Räume in Ptolemais durchweg größer.

Von diesen Villen (Kat.Nr.9.10.18) lassen sich die „Villa des Siminius Stephanus" bei Pompeji (Kat.Nr.6) und die Villa in Gragnano, fondo Marchetti (Kat.Nr.14), trennen (Gruppe IIb). Die Interpretation des Grundrisses der „Villa des Siminius Stehpanus" (Kat.Nr.6) bleibt aber unsicher (Abb.15). In beiden Villen finden sich kleine Räume, die sich direkt auf das Peristyl öffnen. Gemeinsam ist beiden Villen auch das Fehlen eines eindeutig hervorgehobenen Gebäudetraktes mit repräsentativer Funktion, der für die anderen großen Villen sowie für die Peristylvillen charakteristisch war. Entsprechend läßt sich auch die Raumkombination von einem Saal mit Nebenräumen hier nicht eindeutig nachweisen. Bei der Villa in Gragnano (Kat.Nr.14) geben die beiden südlichen Höfe und der Dolienhof außerhalb der Villa Hinweise auf eine primär landwirtschaftliche Nutzung der Villa, während dies für die „Villa des Siminius Stephanus" (Kat.Nr.6) nicht mehr zu klären ist.

Parallelen zu den Villen der Gruppe IIa weist die „Villa der Poppaea"[448] in Oplontis auf. Das wesentliche Element dieser Villa sind Säulenhallen. Sie besitzt zwar auch ein Atrium (5), das aber nicht im traditionellen Sinn als der zentrale Wohnbereich dient, sondern eher als ein repräsentativer Mittelpunkt und Durchgangsbereich der Villa. Mehrere Raumgruppen lassen sich gut vergleichen. Ein wesentlicher Unterschied zu den meisten besprochenen Villen besteht allerdings darin, daß sich die repräsentativen Räume nicht auf ein Peristyl öffnen, sondern hinter einer Säulenhalle liegen, welche die Front des Gebäudes bildet. Die Öffnung der repräsentativen Räume nach außen ist der „Villa des Agrippa Postumus" (Kat.Nr.18) vergleichbar. Es ist daher festzustellen, daß es sich bei der „Villa der Poppaea" um eine besonders aufwendige Ausprägung der „großen Peristylvilla" handelt. Gut vergleichen läßt sich mit dieser Architekturform auch die Villa von San Rocco bei Capua, deren Wohnräume um ein großes Peristyl liegen. Die landwirtschaftlichen Anlagen befinden sich hier in einem zweiten Gebäude, das durch einen Weg vom Wohngebäude getrennt ist[449].

[447] Ebenda Abb.48b.
[448] Kockel-Nr.55; A.de Franciscis in: NFP 9ff.; ders., Die Villa von Oplontis (1980); De Vos, Pompei 250ff. mit Abb.; La Rocca-De Vos 457ff. Abb.69; V.Kockel, AA 1985, 549ff. Abb.33; Mielsch, Villa 52ff.
[449] Flach, Agrargeschichte 225 Abb.10; Rossiter, Farm Buildings 29 Nr.27 Abb.8.

3.1.3. Die kleinen Villen ohne Peristyl (Gruppe III: Kat.Nr.12.13.15)

Diese Gruppe von kleinen Villen zeichnet sich durch das Fehlen des Peristylhofes aus, wobei sehr unterschiedliche Lösungen gefunden wurden.

Die Villa in Boscoreale, fondo D'Acunzo (Kat.Nr.15), setzt sich aus mehreren deutlich voneinander getrennten Einheiten zusammen (Abb.17). Der Bereich vor dem im Osten gelegenen Eingang war überdacht und diente zum Ausschank. Hinter der zweiflügeligen Holztür führt der Gang (B) auf den Hof (C). Südlich des Ganges liegt der kleine Raum (1). Ihm gegenüber, den nordöstlichen Gebäudeteil des Gebäudes bildend, liegt die Küche (8) mit den Nebenräumen (12.10/11). Der ehemals quadratische Nebenraum (11) war durch die Wegnahme der Trennmauer mit Raum (10) verbunden worden und besaß so auch einen Eingang zum nicht ausgegrabenen Teil der Villa. Der westlich an Raum (10) anschließende Raum (9) war ausschließlich von Norden aus zu betreten. Den exakt gleich großen nordwestlichen Bereich der Villa nehmen die Wohnräume ein, bei denen es sich um eine Variante der bekannten Raumkombination von einem Saal (7) mit einem Vorraum (4) und Nebenräumen (5.6) handelt. Von dem großen Vorraum (4) aus gelangte man auf den Hof (C), in dessen Südwestecke das Viridarium (D) liegt. Vom Hof aus sind im Südosten das sehr kleine Torcularium (2) und im Westen der langgestreckte Raum (3) zugänglich, der in der westlichen Außenmauer eine zweiflügelige Tür nach außen (A') besitzt, die auf der Achse des Haupteinganges (A) liegt. Der sich im Südwesten an den beschriebenen Komplex anschließende sehr große und langgestreckte Raum (13) besitzt vier Zugänge. Eine Tränke in der Nordostecke erlaubt die Benennung als Stall.

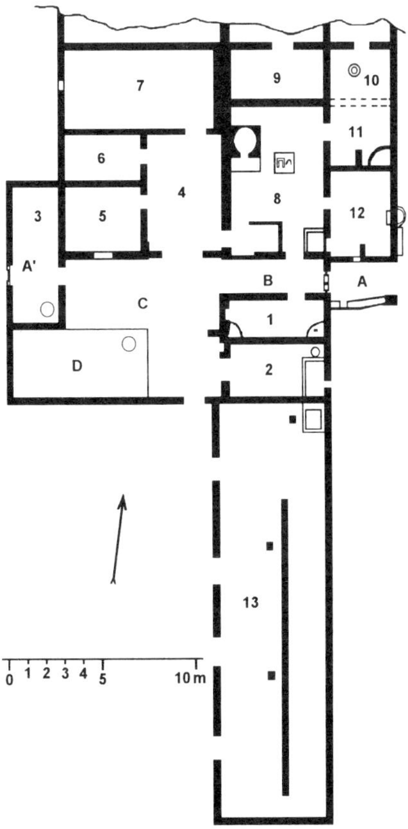

Abb. 17 Villa in Boscoreale, fondo D'Acunzo (Kat.Nr.15)

In ihrem nördlichen Teil weist die Villa Parallelen zu den Peristylvillen (Gruppe Ib) auf (Abb.3.4.7.8). Vergleichbar sind die Raumkomplexe von einem Saal mit Nebenräumen sowie einer Küche mit Nebenräumen, wobei beide hier sogar sehr geräumig ausfallen. Statt eines großen Peristyls besitzt die Villa jedoch nur einen kleinen Hof mit einem Viridarium im südwestlichen Teil. Vollkommen unklar bleibt der weitere Verlauf im Norden.

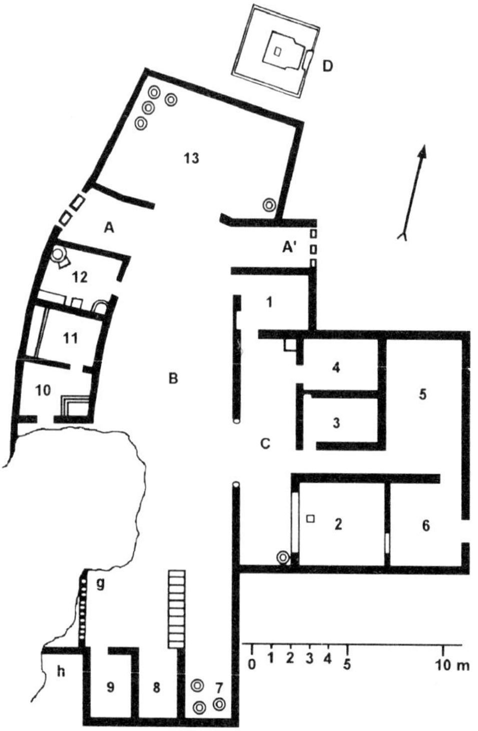

Abb. 18 Villa in Boscoreale, fondo Prisco (Kat.Nr.12)

Die Villa in Boscoreale, fondo Prisco (Kat.Nr.12), besteht aus zwei architektonisch deutlich voneinander trennbaren Bereichen (Abb.18). Der östliche, quadratische Trakt umfaßt einen Saal (5), drei kleine Räume (3.4.6), ein Torcularium (2) und einen quergelagerten, schmalen Vorraum (C) mit einfachem Dach. Der breite Eingang ohne Tür wird von zwei dorischen Säulen aus Nocera-Tuff flankiert. Von einem Sockel in der Nordostecke des Vorraumes (C) führt eine Holztreppe ins Obergeschoß. An Raum (C) schließt sich nördlich der kleine Raum (1) an, der zusätzlich einen Zugang zum Hof (B) besitzt. Im Süden des Hofes (B) befinden sich drei kleine Räume (7-9), wobei in einem Raum (7) drei Dolien eingelassen sind. Eine Treppe führt dort in das Obergeschoß, dessen Bebauung unbekannt ist. Die gekrümmte Westseite paßt sich in ihrem Mauerverlauf wahrscheinlich einer Straße an[450]. Dort befinden sich der Dolienhof, wie Della Corte wegen der schmalen Öffnungen in der Mauer (g) wahrscheinlich mit Recht annimmt[451], der Badbereich (10.11) und die sehr kleine Küche (12). Nördlich von der Küche liegt der Haupteingang (A) in einer Linie mit dem Hintereingang (A') auf der Ostseite. Zwischen dem Eingang (A') und dem Nordtrakt ist der Raum (1) gelegen, der vom Hof (B) und vom Vorraum (C) aus zugänglich ist. Den nördlichen Abschluß des Gebäudes bildet der abgedeckte Raum (13) mit fünf Dolien. Unmittelbar nördlich von der Villa liegt das Grabmonument (D). Während die Anlage des Hofes (B) sehr ungewöhnlich erscheint, ist der Osttrakt der Villa mit der Raumkombination von einem Saal mit Nebenräumen gut mit der Villa in Boscoreale (Abb.17), fondo D'Acunzo (Kat.Nr.15), und den Peristylvillen (Gruppe Ib) zu vergleichen (Abb.3.4.7.8).

Eine vom bisherigen völlig abweichende Grundrißgestaltung zeigt die Villa in Boscoreale, fondo Brancaccio (Kat.Nr.13), die keinen Hof aufweist (Abb.19). Dessen Verteilerfunktion übernimmt der Gang (B). Auf der östlichen Schmalseite des Gebäudes liegen die

[450] M.Della Corte, NSc 1921, 415.
[451] Ebenda 420.

kleinen Räume (1-4), deren Mauerhöhe im Westen 3,50 m, im Osten aber lediglich 2 m beträgt. Auf der westlichen Seite vom Gang aus sind im Norden die langgestreckten Räume (10.12) zugänglich, letzterer über einen sehr langen, schmalen Gang. Im Süden führt er vom Gang (B) am Treppenhaus (5) auf der einen und dem großen Raum (6) auf der anderen Seite vorbei in den Raum (7), von dem aus der neben (6) liegende Raum (9) sowie der westlich gelegene Raum (11) und ein weiterer im Süden (8) zugänglich sind. Abgetrennt von diesem Teil der Villa liegt im Westen der sehr große Raum (13) mit einem nach Osten abfallenden Dach, das von einem starken Pfeiler getragen wurde. Raum (13) hat seinen Eingang von Süden und war daher nur von außerhalb der Villa zu betreten. Della Corte schließt aus dem Plan der Villa, daß das ursprünglich kleinere und quadratische Gebäude um den Raum (12), den Gang im Norden und die Räume (8.11.13) erweitert wurde[452].

Bei der Betrachtung der Villen in Boscoreale, fondo Prisco (Kat.Nr.12) und fondo D'Acunzo (Kat.Nr.15), (Gruppe IVa) lassen sich einige Parallelen in ihrer Raumanordnung zu den Peristylvillen erkennen (Abb.18.17.3.4. 7.8). Ganz unterschiedlich, auch untereinander, ist jedoch die Hofgestaltung, die auf einen repräsentativen Anspruch weitgehend verzichtet. Der Grundriß der Villa in Boscoreale, fondo Brancaccio (Kat.Nr.13: Gruppe IVb), dessen zentrales Element ein Gang ist, der das Gebäude erschließt (Abb.19), findet dagegen keine unmittelbaren Parallelen. Die hervorgehobene Stellung des Ganges läßt sich aber mit den Villen von Porta Crusta (2. Phase) und von Sambuco vergleichen. Beide wurden von Rossiter auf einen griechischen Typ, belegt durch die „South Villa" in Olynth, zurückgeführt[453]. Jedoch teilt der Gang bei den Villen von Porta Crusta (2. Phase), Sambuco und Olynth jeweils die Villa der Länge nach, und sämtliche Räume öffnen sich auf ihn. Zudem ist er nicht von einer Schmalseite her betretbar[454].

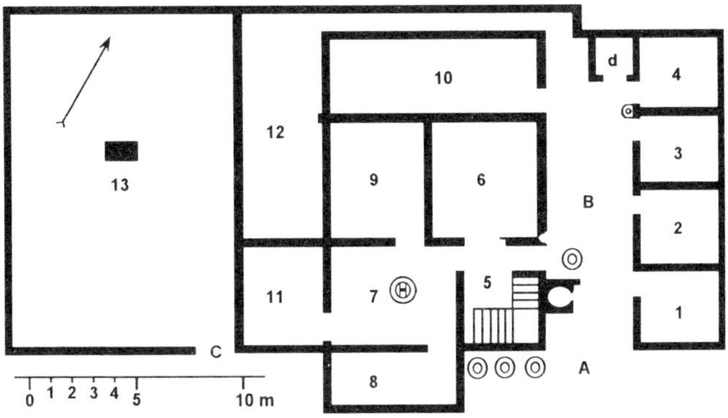

Abb. 19 Villa in Boscoreale, fondo Brancaccio (Kat.Nr.13)

[452] M.Della Corte, NSc 1921, 425f. Vgl. Flach, Agrargeschichte 240.

[453] Zu diesen Villen: Rossiter, Farm Buildings 6ff. Nr.22 Abb.2a; Nr.26 Abb.2b. Zur Villa von Sambuco vgl. auch Flach, Agrargeschichte 238f. Abb.16.

[454] Vgl. Rossiter, Farm Buildings 6 Abb.2a.b. Rossiter sieht einen Zusammenhang offenbar als nicht gegeben an, denn er behandelt die Villa Kat.Nr.13 in seinem Kapitel IV Slavery and Farms, 45 Abb.13 A Nr.2. Als ausschlaggebend für diese Einordnung sieht er das Vorhandensein von vier kleinen Räumen an. Entsprechend müßte Rossiter dann allerdings auch die Villa Kat.Nr.1 in diesem Kapitel behandeln. Unerklärli-

Um diesen Überblick über die kleinen Villen zu vervollständigen, soll hier im folgenden noch eine kleine Gruppe von Villen betrachtet werden, die erst in jüngerer Zeit freigelegt wurden und somit im Katalog nicht vertreten sind. Sie weisen zwar ein Peristyl auf, unterscheiden sich aber durch ihre geringe Größe und den Verzicht auf besonders hervorgehobene Gebäudetrakte von den Peristylvillen (Gruppe Ib). Der Hof der kleinen Villa in Gragnano, località Carmiano[455], wird von einer Säulenstellung im Süden begrenzt, während im Osten und im Norden jeweils nur ein Pilaster steht. Einen erheblichen Teil dieses Hofes nimmt der Dolienhof (2) ein. Die genaue Nord-Süd-Achse des Gebäudes verläuft vom Eingang im Norden durch den Hof in den Saal (8). Westlich des Saales (8) bilden drei kleine Räume (10-12) die Südwestecke des Gebäudes. Der östliche Trakt wird von mehreren Räumen eingenommen, die sich auf eine Vorhalle öffnen. Dabei liegen der Pförtnerraum (3) und das Torcularium (7) einander gegenüber, während zwei Räume (4.5) und die Küche (6) eine Reihe bilden. Die Villa in Boscoreale, contrada Villa Regina[456], erscheint durch ihren großen Hof, der auf drei Seiten von Säulenhallen eingefaßt wird, den Peristylvillen (Gruppe Ib) sehr ähnlich (Abb.3.4.7.8). Jedoch fehlt ihr die Geschlossenheit des Grundrisses, die für diese charakteristisch ist. Der Hof ist nicht das Zentrum eines Rechtecks, sondern wird auf drei Seiten von lockeren Raumgruppen umgeben, die jeweils ebenfalls keinen einheitlichen Grundriß besitzen und teilweise voneinander durch Eingänge getrennt sind. Im Gegensatz zu den Villen der ersten Gruppe verteilen sich zudem die Funktionsbereiche auf alle Seiten der Villa gleichmäßig. Im Westtrakt liegen der Pförtnerraum (X) und mehrere anschließende kleine Räume (V.Vbis. XVI). Der Nordtrakt wird von der Küche (IX), dem Torcularium (IXbis) und von zwei jeweils seitlichen Räumen (XII.II) gebildet. Im Osten befindet sich schließlich ein Saal (IV) sowie ein weiterer Raum (VIII), von dem aus die Tenne (XVII) zugänglich war. Der südliche Teil des Hofes wird vom Dolienhof eingenommen. Dessen Mauer besteht aus Opus reticulatum[457]. Möglicherweise gehört sie daher einer Erweiterungsphase des Hofes an. Bedingt durch die kleinere Grundfläche fallen bei beiden Villen die verschiedenen Räume durchweg etwas kleiner aus. Die Säle sind jeweils auf das Peristyl ausgerichtet. Damit unterscheiden sie sich deutlich von den beiden Villen (Kat.Nr.12.15), die statt eines Peristyls einen einfachen Hof besitzen. Bei ihnen öffnet sich der Saal auf einen Gang bzw. Vorraum. Anschließen läßt sich hier wahrscheinlich noch eine kleine Villa mit Peristyl bei Terzigno[458].

---

cherweise sieht er jedoch gerade bei dieser Villa eine Sklavenwirtschaft als nicht gegeben an, vgl. Rossiter, Farm Buildings 21. Die entsprechenden Räume R 1-6 finden bei ihm keine Erwähnung, vgl. ebenda 18ff.

[455] Kockel-Nr.97; D.Camardo-A.Ferrara, Stabia: Le ville (1989) 69ff. Taf.22; V.Kockel, AA 1985, 536f Abb.24.

[456] Kockel-Nr.57; S.de Caro, in: Kockel a.O. 519f. Abb.10; Flach, Agrargeschichte 237 Abb.15 mit anderer Raumnumerierung.

[457] Flach, Agrargeschichte 237.

[458] Kockel-Nr.67; Terzigno, località Boccia al Mauro, Cava Ranieri, Villa 2. C.Ciccirelli, RivStPomp 3, 1989, 249ff. Abb.26.

3.1.4. Villen mit Atrium (Gruppe IV: Kat.Nr.19)

Die Villa in Gragnano, fondo Matrone (Kat.Nr.19), liegt südlich des Sarno und damit wahrscheinlich im Ager Stabianus unweit des vermuteten antiken Küstenverlaufs (Abb.33)[459]. Aufgrund ihres Atriums könnte sie dem von H.Drerup herausgearbeiteten Typ der Villa urbana zugerechnet werden (Abb.20). Jedoch liegt im Norden der Villa ein großer Dolienhof, der auf eine Weinproduktion größeren Umfangs hinweist[460]. Der südliche Teil des Gebäudes wird durch das Atrium bestimmt, zu dem der Gang des im Westen gelegenen Eingangs (a') führt. Von diesem Gang aus ist der Badbereich (14.15) zu betreten. Auf der Westseite des Atriums liegt der quadratische, fensterlose Raum (13). In der Mitte der Ostseite des Atriums öffnet sich fast ganz ein Raum (9) mit einem schmalen Raum (10) dahinter. Den Norden der Ostseite nimmt ein kleiner Raum (8) ein, während im Süden der Saal (11) liegt. Der Bereich südlich des Atriums, zu dem der südlich von Saal (11) anschließende Saal (12) gehört, ist weitgehend unbekannt. In den nördlichen Trakt der Villa gelangt man durch einen kurzen Gang. Dieser trifft im rechten Winkel auf den breiten Gang vom Eingang (a), der von außen in das Peristyl (B) führt. Von diesem Gang aus sind die hintereinanderliegenden Räume (2.3) zugänglich. Im Norden des Ganges, aber nur vom Peristyl aus zu betreten, liegt der Raum (1). In die Nordwestecke des Gebäudes hinein ragt der Dolienhof (C), von dem 35 Dolien freigelegt wurden. An die Nordwand des Peristyls schließt außen das unterteilte Torcularium an[461]. Auf der Ostseite des Peristyls liegen vier aneinandergereihte Räume (4-7), darunter auch die Küche (4). Ein Obergeschoß wird von Della Corte

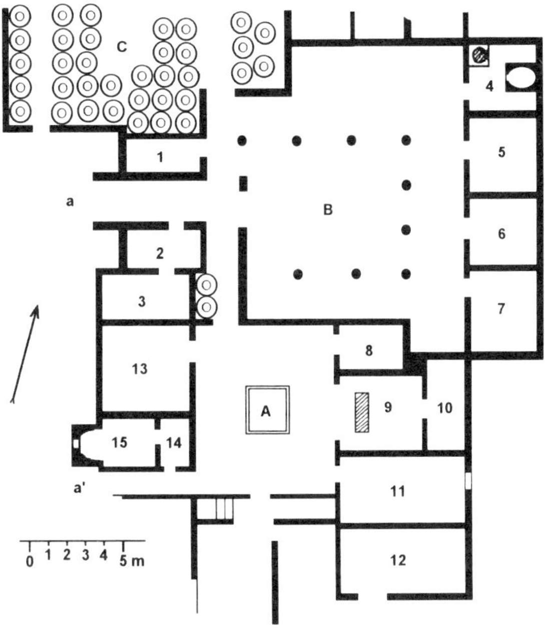

Abb. 20 Villa in Gragnano, fondo Matrone (Kat.Nr.19)

[459] Vgl. V.Kockel, AA 1985, 534 Abb.23 Nr.33.

[460] H.Drerup, MarbWPr 1959, 1ff., geht auf diese Villa nicht ein, wenngleich er den Grabungsbericht als Beleg für seine Gruppe der „Gutshöfe" zitiert, vgl. hier Anm.13.

[461] M.Della Corte, NSc 1923, 273.

nur auf der Ostseite des Hofs (B) angenommen[462]. Für eine genaue Beurteilung bleiben zuviel Unklarheiten im Norden und Süden der Villa. Offensichtlich führte, wie auch bei der Villa dei Misteri[463], der breite Haupteingang auf das Peristyl. Von hier sind die Küche (4), mehrere kleine Räume sowie der Dolienhof zugänglich, der aber bereits außerhalb der eigentlichen Villa liegt. Die großen repräsentativen Räume liegen dagegen am Atrium. Diese Villa entspricht damit dem von H.Drerup herausgearbeiteten Typ der Villa mit Atrium, wobei ihre Anlage jedoch erheblich bescheidener ausfällt als die der von Drerup herangezogenen Villen vor der Porta Ercolano oder der Villa dei Papiri bei Herculaneum[464]. Gleichzeitig war die Villa in Gragnano auch „Gutshof", d.h. ein landwirtschaftlicher Betrieb von nicht unerheblicher Größe, wie der nur z.T. ausgegrabene Dolienhof bereits zeigt. Bemerkenswert ist die deutliche Trennung zwischen den einzelnen Bereichen der Villa. Dadurch unterscheidet sich die Villa in Gragnano in besonders deutlicher Weise von den Peristylvillen (Gruppe Ib) mit integriertem Dolienhof (Abb.3.4.7.8).

3.1.5. Teilweise freigelegte Villen (Kat.Nr.3-5.11.17.23)

Zum Schluß bleiben die Villen zu besprechen, die nur zu einem kleinen Teil ausgegraben wurden. Von der Villa in Boscoreale, piazza Vargas (Kat.Nr.3), wurden nur ein Teil des Peristylhofs, die nördliche und die östliche Porticus sowie die jeweils direkt anschließenden Räume freigelegt (Abb.21). Im Norden sind dies der Raum (C), der ein Zwischengeschoß besaß, und die Backstube (D) mit den von dort aus zugänglichen kleinen Räumen (G.F). Die Fortsetzung der nördlichen Porticus bildet im Osten das Torcularium (H). Von der östlichen Porticus aus war der Raum (L) zugänglich, während der sich südlich anschließende und parallel zur Porticus verlaufende Raum (M) offenbar nur von außerhalb der Villa zu betreten war. Die Ausdehnung des Gebäudes nach Westen ist unklar. Im Osten waren zwei weitere Räume offensichtlich nur von außen zu betreten.

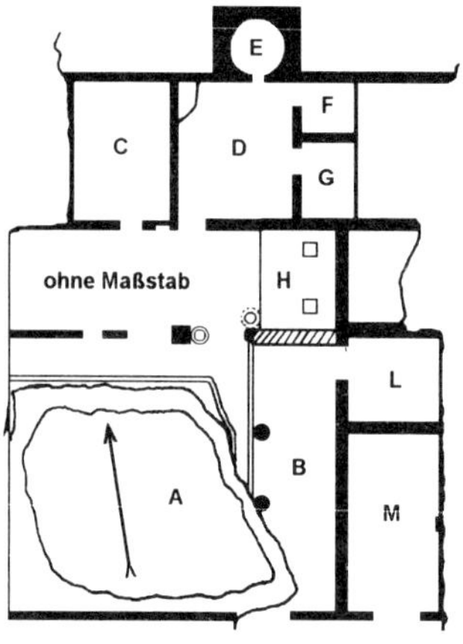

Abb. 21 Villa in Boscoreale, piazza Vargas (Kat.Nr.3)

Von der Villa in Scafati, fondo de Prisco (Kat.Nr.17), wurde nur der östliche Gebäudetrakt mit sei-

[462] M.Della Corte, NSc 1923, 273.

[463] Drerup a.O. 3f.

[464] Villa di Cicerone: Kockel-Nr.93; Kockel a.O. 66f. Nr.5; Villa delle Colonne a mosaico: Kockel-Nr.91; V.Kockel, RM 90, 1983, 51ff.; Villa di Diomede: Kockel-Nr.92; De Vos, Pompei 243ff. mit Abb.; La Rocca-De Vos 449f. Abb.65; Mielsch, Villa 41ff.; Villa dei Misteri: Kockel-Nr.24; De Vos, Pompei 245ff. mit Abb.; La Rocca-De Vos 450ff. Abb.66. 67; Mielsch, Villa 39ff.

ner Porticus ausgegraben (Abb.22). Auf der nördlichen Seite des Hofes verläuft eine Raumreihe, von der lediglich zwei kleine Räume freigelegt wurden. Die Porticus besteht aus Pilastern aus Opus latericium, die durch Schranken aus Opus incertum miteinander verbunden waren. Bei dem östlichen Teil handelt es sich offensichtlich um den Haupttrakt des Gebäudes, in dem sich die große Küche (3.5) mit Backofen (4) und das Bad (6.7) mit Praefurnium (8) befinden. Della Corte vermutet den östlichen Eingang der Villa südlich vom großen Saal (9) und hält einen zweiten korrespondierenden Eingang im Westen für wahrscheinlich[465]. Für einen Pförtnerraum erscheint der Saal (9) mit seinem breitem Fenster in der Südwand jedoch erheblich zu groß. Wahrscheinlicher ist, daß der Saal (9) die Südostecke des Gebäudes bildet.

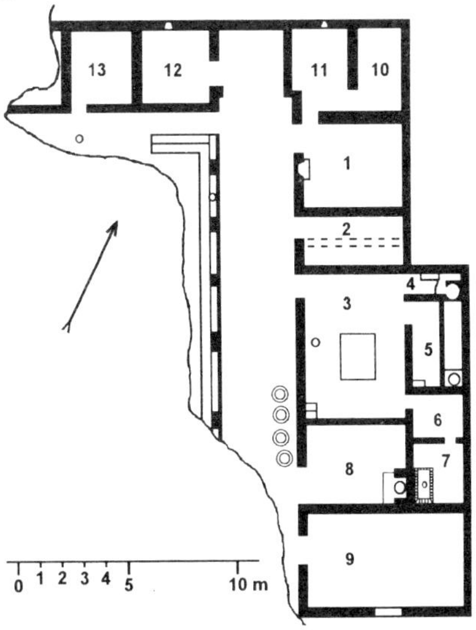

Abb. 22 Villa in Scafati, fondo de Prisco (Kat.Nr.17)

Von großem Interesse ist der Grundriß der Villa in Boscoreale, fondo Di Palma (Kat.Nr.23), von der ebenfalls nur der östliche Gebäudetrakt bekannt ist (Abb.23). Westlich vom Trakt wurden noch die Eingänge (A.A') freigelegt, die parallel zum Trakt auf einer Nord-Süd-Achse liegen. Der Grundriß zeigt eine außergewöhnliche symmetrische Anordnung der Raumgruppen und eine bemerkenswerte Beachtung der Proportionen. Die Länge des Traktes verhält sich zu seiner Breite einschließlich der Porticus wie 2 : 1. Die Breite der Porticus steht zur Tiefe der hinter ihr liegenden Räume in einem Verhältnis von 1 : 2,5. Den nördlichen und den südlichen Teil des Traktes nimmt jeweils eine gleich große quadratische Raumgruppe ein, während sich exakt in der Mitte des Traktes ein sehr großer Raum, der im Vergleich zu den Raumgruppen aber etwas schmaler ist, in fast seiner gesamten Breite auf die Porticus öffnet. Breite und Tiefe des Raumes verhalten sich wie 1 : 1,25.

Die Porticus (B) besteht aus zwei Säulen in der Mitte, die mit jeweils einer Halbsäule und der anschließenden Wand durch eine 60 cm hohe Schranke verbunden sind. Über der Schranke befanden sich Holzläden, die wie die zweiflügelige Holztür im Durchgang geschlossen werden konnten, so daß die Porticus in einen geschlossenen Gang verwandelt werden konnte[466]. Der südliche Raumkomplex des Traktes besteht aus einer sehr kleinen Küche (3) mit Praefurnium und dem Raum (4), der sowohl zum dahinterliegenden Bad wie auch über eine Treppe zum Obergeschoß führt, wo sich südlich von Raum (7) mehrere

[465] M.Della Corte, NSc 1923, 284.
[466] M.Della Corte, NSc 1921, 461f.; F.L.Bastet, CronPomp 2, 1976, 115 Abb.2.

Räume befinden[467]. Der nördliche Raumkomplex ist durch einen kleinen Vorraum (8) zu betreten, von dem aus ein kleiner Raum (9) und ein Saal (10) zugänglich sind. Zwischen beiden Raumkomplexen liegt in der Mitte des Gebäudetraktes der erwähnte große Saal (7), der sich fast ganz auf die Porticus öffnet. In der Außenwand hat er ein großes, niedriges Fenster. Ein kleines Fenster verbindet ihn mit dem Vorraum (8). Die Anlage dieses Raumes erinnert an den Oecus (H) der „Villa des Fannius Synistor" (Kat.Nr.10). Zwar öffnet sich dieser nicht so breit auf das Peristyl, besitzt aber dafür zwei Fenster neben dem Zugang (Abb.10). Auch die Anordnung von einem Saal mit Vorraum und Nebenraum ist bei beiden Villen sehr ähnlich. Von der Architektur her erscheint die Anlage des Nordtraktes der Villa in Boscoreale, fondo Di Palma (Kat.Nr.23), daher sehr repräsentativ (Abb.23). Jedoch ist festzuhalten, daß Raum (7) zumindest im Jahre 79 n.Chr. als Torcularium genutzt wurde. Wahrscheinlich war er dazu umgebaut worden.

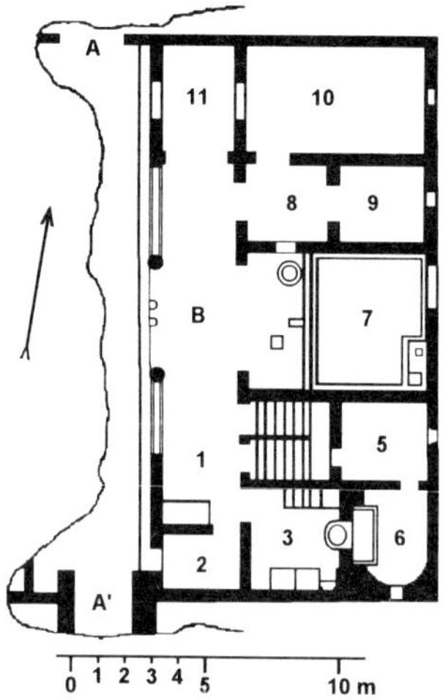

Abb. 23 Villa in Boscoreale, fondo Di Palma (Kat.Nr.23)

Der Grundriß der „Villa des Arellius Sucessus" (Kat.Nr.4) bei Boscotrecase wirkt sehr unübersichtlich (Abb.24). Nur ein Teil des nördlichen Gebäudetraktes wurde freigelegt. Im Nordosten liegt die Küche (B) mit drei Nebenräumen (C.D.F). Dieser Bereich und der westlich danebenliegende Raum (G) öffnen sich auf eine kleine Halle mit lediglich einer Pfeilerstellung. Im Norden des westlichen Teiles des Gebäudes liegt ein quadratischer Saal (N), an den sich im Süden zwei Nebenräume (M.L) anschließen. Diese liegen auf einer Höhe mit der Porticus (A). Südlich von Raum (L) und von einem Teil der Halle (A) grenzt das Torcularium (O) an. Durch die Lage des Torculariums werden der westliche und der östliche Teil der Villa voneinander getrennt. Daß das Torcularium nach-

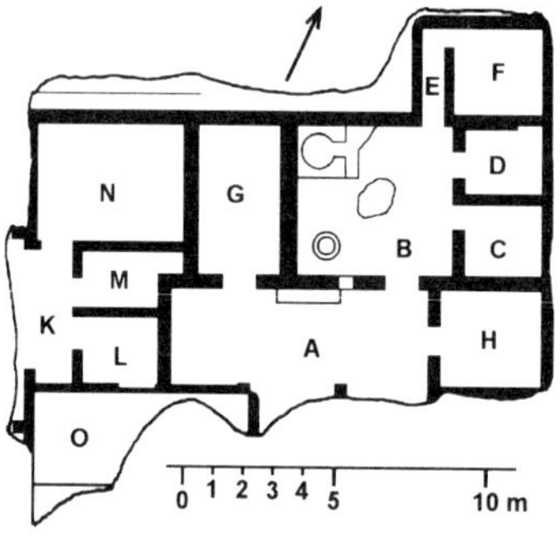

Abb. 24 "Villa des Arellius Sucessus" (Kat.Nr.4)

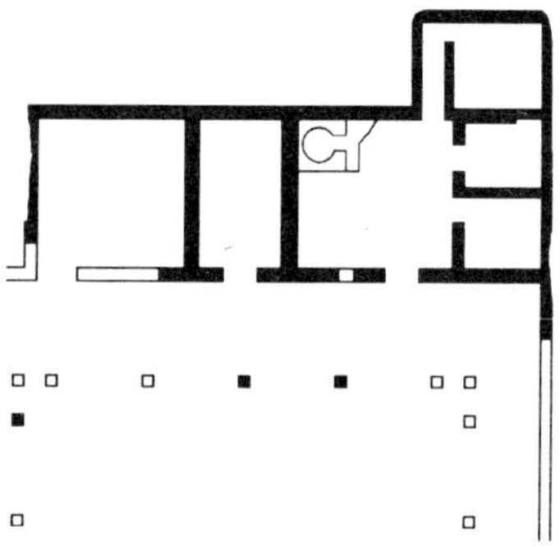

Abb. 25 Hypothetische Rekonstruktion einer früheren Phase der Villa des Arellius Sucessus (Kat.Nr.4)

[467] M.Della Corte, NSc 1921, 462.

träglich eingebaut worden ist, wie bereits bei mehreren Peristylvillen der Gruppe Ib (Kat.Nr.2.20.21) und bei der Villa in Boscoreale, fondo Di Palma (Kat.Nr.23), lediglich vermutet wurde, läßt sich hier eindeutig nachweisen. Wie dem Plan zu entnehmen ist, wurden in die Wand des Torculariums zwei Pfeiler mit eingebaut. Da dem Plan die Stellung von drei Pfeilern zu entnehmen ist und sich daraus die Position des Eckpfeilers ergibt, sind daraus die nördliche und die westliche Porticus zu rekonstruieren. Die Hallen besaßen eine deutliche Eckkontraktion (Abb.25)[468].

Problematisch ist die Interpretation des Grundrisses der „Villa des Domitius Auctus" (Kat.Nr.5) bei Scafati (Abb.26). Von dieser Villa wurden der langgestreckte Westtrakt sowie die nördliche Schmalseite vollständig ausgegraben. Ein offenbar extrem langgestreckter Hof ist zumindest auf der westlichen und nördlichen Seite in unregelmäßigen Abständen von Pfeilern und einer Säule umgeben. In der Südwestecke des Peristyls befinden sich der Backofen, der Herd und die Latrine (O). Drei kleine Räume (M.L.I) schließen sich nach Norden an. In der Nordwestecke des Peristyls liegt das Torcularium (E). Von der nördlichen Porticus aus sind über einen kurzen Gang (F) die im Nordwesten gelegenen kleinen Räume (G.H) zugänglich. Ein kleiner Durchgang führt aus der Porticus offenbar ins Freie. In der Nordostecke liegt der größere Raum (D), der sich auf die Porticus öffnet. Südlich schließt sich an Raum (D) ein Dolienhof an, von dem sechs Dolien freigelegt wurden. Seine westliche Wand bildet zumindest im nördlichen Teil der Villa die Rückwand des Hofes. Da der gesamte südöstliche Teil der Villa unbekannt ist, bleibt eine Beurteilung der Villa schwierig.

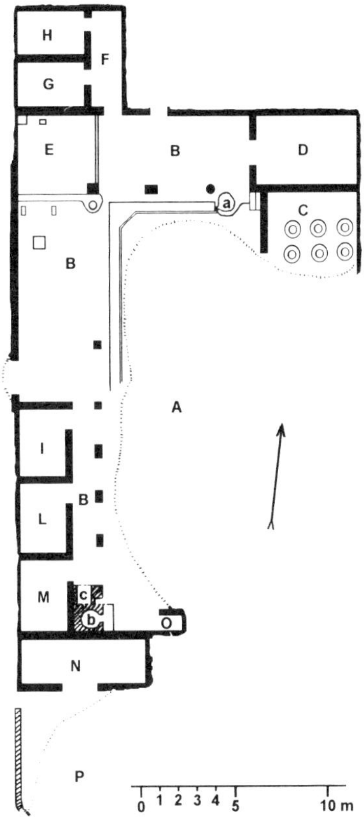

Abb. 26 "Villa des Domitius Auctus" (Kat.Nr.5)

Insgesamt läßt sich feststellen, daß alle genannten Villen große Ähnlichkeiten zu den Peristylvillen (Gruppe Ib) aufweisen. Die zuletzt betrachtete „Villa des Domitius Auctus" weicht hiervon offenbar stärker ab. Ihre Hofform und die Anlage des Dolienhofes weisen Parallelen zur kleinen Villa ohne Peristyl in Boscoreale, fondo Prisco (Kat.Nr.12), auf.

[468] Der Abstand zwischen den Pfeilern beträgt an den Ecken nur ein Viertel des normalen Abstandes, der 10 oskischen entsprochen zu haben scheint. Trifft die Rekonstruktion zu, ergibt sich bei einer Pfeilerbreite von 1,5 Fuß (= 1 Elle) eine Gesamtbreite von 55,5 Fuß oder 37 Ellen. Zum oskischen Fußmaß s. hier Kap.5.1.1.

Dagegen erscheint der bekannte Teil der Villa in Boscoreale, fondo Vitiello (Kat.Nr.11), sehr ungewöhnlich (Abb.27). Er umfaßt den nördlichen Gebäudeteil mit einem davorgelegten Gang. In der Mitte des Ganges stehen zwei Säulen und dazwischen ein Pilaster, der mit der östlichen Säule durch eine Schranke verbunden ist. Der westlich gelegene Teil des Ganges wird auf seiner Südseite von einer Mauer flankiert. Das große, in der Südwestecke gelegene Torcularium schließt diesen Gang mit ein. Der Nordtrakt ist in zwei etwa gleich große Teile unterteilt. Vom Gang (1) aus ist der große, einem Atrium ähnliche Raum (4) zu betreten, in dessen Mitte zwei Säulen stehen. Auf seiner Westseite liegt der Saal (3). Im Norden öffnen sich drei kleine Räume. Zwei weitere liegen in der gleichen Reihe in der Nordwestecke des Gebäudes und sind über einen schmalen Gang nördlich von Saal (3) zu erreichen. Auf der Ostseite dieses Atriums (4) liegen der auch vom Gang aus zugängliche Pförtnerraum (10) und ein weiterer Saal (11). Dieser Saal gehört bereits zur östlichen Hälfte des Nordtraktes, die im Süden aus einem kleinen Bad (14) und im Norden aus einer großen Küche mit drei kleinen (17-19) und einem großen, langgestreckten Nebenraum (16) besteht.

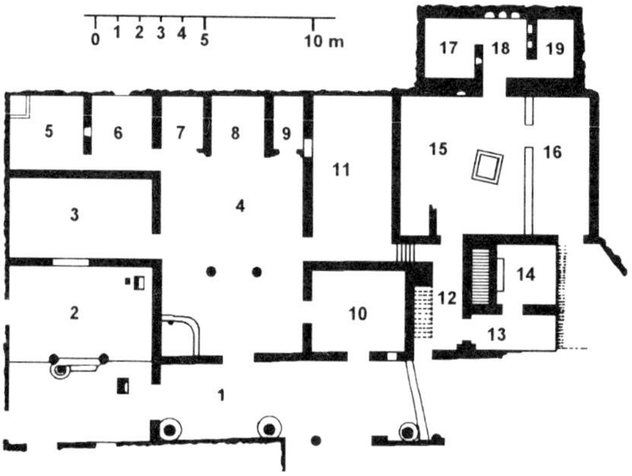

Abb. 27 Villa in Boscoreale, fondo Vitiello (Kat.Nr.11)

Das Besondere dieses Gebäudetraktes, das ihn deutlich von allen anderen betrachteten Villen unterscheidet, sind seine Tiefenstaffelung, weswegen er im westlichen Teil ein eigenes Atrium umfaßt, sowie seine Abgeschlossenheit gegenüber dem vorgelagertem Gang. Leider bleibt der südliche Teil dieser Villa unbekannt.

3.2. Raumgruppendefinition

Bei der Betrachtung der Villengrundrisse ließen sich im Hinblick auf die Anordnung, Form und Größe von Räumen und Raumgruppen gewisse Regelmäßigkeiten beobachten, die im folgenden genauer betrachtet werden sollen. Am deutlichsten konnten diese Übereinstimmungen bei der „Silberschatzvilla" (Kat.Nr.1) und den Peristylvillen (Gruppe I) festgestellt werden. Häufig befinden sich bei diesen Villen in einem herausgehobenen Gebäudetrakt Küchen-, Bad- und Wohnräume zusammen. Bei den hier zunächst wegen ihrer exponierten Lage als Wohnräume angesprochenen Räumen handelt es sich um die Kombination von einem Saal mit mehreren Nebenräumen. Der große Saal, neben der Küche der größte Raum des nicht landwirtschaftlich genutzten Teils der Villa, hat jeweils eine langrechteckige Form. Dabei bleibt das Seitenverhältnis unter dem von 2 : 1, wie es Vitruv für ein Triclinium fordert[469]. Zweifellos handelt es sich dennoch in der Regel um Triclinia[470]. Meist sind ihnen zwei oder mehrere Nebenräume zugeordnet, von denen einer auch als Vorraum dienen kann. Häufig öffnen sich die Säle aber auch direkt auf das Peristyl. Diese Raumkombination läßt sich auch bei den großen Villen mit Peristyl der Gruppe IIa und den kleinen Villen ohne Peristyl der Gruppe IIIa sowie bei mehreren der nur teilweise bekannten Grundrisse nachweisen. Unsicher muß allerdings die Zugehörigkeit von Sälen gleicher Form ohne Nebenräume bleiben (Kat.Nr.17.19: Abb.22.20). Gleiches gilt bei einer ungewöhnlichen Anordnung von Saal und Nebenräumen zueinander (Kat.Nr.16.20: Abb.7.8).

Zur eher kleinen Gruppe der quadratischen Säle[471] gehört der sog. Oecus (H) der „Villa des Fannius Synistor" (Kat.Nr.10: Abb.10)[472]. Der sehr große, quadratische Raum besitzt seitlich der Eingangstür zwei Fenster[473].

---

[469] Vitr.6,3,8: *Tricliniorum quanta latitudo fuerit, bis tanta longitudo fieri debebit.*

[470] Nach Förtsch, Kommentar 102 besitzen die meisten Triclinia der Villenarchitektur einen länglichen Grundriß. Die hier besprochenen Säle hält auch Förtsch, Kommentar 102 Anm.1280 für Triclinia; vgl. jeweils die Diskussion der Säle in Kap.4.3.

[471] Zu den quadratischen Sälen s. Förtsch, Kommentar 103. 174f. Nr.IX 41-60.

[472] Förtsch, Kommentar 174 Nr.IX 42.

[473] Er entspricht darin der Beschreibung des kyzikenischen Oecus durch Vitr.arch.6,3,1: *Fiunt autem etiam non italicae consuetudinis oeci, quos Graeci cyzicenos appellant. Hi conlocantur spectantes ad sepentrionem et maximae viridia prospicientes, valvasque habent in medio. Ipsi autem sunt ita longi et lati, uti duo triclinia cum circumitionibus inter se spectantia possint esse conlocata, habentque dextra ac sinistra lumina fenestrarum viridia prospiciantur.- „Es werden aber auch in Italien nicht übliche Säle gebaut, die die Griechen kyzikenische nennen. Diese werden in Nordrichtung angelegt und zumeist mit einem Blick ins Grüne, und sie haben in der Mitte Flügeltüren. Sie selbst sind so lang und breit, daß zwei Triklinien einander gegenüber aufgestellt sein können, um die man herumgehen kann. Rechts und links haben sie türähnliche Fensteröffnungen, so daß die Gäste von den Speisesofas aus einen Blick ins Grüne haben"* (C.Fensterbusch). Zur umstrittenen Interpretation s. ausführlich Förtsch, Kommentar 103f. 175ff. Nr.IX 61-73, der davon ausgeht, daß sich die Fenster in den Seitenwänden und nicht unmittelbar neben dem Eingang befinden.

Bei der Küche handelt es sich in den Peristylvillen (Gruppe Ia.b) um einen sehr großen Raum, der wegen des Herdes in der Mitte offen ist. Häufig sind kleine Nebenräume. Teilweise kommen auch größere, langgestreckte Nebenräume, möglicherweise Ställe[474], vor. Der Backofen kann sich hier oder in einer eigenen Backstube befinden. Die häufig nebenan liegenden Wohnräume wurden dadurch indirekt mitgeheizt. Eine vergleichbare Anlage der Küche läßt sich auch bei mehreren der nur teilweise bekannten Villen (Kat.Nr.3.4.17: Abb.21.24.22) und einer der kleinen Villen ohne Peristyl (Kat.Nr.15: Abb.17) beobachten. Bei der „Villa des Popidius Florus" (Kat.Nr.21), frühe Phase (Abb.5.6), und der Villa in Boscoreale, fondo Di Palma (Kat.Nr.23: Abb.23), war die Küche ein mittelgroßer Raum. Bei den großen Peristylvillen liegen die Küchen dagegen abseits der Wohnräume. Bei der „Villa des Agrippa Postumus" (Kat.Nr.18: Abb.12) liegt sie offen im Peristyl des „Diensthofes" A, während sie bei den beiden anderen großen Peristylvillen (Kat.Nr.9.10: Abb.14.10) in kleinen Räumen in „Dienstbereichen" untergebracht ist. Auch bei einer kleinen Villa ohne Peristyl (Kat.Nr.12: Abb.18) und der Villa mit Atrium (Kat.Nr.19: Abb.20) ist die Küche jeweils in einem sehr kleinen Raum eingerichtet. Bei der „Villa des Domitius Auctus" (Kat.Nr.5: Abb.26) liegt sie in der südwestlichen Peristylecke in unmittelbarer Nähe zu drei kleinen Räumen. An die großen Küchen schließt sich in der Regel das häufig mehrräumige Bad an[475], das aber zumeist einen getrennten Zugang besitzt[476].

Die meisten Räume einer Villa sind relativ klein. Eine Differenzierung dieser Räume kann zunächst nur anhand ihrer Situation im Gebäude erfolgen. Gut definieren lassen sich die unmittelbar am Eingang gelegenen Pförtnerräume. Nur in drei Villen ist ein kleiner im Haupttrakt gelegener Raum belegt, der sich in seiner ganzen oder doch fast vollständigen Breite auf das zentrale Interkolumnium oder dasjenige neben der zentralen Säule öffnet. Dies findet sich bei zwei großen Villen mit Peristyl (Gruppe IIa: Kat.Nr.9.10: Abb.14.11) und der größten der Peristylvillen (Gruppe Ib: Kat.Nr.16: Abb.7). Sehr häufig kommen dagegen in den hervorgehobenen Trakten kleine, manchmal in größere Räume hereingebaute Räume vor, die sich auf das Peristyl öffnen. Bei Villen, die mehrere Trakte besitzen, bestehen diese häufiger aus mehreren nebeneinander liegenden Räumen (Kat.Nr.16.21: Abb.7.4).

Als eigene Gruppe lassen sich bei einigen der besprochenen Villen mehrere sehr kleine Räume beschreiben, die entweder in einem eigenen Bereich abseits des Peristyls (Kat.Nr.1.10: Abb.2.10) oder aber an einem zweiten, eigenen Hof liegen (Kat.Nr.18: Abb.12).

---

474 Vgl. Vitruvs Angaben zu den Pferdeställen: Vitr.6,6,4.

475 Vgl. die entsprechende Forderung Vitruvs 6,6,2: *balnearia item coniuncta sint culinae*. Zur Entwicklungsgeschichte der pompejanischen Privatbäder s. E.Fabbricotti, CronPomp 2, 1976, 29ff. Vgl. auch P.Gallo, Terme e bagni in Pompei antica (1991).

476 Ausnahmen: Kat.Nr.1.17.

Die Existenz eines Peristyls war bereits ein wichtiges Kriterium bei der Definition der Gruppen und spielt hier daher keine weitere Rolle. Auffällig erscheint jedoch, daß bei drei von vier Peristylvillen[477] innerhalb des Hofes ein Teil durch Schranken als Dolienhof abgetrennt ist. Die Preßfläche ist jeweils in einem offenen Raum in einer Peristylecke untergebracht. Die offenkundig landwirtschaftliche Nutzung des Peristyls ist auch bei den kleinen Villen mit Peristyl und einigen nur teilweise freigelegten Villen (Kat.Nr.3.4.23: Abb.21.24.23) zu beobachten. Der nachträgliche Einbau dieser Anlagen konnte bei mehreren Villen wahrscheinlich gemacht werden. Bei den anderen Villen, in denen nachweisbar Wein hergestellt wurde, liegen diese Anlagen außerhalb des Peristyls bzw. Hofes (Kat. Nr.1.10.12.14.15.19: Abb.2.10.18.11.17.20). Wo eine solche Anlage nicht freigelegt wurde, könnte sie entsprechend außerhalb gelegen haben.

Die nur auf architektonische Kriterien gestützte Definition landwirtschaftlich genutzter Räume ist schwierig. Nur eine Verbindung von mehreren Merkmalen, wie Lage und Größe der Räume kann einigen Aufschluß bieten. So fällt bei der „Silberschatzvilla“ (Kat.Nr.1) der große langgestreckte Raum (V) auf, der sowohl vom Dolienhof wie auch direkt gegenüber von einem umfriedeten Bereich außerhalb der Villa aus zu betreten war (Abb.2). Sehr große, von Pfeiler gestützte Räume, die nur von außerhalb der Villa zu betreten sind, finden sich bei den Villen in Boscoreale, fondo Brancaccio (Kat.Nr.13: Abb.19), Raum (13) und in Boscoreale, fondo D'Acunzo (Kat.Nr.15: Abb.17), Raum (13). Daher läßt sich bei der Anordnung der Räumlichkeiten beobachten, daß der in das Peristyl integrierten Weinherstellung in den Peristylvillen die strikte Trennung von Wohn- und landwirtschaftlichem Bereich in vielen anderen Villen gegenübersteht. Bei der Betrachtung der landwirtschaftlich genutzten Räume zeigen sich aber auch die Grenzen, die der Interpretation der Grundrisse gesetzt sind. Hier kann nur die Analyse der Ausstattung weiterhelfen, für die die Definition der Raumkomplexe die Grundlage bieten soll. Einige Villen wurden wegen der Schwierigkeit ihrer Einordnung (Kat.Nr.6.11.13.14.19: Abb.16.27.19.11.20) bisher nicht berücksichtigt und werden daher bei der Betrachtung des Fundzusammenhangs einer Villa (Kat.4.3.) ausführlich besprochen werden.

[477] Gruppe Ib: Kat.Nr.2. 20. 21.

4. DIE AUSSTATTUNG DER VILLEN

4.1. Fundkontextstörungen

Der Vesuvausbruch vom 24. August 79 n.Chr. führte durch seinen Bimssteinregen innerhalb weniger Stunden zur Verschüttung der Stadt Pompeji sowie der Villen in ihrem Gebiet[478]. Diese furchtbare Katastrophe, die an den Gipsausgüssen der ums Leben gekommenen Pompejaner immer wieder neu ablesbar ist, erbrachte der Archäologie unvergleichbar wertvolle Fundkontexte. Sie fixierte das Leben in den Häusern und Villen und gewährt damit einen Einblick in das Leben der römischen Kaiserzeit, wie er in dieser Form nirgendwo anders möglich ist.

Bei der konkreten Interpretation einzelner Fundkontexte ist allerdings große Vorsicht geboten. Zum einen ist zu bedenken, daß der Ausgrabungszustand die Situation während der Katastrophe wiedergibt, nicht jedoch das Alltagsleben, wie es sich noch einige Stunden zuvor abspielte. Zum anderen ist damit zu rechnen, daß die Bewohner auf ihre Flucht Teile des Inventars mitnahmen. Von dieser Problematik sind noch die eigentlichen Fundkontextstörungen zu trennen. Der nach der Verschüttung einsetzende Versuch der Überlebenden, soviel wie möglich zu retten, und die spätere Schatzsuche lassen sich kaum voneinander trennen. In beiden Fällen wird die Suche primär wertvollen Objekten wie Münzen, Edelmetallen und Schmuck gegolten haben.

Inwieweit diese Faktoren die Situation in einer Villa beeinflußt haben, ist im Einzelfall häufig nur schwer abzuschätzen. Daher soll hier zunächst versucht werden, die möglichen Veränderungen zu charakterisieren. Als der Bimssteinregen begann, hofften viele Pompejaner in ihren Häusern und Villen überleben zu können, während andere die Flucht ergriffen. Auch im ersteren Fall ist mit Veränderungen der Fundsituation gegenüber dem täglichen Leben zu rechnen, da man sich in einen besonders sicheren Teil der Villa zurückzog und dabei möglicherweise Inventar mitnahm, das keinerlei funktionalen Bezug zu diesem Raum besaß. Das deutlichste Beispiel hierfür bietet die „Silberschatzvilla“ (Kat.Nr.1), wo im Torcularium (P) neben mehreren Skeletten zwei Bronzelaternen, ein Bronzetisch sowie mehrere Gefäße gefunden wurden. Ganz offensichtlich hatte man sich in diesem vermeintlich sicheren Raum während der Katastrophe eingerichtet. In der Zisterne des Torculariums waren zudem die Silbergefäße sowie der überwiegende Teil des in der Villa befindlichen Geldes untergebracht worden. Veränderungen dieser Art sind, wenn es sich nicht nur um einzelne oder sehr wenige Gefäße handelt, gut zu erkennen.

---

[478] Zu den Phasen des Vesuvausbruchs s. R.Etienne in: Kat.Essen 1973, 53ff.

Ungleich schwerer abzuschätzen sind dagegen Veränderungen, die sich aus der Flucht der Bewohner ergeben. Allerdings dürften auch hier die Auswirkungen auf das Gesamtinventar eher gering gewesen sein, da sicherlich jeweils nur wenige Objekte mitgenommen werden konnten. Das Verwenden von Wagen war aufgrund der ständigen Erderschütterungen und der allgemeinen Panik auf den Straßen nur begrenzt möglich. Plinius der Jüngere, der von Misenum aus floh, berichtet, daß die Wagen auf ebenem Gelände hin und her rollten[479]. Die Bewohner Pompejis und der Villen saßen zudem sozusagen in der Falle, da ihnen der Landweg weitgehend verschlossen war. Die Straßen in Richtung Norden führten unmittelbar am Vesuv vorbei, und die Straße nach Herculaneum verbot sich von selbst. Eine Flucht nach Stabiae entsprach der Windrichtung und bot daher auch keinen Schutz vor dem Lapilliregen. Tatsächlich flüchteten die meisten Pompejaner in Richtung des Meeres. Viele von ihnen wurden u.a. bei den in der Nähe der Küste gelegenen Tabernae der Villa bei Torre Annunziata, fondo Bottaro (Kat.Nr.9), gefunden. Diese Skelettfunde sind in Hinblick auf die hier besprochene Problematik besonders wertvoll, da sie auch darüber Auskunft geben, was die auf der Flucht Gescheiterten mit sich geführt hatten. Die ganz überwiegenden Fundgattungen sind Münzen und Schmuck. Nur in drei Fällen waren Silbergefäße mitgenommen worden (Kat.Nr.9/7.13.21): einmal mehrere ineinandergestellte Gefäße sowie je ein einzelnes Gefäß, von denen eines als Behälter für 241 Silbermünzen und zwei Gemmen diente. Andere Fundgattungen fehlen vollständig. Offensichtlich hatten die Pompejaner nur das Wertvollste auf ihre Flucht mitgenommen. Dieses Ergebnis ist bei der Interpretation der Fundkontexte in den Villen zu beachten.

In mehreren Villen versuchten die Bewohner auszuharren und die Katastrophe abzuwarten[480]. Teilweise entschlossen sie sich erst im letzten Augenblick zur Flucht. Im Saal (B) der Villa in Boscoreale, fondo Zurlo (Kat.Nr.2), lagen in der Nähe eines Eingangs zur Villa drei Skelette zusammen mit drei Goldringen, einem Kochtopf und einem fragmentiertem Gefäß aus Bronze sowie einer Lampe und einem Gefäß aus Ton. In der „Villa des Domitius Auctus" (Kat.Nr.5) wurden in der Porticus (B), ebenfalls in der Nähe eines Eingangs, zwei Skelette zusammen mit zwei Pferdezäumen und einer Glasflußperlenkette gefunden. Auffällig ist, daß sie die Silberstatuetten aus dem nahegelegenen Raum (D) nicht auf ihre Flucht mitnahmen. Möglicherweise hatten sie zuvor überhaupt nicht an eine Flucht gedacht und mußten sie daher zurücklassen. Es ist aber auch denkbar, daß zum Zeitpunkt des Vesuvausbruchs nur das Personal der Villa anwesend war und dieses keinen Zugang zu den wertvollen Objekten in Raum (D) hatte.

Das Problem der „Schatzsuche" ist aufgrund der ungenügenden Grabungsdokumentationen in seinem Umfang nur schwer abzuschätzen. Die Suche nach wertvollen Objekten begann unmittelbar nach der Katastrophe. Sie wird aber im wesentlichen die Villen südlich

[479] Vgl. Plin. epist. 6, 20, 8.
[480] Vgl z.B. den Fund der Skelette von sechs Menschen und zwei Hunden im großen Raum (13) der Villa in Boscoreale, fondo Prisco (Kat.Nr.12).

von Pompeji betroffen haben, wo die Verschüttungshöhe geringer war (Kat.Nr.14.19). In einer dieser Villen (Kat.Nr.19) fand in späterer Zeit eine Sarkophagbestattung statt, was bezeugt, daß ihre Lage bekannt war. Zumindest in neuerer Zeit stieß man auch zufällig auf einige der höher verschütteten Villen im Norden Pompejis. Dies belegt in der „Villa des Arellius Sucessus" (Kat.Nr.4) eine Münze des 18. Jhs. Ob bei dieser Gelegenheit Objekte geborgen wurden, ist unbekannt. Der nahegelegene Raum mit zahlreichen Bronzegefäßen wurde jedenfalls nicht entdeckt. Störungen dieser Art können aufgrund fehlender Grabungsbeobachtungen auch bei den anderen Villen nicht sicher ausgeschlossen werden. Eindeutige Hinweise wie Gruben oder durchstoßene Mauern gibt es allerdings nur selten. Zudem konnten Schatzgrabungen bei den über 5 m hohen Überlagerungsschichten immer nur punktuell erfolgen. So wurde z.B. ein Raum des Obergeschosses der „Silberschatzvilla" (Kat.Nr.1) durch eine Grube gestört, ohne daß deswegen andere Teile der Villa berührt worden sind. Wenn Matteo Della Corte in seinen Grabungsberichten häufig spätere Durchsuchungen postuliert, erfolgt dies immer auch mit Hinweis auf die geringe Anzahl der Funde. Eine alle Fundgattungen betreffende geringe Funddichte kann aber kein Hinweis auf eine Durchsuchung sein, da die Suche wertvollen Objekten galt und z.B. Gebrauchskeramik sicherlich nicht geborgen wurde. Mit vollständigen Durchsuchungen der Villen ist zudem schon wegen der damit verbundenen gewaltigen Erdbewegungen nicht zu rechnen. Für Pompeji hat jetzt J.-P.Descoeudres die Indizien für unmittelbar nach der Katastrophe durchgeführte Grabungen kritisch untersucht und weitgehend in Frage gestellt[481]. Er kommt zu dem Ergebnis, daß diese Unternehmungen kein größeres Ausmaß besessen haben.

Zusammenfassend ist festzustellen, daß bei jeder Villa damit gerechnet werden muß, das besonders wertvolle Objekte wie Schmuck, Geld und, in geringer Anzahl, Silbergefäße von den Bewohnern auf die Flucht mitgenommen wurden. Auch Störungen durch Schatzsuche können nicht ausgeschlossen werden. Für jede Villa müssen jedoch zunächst sämtliche Indizien überprüft und diskutiert werden (Kap.4.3), um zu vermeiden, daß vorschnell Störungen zur Erklärung unerwarteter Fundkontexte postuliert werden.

[481] J.-P.Descoeudres, Did some Pompeians return to their city after the eruption of Mt.Vesuvius in AD 79 ? Observations in the House of the Coloured Capitals, in: Ercolano 1738-1988, 165ff.

4.2. Fundkontexte innerhalb definierter Architektureinheiten

4.2.1. Säle und ihre Nebenräume

Im folgenden werden die bei der Betrachtung der Architektur herausgearbeiteten Raumgruppen[482] untersucht. Die Beschreibung der Fundkontexte in den Sälen und ihren Nebenräumen beginnt mit zwei besonders interessanten Villen, der „Silberschatzvilla" (Kat.Nr.1) und der „Villa des Popidius Florus" (Kat.Nr.21). In der „Silberschatzvilla" (Kat.Nr.1) gibt es zwei Raumkomplexe mit Sälen (Abb.1.2). Der Komplex in der Nordwestecke des Erdgeschosses besteht aus drei Räumen. Der kleine Vorraum (B) mit weißen Wänden über einer roten Sockelzone führt zum Saal (C), der eine gelbgrundige Wanddekoration des 4. Stils (Kat.Nr.1/23) aufweist[483]. Hier wurden die bronzenen Beschlagteile von drei Klinen (Kat. Nr.1/24) gefunden, die mit Silber qualitätvoll tauschiert sind. Ansonsten lagen hier nur vier Tonamphoren. Die anderen Funde aus Bronze waren Teile der Eingangstür. Der Saal (C) läßt sich aufgrund der Klinen eindeutig als Triclinium identifizieren. Die Anordnung der Klinen beschreibt A.Mau, der die Ausgrabung der „Silberschatzvilla" (Kat.Nr.1) mehrfach besucht hat: „... , *erwähnt sei nur, dass, wie mir an Ort und Stelle versichert wurde, das Hufeisen der drei Lecti nicht mit dem Rücken an der Schmalwand, sondern an dem nordöstlichen (inneren) Ende der südöstlichen Langwand stand*"[484]. In dem kleinen Nebenraum (D) mit einer älteren Wanddekoration wurden drei große Kannen, ein Askos und eine zweiflammige Lampe aus Bronze (Kat.Nr.1/26-29), deren zugehörige Deckelfigur (Kat.Nr.1/10) in einem Schrank der nördlichen Säulenhalle lag, gefunden. Die Lampe und der Askos fallen durch ihre außergewöhnliche Qualität auf. Die relativ qualitätvolle Wanddekoration des Tricliniums und die hervorragenden Funde in Raum (D) belegen eine luxuriöse Ausstattung dieser Räume. Anders verhält es sich bei dem im ersten Geschoß in der Südostecke des Gebäudes gelegenen Raumkomplex (Abb.1; Taf.1.2). Im Vorraum (a) stand an der dem Fenster gegenüberliegenden Wand ein Holzschränkchen, in dem sich u.a. zwei Bronzegefäße, eine Bronzewaage sowie einige Münzen aus Silber und Bronze befanden. In einem Holzverschlag an der Treppe wurden zahlreiche Bronze- und Tongefäße, darunter auch Terra sigillata, sowie Amphoren gefunden. Der Saal (g) besitzt eine schwarzgrundige Wanddekoration. Im einfach verputzten, kleinen Raum (b) standen mehrere Bronzegefäße, darunter eine qualitätvolle Griffschale mit Reliefscheibe (Kat.Nr.1/64). Im ebenfalls verputzten Raum (d) wurde ein Holzschrank nachgewiesen, von dessen Inhalt insbesondere eine Isisstatuette, 20 Lampen aus Ton und zwei aus Bronze, ein Siegel, zwei Terra sigillata-Schüsseln und ein Glasaskos besondere Beachtung verdienen. Raum (e) mit einer weiß-

---

482 s. Kap.3.2. Dementsprechend werden hier die Villen Kat.Nr.6.11.13.14.19 zunächst nicht betrachtet. Sie werden in Kap. 4.3. besprochen.

483 Zur genaueren Einordnung der Wandmalereien s. jeweils Kap.4.3.

484 A.Mau, RM 15, 1900, 119.

grundigen Wanddekoration wurde durch eine Grube gestört. Möglicherweise aus diesem Grund wurde hier nur der Fuß eines Kandelabers gefunden. Im Vorraum (a), im Saal (g) und in Raum (b) waren Platten aus Weiß- und Buntmarmor mit Putzresten auf ihren Unterseiten aufgestapelt. Es ist daher denkbar, daß in diesen Räumen eine Neuausstattung erfolgen sollte. Im Gegensatz zum Raumkomplex im Erdgeschoß wurden diese Räume daher im Jahr 79 n.Chr. zumindest nicht repräsentativ genutzt.

Auch die „Villa des Popidius Florus“ (Kat.Nr.21) besitzt mehrere Säle (Abb.4). In der Nordwestecke der Villa befindet sich der Saal (4) mit einer qualitätvollen Wanddekoration des 3. Stils (Kat.Nr.21/5). Von den beiden vor Saal (4) in die nördliche Porticus eingebauten Räumen[485] weist der kleine Raum (5) eine Wanddekoration des 2. Stils (Kat.Nr.21/8) auf, während der große Saal (2) im 4. Stil (Kat.Nr.21/2) ausgemalt ist. Die Funde des Saales (4), darunter eine Lanzenspitze, eine Dolchklinge und mehrere Geräte aus Eisen, zeigen an, daß der Saal keine repräsentative Funktion mehr besaß. Eindeutig ist dies beim Saal (2) der Fall, wo u.a. eine Mühle, ein Eisendreifuß über Kohleresten und drei Dolien eine Nutzung als Küche belegen[486]. In Raum (5) gab es keine Funde. Offenbar hat der gesamte nordwestliche Gebäudeteil der Villa seinen repräsentativen Charakter während der 4. Stilphase verloren.

Schwer zu beurteilen ist der Saal (16) in der südöstlichen Gebäudeecke, der mit den Räumen (11-15) verbunden ist. Er besitzt lediglich einen Lehmboden und keine Wanddekoration. Hier lagen nur eine Bronzelampe und Beschlagteile von der Tür. Vor dem großen Fenster befindet sich draußen ein kleines, einräumiges und gelb verputztes Haus, das offenbar mit dem Fenster korrespondiert. Der Vorraum (15), gleichzeitig Pförtnerraum, ist im 4. Stil (Kat.Nr.21/30) ausgemalt. Ein Gang führt zum Vorraum (11), von dem aus die Räume (12-14) zugänglich sind. Die kleinen Räume (12.13) besitzen Mosaikböden und sind im 4. Stil ausgemalt (Kat.Nr.21/26-28). Zum Inventar von Raum (13) gehören ein Tablett (Kat.Nr.21/29) und ein Teller aus Alabaster sowie eine Glasflasche, ein Bronzegefäß, zwei Tonlampen und mehrere Tongefäße, darunter fünf Amphoren. Im undekorierten Raum (14) mit einem Cocciopesto-Boden fand sich ein Tongefäß, das nach Della Corte zum Zerstoßen von Farben diente[487]. Möglicherweise deutet dieser Fund darauf hin, daß der Raum (14) und der Saal (16) erst noch ausgemalt werden sollten. Bemerkenswert ist, daß auch in dieser Villa im Vorraum (11) ein großer Gerätekomplex aufbewahrt wurde. Darunter sind Einlegearbeiten aus Bein, ein Tisch mit Hermenstütze aus Marmor, ein Eisenkandelaber, 14 Bronzegefäße, je zwei Strigiles, Spiegel und Waagen, drei Münzen, zwölf Glas- und zwei Tongefäße (Kat.Nr.21/16-25)[488]. Während Ausstattung und Inventar der kleinen Räume (12.13) einen gewissen Luxus zeigen, zu dem auch Teile des Komplexes in Raum (11), wie

[485] Zu den nachweisbaren baulichen Veränderungen in der Villa s.o. S. 68.
[486] M.Della Corte, NSc 1921, 445.
[487] Ebenda 456.
[488] Zur genaueren Interpretation dieser Geräte- und Gefäßkomplexe s. jeweils Kap.4.2.6.

z.B. der Marmortisch, gehören, wurde der Saal (16) zur Zeit nicht als Triclinium genutzt. Möglicherweise sollte er aber gerade, worauf das erwähnte Gefäß hindeutet, ausgemalt werden. Es ist auffällig, daß von den bisher behandelten vier Raumkomplexen nur in einem, im Erdgeschoß der „Silberschatzvilla“ (Kat.Nr.1), das Triclinium auch repräsentativ genutzt werden konnte.

Zwei weitere Villen (Kat.Nr.12.15), wobei es sich jeweils um kleine Villen ohne Peristyl handelt, sind in diesem Zusammenhang von besonderem Interesse. Bei der Villa in Boscoreale, fondo Prisco (Kat.Nr.12), ist die Ausmalung des Saales (5) und der kleinen Räume (3.4) einfach gehalten. Im Saal (5) konnten an der Nordwand eine Kline und an der Westwand ein Schrank, in dem Tongeschirr aufbewahrt worden war, nachgewiesen werden (Abb.18). Im Raum (3) wurden eine kleine Marmorsäule, ein Bronze- und ein Glasgefäß, eine Bildlampe sowie mehrere Tongefäße, darunter auch eine Terra sigillata-Schüssel, und in Raum (4) ein Bronzegefäß und drei Tongefäße gefunden. Interessant ist das Inventar des nicht ausgemalten Raumes (6), der dem Saal (5) gegenüberliegt. Es besteht aus einem qualitätvollen Marmortisch mit Hermenstütze, acht Bronzegefäßen, zwölf Glas- und 15 Tongefäßen sowie Einlegearbeiten aus Bein. Es kann keinen Zweifel daran geben, daß der aus z.T. kostbaren Buntmarmoren bestehende Tisch bei festlichen Gelegenheiten zur Ausstattung des Tricliniums (5) gehörte.

Wenn dagegen bei der Villa in Boscoreale, fondo D'Acunzo (Kat.Nr.15), die Benennung der Räume (4-7), die sich unmittelbar mit den bisher besprochenen Raumkombinationen vergleichen lassen (Abb.17)[489], als Vorraum, Triclinium und Cubicula bisher nicht in Betracht gezogen wurde, so liegt dies hauptsächlich an der fehlenden Wandmalerei. Zudem befanden sich im Saal (7) ein Kalkhaufen und mehrere Tonamphoren. M.Della Corte und J.J.Rossiter bezeichnen den Saal als Horreum, wobei Della Corte aus dem Vorhandensein eines Kalkhaufens auf Bauarbeiten im Haus schließt[490]. D.Flach sieht in dem Saal einen Arbeitsraum[491]. Der Vergleich der Raumanordnungen mit den bisher besprochenen Villen läßt aber darauf schließen, daß es sich bei dem Saal (7) zumindest ursprünglich um ein Triclinium gehandelt hat. Es erscheint daher als wahrscheinlich, daß der Kalk im Saal (7) für eine Neuausstattung mit Malerei der Räume (4-7) dienen sollte. Das Inventar von Raum (6) bestand aus einer Kasserolle, vier Glasflaschen, 14 Tongefäßen, zwei Lampen aus Ton sowie fünf Bronzemünzen. In Raum (5) befanden sich eine Glasflasche, zwei Tongefäße, davon eines mit gelblichem Glasurüberzug (Kat.Nr.15/5), und eine Bronzemünze.

Bemerkenswert ist der Raumkomplex der „Villa des Domitius Auctus“ (Kat.Nr.5). Auf seine architektonische Besonderheit ist bereits hingewiesen worden (Abb.26)[492]. Während der ausgemalte kleine Raum (H) fundleer war, gehören zum Inventar des anderen klei-

[489] s.o. S. 93.
[490] M.Della Corte, NSc 1921, 438; Rossiter, Farm Buildings 14.
[491] Flach, Agrargeschichte 231.
[492] s.o. S. 91.

nen Raums (G) drei Bronzegefäße, ein Tongefäß, zwei Lanzenspitzen, ein Schwert und acht Werkzeuge aus Eisen sowie drei Bronzemünzen. Auch von der Wanddekoration des Saales (D) ist nur wenig bekannt[493]. Nahe dem Eingang zum Saal und im Saal (D) selbst wurde je ein Fundkomplex geborgen. Zum ersteren gehören eine Waage mit einem Laufgewicht in der Form einer männlichen Büste, vier Bronzegefäße (Kat.Nr.5/17-20), einige kleine Objekte aus Bronze, zwei Eisenschwerter, zwei Glasflaschen und 32 Glasflußperlen, ein Marmormörser mit Reiber sowie einige Tongefäße und Amphoren. Seinesgleichen sucht das Inventar des Saales (D): außer einem Bronzegefäß und einigen Gefäßhenkeln, kleinen Objekten aus Bronze und Bein, einigen Glasflaschen sowie drei Tonamphoren und kleinen Objekten wurden hier ein Bronzekandelaber, drei Silberstatuetten und eine Bronzestatuette, wenig Goldschmuck und ein Bronzesiegel (Kat.Nr.5/6-13) gefunden. Die Kleinheit einiger der Objekte vor bzw. im Saal (D) läßt vermuten, daß ein Teil von ihnen jeweils in einem Schrank aufbewahrt wurde. Aufgrund des eigentümlichen Grundrisses der Villa sind auch die Funde in der nördlichen Porticus zu betrachten, die zwischen den kleinen Räumen und dem Saal liegt. Hier lagen zwei Waagen, ein großer Eimer und eine Muschelschale aus Bronze (Kat.Nr.5/2-4). Die Fundsituation in diesem Bereich der Villa weist damit, wenngleich es sich nicht um einen einzigen, geschlossenen Fundkomplex handelt, Parallelen zu den besprochenen Geräte- und Gefäßkomplexen auf[494].

Bei einer größeren Anzahl von Villen wurden die teilweise prachtvoll ausgemalten Säle und Nebenräume weitgehend leer angetroffen. Der gesamte Nordtrakt der „Villa des Fannius Synistor“ (Kat.Nr.10), in dem sich die repräsentativen Wohnräume befinden, ist in hervorragendem 2. Stil ausgemalt (Abb.10). Der Saal in der Nordostecke und seine Nebenräume (G.23.F) waren ebenso wie der sehr große und quadratische Saal mit seinem Nebenraum (H.I) leer. Dies trifft ähnlich auch für den Raumkomplex in der Nordwestecke (N.M.O) zu. In dem wegen seiner bedeutenden Wanddekoration, die als einzige aus dieser Villa vollständig abgenommen wurde (Kat.Nr.10/12)[495], berühmten Cubiculum (M) wurde das korrodierte Eisengitter vom Fenster gefunden[496]. Im Triclinium (N), das sich breit auf das Peristyl öffnet, lagen lediglich zahlreiche Beschlagteile aus Bronze und Eisen, die vermutlich zu zwei Wagen gehören. Die Böden aller Räume des Nordtraktes bestanden aus weißem Mosaik. Der große Saal (13) der „Villa des Asellius“ (Kat.Nr.16) war ebenso wie sein seitlicher Vorraum (9) im 2. Stil ausgemalt (Abb.7). Während die Wanddekoration des Saales (Kat.Nr.16/3), wohl nach dem Erdbeben von 62 n.Chr., an mehreren Stellen in sehr einfacher Weise ausgebessert worden war[497], besaß der Vorraum (9) bei der Auffindung nur noch spärliche Reste der Wandmalerei. Die kleinen Räume (11.12) sind im 4. Stil aus-

[493] s.u. S. 145.
[494] Hierzu ausführlicher Kap.4.2.6.
[495] Vgl. hier S. 36.
[496] Vgl. Lehmann Taf.23. 25. Zur Rekonstruktion des Cubiculums s. hier Anm.219.
[497] M.Della Corte, NSc 1921, 430f.

gemalt, während in Raum (10) in den Wänden Löcher für die Anbringung von Brettern festgestellt wurden. Die Inventare dieser Räume bestehen lediglich aus einem sehr großen Bleigefäß (Raum 9), einem Bronzekessel und einer Tonamphore (Raum 11). Der Saal (10) und die beiden Nebenräume (8.9) der Villa in Boscoreale, fondo Di Palma (Kat.Nr.23), weisen Wandmalerei des späten 3. Stils auf (Abb.23). Die Böden bestehen aus Opus signinum mit aufwendigeren geometrischen Mustern aus Marmorsteinchen. In der Mitte der östlichen Hälfte des Saales (10) befindet sich im Boden ein quadratisches Feld mit einem Muster aus Vierecken und Kreisen[498]. Im Vorraum (8) wurden die Beineinlagen eines Holzmöbels, eine Bronzelampe, eine Nadel aus Bein, ein Tongefäß und drei Eisengeräte gefunden. In dem mit diesem Raumkomplex in Verbindung stehenden Raum (11) lagen je zwei Ton- und Bronzegefäße.

Ähnlich war die Fundsituation in den Sälen der „Villa des Agrippa Postumus" (Kat.Nr.18). Sie liegen in einer Reihe und öffnen sich durch teilweise sehr breite Fenster oder Türen auf die Terrasse (D), die eine Aussicht über den Golf bot (Abb.12). Saal (15), mit einem großen Fenster in der Südwand, besitzt einen Mosaikboden und eine hervorragende schwarzgrundige Wandmalerei des 3. Stils („Schwarzer Raum": Kat.Nr.18/30). Das Inventar besteht aus einem Kandelaber, einer Laterne, vier Bronzegefäßen sowie zwei Bildlampen, vier Gefäßen und fünf Amphoren aus Ton sowie einem Kristallanhänger und einer Bronzemünze. Der gleichartige Saal (16) besitzt ebenfalls einen Mosaikboden und Wandmalerei des 3. Stils („Roter Raum": Kat.Nr.18/34). Hier lagen lediglich zwei Tonamphoren. Die Verbindung zwischen dem Peristyl und der Terrasse bildet der Saal (17), der einen Mosaikfußboden und lediglich weiß verputzte Wände aufweist. Ebenso wie in den folgenden Räumen wurde hier kein Inventar gefunden. Während der Saal (18) lediglich mit einem Opus signinum-Boden und einer einfachen weißen Wanddekoration versehen war, ist dagegen der Saal (19) durch einen Mosaikboden und eine hervorragende Wandmalerei des 3. Stils („Mythologischer Raum": Kat.Nr.18/35) herausgehoben. Der Saal (20) besitzt ebenfalls einen Mosaikboden. Über die offenbar sehr qualitätvolle aber schlecht erhaltene Wandmalerei ist jedoch nur wenig bekannt. Wahrscheinlich gehören zu ihr zwei Fragmente in New York (Kat.Nr.18/36).

Bei den zuletzt besprochenen Villen handelt es sich nicht um Einzelfälle. Einige weitere Villen, deren Säle und Nebenräume mit Wanddekorationen des 1. Stils[499] bzw. des 4. Stils[500] versehen sind, waren weitgehend fundleer. Wie zu erwarten, waren die von der Größe und Lage her repräsentativsten Räume einer Villa, die Säle, in der Regel aufwendig dekoriert. Betrachtet man zunächst die Inventare der mit einiger Sicherheit als Triclinia an-

[498] Zu den Mustern s. F.L.Bastet, CronPomp 2, 1976, 138f. Abb.15.

[499] Kat.Nr.4: Räume N, L, M.

[500] Kat.Nr.2: Räume B, C; Kat.Nr.9: Saal A.

zusprechenden Säle[501], so fällt auf, daß ausschließlich in dem nordwestlichen Triclinium der „Silberschatzvilla" (Kat.Nr.1) drei Klinen in der Grabung nachgewiesen wurden. Im Saal (5) der Villa in Boscoreale, fondo Prisco (Kat.Nr.12), wurden die beinernen Beschlagteile von lediglich einer Kline gefunden. Dabei kann nicht grundsätzlich ausgeschlossen werden, daß die Klinen in einigen Villen weitgehend aus Holz bestanden und daher vergangen sind. Jedoch erscheint es bei einigen Villen aufgrund anderer Indizien wahrscheinlich, daß sich zum Verschüttungszeitpunkt im Triclinium keine Klinen mehr befanden. Letzteres erscheint z.B. bei der „Villa des Asellius" (Kat.Nr.16) der Fall zu sein, da dort sowohl der Saal als auch der Vorraum und die drei kleinen Räume weitgehend leer waren. Insgesamt läßt sich feststellen, daß bei fast allen Villen die Säle selbst kein Inventar besitzen. Zumindest einige dieser Säle wurden, wie gesehen, zum Zeitpunkt der Katastrophe nicht als Triclinium genutzt[502]. In insgesamt vier Villen befanden sich in der Nähe des Tricliniums Gefäß- und Gerätekomplexe[503], zu denen in zwei Fällen auch ein Marmortisch gehörte. Soweit die kleinen Nebenräume der Triclinia Inventare besaßen, bestanden sie in der Regel aus nur einem Bronzegefäß, wenigen Glasgefäßen und einigen Tongefäßen, darunter auch Terra sigillata (Tab.8). Durch ihre Qualität und Quantität fallen die Tongefäße des kleinen Raumes (6) der Villa in Boscoreale, fondo D'Acunzo (Kat.Nr.15), auf. Hier wurden neben einer Kasserolle, vier Glasflaschen und zehn einfachen Tongefäßen auch drei Terra sigillata-Schüsseln und ein aufwendig modellierter Ringaskos gefunden (Kat.Nr.15/6). Offenbar handelte es sich hierbei um ein Eß- und Trinkgeschirr. Bei der Mehrzahl der Inventare werden die Gefäße nur durch wenige andere Gegenstände ergänzt, unter denen ein Tablett und ein Teller aus Alabaster (Kat.Nr.21: Raum 13) sowie eine bronzene Isisstatuette (Kat.Nr.1: Raum D) besonders auffallen. Dieses Schema der Fundverteilung ist jedoch nur in wenigen Räumen belegt, da viele der Nebenräume ebenfalls fundleer waren. Dagegen fallen zwei Nebenräume (D.b) der „Silberschatzvilla" (Kat.Nr.1) heraus, deren Inventare fast ausschließlich aus z.T. sehr qualitätvollen Bronzegefäßen bestehen[504].

[501] Die Ausstattung derjenigen Räume oder Raumkomplexe, die aufgrund bestimmter architektonischer Eigenheiten von den oben besprochenen Sälen abweichen (Kat.Nr.17: Saal 9; Kat.Nr.19: Säle 11.12; Kat.Nr.20: Räume 8-10), wird weiter unten besprochen werden, s. Kap.4.3.

[502] Sie werden jeweils im Zusammenhang ihrer Villa interpretiert, s. Kap.4.3.

[503] Kat.Nr.1, Vorraum a; Kat.Nr.5, Porticus B / Saal D; Kat.Nr.15, Raum 6; Kat.Nr.21, Vorraum 11.

[504] Vgl. S. 117f.

4.2.2. Küchen und Backräume und ihre Nebenräume

Die große Küche (H) der „Silberschatzvilla“ (Kat.Nr.1) besitzt in ihrer Mitte eine Herdstelle (Abb.2). Das Inventar besteht aus einem Wasserverteilungskessel aus Blei, einem Bronzekessel sowie einigen Eisenmessern und -werkzeugen. Im langgestreckten Nebenraum (I) lagen die Skelette von Pferden, Hunden und eines Schweines sowie die Knochen von Hühnern und Ferkeln. Im Backraum (O) wurden lediglich eine kleine Bronzewanne mit Deckel (Kat.Nr.1/32) und eine Schöpfkelle gefunden. Mehrere Küchen und ihre Nebenräume waren, abgesehen von Mörsern und Mühlen, weitgehend fundleer[505]. In der „Villa des Asellius“ (Kat.Nr.16) hing in der Mitte der Küche (B) ein großer Bleikessel an drei Eisenstäben aufgehängt (Abb.7). Bei der „Villa des Popidius Florus“ (Kat.Nr.21) war, wie bereits erwähnt, das ehemalige Triclinium (2) als Küche in Betrieb[506] (Abb.4).

Zwei Küchen verdienen aufgrund des Inventars ihrer Nebenräume besondere Beachtung. Das Kücheninventar der Küche der „Villa des Arellius Sucessus“ (Kat.Nr.4) besteht wiederum ausschließlich aus einer großen Mühle und einem Eisenschieber für den Ofen (Abb.24). In einem der drei Nebenräume (C, D oder F) wurde jedoch ein großer Gefäßkomplex gefunden, der in erster Linie aus Bronzegefäßen besteht[507]. Auch die Villa in Boscoreale, fondo D'Acunzo (Kat.Nr.15), besitzt eine große Küche mit mehreren Nebenräumen (Abb.17). In ihrer Südwestecke befindet sich ein Verschlag, in dem nur wenige Objekte, darunter ein Terra sigillata-Teller, gefunden wurden. Im Nebenraum (10/11) standen eine große Mühle und ein Ziegelverschlag, in dem das Skelett eines Schafes zusammen mit einer kleinen Bronzeglocke lag. Auffällig ist das Inventar des zweiten Nebenraums (12), das sich aus zahlreichen Gefäßen aus Bronze, Glas und Ton, Eisengeräten, einigen Münzen aus Silber und Bronze, aber auch aus einer Gemme, einem Goldbändchen und sieben Bronzestatuetten eines Larariums zusammensetzt.

Bei zwei Villen ist die Küche im Peristyl untergebracht. Bei der „Villa des Agrippa Postumus“ (Kat.Nr.18) befinden sich die Kücheninstallationen im großen Hof (B) an der westlichen Peristylwand (Abb.12). In einem Holzverschlag wurden dort zahlreiche Gefäße, darunter mehrere Kochgefäße, Eisengeräte sowie zwei Bronzesiegel, aufbewahrt. Die Kücheneinrichtungen der „Villa des Domitius Auctus“ (Kat.Nr.5), ein Ofen und eine Herdstelle, liegen in der Nordwestecke des Peristyls (Abb.26). Hier lagen lediglich die Ofentür und ein Schieber aus Eisen. In den sich unmittelbar nördlich anschließenden kleinen Räumen wurden zwei Skelette zusammen mit einem Henkelbecken und einem Kessel aus Bronze, einem Terra sigillata-Teller und weiteren Tongefäßen (Raum L) sowie ein weiterer Bronzekessel, eine Handmühle und eine Amphore (Raum M) gefunden.

---

[505] Kat.Nr.2: Raum K; Kat.Nr.3: Raum D; Kat.Nr.17: Raum 3; Kat.Nr.20: Raum C; Kat.Nr.23: Raum 3.
[506] s.o. S. 67f.
[507] Zur Lokalisierung des Komplexes s.o. S. 22. Zu den Gefäßen s.u. S. 118.

Auch die kleine Küche (12) der Villa in Boscoreale, fondo Prisco (Kat.Nr.12), war (Abb.18), abgesehen von einer kleinen Handmühle und einer Kasserolle, fundleer. Die Küche und der Backraum der „Villa des Fannius Synistor" (Kat.Nr.10) befanden sich nach den von Barnabei beschriebenen Installationen in den Räumen (13.14). Das Inventar umfaßte offenbar Eisendreifüße, Bronzekessel und Tongeschirr, wobei die Quantität jeweils unbekannt ist[508]. Das Inventar des Backraums der Villa in Torre Annunziata, fondo Matrone (Kat.Nr.9), ist nicht bekannt (Abb.14)[509].

4.2.3. Cubicula und andere kleine Räume

Im folgenden sollen die kleinen Räume behandelt werden, die nicht unmittelbar mit einem großen Saal oder einer Küche in Verbindung stehen[510].

Mehrere der Pförtnerräume sind undekoriert und leer, während andere wegen ihrer großen Fundinventare auffallen. Die „Villa des Asellius" (Kat.Nr.16) besitzt an jedem ihrer beiden Eingänge einen Pförtnerraum (Abb.7). Während Raum (21) leer war, wurden im Raum (17) zahlreiche Objekte gefunden, von denen einige ursprünglich an der Wand aufgehängt waren. Dazu gehören ein Siegel, ein Kandelaber, ein Bronzegefäß, ein Spiegel, zahlreiche kleinere Bronzeobjekte, ein mit Silberfolie eingefaßtes Glasgefäß, eine Haarnadel aus Bein, fünf Glasgefäße, ein kleiner Marmormörser und zwei Tongefäße (Kat.Nr.16/6-8). Am Tor des Arbeitshofes (Abb.12) der „Villa des Agrippa Postumus" (Kat.Nr.18) liegt der Raum (1). In diesem Raum wurde eine Eisenkonstruktion gefunden, die zum Fesseln der Sklaven bestimmt war (Kat.Nr.18/7). Raum (13) mit Wandmalerei des 4. Stils (Kat.Nr.18/18) liegt auf der Seite des Diensthofes und bildet als Zwischengeschoß die Verbindung zwischen beiden Gebäudeteilen. Unter der Treppe fand sich ein großer Fundkomplex, der überwiegend aus Bronze- und Tongefäßen (Kat.Nr.18/19-26) bestand. Wie sich abschließend feststellen läßt, wurden auch in einigen der Pförtnerräume Verwahrkomplexe gefunden.

Der Raum (1) der Villa in Boscoreale, fondo Prisco (Kat.Nr.12), ist wegen seiner Durchgangssituation zum Wohntrakt als Pförtnerraum anzusprechen (Abb.18). In die Mauer war ein Schrank eingelassen, in dem ein Spiegel, zwei Bronzegefäße, ein kleiner Marmorkopf und vier Lampen sowie sechs Gefäße aus Ton lagen. Der kleine Raum (1) der Villa in Boscoreale, fondo D'Acunzo (Kat.Nr.15), besaß einen kleinen Ofen und einen Schrank in der Westwand (Abb.17). Darin befanden sich ein Kessel, ein Schöpflöffel, vier Münzen aus Bronze, ein Gefäß, eine Puppe und eine Amphore aus Ton. Neben 14 Eisengeräten lagen in

[508] Vgl. Kat.Nr.10, Bemerkungen zu den Räumen 13 und 14.

[509] s.o. S.79.

[510] Die Besprechung der verschiedenen Gruppen von kleinen Räumen folgt der im Kap.3.2. „Raumgruppendefinition" vorgelegten Reihenfolge.

dem Raum auch noch mehrere Hühnerskelette. Ein Bronzekessel und ein Schöpflöffel gehören wahrscheinlich zum vor dem Haupteingang der Villa installierten Weinausschank[511]. Ebenso diente wahrscheinlich bei einer Peristylvilla in der Nähe von Stabiae (Kockel-Nr. 10) ein kleiner, vor die Villa gebauter Raum (1) als Weinschenke (Abb.9)[512], so wie es Varro für in der Nähe von belebten Straßen gelegene Villen empfiehlt[513]. Interessant ist in diesem Zusammenhang die Fundsituation im Eingangsbereich der „Silberschatzvilla" (Kat.Nr.1), die keinen Pförtnerraum besitzt. Gleich hinter dem Eingang stand auf der rechten Seite ein Holzkasten, in dem sich neben mehreren Ton- und Glasgefäßen eine Amphora, zwei Schöpflöffel, zwei Kasserollen und mehrere Schüsseln aus Bronze (Kat.Nr.1/1-4) befanden. Dieser Gefäßkomplex kann daher ebenfalls als das Inventar eines Weinausschanks interpretiert werden.

Eine andere Art von kleinen Räumen öffnet sich jeweils breit auf die Mitte des Peristyls und liegt zudem in den repräsentativen Haupttrakten von drei großen Villen. Der Raum (L) der „Villa des Fannius Synistor" (Kat.Nr.10) war, wie alle Räume des Nordtraktes, im 2. Stil ausgemalt (Kat.Nr.10/13) und wie die anderen Räume fundleer (Abb.10). Die Hauptzone der drei Wände besteht jeweils aus zinnoberroten Feldern, vor denen eine Girlande mit Früchten verläuft, die jeweils in der Mitte jeder Wand an einem Bukranion befestigt ist. Unter dem Bukranion der Westwand hängt eine Cista mystica, aus der sich eine Schlange erhebt. In den beiden seitlichen Feldern ist je eine Maske aufgehängt. Weitere an der Girlande befestigte Gegenstände gehören zum dionysischen Bereich. Unmittelbar vor dem Raum stand ursprünglich in der Mitte der Porticus eine Statue, von der sich nur noch die Basis an ihrer Stelle befand[514]. Ein vergleichbarer Raum (8) in der „Villa des Asellius" (Kat.Nr.16) ist mit einer gelbgrundigen Wanddekoration ausgemalt (Abb.7), die nach der Beschreibung (Kat.Nr.16/1) in die 4. Stilphase gehört. Die zentrale Nordwand wird dadurch hervorgehoben, daß das mittlere Feld nicht durch Kandelaber, wie an den Seitenwänden, sondern durch Architekturdurchblicke eingerahmt wird. Da das Bild in der Mitte des Feldes Venus zusammen mit Amor zeigt, wurde der Raum von Della Corte als Kultraum gedeutet[515]. Das Inventar des Raumes, das aus 13 Tonlampen und den Scherben eines offenbar sehr aufwendigen Glasgefäßes besteht, könnte möglicherweise auf eine kultische Funktion hindeuten, da eine größere Anzahl von Lampen häufig auch im Zusammenhang mit Lararien gefunden wurde[516]. Von den sieben Bildlampen beziehen sich drei auf Jupiter und eine auf

[511] Vgl. S.141.

[512] Flach, Agrargeschichte 233f.

[513] Varro rust. 1,2,23. Vgl. Flach, Agrargeschichte 231.

[514] Barnabei Taf.2.

[515] M.Della Corte, NSc 1921, 426. 429f.

[516] Vgl. Kap.4.2.5., bes. Kat.Nr.21, Torcularium 17. In der Larariumsnische der östlichen Porticus der Villa in Boscoreale, fondo Zurlo (Kat.Nr.2), stand eine Bronzelampe. In der Casa di D.Octavius Quartio (II, 2, 2) wurden in dem kleinen Viridarium ein Ibis aus Marmor sowie glasierte Tonstatuetten ägyptischer und pseudoägyptischer Gottheiten zusammen mit 28 Ton- und zwei Bronzelampen, diese mit einer Zeus-Ammon-Büste bzw. einer Lotosblüte verziert, gefunden, vgl. La Rocca-De Vos 313.

Diana. Die anderen zeigen einen Delphin, eine Maske sowie eine undeutbare Büste. Von der Wanddekoration des Raumes (B) der Villa (Kat.Nr.9) ist nur bekannt, daß sie den anderen des Osttraktes ähnelt und daher wahrscheinlich auch in die 4. Stilphase gehört. Vor der Mitte der Ostwand stand auf einem hohen Sockel die Marmorstatue eines Hermaphroditen (Kat.Nr.9/42). Auch dieser Raum war offenbar fundleer. Allerdings ist zu beachten, daß alle repräsentativen Räume der drei hier besprochenen Villen leer aufgefunden wurden. Da die sakralen Züge ihrer Ausstattung eher allgemeiner Natur sind, ist ihre Interpretation als Kulträume zwar möglich, muß aber unsicher bleiben.

In mehreren Villen gibt es kleine Räume, die vereinzelt im Haupttrakt des Gebäudes liegen. Die beiden in der „Silberschatzvilla" (Kat.Nr.1) nebeneinander liegenden Räume (F.G) unterscheiden sich in ihrer Einrichtung deutlich voneinander (Abb.2). In dem mit Wandmalerei ausgestatteten Raum (F) wurden lediglich die Elfenbeineinlagen einer Kline gefunden. Er ist daher als Cubiculum anzusprechen und gehörte somit zum nahegelegenen Saalkomplex (C.B.D). Dagegen besteht das Inventar des unverputzten Raumes (G) aus zahlreichen Eisengeräten, drei Näpfen mit Farberden, einem Siegel, einem Eimer und einer Kasserolle aus Bronze, Gebrauchskeramik sowie einigen Glasflaschen. Er war folglich entweder ein Abstellraum oder der Wohnraum eines gehobenen Sklaven oder Freigelassenen[517].

Bei der Villa in Scafati, fondo Matrone (Kat.Nr.20), liegen mehrere im 4. Stil ausgemalte Räume (1-4) im nördlichen Trakt (Abb.8). Sie waren jedoch weitgehend fundleer. In Raum (4) wurden außer den Resten des Türschlosses lediglich eine bronzene Waagschale und zwei Tongefäße gefunden. Im Vorraum von Raum (3) stand ein Holzschrank, in dem zwei Töpfe und ein Henkelbecken aufbewahrt wurden. Ein ähnliches Bild bieten die „Villa des Asellius" (Kat.Nr.16) in ihrem West- und ihrem Osttrakt (Abb.7) und die „Villa des Popidius Florus" (Kat.Nr.21) in ihrem Südtrakt (Abb.4). In der „Villa des Asellius" (Kat.Nr.16) liegen mehrere Räume (22-28) verschiedener Größe auf der Ostseite des Peristyls (Abb.7). Im Raum (22) mit einem Lararium wurden nur zwei Tongefäße gefunden. Von den sehr kleinen Räumen (23.27) wurden nur in Raum (23) zwei Glasgefäße gefunden, während in Raum (27) Löcher auf ehemals angebrachte Holzregale hinweisen. Der Durchgang (24) und Raum (26) waren ausgemalt, letzterer im 4. Stil. Auf der Westseite des Peristyls liegen die fundleeren großen Räume (18.19) mit Mosaikböden und Wanddekorationen des 4. Stils (Kat.Nr.16/9.10). Im südlichen Trakt der „Villa des Popidius Florus" (Kat.Nr.21) besitzen die Räume (18-20) Opus signinum-Böden und Raum (21) einen Mosaikboden (Abb.4). Alle vier Räume sind im 4. Stil ausgemalt (Kat.Nr.21/35). In Raum (20) fanden sich 12 Glasflaschen. Da die Räume bei beiden Villen vergleichsweise groß sind und eine bevorzugte Lage innerhalb der Villa mit direktem Blick auf das Peristyl besitzen, ist die Annahme berechtigt, daß es sich hier um bevorzugte Wohnräume handelt. Dafür spricht zudem auch die aufwendige Ausstattung der Wände und Böden. Bei beiden Villen

---

[517] s.u. S. 120f.

ist die Anzahl der Funde in diesen Räumen jedoch auffällig gering, so daß sie zum Zeitpunkt vor der Verschüttung möglicherweise nicht genutzt wurden.

Eine eigene Gruppe bilden die kleinen Räume, die in größerer Anzahl abseits des Peristyls oder an einem eigenen Peristyl angeordnet sind und daher allgemein als Sklavenkammern angesehen werden[518]. Von den kleinen Räumen (R 1-6) der „Silberschatzvilla“ (Kat.Nr.1) ist nur einer (R 1) verputzt (Abb.2). Auch sein Inventar, das aus einem Kandelaber mit Lampe, beides aus Eisen, einer Schale mit beweglichen Henkeln, einem Henkelbecken, einem kleinen Eimer (Kat.Nr.1/53-55) und einer Kasserolle aus Bronze, Schüsseln und Tellern aus Terra sigillata und einfachen Tongefäßen besteht, hebt ihn von den anderen Räumen ab. In diesen (R 3.4.6) befanden sich jeweils Bronzeeimer und zahlreiche Tongefäße. Eine Besonderheit bildet eine kleine, bauchige Glaskanne (Raum R 6). Im Eingang (R 2) stand eine Holzkonstruktion, möglicherweise ein Schrank. Dort lagen zahlreiche Ton- und Glasscherben sowie ein kleinasiatischer Reliefkelch. Das Inventar der kleinen Räume der Villa in Torre Annunziata, fondo Matrone (Kat.Nr.9), bleibt leider unbekannt (Abb.14)[519].

Abseits des großen Peristyls (E) der „Villa des Fannius Synistor“ (Kat.Nr.10) liegen die kleinen Räume (5-11), von denen der Raum (11) die Latrine ist (Abb.10). Die kleinen Räume (8.10) besitzen Mosaikfußböden. Die Wände waren dagegen offenbar bei keinem dieser Räume dekoriert. Auffällig ist die im Vergleich zum Nordtrakt relativ große Funddichte. Nur die Räume (5.6) waren möglicherweise leer[520]. In Raum (7) wurden ein Bronzegefäß und mehrere Eisengeräte und in Raum (10) ein einfacher Bronzedreifuß und ein Kessel gefunden. Interessant sind v.a. die Funde aus den beiden kleinen und nebeneinander liegenden Räumen (8.9). Das Inventar des Raumes (8), ein Bronzekandelaber, ein Bronzering mit Schlangenköpfen, eine Fibel und eine Strigilis, deutet auf seine Bewohnung hin. In Raum (9) fanden sich neben zwei Bronzegefäßen und einigen Gefäßen aus Glas und Ton ein Goldring mit Gemme sowie 81 Münzen aus Bronze und vier aus Silber. Interessant ist hier der Vergleich mit der „Villa des Agrippa Postumus“ (Kat.Nr.18). An der Ostwand des Diensthofes (A) liegen die Räume (4-12), die einfach verputzt sind und jeweils Lehmböden besitzen (Abb.12). Bemerkenswert ist das Inventar des Raumes (5), das aus einem Kandelaber, einem Bronzesieb, zahlreichen Glasgefäßen, aber auch aus Gemmen und Kameen sowie fünf Silberlöffelchen besteht. In Raum (6) wurden ein Kandelaber, eine Waage, Pferdeschmuck, zwei Eisengeräte, eine kleine Marmorsäule, 107 Glasanhänger und ein Terra sigillata-Gefäß gefunden. In Raum (11) befanden sich zwei Bronzemünzen, drei Amphoren und mehrere Tongefäße, darunter eine Terra sigillata-Schüssel. In Raum (12) lagen vier Glasgefäße, eine Alabasterflasche, ein Bleikessel, eine Kasserolle, mehrere Tongefäße so-

518 Vgl. S. 78.94.

519 s.o. S. 30.

520 Dies ist keineswegs sicher, vgl. die Angabe von Barnabei, s. Kat.Nr.10, Kommentar zu Raum 7.

wie zwei Amphoren. Nahe den Eingängen zu den Räumen (11.12) wurden schließlich drei Eisengeräte, zwei Bronzemünzen, drei Amphoren und einige Tongefäße gefunden.

Betrachtet man die Inventare der Sklavenkammern der drei besprochenen Villen (Kat.Nr.1.10.18) zusammen, so ergibt sich folgendes Bild (Tab.10). Nur zu zwei Inventaren der zwölf Räume gehören keine Bronzegefäße; bei den anderen sind es durchschnittlich zwei (1-4) Gefäße. Glasgefäße kommen eher selten und in geringer Anzahl vor[521]. Zahlreich sind dagegen die Tongefäße. Zwei Inventare (Kat.Nr.18, Räume 6.11) umfassen je ein Terra sigillata-Gefäß. Mehrere Terra sigillata-Gefäße sind nur in einem Fall belegt (Kat.Nr.1, Raum R1). Auffällig ist, daß zur Ausstattung von immerhin einem Drittel aller Kammern ein Kandelaber aus Bronze oder Eisen gehörte. Dadurch und durch die vergleichsweise große Anzahl von Bronzegefäßen heben sich diese Räume in ihrer Ausstattung gegenüber den betrachteten Nebenräumen von Triclinia ab. Überraschend sind besonders die wertvollen Inventare des Raumes (9) der „Villa des Fannius Synistor“ (Kat.Nr.10) und des Raumes (5) der „Villa des Agrippa Postumus“ (Kat.Nr.18), da die angesprochenen Räume jeweils durch ihre Lage und durch die einfache Ausstattung der Wände und Böden eindeutig nicht zu den repräsentativen Teilen der Villen gehören und daher allgemein als Sklavenräume interpretiert werden[522]. Interessant ist in diesem Zusammenhang ein weiterer Raum der „Silberschatzvilla“ (Kat.Nr.1). Über der westlichen Porticus befinden sich im Obergeschoß zwei Räume[523]. In dem größeren Raum wurden lediglich zahlreiche Amphoren gefunden. Das Inventar des kleineren Raumes, der direkt über dem Eingang der Villa gelegen ist, bildeten zwei Kandelaber, eine große Tonlampe, eine kleine Bronzelampe, ein Bett und ein Kasten aus Holz. In dem Kasten lagen 15 Goldmünzen, zahlreiche Silber- und Bronzemünzen, einige Gemmen und Kameen, z.T. in Ringe eingefaßt, sowie kleine Bronzegeräte. Der Boden einer Amphore diente in dem Raum als kleine Feuerstelle. Bereits Pasqui vermutete aufgrund des Inventars und der Lage des Raumes, daß es sich hierbei um den Raum des Vilicus handelt[524]. Es ist daher möglich, daß es sich auch bei den durch ihre Ausstattung herausragenden Räumen der angesprochenen Villen[525] jeweils um den Raum des Verwalters handelt.

---

[521] Eine Ausnahme bildet Raum (5) der „Villa des Agrippa Postumus“ (Kat.Nr.18) mit 22 Glasgefäßen.

[522] s.o. S. 78. Wenig überzeugend erscheint die Lösung dieses Problems für die Räume der „Villa des Agrippa Postumus“ (Kat.Nr.18) durch Rossiter, Farm Buildings 43 Anm.8: *„Such objects could hardly have been the property of rural slaves. They may perhaps have found their way into the service quarters in redeposited earth.“*

[523] Für diese beiden Räume gibt es keinen Grundriß. Sie besitzen auch keine Raumnumerierung.

[524] Pasqui 509.

[525] Kat.Nr.10: Raum 9; Kat.Nr.18: Raum 5.

4.2.4. Bäder

In mehreren Villen waren luxuriöse Bäder vorhanden. Ein besonders aufwendiges Bad besaß die „Villa des Popidius Florus" (Kat.Nr.21). Der große Raum (6) diente in der letzten Phase offenbar ausschließlich als Praefurnium (Abb.4)[526]. Das Frigidarium (7), das Tepidarium (9) und das Caldarium (10) weisen Wanddekorationen des 4. Stils auf. Im Frigidarium (7) befindet sich in der Mitte des Bodens aus Cocciopesto ein schwarzweißes Mosaikemblema (Kat.Nr.21/9), das zwei Ringkämpfer zeigt. Ein Becken und ein Marmorgefäß nahmen über je einen verzierten Wasserhahn aus Bronze Wasser von außen auf. Gefunden wurden hier eine Glasflasche, eine Lampe, ein Gefäß und zwei Amphoren aus Ton sowie eine Fibel und ein Türschloß aus Bronze. Interessant ist der Fund eines Beckens aus vulkanischem Gestein, das noch Reste von roter Farbe enthielt[527]. Im Tepidarium (9), das einen weißen Mosaikboden besitzt, wurden nur kleinere Bronzefunde, die wohl zur Türausstattung gehören, gefunden. Im Caldarium (10), dessen schwarzweißer Mosaikboden Meerestiere zeigt (Kat.Nr.21/12), befand sich ein marmorverkleidetes Becken, eine Sitzbank aus Marmor sowie ein Marmorbecken auf einer Säule und zwei unverzierte Wasserhähne aus Bronze. Von der Ausstattung her läßt sich das Bad der „Silberschatzvilla" (Kat.Nr.1) anschließen, das ebenfalls aus Apodyterium, Tepidarium und Caldarium (M-O) besteht (Abb.2). Auch diese Räume besitzen Wanddekorationen und weiße Mosaikböden, die in Schwarz einen Krebs und vier Enten (M), einen Delphin (N) und einen Storch mit Schlange (O) zeigen. Im Apodyterium (M) wurden mehrere Bronzegefäße gefunden.

Wenig läßt sich dagegen zum Bad der „Villa des Fannius Synistor" (Kat.Nr.10) sagen (Abb.10). Das Apodyterium (20) mit Mosaikboden und das Frigidarium mit Kuppeldecke (21) sind offenbar nur einfach, wahrscheinlich im 4. Stil, ausgemalt. Im Apodyterium stand ein Kandelaber aus Bronze. Bei den Räumen (18.19) wird lediglich ihre Fußbodenheizung erwähnt, die ihre ursprüngliche Nutzung als Caldarium belegt. Möglicherweise wurden sie jedoch zu dieser Zeit nicht mehr benutzt. Das Caldarium (18.19) öffnet sich auf das kleine Peristyl (15), das einen Mosaikboden mit Stadtmauerdarstellung besitzt. Unklar bleibt auch der Zustand des Bades der Villa in Boscoreale, fondo di Palma (Kat.Nr.23), mit Apodyterium (5) und Caldarium (6), das wie die übrige Villa im 3. Stil ausgemalt ist (Abb.23). Die Wandverkleidung und der Fußboden des beheizbaren Caldariums (6) sind weitgehend zerstört. Auch fehlt die Marmorverkleidung des Beckens. Dabei ist kaum zu entscheiden, ob das Becken vor oder nach der Verschüttung seiner Verkleidung beraubt worden war und ob das Bad vielleicht zu dieser Zeit nicht mehr wie ursprünglich genutzt wurde. Eindeutig ist dagegen die Situation in der „Villa des Asellius" (Kat.Nr.16). Zur Verschüttungszeit diente lediglich das von der Porticus aus zugängliche Frigidarium (5) mit einem großen Becken als Bad. Hier befanden sich eine Amphore, drei weitere Tongefäße und

[526] Kessel zum Erwärmen des Wassers wurden hier nicht gefunden. M.Della Corte, NSc 1921, 449f. geht jedoch davon aus, daß der Befund in Raum (6) durch spätere Schatzsucher gestört wurde.
[527] Vgl. den Fund in Raum (14) derselben Villa (Kat.Nr.21), S. 101.

ein Türgriff aus Bronze. Die Durchgänge zum Tepidarium (6) und Caldarium (7) waren zugesetzt worden, und aus beiden Räumen waren die *suspensurae* und die *tegulae mammatae* entfernt worden. Durch neue Eingänge wurden sie Nebenräume der Küche.

Bemerkenswert ist das kleine Bad der Villa in Boscoreale, fondo Prisco (Kat.Nr.12). Das Frigidarium (10) hat einen Cocciopesto-Boden, während das Becken mit Marmorplatten verkleidet ist (Abb.18). Das Caldarium weist dagegen einen Mosaikboden, der einen Seekentauren, einen Hippocampen und zwei Delphine zeigt, und zudem dunkelgrüne Wände auf.

Weitere Bäder waren weniger aufwendig ausgestattet, gehörten aber zu den hervorgehobenen Räumen ihrer Villen. Das Bad der Villa in Scafati, fondo Matrone (Kat.Nr.20), das aus einem Apodyterium (5) und einem Caldarium (6) besteht (Abb.8), besitzt rotgrundige Wanddekorationen des 4. Stils. Im Raum (5) lagen ein Terra sigillata- und ein weiteres Tongefäß und in Raum (6) eine Kasserolle und zwei Tonlampen. Die Villa in Scafati, fondo de Prisco (Kat.Nr.17), besitzt ein aus zwei kleinen und einfach verputzten Räumen bestehendes Bad (6.7). Der hinter dem Backofen gelegene Raum (P) der Villa in Boscoreale, fondo Zurlo (Kat.Nr.2), wird von E.Fabbricotti als Schwitzraum angesehen (Abb.3)[528]. Hier lagen zwei kleine Silberringe, eine Bronzeglocke und eine Tonamphore.

[528] E.Fabbricotti, CronPomp 2, 1976, 36.

4.2.5. Torcularia

Entsprechend ihrer praktischen Funktion haben die Torcularia in der Regel zumeist nicht oder nur einfach verputzte Wände und Lehmböden, während die Preßfläche aus Cocciopesto besteht. Eine religiöse Funktion besitzen die in zwei Torcularia vorhandenen Bilder von Bacchus mit einem Panther[529] und Larariennischen. In einer Nische lagen die Fragmente einer Götterstatuette aus Gips[530], während vor einer weiteren drei Tonlampen standen[531].

Nur in vier Torcularia von drei Villen wurde Inventar gefunden, wobei es sich um Eisengeräte[532] und Bronzegefäße handelt[533]. Zahlreiche Bronzegefäße lagen im Torcularium (P) der „Silberschatzvilla" (Kat.Nr.1), darunter Trichter, Schöpfgefäße, kleine Amphoren und zwei Trichterrandkannen (Kat.Nr.1/49.51). Eine Trichterrandkanne mit Besitzerinschrift und Maßangabe (Kat.Nr.10/21) befand sich im Torcularium (24) der „Villa des Fannius Synistor" (Kat.Nr.10). Zudem lagen dort zwei weitere Gefäße, davon eines mit einer Bacchus-Statuette als Henkel (Kat.Nr.10/27.28). In dem für Ölverarbeitung bestimmten Torcularium (T) der „Silberschatzvilla" (Kat.Nr.1) wurden zwei Bronzekannen mit modellierten Henkeln und zwei Bronzelaternen gefunden (Kat.Nr.1/58.59).

---

[529] Kat.Nr.2/8, Torcularium H; Kat.Nr.23/3, Torcularium 7. Ein Bacchus-Bild besitzt auch das Torcularium (IXbis) der erst kürzlich ausgegrabenen „Villa Regina" (Kockel-Nr.57), vgl. Flach, Agrargeschichte 237.

[530] Kat.Nr.15, Torcularium 2.

[531] Kat.Nr.21, Torcularium 17.

[532] Kat.Nr.5, Torcularium E; Kat.Nr.10, Torcularium 24.

[533] Kat.Nr.1, Torcularium P und T; Kat.Nr.10, Torcularium 24. Die besondere, von der Katastrophensituation abhängige Fundsituation im Torcularium (P) der „Silberschatzvilla" (Kat.Nr.1) wird im Kap.4.3.1. besprochen werden.

4.2.6. Vergleich der Rauminventare

Bei der Besprechung der verschiedenen Raumgruppen fielen mehrmals größere Gefäß- und Gerätkomplexe auf. Zwei der drei Komplexe, die in Vorräumen von Sälen gefunden wurden (Tab.1), beinhalten einen Marmortisch sowie Beineinlagen von Holzmöbeln (Kat.Nr.12.21). Nur zum Komplex der „Villa des Popidius Florus“ (Kat.Nr.21) gehören ein Kandelaber, der, was wegen der zahlreichen Bronzegefäße dieses Komplexes überrascht, aus Eisen besteht, und Objekte der Körperpflege sowie zwei Waagen und kleinere Bronzegeräte. Allerdings wurden in der „Silberschatzvilla“ (Kat.Nr.1) entsprechende Geräte und Waagen sowie einige Münzen in einem Holzschränkchen im gleichen Vorraum (a) aufbewahrt.

Kat.Nr. (Raum)	Möbel	Beleuchtung	Gefäße Br.	Gl.	T.	Körperpflege	Sonstige Geräte
21 (11)	Marmortisch Beineinlagen	Kandelaber aus Eisen	14	8	4	zwei Strigiles zwei Spiegel	zwei Waagen, kleine Geräte, drei Münzen aus Bronze
12 (6)	Marmortisch Einlagen aus Bein		8	12	15		
1 (a)			++		++ + Ts		
5 (D)		Kandelaber	1	++	3 A		Siegel; 2 Ohrringe und kleines Blatt aus Gold; 4 Silberstatuetten; aus Bronze eine Statuette, 4 Gefäßhenkel, 4 kleine Geräte; kleine Objekte aus Bein und Ton
5 (vor D)			4	2	+ + A		Waage, 2 Fibeln; 2 Anhänger; Pinzette aus Bronze; 2 Eisenschwerter; 32 Glasflußperlen; ein Marmormörser
Ts = Terra sigillata; A = Amphoren; + = mehrere; ++ = zahlreiche							

Tab. 1 Verwahrkomplexe: Vorräume von Sälen

Der einzige in einem Saal gefundene Komplex wurde in der „Villa des Domitius Auctus“ (Kat.Nr.5) freigelegt. Er besteht aus zwei Teilen, von denen der eine im Saal (D) selbst und der andere nahe dessen Eingang gefunden wurde. Im Saal wurden neben einer Griffschale aus Bronze und einigen Gefäßen aus Glas und Ton und kleinen Geräten ein Siegel, ein Kandelaber, wenig Goldschmuck, eine Statuette aus Bronze und vier weitere aus Silber gefunden. Vor dem Saal (D) lagen vier Bronzegefäße, eine Waage mit figürlichem Laufgewicht, zwei Eisenschwerter, eines davon mit einer Griffverkleidung aus Elfenbein, 32 Glaspasteperlen und ein Marmormörser. Wahrscheinlich stehen zwei weitere Bronzegefäße, die in der Porticus (B) gefunden wurden, in engem Zusammenhang mit diesem Komplex[534]. Der Gesamtkomplex fällt insbesondere durch mehrere Silberstatuetten sowie durch zahlreiche Kleinfunde auf.

[534] s.o. S. 102f.

Kat.Nr. (Raum)	Möbel	Beleuchtung	Gefäße			Körperpflege	Sonstige Geräte
			Br.	Gl.	T.		
4 (D)		Bildlampe	8	6	11 Ts	Spiegel und Fläschchen aus Bronze	Eisengerät; Bronzenadel; Beinstab
4 (Fg.1)		Bronzekandelaber; Tonlampe	1		1 2 A		Siegel
15 (12)		Bronzelampe	10	13	19 3Ts	Spiegel	Waage, 4 Schnallen, 2 kleine Geräte, 7 Statuetten aus Bronze; Löffel und andere kleine Geräte aus Bein; Unguentarium aus Porphyr; Goldbändchen; Gemme; 35 Bronze- und 5 Silbermünzen
18 (A)	Möbelornament aus Elfenbein		8	7	8 1 A	Fläschchen aus Bronze; vier Strigiles aus Eisen	22 Siegel, Nadel, 5 Glocken und Waage aus Bronze, 2 Messer und Werkzeuge aus Eisen; Bleigefäß; 71 Glaspasteperlen; Basaltbecken; 2 Beingeräte; 220 Bronzemünzen

Tab. 2 Verwahrkomplexe: Küchen

Innerhalb der Küchenkomplexe (Tab.2) sind jeweils Objekte der Körperpflege und kleinere Geräte, dem Komplex der „Villa des Popidius Florus" (Kat.Nr.21) vergleichbar, vertreten (Kat.Nr.4.15.18). Zum Küchenkomplex der „Villa des Agrippa Postumus" (Kat.Nr.18) gehören auch zahlreiche Eisengeräte und 71 Perlen aus Glaspaste. Der Komplex der Villa in Boscoreale, fondo D'Acunzo (Kat.Nr.15), umfaßt zudem ein Goldbändchen und eine Gemme sowie sieben Bronzestatuetten. Darin und in der Vielzahl der kleinen Objekte ist er dem besprochenen Saalkomplex der „Villa des Domitius Auctus" (Kat.Nr.5) gut vergleichbar. Zwei der Komplexe (Kat.Nr.15.18) umfassen jeweils auch eine größere Anzahl von Münzen. Die Materialzusammensetzung dieser Komplexe kann differieren[535]. Es handelt sich jeweils um acht bis 14 Bronzegefäße, sechs bis 13 Glasgefäße und vier bis 22 Tongefäße. Im Durchschnitt bestehen diese Komplexe damit aus zehn Bronzegefäßen, neun Glasgefäßen und zehn Tongefäßen, die wenigen Amphoren nicht mitgerechnet. Die beiden in Pförtnerräumen aufbewahrten Komplexe (Tab.3) entsprechen dieser Zusammensetzung jedoch nur bedingt.

Kat.Nr. (Raum)	Möbel	Beleuchtung	Gefäße			Körperpflege	Sonstige Geräte
			Br.	Gl.	T.		
16 (17)		Kandelaber aus Bronze	2	6		zwei Bronzespiegel	Siegel, 2 Schnallen, Bronzereif; Marmorschüssel mit Reiber
18 (13)		zwei Bildlampen aus Ton	18	1	12; Ts 2A		6 Bronzeglöckchen, 20 Bleigewichte

Tab. 3 Verwahrkomplexe: Pförtnerräume

535 Für einen der sieben Komplexe ist die Anzahl der Gefäße völlig unbekannt (Kat.Nr.1). Der Saalkomplex der „Villa des Domitius Auctus" (Kat.Nr.5) bestand aus sieben Bronzegefäßen, wenn man die beiden Gefäße aus der Porticus (B) mitrechnet. Die Quantität der Glas- und Tongefäße ist ebenfalls unbekannt. Zur statistischen Untersuchung von Morel s. S. 5f.

Zum Komplex der „Villa des Asellius“ (Kat.Nr.16) gehören ein Kandelaber und ein Spiegel sowie eine Marmorschüssel mit Reiber. Die Anzahl der Gefäße ist jedoch nicht sehr groß. Dagegen besteht der zweite Verwahrkomplex (Kat.Nr.18), abgesehen von sechs Bronzeglocken und 20 Bleigewichten, aus zahlreichen Gefäßen, darunter alleine 18 Bronzegefäße.

Kat.Nr. (Raum)	Kochtöpfe	Eimer, Situlen, Kratere	Kannen	Kasserollen, Schalen	Trichter, Siebe, Schöpflöffel	Weiteres	Anzahl
21 (11)	*pignatta*		vier Kannen	Griffschale 2 Muschelschalen 4 Kassrollen		*lebete* sehr kleines Gefäß	14
12 (6)		Situla mit Eisenhenkel, 2 *caldaie*	drei Kannen	Griffschale		*lebete*	8
1 (a)	Kochtöpfe	kleine Eimer mit Deckel	Kannen	Kasserollen	Trichter, Siebe		++
5 (D)				Griffschale			1
5 (vor D)		Eimer	Kanne		Trichter, Sieb		4

Tab. 4 Bronzegefäße in Verwahrkomplexen: Vorräume von Sälen

Um die Gefäß- und Gerätkomplexe in Hinblick auf ihre Funktionsbereiche besser beurteilen zu können, ist es notwendig, die Zusammensetzung der Gefäße, insbesondere der Bronzegefäße, genauer zu untersuchen[536]. Zwei der drei in der Nähe von Triclinia gefundenen Komplexe umfassen überraschenderweise auch Kochgefäße (Tab.4). Bei dem dritten kann dies zumindest nicht ausgeschlossen werden, da der Begriff „*caldaia*“ ein Kochgefäß oder einen Eimer bezeichnen kann[537]. Die drei Komplexe beinhalten jeweils mindestens drei Kannen[538], mehrere Kasserollen und eine Griffschale[539]. Lediglich die Griffschale läßt sich sicher dem Tafelbereich zuordnen. Wie H.U.Nuber herausgearbeitet hat, diente sie zusammen mit einer Kanne als Handwaschgarnitur[540]. Der Komplex aus dem Obergeschoß der

---

[536] Zu den Funktionsbereichen römischer Bronzegefäße s. jetzt den Überblick von Tassinari, Vasellame 230ff.

[537] Kochgefäß: Vgl. Kat.Nr.18/2. Eimer: Vgl. Kat.Nr.1/55. Läßt sich die genauere Einordnung nicht aufgrund einer Abbildung oder einer ausführlichen Beschreibung vornehmen, so wird das Gefäß in der Tabelle 2 in der Rubrik Eimer, Situlen, Kratere aufgeführt. Eine Nutzung als Kochgefäß kann in diesem Fall jedoch nicht ausgeschlossen werden.

[538] Zu den Kannen aus der „Villa des Popidius Florus“ s. Kat.Nr.21/15-17. Bei den Kannen aus der Villa in Boscoreale, fondo Prisco (Kat.Nr.12), handelt es sich um zwei Oinochoen und eine bauchige Kanne.

[539] Ausnahmen: Zu dem Komplex der Villa in Boscoreale, fondo Prisco (Kat.Nr.12), gehört keine Kasserolle. Hier wurde jedoch ein Exemplar zusammen mit einer *caldaia* im Pförtnerraum (1) gefunden. Dem Komplex im Obergeschoß der „Silberschatzvilla“ (Kat.Nr.1) fehlt eine Griffschale. Ein besonders aufwendiges Exemplar (Kat.Nr.1/64) wurde hier in dem kleinen Raum (b) gefunden, vgl. S. 100.

[540] H.U.Nuber, BerRGK 53, 1972, 96ff.

„Silberschatzvilla“ (Kat.Nr.1: Raum a) umfaßt zudem auch kleine Eimer mit Deckel sowie Trichter und Siebe.

Die Kochgefäße dieser Komplexe zeigen, daß es sich hier nicht um Gefäße aus einem einzigen Funktionsbereich handeln kann. Im Saal (D) der „Villa des Domitius Auctus“ (Kat.Nr.5) war das einzige Bronzegefäß eine Griffschale. Vor dem Saal wurden eine kleine bauchige Kanne, ein Trichter, ein Sieb und ein Schöpfeimer aufbewahrt. Der Eimer steht offensichtlich im Zusammenhang mit der nahegelegenen Zisterne.

Zwei der drei Küchenkomplexe (Tab.5) zeichnen sich ebenfalls durch Kochgefäße und verschiedene Eimer bzw. Situlen aus (Kat.Nr.15.18). Zu beiden Komplexen gehören jeweils zwei Kannen. Einer umfaßt zudem eine Kasserolle, eine „Pastetenform“ sowie einen Schöpflöffel und einen Trichter (Kat.Nr.15).

Kat.Nr. (Raum)	Kochtöpfe	Eimer,Situlen, Kratere	Kannen	Kasserollen, Schalen	Trichter, Siebe, Schöpflöffel	Weiteres	Anzahl
4 (D)		Krater mit Untersatz	vier Kannen	Griffschale	Sieb	*tondino*	8
15 (12)	*pignatta pignattino*	Situla	zwei Kannen	Kasserolle Pastetenform	Schöpflöffel Trichter	*vasettino*	10
18 (A)	2 Kochgefäße	2 Eimer situla	zwei Kannen			*vaso conico*	8

Tab. 5 Bronzegefäße in Verwahrkomplexen: Küchen

Dagegen zeigt der dritte Küchenkomplex aus der „Villa des Arellius Sucessus“ (Kat.Nr.4) in Boscotrecase, der sich jetzt in Berlin befindet, daß die Interpretation dieser Komplexe nicht voreilig erfolgen sollte. Der Krater mit Untersatz und das Gefäßpaar Kanne und Griffschale gehören eindeutig zum Funktionsbereich des Tricliniums. Weder die anderen drei Kannen noch das Sieb lassen sich sicher dem Küchenbereich zuordnen. Möglicherweise in der Nähe dieses Komplexes wurden noch ein Kandelaber, eine Kasserolle und ein Siegel gefunden[541]. Von der Zusammensetzung her gehört der Komplex am deutlichsten von allen Komplexen in den Villen zum Tafelgeschirr. Offenbar befand er sich in einer Abstellsituation. Möglicherweise wurde der Raum (B), von der Architektur her sicher die Küche der Villa, nur noch als Backraum genutzt. Dafür könnte sprechen, daß hier nur der Ofen, neben dem ein Eisenschieber lag, freigelegt wurde, während eine Kochstelle fehlt.

Zum Pförtnerkomplex der „Villa des Asellius“ (Kat.Nr.16) gehören nur eine Pfanne und ein Gefäßgriff (Tab.6). Dagegen wurden in der „Villa des Agrippa Postumus“ (Kat.Nr.18) vier Kochgefäße, zwei Eimer, zwei Siebe, ein Simpulum, eine Pfanne, eine Pastetenform, eine Griffschale, eine Kasserolle und eine Schale mit beweglichen Henkeln gefunden, während Kannen völlig fehlen. Einen geschlossenen Tafelgeschirrkomplex stellen diese Gefäße daher nicht dar. Die zahlreichen Kochgefäße fallen auf, da in der gleichen Villa auch ein Küchenkomplex gefunden wurde (Tab.2.5).

[541] Zur Fundproblematik s.o. S. 22.

Kat.Nr. (Raum)	Kochtöpfe	Eimer, Situlen	Kannen	Kasserollen, Schalen	Trichter, Siebe, Schöpflöffel	Weiteres	Anzahl
16 (17)				*padella*	Sieb	Gefäßgriff	2
18 (13)	vier Kochgefäße	2 Eimer		Griffschale, Kasserolle, Schale, *padella*, Pastetenform	2 Siebe Simpulum	3 *tegghie*	18

Tab. 6 Bronzegefäße in Verwahrkomplexen: Pförtnerräume

Zu den anderen Materialgattungen läßt sich nur wenig sagen. Bei den Glasgefäßen handelt es sich überwiegend um Flaschen. Genau beschreiben lassen sich nur die Gefäße, die zum Küchennebenraumkomplex der „Villa des Arellius Sucessus" (Kat.Nr.4) gehören. Es handelt sich dabei um eine Flasche mit kugelförmigen Körper und langem Hals, eine Vierkantflasche und vier kleine Tässchen (Kat.Nr.4/11.12). Die Keramik besteht überwiegend aus einfachen Tongefäßen. Für vier der neun Komplexe ist Terra sigillata belegt. In einem Fall ist die Anzahl der Gefäße unbekannt (Kat.Nr.1) und zweimal wurden je drei Gefäße gefunden (Kat.Nr.15.18). Zum Komplex der „Villa des Arellius Sucessus" (Kat.Nr.4) gehört schließlich eine südgallische Bilderschüssel (Kat.Nr.4/14). Das zweite herausgehobene Tongefäß dieses Komplexes ist ein glasierter Reliefkelch (Kat.Nr.4/13) aus Kleinasien. Beide Gefäße stellten, möglicherweise zusammen mit zwei einfachen Schüsseln, das Trinkgeschirr dieses Komplexes dar.

Bei der Betrachtung der Gefäß- und Gerätkomplexe fiel auf, daß sie zumeist verschiedene Funktionsbereiche umfassen, also möglicherweise den Hauptteil des Inventars einer Villa beinhalten[542]. Damit stellt sich die Frage, wer für diese Verwahrung verantwortlich war. Bei den beiden in Pförtnerräumen gefundenen Komplexen ist davon auszugehen, daß dies ein hervorgehobener Sklave oder Freigelassener war. Gleiches kann auch für die in Küchennebenräumen aufbewahrten Komplexe angenommen werden. In diesem Zusammenhang ist von großem Interesse, daß zu drei der insgesamt neun Komplexe Bronzesiegel mit Besitzerinschrift gehören. Zwei weitere Siegel stehen in enger Verbindung zu Verwahrkomplexen[543] und zwei lagen in der „Silberschatzvilla" (Kat.Nr.1) in noch zu besprechenden Zusammenhängen[544]. Außerdem wurde ein Siegel (Kat.Nr.6/3) in nur 2 m Tiefe im Hof der Villa des „Siminius Stephanus" (Kat.Nr.6) gefunden. Wahrscheinlich war es daher auf der Flucht während des Bimssteinregens verloren worden. Von dem Siegelring aus der „Villa des Fannius Synistor" (Kat.Nr.10/24) ist nur bekannt, daß er am 15.1.1901 in einem Raum der Villa gefunden wurde[545]. Auch in einigen weiteren Vesuvvillen wurden Siegel

[542] Dies wird in Kap.4.3. zu untersuchen sein.

[543] Im Obergeschoß der „Silberschatzvilla" (Kat.Nr.1), wo im Vorraum (a) ein Gefäßkomplex aufbewahrt wurde, lag im Nebenraum (d) ein Siegel (Kat.Nr.1/65); vgl. Tab.8. Offenbar in der Nähe des in einem Küchennebenraum der „Villa des Arellius Sucessus" (Kat.Nr.4) in Boscotrecase aufbewahrten Komplexes wurden ein Siegel (Kat.Nr.4/17), ein Kandelaber und eine Kasserolle gefunden.

[544] Kat.Nr.1/7.34.

[545] H.Bloch in: Lehmann 214. Für diesen Zeitraum sind in Pompeji keine *giornali* vorhanden, vgl. Kat.Nr.10 „Archivmaterialien".

gefunden[546], wobei die Siegel häufig in der Forschung namengebend für eine Villa waren. Allerdings bleibt unklar, ob der Siegelinhaber Besitzer oder nur Procurator der Villa war[547]. Häufig wird es der Procurator gewesen sein, der u.a. auch für das Inventar der Villa verantwortlich war und dieses verwahrte[548]. Dies wird auch bei der „Villa des Agrippa Postumus" (Kat.Nr.18) angenommen. Dort wurden zwei Siegel eines kaiserlichen Freigelassenen, Tiberius Claudius Eutychus libertus, gefunden (Kat.Nr.18/1). Allgemein wird davon ausgegangen, daß die Villa Agrippa Postumus gehörte und später in kaiserlichen Besitz überging[549].

Schwierig ist die Interpretation des Umstandes, daß in der „Silberschatzvilla" (Kat.Nr.1) insgesamt drei Siegel gefunden wurden[550]. Daß die Siegel nicht mehr in Benutzung waren und lediglich in Abstellkammern aufbewahrt wurden, scheint eher unwahrscheinlich. Daher sollen im folgenden die entsprechenden Fundkontexte der „Silberschatzvilla" (Kat.Nr.1) nochmals kurz untersucht werden. Beim Saalkomplex des Obergeschosses läßt sich anhand der Inventare nicht einwandfrei klären, ob die Räume vorübergehend nur als Abstellkammern genutzt[551] oder auch bewohnt wurden. Einige wertvolle Funde wie die Isisstatuette, die zusammen mit dem Siegel (Kat.Nr.1/65) gefunden wurde (Raum d), eine Griffschale (Kat.Nr.1/64) aus Bronze mit Reliefscheibe (Raum b), einige Münzen aus Silber und Bronze, der Verwahrkomplex und die wahrscheinlich dort aufbewahrten Goldmünzen sprechen eher für eine Bewohnung der Räume durch einen Verwalter. Die genaue Zusammensetzung des Verwahrkomplexes ist, wie bereits gesehen, unbekannt (Tab.1.4). Offenbar gehörte auch das Kücheninventar dazu. Die Trichter und Siebe könnten darauf hinweisen, daß hier auch Arbeitsgeräte für die Weinherstellung aufbewahrt wurden. Dafür spricht auch die Lage dieser Räume unmittelbar über den Sklavenräumen und mit Blick auf den Dolienhof. Der Fundort des zweiten Siegels (Kat.Nr.1/34) ist der kleine Raum (G) zwischen dem Saalkomplex (B.C.D.F) und der Küche (H) im Nordtrakt. Die Interpretation des Raumes von A.Mau als Abstellkammer[552] stützt sich auf die zahlreichen Arbeitsgeräte und die unverputzten Wände. Beides muß jedoch nicht zwingend gegen eine

---

546 s. die Liste in Della Corte, Case³ 465ff.

547 Jongman, Economy 130 mit Verweis auf J.Andreau, Les affaires du monsieur Iucundus (1974) 224. Vgl. die Lesung des Siegels (Kat.Nr.16/6) THALLI.ASEL.PRO, das dem Thallus, dem Procurator des Asellius zugeschrieben wird, vgl. Flach, Agrargeschichte 215f. Dagegen hält Castrén 138 Nr.46.3 die Lesung Thalli Aselli Pro[culi ?] für möglich, woraus sich ergibt, daß es sich bei Thallus um den Sklaven eines Asellius handelt.

548 In der einzigen Villa, deren Besitzer aufgrund einer Weihinschrift mit einiger Sicherheit bekannt ist, der „Villa des Popidius Florus" (Kat.Nr.21), wurde kein Siegel gefunden. Möglicherweise wurde hier der Verwahrkomplex aber direkt vom Besitzer beaufsichtigt, da der Aufbewahrungsort (11) der Vorraum des Cubiculums (13) ist, das durch seine Ausmalung und seine Funde hervorgehoben ist; vgl. Tab.1.4.

549 s. Anm.595.

550 Kat.Nr.1/7.34.65.

551 Eine Nutzung von Raum (b) als Abstellkammer nimmt Pasqui 513 an.

552 A.Mau, Pompeji in Leben und Kunst² (1908) 384. Vgl. Flach, Agrargeschichte 222f.

Bewohnung durch einen Sklaven oder Freigelassenen sprechen. Ausschlaggebend für die Interpretation ist jedoch die Zusammensetzung des Inventars aus einer Kasserolle und einem Eimer aus Bronze sowie Gebrauchskeramik, wie sie sich auch in den Sklavenkammern derselben Villa findet[553].

Keinen sicheren Kontext besitzt leider das dritte Siegel (Kat.Nr.1/7). Es wurde in der Nordwestecke des Peristyls neben einem an der Westwand stehenden Holzschrank zusammen mit einer Griffschale und einem Kochtopf (Kat.Nr.1/8.9) gefunden. Möglicherweise waren diese Funde vom Schrank heruntergefallen[554]. Es ist naheliegend, in seinem Besitzer den Verantwortlichen für den nordwestlichen Bereich der Villa zu erkennen, zu dem das Triclinium mit Vorraum und zwei Nebenräumen ebenso gehören wie auch die Schränke in der Porticus. Zu diesem Bereich gehörte auch der Silberschatz, der sicher ursprünglich hier aufbewahrt wurde[555]. Zweifelsfrei handelte es sich hierbei um die Räume des Besitzers der Villa. Raum (F) war aufgrund seiner Kline zweifellos ein Cubiculum und zum Zeitpunkt der Katastrophe nicht bewohnt. Der Verwalter dürfte dagegen im Raum über dem Eingang gewohnt haben, wie bereits Pasqui vermutete[556]. Auffälligerweise wurde bisher der Name dieses Siegelbesitzers nicht genauer berücksichtigt: Tiberius Claudius Amphio. Aus dem Namen ist abzulesen, daß jener Amphio, ebenso wie der Eutychus der „Villa des Agrippa Postumus“ (Kat.Nr.18), ein Freigelassener des Kaisers Claudius war[557], wobei ihre Freilassung mindestens 25 Jahre zurücklag. Es ist wegen der Verbindung zum Kaiser naheliegend, in ihm den Besitzer oder Verwalter der Villa zu erkennen. Wenn diese Verbindung zum Kaiserhaus bisher nicht beachtet wurde, so liegt dies v.a. an den beiden anderen Siegeln, deren Besitzer, L.Brittius Eros[558] und L.Caecilius Aphrodisius[559], ebenfalls Freigelassene waren. L.Caecilius Aphrodisius war wahrscheinlich ein Freigelassener des L.Caecilius Iucundus, des bekannten Bankiers[560]. L.Brittius Eros erscheint als Zeuge auf einer der Abrechnungen des L.Caecilius Iucundus. Gleiches gilt für einen Lucius Caecilius Hermes, dessen Initialien L·C·H sich auf vier kleinen Silbertellern finden[561]. Man hat daher die „Silberschatzvilla“ (Kat.Nr.1) als Besitz des Bankiers angesehen[562]. Dagegen wurde das Siegel des Tiberius Claudius Amphio kaum beachtet[563]. Vier der Silbergefäße mit Löwenfüßchen tragen den Namen eines weiteren kaiserlichen Freigelassenen, des

[553] Tab.10.14: Kat.Nr.1.

[554] Pasqui 416.

[555] s.u. S. 127.

[556] s.o. S. 111.

[557] Kat.Nr.1/7; vgl. Castrén 154 Nr.118. L.Fergola in: Kat.Pompei 1988, 74 Nr.113 liest den Namen dagegen als Titus Claudius Amphio.

[558] Kat.Nr.1/34; vgl. Castrén 143f. Nr.76.2.

[559] Kat.Nr.1/65; vgl Castrén 144f. Nr.81.7.

[560] Vgl. Castrén 144f. Nr.81.

[561] Louvre Bj 1956-1959; Villefosse Nr.84-87; Baratte, Trésor 12.

[562] Baratte, Trésor 12; vgl. U.Gehrig in: K.Vierneisel u.a., Römisches im Antikenmuseum[2] (1979) 113f.

[563] Vgl. z.B. Gehrig a.O. 144. Zu den Claudii: Castrén 154 Nr.118.

Pamphilus[564]. Die wahrscheinlichste Interpretation der drei Siegel ist daher, daß Tiberius Claudius Amphio als kaiserlicher Freigelassener die Villa führte, während die beiden anderen Freigelassenen in seinen Diensten standen und dabei bestimmten Bereichen der Villa zugeordnet waren.

Im folgenden sollen die Inventare der kleinen Räume im Zusammenhang besprochen werden. Die Inventare der drei Küchennebenräume (Tab.9) unterscheiden sich in ihrer Zusammensetzung nicht wesentlich von denen der Nebenräume von Triclinia (Tab.8) und denen der Sklavenräume (Tab.10). Auch die Funde im Triclinium (Tab.7) der „Villa des Agrippa Postumus“ (Kat.Nr.18) entsprechen ungefähr den besser ausgestatteten Sklavenkammern[565] und weisen auf eine Bewohnung hin.

Kat.Nr. (Raum)	Möbel	Beleuchtung	Gefäße Br.	Gl.	T.	Körperpflege	Sonstige Geräte
18 (15)		Kandelaber; Laterne aus Bronze; drei Bildlampen	4		3 Ts 5A		Bleistück; Kristallanhänger; eine Bronzemünze
21 (4)	Beschlagteile aus Bronze und Bein	Lampe aus Bronze; zwei Tonlampen	4				Lanzenspitze, Dolchklinge und mehrere Geräte aus Eisen

Tab. 7 Inventare von Triclinia

Kat.Nr. (Raum)	Möbel	Beleuchtung	Gefäße Br.	Gl.	T.	Körperpflege	Sonstige Geräte
1 (D)		Bronzelampe mit Deckelfigur	4				Bronzener Tischuntersatz (?)
1 (b)			++				
1 (d)		20 Tonlampen		2	Ts	2 Spiegel	Siegel, Statuette und kleine Geräte aus Bronze
5 (G)			3		1 3A		zwei Lanzenspitzen, ein Schwert und acht Werkzeuge aus Eisen, ein kleiner Phallus aus Glaspaste, einige Bleigewichte; drei Bronzemünzen
12 (3)			1	1	4 Ts		kleine Marmorsäule
12 (4)				1		Fläschchen	zwei Bleigewichte
15 (5)				1	2		
15 (6)		Bildlampe und Lampe aus Ton	1	4	11 Ts A		Bronzehaken; Hämmerchen aus Bein; Bleistück; fünf Bronzemünzen
21 (3)		2 Tonlampen	1	1	4 5A		Tablett und Teller aus Alabaster

Tab. 8 Inventare der Nebenräume von Triclinia

[564] Louvre Bj. 1997-2000; Villefosse 27-30; Baratte, Trésor 14.

[565] s. Tab.10, bes. Kat.Nr.1 (R 1).

Kat.Nr. (Raum)	Möbel	Beleuchtung	Gefäße Br.	Gl.	T.	Körper-pflege	Sonstige Geräte
5 (L)			2		2 1Ts		
5 (M)			1		2 A		Handmühle
16 (3)			3	3	2	Spiegel	Bronzeanhänger; 2 Eisengeräte

Tab. 9 Inventare der Küchennebenräume

Schwieriger ist die Interpretation des Inventars des ehemaligen Tricliniums (Tab.7) der „Villa des Popidius Florus" (Kat.Nr.21), das in seiner letzten Phase ein Nebenraum der Küche war. Das völlige Fehlen von Tongefäßen scheint eher für eine Abstellsituation zu sprechen.

Kat.Nr. (Raum)	Möbel	Beleuchtung	Gefäße Br.	Gl.	T.	Körper-pflege	Sonstige Geräte
1 (R 1)	Holzbett	Kandelaber und Lampe aus Eisen	4		++ Ts		Kleine Bronzegeräte
1 (R 3)	Holzbett		++		++		
1 (R 4)	2 Holzbetten		1		++		
1 (R 6)			3	1	++		Kleine Bronzegeräte
10 (7)		Tonlampe		1	1 1A		Bronzefibel; fünf Bleistücke; mehrere Eisengeräte; eine Bronzemünze
10 (8)		Kandelaber	1		1	Strigilis	Ring mit Schlangenköpfen, Fibel, Löffel aus Bronze; Löffel aus Bein
10 (9)				2	5 2A		Goldring mit Gemme; 81 Bronze- und 4 Silbermünzen
10 (10)		Tonlampe	3	1	4		Dreifuß (H 62 cm); Behältnis mit zwei Spateln aus Bronze
18 (5)		Bronzekandelaber; Bildlampe und Lampe aus Ton	1	22	2	Spiegel	2 Gemmen; 2 Kameen; 2 Goldringe; Bernsteinhündchen; 5 Silberlöffel; Gefäß und 2 Würfel aus Bein; 4 Bleigewichte; Reste von Pferdezaumzeug; 3 Pinzetten; 14 Spielsteine aus Glaspaste; 16 Bronzemünzen
18 (6)		Bronzekandelaber			Ts		Waage, Anhänger von Zaumzeug aus Bronze; 2 Eisengeräte; kleine Marmorsäule; 107 Glasanhänger
18 (11)			1		3 3A Ts		2 Bronzemünzen
18 (12)		3 Tonlampen	1	4	7 3A		Alabasterflasche; Bleikessel; 3 Bronzeschnallen

Tab. 10 Inventare der Sklavenräume

Kat.Nr. (Raum)	Kochtöpfe	Eimer, Situlen	Kannen	Kasserollen, Schalen	Trichter, Siebe Schöpflöffel	Weiteres	Anzahl
18 (15)			Kanne	Kasserolle	Siebkelle	*vaso conico*	4
21 (4)	*pignatta*	*caldaia*	2 Kannen				4

Tab. 11 Bronzegefäße aus Triclinia

Hier stellt sich wiederum die Frage nach der genauen Zusammensetzung der Bronzegefäße. Die häufigsten Gefäßformen in Sklavenräumen sind bei weitem Kasserollen und Eimer (Tab.14). Dies gilt ebenso für die Mehrzahl der soeben besprochenen Triclinia, der Nebenräume der Triclinia sowie der Küchennebenräume (Tab.11-13)[566]. In drei Fällen sind zudem Henkelbecken belegt[567].

Kat.Nr. (Raum)	Koch-töpfe	Eimer, Situlen	Kannen	Kasserollen, Schalen	Trichter, Siebe, Schöpflöffel	Anzahl
1 (D)			Askos 3 Kannen			4
1 (b)		einige Eimer	2 Kannen			
5 (G)			2 Kannen	Henkelbecken		3
12 (3)	*pignattino*					1
15 (6)				Kasserolle		1

Tab. 12 Bronzegefäße aus Nebenräumen von Triclinia

Kat.Nr. (Raum)	Koch-töpfe	Eimer, Situlen	Kannen	Kasserollen, Schalen	Trichter, Siebe, Schöpflöffel	Anzahl
5 (L)		*caldaia*		Henkelbecken		2
5 (M)		*caldaia*				1
16 (3)			Kanne	Muschelschale Kasserolle		3

Tab. 13 Bronzegefäße aus Küchennebenräumen

Kat.Nr. (Raum)	Koch-töpfe	Eimer, Situlen	Kannen	Kasserollen, Schalen	Trichter, Siebe, Schöpflöffel	Anzahl
1 (R 1)		Eimer		Kasserolle, Schale Henkelbecken		4
1 (R 3)		Eimer		Kasserollen	Schöpfgefäße	++
1 (R 4)		Eimer				1
10 (8)				Kasserolle		1
10 (10)		Eimer		Schale	Trichter	3
18 (5)					Sieb	1
18 (12)				Kasserolle		1

Tab. 14 Bronzegefäße aus Sklavenräumen

566 Zur Problematik des Begriffs *caldaia* s.o. S. 117.

567 Tab.12: Kat.Nr.5 (G); 13: Kat.Nr.5 (L); 14: Kat.Nr.1 (R).

Aufschlußreich ist zudem ein Vergleich mit den Verwahrkomplexen (Tab.4-6). Während Kasserollen dort zumeist belegt sind[568], fehlen Henkelbecken völlig. Eimer kommen häufiger vor. Da ihre Formen aber zumeist unbekannt sind, ist nicht sicher, ob es sich wirklich um vergleichbare Gefäßtypen handelt. Da die Kasserollen sowohl in den Sklavenräumen als auch in den Verwahrkomplexen häufig vorkommen, muß es sich bei ihnen um Eß- oder Trinkgeschirr handeln, da Servier- oder Kochgefäße in Sklavenkammern eher ungewöhnlich erscheinen. Die Eimer waren sicherlich Vorratsgefäße für Wasser. Da die Henkelbecken vorwiegend in Wohnräumen belegt sind, scheint hier ihr Verwendungsbereich zu liegen[569], so daß der Vorschlag von Kunow, in ihnen Waschgefäße zu sehen, wahrscheinlich zutrifft[570].

Auffällig ist, daß Kannen, die bei fast allen Verwahrkomplexen (Tab.4.5) in mehreren Exemplaren belegt sind, in den Sklavenräumen (Tab.14) völlig fehlen. In den Triclinia und den anderen kleinen Räumen (Tab.11-13) kommen sie häufiger vor. Zwei der fünf Inventare fallen aus der Betrachtung der Wohnräume heraus, da es sich aufgrund des Fehlens von Tongefäßen offenbar um kleine Verwahrkomplexe in einer Abstellsituation handelt[571]. Interessant ist die Zusammensetzung der Gefäße in dem kleinen Raum (d) der „Silberschatzvilla" (Kat.Nr.1). Der Glasaskos und die beiden Terra sigillata-Schüsseln stellen wahrscheinlich im Vergleich zu einfachem Tongeschirr ein gehobenes Trinkgeschirr dar.

---

[568] s. S. 117.

[569] Ausnahme: Kat.Nr.1/36 (in der Küche, nahe dem Praefurnium).

[570] J.Kunow, Der römische Import in der Germania Libera bis zu den Markomannenkriegen (1983) 72f. Typ E 99-104. Heranziehen läßt sich auch eine entsprechende Darstellung aus Pompeji: G.Cerulli Irelli, CronPomp 1, 1975, 152.

[571] Tab.7.11: Kat.Nr.21 (4); 8.12: Kat.Nr.1 (D).

4.3. Die Situation in den Villen: Ein Vergleich

4.3.1. „Die Silberschatzvilla" (Gruppe Ia: Kat.Nr.1)

Die „Silberschatzvilla" (Kat.Nr.1) ist in ihrer Funktion als florierender landwirtschaftlicher Betrieb mit großem Dolienhof, zwei Torcularia für die Wein- und Ölverarbeitung, Scheune und kleinem Stall allgemein bekannt (Abb.2). Sie wird häufig als das Beispiel für den von Cato als Musterbeispiel beschriebenen Gutshof angesehen[572]. Die Situation in den anderen Bereichen der Villa wurde dagegen nur selten beachtet[573]. Diese Teile der Villa werden daher im folgenden im Vordergrund stehen.

Der Besucher, der im Sommer des Jahres 79 n.Chr. die Villa betrat, passierte zunächst einen Weinausschank[574]. Ein eigentlicher Pförtnerraum existierte nicht; der unmittelbar über dem Eingang zur Villa gelegene kleine Raum war aber möglicherweise die Wohnung des Verwalters der Villa[575]. Hier stand eine Holzkiste mit zahlreichen Münzen, darunter 15 Aurei, sowie Gemmen und Glaspasten. Durchschritt der Besucher das Peristyl, gelangte er bereits in die pars rustica der Villa. Gegenüber dem Dolienhof lagen die Kammern (R 1-6) der Sklaven, deren Inventar immerhin auf einen bescheidenen Komfort hinweist[576]. Den Funden zufolge wohnte im Raum (R 1) offenbar ein Vorarbeiter[577]. Darüber befand sich im Obergeschoß in der Südostecke des Gebäudes ein Wohnbereich, der aus einem Triclinium (g) mit einer Wanddekoration des späten 2. oder frühen 3. Stils (Kat.Nr.1/67)[578], einem Vorraum (a) und mehreren Nebenräumen (b-f) bestand (Abb.1). Den Marmorplatten, die in einigen der Räume aufgestapelt waren, nach zu urteilen befand sich dieser Teil der Villa im Umbau. Das z.T. recht qualitätvolle Inventar, darunter auch ein Bronzesiegel, spricht für eine Bewohnung einiger der kleinen Räume durch einen Verwalter[579]. Sein Verantwortungsbereich ergibt sich möglicherweise aus dem großen Verwahrkomplex, der in einem Holzverschlag des Vorraums (a) aufbewahrt wurde. Darunter sind Kochgefäße, die zur Küche, die weitgehend leer aufgefunden wurde, gehören, und Trichter und Siebe, die möglicherweise bei der Weinherstellung verwendet wurden[580]. Zudem waren in diesem Bereich 21 Goldmünzen aufbewahrt worden, die infolge der Katastrophe auf den Dolienhof stürzten[581].

---

572 s. Anm.8.

573 Vgl. als Ausnahme: U.Gehrig in: K.Vierneisel u.a., Römisches im Antikenmuseum^{2} (1979) 110ff.

574 s.o. S. 108.

575 s.o. S. 111.

576 s.o. S. 110.

577 Vgl. Pasqui 490.

578 Zur Datierung s. L.Fergola in: Kat.Pompei 1988, 62 Nr.34.

579 Zu dieser Problematik s.o. S. 120.

580 s.o. S. 120 und Tab.4.

581 s. Kat.Nr.1 Dolienhof Q.

Der repräsentative Wohnbereich der Villa liegt auf der nördlichen Seite des Peristyls. Er besteht aus einem Triclinium mit Vorraum (C.B) und zwei Nebenräumen (D.F). Allerdings dürfte der Ausblick in den Hof kaum den mit Skulpturen geschmückten Gartenanlagen Pompejis der flavischen Zeit[582] entsprochen haben, da keinerlei dekorative Ausstattung gefunden wurde. Auch mußte eine Bepflanzung des Peristyls die Durchfahrt für einen Wagen vom Eingang der Villa bis in das Torcularium freihalten. Die qualitätvolle, aber keineswegs herausragende Wanddekoration (Kat.Nr.1/23) des Tricliniums (C)[583] gehört in die späte Phase des 4. Stils[584] und war damit gerade modern. Die beiden Nebenräume (D.F) besaßen dagegen noch Wanddekorationen der augusteischen Zeit (Kat.Nr.1/25.33)[585].

Das entscheidende Problem bei der Beurteilung der Ausstattung der Villa (Kat.Nr.1) ist die Interpretation der Fundsituation des sog. Silberschatzes, der in der Zisterne zusammen mit dem Skelett eines Mannes, wertvollem Goldschmuck und über tausend Goldmünzen gefunden wurde. Der enorme Wert der über neunzig Silbergefäße und der Münzen schien vielen nicht zu einem Gutshof zu passen. A.Pasqui und F.Barnabei dachten eher an während der Katastrophe zusammengetragenes Raubgut oder an das Inventar einer anderen Villa desselben Besitzers[586]. Bei der Beurteilung dieser Thesen ist aber zu bedenken, daß zum Zeitpunkt dieser Publikationen das große Triclinium der Villa noch nicht freigelegt worden war und das Cubiculum (F) von Pasqui als Triclinium angesehen wurde[587]. Gegen diese und ähnliche Thesen sprechen mehrere Argumente. So wurden mehrere Teile des Silberschatzes (Kat.Nr.1/11-18), darunter mehrere Schalen und eine kleine Emblema-Büste einer Frau (Kat.Nr.1/14), in einem Schrank der nördlichen Porticus gefunden. Sie lagen dort offensichtlich für ihre Reparatur bereit[588]. Dies macht nur dann Sinn, wenn der Silberschatz bereits im Hause untergebracht worden war und erst angesichts der nahenden Katastrophe in die Zisterne gebracht wurde. Die Raubgutthese läßt sich daher ausschließen. Auch die Möglichkeit, daß sich der Silberschatz nur für eine gewisse Zeit in der Villa befand, möglicherweise als Zwischenaufenthalt eines längeren Transportes, ist eher unwahrscheinlich, da eine luxuriöse Ausstattung der Villa keineswegs nur durch den Silberschatz belegt wird. Zu berücksichtigen sind u.a. auch die mit Silber tauschierten Beschlagteile aus Bronze der drei Klinen (Kat.Nr.1/24) des Tricliniums. Vergleichbare Beschlagteile wurden in keiner der anderen Villen, sieht man von der kaiserlichen „Villa des Agrippa Postumus" (Kat.Nr.18)

---

[582] Vgl. P.Zanker, JdI 94, 1979, 460ff. Vgl. jetzt P.Zanker, Pompeji. Stadtbild und Wohngeschmack (1995) 141ff.

[583] Förtsch, Kommentar 173 Nr.IX 38.

[584] Winkes, Paintings 23.

[585] Fergola in: Kat.Pompei 1988, 61 Nr.32, hält die Wanddekoration von Raum F für wahrscheinlich frühen 3. Stil; vgl. Kat.Nr.1/33.

[586] Pasqui 476. 524; Barnabei 9.

[587] Diese Bezeichnung findet sich auch noch durchgängig im Kat.Pompei 1988, wo ausschließlich der alte Grabungsplan von Pasqui zitiert wird.

[588] U.Gehrig in: K.Vierneisel u.a., Römisches im Antikenmuseum[2] (1979) 110f. Vgl. Baratte, Trésor 10.

ab[589], gefunden. Gleiches gilt für die beiden großen Wannen und für den Tisch aus Bronze, der zum Zeitpunkt der Katastrophe Bestandteil des Notlagers im Torcularium war, aber sicher ursprünglich zur Ausstattung des Tricliniums gehörte. Auch die im Nebenraum (D) aufbewahrte Lampe (Kat.Nr.1/26) und der Askos (Kat.Nr.1/28) fallen durch ihre außergewöhnliche Qualität auf. Daß es sich bei den Silbergefäßen, dem Goldschmuck und den Goldmünzen in der Zisterne nicht um einen Fremdkörper in der Villa handelt, belegen auch die in den beiden Obergeschoßwohnungen aufbewahrten Goldmünzen.

Leider läßt sich nicht mit Sicherheit sagen, in welchem Raum die Silbergefäße ursprünglich aufbewahrt wurden. Der Aufstellungsort des Silberschatzes und des Bronzetisches könnte das abschließbare Triclinium gewesen sein, wo beides sicherlich verwendet wurde. Der Vergleich mit der Aufstellung der Verwahrkomplexe in Vorräumen in den anderen Villen läßt aber auch an eine Aufbewahrung im Nebenraum (D) denken, zumal aufgrund des fehlenden Bettes sich eine Benennung des Raumes als Cubiculum nicht eindeutig festlegen läßt. Zudem läßt es die Zusammensetzung des Inventars als sehr unwahrscheinlich erscheinen, daß der Raum bewohnt wurde[590]. Die vier Bronzegefäße, die zum Teil von außergewöhnlicher Qualität sind, und die ebenso qualitätvolle Bronzelampe waren hier offensichtlich abgestellt worden. Die Deckelfigur der Lampe wurde in dem erwähnten Schrank der Porticus gefunden, in dem auch einige kleinere Objekte des Silberschatzes lagen. Wahrscheinlich diente daher dieser Raum (D) als Aufbewahrungsort für die zum Tafelgeschirr gehörenden Bronze- und Silbergefäße, von denen dann die Silbergefäße in die vermeintliche Sicherheit gebracht wurden.

Daß in der Villa gerade Bauarbeiten stattfanden, ist offensichtlich. Dafür sprechen die aufgestapelten Holztüren, die zahlreichen Türgriffe aus Bronze, die in der Obergeschoßwohnung aufgestapelten Marmorplatten, die Schüsseln mit Farberden in Raum (G) sowie die zahlreichen Dachterrakotten im Peristyl (A). Unklar ist jedoch, ob diese Maßnahmen auch den repräsentativen Wohntrakt betrafen. A.Pasqui geht davon aus, daß außer den Dachterrakotten auch die beiden im Peristyl (A) stehenden Bronzewannen zu einer anderen Villa gehörten und hier nur zwischengelagert wurden[591]. Er weist darauf hin, daß die beiden Wannen in den Baderäumen keinen Platz gefunden hätten und zudem eine der Wannen nicht durch die schmalen Eingänge gepaßt hätte. Außerdem waren keine entsprechenden Wasserleitungen vorhanden[592]. Jedoch kann nicht ausgeschlossen werden, daß eine Neuausstattung geplant war, die auch den Einbau der Wannen vorsah[593].

---

589 Kat.Nr.18/29: Zierleisten einer Marmortischplatte in Abstellsituation.

590 Vgl. Tab.8.12.

591 Pasqui 427. 522ff.

592 Pasqui 522ff.

593 Bei einer maximalen Höhe von 538 mm paßten beide Wannen im gekippten Zustand durch die Eingänge. Wenn das Marmorbecken im Caldarium blieb, hatte allerdings nur eine der Wannen dort Platz. Die Beurteilung der Situation im Bad ist schwierig. Zwar war z.B. das Labrum des Caldariums (O) entfernt worden. Pasqui 463 geht aber davon aus, daß dies erst bei der Ausgrabung durch Pulzella 1876/77 geschah.

Bei den in der Villa umgekommenen Personen, insgesamt fünf, handelt es sich den Beifunden nach zu urteilen um Teile des Personals, d.h. um Sklaven oder Freigelassene[594].

4.3.2. Die großen Villen mit Peristyl (Gruppe IIa: Kat.Nr.9.10.18)

Die drei Villen dieser Gruppe werden neben ihren vergleichbaren architektonischen Grundzügen auch durch die Qualität ihrer Wanddekorationen miteinander verbunden.

Die „Villa des Agrippa Postumus" (Kat.Nr.18) gehörte ursprünglich, wie aus in der Villa gefundenen Inschriften hervorgeht, Agrippa Postumus und gelangte später wahrscheinlich in kaiserlichen Besitz[595]. Der Diensthof der Villa wurde vollständig freigelegt und läßt sich daher vergleichsweise gut beschreiben. Der Besucher dieser Villa gelangte über eine gepflasterte Straße bis zum Eingang des Hofes. Die Eisenkonstruktion im Pförtnerraum (1) diente der Bestrafung von Sklaven (Kat.Nr.18/7). Von den Kammern auf der Ostseite des Hofes waren mehrere bewohnt. Die kostbaren Funde in einem der Räume (5), darunter Silberlöffel und Gemmen, lassen hier den Wohnraum eines Verwalters vermuten[596]. An der Westseite des Hofes liegen die Kücheninstallationen. Dort wurde in einem Holzverschlag ein großer Verwahrkomplex gefunden[597]. Der in einem Zwischengeschoß zwischen den beiden Höfen gelegene Pförtnerraum (13) ist im 4. Stil ausgemalt. Die zahlreichen Bronzegefäße des hier aufbewahrten Verwahrkomplexes gehören zum Teil ebenfalls zum Küchenbereich und ganz überwiegend nicht zum Tafelbereich[598]. Das Peristyl des repräsentativen Teils der Villa war im 2. Stil ausgemalt. Die Dekoration war bei der Auffindung sehr schlecht erhalten, woraus M.Della Corte schloß, daß sie nach dem Erdbeben von 62 n.Chr. nicht ausgebessert worden sei[599]. Sie wurde wieder verschüttet, war aber nach M.Della Corte der Ausmalung des Peristyls der „Villa des Fannius Synistor" (Kat.Nr.10) sehr ähnlich[600]. Die auf die Terrasse (D) und damit auf den Golf geöffneten

Die Ausgrabungsberichte bestätigen dies allerdings nicht ausdrücklich: G.Fiorelli, NSc 1876, 196f.; ders. NSc 1877, 17ff. 96. 128. Möglicherweise bestand der Umbau des Caldariums daher unmittelbar bevor.

594 Vgl. Kat.Nr.1, Backstube (E) und Torcularium (P).

595 J.H.D'Arms, Romans 231f. mit weiterer Lit.; ders. in: Pompei 79, 67; Blanckenhagen 2.

596 s.o. S. 110f. und Tab.10.

597 s.o. S. 116 und Tab.2.5.

598 s.o. S. 117 und Tab.3.6.

599 M.Della Corte, NSc 1922, 476.

600 Die Beschreibung der Dekoration des Peristyls von Della Corte a.O. 476 läßt keine genaue Einordnung zu. Blankenhagen 3 geht daher davon aus, daß es sich um späten 2. Stil handelt und die Villa in der Übergangsphase zwischen dem 2. und 3. Stil entstanden ist. Zur Diskussion vgl. auch Ehrhardt, Untersuchungen 5. Richardson, Pompeii 243, bezweifelt aufgrund der Beschreibung von M.Della Corte, daß es sich um 2. Stil handelt und vermutet eine Dekoration des 3. Stils. Nicht beachtet wurde bisher, daß sich Della Corte, der für die Grabung zuständig gewesen war, an anderer Stelle, Della Corte, Case[3] 415, deutlicher zur Einordnung dieser Dekoration äußert. Er vergleicht sie mit der Ausmalung des Peristyls der „Villa des Fannius Synistor" (Kat.Nr.10) und denkt an dieselbe Werkstatt.

Triclinia (15.16.18) sind in hervorragendem 3. Stil ausgemalt. Ihre Wanddekorationen gehören derselben Stilstufe an und sind um 11 v.Chr. entstanden[601], unterscheiden sich aber deutlich voneinander. Entsprechend ihrer Farbgebung bzw. Thematik werden sie in der Forschung als „Schwarzer" (15), „Roter" (16) bzw. „Mythologischer Raum" (19) bezeichnet[602]. Bis auf das Triclinium (15) waren alle bekannten Räume des repräsentativen Teils der Villa fundleer. Das Inventar des Tricliniums (15) weist auf eine Bewohnung des Raumes hin und ist vermutlich mit einem hervorgehobenen Sklaven oder Freigelassenen zu verbinden[603]. Die Frage, ob zu den prachtvoll im 3. Stil ausgemalten Triclinia ein entsprechendes Inventar aus Möbeln, Silber- und Bronzegefäßen gehörte, oder ob dies bereits entfernt worden war und diese Räume nicht mehr repräsentativ genutzt wurden, ist auch für die Beurteilung der Wertschätzung ihrer „altmodischen" Fresken von Bedeutung. Interessant ist in diesem Zusammenhang, daß im Keller eine Marmortischplatte mit einer aufwendigen, mit Silber tauschierten Bronzeeinfassung (Kat.Nr.18/29) abgestellt worden war und daher offenbar nicht mehr in Gebrauch war. Wenngleich die unmittelbar an die Triclinia anschließenden Räume ebenfalls fundleer waren, läßt sich nicht ausschließen, daß zum Tafelbereich gehörendes Geschirr im nicht ausgegrabenen Teil der Villa aufbewahrt wurde. Leider ist von der Villa zu wenig bekannt, um diese Frage beantworten zu können.

Über das Erscheinungsbild der Höfe und insbesondere der Peristyle der Villen ist praktisch nichts bekannt. Fast alle wurden leer gefunden. Untersuchungen zur Bepflanzung, wie sie jetzt in Pompeji mit großem Erfolg durchgeführt werden[604], existieren für keine der hier behandelten Villen. Eine Gartenbepflanzung kann daher nur vermutet werden[605]. Insbesondere bleibt unsicher, ob auch in den Peristylen, in die ein Dolienhof integriert wurde, weiterhin eine Zierbepflanzung bestand, oder ob auf diese völlig verzichtet wurde. Wenngleich die repräsentative Funktion des Peristyls bei zahlreichen Villen durch die Bezugnahme der Triclinia auf die Hofanlage unzweifelhaft ist[606], wird sie nur in einem einzigen Fall sicher durch die Fundsituation bestätigt. Die 30 Säulen des Peristyls der Villa bei Torre Annunziata, fondo Matrone (Kat.Nr.9), sind rot verputzt (Abb.13), während das Gebälk der Hallen mit seinem sehr feinen, weißen Putz Marmor imitierte[607]. Die gelbgrundige Wanddekoration wurde durch Aediculen gegliedert (Kat.Nr.9/43). Im Peristyl waren mehrere Marmorskulpturen aufgestellt[608]. Dort stand auch eine Brunnenfigur (Kat.Nr.9/46), wäh-

---

[601] Kat.Nr.18/30.34.35. Die Datierung folgt Erhardt, Untersuchungen 4f. 54ff.

[602] In diesem Zusammenhang scheint eine Anekdote interessant, die Plutarch über Lucullus berichtet (Plut.Luc. 41). Seine Speisezimmer tragen bestimmte Namen, wie z.B. „Apollo", und sind jeweils mit einem bestimmten Ausstattungspomp verbunden.

[603] s.o. S. 104 und Tab.7.11.

[604] Jashemski, Gardens I, bes. 289ff. Vgl. A.Ciarallo, Orti e giardini della antica Pompei (1992); Domus - viridaria - horti picti, Katalog der Ausstellung Pompeji (1992).

[605] Dafür spricht sich Jashemski, Gardens I 319f. aus.

[606] s.o. S. 93.

[607] R.Paribeni, NSc 1902, 570 Abb.1. Vgl. L.D.Caskey, BMusFA 37, 1939, Abb.4.

[608] Vgl. Jashemski, Gardens I 320; Neudecker, Skulpturenausstattung 179 Nr.33.

rend sich in den Ecken jeweils eine Doppelherme (Kat.Nr.9/45) befand. Auffällig ist, daß sich neben sieben Köpfen aus dem dionysischen Bereich auch ein Merkurkopf findet. Diese Herme ist sicherlich in unmittelbarem Zusammenhang mit den angrenzenden Tabernen zu sehen, die dem Handel dienten und in denen drei Merkurstatuetten gefunden wurden[609]. In der westlichen Hälfte des Peristyls war die kleine Bronzeskulptur eines ausruhenden Hercules aufgestellt, der dem Betrachter ein Trinkgefäß entgegenstreckte (Kat.Nr.9/44). Es kann kein Zweifel daran bestehen, daß die Skulptur als Blickfang vom Triclinium (A) aus aufgestellt worden war[610]. An der Rückwand des kleinen, breit geöffneten Raumes (B) stand die Marmorskulptur eines Hermaphroditen (Kat.Nr.9/42)[611]. Der Aufstellungsort eines fackeltragenden Amors aus Bronze (Kat.Nr.9/48) ist nicht mehr sicher zur rekonstruieren, möglicherweise war er in einem Raum auf der Südseite des Peristyls aufgestellt[612]. Die Räume des Ost- sowie des Südtraktes waren ebenso wie das Peristyl im frühen 4. Stil ausgemalt[613] und fundleer. Über die Ausstattung der Räume des anschließenden Diensttraktes ist wenig bekannt; spektakuläre Funde gab es jedoch nicht. Da für diese Villa zwar eine reiche dekorative Ausstattung, jedoch kein sonstiges Inventar belegt ist[614], war sie im bekannten Teil zur Zeit offenbar unbewohnt. Ihre repräsentative Funktion erfüllte damit auch diese einzige erhaltene Skulpturenausstattung offensichtlich nicht mehr. An die Villa schloß sich eine Reihe von Tabernen an, die daher wahrscheinlich vom Villenbesitzer verpachtet wurden. Auch Cicero besaß bei seiner Villa in der Nähe von Puteoli Läden, deren Vermietung er Aufmerksamkeit schenkte[615].

Besser bekannt ist die Situation in der „Villa des Fannius Synistor“ (Kat.Nr.10), deren repräsentative Räume in hervorragendem 2. Stil der Zeit um die Mitte des 1.Jhs.v.Chr. ausgemalt sind[616]. Auch der größte Teil des Osttraktes gehörte zum Wohnbereich, wie das kleine Peristyl mit Mosaikboden zeigt. Fast alle der zum Teil prachtvollen Räume wurden leer aufgefunden. Das Apodyterium des Badbereiches im Osttrakt war, wie der Fund eines Kandelabers zeigt, aber offenbar noch in Benutzung. Die Einfachheit der Wanddekoration

---

[609] Kat.Nr.9/18.19.40.

[610] Jashemski, Gardens I 320. Eingang und Standort der Skulptur (s. Abb.13: „D“) liegen auf einer zur westlichen Säulenhalle parallelen Linie. Unklar bleibt daher, wieso Neudecker, Skulpturenausstattung 180, diese Ausrichtung für unwahrscheinlich hält.

[611] Kat.Nr.9/42. Neudecker, Skulpturenausstattung 180 gibt dagegen fälschlich Raum E an.

[612] s.o. S. 31f.

[613] Winkes, Paintings 21f. datiert die Fresken in den frühen 4. Stil und datiert diesen bereits in die tiberische Zeit. Dies erscheint jedoch zu früh. Zur Diskussion um den Beginn des 4. Stils s. W.Ehrhardt, Casa dell'Orso. Häuser in Pompeji 2 (1988) 67.

[614] Zur Grabungssituation s.o. S. 30ff.

[615] Mielsch, Villa 132.

[616] B.Andreae in: Kaiser Augustus und die verlorene Republik. Katalog der Ausstellung Berlin (1988) 282. Zu weiterer Literatur s. V.M.Strocka, Casa del Labirinto. Häuser in Pompeji 4 (1991) 113 Anm.583. Strocka a.O. 113f. bevorzugt dagegen ein Datum um 60 v.Chr.; vgl. ders. in: Pompejanische Wandmalerei 216.

(20.21) bzw. das offensichtliche Fehlen einer solchen (18.19), läßt vermuten, daß das Bad nicht mehr seine ursprüngliche Ausstattung trug. Einen Hinweis auf die ursprünglich repräsentative Nutzung der nördlichen Porticus gibt eine Basis, die in der nördlichen Säulenhalle vor dem breit geöffneten Raum (L) stand. Die Funde in den im Südosten gelegenen kleinen Räumen (7-10), in der Küche, in der Backstube (13. 14) und im Torcularium (24), wo auch die berühmte, mit dem Namen des Fannius Synistor versehende Trichterrandkanne (Kat.Nr.10/21) gefunden wurde, sowie die im östlichen Bereich des Peristyls gefundenen zahlreichen Hühnerskelette belegen, daß dieser Teil der Villa bewohnt und bewirtschaftet wurde[617]. Dafür und zudem für eine zumindest zeitweise Aufgabe der repräsentativen Räume des Nordtraktes spricht, daß im Triclinium (N)[618] in der Nordwestecke der Villa offenbar zwei Wagen abgestellt worden waren[619].

4.3.3. Die Peristylvillen (Gruppe Ib: Kat.Nr.2.16.20.21)

Recht unklar ist das Bild, das die Villa in Scafati, fondo Matrone (Kat.Nr.20), bietet (Abb.8). Das Peristyl und mehrere Räume (1-6.9) sind im 4. Stil ausgemalt. In der nördlichen Porticus wurden einige Bronzegefäße und Eisengeräte gefunden, die kleinen Räume (1-4) waren leer. Lediglich vor Raum (3) wurden in einem Holzschrank ein Kochtopf und ein Henkelbecken aus Bronze gefunden. In dem ebenfalls ausgemalten Bad (5.6) lagen eine Kasserolle, ein Terra sigillata-Gefäß und ein weiteres Gefäß sowie zwei Lampen aus Ton. Dabei handelt es sich überraschenderweise um ein Inventar, wie es in Cubicula und Sklavenkammern häufig vorkommt[620]. Nur schwer zu beurteilen sind die Räume (8-10). Zwar bilden auch hier, wie bei den Sälen mit Nebenräumen, ein großer und zwei kleine Räume eine Einheit, ihre Anordnung zueinander ist aber sehr ungewöhnlich. Für den großen Raum (8) erwähnt der Grabungsbericht weder Wandmalerei noch Funde. Nur Raum (9) besaß Wandmalerei im 4. Stil. Hier wurden vier Werkzeuge aus Eisen und ein Glasfläschchen gefunden. In Raum (10) lagen 74 Bronzemünzen, fünf Amphoren und ein weiteres Tongefäß. Das Fehlen einer Wanddekoration in den Räumen (8.10) und insbesondere die wenigen Funde im Nordtrakt stehen in einem gewissen Widerspruch zu den recht zahlreichen ausgemalten Räumen (1-4) und dem Bad (5.6). Offenbar wurde die Villa erst in der letzten Phase vorwiegend landwirtschaftlich bewirtschaftet.

Eine teilweise vergleichbare Situation zeigt die Villa in Boscoreale, fondo Zurlo (Kat.Nr.2). Das Triclinium (B) und die östliche Porticus sind im 4. Stil ausgemalt (Abb.3). Im Peristyl waren ein Torcularium und ein Dolienhof eingerichtet worden. Außerhalb der eigentlichen Villa befanden sich weitere landwirtschaftliche Einrichtungen. Sehr spärlich

---

[617] Vgl. Barnabei 11.
[618] Zur Deutung der Räume (G. N) als Triclinia vgl. Förtsch, Kommentar 171 Nr.IX 8. 9.
[619] s. Kat.Nr.10, Kommentar zu Saal N.
[620] s.o. S. 125 Tab.10.14.

waren die Funde. Lediglich in einem Nebenraum der Küche wurden zwei Silberringe und eine Bronzeglocke gefunden. Im Triclinium (B), d.h. nahe dem Eingang der Villa, lagen drei Skelette, bei denen sich drei Goldringe, ein Kochtopf aus Bronze, eine Lampe und ein Gefäß aus Ton befanden. Zwei weitere Menschen lagen in unmittelbarer Nähe bei dem kleinen Abstellraum (F). Wahrscheinlich wollten die Bewohner der Villa noch fliehen. Offenbar handelte es sich bei dieser Villa um einen kleinen landwirtschaftlichen Betrieb, der nur von sehr wenigen Personen betrieben wurde. Auch hier ist ein Mißverhältnis zu den ausgemalten Wohnräumen erkennbar. Interessant ist insbesondere die Situation in der Südostecke der Villa. Bei der Betrachtung der Architektur der Villa wird deutlich, daß der Saal (B) und die beiden kleinen Räume (C.A) in ihrem Grundriß dem normalen Schema entsprechen[621]. Raum (C) diente jedoch als Nebeneingang der Villa. Vor seinem Eingang befand sich eine Porticus. Der in der Nordostecke des Gebäudes gelegene Raum (A) war nur von außerhalb der Villa zu betreten. Wie Raum (C) ist er im 4. Stil ausgemalt. In der Ostwand befindet sich ein Lararium. Vor der Nordwand steht eine rot verputzte Bank und davor ein runder, verputzter und mit Girlanden verzierter Sockel, der ein großes Tonbecken trägt, das Asche enthielt. A.Sogliano sieht hierin einen Altar und schließt daher auf eine religiöse Bedeutung des Raumes[622]. Die Tatsache, daß der Raum nur von außerhalb der Villa zu betreten war und sein Eingang unmittelbar neben der kleinen Porticus lag, die dem östlichen und wohl kaum urspünglichen Eingang der Villa vorgelagert war, macht es jedoch wahrscheinlicher, daß er als Aufenthaltsraum für Reisende gedacht war. Das große Becken in der Mitte diente wahrscheinlich als Heizung[623]. Die in diesem Raum gefundenen fünf Glasgefäße und fünf kleinen Tonteller scheinen dies zu unterstützen[624]. Ein Ausschank ließ sich bereits bei zwei weiteren Villen feststellen[625]

Auffällig ist die Situation in der „Villa des Asellius“ (Kat.Nr.16). Die Wanddekoration des 2. Stils des Tricliniums (13)[626] war, offenbar nach dem Erdbeben von 62 n.Chr., nur notdürftig an mehreren Stellen ausgebessert worden (Abb.7). Die Ausmalung der beiden Nebenräume (11.12) im 4. Stil dürfte daher noch vor dem Erdbeben erfolgt sein. Die Funde in diesem Raumkomplex, ein sehr großes Bleigefäß und ein Bronzekessel, lassen keinen Zweifel daran, daß diese Räume ihre ursprüngliche Funktion verloren hatten[627]. Vom ehemals dreiteiligen Bad wurde nur noch das Frigidarium genutzt. Die anderen beiden Räume dienten jetzt als Nebenräume der großen Küche[628]. Die Küche war, wie ein an drei Eisen-

---

[621] s.o. S. 65.
[622] A.Sogliano, NSc 1897, 393.
[623] Zur Interpretation dieser Kohlebecken vgl. C.Cicirelli in: Kat.New York 1990, 144 Nr.10.
[624] Mit den *balsamari* könnten drei oder vier der birnenförmigen Gläser mit langem Hals in Berlin (Misc 8863-66) identisch sein, die interessanterweise bereits E.Pernice, AA 1900, 196, mit Weinausschank in Verbindung bringt.
[625] Kat.Nr.1.15; s.o. S. 107f.
[626] Zur Deutung des Raumes vgl. Förtsch, Kommentar 173 Nr.IX 29.
[627] s.o. S. 103f.
[628] s.o. S. 112f.

stäben aufgehängter Kessel und die Gefäße im Nebenraum (3) zeigen, in Benutzung. Die meisten Funde gehören zum Inventar des Pförtnerraumes (17). Hier lag auch das Bronzesiegel eines Thallus (Kat.Nr.16/6)[629]. Im Bereich des Eingangs (A') wurden die Überreste von fünf Menschen gefunden, die mit einem Bronzegefäß, fünf Denaren und 17 Bronzemünzen die Flucht antreten wollten. Die zahlreichen im 4. Stil ausgemalten Räume des West- und Osttraktes sowie der nordöstlichen Gebäudeecke waren weitgehend fundleer. Im südlichen Westtrakt wurde durch das Entfernen der Trennmauern ein langgestreckter Raum geschaffen, wie er im Osttrakt bereits mit einem Mosaikboden bestand. Diese Umbauten sind am ehesten mit einem gesteigerten Bedarf an landwirtschaftlich nutzbarer Fläche zu erklären[630]. Sichere Hinweise auf landwirtschaftliche Produktion innerhalb der Villa gibt es aber nicht. Weder Skelette noch Funde deuten auf Tierhaltung oder andersartige Nutzung hin. Wahrscheinlich befanden sich die entsprechenden Einrichtungen außerhalb der Villa[631]. Die Villa bewahrte daher zwar ihren Charakter als herrschaftlicher Landsitz[632], wurde aber offensichtlich nicht mehr als solcher genutzt. Die Fundverteilung spricht deutlich dafür, daß die Villa nur noch von einem Verwalter und einigen Sklaven bewohnt wurde[633]. Bei dem offenen Raum (8) handelte es sich möglicherweise um eine Art Hausheiligtum[634]. In Raum (22) befand sich ein kleines Lararium mit Bacchus-Bild.

Für die Situation in der „Villa des Popidius Florus" (Kat.Nr.21) treffen mehrere der bisher gemachten Beobachtungen zu (Abb.4). Wie bei der Betrachtung der Architektur bereits betont wurde, erfuhr die Villa während ihres Bestehens zumindest eine grundlegende Veränderung. Einer späteren Phase gehören sicher auch der Dolienhof und das Torcularium (17) an[635]. Von dem frühesten Bauzustand blieb keine Wanddekoration erhalten. In einer zweiten Benutzungsphase entstanden die Räume (2.5), für die ein Teil des Hofes und die nördliche Porticus aufgegeben wurden. Der kleine Raum (5) wies bei seiner Auffindung noch seine Ausmalung im 2. Stil auf (Kat.Nr.21/8). In einer 3. Benutzungsphase der Villa, die in der nordwestlichen Gebäudeecke erschließbar ist, erhielt der ursprüngliche Saal (4) eine qualitätvolle Ausmalung im 3. Stil (Kat.Nr.21/5), was darauf hinweist, daß er damals noch seine repräsentative Funktion besaß. Eine 4. Phase wird durch die Wandmalerei (Kat. Nr.21/2) im 4. Stil des großen Saales (2) belegt. Die Funde in den Räumen der nordwestli-

---

[629] Zur umstrittenen Lesung des Siegels s. Anm.547.

[630] Flach, Agrargeschichte 219.

[631] M.Della Corte, NSc 1921, 426; R.C.Carrington, JRS 21, 1931, 119 Nr.27; Flach, Agrargeschichte 217.

[632] Flach, Agrargeschichte 217.

[633] M.Della Corte, NSc 1921, 428, geht davon aus, daß die gesamte Villa, nur mit Ausnahme von Raum (17), nachträglich durchsucht wurde. Vgl. Flach, Agrargeschichte 217: *„In den verschütteten Räumen dieses Prachtbaus muß die Nachwelt schon bald nach dem Vulkanausbruch vom Jahr 79 und auch später wieder Schätze gesucht und geborgen haben. Sonst wäre die Spatenforschung, als sie seine Grundmauern freilegte, auf reichere Funde gestoßen.*" Eine solch gründliche Durchsuchung ist aber wegen der damit verbundenen ungeheuren Erdbewegung nur wenig wahrscheinlich.

[634] s.o. S. 108f..

[635] s.o. S. 68.

chen Gebäudeecke lassen den Schluß auf eine 5. Benutzungsphase zu. So wurde der Saal (2), aufgrund seiner Lage, Form, Größe und Wanddekoration vormals ein Triclinium[636], jetzt als Küche genutzt, wie ein Eisendreifuß über Asche, drei große Dolien und eine große Mühle zeigen[637]. Das Inventar von Raum (4), dem ursprünglichen Triclinium des Gebäudes, das aus Bronzegefäßen, sowie aus einer Lanzenspitze, einer Dolchklinge und mehreren Geräten aus Eisen besteht, deutet darauf hin, daß er als Abstellraum diente[638]. Möglicherweise waren die über den Räumen (11-15) gelegenen Räume des Obergeschosses die Schlafräume der Sklaven, wie Della Corte vermutet, da sie nur von außerhalb der Villa zu betreten waren[639].

Ungewiß ist, wann die wesentliche Veränderung im Charakter der Villa erfolgte: die Anlage von Dolien im Hof sowie, sicherlich damit zusammenhängend, die Einrichtung einer Weinpresse in der östlichen Porticus[640]. Die Lage der Dolien direkt unter dem Fenster von Raum (2) spricht dafür, daß dieser Raum seine ursprüngliche Zweckbestimmung verloren hatte und bereits als Küche diente[641]. Diese weitgreifenden Veränderungen in der Villa hätten dann während der 5. Benutzungsphase stattgefunden. Der Entstehungszeitpunkt des Südtraktes bleibt unbekannt. Mehrere seiner Räume (18-20) besitzen Opus signinum-Böden. Möglicherweise entstand er gleichzeitig mit dem Umbau der Nordwestecke, als in der Villa offenbar ein erhöhter Bedarf an luxuriösen Räumlichkeiten bestand. Die Wanddekorationen gehören dem 4. Stil an (Kat.Nr.21/35). Zumindest bei einer Dekoration (Kat.Nr.21/35) handelt es sich um späten 4. Stil, so daß sie zur letzten (5) Benutzungsphase gehört. Der Raum (14) und der Saal (16), dieser aufgrund seiner Form, Größe und Lage sicher ein Triclinium[642], sollten wahrscheinlich erst noch ausgemalt werden. Darauf deutet ein Gefäß zum Zerstoßen von Farben in Raum (14) hin. Das am gleichen Vorraum (11) wie Raum (14) liegende Cubiculum (13) besitzt eine Wanddekoration (Kat.Nr.21/28) des späten 4. Stils[643] (5. Phase). Das Bad war in seiner letzten Form möglicherweise noch nicht lange wiederhergestellt, da auch dort ein Farbgefäß gefunden wurde.

---

[636] Vgl. Förtsch, Kommentar 171 Nr.IX 6. Allerdings gehört die zitierte Wanddekoration zum von Förtsch nicht behandelten Saal (4).

[637] M.Della Corte, NSc 1921, 445; Jashemski, Gardens I 320; Flach, Agrargeschichte 219.

[638] s.o. S. 101.

[639] Della Corte a.O. 444. Unklar bleibt, wieso Della Corte zuvor von Speisezimmern *(„cenacoli“)* spricht, da es sich auch bei dem über Raum (1) gelegenen Raum aufgrund seiner geringen Größe nicht um ein Triclinium handeln kann. Möglicherweise sind *cubicoli* gemeint. Vgl. Flach, Agrargeschichte 219 *(„Speisezimmer“)*.

[640] Carrington a.O. 127 geht offensichtlich davon aus, daß die Einrichtungen zur Weinerzeugung bereits von Anfang an in der Villa bestanden. Die Installation der Weinpresse innerhalb der östlichen Porticus spricht aber gegen diese Annahme.

[641] Jashemski, Gardens I 320.

[642] Förtsch, Kommentar 171 Nr.IX 7.

[643] Neuerburg, Catalogue 44f. Nr.94.

Die „Villa des Popidius Florus“ (Kat.Nr.21) ist damit ein hervorragendes Beispiel für den Wandel, der sich in den meisten der bisher behandelten Villen feststellen ließ. Zunächst wurde die Wohnfläche des ursprünglichen Geländes vergrößert. Später erfolgte dagegen eine Aufgabe der neuen Wohnräume zugunsten der Nutzungsfläche. Auffällig ist jedoch, daß die Villa trotzdem noch einen gewissen Ausstattungsluxus besitzt und einige Räume offenbar gerade erst ausgestattet wurden.

4.3.4. Die großen Villen mit Peristyl (Gruppe IIb: Kat.Nr.6.14)

Der als „Villa des Siminius Stephanus“ (Kat.Nr.6) bezeichnete Gebäudekomplex besteht aus drei Teilen (Abb.15). Zum südlichen Teil gehört auch die „Metallwerkstatt vor der Porta Vesuvio“, die hier jedoch nicht behandelt werden kann[644]. Von diesem Teil wurde zunächst nur der Raum (4), wegen des Fensters in der Ostwand wahrscheinlich der Pförtnerraum dieses Gebäudeteiles, freigelegt. Zu den Funden gehören ein Bronzetopf mit verkohlten Hülsenfrüchten, eine Trense und ein Pferdemaulkorb sowie mehrere Eisengeräte, vier Glasgefäße, ein Terra sigillata-Gefäß und 18 Tongefäße, drei Amphoren und zwei Bronzemünzen. Es handelt sich hierbei also um einen Verwahrkomplex, wobei jedoch auffällt, daß dazu lediglich ein Bronzegefäß gehört[645].

Die vier im Norden der Villa freigelegten Räume (30-33) gehören Sogliano zufolge bereits zu einer weiteren Villa, was jedoch wegen ihres direkten Anschlusses eher fraglich erscheint. Auffällig ist, daß diese Räume zwar Mosaikböden, aber keine Wanddekorationen besitzen. Nur in zwei dieser großen Räume lagen Funde, darunter ein Mörser, zwei Tischfüße aus Travertin (33) und aus Bronze eine Griffschale, eine Laterne, ein Lampe und eine fragmentierte Strigilis sowie eine sechsflammige Tonlampe und ein Terra sigillata-Teller.

Der Hauptkomplex der Villa liegt in der Mitte des freigelegten Teiles. Der Raum (1) westlich des Peristyls ist aufgrund seiner Öffnung nach Norden wahrscheinlich ein Pförtnerraum. Hier wurden ein kleiner Dreifußuntersatz aus Bronze (Kat.Nr.6/4), ein Henkelbecken, eine große Tonlampe und ein kleiner „Altar“ aus Ton, bei dem es sich möglicherweise um einen kleinen Herd handelt[646], gefunden. Der kleine, südlich anschließende Raum (2) besitzt eine weißgrundige Wanddekoration (Kat.Nr.6/5), wurde jedoch, wie eine kleine Bronzeglocke zusammen mit Tierknochen und ein Pferdeskelett mit Zaumzeug zeigen, als Stall genutzt.

Interessant ist v.a. der westliche Teil des Südtraktes. Dort entsprechen die Räume (7) und (5) in Form und Größe den bisher besprochenen Sälen. Raum (7) besitzt eine Wanddekoration aus gelben und roten Feldern. In der Mitte des Raumes befindet sich auf dem Fußboden ein Rechteck aus Buntmarmor, wie es in Triclinia häufiger vorkommt. In dem weiß

644 Zur Problematik s. Kap.2.2.3.

645 Vgl. die Verwahrkomplexe in den Pförtnerräumen der Villen (Kat.Nr.16.18) und Tab.3.

646 s.o. S. 133 Kat.Nr.2, Raum A.

verputzten Raum (5) befindet sich eine Treppe zum Obergeschoß und zudem eine kleine Trennmauer. In der Höhe des Obergeschosses ließen sich noch Reste von gelben und roten Wanddekorationen nachweisen. Dies ist deswegen von besonderem Interesse, da über Raum (5) in einer Tiefe von nur 2 m das berühmte Philosophenmosaik gefunden wurde, nach Sogliano in keinem sicheren Zusammenhang[647]. Daß das Mosaik bei seiner Auffindung noch als Bodenschmuck diente, wird daher weitgehend ausgeschlossen[648]. Wahrscheinlicher als eine unmotivierte Fundsituation in der Füllschicht ist m.E. jedoch, daß das Philosophenmosaik (Kat.Nr.6/6) Teil des Fußbodens eines Raumes über Raum (5) war. Im südlich anschließenden Gang liegen die Balkenlöcher des Obergeschosses in einer Höhe von 3.50 m. Bei einer Verschüttungshöhe von über 5 m entspricht dies in etwa der Fundlage des Mosaiks. Dabei ist zu beachten, daß dieser Raum des Obergeschosses einer der wenigen ausgemalten der Villa ist.

Von den zahlreichen kleinen Räumen des Südtraktes fällt Raum (6) durch einen Verwahrkomplex auf, zu dem neun Bronzegefäße, ein Spiegel, drei Geräte und ein Haufen von zusammenkorrodierten Nägeln aus Eisen, zwei Glasflaschen, sieben Tongefäße, eine Bildlampe (Kat.Nr.6/7) sowie drei einfache Tonlampen gehören. Soweit die Zusammensetzung der Bronzegefäße, darunter eine Situla, zwei Henkelbecken, drei „Pastetenformen" (Muschelschalen ?) erkennen läßt, handelt es sich eher um Tafelgeschirr oder wegen der Henkelbecken um eine Ausstattung von Wohnräumen als um Küchengefäße. In den auf das Peristyl geöffneten Räumen dieses Traktes (9.12-14) wurden einige Tongefäße, Amphoren, Tonlampen, Eisengeräte und wenige Bronzemünzen gefunden. In der südlichen Porticus lagen die beiden Füße eines Marmorbeckens. Im Hof (M) wurde der Siegelring (Kat.Nr.6/3) gefunden, nach dessen Besitzer die Villa benannt ist. Der kleine Raum (17) im östlichen Teil des Südtraktes wurde, wie sein Inventar, darunter ein Eisendreifuß, drei Bronzekessel, sieben Bronzemünzen und fünf Amphoren, zeigt, als Küche genutzt. Die Räume der südöstlichen Gebäudehälfte waren weitgehend fundleer. Auf die östliche Porticus öffnen sich die Räume (27-29). Zwischen den Eingängen der Räume (28.29) steht eine Marmorbank. Nahe dem Eingang zu Raum (28) lagen fünf Skelette zusammen mit einem Gemmenring (Kat. Nr.6/1), zwei Münzen aus Silber und sechs aus Bronze. Nahe bei der Zisternenöffnung steht eine kleine Marmorsäule (Kat.Nr.6/2) mit Inschrift. In den weiß verputzten Wänden von Raum (27) befinden sich Balkenlöcher für drei Reihen Regale übereinander. Hier lagen fünf gedrehte Füße und andere Teile aus Bronze von Möbeln und zwei Eisenschwerter. In Raum (28) fand man drei Skelette. Bemerkenswert ist die Fundsituation in Raum (29). Hier lagen fünf Skelette mit einem Ohrring und einem sehr kleinen Ring aus Gold sowie ein Eisendreifuß und fünf Bronzegefäße, darunter zumindest ein Kochgefäß. Offenbar wurden auch in diesem Raum Speisen zubereitet. Nicht beachtet wurde bisher, daß bei einem der Skelette die Schienbeinknochen von Eisenringen umfaßt wurden. Es handelt sich daher hier um ei-

[647] A.Sogliano, NSc 1898, 498: *„nello strato di cenere e non in opera"*.
[648] K.Gaiser, Das Philosophenmosaik in Neapel (1989) 8 Anm.1; De Vos, Pompei 180.

nen Sklaven, der an den Füßen eine Eisenfessel tragen mußte[649]. Die im Osten liegenden Räume (24-26) waren über einen umbiegenden Gang vom Peristyl aus zu erreichen. Auch in Raum (25) wurde ein größerer Gefäßkomplex aufbewahrt. Der Fund eines Bronzekessels auf einem Eisendreifuß deutet auch in diesem Raum auf einen zumindest teilweisen Betrieb als Küche. Außerdem wurden hier u.a. eine „Pastetenform" (Muschelschale ?), ein Becken, eine Kasserolle, eine Situla, eine *lagena* sowie ein Armband aus Bronze, eine Glasschüssel, drei Terra sigillata-Gefäße, drei weitere Gefäße, einige Amphoren, eine Tonlampe und eine Bronzemünze gefunden. In Raum (26) lagen dagegen lediglich ein Terra sigillata-Gefäß, drei Bildlampen, ein Glasbecher und einige Amphoren.

Die Interpretation der Fundzusammenhänge in dieser Villa ist schwierig. Das bei der Betrachtung der Architektur festgestellte weitgehende Fehlen von repräsentativen Räumlichkeiten wird durch die vorgefundene Ausstattung bestätigt. Wandmalerei besaßen, sieht man von Raum (2) ab, der jedoch als Stall genutzt wurde, nur die Säle im Erd- wie im Obergeschoß der westlichen Hälfte des Südtraktes. Ihr Ausstattungsluxus muß einst, wie das Philosophenmosaik (Kat.Nr.6/6) zeigt, beträchtlich gewesen sein. Im Jahre 79 n.Chr. besaßen diese Räume dagegen offenbar recht einfache Wanddekorationen des 3. oder 4. Stils[650]. Gefäße des gehobenen Tafelluxus umfaßt keiner der zahlreichen Gefäßkomplexe in der Villa, auch nicht der in Raum (6). Es ist bereits darauf hingewiesen worden, daß sich die wenigen repräsentativen Räume (5.7) der Villa vom Peristyl abwenden und statt dessen auf einen Gang öffnen[651]. Wahrscheinlich waren die meisten der sich auf das Peristyl öffnenden Räume bewohnt, was aus den dort gefundenen Gefäße und anderen Objekten abzuleiten ist. Auffällig ist die hohe Anzahl von Gefäßkomplexen, darunter zumeist Kochgefäße und häufig Eisendreifüße. Dagegen fehlt eine Küche mit festen Installationen. Bei den Funden handelt es sich daher nicht um Verwahrkomplexe, sondern vielmehr um Rauminventare, die eine bestimmte Gruppe von Menschen in einem relativ engen Bereich versorgen. Aufgrund der zahlreichen mobilen Kocheinrichtungen läßt sich vermuten, daß in dem Gebäude eine größere Anzahl von Sklaven untergebracht war. Eine Gruppe von ihnen lag im Raum (29). Ein kleiner Ring und ein Ohrring aus Gold stellten offenbar ihren Besitz dar. Die eisernen Fußfesseln eines Mannes lassen zumindest in diesem Fall keinen Zweifel daran, daß es sich um einen Sklaven handelt. Auffällig ist, daß im freigelegten Bereich der Villa nichts auf eine landwirtschaftliche Produktion größeren Maßstabs hinweist. Jedoch können diese im nicht ausgegrabenen Bereich der Villa liegen. In diesem Zusammenhang ist auch der südliche Gebäudeteil interessant, der zwar ausgegraben wurde, zu dessen Publikation es aber nur teilweise kam. Es handelt sich dabei um die „Metallwerkstatt vor der Porta Vesuvio". Inwieweit hier unmittelbare Zusammenhänge bestehen können, d.h. ob die Arbeiter möglicherweise im Hauptgebäude in den besprochenen Räumen untergebracht waren,

[649] Vgl. einen entsprechenden Befund, E.C.Corti, Untergang und Auferstehung von Pompeji und Herculaneum[7] (1951) Taf.60.
[650] A.Allroggen-Bedel in: Regione sotterrata 522 Anm.11.
[651] s.o. S. 79.

kann erst eine Publikation und Auswertung der noch vorhandenen Unterlagen klären[652]. In diesem Zusammenhang wäre auch zu fragen, wie die zahlreichen Marmorfunde in diesem Gebäudeteil zu interpretieren sind. Vorerst müssen aber alle Antworten auf diese Fragen spekulativ bleiben.

Auch die Villa in Gragnano, fondo Marchetti (Kat.Nr.14), wurde bei der Untersuchung der Fundkontexte innerhalb bestimmter Raumgruppen aufgrund ihrer nicht direkt vergleichbaren Architektur nicht berücksichtigt (Abb.11). Die Funde in den hervorgehobenen, aber undekorierten Räumen (31-35) des Nordtraktes[653] sind recht spärlich und lassen auf eine Bewohnung schließen. Hier wurden eine Terra sigillata-Schüssel und zwei weitere Tongefäße (Raum 32), fünf Tongefäße und zwei Amphoren (Raum 33), ein Eisenstab, ein Tongefäß sowie drei Amphoren (Raum 35) und schließlich die Teile eines Marmortischfußes sowie eine Bronzekanne und eine Tonkanne (Raum 34) gefunden. Die Tischplatte aus Marmor fehlte. Bei dem unvollständigen Marmortisch handelt es sich wahrscheinlich um das Relikt eines vergangenen Wohnluxus, der ansonsten noch allenfalls durch die Größe der Räume belegt wird. In dem großen und langgestreckten Raum (2) wurden die Skelette von zahlreichen Pferden und Rindern gefunden. Im südöstlichen Hof (C) stand auf einem Herd ein sehr großer Bronzekessel. Ein Bronzetopf wurde in der Nähe gefunden. Hierbei handelt es sich offenbar um die Kochstelle der Villa, denn im Backraum (14/15), der leer aufgefunden wurde, gab es keine Kochvorrichtung. Von den elf Räumen dieses Hofes waren mehrere leer. Die Funde in den anderen Räumen, in Raum (6) eine Bronzemünze und ein Tongefäß, in Raum (8) eine Amphore und zwei Tonlampen, in Raum (9) eine Amphore, fünf Tongefäße und eine Terra sigillata-Schüssel, in Raum (10) vier Amphoren und drei Tongefäße und in Raum (13) zwei Tongefäße, zeigen, daß diese Räume bewohnt wurden. Im südwestlichen Hof (D) wurden lediglich zwei Amphoren und eine leiterartige Eisenkonstruktion zur Bestrafung der Sklaven vorgefunden (Kat.Nr.14/3). In der Südwestecke des Peristyls lagen weitere Tongefäße. In der westlichen Porticus fanden sich drei Eisengeräte, eine Amphore und neun einfache Tongefäße sowie sechs Terra sigillata-Schüsseln. Auf dieser Seite des Peristyls liegen mehrere kleine Kammern. In den Räumen (21-23) wurden insgesamt sechs Amphoren und zwei weitere Tongefäße gefunden. In Raum (25) lagen zehn große Eisenklammern, zwei kleine Glasflaschen und fünf Tongefäße. In Raum (26) wurden eine Kasserolle, zwei Eisenwerkzeuge, mehrere Tongefäße und ein Terra sigillata-Gefäß gefunden. Der schmale Raum (20), der einen Ausgang zu den außerhalb der Villa gelegenen landwirtschaftlichen Anlagen besitzt, diente offenbar als Verwahrstelle für die gesamte Villa. Hier wurden zahlreiche Bronzegefäße, darunter zwei Kochgefäße, zwei Kasserollen und zwei Trichterrandkannen, sowie Tongefäße, aber auch ein Paar Ohrringe aus Gold und ein Silberarmreif gefunden.

---

[652] Zu dieser Problematik s.o. S. 27ff.

[653] Der Saal (35) wird von Förtsch, Kommentar 175 Nr.IX 59 als repräsentativer Raum angesehen.

Die beobachtete Streuung der nicht sehr zahlreichen anderen Funde, überwiegend Tongefäße, über die gesamte Villa läßt vermuten, daß die Mehrzahl der Räume bewohnt war. Es zeichnen sich drei Bereiche ab, 1. die großen Räume des Nordtraktes, 2. der Hof (C) mit seinen kleinen Räumen und 3. die kleinen Räume an der westlichen Porticus. Durch den Verwahrkomplex in Raum (20) und die Terra sigillata-Gefäße in den Räumen und in der davorliegenden Porticus scheinen die Räume auf der Westseite des Peristyls eine besondere Rolle einzunehmen. Die Räume des Nordtraktes wurden aufgrund der dort gefundenen Tongefäße und einer Bronzekanne vermutlich auch als Wohnräume genutzt. Ihren repräsentativen Charakter, auf den ihre Größe und der unvollständige Marmortisch schließen lassen, besaßen sie zumindest im Jahre 79 n.Chr. nicht mehr. Die Funde in den Kammern (3-13) und die Herdstelle mit zwei Bronzetöpfen im dazugehörigen Hof (C) legen auch hier eine Bewohnung nahe. Della Corte glaubte von dem sehr großen Bronzekessel auf die Herstellung von Käse schließen zu können[654]. Flach hält dies zwar für möglich, legt sich aber nicht auf einen bestimmten Funktionsbereich fest. Im Hof (D) erkennen Della Corte und Flach aufgrund der Eisenkonstruktion zum Fesseln von Sklaven ein Ergastulum[655]. Dies erscheint jedoch wenig wahrscheinlich, da dieser Hof drei Eingänge und eine Treppe zum Obergeschoß besitzt, während Ergastula aus Sicherheitsgründen offenbar unterirdische Anlagen waren[656]. Dagegen besitzt der andere Hof (C) mit seinen elf Kammern nur einen zentralen Zugang. Möglicherweise diente der große Bronzekessel daher dem Zubereiten der Speisen, zumal im Backraum (14/15) keine Kochgelegenheit existierte. Terra sigillata-Gefäße wurden in den Kammern (3-13) des Hofes (C) nicht gefunden. Es ist daher zu vermuten, daß hier Sklaven untergebracht waren, während die Räume im Westen und Osten sicherlich übergeordneten Sklaven oder Freigelassenen dienten. Ein luxuriöser Wohnbereich war zumindest zur Verschüttungszeit nicht mehr vorhanden. Dagegen sind zahlreiche landwirtschaftliche Aktivitäten erkennbar. Darauf weisen die Rinder im Stall (2) und die zwölf Dolien des möglicherweise nur zu einem kleinen Teil aufgedeckten Dolienhofes, das große Torcularium sowie mehrere große, in der Porticus (27) gelagerte Holzbalken hin.

[654] M.Della Corte, NSc 1923, 277.

[655] Ebenda 277f.; Flach, Agrargeschichte 240.

[656] Rossiter, Farm Buildings 40. 43.

4.3.5. Die kleinen Villen (Gruppe III: Kat.Nr.12.13.15)

Die Villa in Boscoreale, fondo D'Acunzo (Kat.Nr.15), lag unmittelbar an einer öffentlichen Straße, denn vor dem Eingang befand sich ein überdachter Weinausschank (Abb.17). Vor einer halbhohen Schutzwand befanden sich hier ein Herd und eine Sitzbank. Zusätzlich waren an der östlichen Außenwand von Raum (12) eine Tränke und eine weitere Sitzbank installiert. In dem unmittelbar hinter dem Eingang gelegenen Pförtnerraum (1) wurden 14 landwirtschaftliche Geräte, aber auch ein Kessel und eine Schöpfkelle gefunden, die wahrscheinlich mit dem Weinausschank in Verbindung standen[657]. Die hier gefundenen Hühner können auch in der Küche (8) gehalten worden sein. Zur Küche gehört der Nebenraum (10/11), in dem eine Mühle stand und in dem eine Ziege gehalten wurde. In der Küche (8) lagen nur wenige Funde.

Der große Verwahrkomplex im anderen Nebenraum (12) zeigt, wie bereits festgestellt, eine sehr unterschiedliche Zusammensetzung[658]. Auffällig sind die sieben Bronzestatuetten, die hier auf einem Podest standen. In keiner der anderen Villen ließ sich innerhalb einer Küche ein Lararium mit Statuetten nachweisen. Auch in Pompeji wurde die überwiegende Mehrzahl der Statuetten in repräsentativen Räumen gefunden[659]. Wahrscheinlich ist dieser Fund mit der besonderen Situation im Wohnbereich dieser Villa zu erklären. So fehlt den Räumen (4-7), von der Architektur her ohne Zweifel eine Kombination von einem Saal mit einem Vorraum und zwei Nebenräumen[660], jede Wanddekoration. Der Kalkhaufen im Saal (7) ist daher sehr wahrscheinlich mit einer gerade stattfindenden Neuausstattung dieser Räume zu verbinden[661]. Im Nebenraum (6) fand sich offenbar das vorwiegend aus Tongefäßen bestehende Eßgeschirr der Villa[662], während das wertvolle Inventar wahrscheinlich in den Raum (12) verbracht wurde[663]. Die Frage, ob gerade eine Neuausstattung der Villa im Gange war, ist von großer Bedeutung für die Charakterisierung der Villa. Da in dem Saal (7) ein Lager- oder Arbeitsraum gesehen wird und dieser Zustand zudem für die gesamte Existenzdauer der Villa postuliert wird, gilt diese Villa als typisches kleines Bauernhaus[664]. Da der Saal (7) aber sicher ursprünglich als Triclinium diente und die Villa zudem ein Viridarium (D) besaß, kann es sich bei der Villa von der Architektur kaum um einen kleinen Gutsbetrieb gehandelt haben. Es ist nicht auszuschließen, daß diese

[657] s.o. S.108.
[658] s.o. S. 106.116 und Tab.2.
[659] Vgl. die Liste von Fröhlich, Lararienbilder 356ff.
[660] s.o. S. 83.
[661] s.o. S. 102.
[662] s.o. S. 105.
[663] Die Vermutung von Flach, Agrargeschichte 232, Legende zu Abb.13, es könnte sich bei Raum (12) um das Speisezimmer der Villa gehandelt haben, ist unwahrscheinlich.
[664] Rossiter, Farm Buildings 13; Flach, Agrargeschichte 233.

Villa in ihrer letzten Phase als solcher genutzt wurde. Der Kalkhaufen im Saal (7) und die wertvolleren Funde in Raum (12) sprechen jedoch eher für eine Umbausituation[665].

Vergleichsweise gut überschaubar ist die Fundsituation in der Villa in Boscoreale, fondo Prisco (Kat.Nr.12). Der landwirtschaftliche Aspekt, darunter insbesondere die Weinverarbeitung, scheint von großer Bedeutung gewesen zu sein (Abb.18). Darauf weisen das Torcularium (2), der nicht ausgegrabene, allerdings recht kleine Dolienhof (g) sowie die Dolien in Raum (7) und in dem sehr großen Raum (13) hin, der aufgrund seiner Größe sicher noch anderweitig genutzt wurde. Die Wohnräume (3-5) und das Caldarium (11) waren, wenngleich offenbar auf einfache Weise, ausgemalt. Bemerkenswert ist jedoch das schwarzweiße Mosaik mit Meereswesen des Caldariums (11). Gegenüber dem Triclinium (5) befand sich in Raum (6) ein Verwahrkomplex[666], zu dem auch ein bemerkenswerter Tisch aus Buntmarmor gehört. Außer dem Gefäßkomplex wurde in der Villa kaum etwas gefunden. Bei den drei Bronzegefäßen, die in dem großen Raum (13) gefunden wurden, könnte es sich z.T. um Kochgefäße handeln. Die Funde in den kleinen Räumen (3.4), darunter Gefäße, deuten auf eine Bewohnung dieser Räume hin[667]. In dem großen Raum (16) lagen die Skelette von sechs Menschen, darunter ein Kind, und von zwei Hunden. Das Fehlen von Beifunden wie Schmuck oder Geld legt die Vermutung nahe, daß die Besitzer der Villa nicht anwesend waren und es sich bei den Opfern um die Sklaven der Villa handelt.

Von der Betrachtung der Fundkontexte in bestimmten Architektureinheiten war die Villa in Boscoreale, fondo Brancaccio (Kat.Nr.13), aufgrund ihres ungewöhnlichen Grundrisses ausgenommen worden (Abb.19). Ebenso wie der Architektur fehlt auch der Ausstattung jeder repräsentative Anspruch. Die Räume besitzen Lehmböden und nur Raum (6) war als einziger verputzt, aber fundleer. Von den vier Räumen östlich des Ganges besitzt nur Raum (3) Inventar: Reste eines Möbelfußes aus Bein, zwei kleine Bronzegefäße, eine Glasflasche, zehn Tongefäße und vier Amphoren, drei Tonlampen sowie drei Eisengeräte und drei Eisenschlüssel. Vor der Zwischenwand der Räume (3.4) stand auf einem Podest eine kleine Handmühle. Außer Raum (3) war auch noch der große, neben dem durch seinen Verputz herausgehobenen Raum (6) gelegene Raum (9) bewohnt. Hier lagen eine Situla und eine Kasserolle aus Bronze, fünf Gefäße und zwei Lampen aus Ton. In dem großen, langgestreckten Raum (10) lagen nur zwei Amphoren, während in Raum (12), von ähnlicher Form und Größe, Stroh gelagert worden war. Als Lagerraum war offenbar auch der sehr große Raum (13) genutzt worden, in dessen nördlichem Teil Kastanienholz lag. Außerdem wurden hier eine Tonlampe, Teile zweier Bronzelaternen, ein Bleigewicht und ein Tongefäß sowie sechs gestempelte Scherben von Terra sigillata-Gefäßen gefunden. Im Gang (B) lagen die

[665] Der Kalkhaufen wurde bereits von Della Corte als Hinweis auf einen Umbau in der Villa gesehen, jedoch nicht unmittelbar auf Saal (7) bezogen; vgl. hier S. 102. Auf die Kleinfunde weist auch Flach, Agrargeschichte 233 hin.

[666] s.o. S. 115 und Tab.1.4.

[667] s.o. S. 102 und Tab.8.12.

Skelette zweier Bewohner der Villa. Die Architektur und die wenigen Funde sprechen für eine rein landwirtschaftliche Nutzung. Sicher nachweisbar ist allerdings nur der Anbau von Getreide und Oliven.

4.3.6. Die Villa mit Atrium (Gruppe IV: Kat.Nr.19)

Die Ausstattung der Villa mit Atrium (Kat.Nr.19) ist bisher nicht betrachtet worden. Die Villa besteht aus drei voneinander getrennten Bereichen, dem Atrium, dem Peristyl und den außerhalb gelegenen landwirtschaftlichen Anlagen (Abb.20). Vier der Wohnräume (8.9. 11.15) sowie das Atrium (A) besitzen Wanddekorationen des 4. Stils. Fast alle der um das Atrium liegenden Räume wurden leer aufgefunden, darunter auch der Saal (11), der in Größe und Form den besprochenen Triclinia entspricht[668]. Allerdings ist mit späteren Durchsuchungen einzelner Räume zu rechnen. So erfolgte in Raum (9) in späterer Zeit eine Sarkophagbestattung. Im Caldarium (15) wurden ein großes, rundes Marmorbecken, ein Eisendreifuß, eine Amphore und zwölf weitere Gefäße aus Ton gefunden. Im Atrium lag zudem ein Bronzekessel. Am Eingang (a), der auf das Peristyl (B) führt, liegt ein Pförtnerraum (2), in dem lediglich drei Amphoren lagen. Im anschließenden Raum (3) wurden drei Lampen, zwei Würfel, eine Amphore und eine Bronzemünze gefunden. Der auf der anderen Seite des Ganges liegende und vom Peristyl aus zugängliche Raum (1) enthielt ein einfaches Tongefäß und vier Terra sigillata-Gefäße. Von den auf der Ostseite des Peristyls liegenden Räumen (4-7) wurde Raum (4) als Küche benutzt. Bis auf eine Amphore waren diese Räume leer. In der Mitte des Peristyls wurden Holzstangen, die offenbar beim Weinanbau verwendet wurden[669], gelagert. In der Südwestecke lagen ein Bronzegefäß, zwei Glasgefäße, drei Tonamphoren, neun weitere Gefäße sowie eine Mühle aus Vesuvgestein. Der einzige Hinweis auf einen gewissen Ausstattungsluxus sind daher die Wanddekorationen des 4. Stils im Bereich des Atriums.

---

[668] Förtsch, Kommentar 173 Nr.IX 30 Taf.58,1, hält dagegen den südlich anschließenden Saal (12) gleicher Größe für ein Triclinium.
[669] M.Della Corte, NSc 1923, 273.

4.3.7. Die unvollständig freigelegten Villen (Kat.Nr.3-5.17.23)

Zur Situation in der Villa in Scafati, fondo De Prisco (Kat.Nr.17), läßt sich nur wenig sagen (Abb.22). Bei dem freigelegten Osttrakt handelt es sich wahrscheinlich um den Haupttrakt der Villa, denn hier liegen die Küche (3-5) und das nur einfach verputzte Bad (6.7) sowie ein großer Saal, der allerdings undekoriert war. Alle freigelegten Räume, auch die Küche, waren weitgehend fundleer. Raum (11) war weiß verputzt und zeigte links vom Eingang eine Wandmalerei mit Juno. Nur in Raum (12), wo die Anbringung von Regalbrettern nachgewiesen werden konnte, wurden einige Objekte gefunden. Diese Funde sowie die Skelette eines Pferdes und mehrerer Hühner in dem kleinen Stall (2) sind die einzigen Hinweise auf eine Nutzung der Villa.

Die Einordnung von Raum (C) der Villa in Boscoreale, piazza Vargas (Kat.Nr.3), ist schwierig, da der Raum im Verhältnis zur danebenliegenden Küche und deren Nebenräumen recht groß erscheint, vermutlich aber hinter der normalen Größe eines Tricliniums zurückbleibt (Abb.21)[670]. Der Raum besitzt einen Opus signinum-Boden und weiß verputzte Wände mit roter Sockelzone. Die Funde beschränken sich auf drei Eisengeräte, ein Bleigefäß, fünf Amphoren und eine Terra sigillata-Bodenscherbe. Bemerkenswert ist ein in der Porticus neben den Eingang zu Raum (C) gemaltes Lararienbild. In einem Schrank in der nördlichen Porticus wurden ein Alabastron aus Alabaster, zwei Glasflaschen und elf Tongefäße gefunden. In Raum (G) lagen zwei Skelette.

Ein besonderes Interesse beansprucht die Villa in Boscoreale, fondo Vitiello (Kat. Nr.11), deren Ausstattung wegen ihres ungewöhnlichen Grundrisses hier bisher noch nicht betrachtet wurde (Abb.27). Ihre Räume waren nach R.Paribeni im 1. bzw. 2. Stil ausgemalt[671]. Nur die Dekorationen des Saales (3) und des Caldariums (14) sind recht gut bekannt. Von den anderen Wänden vermögen die Beschreibungen in den *giornali dello scavo* keine genauen Vorstellungen zu vermitteln. Da aber offenbar auch die Wände, die angeblich der 1. Stilphase angehören, gemalt und nicht stuckiert waren[672], ist nicht auszuschließen, daß die gesamte Ausstattung in die 2. Stilphase gehört. Im Saal (3), dessen Wanddekorationen Paribeni mit der Casa del Labirinto vergleicht[673] und in dessen Cocciopesto-Boden sich Giallo antico-Fragmente befinden, wurden Möbelfüße, ein Kandelaber, eine Kasserolle und eine Trifoliarkanne sowie ein weiteres Bronzegefäß, möglicherweise ein Eimer mit Sirenenattaschen, zwei Tongefäße, vier Amphoren und sechs Eisengeräte gefunden. Die gefundenen Gefäße, die Form des Saales sowie die Ausstattung des Bodens und der Wände lassen hier das Triclinium erkennen. Der größere Teil der Funde könnte zu dessen Ausstattung gehören. Die Situation in dem etwa gleich großen Raum (11) ist unklar,

---

[670] Der Plan wurde ohne Maßstab publiziert, A.Sogliano, NSc 1898, 419.

[671] R.Paribeni, NSc 1903, 65.

[672] Ebenda 66 n.2 (Raum 8).

[673] Ebenda 66. Vgl. V.M.Strocka, Casa del Labirinto. Häuser in Pompeji 4 (1991) 39ff. 133f. Abb.239-246 (Triclinium 39: 4. Dekorationsphase, ca. 70-60 v. Chr.).

möglicherweise besaß er eine Wanddekoration 1. Stils und war fundleer[674]. Sowohl der Pförtnerraum (10) wie auch die kleinen Räume (5-9) besaßen Wanddekorationen. In Raum (5) oder (6) lag ein Skelett. In einem der drei anderen Räume (7-9) wurden ein Sieb und eine Amphore aus Bronze, sechs Amphoren und vier weitere Tongefäße gefunden. Die anderen Räume waren fundleer. Bemerkenswert ist der Sockelfries des Caldariums, der Sportszenen sowie Delphine zeigt.

Nur sehr wenig ist über die „Villa des Arellius Sucessus" (Kat.Nr.4) bekannt. Auf den tiefgreifenden Umbau im nördlichen und westlichen Bereich des Peristyls ist bereits hingewiesen worden (Abb.24.25)[675]. Bemerkenswert ist der Verwahrkomplex in einem Nebenraum der Küche (C.D oder F), dessen Gefäße wahrscheinlich überwiegend im Triclinium verwendet wurden[676]. Leider bleibt unbekannt, ob die Villa noch ein weiteres Triclinium besaß, da das Triclinium (N) durch das in das Peristyl eingebaute Torcularium (O) von hier nur umständlich zu erreichen war. Auffällig ist, daß die Handwaschgarnitur Kanne und Griffschale aus einer Kanne des Service Millingen besteht, während die Griffschale noch zum älteren, in die augusteisch-claudische Zeit datierten, Service Hagenow gehört[677].

Problematisch ist die Interpretation des Grundrisses der „Villa des Domitius Auctus" (Kat.Nr.5)[678]. Der Saal (D) war dem Grabungsbericht zufolge mit Feldern in Gelb, die durch schmale rote Felder mit Kandelabern untergliedert sind, ausgemalt (Abb.26). Nach Allroggen-Bedel ist die genauere Einordnung innerhalb der letzten drei Stilphasen nicht möglich[679]. Innerhalb des Saales und davor wurden zahlreiche Objekte gefunden, von denen ein Kandelaber, ein Paar Goldohrringe, mehrere Silberstatuetten, eine Bronzestatuette, ein Siegel, eine Waage mit figürlichem Laufgewicht und zwei Schwerter, eines davon mit Elfenbeineinlagen im Griff, sowie eine Griffschale besonders auffallen. Der ausgemalte Raum (H) war leer. Im undekorierten Raum (G) lagen drei Bronzegefäße, drei Bronzemünzen, zwei Lanzenspitzen, ein Schwert und acht Werkzeuge aus Eisen, ein Glasflußphallos, drei Amphoren und ein kleines Tongefäß. Eine Trifoliarkanne weist eine gleichgeartete Verzierung wie die Griffschale aus Saal (D) auf und bildete daher zusammen mit ihr eine Handwaschgarnitur[680]. Die Zusammensetzung der Funde und die fehlende Wanddekoration sprechen dafür, daß der Raum (G)[681] von einem Verwalter bewohnt wurde.

Der Osttrakt der Villa in Boscoreale, fondo Di Palma (Kat.Nr.23), bietet in seinem angetroffenen Zustand einige interpretatorische Probleme (Abb.23). Auf den einheitlichen

---

[674] Vgl. Kat.Nr.11 Raum 11.
[675] s.o. S. 90f.
[676] s.o. S. 118 und Tab.2.5.
[677] Kat.Nr.4/3.4; s. BaBiB 25 Nr.21. 20.
[678] So ordnet Fröhlich, Lararienbilder 356 in seiner Auflistung von Fundzusammenhängen von Statuetten die Funde aus Raum D in die Rubrik „Küchen- und Gesindetrakte" ein. Vgl. hier S. 91.
[679] A.Allroggen-Bedel in: Regione sotterrata 522.
[680] Kat.Nr.5/15.25. s. BaBiB 21. 26.
[681] Vgl. S. 102f. und Tab.8.12.

Grundriß, der Proportionen und Symmetrien in einem überraschenden Maße beachtet, ist bereits hingewiesen worden[682]. Die Wohnräume im Norden, ein Triclinium und drei kleine Räume, und das Bad im Süden sind im späten 3. Stil, nach F.L.Bastet zwischen 40 und 45 n.Chr., ausgemalt[683]. W.Ehrhardt hält dagegen eine Datierung in neronische Zeit für wahrscheinlich[684]. Der zentrale Raum des Osttraktes ist der große Saal (7), der sich in fast seiner gesamten Breite auf die in ihrer Mitte offene Porticus und damit auch auf den Hof öffnet. Auf diesen Raum schritt jeder Bewohner und Besucher zu, bevor er sich nach Norden zu den Wohnräumen oder nach Süden zum Bad wandte. Daß es sich bei dem Saal (7) jedoch nicht um ein Triclinium, sondern um das Torcularium der Villa handelte, ist bisher nicht als Gegensatz empfunden worden, obwohl bereits Della Corte die Pracht der Wanddekorationen und der Böden der anderen Räume der Villa betonte[685]. Daß es sich bei diesem Raum ursprünglich um den wichtigsten Raum der Villa gehandelt haben muß, belegen m.E. seine zentrale Stellung innerhalb des Traktes, seine Größe und der bereits angeführte Vergleich mit dem Oecus (H) der „Villa des Fannius Synistor" (Kat.Nr.10)[686]. Der jetzige Zustand als Torcularium gibt jedoch keine Hinweise auf eine frühere Ausstattung. Der Boden und die Wände sind bis zu einer Höhe von 1,50 mit einem dicken Cocciopesto-Verputz versehen. Darüber sind die Wände unverputzt. Möglicherweise bedingte der Auftrag dieser dicken Schicht die Abnahme der früheren Wanddekoration. Das Bad wurde möglicherweise nicht mehr genutzt[687]. Der Fund von zwei Bronzetöpfen, einer Kasserolle sowie einigen Tongefäßen im Raum (11) und in der nördlichen Porticus sowie das Inventar des kleinen Vorraumes (8) des Tricliniums (10)[688] zeigen jedoch, daß die Villa bewohnt war. Es ist nicht auszuschließen, daß das Gebäude durchsucht wurde. Jedoch zeigt die geringe Anzahl von Tongefäßen, daß dies wenig wahrscheinlich ist. Offensichtlich wurde die Villa in ihrer letzten Phase ausschließlich landwirtschaftlich genutzt.

---

682 s.o. S. 89.
683 F.L.Bastet, CronPomp 2, 1976, 140; F.L.Bastet-M.de Vos, Il terzo stile pompeiano (1979) 68f. Taf.33,60-34,62.
684 Ehrhardt, Untersuchungen 114f.
685 M.Della Corte, NSc 1921, 461.
686 s.o. S. 90.
687 Zu dieser Problematik s.o. S. 112.
688 Vgl. Förtsch, Kommentar 173 Nr.IX 31.

5. DIE ZENTURIATIONEN DES AGER POMPEIANUS

5.1. Die Villen des Ager Pompeianus

Bevor Fausto Zevi als erster eine Zenturiation des Ager Pompeianus anhand archäologischer Kriterien herausarbeitete[689], hatte bereits P.Mingazzini auf die gemeinsame Orientierung mehrerer Villen vor der Porta Ercolano, der Villa di Cicerone, der Villa di Diomede und der Villa dei Misteri, hingewiesen. Da ihm insbesondere das Verhältnis dieser Villen zur Via delle Tombe ungewöhnlich erschien, die die Eingangsbereiche der ersten beiden Villen zu durchschneiden scheint, sah er die Straße als erst nachträglich angelegt an. Den daraus gefolgerten brutalen Eingriff in diese Villen verband Mingazzini mit der sullanischen Koloniegründung[690]. F.Zevi erkannte dann, daß diese Villen in ihrer Orientierung, die im rechten Winkel zur Gräberstraße vor der Porta Nocera verläuft[691], mit der Regio VI, dem Forum und einer weiteren Villa vor der Porta Vesuvio (Kat.Nr.6) korrespondieren[692]. Die daraus gefolgerte vorrömische Zenturiation datierte Zevi, entsprechend der frühesten nachweisbaren Besiedlung der Regio VI, in die zweite Hälfte des 4. Jhs.v.Chr.[693].

Eine Überprüfung dieses Befundes anhand aller bekannten und genordeten Grundrisse der Villen in der Umgebung Pompejis, wie sie bisher offenbar noch nicht durchgeführt wurde, ergibt ein ebenso überraschendes wie klares Ergebnis (Abb.28)[694]. Anstatt der einen

---

[689] F.Zevi in: Regione sotterrata 353ff. Zum Ager Pompeianus s.a. V.Ivorio, OpPomp 2, 1992, 14ff.

[690] P.Mingazzini, ArchCl 1, 1949, 202f.

[691] V.Kockel, RM 90, 1983, 66.

[692] F.Zevi in: Regione sotterrata 356f.

[693] Ebenda 363ff.

[694] Nicht vertreten sind in dieser Übersicht die Villen nördlich von Boscotrecase (z.B. Terzigno). Zu den Villen bei Gragnano (Kat.Nr.14.19), die sehr wahrscheinlich bereits zum Ager Stabianus gehörten, s. Kap.5.3. Nicht berücksichtigt werden konnten die Villa in Scafati, contrada Muregine (Kat.Nr.7), und die beiden Villen in Scafati, contrada Iossa (Kockel-Nr.37; M.Della Corte, NSc 1922, 478f.; Casale-Bianco 50 Nr.151.) und contrada S. Abbondio (Kockel-Nr.32; M.Della Corte, NSc 1922, 479f.), deren Grundrisse unbekannt sind, und die Villen in Boscoreale, fondo Vitiello (Kat.Nr.11), und die „Villa des Agrippa Postumus“ (Kat.Nr.18), deren Grundrisse keinen Nordpfeil besitzen. Auch die „Silberschatzvilla“ (Kat.Nr.1) konnte nicht in die Auswertung einbezogen werden, da der Grundriß mit insgesamt drei verschiedenen Orientierungen publiziert wurde. Einen Anhaltspunkt liefert der Plan NSc 1895, 208 Abb.1 mit dem ursprünglichen Verlauf der wegen der Grabung verlegten Via Settetermini, die parallel zur heutigen Straße gelegen haben dürfte. Auf der Grundlage der von Casale-Bianco publizierten Karte lassen sich daher die Nordungen der Pläne NSc 1895, 208 Abb.1 (= 3. Gruppe) und Pasqui Taf. (34°) ausschließen. Der Karte nach zu urteilen dürfte die Orientierung der „Silberschatzvilla“ (Kat.Nr.1) im Bereich der 1. Gruppe gelegen haben (um 330°). Der möglicherweise bewußt korrigierende Plan von A.Mau, Pompeji in Leben

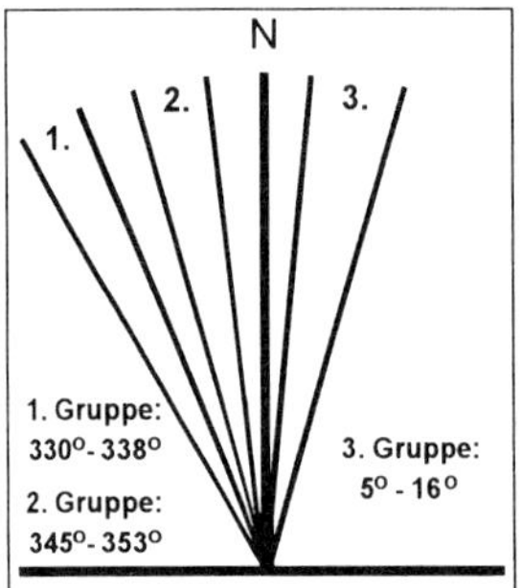

Abb. 28 Orientierungsgruppen der Villen des Ager Pompeianus

zu erwartenden Gruppe zeichnen sich drei deutlich voneinander getrennte Orientierungsgruppen ab. Auffällig sind die relative Geschlossenheit der Gruppen und ihre deutliche Trennung voneinander, die eine Zufälligkeit des Ergebnisses ausschließen. Dieses Ergebnis kann daher nur als Hinweis auf die Existenz von drei unterschiedlich orientierten Zenturiationen verstanden werden. Die vorhandenen Streubreiten, die jeweils ca. 10° umfassen, lassen sich mit der Ungenauigkeit der Grabungspläne hinreichend erklären. Als Beispiel sei hier die „Villa des Siminius Stephanus" (Kat.Nr.6) angeführt, von der noch der südliche Teil, die „Metallwerkstatt vor der Porta Vesuvio", freiliegt (Abb.15)[695]. Ihren Grabungsplänen entsprechend liegt sie in der Graphik (Abb.28) an der rechten Grenze der 1. Gruppe. Ihre tatsächliche Orientierung entspricht jedoch der der Regio VI (Abb.30)[696]. Ähnliches gilt für die Villen vor der Porta Ercolano. Wenn man ausschließlich die Gegend nördlich von Pompeji betrachtet, dann ergibt sich für die Villen der 1. Gruppe eine erheblich geringere Streubreite. Der Grund dafür ist der Umstand, daß für zahlreiche von diesen Grabungen neue und damit genauere Pläne vorhanden sind[697]. Den vier von Zevi beobachteten Villen lassen sich somit acht weitere mit derselben Orientierung hinzufügen.

Diesen stehen 16 Villen gegenüber, die sich nochmals in zwei deutlich voneinander getrennte Gruppen unterteilen. Eine einzige exakt nach Norden orientierte Villa (Kat.Nr.8), von der nur einige Mauern ausgegraben wurden, läßt sich keiner dieser Gruppen zuordnen. Die Karte (Abb.33) zeigt die topographische Verteilung der drei Gruppen. Die aus ihrer Orientierung gefolgerten Vermessungsnetze überlagern sich und lassen sich somit räumlich nicht trennen[698]. Das Verhältnis der drei Gruppen untereinander kann daher offenbar nur das einer zeitlichen Abfolge sein.

---

und Kunst (1900) Taf.4 zu S.356; ^{2}(1908) Taf.4 zu S.382 weist allerdings nur eine ähnliche Orientierung auf (320°). Vorerst muß die Orientierung der „Silberschatzvilla" (Kat.Nr.1) daher offen bleiben.

[695] s.o. S. 28.

[696] Benutzt wurde der nach Luftaufnahmen erstellte Plan 5 des CTP III.

[697] Vgl. Anm.696 und die Grabungspläne der neuen Grabungen Kockel Nr.57 (s. Anm.456) und CTP III Plan 7 Nr.66: A.Varone, RStPomp 1, 1987, 159ff.

[698] Dagegen läßt sich in Terzigno eine andere Orientierung erkennen: E.Menotti in: V.Kockel, AA 1985, 544ff. Abb.30; C.Cicirelli, RStPomp 3, 1989, 249ff.; dies. in: Ercolano 1738-1988, 567f. Unklar ist die Einordnung einiger Villen, die in jüngerer Zeit in der Gemeinde Scafati entdeckt wurden. Sie lassen sich nicht mit Sicherheit den antiken Gebieten von Pompeji, Stabiae bzw. Nuceria zuordnen. Zwei der Villen besitzen zudem deutlich andere Orientierungen; M.De'Spagnolis Conticello, Il pons Sarni di Scafati e la via Nuceria-Pompeios (1994); dies., RStPomp 5, 1991/1992, 67ff. Hier ist die von M.De'Spagnolis Conticello angekündigte Untersuchung zu den Villen in Scafati abzuwarten.

Sich überlagernde Zenturiationen sind durch die Luftbildauswertung allein für Latium und Kampanien in dreizehn Fällen bekannt[699]. Zu erwähnen sind hier beispielsweise Cales und Nola, wo jeweils drei übereinanderliegende Vermessungsnetze nachgewiesen werden konnten[700]. Während die gelegentliche Übereinstimmung der Orientierung der Villen mit der Zenturiation bereits bemerkt wurde[701], ist der Zusammenhang zwischen mehreren Zenturiationen und verschieden ausgerichteten Villen bisher noch nicht beobachtet worden.

5.1.1. Die erste Villengruppe

Der eindeutig frühesten, vorrömischen Zenturiation gehören die Villen der von Zevi beobachteten Orientierung an (Tab.15)[702]. Ihr entsprechen innerhalb der Stadtmauern die Regio VI und das Forum in seiner ursprünglichen Orientierung sowie der Apollotempel (Abb.30)[703].

Damit stellt sich die Frage nach der zugrundeliegenden Flächeneinteilung. Die Insulae 6-13 der Regio VI bieten zunächst gute Voraussetzungen, auf das zugrundeliegende Flächennetz zu schließen. Daß dies lange Zeit nicht gelang, liegt sicherlich nicht zuletzt an der wissenschaftsgeschichtlich interessanten Ächtung des oskischen Fußmaßes. Tatsächlich ist den Abmessungen der Insulae mit dem attisch-römischen Fußmaß von 29,57 cm[704] nicht beizukommen. Die dem Plan zu entnehmende Breite von fünf Insulae einschließlich der fünf Wege beträgt etwa 192 m[705], ihre Länge etwa 96 m[706]. Diesen Werten entsprechen 650 (649,3) x 325 (324,6) römische Fuß. Auf die einzelne Insula umgerechnet würden sich daraus ca. 130 x 325 röm. Fuß ergeben. In ein sinnvolles Verhältnis zu den römischen Flächeneinheiten lassen sich diese Maße nicht bringen[707].

---

[699] G.Chouquer - F.Favory in: Structures agraires 114ff.

[700] Ebenda 191ff.; 209ff.

[701] s.o. S.11.

[702] Wahrscheinlich läßt sich dieser Gruppe die Villa in Boscoreale, fondo Marchese Imperiali (Kat.Nr.22), anschließen. Die Rekonstruktion eines Teils des Grundrisses und ihre Lokalisierung sind G.Stefani zu verdanken. Ihrem Lageplan ist eine Orientierung der Villa von ca. 330° zu entnehmen: Stefani Taf.4.

[703] Zur ursprünglichen Orientierung des Forums vgl. La Rocca-De Vos 126.

[704] O.A.W.Dilke, Mathematics and Measurement (1987) 26; Flach, Agrargeschichte 327. Vgl. Anm.714.

[705] CTP III Plan 3: Gemessen auf dem Vico di Mercurio von der nordwestlichen Ecke der Insula 6 bis zur nordwestlichen Ecke der Insula 14.

[706] CTP III Plan 3: Gemessen auf dem Vico della Fullonica von der südwestlichen Ecke der Insula 8 bis zur südwestlichen Ecke der Insula 7.

[707] Ein Iugerum umfaßt 120 x 240 Fuß. Vgl. hierzu Dilke a.O. 31; U.Heimberg in: DiskAB 4 (1983) 288 Anm.32 Abb.12.

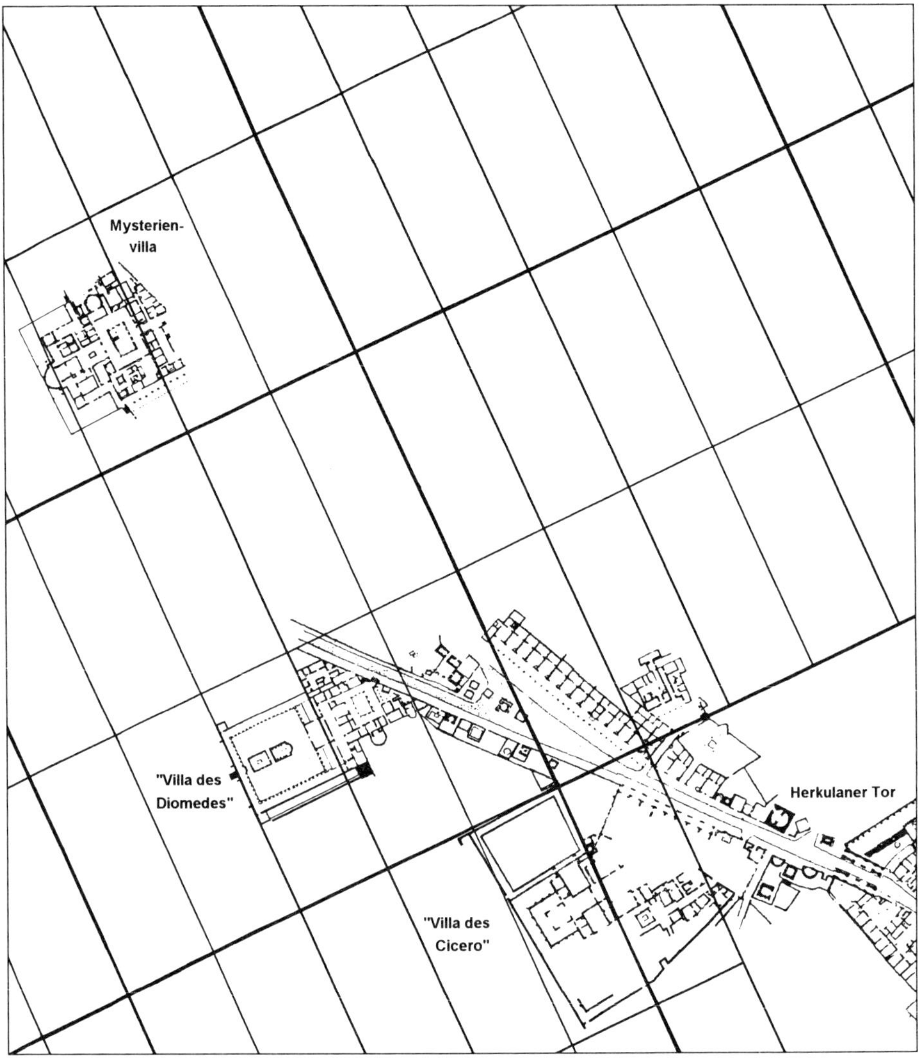

Abb. 29 Die 1. (vorsullanische) Zenturiation von Pompeji im Bereich vor dem Herkulaner Tor. M 1: 3.000

Abb. 30 Die 1. (vorsullanische) Zenturiation von Pompeji im Bereich der Regio VI und nördlich der Porta Vesuvio. M 1 : 3.000

"Villa des
Siminius
Stephanus"
(Kat.Nr.6)
Porta Vesuvio
Turm des
Merkur (XII)
REGIO
VI
INSULA OC
REGI

Die Angaben zur Orientierung der Villen sind, wenn nicht anders gekennzeichnet (* = CTP III Plan 1 und 5), den Grabungsplänen entnommen (vgl. den Katalog)		
Kat.Nr.4	Boscotrecase, contrada Setari	335°
Kat.Nr.6	Pompeji, contrada Cività*	334°
Kat.Nr.13	Boscoreale, contrada Cività-Giuliana	330°
Kat.Nr.17	Scafati, contrada Crapolla	334°
Weitere Villen außerhalb des Kataloges		
Kockel-Nr.24	Pompeji, Mysterienvilla*	332°
Kockel-Nr.41	Valle di Pompei	338°
Kockel-Nr.43	Boscoreale	330°
Kockel-Nr.51	Pompeji, Fondo de Fusco (NSc 1887, 247)	335°
Kockel-Nr.57	Boscoreale, Villa Regina (s. Anm.456)	330°
Kockel-Nr.91	Pompeji, Villa delle colonne a mosaico*	335°
Kockel-Nr.92	Pompeji, Diomedes Villa*	335°
Kockel-Nr.93	Pompeji, Cicero-Villa*	ca. 330°
CTP III Nr.66	Pompeji (RStPomp 1, 1987, 159ff.)	330°
	Pagus maritimus (NSc 1928, 369ff. Abb.1)	334°
	Pompeji, Regio VI, Insulae 6 -13*	335°

Tab. 15 Liste der Villen der 1. Gruppe

H.Nissen hatte in seinen 1877 erschienenen *Pompejanischen Studien* in einem ausführlichen Kapitel über die Metrologie Pompejis die lateinischen Quellen zusammengestellt, die von einem oskischen Flächenmaß berichten, und versucht, dieses Fußmaß in Pompeji nachzuweisen[708]. Sein erklärtes Ziel war es, mit dem Nachweis des verwendeten Fußmaßes ein weiteres Datierungskriterium zu gewinnen, da Augustus nach 29 v.Chr., wie Dio Cassius berichtet, die römischen Maße gegen ältere Maßsysteme durchsetzte[709]. Das weitgehende Fehlen genügender Daten führte schon bald zu einer lebhaften Diskussion, die aber zunächst nicht an der Existenz eines oskischen Fußmaßes zweifelte[710]. Tatsächlich sind die literarischen Quellen in ihren Aussagen eindeutig. Danach wurde in Kampanien bzw. von der Oskern und Umbrern als Flächeneinheit der Versus, der auf jeder Seite 100 Fuß umfaßt[711] und 8640 römischen Quadratfuß entspricht[712], verwendet. Daraus ergibt sich, daß

[708] H.Nissen, Pompejanische Studien zur Städtekunde des Altertums (1877) 70ff.

[709] Dio Cass.52,30,9; 52,42,2. Nissen a.O. 71.74; C.Peterse, Der oskische Fuß in pompejanischen Atrien, BABesch 59, 1984, 10.

[710] Vgl. A.Mau, Pompejanische Beiträge (1879) 20ff. Vgl. hierzu auch Peterse a.O. 9f.

[711] Varro rust. I 10,1: *Ille: Modos, quibus metirentur rura, alius alios constituit. Nam in Hispania ulteriore metiuntur iugis, in Campania versibus, apud nos in agro Romano ac Latino iugeris. Iugum vocant, quod iuncti boves uno die exarare possint. Versum dicunt centum pedes quoquoversum quadratum.* Frontin.grom. II (C.Lachmann, Gromatici veteres (1848) S.30): *Primum agri modum fecerunt*

100 oskische Fuß 93 römischen Fuß entsprechen. Geht man davon aus, daß ein römischer Fuß 29,57 cm beträgt[713], dann ergibt sich für den oskischen Fuß ein Wert von 27,5 cm[714].

Offenbar haben die wegen meist fehlender exakter Meßdaten häufig umstrittenen Ergebnisse hinsichtlich des verwendeten Fußmaßes bei öffentlichen Bauten Pompejis[715] dazu geführt, daß die Existenz des oskischen Fußmaßes generell bezweifelt wurde[716]. Zudem wurde die Basilika im späten 2. Jh.v.Chr. offenbar bereits im attisch-römischen Fußmaß errichtet[717], was zunächst gegen die Existenz eines oskischen Fußmaßes sprechen könnte. Für mehrere Häuser Pompejis hat jedoch C.L.J.Peterse anhand genauer Vermessungsdaten das oskische Fußmaß herausgearbeitet[718]. Durch genaue Messungen konnte jetzt G.Ioppolo zudem für die Insulae der Regio II sowie für die Gebälkzone des Apollotempels das oskische Fußmaß nachweisen[719]. Das attisch-römische Fußmaß der Basilika in Pompeji wurde wahrscheinlich zusammen mit diesem Bautypus importiert und dürfte daher zunächst keine weitere Verbreitung gefunden haben[720].

Legt man nun auch für die Regio VI das oskische Fußmaß zugrunde, so ergeben sich 700 (698,2) x 350 (349,1) bzw. für eine Insula 350 x 140 Fuß. Dieses Insula-Maß, das in einem Verhältnis von 2 : 5 bzw. 1 : 2,5 steht, liegt auch den Insulae 8-13 der Regio I sowie

---

quattor limitibus clausum plerumque centenum pedum in utraque parte (quod Graeci plethron appellant, Osci et Umbri vorsum), nostri centenum et vicenum in utraque parte.

712 Hyginus, De condicionibus agrorum (Lachmann a.O. S.121f.): *Hoc quoque non praetermittam, quod plerisque locis inveni, ut modum agri non iugerum sed aliquo nomine appellant, ut puta quo in Campania (cod. B in Dalmatia) versus appellant. idem versus habet p. VIIIDCXL. ita iugero sunt versus numero IIIss. ego autem quotiens egeram mensuram, ita renutiabam, IVGERA TOT, VERSUS TOT; ut si forte controversia esset versum habet pedes VIIIDCXL, in iugeribus tamen fides constaret.* (Lachmann a.O. S.339): *versus habet pedes VIIIDCXL.*

713 Vgl. Anm.704.

714 Vgl. auch Nissen a.O. 76. Dabei bleibt zu bedenken, daß das römische Fußmaß leicht schwanken konnte. Zudem scheinen neuere Bauaufnahmen römischer Bauten darauf hinzudeuten, daß der verwendete Fuß eher im Bereich des von A.von Gerkan errechneten Wertes von 29,42 cm lag, F.Rakob in: DiskAB 4 (1983) 220 Anm.33; J.J.Rasch in: ebenda 250; vgl. auch E.Buchner in: DiskAB 4 (1983) 215ff. zur Höhe des Gnomons der Sonnenuhr des Augustus. Legt man diesen Wert zugrunde, dann ergibt sich ein oskischer Fuß von 27,36 cm. Im folgenden wird hier aber weiterhin vom traditionellen Fußmaß von 29,57 cm ausgegangen.

715 Vgl. Mau a.O. 20ff. Vgl. auch die Bemerkungen V.Kockels hinsichtlich des Forumstempels und des dorischen Tempels, AA 1986, 455. 462.

716 F.Rakob in: Hellenismus in Mittelitalien, Kolloquium Göttingen 1974 (1976) 362 (Diskussionsbeitrag zu P.Castrèn); K.Ohr, Die Basilika in Pompeji (1991) 61 Anm.283.

717 Ohr a.O. 61ff. Benutzt wurde ein Fußmaß von 29,35 cm.

718 C.L.J.Peterse a.O. (Anm.683) 9ff.; ders. in: V.M.Strocka, Casa del Labirinto. Häuser in Pompeji 4 (1991) 71ff. Vgl. auch R.de Kind in: Ercolano 1738-1988, 219f.; Y.Nishida, OpPomp 1, 1991, 91ff.

719 G.Ioppolo, Le terme del Sarno a Pompei (1992) 111 Abb.50.51. s. jetzt: ders., RStPomp 5, 1991-1992, 147ff.

720 Die Möglichkeit, daß Bauhütten hellenistischer Zeit das von ihnen bevorzugte Maßsystem verbreiteten, wird von W.Hoepfner, DiskAB 4 (1984) 14, ausdrücklich in Erwägung gezogen.

den Insulae 1-3 der Regio II zugrunde[721]. Mit der notwendigen Rücksichtnahme auf den vorhandenen Platz sind die modifizierten Maße der Insulae 14-17 und 20-22 der Regio I und der Insulae 8 und 9 der Regio II zu erklären. Sie betragen 140 x 315 oskische Fuß und besitzen damit ein Verhältnis von 4 : 9 bzw. 1 : 2,25[722].

Ein Problem stellt die zunächst merkwürdige Tatsache dar, daß die Insulae der Regio VI im Gegensatz zu den eben besprochenen Insulae der Regiones I und II keine rechten Winkel besitzen. Dies kann nur damit erklärt werden, daß ein außerhalb der Stadtmauern durchgeführtes Vermessungsnetz an die Gegebenheiten im Gebiet der Regio VI angepaßt wurde. Während die Nord-Süd-Achse durch das Vermessungsnetz vorgegeben war, wurde die Ost-West-Achse parallel zur fortgesetzten Via Nolana gelegt, wodurch sich eine Verschiebung von 90° auf 84° ergab. Für das Vermessungsnetz außerhalb der Stadt ist zweifellos der rechte Winkel vorauszusetzen, wie dies im übrigen ja auch für die oben angeführten Insulae der Regiones I und II gilt. Ein weiteres Problem stellt bei der Regio VI die Überlänge der nördlichen Insulae dar. Jedoch kann hier sicher davon ausgegangen werden, daß der unmittelbar vor der Stadtmauer gelegene Bereich erst nach Aufgabe der Wehrfunktion der Stadtmauer bebaut wurde, indem die Insulae verlängert wurden. Nimmt man daher auch für diese Insulae eine Länge von 350 Fuß an, so ergibt sich für die Regio VI ein Quadrat von 700 x 700 oskischen Fuß. Da ein oskischer versus 100 x 100 Fuß mißt[723], ergeben die besprochenen Insulae der Regio VI eine Fläche von 49 versus. Bei der hypothetischen Rekonstruktion wurde versuchsweise von einer Einhängung der Insulae der Regio VI in ein gleichartiges Vermessungsnetz ausgegangen, die über dic östlichen Seiten der Insulae 15 und 13 erfolgt[724]. Überträgt man dieses Vermessungsnetz auf das unmittelbare Umland Pompejis (Abb.29.30), so ergibt sich, daß die Villen vor der Porta Vesuvio und der Porta Ercolano eindeutig in dieses Netz passen. Dies wird v.a. an den vertikalen Meßlinien deutlich. So beansprucht die Villa des Cicero genau die Breite einer Insula. Daß hier ein System zugrundeliegt, zeigt die entsprechende Beobachtung bei der „Villa des Siminius Stephanus“ (Kat.Nr.6) vor der Porta Vesuvio. Hinzuweisen ist darauf, daß innerhalb der Stadt auch der Apollotempel und das Forum in seiner ursprünglichen Orientierung in dieses System eingebunden sind[725]

[721] Als Insula-Maß werden hier im folgenden die Abmessungen einer Insula plus jeweils einer Straßenbreite verstanden. Dies erfolgt in der Absicht, auf das verwendete Flächenmaß zu schließen. Für die Insulae der Regio II hat Ioppolo a.O. 111 Abb.51 mustergültig die Maßverhältnisse durchgerechnet. Dabei beträgt die eigentliche Breite einer Insula, entsprechend den Insulae der Regio VI, 120 Fuß, eine Wegbreite 20 Fuß. Damit ergibt sich die hier zugrundegelegte „Gesamt-Breite“ einer Insula von 140 Fuß.

[722] Zu den Proportionsverhältnissen griechischer Stadtpläne s. W.Hoepfner in: DiskAB 4 (1983) 15ff. Zu den Zahlenverhältnissen im unteritalischen Tempelbau s. D.Mertens in: DiskAB 4 (1983) 138 Abb.1. 4.

[723] s.o. Anm.711.

[724] Möglich wäre auch eine Verbindung mit dem Netz über die westlichen Seiten der Insulae V und VI, da der entsprechende Cardo erst gegen Ende des 2. Jh.v.Chr. durch den Turm des Merkur (XXII) zugesetzt wurde, vgl. R.Etienne, Pompeji[4] (1991) 102.

[725] s. Anm.703.

Villen mit der Orientierung der ersten Gruppe wurden im Norden, im Osten und im Süden der Stadt freigelegt. Auch die in der Nähe der antiken Küste gelegenen Gebäude, die zum sog. Pagus maritimus gerechnet werden[726], weisen dieselbe Ausrichtung auf. Dagegen konnten in Oplontis Villen mit dieser Ausrichtung bisher noch nicht nachgewiesen werden.

Im folgenden ist nun zu überprüfen, welche Anhaltspunkte die Villen der ersten Gruppe für ihre Datierung liefern. Die Villen vor der Porta Ercolano werden in die vorsullanische Zeit datiert und gehen teilweise noch auf das späte 3. / frühe 2. Jh.v. Chr. zurück[727]. Die „Villa des Siminius Stephanus" (Kat.Nr.6) vor der Porta Vesuvio gehört aufgrund eines dort gefundenen Mosaiks (Kat.Nr.6/6) ebenfalls noch in die vorsullanische Zeit. Der Grabungsbericht der „Villa des Arellius Sucessus" (Kat.Nr.4) erwähnt für Raum (N) eine Wanddekoration 1. Stils. Keine datierenden Angaben sind für sechs Villen[728] sowie den sog. Pagus maritimus bekannt[729].

Einen weiteren Anhaltspunkt könnte das den Grundrissen zugrundeliegende Maßsystem liefern. Die offenbar geringe Genauigkeit der publizierten Pläne setzt dem Versuch, auf das verwendete Fußmaß zu schließen, jedoch enge Grenzen. Abschließend läßt sich feststellen, daß mehrere Villen der 1. Gruppe noch in das 2. Jh.v.Chr. gehören. Eine größere Gruppe von Villen läßt sich allerdings nicht datieren.

5.1.2. Die zweite Villengruppe

Die Villen der 2. Gruppe (343°-353°) befinden sich überwiegend im Norden und Osten der Stadt (Tab.16), während eine an der Küste liegt (Abb.33). Besonders interessant ist die Situation vor der Porta di Nola. Unweit der Stazione Circumvesuviana wurde eine Umfassungsmauer mit einem Tor freigelegt, die wahrscheinlich das Gebiet einer Villa einschloß[730]. Die Mauer verläuft in einem Abstand von etwa 29,5 m, der 100 römischen Fuß (= 29,57 m) entspricht, exakt parallel zur Stadtmauer[731]. Dieser Abstand ist sicherlich als eine Sicherheitszone zu verstehen, die nicht bebaut werden durfte. Da die Verwendung des römischen Fußes im Bereich der Stadtmauer kaum vor der sullanischen Koloniegründung denkbar ist und eine Sicherheitszone die Wehrfunktion der Stadtmauer voraussetzt, ist die

[726] M.Della Corte, NSc 1928, 369ff. Abb.1.

[727] Zur Lit. vgl. Anm.464. Wenig überzeugend ist die von Richardson, Pompeii 171, vertretene Ansicht, daß die Mysterienvilla erst in der Mitte des 1. Jhs.v.Chr. entstanden ist. Seine Behauptung, ebenda 171, es gebe überhaupt keine Villen mit Wanddekorationen des 1. Stils, widerspricht dem Befund (vgl. Kat.Nr.4.11), vgl. St.De Caro, Gnomon 62, 1990, 160.

[728] Kat.Nr.13.17; Kockel-Nr.41.43.57; CTP 66.

[729] s. Anm.726.

[730] Kockel-Nr.46; S.De Caro, CronPomp 5, 1979, 83ff. Abb.15.16. Sein Vorschlag, ebenda 85, daß die Mauer die Grenze des Pagus Augustus Felix suburbanus darstellte, ist wenig wahrscheinlich, vgl. V. Kockel, AA 1985, 565 Anm.313.

[731] De Caro a.O.83.

Datierung der Umfassungsmauer wohl noch in die sullanische Zeit oder wenig später wahrscheinlich. Auffällig ist zudem, daß die Wangenmauern des Tores in der Orientierung von der Umgrenzungsmauer abweichen. Vermutlich entspricht sie der Bebauung des Grundstücks und damit der gültigen Zenturiation.

Die Angaben zur Orientierung der Villen sind den Grabungsplänen entnommen (vgl. den Katalog)		
Kat.Nr.5	Scafati, „Villa des Domitius Auctus"	353°
Kat.Nr.9	Torre Annunziata, fondo Matrone	343°
Kat.Nr.12	Boscoreale, fondo Prisco	347°
Kat.Nr.15	Boscoreale, fondo D'Acunzo	353°
Kat.Nr.20	Scafati, fondo Matrone	345°
Kat.Nr.21	Boscoreale, „Villa des Popidius Florus"	352°
Kat.Nr.23	Boscoreale, fondo Di Palma	350°
Weitere Villen außerhalb des Kataloges		
Kockel-Nr.46	Stazione Cirumvesuviana Valle di Pompei	345°

Tab. 16 Liste der Villen der 2. Gruppe

Hinweise für die Datierung der Zenturiation der 2. Gruppe liefert auch die „Villa des Popidius Florus" (Kat.Nr.21). Der im 2. Stil ausgemalte Raum (5) war erst in einer späteren Phase in die Villa eingebaut worden[732]. Für den Grundriß der Villa läßt sich jedoch das römische Fußmaß nachweisen[733]. Daher wird die „Villa des Popidius Florus" (Kat.Nr.21) bald nach der sullanischen Koloniegründung entstanden sein. Die Zenturiation, der die Villen der 2. Gruppe angehören, war daher sehr wahrscheinlich eine unmittelbare Folge dieser Koloniegründung. Für die anderen Villen der 2. Gruppe lassen sich keine sicheren Aussagen zur Datierung machen[734].

Die Einrichtung der *colonia Cornelia Veneria Pompeianorum* und die damit verbundene Ansiedlung der Veteranen Sullas im Jahre 80 v.Chr. erzeugte große soziale Spannungen in Pompeji. Die ausführlichste literarische Quelle zur Koloniegründung ist die von Cicero gehaltene Verteidigungsrede für den Koloniegründer P.Cornelius Sulla, den Neffen des Diktators, der im Zusammenhang mit der Catilinarischen Verschwörung angeklagt wor-

[732] s.o. S. 68. 134.

[733] Hier seien nur die wichtigsten Maße genannt: Die Länge der Ostseite entspricht 100 Fuß, die Breite des Gebäudes beträgt 85 Fuß. Die Breite des Peristyls mißt 50 Fuß.

[734] Der von der Villa in Boscoreale, fondo Di Palma (Kat.Nr.23), freigelegte Teil wurde offenbar während der späten Phase des 3. Stils in der Mauertechnik des Opus latericium weitgehend neu gestaltet. Die Verwendung von Tuffsteinblöckchen als Rahmung des Eingangs zu Raum (2) belegt jedoch, daß es sich nicht um einen Neubau handelt, sondern daß ein älteres Gebäude umgebaut und neu ausgestattet wurde, F.L.Bastet, CronPomp 2, 1976, 116f. Abb.4.

den war[735]. Die Rede bezieht sich auf den Verdacht, Sulla habe die Altbürger gegen die Kolonisten für eigene Zwecke aufgehetzt. Cicero erwähnt ausdrücklich den schon mehrere Jahre andauernden Streit zwischen den Pompejanern und den Siedlern, der vor die Schutzherren gebracht worden sei[736]. Besonders interessant ist in diesem Zusammenhang Ciceros Schlußwort zur pompejanischen Frage: „*Und auch diese Leistung P.Sullas darf, scheint mir, nicht mit Schweigen übergangen werden: obwohl er die Siedlung eingerichtet hat und obwohl die politischen Verhältnisse das Wohl der Siedler in Gegensatz zum Besitz der Pompejaner gebracht haben, ist er beiden Seiten so lieb und wert, daß es aussieht, als habe er nicht die einen verdrängt, sondern beiden ihre Wohnsitze angewiesen.*“ (M.Fuhrmann)[737].

Der Rede Ciceros ist zu entnehmen, daß das Umland Pompejis neu verteilt wurde und die Verteilung an die Kolonisten zu Lasten der einheimischen Bevölkerung ging. Die Neuverteilung des Landes erforderte eine Landvermessung zur Festlegung der Grundstücksgrenzen. Da die Römer die Eigentumsverhältnisse verändern wollten, verwendeten sie hierfür sicherlich nicht das vorhandene Vermessungsnetz, nach dem die bestehenden Grundstücke eingemessen waren. Zudem war das Umland, wie nachgewiesen werden konnte, in oskische Versus eingeteilt, während die römische Verwaltung selbstverständlich in römischen Iugera rechnete, so daß das Netz auf jeden Fall neu vermessen werden mußte. Die divergierende Orientierung des sullanischen Vermessungsnetzes hatte den Vorteil, daß die bestehenden Grundstücke jeweils an mehrere Besitzer verteilt wurden und Rückforderungsansprüche somit erheblich erschwert wurden. Diese theoretischen Überlegungen lassen sich durch die Orientierung der Villen und den Nachweis der verwendeten Maßsysteme belegen.

Die sozialen Spannungen, die durch die Neuverteilung des Landes hervorgerufen wurden, belegt die Rede Ciceros. Über den konkreten Vorgang der Landzuweisung ist aber nichts bekannt. Die Größe der zugewiesenen Grundstücke richtete sich in der Regel nach der sozialen Stellung der Kolonisten. Für die einfachen Veteranen dürfte die Landzuweisung zwischen 10 und 20 Iugera betragen haben[738].

Abschließend läßt sich feststellen, daß für die Villen der 2. Gruppe das Jahr 80 v.Chr. als sicherer Terminus post quem gelten darf.

---

[735] Cic. Sull. 60-62.

[736] Cic. Sull. 60: „*Primum omnis Pompeianorum colonorumque dissensio delata ad patronus est, cum iam inveterasset ac multos annos esset agitata; ...*“.

[737] Cic. Sull. 62: „*Ac ne haec quidem P.Sullae mihi vedetur silentio praetereunda esse virtus, quod, cum ab hoc illa colonia deducta sit, et cum commoda colonorum a fortunis Pompeianorum rei publicae fortuna diiunxerit, ita carus utisque est atque iucundus ut non alteros demovisse sed utrosque constituisse videatur.*“

[738] Flach, Agrargeschichte 12; Zanker, Pompeji 18. Vgl. jetzt P.Zanker, Pompeji. Stadtbild und Wohngeschmack (1995) 69.

5.1.3. Die dritte Villengruppe

Von den acht Villen der 3. Gruppe (5°-13°) liegen vier nördlich und eine südlich von Pompeji (Tab.17) sowie drei im Gebiet der heutigen Stadt Torre Annunziata (Abb.33), das mit Oplontis identifiziert wird[739].

Die Angaben zur Orientierung der Villen sind den Grabungsplänen entnommen (vgl. den Katalog)		
Kat.Nr.2	Boscoreale, fondo Zurlo	5°
Kat.Nr.3	Boscoreale, piazza Vargas	9°
Kat.Nr.10	Boscoreale, „Villa des Fannius Synistor"	16°
Kat.Nr.16	Boscoreale, „Villa des Asellius"	13°
Weitere Villen außerhalb des Kataloges		
Kockel-Nr.50	Pompeji, Località Murecine	9°
Kockel-Nr.55	Torre Annunziata, „Villa der Poppaea"	13°
Kockel-Nr.56	Torre Annunziata, „Villa des Crassius Tertius"	15°
Kockel-Nr.86	Torre Annunziata, prop. Fattorusso	15°

Tab. 17 Liste der Villen der 3. Gruppe

Am bekanntesten sind von ihnen die „Villa des Fannius Synistor" (Kat.Nr.10) und die „Villa der Poppaea" in Oplontis[740]. Beide werden nach ihren Wandmalereien des 2. Stils etwa zeitgleich in die Mitte des 1.Jhs.v.Chr. datiert[741]. Sehr problematisch ist dagegen die Villa Kockel-Nr.56 „des Crassius Tertius" in Oplontis. Die Säulen des Peristyls gehören nach der Form ihrer Kapitelle in die vorsullanische Zeit[742], weswegen die Villa allgemein

[739] Zur Identifizierung: C.Malandrino, Oplontis (1977) 9ff. Bei der Publikationsvorbereitung der Pläne der Villen Kockel-Nr.86 und 90 sind dort offenbar Fehler unterlaufen. So ist die Villa Kockel-Nr.86, ebenda 59ff. Nr.12 Abb.13, auf dem Plan Abb.14 exakt nach Norden ausgerichtet. Auf dem Plan Abb.13, der die Grundrisse dieser Villa und der Villen Kockel-Nr.55 und 56 innerhalb des modernen Straßenverlaufs von Torre Annunziata zeigt, entspricht ihre Ausrichtung mit ca.15° diesen beiden Villen und damit der 3. Gruppe. Ein ähnliches Problem stellt sich bei der Villa Kockel-Nr.90, ebenda 41ff. Nr.1 Abb.9. Der umgezeichnete und mit demselben Nordpfeil versehene Grundriß Abb.10 ist exakt nach Norden ausgerichtet. Der dort eingetragene alte Küstenverlauf weicht aber dermaßen auffällig vom heutigen Verlauf ab, vgl. ebenda Abb.9 Nr.1, daß es sich ebenfalls nicht um die wirkliche Nordung handeln kann. In diesem Fall ist sie jedoch vom alten Grabungsplan, vgl. R.Liberatore, Delle nuove ed antiche terme di Torre Annunziata (Napoli 1835) Tafel, übernommen, der offenbar nur die Nordrichtung in bezug auf die freigelegten Mauern, nicht jedoch die exakte Nordung angibt. Zur Publikation von R.Liberatore s. jetzt M.Elefante in: Ercolano 1738-1988, 513ff.

[740] Kockel-Nr.55; zur Lit. s. Anm.448.

[741] Für die Villa von Oplontis ist die einheitliche Entstehung von Gebäude und Ausstattung im 2. Stil gesichert. Für die Villa des „Fannius Synistor" (Kat.Nr.10) erscheint dies aufgrund der einer Stilphase angehörenden Ausstattung sehr wahrscheinlich.

[742] Malandrino a.O. 84f. Abb.27. Vgl. A.Lagi de Caro in: V.Kockel, AA 1985, 552.

noch in das 2. Jh.v.Chr. datiert wird[743]. Malandrino hat jedoch darauf hingewiesen, daß das Gebäude selbst aufgrund seiner Mauertechnik in das 1. Jh.v.Chr. gehört[744]. Zwar kann nicht ausgeschlossen werden, daß die Villa um das als einziges stehengelassene Peristyl neu errichtet wurde. Mindestens genauso wahrscheinlich ist jedoch eine Wiederverwendung der Säulen auf neuem Grundriß.

Von besonderem Interesse für die Datierung ist ein südlich von Pompeji an der antiken Küste gelegenes Gebäude, von dem nur der nördliche Teil eines Peristyls mit fünf Triclinia freigelegt wurde[745]. Nach Mauertechnik und Wandmalerei zu urteilen entstand es zwischen 60 und 79 n.Chr.[746]. Die anderen Villen lassen keine sicheren Aussagen zur Datierung zu[747]. Offenbar wurde die 2. Zenturiation um die Mitte des 1.Jhs. v.Chr. von der 3. Zenturiation abgelöst, die dann bis 79 n.Chr. ihre Gültigkeit behielt.

Der historische Anlaß dieser Zenturiation wird durch die literarischen Quellen nicht unmittelbar überliefert. Die Agrarfrage und die damit direkt verbundene Veteranenversorgung gehörten jedoch in den Jahren nach dem Bundesgenossenkrieg zu den dringendsten Problemen Roms. Bereits während des Konsulats Ciceros 63 v.Chr. wurde von dem Vokstribunen P.Servilius Rullus ein Gesetz eingebracht, das den Erwerb von Ackerland vorsah, um dieses dann an Kolonisten zu verteilen. Von Cicero wurde dieses Gesetz heftig bekämpft:

„Ich habe es ja schon vorhin gesagt: das Gesetz gestattet ihnen, welche Munizipien, welche alten Kolonien sie wollen, mit ihren Kolonisten zu besetzen. Das Munizipium Cales werden sie überfluten, über Teanum herfallen, Atella, Cumae, Neapel, Pompeii, Nuceria mit ihren Besatzungen knebeln, Puteoli aber, das bis jetzt sein eigener Herr ist, nach eigenem Recht lebt und sich der Freiheit erfreut, werden sie ganz mit neuer Bevölkerung, mit zugewanderter Mannschaft belegen." (H.Kasten)[748].

Das Gesetz mußte schließlich fallengelassen werden[749]. Im Jahr 59 v.Chr. beantragte Gaius Iulius Caesar als Konsul zwei Ackergesetze. Die *lex Iulia agraria* sah die Verteilung italischen Staatslandes, wobei der Ager Campanus nicht inbegriffen war, sowie den Ankauf

---

743 De Vos, Pompei 254. Vgl. z.B. V.Kockel, AA 1985, 552.

744 Malandrino a.O. 84.

745 Kockel-Nr.50; O.Elia, BdA 46, 1961, 200ff.; M.Pagano, RendNap 58, 1983, 325ff.

746 Elia a.O. 200. Pagano a.O. 353f. hält auch eine Entstehung vor 62 n.Chr. für möglich. Denkbar ist auch, daß das hölzerne Schiffszubehör und die gelagerten Baumaterialien nicht auf einen Umbau hinweisen sondern darauf, daß die Errichtung des Gebäudes noch nicht abgeschlossen war, V.Kockel, AA 1985, 566.

747 Die „Villa des Asellius" (Kat.Nr.16) besaß noch ein im 2. Stil ausgemaltes Triclinium und einen Vorraum. Als Mauertechnik der Villa erwähnt M.Della Corte, NSc 1921, 428, Opus incertum.

748 Cic. leg. agr. II, 31, (86): *Nam dixi antea lege permitti, ut, quae velint municipia, quas velint veteres colonias, colonis suis occupent. Calenum municpium complebunt, Teanum opprimet, Atellam, Cumas, Neapolim, Pompeios, Nuceriam suis praesidiis devincient, Puteolos vero, qui nunc in sua potestate sunt, suo iure libertateque utuntur, totos novo populo atque adventiciis copiis occupabunt.*

749 G.Tibiletti, Die Enstehung des Latifundiums in Italien, in: H.Schneider (Hrsg.), Zur Sozial- und Wirtschaftsgeschichte der späten römischen Republik (1976) 72; Flach, Agrargeschichte 69ff.

privater Grundstücke vor, während die kurz darauf erfolgte *lex Iulia de agro Campano* sich nun auch auf die Aufteilung des Ager Campanus, d.h. des Gebietes um Capua, in Landlose und eine Koloniegründung ebendort bezog. Inwieweit diese Maßnahmen, die in erster Linie die Veteranen des Pompeius mit Land versorgen sollten[750], Pompeji betrafen, bleibt unbekannt.

Noch bevor Caesar den Bürgerkrieg endgültig für sich entschieden hatte, nahm er bei seinem Aufenthalt in Rom 46 v.Chr. ein zweites Mal das Problem der Veteranenversorgung in Angriff. Zu diesen Maßnahmen zählte die Neuerrichtung zahlreicher Kolonien außerhalb Italiens, z.B. in Karthago und Korinth. Caesars Veteranen mußten aber in großer Zahl in Italien angesiedelt werden[751]. Wenngleich die Quellen hierüber schweigen, erscheint es denkbar, daß Pompeji, das im Bürgerkrieg offenbar wie Neapolis auf der Seite des Pompeius gestanden hatte[752], von der Veteranenansiedlung in besonderer Weise getroffen werden sollte.

Als wahrscheinlichstes Datum für die 3. Zenturiation Pompejis kann nach dem Quellenstand aber das Jahr 42 v.Chr. gelten, in dem die Triumvirn bei Philippi über Brutus und Cassius siegten. So berichtet Appian[753], daß Antonius, Lepidus und Octavian den Soldaten versprachen, insgesamt 18 italische Städte zu verteilen, so als ob sie erobert worden seien:

„*Um das Heer schon mit Hoffnung auf Siegesbeute anzustacheln, versprachen sie den Soldaten neben anderen Geschenken achtzehn italische Städte zur Ansiedlung, die sich durch Wohlstand und schöne Grundstücke wie Häuser auszeichneten und unter die Soldaten samt Grund und Haus aufgeteilt werden sollten, genauso, als wenn sie ihnen im Kriege als Feindbesitz zugefallen wären. Die namhaftesten Orte unter ihnen waren Capua, Rhegion, Venusia, Benevent, Nuceria, Ariminum und Hipponion. So suchten die Machthaber die schönsten Punkte Italiens für ihre Truppen aus, sie beschlossen aber auch, zuvor noch ihre persönlichen Gegner zu beseitigen, damit sie ihnen keine Schwierigkeiten bereiten konnten, während sie diese Maßnahmen trafen und einen fernen Krieg führten.*“ (O.Veh).

---

[750] Flach, Agrargeschichte 78ff.

[751] E.Meyer, Caesars Monarchie und das Principat des Pompejus^3 (1922) 412ff.; A.Heuß in: Rom. Die römische Welt, Propyläen Weltgeschichte 4 (1963) 286ff.

[752] Castrén 91.

[753] App. civ. IV, 3, 10-12: ἐπελπίσαι δὲ ἤδη τὸν στρατὸν ἐς τὰ νικητήρια τοῦ πολέμου, ἄλλαις τε δωρεαῖς καὶ ἐς κατοικίαν δόσεσι τῶν Ἰταλικῶν πόλεων ὀκτωκαίδεκα, αἳ καὶ περιουσίᾳ καὶ ἐδάφεσι καὶ οἴκοις εἰς κάλλος διαφέρουσαι ἔμελλον αὐτοῖς ἐδάφεσι καὶ οἴκοις αὐτῷ διανεμήσεσθαι, ὥσπερ αὐτοῖς ἀντὶ τῆς πολεμίας δορίληπτοι γενόμεναι. καὶ ἦσαν αἱ πόλεις ἄλλαι τε καὶ αἱ περιφανέσταται μάλιστα αὐτῶν Καπύη καὶ Ῥήγιον καὶ Οὐενουσία καὶ Βενεβεντὸς καὶ Νουκερία καὶ Ἀρίμινον καὶ Ἱππώνιον. οὕτω μὲν τὰ κάλλιστα τῆς Ἰταλίας τῷ στρατῷ διέγραφον, ἔδοξε δὲ σφίσι καὶ τοὺς ἰδίους ἐχθροὺς προανελεῖν, ἵνα μὴ ἐνοχλοῖεν αὐτοῖς τάδε καθισταμένοις καὶ πολεμοῦσι πόλεμον ἔκδημον.

Unter den sieben namhaftesten, die er aufzählt, befindet sich auch Nuceria[754]. Für das ebenfalls von Appian erwähnte Benevent sind durch die Luftbildauswertung zwei sich überlagernde Zenturiationen bekannt[755]. Zwar nennt Appian Pompeji nicht ausdrücklich. Die Beobachtung einer um die Mitte des 1. Jhs.v.Chr. erfolgten Zenturiation des Ager Pompeianus macht es aber wahrscheinlich, daß Pompeji zu den elf von Appian nicht mit Namen angeführten Städten gehört.

Einen Hinweis auf die Ansiedlung von Veteranen in Pompeji ergeben auch die Untersuchungen von P.Castrèn. So lassen sich schlagartig um die Mitte des Jahrhunderts zahlreiche, teilweise bedeutende römische Familien in Pompeji nachweisen[756]. Es ist daher mit großer Wahrscheinlichkeit anzunehmen, daß die 3. Zenturiation in Pompeji im Zuge der Veteranenversorgung der Triumvirn bald nach den Schlachten bei Philippi im Jahre 42 v.Chr. erfolgte.

Die erneute Landverteilung muß zu erheblichen sozialen Spannungen geführt haben. Die Bemerkung Appians, die Städte sollten so behandelt werden, als ob sie erobert worden seien, macht deutlich, daß dazu erheblicher Widerstand gebrochen werden mußte. Da die Pompejaner offenbar mehrheitlich Pompeius unterstützt hatten[757], wurden sicherlich viele von ihnen von den Proskriptionen der Triumvirn getroffen[758]. Die beschlagnahmten Grundstücke reichten jedoch sicherlich nicht zur Ansiedlung der Veteranen aus, zumal dazu keine Neuvermessung nötig gewesen wäre. Da aber die 3. Zenturiation wiederum anders orientiert wurde, muß offenbar ein ganz überwiegender Teil des Ager Pompeianus neu verteilt worden sein. Andererseits scheint es nur schwer vorstellbar, daß die Pompejaner, bei denen es sich schließlich zum Teil um Nachkommen der sullanischen Veteranen handelte, kollektiv bestraft worden wären.

Tatsächlich erscheint es denkbar, daß einige der Pompejaner ihren Landbesitz unverändert behielten. Zwar war eine erneute, anders orientierte Zenturiation nur dann sinnvoll, wenn ein Großteil des Landes völlig neu verteilt wurde. Es war aber offensichtlich möglich, bestehende Grundstücke unverändert zu übernehmen und einzumessen. Nur so ist zu erklären, daß durch die Luftbildauswertung noch heute in einem Gebiet drei übereinanderliegende Zenturiationen nachgewiesen werden können[759]. Das heißt, daß bereits in der Antike diese Flurwege gleichzeitig benutzt wurden. Dies läßt sich kaum anders interpretieren, als daß ältere Grundstücke in ein neues Netz eingemessen wurden, aber dabei ihre Grenzen und ihre Binnengliederung durch Wege, die mit den älteren Vermessungsnetzen identisch waren, behielten. Auf dem Katasterplan wurde in der Regel nur der Name des Landempfän-

---

[754] s. Kap.5.3.

[755] G.Chouquer - F.Favory in: Structures agraires 161ff.

[756] Castrén 92ff.

[757] s. Anm.752.

[758] Zu den Proskriptionen der Triumvirn vgl. Heuß a.O. 309.

[759] Hinzuweisen ist hier zum Beispiel auf das Gebiet um Nola, vgl. G.Chouquer - F.Favory in: Structures agraires 209ff.

gers und die Anzahl der ihnen von der Centuria zustehenden Iugera vermerkt[760]. Mitunter hatten die Landvermesser daher, wenn unterschiedliche Vermessungssysteme existierten, große Probleme, ein Grundstück korrekt einzumessen[761]

Somit ist anzunehmen, daß nicht alle Pompejaner gleichermaßen von der erneuten Landverteilung betroffen wurden. Auf das Leben in Pompeji müssen die Ereignisse, in deren Folge die 3. Zenturiation stand, jedoch große Auswirkungen gehabt haben, die denen der sullanischen Koloniegründung kaum nachgestanden haben dürften.

---

[760] Flach, Agrargeschichte 20.

[761] Siculus Flaccus: C.Lachmann, Gromatici Veteres (1848) 138,18-139,22; vgl. Flach, Agrargeschichte 20.

5.2. Vergleich: Die Zenturiationen des Ager Stabianus

Als Ager Stabianus wird hier das Gebiet östlich des Sarno verstanden[762]. Die bereits im 18. Jh. ausgegrabenen Villen wurden mit Plänen ohne Nordpfeil publiziert, so daß sie, soweit sie nicht neu aufgedeckt wurden, zur Frage der Zenturiationen nicht herangezogen werden können. Die auf dem Varano-Hügel gelegenen Villen wurden aus demselben Grund und wegen ihrer besonderen topographischen Situation nicht in die Betrachtung einbezogen[763]. Somit bleiben elf Villen, die größtenteils erst in jüngerer Zeit ausgegraben wurden.

Erste Gruppe		
Villen außerhalb des Kataloges		
K.-Nr.95 = M.-Nr.31	S.Antonio Abate, Loc. Casa Salese	327°
K.-Nr.96 = M.-Nr.13	S.Maria La Carità, Petraro	327°
M.-Nr.11	Gragnano, S.S. Sorrentina 145	328°
M.-Nr.24	Gragnano	329°
Zweite Gruppe		
Kat.Nr.14	Gragnano, contrada Carità	350°
Kat.Nr.19	Gragnano, contrada Messigno	345°
Weitere Villen außerhalb des Kataloges		
M.-Nr.8	Gragnano, proprietà Malafronte	353°
M.-Nr.15	S.Maria La Carità	345°
M.-Nr.26	Casola, area I.A.C.P.	345°
Dritte Gruppe		
Villen außerhalb des Kataloges		
K.-Nr.97 = M.-Nr.20	Gragnano, Loc. Carmiano A	15°

Tab. 18 Die Villen des Ager Stabianus

Es zeichnen sich deutlich zwei Gruppen ab (Abb.31), von denen jedoch zwei Villen abweichen. Die erste Gruppe (Tab.18) bilden vier Villen, die jeweils erst in jüngerer Zeit ausgegraben wurden. Entsprechend gering ist die Streuung der Werte dieser Gruppe (327-329°). Die zweite Gruppe besteht aus fünf Villen (345-353°), darunter zwei aus dem Gebiet unmittelbar südöstlich von Pompeji (Kat.Nr.14.19). Möglicherweise zu einer dritten Gruppe

[762] Zur Definition vgl. Miniero, Ricerche 232f.; dies. in: Ercolano 1738-1988, 518f. Zum Problem des Ager Nucerinus s.u. Kap.5.3.

[763] Möglicherweise orientierten sich die auf dem Varano-Hügel gelegenen Villen nicht nach einer übergeordneten Zenturiation. Durch die Unkenntnis der exakten Orientierung der meisten Bauten muß diese Frage aber offen bleiben, vgl. die nicht unerheblichen Unterschiede zwischen dem Plan bei M.S.Pisapia, Mosaici Antichi in Italia. Stabiae (1989) Abb.2 mit der Bebauung des Varano-Hügels und der revidierten Fassung von V.Kockel, AA 1985, 522 mit Anm.166 Abb.11.

gehört eine weitere Villa, die erst in jüngerer Zeit komplett ausgegraben wurde und eine deutlich abweichende Ausrichtung aufweist (15°)[764].

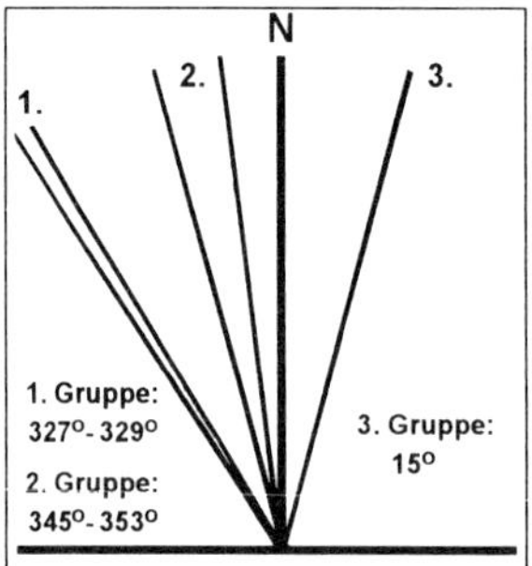

Abb. 31 Orientierungsgruppen der Villen des Ager Stabianus

Für drei der Villen der 1. Gruppe ist eine Entstehung noch in spätrepublikanischer Zeit wahrscheinlich[765]. Eine Villa läßt sich nicht datieren[766]. Von den fünf Villen der 2. Gruppe datiert P.Miniero zwei in das 2. Jh.v.Chr.[767] sowie eine in die augusteische Zeit[768]. Zwei Villen liefern keine sicheren Anhaltspunkte (Kat.Nr.14.19). Dieselbe Orientierung wie diese Villen (344°) weist auch ein größerer, bei den alten Grabungen in Castellamare di Stabia aufgedeckter Komplex von Gebäuden auf, in dem man die Stadt Stabiae erkannt hat[769]. D.Camardo und A.Ferrara haben aus dem bei Ruggiero publizierten Plan von Weber, dessen Pläne offenbar zuverlässig sind[770], deutlich erkennbare Insulae und Straßen herausgearbeitet. Die dem Plan entnommenen Maße haben sie in römische Fuß umgerechnet, wobei sich jedoch kein überzeugendes System erkennen läßt[771]. Da aber einer Einteilung in Insulae ein Maßsystem zugrundegelegen haben muß, scheint die These berechtigt, daß es sich um einen auf die vorrömische Stadt zurückgehenden Stadtteil handelt. Bisher wurde dies wegen der literarisch überlieferten völligen Zerstörung der Stadt für unwahrscheinlich gehalten[772], und das vorrömische Stabiae gilt damit als weitgehend unbekannt[773].

Ein Beweis für diese These kann durch den Nachweis des kampanischen Maßsystems erfolgen, wie folgende Umrechnungen der Werte von Camardo und Ferrara in oskisches Fußmaß zeigen (Tab.19).

---

[764] Eine weitere Villa liegt in etwa bei 1° Nordausrichtung; über sie ist nur wenig bekannt, s. Miniero, Ricerche 238 Nr.10.

[765] Miniero, Ricerche 238f. Nr.11.13; S.Antonio Abate: Pisapia a.O. 60.

[766] Gragnano: Miniero, Ricerche 241 Nr.24.

[767] Miniero, Ricerche 237 Nr.8; 241f. Nr.26; vgl. P.Miniero - V.Di Giovanni - G.Gasperetti, RStPomp 5, 1991-1992, 17ff.

[768] Miniero, Ricerche 239f. Nr.15.

[769] M.Ruggiero, Scavi di Stabia (1881) IX-XII Taf.I. Vgl. Miniero, Ricerche 234f. Nr.2 Abb.2 mit kurzer Beschreibung des Grundrisses. Sie hält die freigelegten Straßen und Gebäude für einen Teil des nachsullanischen Stabiae. Vgl. V.Kockel, AA 1985, 522f. Weitere Strukturen wurden 1960 in der Nähe ausgegraben, Miniero, Ricerche 235 Nr.3 Abb.8.

[770] Miniero, Ricerche 231. Vgl. V.Kockel, AA 1985, 521.

[771] D.Camardo-A.Ferrara, Stabiae: Le ville (1989) 43 Taf.XIV.

[772] Vgl. Miniero, Ricerche 235.

[773] V.Kockel, AA 1985, 522.

Meßstrecke	Meter	römische Fuß	kampanische Fuß	
mittlere Breite der Hauptstraßen	4,40	15	16	16
mittlere Breite der Straßen	1,30	4,4	4,73	5
Insulae: O-W	48,40	163,67	176	176
Insulae: N-S	27,30	92,25	99,27	100
Abstand der Hauptstraßen in O-W-Richtung	61,50	207,64	223,64	224
Länge des Hofes (III)	54,56	184,51	198,40	200

Tab. 19 Stabiae: Maßsystem

Es ist folglich von einer Straßenbreite von 16 kampanischen Fuß und der Breite einer Insula von 176 kampanischen Fuß auszugehen. Unklar bleibt die Erstreckung der Insulae in N-S-Richtung[774]. Maßgeblich wird aber wahrscheinlich der Abstand zwischen den beiden in O-W-Richtung verlaufenden Hauptstraßen sein, der 224 kampanische Fuß beträgt. Das Flächenmaß ergibt sich aus dem jeweiligen Maß einer Insula zuzüglich einer Straßenbreite:

N - S: 224 + 16 = 240 kampanische Fuß

O - W: 176 + 16 = 192 kampanische Fuß

Das Proportionsverhältnis betrug daher genau 1 : 1,25[775]. Die übergeordnete Flächeneinheit war möglicherweise ein Quadrat von 960 Fuß Seitenlänge (4 x 5 Insulae).

Wahrscheinlich ist daher auch die gleich orientierte Villa S.Maria la Carità[776] bereits in vorsullanischer Zeit entstanden. Offenbar wurde die Zenturiation der Villen der 2. Gruppe in der spätrepublikanischen Zeit von einer neuen Zenturiation abgelöst, zu der die Villen der 1. Gruppe gehören. Problematisch ist die Interpretation der Villa in Gragnano, Località Carmiano A, die eine deutlich abweichende Orientierung aufweist. Sie wird von P.Mingazzini in das letzte Viertel des 1. Jhs.v.Chr. datiert[777]. Ihre Orientierung, die der 3. Zenturiation des Ager Pompeianus entspricht, bleibt im Ager Stabianus bisher ohne Parallelen.

Für den Ager Stabianus lassen sich daher vorerst zwei Zenturiationen sicher feststellen. Die spätrepublikanische Datierung mehrerer Villen der 1. Gruppe macht in Verbindung mit der schriftlich überlieferten Einnahme und Zerstörung Stabiaes durch Sulla wahrscheinlich, daß die neue Zenturiation bald auf dieses Ereignis folgte. Zur vorsullanischen Villengruppe gehört auch der Grundriß der vorrömischen Stadt Stabiae.

[774] Camardo-Ferrara a.O. 43.

[775] Vgl. S.153f. mit Anm.722.

[776] Miniero-Nr.15.

[777] Kockel-Nr.97; Miniero, Ricerche 240 Nr.20. s.o. S.86.

5.3. Vergleich: Die Zenturiationen des Ager Nucerinus und des Ager Nolanus

Im Gegensatz zu Pompeji und Stabiae sind für Nuceria und Nola, die Nachbarstädte, mehrere Zenturiationen durch die Luftbildauswertung bekannt. Das weitgehende Fehlen ausgegrabener Villen erschwert hier jedoch die Datierung, die daher allein auf literarische Zeugnisse angewiesen bleibt.

Für den Ager Nucerinus konnten zwei Zenturiationen nachgewiesen werden, die aufgrund der historischen Quellen mit einer unter Augustus durchgeführten Zenturiation und einer in neronischer Zeit erfolgten Koloniegründung verbunden werden[778]. Die Datierung der früheren Zenturiation in die augusteische Zeit erfolgt aufgrund der Angabe im Liber coloniarum[779]. Für die spätere Zenturiation wird jedoch auch eine Datierung in die Zeit nach den Schlachten bei Philippi 42 v.Chr. erwogen, da Appian von der geplanten Neuansiedlung von Veteranen u.a. in Nuceria berichtet[780].

Die offenbar frühere Zenturiation ist nur sehr spärlich nördlich von Nuceria nachweisbar[781]. Interessant ist in diesem Zusammenhang, daß der Stadtplan von Nuceria dieselbe Orientierung aufweist. Der Versuch von W.Johannowsky, ein römisches Vermessungsnetz über die Stadt zu legen, kann nicht vollständig überzeugen[782]. Vielmehr zeigt sich, daß der Stadt ein Netz im oskischen Fußmaß zugrundeliegt (Abb.32)[783]. Bei der in der Umgebung nachgewiesenen Zenturiation soll es sich dagegen um ein römisches Vermessungsnetz handeln[784]. Denkbar wäre, daß in augusteischer Zeit ein älteres, oskisches Vermessungsnetz von einem neuen, römischen, aber völlig gleich orientierten Vermessungsnetz überlagert wurde. Solche Überlagerungen können z.B. auch für das nördliche samnitische Gebiet

[778] E.Eposito, L'Ager nucerinus: note storiche e topografiche, RendAccNapoli 59, 1984, 221ff.; G.Chouquer-F.Favory in: Structures agraires 212ff.

[779] Zum Liber coloniarum s. G.Chouquer-F.Favory-J.-P.Vallat in: Structures agraires 65ff.; Flach, Agrargeschichte 1ff.

[780] G.Chouquer - F.Favory in: Structures agraires 231. Vgl. S.158f.

[781] Structures agraires 213 Abb.76: 2^{O}. Eine unweit westlich des antiken Nuceria gelegene Villa (piazza del Corso), die von M.De' Spagnolis Conticello in das 2. Jh.v.Chr. datiert wird, entspricht wahrscheinlich diesem Vermessungsnetz. Die den Komplex nach außen abschließende Mauer besitzt eine ähnliche Orientierung (ca. 5°), während andere Mauern z.T. deutlich abweichen (bis 15°), M.De'Spagnolis Conticello, Il pons Sarni di Scafati e la via Nuceria-Pompeios (1994) 70 Abb.68.

[782] W.Johannowsky in: Regione sotterrata 835ff. Abb.1.

[783] Die Stadtmauern haben eine Länge von 4400 (O-W) und 3450 (N-S) oskischen Fuß. Es ergibt sich ein die Stadtmauern innen umlaufender Sicherheitsstreifen von 100 Fuß. Die Stadtfläche wird in der Breite (O-W) in 8 „Insulae“ zu je 525 Fuß aufgeteilt. In N-S-Richtung betragen diese (von S) 1000, 1500 und 750 Fuß.

[784] G.Chouquer - F.Favory in : Structures Agraires 212f.

nachgewiesen werden[785]. Allerdings sind die nachweisbaren Reste so gering, daß auch ein oskisches Vermessungsnetz nicht sicher ausgeschlossen werden kann[786]

Die zweite Zenturiation ist in diesem Zusammenhang deswegen relevant, weil sie sich nach Süden bis in die Gebiete von Stabiae erstreckte und Pompeji umschloß. Ihre Ausrichtung entspricht etwa der zweiten (sullanischen) Zenturiation Pompejis und der zweiten (vorrömischen) Gruppe Stabiaes, die beide in neronischer Zeit nicht mehr gültig waren.

Unklar bleibt aber zunächst die Datierung dieses Vermessungsnetzes, das das ältere überlagerte[787]. Diese erneute Zenturiation wird mit der von Tacitus überlieferten zusätzlichen Ansiedlung von Veteranen in neronischer Zeit erklärt[788], wobei allerdings auch eine Entstehung nach 42 v.Chr. nicht ausgeschlossen wird[789]. Die Einbeziehung des Gebietes um Pompeji bereits in neronischer Zeit erscheint aber wegen der rechtlichen und sozialen Konsequenzen m.E. völlig unwahrscheinlich. Die das Gebiet von Pompeji überlagernde Zenturiation wird daher wahrscheinlich erst nach 79 n.Chr. entstanden sein und somit das Gebiet von Nuceria vergrößert haben[790].

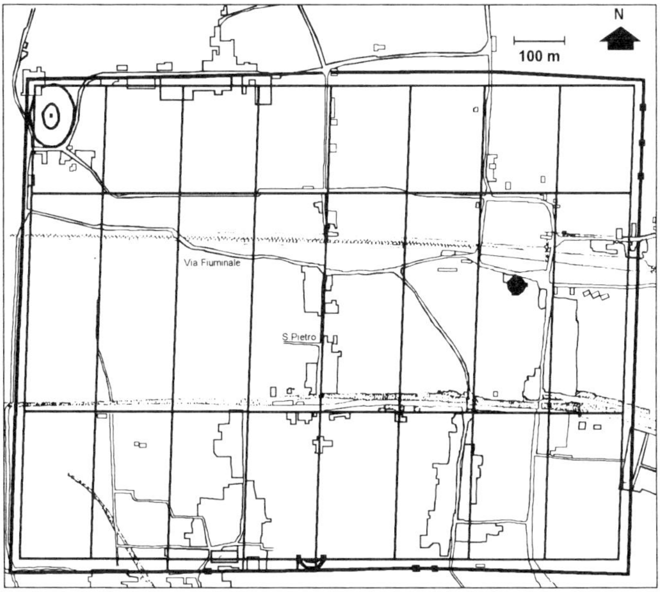

Abb. 32 Stadtplan von Nuceria mit Eintragung eines Vermessungsnetzes im oskischen Fußmaß

[785] R.Compatangelo in: La romanisation du Samnium aux IIe et Ier siècles av. J.-C., Actes du colloque Naples 1988 (1991) 140 (Boviano).

[786] Denkbar erscheint ein kampanisches Vermessungnetz von 2500 x 2500 Fuß (687,5 x 687,5 m); vgl. Structures agraires 213 Abb.76. Für eine sichere Entscheidung sind die Reste jedoch zu gering.

[787] G.Chouquer-F.Favory in: Structures agraires 212f. Abb.76.77. Offenbar haben beide Zenturiationen nicht nebeneinander bestanden, vgl. Eposito a.O. Abb.1.

[788] Tacitus, Ann. XIII, 31, 2; Vgl. G.Chouquer-F.Favory in: Structures agraires 231.

[789] s. Anm.780.

[790] s. dazu Kap.6.3.3.

Für die Entwicklung des Ager Nucerinus läßt sich daher folgende These aufstellen: Dem Stadtplan liegt ein Vermessungsnetz im oskischen Maßsystem zugrunde, da sich auch auf das Umland erstreckt. Mit der Ansiedlung der Veteranen nach den Schlachten bei Philippi 42 v. Chr. entsteht eine neue, anders ausgerichtete Zenturiation, die nach der Katastrophe von 79 n.Chr. auf das ehemalige Gebiet von Pompeji ausgedehnt wird. Die dem Liber coloniarum zu entnehmenden Angaben werden sich wahrscheinlich auf eine augusteische Verwaltungsreform, wie sie auch für den Ager Pompeianus erfolgte[791], beziehen, die jedoch offenbar keine neue Zenturiation zur Folge hatte. Auch die Ansiedlung der neronischen Veteranen bedingte offensichtlich keine erneute Zenturiation.

Noch schwieriger ist die Situation im Gebiet von Nola. Hier liegen mindestens drei Zenturiationen übereinander. Die erste Zenturiation wird nach dem liber coloniarum in sullanische Zeit datiert[792]. Bisher nicht datierbar ist die 2. Zenturiation von Nola, die zudem nur vereinzelt nachzuweisen ist und im Süden bis nach Ottaviano reichte[793]. Besonders interessant ist die 3. Zenturiation, die ein riesiges Gebiet einnahm. Sie schließt Acerrae mit ein und ist weit in das Sarnotal hinein bis zum heutigen Ort S.Mazzano nördlich von Nuceria nachweisbar. Ihre Ausrichtung entspricht dem Stadtplan von Nola[794] und - dies scheint auffällig - der 3. Gruppe der Villen des Ager Pompeianus. Diese Zenturiation wird von G.Chouquer und F.Favory mit Vespasian verbunden[795]. Es muß jedoch fraglich bleiben, ob eine derart großflächige Zenturiation, die enorme Probleme aufwerfen mußte, für die Kaiserzeit wahrscheinlich ist. Es erscheint daher denkbar, daß die drei Zenturiationen Nolas in ihrer Datierung denen von Pompeji entsprechen. Bei der 2. Zenturiation von Nola, die nur noch an wenigen Stellen zu erschließen ist, wird es sich um die früheste handeln. Während die 1. Zenturiation vermutlich der überlieferten sullanischen entspricht, könnte die 3. zeitgleich mit der 3. Zenturiation Pompejis entstanden sein.

[791] Dies ist dem Namen zumindest eines Teiles des Umlandes von Pompeji zu entnehmen: Pagus Augustus Felix suburbanus.

[792] G.Chouquer-F.Favory in: Structures agraires 209f. Abb.72 S.225.

[793] Ebenda 210 Abb.73 S.229f.

[794] Ebenda 211f. Abb.74 S.229.

[795] Ebenda.

6. DIE HISTORISCHE ENTWICKLUNG DER VILLEN IM AGER POMPEIANUS

6.1. Die späthellenistische Zeit (bis 80 v.Chr.)

Die Darstellung der historischen Entwicklung der Villen im Gebiet um Pompeji orientiert sich im folgenden an den drei herausgearbeiteten Zenturiationen des Ager Pompeianus, die sich an der Ausrichtung der Villen ablesen lassen[796]. Aufgrund der vergleichbaren Situation werden jeweils auch die Villen im Ager Stabianus mitbetrachtet[797].

Den frühesten Zenturiationen von Pompeji (Tab.15) und von Stabiae (Tab.18: 2. Gruppe), die sich beide auch im jeweiligen Stadtbild (Abb.30) abzeichnen, gehören dreizehn bzw. fünf Villen an. Es ist offensichtlich kein Zufall, daß alle Villen, deren Raumgruppen nicht den bei der Mehrzahl der Villen herausgearbeiteten Grundzügen[798] entsprechen, zu dieser Gruppe gehören (Kat.Nr.6.13.14.19) oder sich aufgrund von Wanddekorationen des 1. Stils sehr wahrscheinlich anschließen lassen (Kat.Nr.11). Vier der Villen liegen vor der Porta Ercolano, eine vor der Porta Vesuvio und eine unmittelbar südlich der Stadt. Die anderen Villen dieser Gruppe verteilen sich auf das nördliche und östliche Umland (Abb.33). Ein Zusammenhang mit einem Straßennetz ist zumindest nicht nachzuweisen. Mit der Ausnahme von zwei Villen (Kat.Nr.14.19), die zwi-

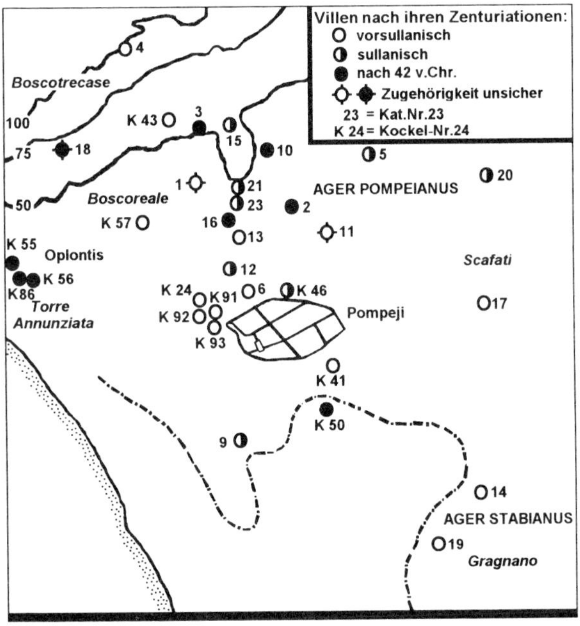

Abb. 33 Karte der Umgebung Pompejis mit Eintragung der Villen, die sich einer Zenturiation zuordnen lassen

[796] s. Kap.5.1.
[797] s. Kap.5.2.
[798] s. Kap.3.2.

schen Pompeji und Stabiae liegen (Abb.33), sind bisher keine Villen dieser Zeitstellung an der Küste bekannt.

In diese frühe Villengruppe gehören sämtliche Villen mit Atrium. Dabei handelt es sich um die in der Nähe der antiken Küste zwischen Pompeji und Stabiae gelegene Villa in Gragnano, fondo Matrone (Kat.Nr.19), und die Villen unmittelbar vor der Porta Ercolano[799]. Die beiden großen Peristylvillen (Kat.Nr.6.14), die in diesen Zusammenhang gehören, bilden aufgrund ihrer Architektur eine Untergruppe (IIb), die sich von den anderen großen Peristylvillen unterscheidet. Von zwei wahrscheinlich kleineren Villen mit Peristyl (Kat.Nr.4.17), die Parallelen zu den Peristylvillen der Gruppe Ib aufweisen, ist leider nur wenig bekannt. Gleiches gilt für die Villa in Boscoreale, fondo Vitiello (Kat.Nr.11), die einen ungewöhnlich tief gestaffelten Gebäudetrakt aufweist. Untereinander sehr unterschiedlich sind die beiden kleinen Villen dieser Gruppe. Die Villa in Boscoreale, fondo Brancaccio (Kat.Nr.13), findet in ihrer durch einen breiten Gang geprägten Anlage keine unmittelbare Parallele. Von der Villa in Boscoreale, fondo Marchese Imperiali (Kat.Nr.22), die wahrscheinlich auch in diese Gruppe gehört[800], ist nur ein Teil des Grundrisses mit vier an einem Peristyl gelegenen Räumen bekannt[801]. Die Villa in Boscoreale, località Regina, besteht dagegen aus einem in ungewöhnlicher Weise von einzelnen Raumgruppen umgebenen Peristyl. Bei dieser in jüngerer Zeit ausgegrabenen Villa bleibt die abschließende Publikation abzuwarten[802]. Von den drei nicht betrachteten Villen des Ager Stabianus blieb nur wenig erhalten[803].

Unsicher ist, ob auch die „Silberschatzvilla“ (Kat.Nr.1) in diese Gruppe gehört, da ihre Pläne mit verschiedenen Nordangaben publiziert wurden[804]. Ihre Datierung in die Zeit vor der Koloniegründung beruht auf Beobachtungen zur verwendeten Mauertechnik[805] und bleibt damit unsicher. Der Nordtrakt weist bereits die für die späteren Villen typischen Raumkombinationen auf. Es gibt jedoch Hinweise, daß er möglicherweise erst in späterer Zeit entsprechend umgebaut wurde[806].

Den meisten dieser frühen Villen fehlen repräsentative Züge in der Architektur. Bei den beiden großen Peristylvillen (Gruppe IIb) öffnen sich auf den Hof zahlreiche kleine Räume, wie dies bei den späteren großen Peristylvillen (Gruppe IIa) nicht mehr vorkommt.

---

[799] Kockel-Nr.24. 91-93; s. Anm.464.

[800] s. Anm.702.

[801] Stefani Taf.4; 5,2.

[802] Kockel-Nr.57. Die Publikation durch den Ausgräber St.De Caro ist in Vorbereitung.

[803] s.o. S. 164 Anm.767.768.

[804] s.o. Anm.694.

[805] R.C.Carrington, JRS 21, 1931, 110ff.

[806] Carrington a.O. 127 weist darauf hin, daß die Wände des Peristyls zumindest teilweise die Mauertechnik des Opus mixtum aufweisen. Eine genauere Untersuchung der Grabungsruine war aber bereits zu diesem Zeitpunkt nicht mehr möglich. Ein erhaltenes Photo (Taf.1), s.o. S. 63 mit Anm.406, zeigt lediglich die Ost- und die Südwand, die weitgehend aus Opus incertum sind. Die Zeichnung bei Pasqui 451 Abb.45, die den östlichsten Teil der Nordwand zeigt, bestätigt aber die Angabe von Carrington.

An diesen gemessen erscheint auch ungewöhnlich, daß sich der repräsentative Saal im Südtrakt der „Villa des Siminius Stephanus“ (Kat.Nr.6) nicht auf den Hof, sondern nach Süden öffnet[807]. Es fällt auf, daß bei einigen der Villen dieser Gruppe die durch ihre Größe hervorgehobenen Wohnräume eher quadratische Form besitzen[808]. Bei anderen kommen aber auch die später typischen langrechteckigen Säle vor[809].

Wanddekorationen des 1. Stils waren nur noch in zwei dieser Villen vorhanden[810]. Einziger Beleg für einen ursprünglich vorhandenen Ausstattungsluxus ist das bekannte Philosophenmosaik aus der „Villa des Siminius Stephanus“ (Kat.Nr.6/6), das sehr wahrscheinlich zu einem im Obergeschoß gelegenen Triclinium gehörte[811].

Es läßt sich nicht mehr sicher sagen, welchen Stellenwert die Landwirtschaft am Anfang des 1. Jhs.v.Chr. in diesen Villen einnahm. Auffällig ist jedoch, daß die im Jahre 79 n.Chr. am deutlichsten landwirtschaftlich genutzten Villen zu dieser Gruppe gehören[812].

Die vergleichsweise große Zahl dieser in die vorsullanische Zeit zu datierenden Villen zeigt, daß die Villen in der Umgebung Pompejis in ihrer Gesamtheit keineswegs erst nach der Bannung der Seeräubergefahr um die Mitte des 1. Jhs.n.Chr. entstanden sind[813]. Im Falle der beiden im Ager Stabianus liegenden Villen (Kat.Nr.14.19) wird sogar die alte Küstenlinie in ihrer Nähe vermutet[814].

Im Bundesgenossenkrieg stand Pompeji, wie viele kampanische Städte, gegen Rom. Es wurde 89 v.Chr. zunächst vergeblich von Sulla belagert. Nachdem dieser das Heer des Cluentius vor Nola geschlagen hatte, setzte er vermutlich die Belagerung fort. Die Einnahme Pompejis in der Folge ist sehr wahrscheinlich, führte aber offenbar zu keinen größeren Zerstörungen. Im Jahre 80 v.Chr. wurde Pompeji schließlich eine römische Kolonie[815].

---

[807] s.o. S. 79f.

[808] Kat.Nr.4 (N); 14 (34. 35); 13 (6. 9).

[809] Kat.Nr.1 (c. g); 6 (7); 17 (9).

[810] Kat.Nr.4.11.

[811] s.o. S. 137.

[812] Dies gilt besonders für die großen Villen Kat.Nr.1.14 und 19. Anschließen lassen sich aufgrund eines größeren Dolienhofes bzw. mehrerer großer landwirtschaftlich genutzter Räume die Villen Kockel-Nr.57 und Kat.Nr.13. Unsicher bleiben die Villen Kat.Nr.6 und 11.

[813] So Richardson, Pompeii 171. Vgl. hier Anm.727.

[814] Vgl. V.Kockel, AA 1985, 534 Abb.23 Nr.33.34.

[815] Ausführlich: Castrén 49ff.

6.2. Die spätrepublikanische Zeit (80-30 v.Chr.)

6.2.1. Die sullanische Zeit

Nach der jeweiligen sullanischen Zenturiation orientieren sich acht Villen im Ager Pompeianus (Tab.4: 2. Gruppe) und vier Villen im Ager Stabianus (Tab.6: 1. Gruppe). Es fällt auf, daß von den Villen im Umland Pompejis vier nördlich der Stadt auf einer Linie in Nordrichtung liegen (Abb.33). Es kann kein Zweifel daran bestehen, daß dort die Straße nach Nola verlief. Anhaltspunkte dafür liefert auch der Grundriß der Villa in Boscoreale, fondo Prisco (Kat.Nr.12), der auf den Verlauf einer Straße Rücksicht nimmt[816]. Die Straße führte von der Porta Vesuvio bis zu dieser Villa und bog dann exakt nach Norden ab (Abb.18). Die nördlichste dieser vier Villen (Kat.Nr.15) besitzt auf ihrer Ostseite einen Weinausschank (Abb.17). Eine weitere Villa lag unweit der Porta di Nola, während zwei im nordöstlichen Umland bekannt sind. Eine der Villen befindet sich bereits in unmittelbarer Nähe der Küste. Bei dieser Gruppe handelt es sich überwiegend um bescheidenere Peristylvillen und kleine Villen ohne Peristyl. Gut bekannt ist die wahrscheinlich zunächst mit zwei Hallen erbaute „Villa des Popidius Florus" (Kat.Nr.21), die bald nach 80 v.Chr. entstanden ist (Abb.4-6)[817]. Auffällig ist das eher kleine Triclinium (4) im Nordtrakt. Allerdings kann es nicht als sicher gelten, daß der Südtrakt erst nachträglich angebaut wurde (vgl. Abb.6). Ein recht kleines Triclinium gehörte auch zu der leider nur zu einem Teil ausgegrabenen „Villa des Domitius Auctus" (Kat.Nr.5: Abb.26). Das Verhältnis des nördlichen Gebäudetraktes zum Hof läßt auf eine wenig repräsentative Nutzung dieses Peristyls schließen. Auch die Peristylvilla in Scafati, fondo Matrone (Kat.Nr.20), besitzt eher kleine und ungewöhnlich angeordnete Wohnräume (Abb.8). Über den ursprünglichen Zustand des Osttraktes der Villa in Boscoreale, fondo Di Palma (Kat.Nr.23), ist leider nichts bekannt (Abb.23). Eine der großen, repräsentativen Peristylvillen (Gruppe IIa), die Villa in Torre Annunziata, fondo Matrone (Kat.Nr.9), ist ebenfalls nach der sullanischen Zenturiation ausgerichtet (Abb.14). Zu den hier besprochenen Villen gehören noch zwei kleine Villen ohne Peristyl (Kat.Nr.12.15: Abb.18.17), von denen eine ein Viridarium aufweist (Kat.Nr.15). Im Gegensatz zu den soeben erwähnten Peristylvillen besitzen sie jedoch große Triclinia, die sich auf einen Vorraum oder einen Gang öffnen. Von einer weiteren Villa nahe der Porta di Nola ist nur ein Teil der Umfassungsmauer des Geländes mit einem Tor bekannt[818]. Zu den vier Villen des Ager Stabianus (Tab.18: 1. Gruppe), läßt sich, da sie nur teilweise ausgegraben wurden, nicht viel sagen. Es ist anzunehmen, daß durch die Belagerung im Bundesgenossenkrieg auch einige der Villen in Mitleidenschaft gezogen wurden. Wanddekorationen des frühen 2. Stils sind aber nicht mehr nachzuweisen. Bei der einzigen und ganz deutlichen

[816] So auch M.Della Corte, NSc 1921, 415.

[817] s.o. S. 156. Zu den erschließbaren Bauphasen s.o. S. 135f.

[818] Kockel-Nr.46; Stazione Circumvesuviana Valle di Pompei. s.o. S. 155f.

Ausnahme handelt es sich um die Mysterienvilla, deren Dekorationen von hervorragender Qualität in die Jahre nach der Koloniegründung datiert werden[819]. Ihre Qualität überragt die in Pompeji erhaltenen Dekorationen dieser Zeit bei weitem[820]. Durch die Schriftquellen ist lediglich von Cicero und seinem Freund Marius als einzigen Vertretern der politisch führenden Schicht Roms bekannt, daß sie in der Nähe von Pompeji eine Villa besaßen[821].

Die zweite Zenturiation des Ager Pompeianus entstand in der Folge der sullanischen Koloniegründung von 80 v.Chr.[822]. Entscheidend für die Situation der Städte im Sarnotal in sullanischer Zeit war ihr Verhalten im Bundesgenossenkrieg gewesen. Wie die meisten Städte Kampaniens hatten auch fast alle Städte des Sarnotals gegen Rom gekämpft. Stabiae wurde daher von Sulla zerstört. Zumindest ein Teil der vorsullanischen Straßen und der entsprechenden Insulae-Einteilung bestand im Jahre 79 n.Chr. allerdings noch. Wie für Pompeji erfolgte auch für Stabiae eine neue Landvermessung. Zweifellos gehört entsprechend auch eine der drei nachgewiesenen Zenturiationen des Ager Nolanus in die Zeit Sullas. Von den Städten des Sarnotals hatte einzig Nuceria auf der Seite Roms gestanden. Entsprechend änderte sich hier nichts.

6.2.2. Die Zeit Caesars und des 2. Triumvirats

Der dritten Zenturiation, die sehr wahrscheinlich nach den Schlachten bei Philippi im Jahre 42 v.Chr. oder kurz darauf entstand[823], gehören neun Villen in der Umgebung Pompejis (Tab.17) und eine Villa bei Stabiae (Tab.18: 3. Gruppe) an. Vier der Villen des Ager Pompeianus liegen an der Küste. Drei davon befinden sich in der heutigen Stadt Torre Annunziata und werden mit Oplontis in Verbindung gebracht. Die Villa des „Agrippa Postumus" (Kat.Nr.18) liegt am Vesuvabhang mit einem Ausblick über die Küste bis nach Stabiae (Abb.12). Von den anderen vier Villen befindet sich eine an der von der Porta Vesuvio nach Norden führenden Straße, während drei in ihrer mittelbaren Nähe liegen (Abb.33). Es handelt sich dabei überwiegend um Peristylvillen der Gruppe Ib und um große Peristylvillen der Gruppe IIa. Bemerkenswert sind die große „Villa des Fannius Synistor" (Kat.Nr.10: Abb.10) sowie die „Villa des Asellius" (Kat.Nr.16), die größte der Peristylvillen (Abb.7). Zur letzteren Gruppe gehört auch die bescheidenere Villa bei Boscoreale, fondo Zurlo

[819] V.M.Strocka in: Pompejanische Wandmalerei 215; ders., Casa del Labirinto. Häuser in Pompeji 4 (1991) 11 (80/70 v. Chr.). Vgl. dagegen Mielsch, Villa 41 (60 v.Chr.).

[820] Vgl. die Bemerkungen von Strocka, Casa a.O. 133 zur Villa dei Misteri und der Casa del Labirinto: *„Die Villa suburbana eines römischen Ritters oder gar Senators hat sich eben von der Domus eines pompejanischen Decurio abgehoben."*

[821] Vgl. J.H.d'Arms in: Pompeji 79, 69.

[822] s.o. S. 156f. Zur Koloniegründung s. Castrén 50ff.; Zanker, Pompeji 18. Vgl. jetzt P.Zanker, Pompeji. Stadtbild und Wohngeschmack (1995) 68ff.

[823] s.o. Kap.5.1.3.

(Kat.Nr.2: Abb.3). Dagegen handelt es sich bei der Villa in Boscoreale, piazza Vargas (Kat.Nr.3), offenbar um eine kleine Villa mit Peristyl (Abb.21). Dieselbe Orientierung besitzen auch vier Villen in Oplontis. Die „Villa der Poppaea" weist in ihrer Anlage zumindest vergleichbare Grundzüge wie die großen Peristylvillen (Gruppe IIa) auf[824]. Gleiches gilt möglicherweise für die „Villa des Crassius Tertius", von der jedoch nur wenig bekannt ist[825]. Weitgehend unbekannt bleibt eine weitere Villa in Oplontis[826]. Aus dem Rahmen dieser zumeist sehr repräsentativen Villen[827] fällt lediglich eine kleine Villa mit Peristyl bei Stabiae heraus[828]. Die prachtvollste der hier behandelten Villen, die „Villa des Fannius Synistor" (Kat.Nr.10: Abb.10), ist wahrscheinlich in unmittelbarer Folge der neuen Zenturiation entstanden, während die von der Architektur her noch aufwendigere „Villa der Poppaea" in Oplontis möglicherweise wenige Jahre jünger ist[829]. Die „Villa des Agrippa Postumus" (Kat.Nr.18: Gruppe IIa), deren Nordausrichtung unbekannt ist (Abb.12), besitzt neben den Sälen in hervorragendem 3. Stil ein im 2. Stil ausgemaltes Peristyl, das nach Della Corte dem der „Villa des Fannius Synistor" (Kat.Nr.10) sehr ähnlich ist[830]. Sie ist daher ebenfalls in diesen Jahren entstanden. Von der Dekoration des Tricliniums (13) der „Villa des Asellius" (Kat.Nr.16: Abb.7) gibt es leider nur eine kurze Beschreibung, die keine genauere Einordnung erlaubt[831]. In der „Villa des Popidius Florus" (Kat.Nr.21), die nach der sullanischen Zenturiation ausgerichtet ist, findet zu dieser Zeit ein umfassender Umbau statt, der, zumal wenn er mit der neuen Zenturiation zusammenfällt, mit einem Besitzerwechsel verbunden gewesen sein könnte (Abb.4-6). In die nördliche Porticus wurden ein Triclinium (2) und ein Cubiculum (5) eingebaut[832]. Im letzteren war die Wanddekoration 2. Stils im Jahre 79 n.Chr. noch vorhanden. Während der Ausgrabung wurde eine Wand herausgelöst, ihr Verbleib ist jedoch unbekannt. Aufgrund der Beschreibung handelt es sich wahrscheinlich um entwickelten 2. Stil (Kat.Nr.21/8). Ein Zusammenhang mit der 3. Zenturiation scheint daher denkbar. An dieser Stelle ist auf drei Fragmente einer sehr qualitätvollen Raumdekoration des 2. Stils in zwei Privatsammlungen in den USA hinzuweisen, die enge Parallelen zur Ausmalung der „Villa der Poppaea" aufweisen[833]. Die Herkunft der gut erhaltenen aus einer Vesuvvilla ist beinahe sicher, dennoch bleibt die genaue Provenienz

---

[824] Kockel-Nr.55; s.o. S. 82. 158.
[825] Kockel-Nr.56; s.o. S. 158f.
[826] Kockel-Nr.86 Torre Annunziata, prop. Fattorusso.
[827] Dies gilt eingeschränkt auch für die Villa in Boscoreale, fondo Zurlo (Kat.Nr.2).
[828] Kockel-Nr.97 = Miniero-Nr.20; Gragnano, Località Carmiano A. s.o. S. 86. 165.
[829] Durch das Datum der Zenturiation von 42 v.Chr. wird die von B.Andreae in: NFP 83 vorgeschlagene Datierung für die „Villa des Fannius Synistor" (Kat.Nr.10) bestätigt. Dagegen datiert V.M.Strocka die Villa um 60 v.Chr., während er die „Villa der Poppaea" etwas später um 60-50 v.Chr. ansetzt, s.o. S. 131f.
[830] s.o. 129 Anm.600.
[831] Kat.Nr.16/3; offensichtlich handelt es sich um entwickelten 2. Stil.
[832] s.o. S. 68. Zu den Benutzungsphasen s.o. S. 134f.
[833] s.o. S.59.

unsicher[834]. Ob auch in anderen Villen zu dieser Zeit umfassendere Umbauten oder Neudekorationen stattfanden, bleibt unbekannt. Bei den freigelegten Villen der 3. Zenturiation handelt es sich überwiegend um große, prachtvolle Anlagen, die aufwendig ausgestattet waren. Soweit ihre Wanddekorationen bekannt sind, lassen sie sich in die Zeit unmittelbar nach der Einführung der Zenturiation datieren. Zumindest in einer weiteren Villa läßt sich ein entsprechender Umbau mit Neuausstattung nachweisen (Kat.Nr.21: Abb.4). Der historische Anlaß dieser Zenturiation war sehr wahrscheinlich die Ansiedlung von Veteranen der Triumvirn in Kampanien, die kurz nach der Schlacht bei Philippi im Jahre 42 v.Chr. erfolgte[835]. Auffällig ist, daß eine Villa im Ager Stabianus dieselbe Orientierung aufweist (Tab.18: 3. Gruppe) und hier damit wahrscheinlich eine genau entsprechende Zenturiation zugrunde lag. Erst die Freilegung weiterer Villen gleicher Orientierung kann jedoch Sicherheit bringen. Besonders interessant ist in diesem Zusammenhang die 3. Zenturiation von Nola, die sich über ein riesiges Gebiet erstreckte. Ihre Ausdehnung nach Süden läßt sich mit der Luftbildauswertung wegen der Überlagerungsschichten von 79 n.Chr. nicht sicher nachweisen. Ihre Orientierung entspricht jedoch genau der der Villen der 3. Zenturiation des Ager Pompeianus. Daher ist es wahrscheinlich, daß es sich hier um eine einzige Zenturiation riesigen Ausmaßes handelte, die offenbar lediglich das Territorium von Nuceria ausschloß. Die Untersuchungen von P.Castrén haben gezeigt, daß um die Mitte des Jahrhunderts in Pompeji neue Familien auftreten, die daher sehr wahrscheinlich in Zusammenhang mit dieser neuen Zenturiation stehen[836]. Bei den bisher bekannten Villen der 3. Zenturiation kann es sich aber überwiegend nur um den Besitz der römischen Oberschicht, also sehr wahrscheinlich um Gefolgsleute der Triumvirn handeln. Auch der Villenbesitzer, der u.a. die Ausmalung des sog. Oecus (H) der „Villa des Fannius Synistor“ (Kat.Nr.10) in Auftrag gab, wird zu ihnen gehört haben. Sichere Rückschlüsse auf die Interpretation der Darstellungen lassen sich hieraus nicht ziehen. Es sei hier nur kurz darauf hingewiesen, daß die Interpretation der Dekoration des sog. Oecus (H) der „Villa des Fannius Synistor“ (Kat.Nr.10) durch K.Fittschen, der in der Darstellung die Prophezeiung der Taten Alexanders erkennt und auf die besondere Aktualität des Themas wegen des geplanten Feldzuges Caesars gegen die Parther hinweist[837], durch diesen historischen Rahmen weitgehend unterstützt wird, da auch Marc Anton für einen Partherkrieg rüstete[838]. Offenbar war es daher eine Folge der neuen, großen Zenturiation, daß sich die Oberschicht an der Küste im Ager Pompeianus konzentrierte und damit die „Cote d'Azur von Baiae“[839] nach Süden fortsetzte.

---

[834] Zu den beiden erwähnten Wanddekorationen (Kat.Nr.16/3; 21/8) gehörten sie nicht.
[835] s.o. S. 160f.
[836] s.o. S. 161.
[837] K.Fittschen in: NFP 93ff. bes. 99f.
[838] A.Heuß, Römische Geschichte[4] (1976) 266. Zur Deutung des Bildprogramms vgl. jetzt M.Pfrommer, Göttliche Fürsten in Boscoreale, 12.TrWPr 1992 (1993), der ein ptolemäisches Gesamtkonzept erschließt und dieses mit einem Parteigänger Caesars oder Marc Antons verbindet.
[839] B.Conticello in: Kat.New York 1990, 2, der sich jedoch skeptisch zur Zugehörigkeit Pompejis äußert.

6.3. Die Kaiserzeit (30 v.Chr.- 79 n.Chr.)

6.3.1. Die augusteische und tiberische Zeit

Keine der bekannten Villen ist sicher in dieser Zeit entstanden. Die in diesen Jahren wahrscheinlich dem Agrippa Postumus gehörende Villa (Kat.Nr.18) wurde Ziegelstempeln zufolge im Jahre 11 v.Chr. umgebaut. Sehr wahrscheinlich erhielten die in einer Reihe gelegenen Triclinia zu dieser Zeit ihre hervorragenden Wanddekorationen[840]. Diese Räume lagen an einer Terrasse und boten damit einen Blick auf die Landschaft des Golfes (Abb.12). In einigen der bereits besprochenen Villen blieben noch Dekorationen aus den verschiedenen Phasen des 3. Stils erhalten. Es handelt sich jetzt jedoch um eine kontinuierliche Entwicklung, ohne daß ein chronologischer Schwerpunkt deutlich wird. So wurde z.B. in der „Villa des Popidius Florus" (Kat.Nr.21: Abb.4) das ursprüngliche Triclinium des Nordtraktes qualitätvoll dekoriert[841]. Auch mehrere Räume der „Silberschatzvilla" (Kat.Nr.1: Abb.2) wurden in dieser Zeit ausgemalt[842]. Daneben wurden in der „Villa der Poppaea" in Oplontis, in der „Villa des Cicero" und in der Mysterienvilla einzelne Räume im 3. Stil dekoriert[843]. Auf eine Neudekoration der hervorragenden Räume im 2. Stil, die bei etwa gleicher Qualität ein sehr aufwendiges und teures Unterfangen gewesen wäre, verzichtete man in den Villen aber offenbar weitgehend. Von der „Villa des Fannius Synistor" (Kat.Nr.10), die keine Veränderungen erfuhr (Abb.10), ist durch eine Inschrift bekannt, daß sie im Jahre 12 n.Chr. versteigert wurde[844]. Durch Inschriften ist die Existenz des *pagus Augustus Felix suburbanus* belegt, von dem angenommen wird, daß er bereits von Sulla eingerichtet wurde und unter Augustus eine Neuorganisation erfuhr[845]. Ein Bedarf an einer neuen Zenturiation bestand in Pompeji jedoch nicht. Hier und in Nuceria werden in augusteischer Zeit wahrscheinlich nur Verwaltungsreformen erfolgt sein[846].

[840] s.o. S. 130.

[841] Kat.Nr.21/5.

[842] Kat.Nr.1 Raum D; Saal g.

[843] Ehrhardt, Untersuchungen 34ff. 124ff. 145ff.

[844] Della Corte, Case³ 431.

[845] Castrén 81. 122.

[846] s.o. S. 166f.

6.3.2. Die claudische und neronische Zeit

Die Villa in Boscoreale, fondo Di Palma (Kat.Nr.23), wurde in der Mauertechnik des Opus latericium während der Spätphase des 3. Stils, d.h. in claudischer oder möglicherweise erst neronischer Zeit[847], grundlegend erneuert (Abb.23). Die Beurteilung dieser Villa, von der nur der östliche Trakt bekannt ist, bleibt von der Interpretation des zentral gelegenen Raumes (7), der im Jahre 79 n.Chr. als Torcularium diente, abhängig. Das sehr große Torcularium weist in den Proportionen Beziehungen zu den umliegenden Räumen auf. Diese Räume waren aufwendig ausgestattete Wohn- und Baderäume, so daß der fragliche Raum wahrscheinlich ehemals der repräsentativste Raum der Villa war, vergleichbar dem Oecus (H) der „Villa des Fannius Synistor“ (Kat.Nr.10: Abb.10). Erst in späterer Zeit wurde das Erscheinungsbild der Villa durch den Einbau des Torculariums grundlegend geändert. Das Peristyl der großen Villa in Torre Annunziata, fondo Matrone (Kat.Nr.9: Abb.13.14), die zumindest zu einem Teil bereits seit sullanischer Zeit bestand, wurde im frühen 4. Stil, d.h. in claudischer Zeit, qualitätvoll ausgemalt. Wahrscheinlich erfolgte gleichzeitig die Dekoration der umliegenden Räume[848], so daß auch hier eine aufwendige Neuausstattung vorliegt. Zahlreiche weitere Villen erhielten in einigen Räumen Dekorationen im 4. Stil. So wurden in der „Villa des Asellius“ (Kat.Nr.16: Abb.7) mehrere Cubicula und andere kleine Räume neu ausgemalt, während man in den repräsentativsten Räumen der Villa, dem Triclinium mit großem Vorraum, die Wanddekorationen im 2. Stil beließ. Offenbar schätzte man die vorhandenen Wandmalereien mehr als mögliche zeitgemäße. Im Gegensatz dazu blieb in der „Villa des Popidius Florus“ (Kat.Nr.21: Abb.4) nur im Cubiculum (5) die Wanddekoration des 2. Stils unverändert, während das gleichzeitig entstandene Triclinium (2) eine Ausmalung des 4. Stils erhielt. Die Villen in Boscoreale, fondo Zurlo (Kat.Nr.2: Abb.3), und in Gragnano, fondo Matrone (Kat.Nr.19: Abb.20), erhielten zu dieser Zeit ebenfalls neue Dekorationen.

Offensichtlich gab es um die Mitte des 1. Jhs.n.Chr. an der Gesamtsituation der Villen im Ager Pompeianus noch keine größeren Veränderungen. Dafür sprechen neben den aufwendigen Neudekorationen der beiden Villen in Boscoreale und Torre Annunziata (Kat.Nr.9.23) auch die sehr qualitätvollen Ausstattungen im frühen 4. Stil einiger der Villen auf dem Varano-Hügel in Stabiae[849].

Ein einschneidendes Ereignis für Pompeji, das für die flavische Zeit große Auswirkungen haben sollte, war das Erdbeben des Jahres 62 n.Chr.

[847] s.o. S. 145f.
[848] Zur problematischen Identifizierung dieser Fresken s.o. S. 32ff.
[849] A. Allroggen-Bedel in: Regione sotterrata 524f.; dies., RM 84, 1977, 27ff.

6.3.3. Die flavische Zeit

Betrachtet man das Erscheinungsbild der Villen in der Zeit unmittelbar vor dem Vesuvausbruch von 79 n.Chr., so ergibt sich ein sehr differenziertes Bild[850].

Von den großen Peristylvillen der Gruppe IIa besaß nur die Villa in Torre Annunziata, fondo Matrone (Kat.Nr.9), eine Skulpturenausstattung, wie sie wohl in den meisten dieser Villen einst ursprünglich vorhanden gewesen war. Zumindest die repräsentativen Räume dieser Villa waren aber zur Zeit nicht mehr bewohnt. Von der „Villa des Agrippa Postumus" (Kat.Nr.18: Abb.12) wurde leider zu wenig ausgegraben, um sie genauer beurteilen zu können. Die „Villa des Fannius Synistor" (Kat.Nr.10: Abb.10) wurde dagegen nur noch bewirtschaftet, während die repräsentativen Räume leer standen. So waren im Triclinium (N) offenbar zwei Wagen abgestellt worden. Vergleichbar erscheint die Situation in der „Villa der Poppaea" in Oplontis, deren Skulpturen in einem Raum zusammengestellt worden waren[851]. Die Villa war weitgehend leer und befand sich offenbar im Umbau[852].

In der Entwicklung dieser Villen ist somit ein Bruch abzulesen. Die beiden großen Peristylvillen der Gruppe IIb (Kat.Nr.6.14: Abb.16.11) dienten zu dieser Zeit offenbar vorwiegend als Unterkünfte für Arbeitskräfte. Interessant ist in diesem Zusammenhang der freigelegte Osttrakt der Villa in Boscoreale, fondo Di Palma (Kat.Nr.23: Abb.23). Die dekorative Ausstattung der Villa gehört in die Spätphase des 3. Stils und damit wahrscheinlich bereits in die claudische Zeit. Der Einbau des Torculariums erfolgte dagegen sehr wahrscheinlich erst später. Da die Villa in Torre Annunziata, fondo Matrone (Kat.Nr.9: Abb.13.14), die aufwendige Ausmalung ihres Peristyls im frühen 4. Stil erhielt, kann dieser Bruch frühestens in der claudischen Zeit erfolgt sein.

Die größte der Peristylvillen, die „Villa des Asellius" (Kat.Nr.16: Abb.7), entspricht den bisher gemachten Beobachtungen. Die Dekoration des Tricliniums im 2. Stil war nur notdürftig ausgebessert worden. Das Tepidarium und das Caldarium waren zu Nebenräumen der Küche umgebaut worden. Nur die Küche und der Pförtnerraum waren sicher bewohnt. Die dekorative Ausstattung mehrerer Räume im 4. Stil muß daher vor dem konstatierten Bruch erfolgt sein. Möglicherweise bestanden außerhalb der Villa landwirtschaftliche Anlagen. Die Villen in Scafati, fondo Matrone (Kat.Nr.20: Abb.8), und in Boscoreale, fondo Zurlo (Kat.Nr.2: Abb.3), dienten aufgrund ihrer spärlichen Ausstattung offenbar vorwiegend als landwirtschaftliche Betriebe. Wahrscheinlich gehört die dekorative Ausstattung der Villa in Boscoreale (Kat.Nr.2) noch in die Zeit vor dem Wandel. Darauf könnte der Weinausschank in Raum (A) hinweisen, bei dem es sich sicher ursprünglich um einen Nebenraum des Tricliniums (B) handelte. Ein differenzierteres Bild bietet die „Villa des Popidius Florus" (Kat.Nr.21: Abb.4). Das repräsentative Triclinium (2) in der Nordwestek-

[850] Die Darstellung folgt hier Kap.4.3.

[851] St.De Caro, CronPomp 2, 1976, 184ff.; Neudecker 241f.

[852] La Rocca-De Vos 460.

ke der Villa mit einer Wanddekoration des 4. Stils wurde zur Küche umfunktioniert. Gleichzeitig wurden wahrscheinlich das Torcularium (17) und der Dolienhof angelegt. Andererseits gibt es in dieser Villa aber auch Hinweise auf Wohnluxus. So waren das Bad und einige kleine Räume offenbar erst in jüngerer Zeit ausgemalt worden. Die Dekoration des Tricliniums (16) sollte möglicherweise noch erfolgen. Auch der Marmortisch und eine größere Anzahl von Bronzegefäßen deuten auf einen gewissen Komfort hin.

Die „Silberschatzvilla" (Kat.Nr.1) stellt in mehrerer Hinsicht einen Sonderfall dar (Abb.2). Dies gilt insbesondere für die strikte Trennung von Wohnbereich und landwirtschaftlichem Teil. Bei den anderen Villen sind die landwirtschaftlichen Anlagen entweder in das Peristyl integriert oder liegen außerhalb des Wohngebäudes. Die Villa stellt den bedeutendsten bekannten Gutsbetrieb der Umgebung Pompejis dar, wobei sie gleichzeitig weitaus am reichsten ausgestattet ist. Dabei hebt sie sich nicht nur durch die Silbergefäße, sondern auch durch die zahlreichen Möbel, Beschlagteile, Gefäße und Geräte aus Bronze von den anderen Villen ab. Eine geringere Bedeutung besitzen dagegen die Wanddekorationen der Villa. Die Wanddekoration des Tricliniums (C) im späten 4. Stil war zeitgemäß, aber offenbar eher von mittlerer Qualität. Die beiden kleinen Räume (D.F) besaßen dagegen noch ältere Dekorationen. Möglicherweise wurden bei den Villen mit einfacheren Dekorationen die Wanddekorationen der Säle auf den neuesten Stand gebracht, während kleine Räume eher belassen wurden, wie es auch bei der „Villa des Popidius Florus" (Kat.Nr.21) zu beobachten war. Die Atriumvilla in Gragnano, fondo Matrone (Kat.Nr.19), besaß ebenfalls einen großen Dolienhof (Abb.20). Sie war im 4. Stil ausgemalt, jedoch wurde nur sehr wenig gefunden. Allerdings ist mit späteren Störungen sicher zu rechnen, da in der Villa eine Sarkophagbestattung erfolgte.

Von den kleinen Villen ohne Peristyl war die Villa in Boscoreale, fondo Brancaccio (Kat.Nr.13: Abb.19), aufgrund ihrer zweckbestimmten Architektur und ihrer einfachen Ausstattung offensichtlich ein kleiner Gutsbetrieb. Dagegen weisen die anderen beiden Villen (Kat.Nr.12.15) einen gewissen Wohnluxus auf. In der Villa in Boscoreale, fondo D'Acunzo (Kat.Nr.15: Abb.17), sollte möglicherweise gerade eine Neuausstattung erfolgen. Von den Funden sind sieben Bronzestatuetten sowie mehrere Bronzegefäße bemerkenswert. Zum Inventar der Villa in Boscoreale, fondo Prisco (Kat.Nr.12: Abb.18), gehörten ein Tisch aus Buntmarmor und ein großer Gefäßkomplex. Auch in anderen, von der Architektur her bescheideneren Villen wurden Gegenstände, die auf einen gewissen Wohlstand schließen lassen, gefunden. So fallen in der „Villa des Domitius Auctus" (Kat.Nr.5: Abb.26) u.a. mehrere Silberstatuetten auf. In einigen erst in jüngerer Zeit ausgegrabenen kleinen Villen wurden vereinzelt Silbergefäße oder bemerkenswerter Goldschmuck gefunden[853].

[853] Zum Goldschmuck aus einer Villa bei Terzigno s. E.M.Menotti in: Studia Pompeiana & Classica in honor of W.F.Jashemski I (1988) 167ff. In drei Villen wurde jeweils eine Kasserolle aus Silber gefunden, s. Miniero, Ricerche 264; 238 Nr.11 Abb.14; 242 Nr.27; 254 Nr.71.

Da mehrere Villen vor dem konstatierten Bruch im späten 3. und frühen 4. Stil ausgemalt wurden, ist es wahrscheinlich, daß der Anlaß dieses Wandels das große Erdbeben von 62 n.Chr. gewesen war[854], das die Stadt Pompeji schwer getroffen hat[855]. Die in diesem Zusammenhang vertretene Meinung, reiche Römer wären während der Reparaturen aus der Stadt in ihre Villen ausgewichen[856], bestätigen die gemachten Beobachtungen zu den Villen nicht[857]. Hier sei insbesondere darauf hingewiesen, daß die sicherlich einst vorhandenen Skulpturenausstattungen in den meisten Villen abgeräumt worden waren, während in Pompeji in flavischer Zeit Gartenanlagen mit dekorativen Skulpturen, die sich offenbar am Vorbild reich ausgestatteter Villen orientierten, in Mode kamen[858]. Um so mehr überrascht die gegenläufige Tendenz in den Villen selbst.

Als Erklärung bietet sich die These an, daß die meisten der Peristylvillen (Gruppe Ib) und der großen Peristylvillen (Gruppe IIa) im Besitz von Nicht-Pompejanern, darunter sicherlich viele Stadtrömer[859], waren, die vereinzelt seit der sullanischen und verstärkt seit der dritten Zenturiation im Ager Pompeianus eine Villa besaßen. Offenbar kam der Golf von Neapel in der flavischen Zeit überhaupt als bevorzugter Villenstandort aus der Mode[860]. Dieser Prozeß wurde daher für die Villen von Pompeji und Stabiae durch das Erdbeben möglicherweise nur beschleunigt. Die Tendenz ging offenbar dahin, daß die großen Peristylvillen (Gruppe IIa) nur noch bewirtschaftet und ihre repräsentativen Wohnräume nicht mehr genutzt wurden, während bei den Peristylvillen (Gruppe Ib) sogar Teile des repräsentativen Wohnraumes zugunsten von landwirtschaftlicher Nutzfläche aufgegeben wurden[861]. In besonderem Maße gilt dies für das Peristyl, das häufig den Dolienhof und das Torcularium aufnahm. Die Einbauten zeigen, daß der Weinanbau in den Peristylvillen (Gruppe Ib) zuvor kaum eine Rolle gespielt haben kann. Charakteristische Beispiele für die kampanische Landwirtschaft sind diese Villen daher sicher nicht. In diesem Zusammenhang ist auch ihre besondere topographische Situation zu bedenken. Fast alle liegen in der unmittelbaren Umgebung Pompejis, die meisten von ihnen im Norden nahe der Straße, die von der Porta Vesuvio nach Nola führte. Einige weitere liegen in der Nähe der Küste. Hierbei dürfte es sich jeweils um bevorzugte Lagen gehandelt haben. Daraus erklärt sich, daß von den Villen, die nach der 3. Zenturiation entstanden, fast nur große, repräsentative Anlagen bekannt

[854] Vgl. A.Allroggen-Bedel in: Regione sotterrata 527.

[855] Zu den Folgen des Erdbebens s. J.Andreau, AnnEconSocCiv 28, 1973, 369ff.; ders. in: Pompei 79, 40ff.; Zanker, Pompeji 41f. Vgl. jetzt P.Zanker, Pompeji. Stadtbild und Wohngeschmack (1995) 133ff.

[856] J.Andreau, AnnEconSocCiv 28, 1973, 375ff.; ders. in: Pompei 79, 42. Vgl. La Rocca-De Vos 29.

[857] Zu diesem Ergebnis kommt auch A.Allroggen-Bedel in: Regione sotterrata 527f.

[858] P.Zanker, JdI 94, 1979, 460ff. bes. 518ff.

[859] Vgl. J.H.d'Arms in: Pompei 79, 79.

[860] Ebenda 85. Vgl. A.Allroggen-Bedel in: Regione sotterrata 528.

[861] In der Mysterienvilla (Kockel-Nr.24) soll, der von Maiuri vorgeschlagenen Chronologie folgend, das Torcularium bereits vor 62 n.Chr. eingebaut worden sein, vgl. z.B. Flach, Agrargeschichte 247. Dagegen spricht sich Mielsch, Villa 41, für einen Einbau nach 62 n.Chr. aus.

sind. Die Höfe der einfacheren Bevölkerung und später der Veteranen werden weiter entfernt gelegen haben. Tatsächlich liegen die bekannten kleinen Gutshöfe fernab der vermuteten großen Straßen (Abb.33 Nr.K 57)[862] und z.T. auch deutlich entfernt von Pompeji, z.B. beim heutigen Terzigno[863]. In diesen archäologisch bisher noch nicht sehr gut bekannten Gebieten ist in den nächsten Jahren wahrscheinlich noch mit weiteren Entdeckungen zu rechnen. Ein auf die kampanische oder gar italische Landwirtschaft übertragbares Bild ergibt sich aus den bekannten Villen der Umgebung Pompejis daher m.E. nicht.

Bisher wurde insbesondere der Wandel in den großen, repräsentativen Villen beachtet[864]. Die beschriebene, wahrscheinlich sehr schnell erfolgte Entwicklung in den Villen könnte man als „Pompejanisierung" bezeichnen. Jene Villen, die durch ihre repräsentative Anlage und Ausstattung einst die Häuser Pompejis deutlich überragten, werden jetzt offenbar weitgehend nur noch bewirtschaftet, was wahrscheinlich mit neuen Besitzern, die verstärkt aus Pompeji kommen, zusammenhängt. Zudem erhält ein Teil der mittelgroßen Villen Weinverabeitungsanlagen. Ein gewisser Ausstattungsluxus findet sich dagegen, sieht man von der „Silberschatzvilla" (Kat.Nr.1) ab, vorwiegend in kleinen Villen, die wahrscheinlich von dieser Entwicklung weniger betroffen wurden. Auffälligerweise ist die Anzahl der freigelegten Dolien in den kleinen Villen häufig größer als in den Peristylvillen (Gruppe Ib).

Ein charakteristisches Beispiel für diese Entwicklung ist wahrscheinlich die „Villa des Popidius Florus" (Kat.Nr.21: Abb.4). Wenngleich sie aufgrund ihrer bescheidenen Größe sicherlich nicht im Besitz eines römischen Senators gewesen war, lassen sich die grundlegenden Veränderungen in der Villa am wahrscheinlichsten mit einem Besitzerwechsel erklären. Der letzte Besitzer der unmittelbar nach der sullanischen Koloniegründung entstandenen Villa war N.Popidius Florus, ein Angehöriger der vor der Koloniegründung einflußreichen Familie der Popidii. In der flavischen Zeit trat diese wieder stärker in Erscheinung. So wurde z.B. die Wiederherstellung des Isistempels von einem Popidier finanziert[865]. N.Popidius Florus ließ sehr wahrscheinlich das Triclinium (2) zu einer Küche umwandeln und das Torcularium und den Dolienhof anlegen, an dessen Einfassungsmauer zwei Weihinschriften seinen Namen nennen. Gleichzeitig sorgte er offenbar aber auch für die Neuausstattung des Bades und mehrerer Räume und plante wahrscheinlich eine solche für das große Triclinium (16).

In mehreren Villen wurden, wie sich feststellen ließ, unmittelbar vor der Katastrophe am 24. August 79 n.Chr. Umbauarbeiten oder Neudekorationen durchgeführt. Möglicherweise erklären sie sich durch eine Konsolidierungsphase in den Villen und sind damit größtenteils noch durch das Erdbeben von 62 n.Chr. bedingt. Allerdings kann nicht ausge-

[862] s. Anm.456.
[863] s. Anm.458.
[864] J.H.d'Arms in: Pompei 79, 65ff.; A.Allroggen-Bedel in: Regione sotterrata 519ff.
[865] Castrén 207.

schlossen werden, daß es sich hierbei um die unmittelbaren Reaktionen auf die Schäden eines weiteren, nicht literarisch überlieferten Erdbebens handelt, das K.Schefold aufgrund seiner Beobachtungen zur Chronologie des 4. Stils fordert[866]. Für zumindest ein weiteres Erdbeben sprechen sehr wahrscheinlich Sekundärschäden an Wandmalereien sowie die auch in Pompeji selbst auffällig häufig zu beobachtenden Renovierungsarbeiten[867]. Da der hier konstatierte Bruch jedoch bereits zu abgeschlossenen baulichen Veränderungen geführt hat, kann er kaum ausschließlich mit einem oder mehreren Erdbeben zusammenhängen, sondern es dürfte sich um eine länger dauernde Entwicklung gehandelt haben. Interessanter scheint die Frage nach dem Erdbeben dagegen für die Stadt Pompeji in flavischer Zeit zu sein.

Die letzte in Nuceria feststellbare Zenturiation griff nach Pompeji und Stabiae über. Da im Jahre 79 n.Chr. Pompeji und der Ager Pompeianus aufhörten zu existieren, wird sie zu dieser Zeit entstanden sein. Zahlreiche Bewohner flüchteten nach Nuceria. Die Zuschlagung eines Teiles des früheren Ager Pompeianus an Nuceria und dessen Neuvermessung und -verteilung machen diese These am wahrscheinlichsten. Eine Villa im Stadtgebiet des heutigen Pompeji, die durch ihre Keramik in das 3.- 4. Jh.n.Chr. datiert wird[868], weist eine entsprechende Orientierung auf und spricht für diese Annahme. Eine Villenbesiedlung vergleichbarer Art hat es im ehemaligen Gebiet von Pompeji nicht mehr gegeben.

---

866 K.Schefold, RM 64, 1957, 149ff. bes. 152f.; ders. in: Pompejanische Wandmalerei 23; ders. jetzt in: AuS 15f. Dazu zuletzt: V.M.Strocka in: AuS 175ff. Vgl. die zusammenfassenden Bemerkungen zu einem möglichen weiteren Beben von V.Kockel, AA 1986, 543;.Zanker, Pompeji 4 sowie die neuen Beobachtungen von W.Ehrhardt, Casa dell' Orso. Häuser in Pompeji 2 (1988) 61f.; F.Seiler, Casa degli Amorini Dorati. Häuser in Pompeji 5 (1992) 84.

867 Die 1993 in Boscoreale durchgeführte Tagung „Archäologie und Seismologie" (hier: AuS) hat sich ausführlich mit den in den letzten Jahren neu gewonnenen Indizien beschäftigt, vgl. z.B. zur Problematik: L.Jacobelli in: AuS 17ff.; zu den Sekundärschäden: F.Seiler in: AuS 23ff. bes.25f. Ein Erdbeben vor 76 n.Chr. in Herculaneum ist epigraphisch belegt: G.Guadagno in: AuS 119ff. Denkbar ist sogar, daß mit mehreren Erdbeben zwischen 62 n.Chr. und 79 n.Chr. gerechnet werden muß: P.Gasperini in: AuS 56; vgl. R.Thomas in: AuS 169ff. Dagegen kritisch zur Existenz weiterer Erdbeben: K.Wallat in: AuS 75ff. bes.88f.

868 E.De Carolis, Comune di Pompei. Via Lepanto, RStPomp 3, 1989, 245ff.

VILLENKATALOG

Kat.Nr.1 „Silberschatzvilla“

ORT: Boscoreale, contrada Pisanella (Kockel-Nr.13; CB Nr.1)
AUSGRÄBER UND BESITZER: Vincenzo de Prisco
AUSGRABUNGSZEITRAUM: 1876-1877 (Pulzella); 1894 -1896, 27.6.-10.8.1898.
GRABUNGSBERICHTE: G.Fiorelli, NSc 1876, 196f.; ders., NSc 1877, 17ff. 96. 128; NSc 1894, 385; A.Mau, RM 9, 1894, 349ff.; Pasqui, NSc 1895, 207ff.; NSc 1896, 204ff. 230ff.; A.Mau, RM 11, 1896, 131ff.; Pasqui 397ff.; Rez.: A.Mau, RM 15, 1900, 118ff.; A.Sogliano, NSc 1899, 14ff.
ARCHIVMATERIALIEN: -
LITERATUR (Auswahl): A.Mau, Pompeji in Leben und Kunst[2] (1908) 381ff.; R.C.Carrington, JRS 21, 1931, 110 mit Anm.2; 113. 119. 126f. 129 Nr.13; J.Day, YaleClSt 3, 1932, 170ff. 180f. 183ff. Taf. A-C Nr.13; E.Fabricotti, CronPomp 2, 1976, 66ff. Nr.IIb.f. Abb.29a-c; Casale-Bianco 30 Nr.1 Abb.1; A.Allroggen-Bedel in: Regione sotterrata 523; J.H.d'Arms in: Pompei 79, 77 Abb.32; De Vos, Pompei 242f. mit Abb.; Mielsch, Villa 12f. Abb.2; Jongman, Economy 128f.; Flach, Agrargeschichte 221ff. Abb.9 Taf.14.
Zu den Inschriften: Carrington a.O. 111. 113f. Nr.13; Della Corte, Case[3] 433ff.; Jongman, Economy 117.
BESCHREIBUNG DER RÄUME:
Peristyl A (Pasqui 405ff.): Rechts hinter dem Eingang zur Villa stand an der Wand ein **Holzkasten** (Pasqui 409f.), in dem sich mehrere Ton- und Glasgefäße sowie eine Kanne, eine Amphora, zwei Schöpflöffel, zwei Kasserollen (Kat.Nr.1/1-4) und mehrere Schüsseln aus Bronze befanden. An zwei Stellen lagen in der westlichen Porticus zahlreiche Türgriffe (Pasqui Nr.50), Scharniere und Schlösser. In der Flucht der nördlichen Porticus stand an der Westwand ein großer **Schrank** (Pasqui 411f. Abb.6), in dem eine große Anzahl von Gefäßen aufbewahrt worden war: zahlreiche Glasgefäße (Pasqui 414 Nr.193-197.225-227 Abb.7-9), zumeist Flaschen, Tongefäße, darunter vier Terra sigillata-Gefäße (Pasqui 414 Nr.234-237), sowie aus Bronze zwei Kannen (vgl. Anhang 2.2. Nr.4); eine weitere Kanne und drei Kasserollen (Kat. Nr.1/5.6), ein Becher (Pasqui 415 Nr.172), Toilettegeräte und kleinere Geräte. In der Nähe des Schrankes lagen ein Siegel (Kat.Nr.1/7) sowie eine Griffschale und ein Kochtopf (Kat.Nr.1/8.9), möglicherweise von ihm heruntergefallen, wie Pasqui 416 vermutet. In der Nordwestecke des Peristyls, links vom Eingang zu Raum B, stand ein weiterer **Schrank**, zu dessen Inventar einige Gefäße aus Glas (Pasqui 416 Nr.185.186.189.212-218) und Ton, darunter einige aus Terra sigillata (Pasqui 416 Nr.233.238), gehörten. Rechts von Eingang zu Raum B befanden sich zwei leere Holzkästen und vor der Wand zwischen den Räumen E und F ein großer, leerer Schrank. Zwischen den Eingängen der Räume F und G stand ein weiterer **Schrank**, in dem zahlreiche Objekte aufbewahrt worden waren: die Bronzestatuette eines Eros (Kat.Nr.1/10), aus Silber ein Spiegel (Kat.Nr.1/11), eine Griffschale (Kat.Nr.1/12), Fragmente von Gefäßen, eine Griffschale mit männlicher Büste und eine kleine weibliche Büste (Kat.Nr.13.14), zwei Schalen (Kat.Nr.1/15.16), ein Löffel (Kat.Nr.1/17) und ein versilberter Bronzespiegel (Kat.Nr.1/18), ein Becher und ein kleiner Untersatz (Kat.Nr.1/19.20), zahlreiche Flaschen (Pasqui 420 Nr.198-200.207-210.220. 221) sowie eine Kanne aus Glas (Pasqui 420 Nr.192), Toilettegegenstände (Pasqui 420 Nr.362.365.366), zwei zylindrische Bronzegefäße (Pasqui 419 Nr.333.334), einige kleine Bronzegeräte, etwa 40 Eisenschlüssel (Pasqui 420f. Nr.105), zwei Eisenschwerter (Pasqui 421 Nr.409) und mehrere Muscheln (Pasqui 420 Nr.367). Nahe beim **Eingang zu Raum G** lagen in den Verschüttungsschichten das Skelett eines Hundes und ein Glasgefäß (Pasqui 421). Im Eingang der Küche fanden sich die Skelette eines Hundes und von zwei oder drei Hühnern. An der Wand des Torculariums P stand ein **Schränkchen**, in dem sich verschiedene kleinere Objekte befanden. Im Hof lag im Wasserbecken ein mit Eisenbändern verstärkter Bronzeeimer (Kat.Nr.1/21). In der Mitte des Hofes befanden sich zwei große Bronzewannen (Kat.Nr.1/22). Entlang der Wand zum Torcularium wurden zahlreiche Teile der Sima (Pasqui 424ff. Nr.25. 28 Abb.18-20) sowie eine große Anzahl Dachziegel und einfache Ziegel gelagert.

Vorraum B (Pasqui 427): Wände: hohe rote Sockelzone, darüber weiße Dekoration mit grünen und gelben Lisenen.- Boden: Opus signinum.- Im Eingang lag das Skelett eines Hundes.
Saal C (Pasqui 428; NSc 1899, 15f. „I"): Boden: mattone pesto.- Wände: gelbgrundige Wanddekoration (Kat.Nr.1/23). In der westlichen und in der weitgehend zerstörten nördlichen Wand befand sich je ein vergittertes Fenster.- In dem Raum lagen die bronzenen Teile der Eingangstür, die bronzenen Beschlagteile dreier Klinen (Kat.Nr.1/24), einige Scherben einer Glasscheibe und vier Tonamphoren.
Raum D (Pasqui 428ff.): Weißgrundige Wanddekoration (Kat.Nr.1/25). In die Wand zu Raum B war begonnen worden, ein Loch zu schlagen. Am Boden lagen zwei lange Eisenkeile (Pasqui 431 Nr.310).- Funde: links vom Eingang befand sich eine zweiflammige Bronzelampe (Kat.Nr.1/26), deren zugehörige Dekkelfigur in einem Schrank der nördlichen Porticus lag. In der Mitte der Wand gegenüber dem Eingang stand eine große Trichterrandkanne (Kat.Nr.1/27). Ein Askos (Kat.Nr.1/28) und zwei große Kannen (Kat.Nr.1/29) wurden in der Ecke rechts vom Eingang gefunden. Im Eingang befand sich ein bronzener Tischuntersatz (Pasqui 433 Nr.106). In einer höheren Schicht lagen in der Mitte des Raumes mehrere Gefäße aus Stein und Alabaster, die aus dem Obergeschoß herabgefallen waren (Pasqui 433 Nr.135-138).
Backstube E (NSc 1895, 211; Pasqui 433f.; NSc 1899, 16 „II"): Im Raum E standen ein Ofen (a) und eine große Mühle (Kat.Nr.1/30). Funde: ein kleines Tränenfläschchen aus Glas (Kat.Nr.1/31), ein Eisensieb, eine Bronzewanne mit Deckel (Kat.Nr.1/32) und eine kleine Schöpfkelle. Im Gang lag das Skelett eines Mannes, bei dessen linker Hand ein Eisenring mit einer Gemme, drei republikanische Denare und drei korrodierte Bronzemünzen gefunden wurden.
Raum F (Pasqui 434f. „Triclinium"): Rotgrundige Wanddekoration (Kat.Nr.1/33), unter der eine ältere Dekoration mit einer kleinen Nische nachgewiesen wurde.- Funde: Einlagen aus Elfenbein von einer Kline.
Raum G (Pasqui 435ff.): Boden: Lehmboden, ohne Türschwelle und Tür.- Wände: einfach gekalkt, darin zahlreiche Nägel, an denen offenbar ein Teil der Funde aufgehängt gewesen war.- Funde in der Ecke rechts vom Eingang: zahlreiche Eisengeräte (Auswahl der am besten erhaltenen: Pasqui 436ff. Abb.27-39). In der Nähe des Eingangs lag das Siegel eines Lucius Brittius Eros (Kat.Nr.1/34). Zwei Maurerkellen wurden in der Ecke links vom Eingang gefunden. Vor der linken Wand befanden sich drei schiffchenförmige Bronzeschüsseln mit zinnoberroter, dunkler und grüner Farberde (Pasqui 440 Nr.338-340). Im Raum wurden außerdem Gebrauchskeramik, einige Glasflaschen sowie ein Eimer (Kat.Nr.1/35) und eine Kasserolle (Pasqui 441 Nr.169 = S.Tassinari in: Kat.Pompei 1988, 70 Nr.75 ?) aus Bronze gefunden.
Küche H (Pasqui 441ff.): Boden: in der Mitte Herdstelle aus Basaltsteinen.- Die Stirnwand besitzt eine weiß verputzte Nische, in deren Boden Zapflöcher zu sehen sind. In der Wand befanden sich zwei Türen; die rechte führt zum Bad, die linke ist zugesetzt. In der Ecke rechts vom Eingang weist ein kleiner Sockel auf eine Treppe zum Obergeschoß hin. Gegenüber dem Eingang stand auf einem gemauerten Sockel ein großer Wasserverteilungskessel aus Blei (Pasqui 441ff. Nr.70).- Funde: zwei Eisenmesser und Teile von zwei weiteren sowie eine sehr kleine Eisenhippe (Pasqui 443 Nr.125-129). Auf der obersten Stufe des gemauerten Sockels stand ein Bronzekessel (Pasqui 443 Nr.144). Auf der Herdstelle lagen ein großes Eisengitter, zwei kleine Eisendreifüße sowie ein Eisengerät, möglicherweise ein Schürhaken (Pasqui 443 Nr.121-124). In der Nähe des Durchgangs zum Praefurnium befand sich auf dem Boden ein Henkelbecken (Kat.Nr.1/36).
Nebenraum I (NSc 1877, 17f. 96; Pasqui 444ff.): Der Raum war von der Küche (H) durch eine etwa 60 cm hohe Mauer getrennt, auf der sich noch eine Holzkonstruktion befand.- Lehmboden.- In der Tür lagen die Skelette eines Pferdes und eines Hundes. Es fanden sich außerdem zahlreiche Knochen von Hühnern und von Ferkeln. In der Nordostecke lagen die Skelette von zwei Pferden, zwei Hunden, eines Schweines und eines Huhnes.
Praefurnium L (Pasqui 446ff.): Apparatur zum Erwärmen des Wassers.
Apodyterium M (NSc 1876, 196; NSc 1877, 17f.; Pasqui 455ff.): Weißer Mosaikboden mit Bild (Kat. Nr.1/37).- Wanddekoration aus durch schwarze Bänder unterteilten roten Feldern, schwarze Sockelzone und weiße Oberzone.- Funde: mehrere Bronzegefäße (NSc 1877, 18). Eine sehr große Anzahl von Amphoren, die in den oberen Lapillischichten lagen, war offenbar vom Dachboden gefallen.
Tepidarium N (Pasqui 459f.): Weißer Mosaikboden mit Bild (Kat.Nr.1/38).- Wände: *tegulae mammatae*, schwarzer Putz.- Funde: zwei Griffe und drei Scharniere aus Bronze (Pasqui 460 Nr.53.54.49).

Caldarium O (Pasqui 460ff.): Links vom Eingang marmorverkleidetes Becken, weißer Mosaikboden mit Bild (Kat.Nr.1/39).- Wände: *tegulae mammatae*, weißer Putz.
Torcularium P (Pasqui 463ff.): Lehmboden, die beiden Preßflächen aus Cocciopesto.- Wände: Opus signinum.- Funde: zwei große Weinpressen (Pasqui 467 Abb.53). Links vom Eingang lagen vor dem Preßbecken drei Skelette, zwei Männer und eine Frau, beieinander (Pasqui 473f. Abb.53 b-d). Bei ihnen wurden wenige Silber- und Bronzemünzen, einige Bronzeringe und am Kopf der Frau zwei Ohrringe (Kat. Nr.1/40) gefunden. Am Fenster lag ein Hund. In der **Zisterne** des Torculariums wurde neben dem Skelett eines Mannes der Abdruck eines Lederbeutels nachgewiesen, in dem sich tausend Goldmünzen befunden hatten. Unter der Brust des Mannes lag Goldschmuck (Kat.Nr.1/41-43). Dort, wo sich die Zisterne unter der Preßfläche verbreitert, befanden sich 99 Silbergefäße und -geräte (Kat.Nr.1/44) sowie Bronzegefäße (s. Anhang 2.2. Nr.11a) und ein silbernes Beschlagblech. Hinter dem **Eingang** zum Torcularium stand eine Kline aus Holz mit Bronzebeschlägen (Pasqui 476f. Nr.79. 80 Abb. 54). Zum Inventar eines **Holzkastens**, der sich neben dem Bett befand, gehörten Reste von Stoffen, mehrere Glasflaschen (Pasqui 477 Nr.201.205), eine davon mit einem schweren, weißen Pulver gefüllt (Pasqui 477f. Nr.196), mehrere Glasschüsseln (Pasqui 181.183.184.188), Toilettegegenstände aus Bronze und ein Tongefäß. Nahe der rückwärtigen Wand befand sich ein Kandelaber (Kat.Nr.1/45). Auf einem Bronzetisch (Kat.Nr.1/46) standen ein Paar Oinochoen (Kat.Nr.1/47) und eine Griffschale (Anhang 2.2 Nr.12). Neben dem Tisch war eine weitere Kanne (Kat.Nr.48) abgestellt worden. Zwischen dem Kasten und der Tür wurde ein Gerät aus Holz nachgewiesen, nach Pasqui wahrscheinlich eine Ölpresse (Pasqui 478f. Abb.58). Auf der rechten Preßfläche lagen mehrere Bronzegefäße, Trichter und Simpula, einige davon mit verzierten Henkelansätzen sowie eine Trichterrandkanne (Kat.Nr.1/49). Daneben lagen Fragmente von weiteren Bronzegefäßen, kleinen Amphoren und Kannen mit verzierten Henkeln. Nur eines dieser Gefäße blieb unversehrt (Kat.Nr.1/50). Nahe dieser Gefäße fand sich ein kleiner tragbarer Herd aus Bronze (Pasqui 482 Nr.120). In der rechten Ecke der Preßfläche wurden zahlreiche Amphoren und andere Tongefäße sowie eine große Trichterrandkanne aus Bronze (Kat.Nr.1/51) gefunden. Auch an der Rückwand, nahe der Dolie der linken Preßfläche, befanden sich zahlreiche Amphoren. Dort stand an der Wand eine Bronzepfanne (Kat. Nr.1/52). Bei den Füßen des Skelettes, das auf der Brüstung der linken Preßfläche lag, fand sich in Fragmenten eine große Flasche aus Eisenblech mit Hals und Fuß aus Bronze. In der Mitte der Wand lagen zahlreiche kleine Tongefäße und einige Bronzegefäße.
Dolienhof Q (Pasqui 483ff.): Von den 84 Dolien waren 72 für Wein geeignet, da sie bis zur Schulter eingelassen waren und sich somit unterhalb der Kanäle (Pasqui 484) befanden.- Funde: zahlreiche Amphoren, besonders im Eingang und links davon. Im Kanal lagen zahlreiche einfache Tongefäße (Pasqui 488 Nr.257-287). Vor dem Eingang wurden 21 Goldmünzen gefunden, die vom vom Obergeschoß herabgefallen waren (NSc 1895, 212. 213; Pasqui 489).
Raum R 1 (Pasqui 489ff.): Wände: verputzt. An der Ostwand stand ein Bett.- Funde: ein Kandelaber mit Lampe, beides aus Eisen (Pasqui 490 Nr.109.110), eine Schale mit beweglichen Henkeln und ein Henkelbecken, ein kleiner Eimer (Kat.Nr.1/53-55) und eine Kasserolle aus Bronze, Terra sigillata-Schüsseln und Teller sowie einfache Tongefäße und kleines Bronzegerät.
Eingang R 2 (Pasqui 491f.): Links vom Eingang befand sich möglicherweise ein Schrank. Hier wurden zahlreiche Ton- und Glasscherben sowie ein kleinasiatischer Reliefkelch (Kat.Nr.1/56) gefunden. Auf einem kleinen Sockel an der nördlichen Wand befand sich eine kleine Mühle (Pasqui 491 Nr.139).
Raum R 3 (Pasqui 492f.): An der Nordwand stand ein Bett.- Funde: mehrere Eimer (vgl. Kat.Nr.1/55), Schöpfgefäße und Kasserollen aus Bronze sowie zahlreiche Tongefäße. In der Ecke stand ein Holzkasten, in dem sich einige Glasflaschen und Stoffreste fanden. In der Mitte des Raumes lag auf einem höheren Niveau, also wohl vom Obergeschoß (Raum c) herabgefallen, ein Bronzegefäß. (s. Anhang 2.2. Nr.24)
Raum R 4 (Pasqui 493ff.): An der Ostwand und an der Nordwand stand je ein Bett, letzteres offenbar für ein Kind (Pasqui 494 Abb.66). Funde: ein kleiner Eimer (vgl. Kat.Nr.1/55) aus Bronze sowie Tongefäße.
Raum R 5 (Pasqui 495): Der Raum wurde durch eine Grube gestört.
Raum R 6 (Pasqui 496): An der Ostwand stand ein Bett.- Funde: ein kleiner Eimer (vgl. Kat.Nr.1/55), eine Kasserolle und ein *preferícolo* aus Bronze, eine Glaskanne (Kat.Nr.1/57), mehrere Tongefäße sowie kleines Bronzegerät.

Torcularium T (Pasqui 497ff.): Funde: zwei Kannen und zwei Laternen aus Bronze (Kat.Nr.1/58.59) sowie zahlreiche Amphoren. Zur Ausstattung des darübergelegenen Saales (g) gehören Wandmalereifragmente und Buntmarmorstücke.
Trapetum U (Pasqui 500ff.): Lehmboden.- Funde: eine Olivenquetsche (Pasqui 501f. Abb.70), zahlreiche Tongefäße und Amphoren sowie zwei Bronzegefäße (Kat.Nr.1/60).
Scheune V (Pasqui 504ff.): Wände: verputzt.- Funde: Bronzeteile eines Wagens. Zu den bronzenen Teilen mehrerer in der Scheune (S) gelagerter Türen (Pasqui 506 Abb.71-73) gehörte der Türgriff (Kat.Nr.1/61).
Räume über der westlichen Porticus (Pasqui 507ff.): Größerer Raum: zahlreiche Amphoren. Kleinerer Raum: Holzbett, Holzkasten mit Scharnieren und Schloß aus Bronze, darin 15 Goldmünzen, zahlreiche Silber- und Bronzemünzen, einige Gemmen und Glaspasten, in Ringe eingefaßt, und kleine Bronzegeräte.- Funde: zwei Kandelaber (Kat.Nr.1/62.63), eine sechsflammige Tonlampe sowie eine einfache Bronzelampe. Der Boden einer Amphore diente als kleine Feuerstelle.
Vorraum a (Pasqui 510ff.): Opus signinum.- Wände: weiß verputzt.- Funde in einem **Holzverschlag** direkt an der Treppe: zahlreiche Bronzegefäße (vgl. Anhang 2.2. Nr.33), darunter Kochgefäße, Trichter, Siebe, innen versilberte Kasserollen, kleine Kessel mit Deckel und Kannen, Tongefäße, darunter auch Terra sigillata-Gefäße (Pasqui 510f. Nr.233-236) und Amphoren. Vor der Fensterwand waren Platten aus Weiß- und Buntmarmor mit Putzresten auf der Rückseite aufgestapelt. An der Ostwand stand ein **Holzschränkchen**, in dem sich zwei kleine zylindrische Bronzegefäße (Pasqui 512 Nr.331.332), eine Bronzewaage und ein Gewicht (Pasqui 512 Nr.131. 132), Bronzenadeln, Fragmente verschiedener Geräte und Toilettegegenstände aus Bein sowie einige Bronze- und Silbermünzen befanden.
Raum b (Pasqui 512ff.): Boden: *strato di cemento*.- Wände: einfach verputzt.- Funde: an der Nordwand waren Marmorplatten aufgestapelt. Links vom Eingang standen zwei Bronzegefäße *(olle)*, einige kleine Kessel mit Deckel, Schüsseln und kleine Schöpfgefäße sowie eine Griffschale mit Reliefscheibe (Kat.Nr.1/64).
Raum c (Pasqui 515): Boden: Opus signinum.- Wände: rötlicher Verputz.- Funde: ein Bronzegefäß (s. Raum R 3).
Raum d (Pasqui 515f.): Wände: weißer Verputz mit roten Bändern.- Funde: in der Ecke rechts vom Eingang befand sich ein Holzschrank, in dem 20 Tonlampen (Pasqui 516 Nr.110-113), zwei Bronzelampen, eine Isisstatuette (Pasqui 516 Nr.376), ein Bronzesiegel (Kat.Nr.1/65), drei Terra sigillata-Schüsseln (Pasqui 516 Nr.359. 360), ein Glasaskos (Kat.Nr.1/66), ein weiteres Glasgefäß, zwei Bronzespiegel (Pasqui 516 Nr.359. 360) und kleinere Geräte aus Bronze aufbewahrt worden waren.
Raum e (Pasqui 516f.): Weißgrundige Wanddekoration (Kat.Nr.1/67).- Funde: ein Kandelaberfuß (s. Anhang 2.2. Nr.44), der Kontext wurde jedoch durch eine Grube gestört.
Raum f (Pasqui 517f.): Boden und Wände: *cemento idraulico*.- Funde: Schmuckstücke aus Bronze, wohl von einem Zaumzeug, ein Pferdezaum (Pasqui 518 Abb.76), sehr zahlreiche Amphoren und ein Weidenkorb gefüllt mit fragmentierten Glasgefäßen.
Saal g (Pasqui 518ff.): Schwarzgrundige Wanddekoration (Kat.Nr.1/68). An der Wand links zum Eingang befand sich eine gemauerte Trennwand, möglicherweise für die Treppe zum Nebenraum.- Funde: ein Binsenkorb mit Marmorplatten.
Raum h (Pasqui 520f.): Boden und Wände: Opus signinum.

KATALOG DER FUNDE AUS DER VILLA KAT.NR.1

Kat.Nr.1/1 Kanne
FO: Hof A, im Holzkasten am Eingangstor
Mat.: Bronze **Maße:** H 225 mm; Dm max. 170 mm
Beschreibung: Bauchige Kanne mit abgesetzter Schulter, engem, annähernd zylindrischem Hals und viereckiger Mündung sowie einfachem Henkel.
AO: Boscoreale, Antiquarium inv.n.16603
Lit.: Pasqui 410 Nr.157 Abb.3; S.Tassinari in: Kat.Pompei 1988, 69 Nr.69 mit Abb.

Kat.Nr.1/2 Amphora
FO: Wie Kat.Nr.1/1
Mat.: Bronze. **Maße:** 198 mm
Beschreibung: Bauchige Amphora mit schlankem Hals und zwei Henkeln.

AO: Chicago, Field Museum Acc.no.24408
Lit.: Pasqui 410 Abb.4; De Cou, Boscoreale 189 Taf. 139.

Kat.Nr.1/3 Schöpflöffel
FO: Wie Kat.Nr.1/1
Mat.: Bronze
Maße: a. Dm 55 mm; b. H 114 mm, Dm 55 mm
Beschreibung: Zwei Kellen mit vertikalem Griff, dessen oberer Teil jeweils abgebrochen ist.
AO: Boscoreale, Antiquarium inv.n.16605. 16606
Lit.: Pasqui 410 Nr.159. 160 Abb.5; S.Tassinari in: Kat.Pompei 1988, 69 Nr.71. 72.

Kat.Nr.1/4 Kasserollen
FO: Wie Kat.Nr.1/1
Mat.: Bronze. **Maße:** -
Beschreibung: Zwei fragmentierte Kasserollen.
AO: a. Pompeji, Antiquarium, verschollen; b. Unbekannt
Lit.: Pasqui 410 Nr.153.

Kat.Nr.1/5 Bronzekanne
FO: Hof A, westliche Porticus, im Schrank an der Westwand
Mat.: Bronze. **Maße:** 250 mm
Beschreibung: Bauchige Kanne mit abgesetzter Schulter, engem, annähernd zylindrischem Hals und runder Mündung sowie einfachem Henkel.
AO: Ehemals Pompeji, Antiquarium
Lit.: Pasqui 415 Nr.165 Abb.10.

Kat.Nr.1/6 Drei Kasserollen
FO: Wie Kat.Nr.1/5
Mat.: Bronze
Maße: L 140 mm; B 69 mm
Beschreibung: Nur der Griff einer Kasserolle (Pasqui Nr.168 = 1/12c) blieb erhalten.
AO: Boscoreale, Antiquarium inv.n.16607
Lit.: Pasqui 415 Nr.166 - 168; S.Tassinari in: Kat.Pompei 1988, 69 Nr.73.

Kat.Nr.1/7 Siegel
FO: Hof A, westliche Porticus, neben dem Schrank an der Westwand. **Mat.:** Bronze
Maße: L 54; B 21; H 29 mm
Beschreibung: Spiegelverkehrte Inschrift: TI.CLAVDI
AMPHIONIS
AO: Boscoreale, Antiquarium inv.n.20057
Lit.: Pasqui 416 Nr.337; L.Fergola in: Kat.Pompei 1988, 74 Nr.113.

Kat.Nr.1/8 Griffschale
FO: Wie Kat.Nr.1/7
Mat.: Bronze
Maße: L 369 mm; Dm 234 mm
Beschreibung: Griffschale mit Standring und kanneliertem Griff mit Widderkopfgriffende.
AO: Chicago, Field Museum Acc.no.24410
Lit.: Pasqui 416 Abb.11; De Cou, Boscoreale 187f. Taf. 136-138.

Kat.Nr.1/9 Topf
FO: Wie Kat.Nr.1/7
Mat.: Bronze
Maße: H 147 mm; Dm 224 mm
Beschreibung: Ein gedrungener Topf mit Rundboden. Oberhalb des Schulterknicks verläuft die Wandung fast waagerecht bis zur weiten Mündung mit Kragenrand. Der Topf besitzt einen halbrunden Henkel.
AO: Boscoreale, Antiquarium inv.n.16602
Photo: AFS Neg.n. D 41977.
Lit.: Pasqui 416 Nr.149; S.Tassinari in: Kat.Pompei 1988, 69 Nr.68.

Kat.Nr.1/10 Amor-Statuette
FO: Hof A, nördliche Porticus, Schrank vor der Wand zwischen den Eingängen der Räume (F) und (G)
Mat.: Bronze. **Maße:** -
Beschreibung: Statuette eines Amors mit Fackel als Deckelfigur. Der Deckel gehört zur Bronzelampe (Kat.Nr.1/26).
AO: Ehemals Sammlung Warneck; Slg. Canessa
Lit.: Pasqui 418 Abb.23; Villefosse 21 Anm.3; Hotel Drouot, Objets d'art antique, Succession de Mme. E.Warneck, 13-16 6.1905, (Paris 1905) 35 Nr.238.

Kat.Nr.1/11 Spiegel
FO: Wie Kat.Nr.1/10
Mat.: Silber. **Maße:** Dm 210 mm; L Griff 116 mm
Beschreibung: Spiegel, in der Mitte der Rückseite Dionysos-Büste
AO: Paris, Louvre Bj.2158
Lit.: Pasqui 418; Villefosse Nr.21; Baratte, Trésor 94.

Kat.Nr.1/12 Schale
FO: Wie Kat.Nr.1/10
Mat.: Silber. **Maße:** Dm 225mm
Beschreibung: Büste einer Personifikation
AO: Paris, Louvre Bj. 1969
Lit.: Pasqui 418; Villefosse Nr.1; Baratte, Trésor 90.

Kat.Nr.1/13 Schale
FO: Wie Kat.Nr.1/10
Mat.: Silber
Maße: Dm 240 mm
Beschreibung: Schale mit kleinem Standring. In der Mitte der Schale befindet sich ein Medaillon mit einer plastischen Büste eines älteren Mannes.
AO: Paris, Louvre Bj.1970
Lit.: Pasqui 419; Villefosse Nr.2; Kat.Essen 1973, 115 Nr.137; Baratte, Trésor 90.

Kat.Nr.1/14 Kleine Büste
FO: Wie Kat.Nr.1/10
Mat.: Silber. **Maße:** H 100 mm
Beschreibung: Kleine Büste einer Frau, die ursprünglich zu einer Schale wie Kat.Nr.1/13 gehörte.

AO: London, British Museum
Lit.: Pasqui 419 Abb.12. 13; Kat.Essen 1973, 119 Nr.143; Baratte, Trésor 91.

Kat.Nr.1/15 Muschelschale
FO: Wie Kat.Nr.1/10
Mat.: Silber. **Maße:** L 210 mm
Beschreibung: Schale in der Form einer Muschel
AO: Paris, Louvre Bj 1995
Lit.: Pasqui 420 Abb.14; Villefosse Nr.94; Baratte, Trésor 93.

Kat.Nr.1/16 Schale
FO: Wie Kat.Nr.1/10
Mat.: Silber. **Maße:** L 160 mm
Beschreibung: Gerippte Schale
AO: Paris, Louvre Bj 1996
Lit.: Pasqui 420 Abb.15; Villefosse Nr.94; Baratte, Trésor 93.

Kat.Nr.1/17 Löffel
FO: Wie Kat.Nr.1/10
Mat.: Silber. **Maße:** -
Beschreibung: Löffel *(cochlear)*
AO: Paris, Louvre vgl. Bj 2039-2044
Lit.: Pasqui 420; Villefosse Nr.88-93; Baratte, Trésor 93.

Kat.Nr.1/18 Spiegel
FO: Wie Kat.Nr.1/10
Mat.: Silber. **Maße:** Dm 130 mm; L Griff 95 mm
Beschreibung: Runder Spiegel mit Griff in Form einer Löwenkeule, den Ansatz bildet ein Löwenfell.
AO: Paris, Louvre Bj 2160
Lit.: Pasqui 420; Villefosse Nr.98; Baratte, Trésor 94.

Kat.Nr.1/19 Glasbecher
FO: Wie Kat.Nr.1/10
Mat.: Glas. **Maße:** -
Beschreibung: *Bicchiere conico di vetro con pareti solcate nel senso della lunghezza.*
AO: Unbekannt
Lit.: Pasqui 419.

Kat.Nr.1/20 Untersatz
FO: Wie Kat.Nr.1/10
Mat.: Glas. **Maße:** -
Beschreibung: *Tavolinetto di vetro turchino in forma di piattello, sostenuto su tre piedi attortigliati.*
AO: Unbekannt
Lit.: Pasqui 420.

Kat.Nr.1/21 Eimer
FO: Peristl A, im Wasserbecken
Mat.: Bronze. **Maße:** H 347 mm; Dm 290 mm
Beschreibung: Mit vom Boden ausgehenden Eisenbändern verstärkter Eimer. An dem Eisenhenkel ist eine starke Eisenkette angebracht.
AO: Boscoreale, Antiquarium inv.n. 16598
Lit.: Pasqui 422f. Nr.140; S.Tassinari in: Kat. Pompei 1988, 68f. Nr.64 mit Abb.

Kat.Nr.1/22 Zwei Wannen
FO: In der Mitte des Peristyls A
Mat.: Bronze
Maße: a. H max 538; L 1951; B max 863. b. H max 520; L 2143; B max 866 mm
Beschreibung: Zwei große Wannen mit breitem, horizontalem Rand; die größere (b) besitzt auf jeder Langseite zwei Rundhenkel an Löwenkopfattaschen.
AO: Chicago, Field Museum Acc.no. 24356. 24357.
Lit.: Pasqui 424 Abb.16. 17; De Cou, Boscoreale 185ff. Taf.134. 135.

Kat.Nr.1/23 Wanddekoration
FO: Raum C
Beschreibung: Gelbgrundige Wanddekoration des 4. Stils. Sockelzone: schwarz. Hauptzone: gelbe Felder, die durch Architekturdurchblicke (1/23a-e) voneinander getrennt werden. In den zentralen gelben Feldern Xenia (1/23f), in den seitlichen geflügelte Mischwesen (1/23g-j). Oberzone: weißgrundig, mit architektonischen Elementen (1/23k-n).
Lit.: A.Sogliano, NSc 1899, 15.

1/23a-d Vier Architekturdurchblicke
Maße: **a.** H 2106; B 785. **b.** H 2105 ; B 620. **c.** H 1453; B 660. **d.** H 1388; B 475 mm
Beschreibung: Vier Architekturdurchblicke, von denen zwei auf der linken (a. b) und zwei auf der rechten Seite (c.d) der Wand angeordnet waren.
AO: Chicago, Field Museum Acc.no.24657. 24651. 24656. 24659
Lit.: De Cou, Boscoreale 157ff. Taf.120. 121; Winkes, Paintings 23 Abb.21. 22 (c. a).

1/23e Stilleben
Maße: H 215 mm; B 430 mm
Beschreibung: Stilleben mit drei Gefäßen und Palmzweigen.
AO: Chicago, Field Museum Acc.no.24650
Lit.: De Cou, Boscoreale 166f. Taf.125; Winkes, Paintings 23 Abb.25.

1/23f Stilleben
Maße: H 370 mm; B 373 mm
Beschreibung: Stilleben (Xenion) mit Geflügel und Früchten
AO: Chicago, Field Museum Acc.no.24654
Lit.: De Cou, Boscoreale 167ff. Taf.126; Winkes, Paintings 23 Abb.27.

1/23g-j Vier Sphingen
Maße: **g.** H 320; B 317 **h.** H 310; B 311. **i.** H 310; B 305. **j.** H 310; B 310 mm
Beschreibung: Vier Sphingen mit behelmten männlichen Köpfen; je zwei nach rechts (g.h) und links (i.j).
AO: Chicago, Field Museum Acc.no.24647. 24646. 26649. 26648
Lit.: De Cou, Boscoreale 169ff. Taf.124. 125; Winkes, Paintings 48 Abb.c (g).

1/23k Feld mit Vogel
Maße: H 223; B 230 mm
Beschreibung: Weißes quadratisches Feld mit fliegendem Vogel.
AO: Chicago, Field Museum Acc.no.24661
Lit.: De Cou, Boscoreale 165 Taf.124; Winkes, Paintings 48 Abb.b

1/23l-n Durchblicke
Maße: **l.** H 608; B 425 mm. **m.** H 637; B 427. **n.** H 655; B 415 mm
Beschreibung: Drei einfache weißgrundige Durchblicke: sich umschauendes Reh (l) bzw. aufgehängter Krater (m.n).
AO: Chicago, Field Museum Acc.no.24653. 24652. 24655
Lit.: De Cou, Boscoreale 162ff. Taf.122. 123; Winkes, Paintings 23 Abb.23. 24.

Kat.Nr.1/24 Drei Klinen
FO: Saal C
Mat.: Bronze. **Maße:** a. L 2320 mm; B 1205 mm
Beschreibung: Aus den zu drei Klinen gehörenden Beschlagteilen wurde eine Kline vollständig und eine zu Teilen rekonstruiert. Die Beschläge waren mit Silber- und Kupfereinlagen verziert.
AO: Ehemals Berlin, Antiquarium Misc 8903.8904 - verschollen
Lit.: A.Sogliano, NSc 1899, 15; E.Pernice, AA 1900, 178ff. Nr.1-3 Abb. 1.2. Vgl. BaBiB 9.

Kat.Nr.1/25 Wanddekoration
FO: Raum D
Beschreibung: Einfache weißgrundige Wanddekoration. Die weißen Felder werden durch verschiedenfarbige Faszien unterteilt. In der Mitte jeder Wand ist eine Art Tür zu sehen.
AO: Pompei, Antiquarium
Lit.: Pasqui 428ff. 525 Nr.5; vgl. L.Fergola in: Kat.Pompei 1988, 62 Nr.35.

Kat.Nr.1/26 Lampe
FO: Raum D, links vom Eingang
Mat.: Bronze. **Maße:** -
Beschreibung: Zweiflammige Bronzelampe, deren passende Deckelfigur in einem Schrank der Porticus gefunden wurde (s. Kat. Nr.1/10).
AO: Ehemals Privatsammlung Warneck
Lit.: s. Kat.Nr.1/10.

Kat.Nr.1/27 Kanne
FO: Raum D, in der Mitte der Wand gegenüber dem Eingang
Mat.: Bronze. **Maße:** H 195 mm
Beschreibung: Trichterrandkanne, den unteren Ansatz des Griffs bildet ein Lorbeerblatt.
AO: Ehemals Pompeji, Antiquarium
Lit.: Pasqui 432 Nr.150 Abb.24.

Kat.Nr.1/28 Askos
FO: Raum D, rechts vom Eingang. **Mat.:** Bronze
Maße: H 142; L 225 mm
Beschreibung: Askos mit Fußring und überrandständigem Henkel. Der Henkel ist aus Akanthusblättern gebildet, auf der Ansatzplatte liegt ein kleiner Satyrknabe.
AO: Berlin, Antikensammlung Misc 8619
Lit.: Pasqui 432f.; E.Pernice, AA 1900, 185 Nr.11 Abb.11; BaBiB 46 Nr.15 Taf.15. 16a.

Kat.Nr.1/29 Zwei Kannen
FO: Raum D, rechts vom Eingang. **Mat.:** Bronze
Maße: H 316 mm
Beschreibung: Zwei hohe bauchige Kannen mit waagerechter Lippe und Standring. Auf dem Henkelansatz sind zwei Hähne dargestellt (a). Die zweite Kanne ist nur schlecht erhalten (b).
AO: a. Chicago, Field Museum Acc.no.24409. b: Unbekannt
Lit.: a. Pasqui 433 Abb.25; De Cou, Boscoreale 192ff. Nr.24409 Taf.145-147. b. Pasqui 433.

Kat.Nr.1/30 Mühle
FO: Backstube E
Mat.: Vesuvgestein
Maße: H 1070 mm
Beschreibung: Große, zweiteilige Mühle.
AO: Chicago, Field Museum Acc.no.31699
Lit.: A.Sogliano, NSc 1899, 16; De Cou, Boscoreale 209f. Taf. 162.

Kat.Nr.1/31 Tränenfläschchen
FO: Backstube E
Mat.: Glas. **Maße:** -
Beschreibung: Kleines längliches Gläschen.
AO: Ehemals Berlin, Antiquarium Misc 8870 - verschollen
Lit.: A.Sogliano, NSc 1899, 16; E.Pernice, AA 1900, 196 Nr.62.

Kat.Nr.1/32 Wanne
FO: Backstube E. **Mat.:** Bronze
Maße: H 165; L 390 mm
Beschreibung: Hohe Wanne von ovaler Form mit horizontaler Lippe und flachem Deckel.
AO: Berlin, Antikensammlung Misc 8892
Lit.: A.Sogliano, NSc 1899, 16; E.Pernice, AA 1900, 192 Nr.28 Abb.21; BaBiB 47 Nr.17 Taf.17.

Kat.Nr.1/33 Wanddekoration
FO: Raum F
Beschreibung: Rotgrundige Wanddekoration, deren Felder durch gelbe und grüne Faszien getrennt werden. In den Feldern befindet sich jeweils ein Bild.
AO: Boscoreale, Antiquarium inv.n.20548. 20554.
Lit.: Pasqui 434 Nr.6-8; L.Fergola in: Kat.Pompei 1988, 61f. Nr.32. 33.

Kat.Nr.1/34 Siegel
FO: Raum G, in der Nähe des Eingangs. **Mat.:** Bronze

Maße: L 62; B 29 mm
Beschreibung: Spiegelverkehrte Inschrift: L.BRITTI EROS
AO: Boscoreale, Antiquarium inv.n. 20059
Lit.: Pasqui 440 Nr.335; L.Fergola in: Kat.Pompei 1988, 74 Nr.114.

Kat.Nr.1/35 Eimer
FO: Raum G
Mat.: Bronze. **Maße:** H 280 mm
Beschreibung: Hoher Eimer mit leicht eingezogener Schulter, Bogenhenkel und Deckel.
AO: Ehemals Pompeji, Antiquarium
Lit.: Pasqui 440f. Nr.145 Abb.40

Kat.Nr.1/36 Henkelbecken
FO: Küche H, in der Nähe des Eingangs zum Praefurnium
Mat.: Bronze. **Maße:** -
Beschreibung: Großes Becken mit Fuß und zwei Henkeln.
AO: Unbekannt
Lit.: Pasqui 444 Abb.41.

Kat.Nr.1/37 Mosaikboden
FO: Apodyterium M. **Maße:** -
Beschreibung: Weißer Mosaikboden, in der Mitte ist in Schwarz eine Krabbe und in den vier Ecken jeweils eine Ente dargestellt.
AO: Unbekannt
Lit.: Pasqui 457 Taf.14.

Kat.Nr.1/38 Mosaikboden
FO: Tepidarium N. **Maße:** -
Beschreibung: Weißer Mosaikboden mit der Darstellung eines Delphins in Schwarz. Auf der Sohle zu Raum N weiße Raute in schwarzem Feld.
AO: Unbekannt
Lit.: Pasqui 459 Taf.14.

Kat.Nr.1/39 Mosaikboden
FO: Caldarium O. **Maße:** -
Beschreibung: Weißer Mosaikboden mit der Darstellung eines Storches und einer Schlange. Auf der Schwelle zu Raum O eine weiße Raute in schwarzem Feld, darin schwarzes Rechteck.
AO: Unbekannt
Lit.: Pasqui 461 Taf.14.

Kat.Nr.1/40 Ohrringe
FO: Torcularium P, am Kopf der Frau. **Mat.:** Gold, grüne Glaspaste. **Maße:** H 37 mm
Beschreibung: Zwei ringförmige Ohrringe mit je drei eingelegten Steinchen aus grüner Glaspaste.
AO: Paris, Louvre Bj.408. 409
Lit.: Pasqui 474; Villefosse 268f. Nr.114. 115 Abb.57; Baratte, Trésor 94.

Kat.Nr.1/41 Kette
FO: Torcularium P, in der Zisterne, unter der Brust des Skelettes. **Mat.:** Gold
Maße: L 720 mm und 690 mm
Beschreibung: Zwei Ketten, die beide an zwei Medaillonen befestigt sind.
AO: Paris, Louvre Bj. 495.
Lit.: Pasqui 475; Villefosse 263ff. Nr.109 Abb.56; Baratte, Trésor 94.

Kat.Nr.1/42 Armbänder
FO: Wie Kat.Nr.1/41
Mat.: Gold
Maße: Dm 90 und 93 mm
Beschreibung: Zwei Armbänder in der Form von Schlangen
AO: Paris, Louvre Bj.976. 977
Lit.: Pasqui 475; Villefosse 265f. Nr.110. 111 Abb.57; Baratte, Trésor 94.

Kat.Nr.1/43 Zwei Armbänder
FO: Wie Kat.Nr.1/41
Mat.: Gold. **Maße:** L. a. 225; b. 230 m. B. a. 36; b. 34 mm.
Beschreibung: Zwei Armbänder aus elf paarweise angeordneten Halbkugeln.
AO: Paris, Louvre 990. 991
Lit.: Pasqui 475; Villefosse 266ff. Nr.112. 113; Baratte, Trésor 91.

Kat.Nr.1/44 „Silberschatz"
FO: Torcularium P, in der Zisterne. **Mat.:** Silber
Beschreibung: Der Silberschatz besteht aus 99 Silbergefäßen und -geräten.
AO: Paris, Louvre; sechs Gefäße befinden sich noch in einer Pariser Privatsammlung
Lit.: Pasqui 475; Villefosse; Baratte, Trésor.

Kat.Nr.1/45 Kandelaber
FO: Torcularium P, nahe der rückwärtigen Wand
Mat.: Bronze. **Maße:** H 1,35 m
Beschreibung: Kandelaber mit kanneliertem Schaft und offenbar schmucklosem Teller auf drei Tiertatzen.
AO: Unbekannt
Lit.: Pasqui 478.

Kat.Nr.1/46 Tisch
FO: Torcularium P
Mat.: Bronze
Maße: H 538 mm; Dm 649 mm
Beschreibung: Runder Tisch mit umlaufendem Stabornament. Er steht auf drei Löwenbeinen.
AO: Chicago, Field Museum Acc.no.24407
Lit.: Pasqui 478 Abb.55; De Cou, Boscoreale 182 Taf.131.

Kat.Nr.1/47 Zwei Kannen
FO: Torcularium P, auf dem Tisch Kat.Nr.1/46
Mat.: Bronze. **Maße:** a. H 128; mit Henkel 167. b. H 150 mm
Beschreibung: Zwei bauchige Trifoliarkannen mit überrandständigem Henkel, der am Bauch in einer Gesichtsattasche endet.
AO: a. Chicago, Field Museum Acc.no.24405; b. Paris, Louvre MNC 2057
Lit.: Pasqui 478 Abb.56. a. De Cou, Boscoreale 191f. Taf.142-

144; b. A.de Ridder, Les bronzes antiques du Louvre 2 (1915) 115 Nr.2759; Baratte, Trésor 32 mit Farbtafel.

Kat.Nr.1/48 Kanne
FO: Torcularium P, neben dem Tisch Kat.Nr.1/46
Mat.: Bronze. **Maße:** -
Beschreibung: Hohe, schlanke Kanne mit abgesetzter Schulter, engem Hals und Fuß. Der überrandständige Henkel bildet über der Mündung eine Pferdeprotome. Am Gefäßbauch endet er in einer Maske.
AO: Ehemals Privatsammlung Warneck
Lit.: Pasqui 478 Abb.57; A.Héron de Villefosse, MonPiot 5, 1899, 25 Anm.3.

Kat.Nr.1/49 Kanne
FO: Torcularium P, auf der rechten Preßfläche. Zur Identifizierung s. Kap.2.2.1.
Mat.: Bronze. **Maße:** H 157 mm, mit Henkel 176 mm
Beschreibung: Bauchige Trichterrandkanne mit Schulterknick, trichterförmiger Mündung und Flachboden. Der Henkel bildet über der Mündung einen Finger und endet am Gefäßbauch in einem Weinblatt.
AO: Berlin, Antikensammlung Misc 8952
Lit.: Pasqui 481, vgl. Abb.24; E.Pernice, AA 1904, 18 Nr.2; BaBiB 45 Nr.11 Taf.11c.

Kat.Nr.1/50 Kanne
FO: Torcularium P, auf der rechten Preßfläche
Mat.: Bronze. **Maße:** -
Beschreibung: Kanne, die sich im unteren Drittel erweitert, während sie sich darüber bis zur weiten, runden Mündung verjüngt. Sie besitzt einen einfachen Henkel.
AO: Mariemont, Musèe
Lit.: Pasqui 481 Abb.59; Les Antiquités Égyptiennes, Greques, Étrusques, Romaines et Gallo-Romaines du Musée de Mariemont (1952) 144 R.35.

Kat.Nr.1/51 Kanne
FO: Torcularium P, in der rechten Ecke der rechten Preßfläche
Mat.: Bronze. **Maße:** H 327 mm
Beschreibung: Bauchige Trichterrandkanne mit Schulterknick, trichterförmiger Mündung und Flachboden. Der gerippte Henkel setzt sich über der Mündung in der Form eines Fingers fort. Am Gefäßbauch endet er in einem Lotusblatt.
AO: Chicago, Field Museum Acc.no.24403
Lit.: Pasqui 481 Abb.60; De Cou, Boscoreale 195ff. Taf.148. 149.

Kat.Nr.1/52 Pfanne
FO: Torcularium P, an der Rückwand. **Mat.:** Bronze
Maße: H 55; Dm 495 mm
Beschreibung: Große runde Pfanne mit flachem, vertikalem Rand.
AO: Boscoreale, Antiquarium inv.n.16612
Lit.: Pasqui 482f. Nr.164; S.Tassinari in: Kat.Pompei 1988, 70 Nr.78.

Kat.Nr.1/53 Bronzeschale
FO: Raum R 1. **Mat.:** Bronze
Maße: L 280; B max.200 mm
Beschreibung: Ovale, in zwei unterschiedlich große Teile gegliederte Schale. Die beiden schlaufenförmigen und beweglichen Henkel sind an Attaschen mit Entenköpfen befestigt.
AO: Berlin, Antikensammlung Misc 8976
Lit.: Pasqui 490 Abb.62; Hotel Drouot, Collection d'Antiquites (Sammlung Bourgnignon), 18.-21.3.1901 (1901) 61 Nr.277; E.Pernice, AA 1904, 18 Nr.1 mit Abb.; BaBiB 50 Nr.28.

Kat.Nr.1/54 Henkelbecken
FO: Raum R 1. **Mat.:** Bronze
Maße: H 117; Dm 315 mm
Beschreibung: Flaches Becken mit Fußring und zwei Entenkopfhenkeln.
AO: Berlin; Antikensammlung Misc 8951
Lit.: Pasqui 491 Abb.63; E.Pernice, AA 1904, 19 Nr.4; BaBiB 47 Nr.19.

Kat.Nr.1/55 Eimer
FO: Raum R 1
Mat.: Bronze. **Maße:** -
Beschreibung: Hoher bauchiger Eimer mit abgesetzter Schulter und leicht eingezogenem Hals mit Bügelhenkel und Deckel.
AO: Unbekannt
Lit.: Pasqui 491 mit Verweis auf Abb.40 (Sp.440) (= Kat.Nr. 1/35).

Kat.Nr.1/56 Reliefkelch
FO: Eingang R 2
Mat.: Ton. **Maße:** -
Beschreibung: Kleinasiatischer Reliefkelch mit grünlichem Glasurüberzug.
AO: Unbekannt
Lit.: Pasqui 491 Abb.64.

Kat.Nr.1/57 Glaskanne
FO: Raum R 6
Mat.: Glas. **Maße:** H 135 mm
Beschreibung: Bauchige Kanne mit engem Hals und Trifoliarmündung aus durchsichtigem, gelblichem Glas.
AO: Chicago, Field Museum Acc.no.24582
Lit.: Pasqui 496 Abb.67; De Cou, Boscoreale 200 Taf.154; Winkes, Paintings 23 Abb.26.

Kat.Nr.1/58 Zwei Kannen
FO: Torcularium T
Mat.: Bronze. **Maße:** a. H 89 mm, mit Henkel 134 mm; b. H mit Henkel 178 mm
Beschreibung: Eine bauchige Kanne mit überrandständigem Henkel, der am Gefäßbauch ein Blatt bildet.
AO: a. Chicago, Field Museum Acc.no.24406. b.Boscoreale, Antiquarium inv.n. 16610
Lit.: Pasqui 499 Abb.68 (= Nr. 176); a. De Cou, Boscoreale 189ff. Taf.140. 141; b. S.Tassinari in: Kat.Pompei 1988, 70 Nr.76 mit Abb.

Kat.Nr.1/59 Zwei Laternen
FO: Torcularium T
Mat.: Bronze. **Maße:** a. H mit Öse 253 mm; H max. 545 mm. b. H 232 mm
Beschreibung: Zwei Laternen, die jeweils mit Ketten an einem Tragegriff befestigt sind.
AO: a. Berlin, Antikensammlung Misc 8854.
b. Chicago, Field Museum Acc.no.24404.
Lit.: Pasqui 499f. Abb.69; a. E.Pernice, AA 1900, 192ff. Nr.29 Abb.22-23; BaBiB 52 Nr.36 Taf. 31a.b; b. De Cou, Boscoreale 183ff. Taf.132. 133.

Kat.Nr.1/60 Zwei Amphoren
FO: Trapetum U
Mat.: Bronze. **Maße:** 350 mm
Beschreibung: Bauchige Amphoren mit schlankem Hals und Standring.
AO: Berlin, Antikensammlung Misc 8880.8881
Lit.: Pasqui 504. Anhang 2.2. Nr.32; E.Pernice, AA 1900, 184f. Nr.9.10; BaBiB 43 Nr.5.6 Taf.7.8.

Kat.Nr.1/61 Türgriff
FO: Scheune V
Mat.: Bronze. **Maße:** H 440 mm
Beschreibung: Der Türgriff weist oben und unten eine herzförmige Blattverzierung auf. Er ist auf einer rechteckigen Platte angebracht, die ebenfalls auf einer längeren Platte sitzt.
AO: Berlin, Antikensammlung Misc 8953
Lit.: Pasqui 506; E.Pernice, AA 1904, 19 Nr.5; BaBiB Nr.45 Taf. 32g.

Kat.Nr.1/62 Kandelaber
FO: Kleiner Raum über dem Eingangsbereich
Mat.: Bronze. **Maße:** 980 mm
Beschreibung: Der Schaft und der Fuß ahmen mit Astansätzen Baumstämme nach.
AO: Boscoreale, Antiquarium inv.n.20321
Lit.: Pasqui 509. 533 Nr.107; E.De Carolis in: Kat.Pompei 1988, 66 Nr.57.

Kat.Nr.1/63 Kandelaber
FO: Kleiner Raum über dem Eingangsbereich. **Mat.:** Bronze
Maße: H 1260mm
Beschreibung: Kandelaber mit kanneliertem Schaft, Lampenteller auf einem Kapitell sowie einem Fuß aus drei Löwentatzen und einem großen Teller.
AO: Berlin, Antikensammlung Misc 8950
Lit.: Pasqui 509; E.Pernice, AA 1904, 19 Nr.6; BaBiB 52 Nr.35.

Kat.Nr.1/64 Griffschale
FO: Obergeschoß, Raum b, links vom Eingang. **Mat.:** Bronze
Maße: Dm 270; L 420 mm
Beschreibung: Griffschale mit Widderkopfgriffende. Das Reliefbild in der Mitte der Schale zeigt die Skylla, wie sie die Gefährten des Odysseus angreift.
AO: London, British Museum
Lit.: Pasqui 514f. Abb.75; H.B.Walters, Catalogue of the Bronzes (1899) 162 Nr. 882 Taf. 25; K.Fittschen in: Kat.Essen 1973, 103 Nr.92 mit Abb.

Kat.Nr.1/65 Siegel
FO: Obergeschoß, Raum d, im Schrank. **Mat.:** Bronze
Maße: L 62; B 29 mm
Beschreibung: spiegelverkehrte Inschrift: L.CAECILI
APHRODISI
AO: Boscoreale, Antiquarium inv.n. 20060
Lit.: Pasqui 516 Nr.336 mit Abb.; L.Fergola in: Kat.Pompei 1988, 74 Nr.115.

Kat.Nr.1/66 Glasaskos
FO: Obergeschoß, Raum d, im Schrank. **Mat.:** Glas
Maße: H 113 mm; L 146 mm
Beschreibung: Bauchiger Askos mit Trifoliarmündung und Bandhenkel aus blauem Glas.
AO: Chicago, Field Museum Acc.no.24581
Lit.: Pasqui 516; De Cou, Boscoreale 201f. Taf.155; Winkes, Paintings 23 Abb.26.

Kat.Nr.1/67 Wanddekoration
FO: Obergeschoß, Raum e
Beschreibung: Weißgrundige Wanddekoration mit schwarzer Sockel- und Oberzone. In der Mitte der Felder sind Vögel dargestellt. Die Oberzone wird durch gelbe Medallione mit weiblichen Köpfen im Profil gegliedert.
AO: Pompeji, Antiquarium
Lit.: Pasqui 517 Nr.13. 15. 18.

Kat.Nr.1/68 Wanddekoration
FO: Obergeschoß, Raum g
Beschreibung: Schwarzgrundige Wanddekoration, von der nur wenige Fragmente erhalten sind.
AO: Boscoreale, Antiquarium inv.n.15114
Lit.: Pasqui 519 Nr.13. 16. 17; L.Fergola in: Kat.Pompei 1988, 62 Nr.34 mit Abb.

Kat.Nr.2 Villa in Boscoreale, fondo Zurlo

ORT: Boscoreale, contrada Giuliana (Kockel-Nr.14)
AUSGRÄBER: Vincenzo de Prisco. **BESITZER:** Ippolito Zurlo
AUSGRABUNGSZEITRAUM: Entdeckt 1895, ausgegraben vom 1.3. bis September 1897
GRABUNGSBERICHTE: A.Sogliano, NSc 1895, 214f.; ders., NSc 1897, 391ff.
ARCHIVMATERIALIEN: Arch.Pomp. V/8: Briefe, die überwiegend die regelmäßige Ablieferung der *giornali dello scavo* betreffen.
LITERATUR: R.C.Carrington, JRS 21, 1931, 121 Nr.14; S.123. 128f.; J.Day, YaleClSt 3, 1932, Taf. A.B.C Nr.14; E.Fabricotti, CronPomp 2, 1976, 36 Nr.I.B.b. Abb.3; Casale-Bianco 41f. Nr.66 Abb.18; A.Allroggen-Bedel in: Regione sotterrata 522f.; Jongman, Economy 117.
BESCHREIBUNG DER RÄUME:
Östliche Porticus (NSc 1897, 396): Die Wanddekoration war stark zerstört. Sockelzone: schwarz, mit stilisierten Pflanzen; Hauptzone: rote Felder, getrennt durch gelbe Pilaster mit tordierten Kandelabern. Im Feld der Nordwand Rest eines Bildes. In der Wand Nische mit Lararienbild (Kat.Nr.2/9); darin stand eine Bronzelampe. Als Baumaterial wurde eine Marmorplatte mit Inschrift verwendet (vgl. NSc 1895, 215). Funde: ein Pferdegebiß, ein Marmorfragment: SER... .
Peristyl (NSc 1897, 397): Funde: vier Dolien, eine davon enthielt noch Reste von Traubenkernen, und eine kleine Handmühle aus Stein.
Raum A (NSc 1897, 393f.): Rotgrundige Wanddekoration. In der Ostwand befand sich ein Lararium. Vor der Westwand stand ein Sockel (H 40 cm, B 39 cm, T 36 cm) und vor der Nordwand eine rot verputzte Bank. Vor der Bank stand ein runder, verputzter und mit Girlanden verzierter Sockel, darauf befand sich ein großes Tonbecken (Dm 52 cm), das Asche enthielt.- Funde: ein Bronzeschloß, zwei Tonlampen (eine mit der Darstellung eines Amors), fünf Gläser, fünf kleine Tonteller sowie ein Tondeckel.
Saal B (NSc 1897, 394f.): Wanddekoration 4.Stils (Kat.Nr.2/1).- Funde: drei menschliche Skelette, drei Goldringe (Kat.Nr.2/2), ein Kochtopf und ein fragmentiertes Gefäß (Kat.Nr.2/3. 4) aus Bronze sowie ein kleines Gefäß und eine Lampe aus Ton.
Raum C (NSc 1897, 395): Wanddekoration 4. Stils (Kat.Nr.2/5).- Funde: ein Eisengitter.
Raum F (NSc 1897, 396): In den Wänden befinden sich Löcher für die Balken der Regale.- Nahe bei F lagen zwei menschliche Skelette.
Torcularium H (NSc 1897, 398ff.): Boden: *mattone pesto*.- Wände: auf dem Pilaster rechts vom Eingang Fresko (Kat.Nr.2/6), davor kleiner Altar (H 39 cm; B 32 cm; T 30 cm). Auf der Südwand Kohleinschrift.- Funde: zwei menschliche Skelette.
Küche K (NSc 1897, 401): An der nördlichen Mauer befand sich eine kleine Treppe. Funde: ein Mörser aus Vesuvgestein, Lampe aus Eisen.
Raum P (NSc 1897, 401): Funde: zwei kleine Silberringe, eine kleine Glocke aus Bronze und eine Tonamphore.
Raum R (NSc 1897, 401f.): Der Raum unter der Treppe ist von Horreum S aus zugänglich. Funde: eine Tonlampe, eine Scherbe eines großen Terra sigillata-Tellers, das Unterteil einer Amphore in einem viereckigen Untersatz und ein weiteres Tongefäß.
Horreum S (NSc 1897, 402): Links vom Durchgang zu Raum T befindet sich eine Kohleinschrift.
Raum T (NSc 1897, 402): Funde: eine Amphore.
Funde aus dem Obergeschoß (Ebenda): Ein Rest farbigen Marmorbelags, eine Rundbasis aus Marmor sowie ein Bronzering von einem Beschlag.
Weitere Funde aus unbekanntem Zusammenhang (Ebenda): Bronzemünzen: ein As des Tiberius und zwei As-Teile des Claudius und des Nero sowie der Boden eines Terra sigillata-Gefäßes.

KATALOG DER FUNDE AUS DER VILLA KAT.NR.2

Kat.Nr.2/1 Wanddekoration
FO: Saal B
Beschreibung: Wanddekoration des 4. Stils. Hauptzone: rotes Feld zwischen zwei gelben Seitenfeldern, getrennt jeweils durch einen weißen Streifen, auf dem sich ein Rebling um einen Stab windet. Die Darstellung im mittleren Feld (Korb mit Austern) ist durch ein antikes Loch zerstört.
2/1a Bild eines der beiden gelben Felder
Maße: H 32 mm; B 61 mm
Beschreibung: Landschaft mit Villa. Die Mitte des Bildes wird von einem Gebäude mit phantastischer Architektur eingenommen. Links wird ein Wald von einer Mauer eingeschlossen.
AO: London, British Museum
Lit.: A.Sogliano, NSc 1897, 394; R.P.Hinks, Catalogue of the Greek, Etruscan and Roman Paintings and Mosaics in the British Museum (1933) 12 Nr. P 20 Taf.6.
2/1b Bild eines der beiden gelben Felder
Maße: H 32 cm; B 61 cm
Beschreibung: Landschaft
AO: Unbekannt
Lit.: A.Sogliano, NSc 1897, 394.
Ostwand
Das mittlere Feld wird von einem Fenster eingenommen.
2/1c Bild des gelben Feldes links vom Fenster
Maße: H 32 cm; B 61 cm (Sogliano); H 42 cm; L 72 cm (Tran Tam Tinh, mit Rahmung)
Beschreibung: Landschaft. Links Gebäude am Meer, rechts zwei Schiffe. Im Vordergrund drei Männer mit großem Fischernetz.
AO: Paris, Musée du Louvre P.25
Lit.: A.Sogliano, NSc 1897, 394 Abb.2; V.Tran Tam Tinh, Catalogue du peintures romaines des musée du Louvre (1974) 51 Nr.27 Abb.31.
2/1d Bild des gelben Feldes rechts vom Fenster
Maße: H 32 cm; B 61 cm
Beschreibung: Landschaft. Im Vordergrund l. ein hohes Gebäude, r. beginnt eine Brücke, auf der ein Angler sitzt. Links vom Gebäude und in der Bildmitte ist jeweils ein Segelboot zu sehen.
AO: London, British Museum
Lit.: A.Sogliano, NSc 1897, 394 Abb.3; R.P.Hinks, Catalogue of the Greek, Etruscan and Roman Paintings and Mosaics in the British Museum (1933) 12 Nr. P 19 Taf.5.
Südwand
2/1e Bild des mittleren Feldes
Maße: -
Beschreibung: Fische und Muränen
AO: Unbekannt
Lit.: A.Sogliano, NSc 1897, 394.
2/1f Bild des gelben Feldes links von der Mitte
Maße: H 32 cm; B 61 cm (Sogliano); H 42 cm; L 72 cm (Tran Tam Tinh, mit Rahmung)
Beschreibung: Landschaft. Links spitze Pyramide und hohes Gebäude, rechts Ufer, im Meer Boot.
AO: Paris, Musée du Louvre P. 24
Lit.: A.Sogliano, NSc 1897, 396 Abb.4; M.Rostowzew, RM 16, 1911, 78f. Taf.10; V.Tran Tam Tinh, Catalogue des peintures romaines du musée du Louvre (1974) 49f. Nr.26 Abb.30.
2/1g Bild des gelben Feldes rechts von der Mitte
Maße: H 32 cm; B 61 cm
Beschreibung: Landschaft mit Villen am Meer.
AO: Unbekannt
Lit.: A.Sogliano, NSc 1897, 394.

Kat.Nr.2/2 Drei Goldringe
FO: Saal B, bei drei Skeletten
Mat.: Gold. **Maße:** -
Beschreibung: a. mit sehr kleiner Gemme (Heuschrecke ?); b. in Form einer Schlange; c. einfach.
AO: Unbekannt
Lit.: A.Sogliano, NSc 1897, 395.

Kat.Nr.2/3 Topf
FO: Saal B
Mat.: Bronze. **Maße:** H 205 mm; Dm Mündung 195 mm
Beschreibung: Topf mit gerundetem Boden, Schulterknick und weiter Mündung.
AO: Berlin, Antikensammlung Misc 8891
Lit.: A.Sogliano, NSc 1897, 395; E.Pernice, AA 1900, 195 Nr.36; BaBiB 43 Nr.4 Taf.6b.

Kat.Nr.2/4 Ovales Gefäß
FO: Raum B
Mat.: Bronze. **Maße:** H 80 mm; Dm max. 210 mm
Beschreibung: Wannenförmiges ovales Gefäß mit steiler Wandung. Das Gefäß ist jetzt wieder stark fragmentiert. Innen war es verzinnt.
AO: Berlin, Antikensammlung Misc 8905
Lit.: A.Sogliano, NSc 1897, 395; E.Pernice, AA 1900, 195 Nr.37; BaBiB 50 Nr.30.

Kat.Nr.2/5 Wanddekoration
FO: Raum C
Beschreibung: Wanddekoration des 4. Stils: die Sockelzone schwarz, mit Blumen in den Feldern und ornamentalen Rosetten auf den Pilastern. Hauptzone: weiß, geliedert durch kleine Pilaster (H 1,72 m; B 26 cm) mit herabhängenden Girlanden aus Blättern und Blumen, die bis zum Stuckgesims reichen. In den zen-

tralen weißen Feldern der Ost- und Südwand Bilder mit zwei Vögeln (Kat.Nr.2/5a) bzw. einem Vogel (Kat.Nr.2/5b). In den seitlichen Feldern der Nord- und Südwand fliegende Schwäne, in denen der Ost- und Westwand Sphingen.

2/5a Bild des mittleren Feldes der Ostwand
Maße: H 17 cm; L 35 cm
Beschreibung: Schwalbe und Spatz (?) einander zugewandt.
Das von Sogliano publizierte Photo wurde offensichtlich noch vor dem Herausschneiden aufgenommen. Das Bild in London zeigt einen kleineren Ausschnitt und wurde zumindest stark gereinigt, wahrscheinlich aber auch übermalt.
AO: London, British Museum
Lit.: A.Sogliano, NSc 1897, 395 Abb.5; R.P.Hinks, Catalogue of the Greek, Etruscan and Roman Paintings and Mosaics in the British Museum (1933) 12 Nr. P 21 Abb.12.

2/5b Bild des mittleren Feldes der Südwand
Maße: H 23 cm; L 35 cm
Beschreibung: Elster mit einer Heuschrecke im Schnabel.- Die Abbildung zeigt, daß Fehlstellen in der Oberflächenfarbe angepaßt wurden.
AO: London, British Museum
Lit.: A.Sogliano, NSc 1897, 395 Abb.6; R.P.Hinks, Catalogue of the Greek, Etruscan and Roman Paintings and Mosaics in the British Museum (1933) 12 Nr. P 22 Abb.13.

Kat.Nr.2/6 Lararienbild
FO: Torcularium H
Maße: H Bacchus 76 cm; H Silen 62 cm (Sogliano)
Beschreibung: Das weißgrundige Lararienbild des 4. Stils (Fröhlich) zeigt Bacchus, der sich mit seiner L. auf einen lyraspielenden Silen abstützt. In der L. hält Bacchus einen Thyrsos, mit der R. faßt er einen Kantharos, aus dem ein kleiner Panther trinkt.
AO: London, British Museum
Lit.: A.Sogliano, NSc 1897, 400f. Abb.10; R.P.Hinks, Catalogue of the Greek, Etruscan and Roman Paintings and Mosaics in the British Museum (1933) 14 Nr.P23 Taf.7; Fröhlich, Lararienbilder 39. 97. 130f. 305 Nr. L127 Taf.51,3.

Kat.Nr.2/7 Lararienbild
FO: Östliche Porticus
Maße: -
Beschreibung: *Nichietta dei Penati con la relativa rappresentanza lararia, in cui sono dipinte le immagini dei Lari, del Genius Familiaris sacrificante sull'area, e del tibicen, tutti nel noto costume ed atteggiamento.*
AO: Im Jahre 1897 bereits zerstört (A.Sogliano)
Lit.: A.Sogliano, NSc 1895, 214f.; ders., NSc 1897, 396.

Kat.Nr.3 Villa in Boscoreale, piazza Vargas

ORT: Boscoreale, in piazza Mercato (heute Vargas) (Kockel-Nr.15)
AUSGRÄBER UND BESITZER: Familie de Prisco, erworben von Besitz von Vito Antonio Cirillo
AUSGRABUNGSZEITRAUM: 25. Oktober bis 5. Februar 1898
GRABUNGSBERICHTE: A.Sogliano, NSc 1898, 419ff.
ARCHIVMATERIALIEN: Arch.Pomp. V/6: Lediglich Begleitbriefe zu den - nicht mehr vorhandenen - *giornali dello scavo*.
LITERATUR: J.Day, YaleClSt 3, 1932, Taf.B.C Nr.15; Casale-Bianco 34 Nr.13 Abb.9; Jongman, Economy 118.
BESCHREIBUNG DER RÄUME:
Peristylhof A (NSc 1898, 419f.): Sechs Gefäße und fünf Amphoren aus Ton.
Nördliche Porticus (NSc 1898, 421): Rechts vom Eingang zu Raum C befindet sich eine Nische, die l. und r. von einem jeweils nur schlecht erhaltenen Laren eingefaßt wurde. Darunter befand sich ein Lararienbild (Kat.Nr.3/1). Funde in der Zisterne b: ein Tonkrug und ein fragmentierter Phallus aus Ton. In c konnte ein Schrank nachgewiesen werden, darin: ein Alabastron aus Alabaster (Kat.Nr.3/2), zwei Glasflaschen und elf Tongefäße.
Raum C (NSc 1898, 421): Opus signinum-Boden.- Wände: *mattone pesto*, darüber weißer Verputz.- Funde: drei Eisengeräte, ein Bleigefäß, fünf Amphoren und eine Terra sigillata-Scherbe.
Backstube D (NSc 1898, 421f.): In der Nordwestecke (d) kleiner Sockel mit rundem Becken.- Wände: bei d Kohlezeichnung zweier kämpfender Gladiatoren (H 37 cm).- Funde: zwei menschliche Skelette sowie das eines kleinen Vierfüßlers.
Raum G (NSc 1898, 422): Zwei menschliche Skelette.
Raum M (Ebenda): Eine Amphora.

KATALOG DER FUNDE AUS DER VILLA KAT.NR.3

Kat.Nr.3/1 Lararienbild
FO: Nördliche Porticus, östl. des Eingangs von Raum C
Maße: H 65 cm; L 118 cm
Beschreibung: Lararienbild des 4. Stils (Fröhlich). In der Mitte Altar, r. der opfernde Genius, l. die opfernde Juno, daneben jeweils ein kleiner Camillus. L. ein Tibicen, r. Reste einer weiteren Figur. Unten bewegt sich eine große Schlange nach rechts.
AO: Chicago, Field Museum Acc.no.24658
Lit.: A.Sogliano, NSc 1898, 421; De Cou, Boscoreale 171 Taf.123; Winkes, Paintings 23 Abb.28; Fröhlich, Lararienbilder 305 Nr.L 128 Taf.51,1.

Kat.Nr.3/2 Alabastron
FO: Nördliche Porticus, in Schrank c
Mat.: Alabaster **Maße:** H 110 mm
Beschreibung: Alabastron
AO: ehemals Berlin, Antiquarium Misc 8924 - verschollen
Lit.: A.Sogliano, NSc 1898, 421; E.Pernice, AA 1900, 198 Nr.79.

Kat.Nr.4 „Villa des Lucius Arellius Sucessus“

ORT: Boscotrecase, contrada Setari (Kockel-Nr.23)
AUSGRÄBER: Vincenzo de Prisco
BESITZER: Nicola Vitelli
AUSGRABUNGSZEITRAUM: 23.12.189 - 10.3.1899
GRABUNGSBERICHTE: A.Sogliano, NSc 1899, 297ff.
ARCHIVMATERIALIEN: Arch.Pomp. V/2 Nr.13: *Giornale dello scavo* für den gesamten Grabungszeitraum (= Anhang 3); einige die Grabungserlaubnis betreffende Briefe.
LITERATUR: J.Day, YaleClSt 3, 1932, Taf. A.B.C Nr.23; Casale-Bianco 36 Nr.33 Abb.13; A.Allroggen-Bedel in: Regione sotterrata 524; Jongman, Economy 119.
Zu den Inschriften: R.C.Carrington, JRS 21, 1931, 111. 113 Nr.23; Della Corte, Case 450 Nr.1008; Jongman, Economy 129.
BESCHREIBUNG DER RÄUME: Für fünf Fundgruppen ist eine genaue Lokalisierung nicht mehr möglich, s. Kap.2.2.2.
Raum B (NSc 1899, 298): Eine große Mühle und ein Eisenschieber.
***Stanza al lato opposto del forno* - Raum D ? (Arch.Pomp. V/2 Nr. 13: *giornale dello scavo* vom 26. Januar 1899 - vgl. NSc 1899, 298):** Ein Krater mit Untersatz, vier Kannen, eine Griffschale, eine Siebschale, eine Flasche, ein Teller, ein Spiegel (Kat.Nr.4/1-10) und ein rundes Blech von einem Schloß aus Bronze sowie ein Fläschchen und vier Tässchen (Kat.Nr.4/11.12) sowie eine viereckige, am Boden fragmentierte Flasche aus Glas, ein Reliefkelch, eine Terra sigillata-Schale, ein Teller, neun weitere Gefäße und eine Bildlampe aus Ton (Kat.Nr.4/13-16), ein Eisengerät, eine fragmentierte Nadel und ein Stab aus Bein sowie einige Muscheln.
Fundgruppe 1: 10. Februar (NSc 1899, 298 - Arch.Pomp. V/2 Nr.13: *giornale dello scavo* vom 10. Februar 1899): Ein Siegel, ein Kandelaber, eine Kasserolle (Kat.Nr.4/17-19) und ein Türschloß aus Bronze sowie eine Lampe, ein Gefäß und zwei Amphoren, eine davon mit der Aufschrift L.A.S (vgl. Kat.Nr.4/17) aus Ton.
Fundgruppe 2: 13. Februar (NSc 1899, 298f. - Arch.Pomp. V/2 Nr. 13: *giornale dello scavo* vom 13. Februar 1899): Eine moderne Münze des 18. Jhs. und eine Terra sigillata-Bodenscherbe mit Stempel.
Fundgruppe 3: 18. Februar (NSc 1899, 299 - Arch.Pomp. V/2 Nr.13: *giornale dello scavo* vom 18. Februar 1899): Ein kleiner Bronzereif.
Küche B (NSc 1899, 299 - Arch.Pomp. V/2 Nr.13: *giornale dello scavo* vom 20.-21.2.1899): Eine Eisenhacke, eine Pinzette und drei kleine Ringe aus Bronze, eine Bildlampe (Kat.Nr.4/20) aus Ton.
Raum N (NSc 1899, 299 - Arch.Pomp. V/2 Nr.13: *giornale dello scavo* vom 28.2.1899): Wanddekoration des 1. Stils. Mehrere Fragmente einer Bronzekette und ein zerbrochenes Eisengitter.
Fundgruppe 4: 1. März (NSc 1899, 299 - Arch.Pomp. V/2 Nr.13: *giornale dello scavo* vom 1. März 1899): Ein Stab mit Scheibchen aus Bein (Kat.Nr.4/21).
Fundgruppe 5: 10. März (NSc 1899, 299 - Arch.Pomp. V/2 Nr.13: *giornale dello scavo* vom 10. März 1899): Eine Kasserolle (Kat.Nr.4/22), mehrere Nägel, Stifte und Bänder sowie ein Kastenriegel aus Eisen, ein kleiner Steinmörser und ein Tongefäß.

KATALOG DER FUNDE AUS DER VILLA KAT.NR.4

Kat.Nr.4/1 Großer Krater mit Untersatz
FO: *stanza al lato opposto del forno* - Raum D ?
Mat.: Bronze
Maße: H gesamt 640; Krater: H 380; Dm Mündung 394; Untersatz H 260; B max 260 mm
Beschreibung: Hoher Kelchkrater mit zwei akanthusförmigen Henkeln, die jeweils in den Köpfen eines männlichen und eines weiblichen Tritons enden. Der quadratische Untersatz steht auf vier Löwenfüßen.
AO: Berlin, Antikensammlung Misc 8850
Lit.: A.Sogliano, NSc 1899, 298; E.Pernice, AA 1900, 182ff. Nr.8 Abb.8-9; BaBiB 41f. Nr.1 Taf.1-3.

Kat.Nr.4/2 Kanne
FO: Wie Kat.Nr.4/1
Mat.: Bronze. **Maße:** H 355 mm, mit Henkel 387 mm
Beschreibung: Hohe bauchige Kanne mit waagerechter Lippe und Standring.
AO: Berlin, Antikensammlung Misc 8884
Lit.: A.Sogliano, NSc 1899, 298; E.Pernice, AA 1900, 189f. Nr.18 Abb.17; BaBiB 43 Nr.7 Tafel 9.a links. b.

Kat.Nr.4/3 Griffschale
FO: Wie Kat.Nr.4/1
Mat.: Bronze
Maße: L 428 mm; Dm 285 mm
Beschreibung: Griffschale mit abgesetztem Boden. Den Abschluß des kannelierten Griffs bildet ein Raubkatzenkopf.
AO: Berlin, Antikensammlung Misc 8871
Lit.: A.Sogliano, NSc 1899, 298; E.Pernice, AA 1900, 192 Nr.22 Abb.20; BaBiB 48 Nr.20 Taf.19a; 20c; 21d.

Kat.Nr.4/4 Trifoliarkanne
FO: Wie Kat.Nr.4/1
Mat.: Bronze. **Maße:** H 170 mm, mit Henkel 220 mm
Beschreibung: Kanne mit abgesetzter Schulter, Standring und Kleeblattmündung. Der durch Kanneluren gegliederte Henkel läuft am Gefäßbauch in eine Sirenenfigur aus.
AO: Berlin, Antikensammlung Misc 8878
Lit.: A.Sogliano, NSc 1899, 298; E.Pernice, AA 1900, 187 Nr.14 Abb.13; BaBiB 45 Nr.12 Taf. 12a; 13a.

Kat.Nr.4/5 Kanne
FO: Wie Kat.Nr.4/1
Mat.: Bronze. **Maße:** H 128 mm, mit Henkel 146 mm
Beschreibung: Annähernd doppelkonische Kanne mit weiter Mündung und umkragendem Rand, der ein Flechtband trägt, und Henkel mit fingerartigem Aufsatz.
AO: Berlin, Antikensammlung Misc 8882
Lit.: A.Sogliano, NSc 1899, 298; E.Pernice, AA 1900, 194f. Nr.34 Abb.34; BaBiB 44 Nr.9 Tafel 10.

Kat.Nr.4/6 Kanne
FO: Wie Kat.Nr.4/1
Mat.: Bronze. **Maße:** H 200 mm
Beschreibung: *Vasetto oleare senza manico* (Arch.Pomp. V/2 Nr.13: *giornale dello scavo* vom 26.1.1899)
AO: Unbekannt
Lit.: A.Sogliano, NSc 1899, 298.

Kat.Nr.4/7 Siebschale
FO: Wie Kat.Nr.4/1
Mat.: Bronze
Maße: Dm 330 mm
Beschreibung: *Un Passabrodo* (Arch. Pomp. V/2 Nr.13: *giornale dello scavo* vom 26.1.1899)
AO: Unbekannt
Lit.: A.Sogliano, NSc 1899, 298.

Kat.Nr.4/8 Flasche
FO: Wie Kat.Nr.4/1
Mat.: Bronze. **Maße:** H 106 mm
Beschreibung: Flache, runde Flasche mit engem Hals.
AO: Berlin, Antikensammlung Misc 8894
Lit.: A.Sogliano, NSc 1899, 298; E.Pernice, AA 1900, 195 Nr.35 Abb.24; BaBiB 46 Nr.16 Taf.16b.c.

Kat.Nr.4/9 Teller
FO: Wie Kat.Nr.4/1
Mat.: Bronze
Maße: Dm 190 mm
Beschreibung: *Tondo* (Arch. Pomp. V/2 Nr.13: *giornale dello scavo* vom 26.1.1899)
AO: Unbekannt
Lit.: A.Sogliano, NSc 1899, 298.

Kat.Nr.4/10 Spiegel
FO: Wie Kat.Nr.4/1
Mat.: Bronze
Maße: L 155 mm; Dm 80 mm
Beschreibung: Runder Griffspiegel mit Lochreihe am Rand.
AO: Berlin, Antikensammlung Misc 8896
Lit.: A.Sogliano, NSc 1899, 298; E.Pernice, AA 1900, 194f. Nr.30 Abb.20; BaBiB 52 Nr.38 Taf.32a.b.

Kat.Nr.4/11 Flasche
FO: Wie Kat.Nr.4/1
Mat.: Glas. **Maße:** H 170 mm
Beschreibung: Flasche: *bottiglia sferoidale a lungo collo.* (Arch.Pomp. V/2 Nr.13: *giornale dello scavo* vom 26.1.1899)
AO: Unbekannt
Lit.: A.Sogliano, NSc 1899, 298.

Kat.Nr.4/12 Vier Tässchen
FO: Wie Kat.Nr.4/1
Mat.: Glas. **Maße:** Dm (a) 95, (b) 80 m, (c) 79, (d) 90 mm
Beschreibung: Vier glockenförmige Schälchen aus grünlichem (a. c) oder bläulichem Klarglas (b), eines davon am Rand fragmentiert (d).
AO: a-c: Berlin, Antikensammlung; 434x, 440x, 441x = Misc 8867-8869. d: Unbekannt
Lit.: A.Sogliano, NSc 1899, 298; E.Pernice, AA 1900, 196 Nr.58-60; G.Platz-Horster, Antike Gläser (1976) 76 Nr.150-152.

Kat.Nr.4/13 Reliefkelch
FO: Wie Kat.Nr.4/1
Mat.: Ton. **Maße:** H 118 mm
Beschreibung: Kleinasiatischer, grün (außen) und braun-gelb (innen) glasierter Kelch mit Reliefdekor: Weinranke.
AO: Berlin, Antikensammlung Misc 8906
Lit.: A.Sogliano, NSc 1899, 298; E.Pernice, AA 1900, 198 Nr.68 Abb.27; H.Hiller in: K.Vierneisel u.a., Römisches im Antikenmuseum[2] (1979) 145 Nr.152.

Kat.Nr.4/14 Ts - Reliefschale
FO: Wie Kat.Nr.4/1
Mat.: Ton. **Maße:** Dm 193 mm
Beschreibung: Südgallische Terra sigillata - Reliefschale
AO: Berlin, Antikensammlung Misc 8918
Lit.: A.Sogliano, NSc 1899, 298; E.Pernice, AA 1900, 197 Nr.67 Abb.26; H.Hiller in: K.Vierneisel u.a., Römisches im Antikenmuseum[2] (1979) 143f. Nr. 149.

Kat.Nr.4/15 Teller
FO: Wie Kat.Nr.4/1
Mat.: Ton. **Maße:** 155 mm
Beschreibung: Flacher Teller mit schwarz glänzendem Überzug.
AO: Berlin, Antikensammlung Misc 8919
Lit.: A.Sogliano, NSc 1899, 298; E.Pernice, AA 1900, 198 Nr.69.

Kat.Nr.4/16 Bildlampe
FO: Wie Kat.Nr.4/1
Mat.: Ton
Maße: L 104; B 73 mm
Beschreibung: Krokodil, das von einem Löwen gepackt wird.
AO: Berlin, Antikensammlung Misc 8856
Lit.: A.Sogliano, NSc 1899, 298; E.Pernice, AA 1900, 198 Nr.71; G.Heres, Die römischen Bildlampen der Berliner Antiken-Sammlung (1972) 38 Nr.146. Vgl. BaBiB 9 mit Anm.4.

Kat.Nr.4/17 Bronzesiegel
FO: Fundgruppe 1
Mat.: Bronze
Maße: L 55; B 37 mm
Beschreibung: Rechteckiges Siegel mit der spiegelverkehrten Aufschrift: L.ARELLI
SVCCESSI
AO: Unbekannt
Lit.: A.Sogliano, NSc 1899, 298.

Kat.Nr.4/18 Kandelaber
FO: Fundgruppe 1
Mat.: Bronze
Maße: H 1135mm
Beschreibung: Einfacher Kandelaber mit schmucklosem oberen Teller, kanneliertem Schaft und unverziertem Teller über drei Tatzenfüßen.
AO: Ehemals Berlin, Antiquarium Misc 8852; verschollen
Lit.: A.Sogliano, NSc 1899, 298; E.Pernice, AA 1900, 180f. Nr.5; K.A.Neugebauer, Führer durch das Antiquarium I. Bronzen (1924) 86.

Kat.Nr.4/19 Kasserolle
FO: Fundgruppe 1
Mat.: Bronze. **Maße:** L 250; Dm (Mündung) 128 mm
Beschreibung: Kasserolle mit verdickter Lippe und Loch im abgerundetem Griffende. Im Innern haben sich Teile der Verzinnung erhalten.
AO: Berlin, Antikensammlung Misc 8875
Lit.: A.Sogliano, NSc 1899, 298; E.Pernice, AA 1900, 191f. Nr.24 Abb.20; BaBiB 49 Nr.25 Taf.22b.e.f.

Kat.Nr.4/20 Bildlampe
FO: Raum B
Mat.: Ton. **Maße:** -
Beschreibung: Zweiflammige Tonlampe, im Bild ein nach rechts schreitender Amor.
AO: Ehemals Berlin, Antiquarium Misc 8857; verschollen
Lit.: A.Sogliano, NSc 1899, 299; E.Pernice, AA 1900, 198 Nr.72.

Kat.Nr.4/21 Stäbchen aus Bein
FO: Fundgruppe 4
Mat.: Bein. **Maße:** L 23 cm
Beschreibung: Stab mit Scheibchen, vermutlich von einem Spinngerät (Pernice). = *Un'asta di fuso lunga mm. 230* (Arch. Pomp. V/2 Nr.13: *giornale dello scavo* vom 1.3.1899)
AO: ehemals Berlin, Antiquarium Misc 8923; verschollen
Lit.: A.Sogliano, NSc 1899, 299; E.Pernice, AA 1900, 198 Nr.78.

Kat.Nr.4/22 Kasserolle
FO: Fundgruppe 5
Mat.: Bronze. **Maße:** L 285 mm
Beschreibung: Kasserolle mit verdickter Lippe und Loch im abgerundetem Griffende. Auf dem Griff ein Thyrsosstab.
AO: Berlin, Antikensammlung Misc 8874
Lit.: A.Sogliano, NSc 1899, 299; Pernice, AA 1900, 191f. Nr.23 Abb.20; BaBiB 49 Nr.24 Taf.22a.c.d.

Kat.Nr.5 „Villa des Gnaeus Domitius Auctus“

ORT: Scafati, contrada Spinelli (Kockel-Nr.19)
AUSGRÄBER: Vincenzo de Prisco. **BESITZER:** Matteo Acanfora
AUSGRABUNGSZEITRAUM: 13. März bis Mitte Mai 1899
GRABUNGSBERICHTE: A.Sogliano, NSc 1899, 392ff.
ARCHIVMATERIALIEN: Arch.Pomp. IV/8: *Giornale dello scavo* vom 13.3. bis zum 30.4.1899 und vom 1.5. bis zum 11.5.1899 (= Anhang 4); einige die Grabungserlaubnis betreffende Briefe.
LITERATUR: R.C.Carrington, JRS 21, 1931, 111f. 112f. Nr.19; J.Day, YaleClSt 3, 1932, 170 Anm.16. 186 Taf. B.C Nr.19; U.Gehrig in: K.Vierneisel u.a., Römisches im Antikenmuseum[2] (1979) 116ff.; Casale-Bianco 42 Nr.69 Abb.19; A.Allroggen-Bedel in: Regione sotterrata 522; Jongman, Economy 116.
Zu den Inschriften: Della Corte, Case[3] 447 Nr.1001; Jongman, Economy 129.
BESCHREIBUNG DER RÄUME: Wenn nicht anders erwähnt, haben die Wände der Räume eine Sokkelzone aus Cocciopesto.
Peristyl (NSc 1899, 393 - Arch.Pomp. IV/8: *Giornale dello scavo* vom 27.-30.2.1899): In der nördlichen Porticus B, zwischen Torcularium E und Saal D, lagen zwei menschliche Skelette zusammen mit zwei Pferdezäumen (Kat.Nr.5/1), mehreren Glasflußperlen von einer Kette und einem Tonbecken. Außerdem fand man in der Porticus zwei Waagen, einen großen Eimer und eine Muschelschale (Kat.Nr.5/2-4), einige Bleigewichte, eine Eisenhacke und zwei Travertingewichte. Im südlichen Bereich der Porticus wurden ein Schloß, weitere Fragmente aus Eisen, mehrere Amphoren und Tongefäße gefunden.
Saal D (NSc 1899, 393ff. - Arch.Pomp. IV/8: *Giornale dello scavo* vom 13.-17.3.1899): Wanddekoration (Kat.Nr.5/5). Gold: ein Paar Ohrgehänge (Kat.Nr.5/6), ein kleines Blatt und Fragmente einer Kette. Silber: drei Statuetten und ein Halbmond (Kat.Nr.5/7-10). Bronze: ein Siegel (Kat.Nr.5/11), die Statuette eines Stieres (Kat.Nr.5/12), ein Kandelaber (Kat.Nr.5/13), ein kleiner Widderkopf (Kat.Nr.5/14), eine Griffschale (Kat.Nr.5/15), ein einfacher Gefäßhenkel, zwei weitere mit Masken, verschiedene Teile von Schlössern, drei Nadeln und eine Pinzette. Bein: kleine Objekte. Glas: verschiedene Balsamarien und kleine Gefäße. Ton: drei kleine Amphoren und mehrere kleine Objekte.
Nahe dem Eingang von Saal D (NSc 1899, 395f. - Arch.Pomp. IV/8: *Giornale dello scavo* vom 20.-22.3.1899): Bronze: eine Waage mit einem Laufgewicht in der Form einer männlichen Büste, ein Trichter, ein Sieb, ein Eimer, und eine kleine Kanne, eine große Lampe (Kat.Nr.5/16-21), zwei Fibeln, zwei Anhänger, eine Pinzette. Eisen: zwei Schwerter, eines davon mit Griffverkleidung aus Elfenbein. Glas: zwei Flaschen (Kat.Nr.5/22), 32 Glasflußperlen. Ton: eine große Lampe, mehrere Amphoren und kleine Gefäße. Marmor: ein Mörser mit Reiber (Kat.Nr.5/23).
Torcularium E (NSc 1899, 396 - Arch.Pomp. IV/8: *Giornale dello scavo* vom 10. und 11.4.1899): Elf Eisengeräte.
Raum G (NSc 1899, 396 - Arch.Pomp. IV/8: *Giornale dello scavo* vom 12.-14.4.1899): Ein Henkelbecken, ein einhenkeliges Gefäß, eine bauchige Kanne (Kat.Nr.5/24-26) und drei Münzen aus Bronze, zwei Lanzenspitzen, ein Schwert und acht Werkzeuge aus Eisen, ein kleiner Phallus aus Glaspaste, einige Bleigewichte sowie drei Amphoren und ein kleines Tongefäß.
Raum H (NSc 1899, 397 - Arch.Pomp. IV/8: *Giornale dello scavo* vom 12.-14.4.1899): Wanddekoration: einfache gelbe und rote Felder.
Raum L (NSc 1899, 397 - Arch.Pomp. IV/8: *Giornale dello scavo* vom 17. - 20.4.1899): Zwei menschliche Skelette sowie ein Henkelbecken und eine *caldaia* aus Bronze (Kat.Nr.5/27.28), ein Eisengitter, ein Terra sigillata-Teller in Fragmenten und zwei Tongefäße.
Raum M (NSc 1899, 397 - Arch.Pomp. IV/8: *Giornale dello scavo* vom 26.4.1899): Eine *caldaia* (Kat.Nr.5/29) aus Bronze, zwei Amphoren aus Ton, eine kleine Handmühle aus Vesuvgestein (Kat.Nr.5/30) sowie ein Hundeschädel.
Beim Ofen (NSc 1899, 397 - Arch.Pomp. IV/8: *Giornale dello scavo* vom 27.4.1899): Ofentür und Schieber aus Eisen, eine Tonlampe.
Bei der Latrine O (NSc 1899, 397): Mehrere Amphoren.

KATALOG DER FUNDE AUS DER VILLA KAT.NR.5

Kat.Nr.5/1 Zwei Pferdezäume
FO: Porticus B
Mat.: Bronze. **Maße:** -
Beschreibung: Zwei Pferdezäume
AO: Ehemals Berlin, Antiquarium Misc 8908-8910; verschollen
Lit.: A.Sogliano, NSc 1899, 393; E.Pernice, AA 1900, 196f. Nr.63- 65.

Kat.Nr.5/2 Zwei Waagen
FO: Porticus B
Mat.: Bronze. **Maße:** Dm Schalen: a. 92/89; b. 79 mm
Beschreibung: Von den ehemals zwei zweischaligen Waagen sind nur noch eine Waage und eine Schale der zweiten erhalten.
AO: Berlin, Antikensammlung Misc 8911. 8912
Lit.: A.Sogliano, NSc 1899, 393; E.Pernice, AA 1900, 196 Nr.48. 49; BaBiB 53 Nr.39. 40 Taf. 32d.c.

Kat.Nr.5/3 Eimer
FO: Porticus B
Mat.: Bronze. **Maße:** H 318 mm; Dm Mündung 240 mm
Beschreibung: Hoher, bauchiger Eimer mit annähernd horizontaler Lippe. Der kannelierte Henkel läuft jeweils in einen Hundekopf aus.
AO: Berlin, Antikensammlung Misc 8886
Lit.: A.Sogliano, NSc 1899, 393; E.Pernice, AA 1900, 187f. Nr.15 Abb.14; BaBiB 42 Nr.2 Taf.4-5.

Kat.Nr.5/4 Muschelschale
FO: Porticus B **Mat.:** Bronze
Maße: Dm max. 275 mm
Beschreibung: Schale in der Form einer Muschel mit zwei Henkeln.
AO: Berlin, Antikensammlung Misc 8888
Lit.: A.Sogliano, NSc 1899, 393; E.Pernice, AA 1900, 185ff. Nr.12 Abb.12; BaBiB 49f. Nr.27 Taf. 23b.24.

Kat.Nr.5/5 Wanddekoration
FO: Saal D
Beschreibung: *Decorazione a fondo giallo scompartito da pilastri ornati di candelabri con fogliami* (NSc 1899, 393) - vgl.: *stanza dipinta colle pareti a riquadri giallo e rosso, intermezzate da pantere ed ippogrifi* (Arch.Pomp. IV/8: *Giornale dello scavo* vom 20.3.1899)
AO: Unbekannt
Lit.: A.Sogliano, NSc 1899, 393; A.Allroggen-Bedel in: Regione sotterrata 522.

Kat.Nr.5/6 Ohrringe
FO: Saal D
Mat.: Gold. **Maße:** -
Beschreibung: Ein Paar Ohrringe von annähernd runder Form mit sechs blauen Steinen. Nach Sogliano vermutlich Glaspaste.
AO: Unbekannt
Lit.: A.Sogliano, NSc 1899, 393.

Kat.Nr.5/7 Statuette
FO: Saal D
Mat.: Silber. **Maße:** H 130 mm
Beschreibung: Statuette der Isis-Fortuna mit Steuerruder auf hohem Sockel.
AO: Neapel, Museo Nazionale inv.n.125709
Lit.: A.Sogliano, NSc 1899, 394 Abb.2; Collezioni Napoli 1986, 212 Nr.48.

Kat.Nr.5/8 Statuette
FO: Saal D
Mat.: Silber. **Maße:** H 98 mm
Beschreibung: Statuette der Venus auf hohem Sockel, der jetzt fehlt.
AO: Neapel, Museo Nazionale inv.n.125710
Lit.: A.Sogliano, NSc 1899, 394 Abb.3; Collezioni Napoli 1986, 212 Nr.49.

Kat.Nr.5/9 Statuette
FO: Saal D
Mat.: Silber. **Maße:** H 55 mm
Beschreibung: Statuette einer Schlange auf niedrigem Sockel.
AO: Neapel, Museo Nazionale inv.n.125711
Lit.: A.Sogliano, NSc 1899, 394 Abb.4; Collezioni Napoli 1986, 212 Nr.50.

Kat.Nr.5/10 Halbmond
FO: Saal D
Mat.: Silber. **Maße:** -
Beschreibung: Kleiner flacher Halbmond
AO: Neapel, Museo Nazionale inv. s.n.
Lit.: A.Sogliano, NSc 1899, 394f. Abb.5; Collezioni Napoli 1986, 212 vgl. Nr.48.

Kat.Nr.5/11 Siegel
FO: Saal D
Mat.: Bronze. **Maße:** -
Beschreibung: Rechteckiges Siegel mit der spiegelverkehrten Inschrift: CN.DOMITI
AVCTI
AO: Unbekannt
Lit.: A.Sogliano, NSc 1899, 395.

Kat.Nr.5/12 Statuette
FO: Saal D
Mat.: Bronze. **Maße:** H 170 mm
Beschreibung: Statuette eines Stieres auf einem hohen, mit Ornamentbändern überzogenem Sockel.
AO: Detroit, Institute of Arts. Ehemals Sammlung Guilhou; Sammlung Canessa
Lit.: A.Sogliano, NSc 1899, 395 Abb.6; Catalogue des objets antiques, Collection de M.Guilhou, Hotel Drouot, 16.- 18.3. 1905

(Paris 1905) 44 Nr.301; A.Sambon, Succession de E.Warneck, Catalogue des objets d'art antique, Hotel Drouot, 13-16 Juin 1905 (Paris 1905) 27; Z.Bánki in: Akten der 9. Tagung über antike Bronzen in Wien 1986 (1988) 348 Abb.12 mit weiterer Literatur.

Kat.Nr.5/13 Kandelaber
FO: Saal D. **Mat.:** Bronze
Maße: H 1390 mm
Beschreibung: Der Kandelaber besteht aus einem kanneliertem Schaft, einem Kapitell mit Lampenteller, dem großen Teller, jeweils mit Ornamentbändern überzogen, und dem aus drei Löwentatzen gebildeten Fuß.
AO: Berlin, Antikensammlung Misc 8851
Lit.: A.Sogliano, NSc 1899, 395 Abb.7; E.Pernice, AA 1900, 180f. Nr.4 Abb.3-5; BaBiB 51 Nr.34 Taf.28a.c; 29a; 30.

Kat.Nr.5/14 Widderkopf
FO: Saal D. **Mat.:** Bronze
Maße: H 28 mm; L 39 mm
Beschreibung: Widderkopf vom Griff einer Griffschale
AO: Berlin, Antikensammlung Misc 8873
Lit.: A.Sogliano, NSc 1899, 395; E.Pernice, AA 1900, 192 Nr.27; BaBiB 48 Nr.22 Taf.21c.

Kat.Nr.5/15 Griffschale
FO: Saal D. **Mat.:** Bronze
Maße: Dm 221; L 353 mm
Beschreibung: Griffschale mit nach innen verdickter Lippe und Standring.
AO: Berlin, Antikensammlung Misc 8872
Lit.: A.Sogliano, NSc 1899, 395; E.Pernice, AA 1900, 192 Nr.25 Abb.20; BaBiB 48 Nr.21 Taf.19b; 20b; 21a.b.

Kat.Nr.5/16 Waage mit Laufgewicht
FO: Nahe dem Eingang von Saal D. **Mat.:** Bronze
Maße: H Büste 90 mm
Beschreibung: Waage mit Laufgewicht in der Form einer Büste eines jungen Mannes.
AO: Unbekannt: ehemals Sammlung Warneck; danach Sammlung Canessa
Lit.: A.Sogliano, NSc 1899, 396 Abb.8; A.Sambon, Succession de E.Warneck, Catalogue des objets d'art antique, Hotel Drouot, 13-16 Juin 1905, 27 Nr.168 Abb.10, Willers, Hemmoor 129f.

Kat.Nr.5/17 Trichter
FO: Nahe dem Eingang von Saal D
Mat.: Bronze. **Maße:** H 115 mm
Beschreibung: Trichter in der Form eines halbkugelförmigen Schälchens mit daraufgesetzter Röhre.
AO: Berlin, Antikensammlung Misc 8895
Lit.: A.Sogliano, NSc 1899, 395; E.Pernice, AA 1900, 195 Nr.31 Abb.24; BaBiB 51 Nr.32 Taf. 26e.

Kat.Nr.5/18 Siebschale
FO: Nahe dem Eingang von Saal D. **Mat.:** Bronze
Maße: Dm 237 mm
Beschreibung: Rundes, tiefes Sieb mit Flechtbandmuster.
AO: Berlin, Antikensammlung Misc 8889
Lit.: A.Sogliano, NSc 1899, 396; E.Pernice, AA 1900, 191 Nr.21 Abb.19; BaBiB 49 Nr.26 Taf.23a.

Kat.Nr.5/19 Eimer
FO: Nahe dem Eingang von Saal D.
Mat.: Bronze. **Maße:** H 220 mm
Beschreibung: Eimer mit Rundboden, um dessen Mündung ein Eisenband verläuft. Der Henkel fehlt jetzt.
AO: Berlin, Antikensammlung Misc 8890
Lit.: A.Sogliano, NSc 1899, 396; E.Pernice, AA 1900, 188 Nr.16 Abb.15; BaBiB 42 Nr.3 Taf.6a.

Kat.Nr.5/20 Kanne
FO: Nahe dem Eingang von Saal D
Mat.: Bronze. **Maße:** H 125 mm
Beschreibung: Kleine Kanne mit waagerechter Lippe.
AO: Berlin, Antikensammlung Misc 8879
Lit.: A.Sogliano, NSc 1899, 396; E.Pernice, AA 1900, 194f. Nr.33 Abb.24; BaBiB 44 Nr.8 Taf.9a rechts. c.

Kat.Nr.5/21 Lampe
FO: Nahe dem Eingang von Saal D. **Mat.:** Bronze
Maße: L 152 mm
Beschreibung: Lampe mit rundem Körper, herausgezogener Schnauze und Fuß
AO: Berlin, Antikensammlung Misc 8855
Lit.: A.Sogliano, NSc 1899, 396; E.Pernice, AA 1900, 181f. Nr.7 Abb.7; BaBiB 52 Nr.37 Taf.31c.

Kat.Nr.5/22 Glasflaschen
FO: Nahe dem Eingang von Saal D. **Mat.:** Glas
Maße: H (a) 370, (b) 280 mm
Beschreibung: Zwei zylindrische Flaschen aus blaugrünem (a) oder grünem (b) Klarglas.
AO: Berlin, Antikensammlung Misc 8858. 8859
Lit.: A.Sogliano, NSc 1899, 396; E.Pernice, AA 1900, 196 Nr.50. 51; E.Rohde, FuB 20, 1980, 170f.

Kat.Nr.5/23 Mörser mit Stößel
FO: Nahe dem Eingang von Saal D
Mat.: Marmor. **Maße:** -

Beschreibung: Großer flacher Napf mit Reiber in der Form eines Daumens.
AO: Ehemals Berlin, Antiquarium Misc 8925, verschollen
Lit.: A.Sogliano, NSc 1899, 396; E.Pernice, AA 1900, 198 Nr.80.

Kat.Nr.5/24 Henkelbecken
FO: Raum G. **Mat.:** Bronze
Maße: Dm 337 mm
Beschreibung: Flaches Becken mit Fußring und zwei Henkeln, die an den Ansätzen jeweils in Schlangen auslaufen.
AO: Berlin, Antikensammlung Misc 8887
Lit.: A.Sogliano, NSc 1899, 396; E.Pernice, AA 1900, 190f. Nr.20 Abb.18; BaBiB 47 Nr.18 Taf.18 a.c.e.g.

Kat.Nr.5/25 Trifoliarkanne
FO: Raum G
Mat.: Bronze. **Maße:** H 150 mm, mit Henkel 195 mm
Beschreibung: Bauchige Kanne mit Trifoliarmündung. Der Henkel läuft am Gefäßbauch in eine Löwenpranke aus. Der obere Henkelansatz endet seitlich in Rotellen. In seiner Mitte sitzt ein Löwenkopf, der in ein Bukranion beißt.
AO: Berlin, Antikensammlung Misc 8877
Lit.: A.Sogliano, NSc 1899, 396; E.Pernice, AA 1900, 187 Nr.13 Abb.13r.; BaBiB 45 Nr.13 Taf.12b; 13b.c.

Kat.Nr.5/26 Kanne
FO: Raum G
Mat.: Bronze. **Maße:** H 203 mm, mit Henkel 250 mm
Beschreibung: Doppelkonische Lampe mit ausladendem Bauch, sehr engem Hals und Trifoliarmündung.
AO: Berlin, Antikensammlung Misc 8883
Lit.: A.Sogliano, NSc 1899, 396; E.Pernice, AA 1900, 190 Nr.19 Abb.13; BaBiB 45f. Nr.14 Taf.14.

Kat.Nr.5/27 Henkelbecken
FO: Raum L. **Mat.:** Bronze
Maße: H 15; Dm 400 mm
Beschreibung: *Conca a due manichi* = Henkelbecken.
AO: Unbekannt
Lit.: A.Sogliano, NSc 1899, 397.

Kat.Nr.5/28 *Caldaia*
FO: Raum L. **Mat.:** Bronze
Maße: Dm 350 mm
Beschreibung: *Caldaia*
AO: Unbekannt
Lit.: A.Sogliano, NSc 1899, 397.

Kat.Nr.5/29 *Caldaia*
FO: Raum M. **Mat.:** Bronze
Maße: Dm 290 mm
Beschreibung: Caldaia, schlecht erhalten.
AO: Unbekannt
Lit.: A.Sogliano, NSc 1899, 396.

Kat.Nr.5/30 Handmühle
FO: Raum M
Mat.: Vesuvgestein
Maße: Dm 380 mm
Beschreibung: Eine zweiteilige Handmühle aus Vesuvgestein.
AO: Chicago, Field Museum 31726,1.2
Lit.: A.Sogliano, NSc 1899, 397; De Cou, Boscoreale 208 Nr. 31726,1.2 Taf.162.

Kat.Nr.6 „Villa des T.Siminius Stephanus“

ORT: Pompei, contrada Cività (Kockel-Nr.20)
AUSGRÄBER UND BESITZER: Giuditta Masucci und Giuseppe d'Aquino
AUSGRABUNGSZEITRAUM:31.3.-18.12.1897;2 3.5.-30.7.1898; 12.9.-12.11.1898.
„Metallwerkstatt“ (Kockel-Nr.21 - unpublizierter Teil): 18.9.-20.11.1899; 5.6.-21.7.1900; 8.10.-23.11.1900
GRABUNGSBERICHTE: A.Sogliano, NSc 1897, 337ff.; NSc 1898, 494ff.; NSc 1899, 236ff.
ARCHIVMATERIALIEN: Arch.Pomp.II/2: Briefe. Arch.Pomp. III/2: *Relazione intorno alla vertenza Masucci-d'Aquino* vom 26.4.1910 sowie Abschriften von Verträgen, Briefen und den *giornali dello scavo* vom 5.6.-21.7. und vom 8.10.-23.11.1900 für den Prozeß um den Epheben vom fondo già Barbatelli. Arch.Pomp. III/3: giornali dello scavo vom 23.5.- 20.11. 1898 (publiziert); vom 18.9.- 20.11.1899; vom 5.6.- 21.7.1900 und vom 8.10.- 23.11. 1900 sowie eine Liste vom 22.11.1900 mit allen Funden seit dem 18.9.1899 mit Preisangaben.
LITERATUR: R.C.Carrington, JRS 21, 1931, 112. 113. 116ff. Nr.20; J.Day, YaleClSt 3, 1932, 186 Taf. B.C Nr.20; Casale-Bianco 31 Nr.8 Abb.5; A.Allroggen-Bedel in: Regione sotterrata 522 mit Anm.11; De Vos, Pompei 180; Jongman, Economy 117; Jashemski, Gardens II 283 Nr.579.580 Plan 121.
Zu den Inschriften: Della Corte, Case[3] 448 Nr.1003; Jongman, Economy 129.
BESCHREIBUNG DER RÄUME:
Peristyl (NSc 1898, 499f. 502 „H“): Südliche Porticus: Funde: mehrere Teile von Türen oder Möbeln aus Bronze und Eisen, ein kleines Bronzegerät und ein Eisengerät. Zwischen den beiden Säulen sowie im östlichen Bereich (NSc 1899, 237) lagen die beiden Füße eines Marmorbeckens. **Östliche Porticus:** Zwischen den Eingängen der Räume V und W Marmorbank (L 185 cm; B 36 cm). Funde: nahe dem Eingang zu Raum V lagen fünf Skelette zusammen mit einem Gemmenring (Kat.Nr.6/1), zwei Münzen aus Silber und sechs aus Bronze. Nahe bei der Zisternenöffnung (c) steht eine kleine Marmorsäule (Kat.Nr.6/2) mit Inschrift. **Westliche Porticus:** Funde: eine Marmorplatte (Africano), eine kleine Herme und fünf Travertingewichte. Funde im **Hof („M“):** Ein Siegelring (Kat.Nr.6/3).
Raum 1 (NSc 1898, 502 „U“): Funde: ein kleiner Dreifußuntersatz aus Bronze (Kat.Nr.6/4), ein Henkelbecken, eine große Tonlampe, ein kleiner, runder „Altar.“
Raum 2 (NSc 1898, 502 „T“): Boden: Cocciopesto.- Wanddekoration (Kat.Nr.6/5).- Funde: eine kleine Bronzeglocke zusammen mit Tierknochen, ein Bronzeteil eines Zaumzeuges zwischen dem Skelett eines Pferdes und zwei Tonlampen.
Raum 3 (NSc 1898, 499 „I, K, L“) wurde nicht vollständig ausgegraben.
Raum 4 (NSc 1898, 496f. „B“): Wände: einfach verputzt.- Funde: ein Bronzetopf, darin verkohlte Hülsenfrüchte, ein weiteres Gefäß, ein Gefäßgriff, vier Fibeln, ein Pferdegebiß und ein Pferdemaulkorb (NSc 1898, 496 Abb.2. 3) sowie kleinere Teile aus Bronze, zumeist von einer Tür, je zwei Geräte und Messer aus Eisen, vier Glasgefäße, ein Terra sigillata-Gefäß und 18 Tongefäße, drei Amphoren, eine große Schieferplatte (1 x 0,5 m), eine Bildlampe (Amor) und drei einfache Lampen, ein kleiner „Tonaltar“ und zwei Bronzemünzen.
Gang südlich der Räume 5 und 7 (NSc 1898, 497 „C“): Lehmboden.- Wände: Sockel mit *mattone pesto*-Verputz, in der Südwand befinden sich in einer Höhe von 3,50 m die Balkenlöcher für das Obergeschoß. Darüber waren noch Reste einer Wanddekoration zu erkennen.- Funde: in den oberen Schichten ein Eisengitter. Eine dünne Bleiplatte (1 x 0,50 m) sowie eine Amphore.
Raum 5 (NSc 1898, 498f. „F“): Wände: grober, weißer Verputz mit hohem *mattone pesto*-Sockel. An der Westwand in der Höhe des Obergeschosses noch Reste von gelber und roter Wanddekoration. Der Raum wird durch eine kleine Mauer getrennt. In der Nordostecke befindet sich der Sockel einer Treppe.- Funde: in einer Tiefe von 2 m unter der Oberfäche in unsicherem Zusammenhang *(nello strato di cenere e non in opera)* wurde das Philosophenmosaik (Kat.Nr.6/6) gefunden; eine Strigilis und drei kleine Geräte aus Bronze, ein Schlüssel, der Boden einer Lampe und ein Messer aus Eisen, eine Haarnadel aus Bein, deren oberes Ende eine Venusfigur zeigt, acht Gefäße und ein Gewicht von einem Webstuhl sowie drei Amphoren aus Ton und ein Stück Blei.

Raum 6 (NSc 1898, 498 „E"): Lehmboden.- Wände: *mattone pesto*-Verputz.- Funde: eine *situla*, zwei Henkelbecken, drei „Pastetenformen" und drei weitere Gefäße, ein fragmentierter Spiegel, eine Fibel, ein Kastengriff und acht Scharniere aus Bronze, drei Geräte und ein Haufen zusammenkorrodierter Nägel aus Eisen, zwei Glasflaschen, sieben Tongefäße, eine Bildlampe (Kat.Nr.6/7) und drei einfache Tonlampen sowie ein Teil einer Basis aus Buntmarmor.
Raum 7 (NSc 1898, 499 „G"): Boden: in der Mitte des Raumes Rechteck aus Buntmarmoren.- Wände: Wanddekoration aus gelben und roten Feldern.
Raum 8 (NSc 1898, 502 „S"): Funde: eine Kasserolle, ein weiteres Gefäß und drei kleine, fragmentierte Behältnisse aus Bronze, korrodierte Eisenteile von einem Möbel (?).
Raum 9 (NSc 1898, 501 „R"): Wände: weiß verputzt.- Funde: kleiner, rechteckiger „Altar" aus Tuff (H 120; B 110 mm), eine Scheibe aus Bronze mit vier Löchern (Dm 9 cm), eine Nadel, eine Fibel und verschiedene Ringe aus Bronze, ein Travertingewicht, zwei Glasflußperlen, je sieben Lampen und Gefäße aus Ton, eine Amphoren-Scherbe sowie eine Bronzemünze.
Raum 11 (NSc 1898, 500f. „P"): Wände: grober Verputz.- Funde: drei Flaschen und ein Unguentarium aus Glas, eine kleine, achteckige Marmorsäule (H 15 cm), ein Eisenring von einem Holzgefäß (?), eine Bildlampe (weibliche Figur) mit Griff in der Form eines Halbmondes, zwei weitere Lampen, zwei Gefäße, drei Amphoren sowie ein kleiner „Altar" aus Tuff.
Raum 12 (NSc 1898, 501 „Q"): Wände: weiß verputzt.- Funde: zwei Bronzemünzen, ein Eisengerät, eine Glasflasche, sechs Tongefäße und fünf Amphoren.
Raum 13 (NSc 1898, 500 „N"): Wände: weiß verputzt.- Funde: ein Eisenschloß, ein kleiner fragmentierter Teller aus Bein, ein kleiner „Tonaltar", zwei Tongefäße, eine Terra sigillata-Scherbe und zwei Amphoren.
Raum 14 (NSc 1898, 499 „J"): Wände: unverputzt.
Raum 16 (NSc 1898, 503 „γ"): Funde: drei *caldaie*, sieben Bronzemünzen, ein kleines Schloß, ein Eisendreifuß, und fünf Amphoren.
Raum 18 (NSc 1898, 503 „β"): Funde: ein Tongefäß.
Raum 21 (NSc 1899, 238): Funde: eine Glasflasche, vier Tongefäße und eine Amphore.
Raum 24 (NSc 1899, 237f. „κ"): Funde: eine *caldaia* auf einem Eisendreifuß, eine „Pastetenform", ein Becken, eine Kasserolle, eine *situla*, eine *lagena*, ein Armband und ein Schlüssel aus Bronze, eine Glasschüssel, drei Terra sigillata-Gefäße, drei weitere Gefäße, einige Amphoren, eine Tonlampe, verschiedene Scharniere aus Bein, eine Bronzemünze.
Raum 25 (NSc 1899, 238 „λ"): Funde: ein Terra sigillata-Gefäß, drei Bildlampen (Amor und Psyche, 2 x Sphinx), ein türkisfarbener, fragmentierter Glasbecher und Amphoren.
Raum 26 (NSc 1898, 502 „V"): Wände: grob verputzt.- Funde: drei Skelette, vier Tongefäße und eine Bildlampe (Hund), ein Eisenschloß und mehrere bronzene Teile von der Tür.
Raum 27 (NSc 1898, 502 „W"): Boden: *Mattone pesto*.- Wände: weiß verputzt, darin Balkenlöcher für drei Reihen Regale übereinander.- Funde: Fünf gedrehte Füße und andere Teile aus Bronze von Möbeln, mehrere Teile von Schlössern und der Tür, der Balken einer Waage, zwei Nadeln, drei Gewichte aus Bronze und drei aus Blei und zwei Eisenschwerter, verschiedene Eisenteile, ein Reiber aus schwarzem Marmor und in der Nordostecke ein rechteckiges Marmorbecken.
Raum 28 (NSc 1898, 502f. „X"): Funde: fünf Skelette, ein Ohrring und ein kleiner Ring aus Gold, fünf Bronzegefäße *(2 lagene, nasiterna, vaso a pancia e ad un manico, pignatta)*, ein Deckel und ein *situla*-Griff, ein Eisendreifuß, zwei Eisenringe um zwei Schienbeinknochen.
Die **Räume 29-32 (NSc 1899, 238f. „C-E, B")** besitzen keine Wanddekorationen, aber Mosaikböden.- Funde in **Raum 32:** Ein kleines fragmentiertes Armband aus Bronze, aus Travertin ein Mörser und zwei Tischfüße. In **Raum 31:** Eine Griffschale, eine Laterne, eine Lampe mit Kette, eine Nadel für Netze, eine fragmentierte Strigilis, eine sechsflammige Tonlampe und ein fragmentierter Terra sigillata-Teller.

KATALOG DER FUNDE AUS DER VILLA KAT.NR.6

Kat.Nr.6/1 Gemmenring
FO: Peristyl, in der östlichen Porticus nahe dem Eingang zu Raum 27 zusammen mit fünf Skeletten.
Mat.: Gold, Karneol.
Maße: -
Beschreibung: Goldring mit Karneolgemme, die eine stehende Figur zeigt.
AO: Unbekannt
Lit.: A.Sogliano, NSc 1898, 499.

Kat.Nr.6/2 Kleine Marmorbasis mit Inschrift
FO: Peristyl, östliche Porticus
Mat.: Marmor
Maße: H 82 cm; Dm 38 cm
Beschreibung: Eine kleine Marmorsäule (d) mit Inschrift:
M.MVNDICIVS / MALCHIO / M.CLODIVS / AGATHO / MAG EX.P.C.F.C
M(arcus) Mundicius Malchio, M(arcus) Clodius Agatho, mag(istri), ex p(ecunia) c(onlata) f(aciundum) c(urarunt). Auf der Oberseite mehrere Einlassungsspuren, die mittlere davon ist mit Blei gefüllt.
AO: Neapel, Museo Nazionale
Lit.: A.Sogliano, NSc 1898, 499.

Kat.Nr.6/3 Siegelring
FO: Im Peristyl, in 2 m Tiefe
Mat.: Bronze.
Maße: -
Beschreibung: Siegelring mit spiegelverkehrter Inschrift:
T.SIMINI STEPANI
AO: Unbekannt
Lit.: A.Sogliano, NSc 1898, 500.

Kat.Nr.6/4 Dreifußuntersatz
FO: Raum 1
Mat.: Bronze
Maße: H 150 mm; Dm 70 mm
Beschreibung: *Un sostegno di lucerna con tre piedi a zampa leonina.*
AO: Unbekannt
Lit.: A.Sogliano, NSc 1898, 502. - Vgl. BaBiB 51 Nr.33 Taf. 27.

Kat.Nr.6/5 Wanddekoration
FO: Raum 2
Beschreibung: Weißgrundige Wanddekoration. In den beiden Feldern der Westwand befinden sich rotgrundige Medaillone (Dm 170 mm), die ein Gorgoneion zeigen. In den Feldern der anderen Wände jeweils Pfauen.
AO: Unbekannt
Lit.: A.Sogliano, NSc 1898, 502.

Kat.Nr.6/6 Mosaik
FO: Über Raum 5 in einer Tiefe von 2 m unter der Oberfläche
Maße: 860 x 850 mm
Beschreibung: Das Bild zeigt sieben Philosophen in der platonischen Akademie
AO: Neapel, Museo Nazionale inv. 124545
Lit.: A.Sogliano, NSc 1897, 337ff.; ders., NSc 1898, 498; A.Ruesch (Hrsg.), Guida illustrata del Museo Nazionale di Napoli (1911) Nr.189.; K.Gaiser, Das Philosophenmosaik in Neapel (1980); Collezioni Napoli 1986, 116 Nr.15.

Kat.Nr.6/7 Bildlampe
FO: Raum 6
Mat.: Ton
Maße: -
Beschreibung: Als Bild männliche Figur: *Caricatura virile*.- Sogliano verleicht den Kopf der Figur mit einem tarentiner Terrakottakopf (G.Patroni, NSc 1897, 222 Abb.40).
AO: Unbekannt
Lit.: A.Sogliano, NSc 1898, 498.

Kat.Nr.7 Villa in Scafati, contrada Muregine

ORT: Scafati, contrada Muregine (Kockel-Nr.17)
AUSGRÄBER UND BESITZER: Maria Liguori
AUSGRABUNGSZEITRAUM: Ab 23.8.1897 für kurze Zeit
GRABUNGSBERICHTE: A.Sogliano, NSc 1898, 33f.
ARCHIVMATERIALIEN: Arch.Pomp. I/9: Lediglich Begleitbriefe zu den nicht mehr vorhandenen *giornali dello scavo*.
LITERATUR: Jongman, Economy 115.
GRABUNGSUMSTÄNDE: Die Grabung wurde durch das bereits in 2,80 m Tiefe erreichte Grundwasser beeinträchtigt, das in den Räumen in einer Höhe zwischen 1,50 und 2 m anstand. Der Grundriß des Gebäudes wurde nicht aufgenommen.
Funde aus den oberen Schichten (A.Sogliano, NSc 1898, 33f.): Tisch aus Marmor (Kat.Nr.7/1), ein Tongefäß, eine Tonlampe mit Stempel (MARCI), ein Holzbalken der Dachkonstruktion und eine Bronzemünze.

KATALOG DER FUNDE AUS DER VILLA KAT.NR.7

Kat.Nr.7/1 Tisch
FO: Obere Schichten
Mat.: Marmor, Platte *bardiglio*, Stütze weißer Marmor
Maße: H mit Herme 780 mm; B Platte 810 x 470 mm
Beschreibung: Bekränzte, bärtige Herme, der Phallus fand sich abgelöst zusammen mit der Platte und der Basis.
AO: Unbekannt
Lit.: A.Sogliano, NSc 1898, 33f.

Kat.Nr.8 Villa in Scafati, fondo Malerba

ORT: Scafati, contrada Muregine (Kockel-Nr.18)
AUSGRÄBER UND BESITZER: Pasquale Malerba
AUSGRABUNGSZEITRAUM: 30.10. - 25.11.1899
GRABUNGSBERICHTE: A.Sogliano, NSc 1900, 203ff.
ARCHIVMATERIALIEN: Arch.Pomp. I/7: *Giornali dello scavo* vom 30.10. - 25.11.1899
LITERATUR: Jongman, Economy 115.
GRABUNGSUMSTÄNDE: Die Grabung wurde durch den hohen Grundwasserspiegel im Valle del Sarno beeinträchtigt und wurde daher bald aufgegeben (NSc 1900, 203). Von den Mauern konnte daher nur der obere Teil freigelegt werden (NSc 1900, 204).
BESCHREIBUNG DER RÄUME:
Funde aus den oberen Schichten (NSc 1900, 204): Aus Ton ein Simaziegel, zwei Lampen, fünf Gefäße und eine Amphore, eine Amphore, *palma e corona d'alloro*, ein Fragment eines Wasserhahnes aus Blei und ein kannelierter Sockel aus Travertin sowie zwei Unguentarien aus Glas.
Raum B (NSc 1900, 204f.): In einer weiß verputzten Nische der nördlichen Mauer befand sich eine Tonstatuette eines Isispriesters (Kat.Nr.8/1). In der rechten der beiden in der westlichen Wand befindlichen Nischen lagen: zwei kleine Gefäße aus Ton bzw. Glas, beide in Scherben. Im selben Raum wurden neun Tongefäße und drei kleine Glasflaschen gefunden.
In den oberen Schichten von Raum C (NSc 1900, 205): Ton: eine zweiflammige Bildlampe (Jupiter und Adler), eine weitere Bildlampe (Lamm), drei fragmentierte Lampen sowie eine kleine Glasflasche.
Raum C (NSc 1900, 205): Glas: ein Unguentarium aus Glas, ein kleines Tongefäß sowie einige Holzreste. In der Lapillischicht: zwei *grossi anelli con arpione*.

KATALOG DER FUNDE AUS DER VILLA KAT.NR.8

Kat.Nr.8/1 Tonstatuette
FO: Raum B, in der Nische der nördlichen Mauer
Mat.: Ton
Maße: H 195 mm mit Basis
Beschreibung: Isispriester, *ha i capelli rasi ed è avvolto nel manto, che lascia libera la spalla dritta: la mano sinistra poggia sul petto e il braccio destro abbassato aderisce al fianco.*
AO: Unbekannt
Lit.: A.Sogliano, NSc 1900, 205.

Kat.Nr.9 Villa bei Torre Annunziata, fondo Matrone

ORT: Torre Annunziata, contrada Bottaro (Kockel-Nr.45)
AUSGRÄBER UND BESITZER: Gennaro Matrone
AUSGRABUNGSZEITRAUM: 19.7.-2.12.1899; 25.6.1900-1.2.1901 (Tabernae); 8.7.1901-20.7.1902 (Villa)
GRABUNGSBERICHTE: A.Sogliano, NSc 1901, 423ff. (Tabernae); R.Paribeni, NSc 1902, 568ff. (Villa)
ARCHIVMATERIALIEN: Arch.Pomp. I/6 (*giornali dello scavo* vom 19.7.1899 bis 2.12.1899); III/4 (*giornali dello scavo* vom 8.7.1901 bis 5.1.1902); Briefmaterial.
LITERATUR: F.Fienga, Esplorazione del Pago marittimo Pompeiano. Atti del III congresso nazionale di studi romani. Bologna 1933, I (1934) 172ff.; L.D.Caskey, BMusFA 23, 1925, 34; ders., BMusFA 37, 1939, 9ff.; Jashemski, Gardens I 320, II 292 Nr.592 Plan 130; Neudecker 179f. Nr.33; A.Allroggen-Bedel in: Regione sotterrata 522 mit Anm.10; Winkes, Paintings 10ff.; V.Kockel, AA 1985, 568.
GRABUNGSUMSTÄNDE: Das Grundwasser wurde bereits in einer Tiefe von 4 m angetroffen und stand in den Räumen in einer Höhe von 1,25 m (A.Sogliano, NSc 1901, 423).
BESCHREIBUNG DER RÄUME:
1. Die Tabernae (NSc 1901, 425ff.)
In den Schichten über dem westlichen Gebäudeteil (NSc 1901, 434): Kandelaber aus Bronze, Teile eines weiteren, sechs Tonlampen, vier bronzene Beschlagteile, bronzene Beschlagscheibe mit Minervabüste, eine kleine Marmorbasis, eine kleine Marmorsäule, drei z.T schlecht erhaltene Bronzegefäße *(bacile, conca, padella),* zwei kleine Glasgefäße, einige kleine Objekte aus Bein, zwei große Bronzeringe und ein Löffel, 92 Knöpfe aus Glaspaste, ein Gefäß mit 69 Bronzemünzen, zwei Bronzeglocken, eine bronzene Strigilis, ein Eisendreifuß, ein Eisenmesser, zwei Eisenanker, zahlreiche Amphoren. Lararium mit Lar.
Westlicher Gebäudeteil, Raum a (NSc 1901, 434): 18 Amphoren.
Porticus (NSc 1901, 436): Funde: sechs Skelette mit vier korrodierten Silbermünzen und zehn Bronzemünzen.- Weitere Skelette zusammen mit einem kleinen Bronzegerät.
Raum 2 (NSc 1901, 433): Funde: zwei Bronzekandelaber, drei Eisengeräte, zwei bronzene Beschlagteile, zwei Tonlampen, eine davon in der Form eines Vogels.
Hinter Raum 2 (NSc 1901, 433f.): Ein Tonantefix, ein Tonbecken, ein kannelierter Marmorsockel, 22 Lammknochen, eine Bronzewaage, eine Bildlampe (Vogel), zwei Tonlampen, drei kleine Amphoren und drei Glasgefäße.
Raum 4 (NSc 1901, 432f.): Funde: 17 fragmentierte Tonlampen, drei Travertingewichte, ein Bronzetopf, ein Marmormörser auf einem gemauerten Sockel, zwei kleine Tischplatten, ein kleiner Pilaster, eine Bronzewaage und fünf kleine Behältnisse, z.T. mit kleinen Bronzegeräten, zwei Terra sigillata-Gefäße (vgl. Kat.Nr.9/41), eine kleine Schachtel aus Bronze, darin einige Stücke gelber Farbe, eine versilberte Scheibe mit aufgesetztem Kopf mit phrygischer Mütze, ein Eisenschloß, zwei Tonbecken, eine Tonfigur (H 20 cm) mit Thyrsos in der L., eine Bronzelampe und eine fragmentierte Pfanne, eine kleine Eisenaxt, ein Teil eines Kandelaberschaftes aus Eisen, ein Travertingewicht, zwei Eisengeräte, eine Pfanne *(padella)* und ein Schloß aus Bronze, zehn Scharniere aus Bein. An der West- und der Südwand zahlreiche Amphoren.
Nahe den Eingängen der Räume 4 und 5 (NSc 1901, 433): Drei Skelette zusammen mit einer Bronzelampe und zwei Bronzemünzen.
Raum 5 (NSc 1901, 430f.): Funde am Eingang: fünf Skelette, darunter Kinder, zusammen mit einem Paar spiralförmiger Schlangenarmbänder, zwei kleine Armbänder mit gegenüberliegenden Schlangenköpfen, ein Paar Armbänder (Kat.Nr.9/26), ein Armband mit Löwenkopf, eine Kette (Kat.Nr.9/27), eine Kette aus 75 Gliedern, eine weitere Kette (Kat.Nr.9/27A), ein Ring mit eingravierter Darstellung: männliche Figur neben Baum, zwei Ringe mit Smaragd, Ring mit Gemme (Kat.Nr.9/28), ein Ring mit eingravierter Darstellung: Vogel, ein Ring mit Rubin, ein Ring mit Onyx, ein einfacher Ring, ein Ring mit eingravierter Darstellung: Amor, ein Ring mit Gemme (Kat.Nr.9/29), ein Paar Armbänder, vier Münzen aus Silber und sieben aus Bronze und aus Eisen ein Schwert in seiner Scheide.- Ein Skelett mit zwei Goldarmbändern (61 g und 22,5 g).- Vor dem Raum: einige Skelette, ein Bronzegefäß, zwei Teile von einem Schloß, ein Tongefäß und ein „Knopf" aus Bein.

Raum a (östlich der Räume 5 und 6) (NSc 1901, 431f.): Ein Skelett zusammen mit zwei Goldarmbändern, ein Ring mit Gemme (Kat.Nr.9/30), ein einfacher Ring und ein Ring mit eingravierter Darstellung: Vogel; kleiner Ring mit Phallus im Relief sowie einige mit zwei Goldketten aneinanderoxidierte Silbermünzen und zwei Goldmünzen.- Ein einfacher Goldring, eine kleine Bronzebüste der Minerva (Kat.Nr.9/31), eine Goldmünze, 15 Silbermünzen und 49 Bronzemünzen.- Weiteres Skelett zusammen mit vier einfachen Goldarmringen mit Smaragden, zwei Armbänder, zwei Goldketten (Kat.Nr.9/31A), ein Ring mit Onyx, zwei weitere mit Rubin, fünf Ringe mit Gemmen (Kat.Nr.9/32-35), ein einfacher Ring, ein Ohrring, sechs aneinanderkorrodierte Bronzemünzen, daran eine Goldkette mit (Kat.Nr.9/35A) und ein Paar Ohrringe, eine Goldmünze.- Zwei Goldarmbänder, ein Paar Ohrringe, ein Ring mit Gemme (Kat.Nr.9/36), ein einfacher Ring und ein Ring mit eingravierter Darstellung: Palmzweig, ein Ohrring, sieben Silbermünzen und eine Bronzeglocke, ein Terra sigillata-Gefäß (vgl. Kat.Nr.9/41.42).- Vier Bronzemünzen, eine Dolie und eine Lampe aus Ton.

Thermopolium 7 (NSc 1901, 425ff.): Am Eingang mit Marmor verkleidete Theke.- Wanddekoration (Kat.Nr.9/1).- Funde im Eingansbereich Fg.1: zwei Skelette neben der Theke ohne Funde; sieben Skelette, dazwischen eine Goldkette (Kat.Nr.9/2), eine Goldmünze und mehrere Silber- und Bronzemünzen sowie mehrere Bronzespatel. Fg.2: ein weiteres Skelett mit einer Bronzemünze und zwei Skelette mit einer Bronzelampe und einer Bildlampe (Jupiter) aus Ton. Fg.3: zusammen mit zahlreichen Glasscherben und Marmorbruchstücken von der Verkleidung der Theke ein Silberreif (Kat.Nr.9/3). Fg.4: zwei Skelette mit zwei Paar Ohrringen (Kat.Nr.9/4.5), vier Ringen (Kat.Nr.9/6), vier Silber- und elf Bronzemünzen. Fg.5: Silbergeschirr (Kat.Nr.9/7) und 17 Bronzemünzen; Fg.6: zwei Skelette von Erwachsenen und das eines Kindes zusammen mit Goldschmuck (Kat.Nr.9/8-10), einem Silberarmreif (Kat.Nr.9/11), vier Silberlöffeln (Kat.Nr.9/12) sowie 17 Gold-, 130 Silber- und 580 Bronzemünzen. Fg.7: ein Silbergefäß (Kat.Nr.9/13). Fg.8: drei Skelette mit einem Armreif (Kat.Nr.9/8), fünf Ringe (Kat.Nr.9/14), zwei Ketten (Kat.Nr.9/15), zwei Armbänder (Kat.Nr.9/16), ein Paar Ohrringe (Kat.Nr.9/17) und fünf Gold-, 27 Silber- und 37 Bronzemünzen. Fg.9: ein Goldarmreif mit Schlangenköpfen, eine Goldmünze und drei Silbermünzen. Fg.10: zwei Skelette mit 41 Münzen aus Gold, 160 aus Silber und 57 aus Bronze. Zwei Lampen aus Bronze, ein Bildlampe aus Ton, eine große zweiflammige Bronzelampe an zwei Ketten, ein Greif mit gespreizten Flügeln, der Kopf in der Form eines Phallus, an vier Ketten. Drei kleine Bronzeglocken. Eine Merkurstatuette (Kat.Nr.9/18); 15 Knöpfe aus Glaspaste und zahlreiche Scherben von Glasgefäßen.

Raum 8 (NSc 1901, 429): Am Eingang lagen zwei Skelette, davon ein Kind. Zwei weitere Skelette zusammen mit einem Paar Ohrringe, drei kleine Goldringe, einer davon mit einem Smaragd (?), und 34 Bronzemünzen.

Thermopolium 9 (NSc 1901, 428f.): In der Nordwestecke kleine Feuerstelle mit Kohle- und Ascheresten. Funde nahe dem Eingang: zwölf Amphoren. Im Eingang: drei Skelette mit zwei Goldarmbändern, einem Ring, dessen Stein fehlt, elf Münzen aus Gold, 25 aus Silber und sechs aus Bronze. Im Raum: drei Skelette, bei einem davon lagen ein Bronzebehältnis mit fünf kleinen Bronzegeräten und eine kleine Schiefertafel (12 x 12 cm). Bei den anderen beiden Skeletten lagen 230 Bronzemünzen. Ein weiteres Skelett mit einem kleinen Goldring, sechs Münzen aus Silber und 200 aus Bronze.

Raum 10 (NSc 1901, 429f.): Eine Merkurstatuette (Kat.Nr.9/19), drei kleine Bronzeglocken, die Marmorgruppe zweier schlafender Hündchen, das Maul des unteren dient als Wasserspeicher, acht Glasgefäße, 24 Glasflußperlen, ein Teil eines Hirschgeweihs, Tongefäß in Maskenform (Kat.Nr.9/19A), darin drei Knöpfe aus Glasfluß, eine Lampe und verschiedene Gefäße aus Ton. Eine Bronzelampe, zwei Tonlampen, eine Amphore und mehrere Tongefäße, vier Glasflußperlen, aus Marmor eine kleine bacchische Herme und eine kleine Säule, mehrere Ton- und Glasgefäße, drei Amphoren und vier weitere Tongefäße, zwei Muscheln, zwei Bronzemünzen, Fragmente eines Eisenschlosses. Ein Skelett mit vier Bronzemünzen, sechs Skelette zusammen mit einem fragmentierten Silberspiegel (Kat.Nr.9/20), ein Silbergefäß (Kat.Nr.9/21), in dem sich 241 Silbermünzen, zwei Gemmen (Kat.Nr.9/22) und ein Bergkristallstück befanden, 29 Bronzemünzen und ein großer Ring. Zwei weitere Skelette zusammen mit zwei Goldarmbändern, eine Kette (Kat.Nr.9/23), ein Paar Ohrringe, ein runder Anhänger (Kat.Nr.9/23A), ein weiterer Anhänger, ein kleiner Ring mit Onyx, zwei Ringe mit Gemme (Kat.Nr.9/24.25), ein gezackter Ring, Fragmente eines Bandes aus Goldfäden, ein Silberring mit Schlangenköpfen, fünf Silbermünzen, 22 Bronzemünzen und zwei Ringe von Möbeln.- Ein Marmormörser mit Reiber.- Eine gekehlte Marmorbasis, eine Haarnadel aus Bein, eine Lampe und ein Gefäß aus Ton.- Mehrere Tongefäße, ein Glasgefäß, drei Tonlampen.- Eine *situla*, eine Nadel und ein Beschlag aus Bronze, drei Amphoren.

Raum 12 (NSc 1901, 435f.): Funde: ein Skelett zusammen mit einem Ring mit Gemme (Kat.Nr.9/38), fünf Münzen aus Silber und drei aus Bronze, fünf Tongefäße und fünf kleine Amphoren.- Eine Bildlampe (Füllhorn), eine fragmentierte Lampe, zwei Glasunguentarien, die Eisenstange eines Ankers und ein Anker (H 0,40 m), 46 Netz(?)gewichte und fünf Gegengewichte aus Blei, vier Bronzemünzen.

Raum 13 (NSc 1901, 436): Funde: zwei Bleigewichte, ein Eisenschloß, eine fragmentierte Tischplatte aus Marmor.

Raum 14 (NSc 1901, 436): Funde: eine Bildlampe (zwei kämpfende Hähne) und drei Unguentarien aus Glas.

Raum 15 (NSc 1901, 435): Funde: aus Marmor ein kleiner Altar, eine kleine Schieferplatte, zehn Glasgefäße und 21 Knöpfe, aus Bein ein Löffel und zwei Würfel, eine runde Bronzeschachtel mit Deckel, eine Glocke, eine Fibel und drei Münzen, 15 Tongefäße und acht kleine Amphoren sowie sechs Amphoren. Fünf Skelette zusammen mit zwei Armbändern und einer Kette aus Gold, einer kleinen Silensbüste und einer kleinen Pferdeprotome aus Silber, zusammenkorrodierte Silber- und Bronzemünzen.- Zusammen mit weiteren Skeletten: Ring mit Gemme (Kat.Nr.9/37), ein einfacher Ring, ein Bronzering mit zwei Schlangenköpfen, ein Marmormörser, ein Terra sigillata-Gefäß (vgl. Kat.Nr.9/41), vier einfache Gefäße, eine fragmentierte Bildlampe (zwei kämfende Gladiatoren), drei einfache Tonlampen, ein Scharnier aus Bein, drei kleine Amphoren und ein Fingerfragment einer Marmorstatue.

Raum 16 (NSc 1901, 436): Funde: eine Goldmünze.

Die **Objekte**, die beim Anlegen eines **Kanals zur Grundwasserregulierung** während der Ausgrabung gefunden wurden (NSc 1901, 436), dazu gehört u.a. ein Ring mit Gemme (Kat.Nr.9/39), werden hier nicht aufgelistet. Gleiches gilt für jene Funde, deren Fundort sich nicht mehr fesstellen ließ (NSc 1901, 436f.), wie dies auch für eine Merkurstatuette (Kat.Nr.9/40) der Fall ist.

2. Die Villa (NSc 1902, 568ff.)

Saal A (NSc 1902, 570): Der Saal besitzt zum Peristyl eine Tür und ein Fenster.- Wanddekoration des 4. Stils: rote und gelbe Felder, die durch breite schwarze Bänder getrennt werden.

Raum B (NSc 1902, 570. 576f.): Wanddekoration, den anderen Räumen vergleichbar.- In der Mitte der Ostwand stand die Statue eines Hermaphroditen (Kat.Nr.9/42).

Raum C (NSc 1902, 571): Wanddekoration des 4. Stils mit Architekturdurchblick.

Peristyl D (NSc 1902, 570ff.): Wanddekoration (Kat.Nr.9/43).- Funde: in der Mitte des Nordteils des Peristyls (siehe Abb.13 „D") befand sich die Statue des sitzenden Hercules (Kat.Nr.9/44). In jeder Ecke des Peristyls stand eine Doppelherme (Kat.Nr.9/45). Die Mitte des Peristyls nahm ein Brunnen ein (Kat.Nr. 9/46). In der östlichen Porticus stand ein Marmortisch auf zwei Greifen (Kat.Nr.9/47).

Raum auf der Südseite des Peristyls, genaue Lokalisierung unbekannt (NSc 1902, 571): Schwarzgrundige Wanddekoration des 4. Stils, vgl. Kap.2.3.1.

Funde in der Villa (NSc 1902, 578): Zwei große Dolien im Westen der Villa, an verschiedenen Stellen Buntmarmorfragmente eines Fußbodens sowie Keramik und kleinere Bronzeobjekte. In einem der Räume wurde die Statue eines Amors gefunden (Kat.Nr.9/48).

KATALOG DER FUNDE AUS DER VILLA KAT.NR.9

Kat.Nr.9/1 Wanddekoration
FO: Thermopolium 7
Beschreibung: Wanddekoration des 4. Stils aus großen gelben Feldern, die durch schmale Felder mit Kandelabern getrennt werden. Die zentralen Felder der Nord- und Südwand enthalten in der Mitte jeweils ein Xenion, während auf der zentralen Ostwand ein Bild den gelagerten Flußgott Sarno zeigt. In den seitlichen Felder sind jweils fliegende Tiere oder Mischwesen zu sehen.
AO: Unbekannt
Lit.: A.Sogliano, NSc 1901, 425f.

Kat.Nr.9/2 Goldkette
FO: Thermopolium 7 (Fg.1)
Mat.: Gold. **Maße:** L 310 mm
Beschreibung: *Collana ... fatta di trentuna maglia a getto, con un piccolo pendaglio ad anellino nel centro e col gancetto.*
AO: Unbekannt
Lit.: A.Sogliano, NSc 1901, 426.

Kat.Nr.9/3 Armreif
FO: Thermopolium 7 (Fg.3)
Mat.: Silber. **Maße:** -
Beschreibung: Gut erhaltener Armreif, an den Enden jeweils Schlangenköpfe.
AO: Unbekannt
Lit.: A.Sogliano, NSc 1901, 426.

Kat.Nr.9/4 Ein Paar Ohrringe
FO: Thermopolium 7 (Fg.4)
Mat.: Gold. **Maße:** -
Beschreibung: *Un paio di orecchini formati del gancio finiente in un bottocino sormontato da una fascetta orizzontale, ai cui estremi pendono due filetti: nel gancio era infilato un cerchietto vuoto a navicella come pendaglio, che però nell'uno manca.*
AO: Unbekannt
Lit.: A.Sogliano, NSc 1901, 426.

Kat.Nr.9/5 Ohrring
FO: Thermopolium 7 (Fg.4)
Mat.: Gold. **Maße:** -
Beschreibung: *orecchini in forma di mezza castagna vuota.*
AO: Unbekannt
Lit.: A.Sogliano, NSc 1901, 426f.

Kat.Nr.9/6 Vier Ringe
FO: Thermopolium 7 (Fg.4)
Mat.: Gold; b. ovaler Sardonyx
Maße: b: Dm 22 mm
Beschreibung: Ringe mit a. eingefaßtem grünen Stein (Smaragd ?), mit b. eingefaßter *granatina* mit eingeschnittenem Adler mit Schlange im Schnabel und c. eingeschnittener Fortuna.
d. einfacher Ring.
AO: b.: Neapel, Museo Nazionale inv. 125153.
a. c. d. unbekannt
Lit.: A.Sogliano, NSc 1901, 426; R.Siviero, Gli ori e le ambre del Museo Nazionale di Napoli (1954) 96 Nr.406 (b).

Kat.Nr.9/7 Silbergeschirr
FO: Thermopolium 7 (Fg.5)
Mat.: Silber
Beschreibung: Sechs ineinandergestellte Gefäße, drei ineinandergestellte Kasserollen, vier übereindandergestellte Teller. Zwei Simpula, eines ohne Griff, sowie Fragmente weiterer Gefäße, eines davon mit kleiner Reliefbüste.
AO: Unbekannt
Lit.: A.Sogliano, NSc 1901, 427.

Kat.Nr.9/8 Armreifen
FO: Thermopolium 7 (Fg.6, 8)
Mat.: Gold. **Maße:** Dm 70 mm
Beschreibung: Zwei Armreifen aus Gold *in forma di serpente attortigliato: gli occhi del serpente sono due smeraldi, e la lingua forma appiccagnolo.*
AO: Unbekannt
Lit.: A.Sogliano, NSc 1901, 427.

Kat.Nr.9/9 Drei Ohrringpaare
FO: Thermopolium 7 (Fg.6)
Mat.: Gold. **Maße:** -
Beschreibung: *A spicchio di aglio più o meno conservati.*
AO: Unbekannt
Lit.: A.Sogliano, NSc 1901, 427.

Kat.Nr.9/10 Acht Ringe
FO: Thermopolium 7 (Fg.6)
Mat.: Gold. **Maße:** -
Beschreibung: Gegossene Ringe a.b. mit Schlangenköpfen; c. mit eingefaßtem Rubin mit zwei gegenübergestellten jungen Hähnen; d. mit eingefaßtem Onyx mit zwei gegenübergestellten Frauenköpfen; e. *anello che nella parte superiore è sdoppiato in due caston lisci;* f. *un anellino a semplice cerchietto, nel cui castone sono incisi due pigmei danzanti;* g. *Altro anellino a semplice folo rappresentante un serpe attortigliato;* h. *Altro anellino vuoto con corniola nel castone, nella quale vedesi incisa una figura virile in piedi col petaso in testa, con un oggetto poco chiaro nella sinistra protesa e con la dritta poggiata ad un'asta: ai piedi qualcosa irriconoscibile.*
AO: Unbekannt
Lit.: A.Sogliano, NSc 1901, 427.

Kat.Nr.9/11 Armreif
FO: Thermopolium 7 (Fg.6)
Mat.: Silber
Maße: Dm 100 mm
Beschreibung: *Armilla con due teste di serpe affrontate.*
AO: Unbekannt
Lit.: A.Sogliano, NSc 1901, 427.

Kat.Nr.9/12 Vier Löffel
FO: Thermopolium 7 (Fg.6)
Mat.: Silber. **Maße:** -
Beschreibung: *Cucchiaini*
AO: Unbekannt
Lit.: A.Sogliano, NSc 1901, 427.

Kat.Nr.9/13 Silbergefäß
FO: Thermopolium 7 (Fg.7)
Mat.: Silber. **Maße:** -
Beschreibung: *Un vasettino cilindrico, con coperchietto, molto ossidato.*
AO: Unbekannt
Lit.: A.Sogliano, NSc 1901, 427.

Kat.Nr.9/14 Fünf Ringe
FO: Thermopolium 7 (Fg.8)
Mat.: Gold. **Maße:** -
Beschreibung: a. *un grosso anello massiccio, con due teste di serpe affrontate.* b. Gegossener Ring mit Smaragd: Panther. c. Gegossener Ring mit eingraviertem laufenden Hund. Getriebener Ring mit Karneol: Hippocamp. e. Einfacher gegossener Ring.
AO: Unbekannt
Lit.: A.Sogliano, NSc 1901, 427.

Kat.Nr.9/15 Zwei Ketten
FO: Thermopolium 7 (Fg.8)
Beschreibung: *Una collana di*

finissime maglie a spina di pesce, con tredici tubetti di vetro verde (?); alle due estremità il gancetto e l'anelletto, nel centro due pendaglietti. b. una altra collana di ventidue maglie a getto, finiente nell'una estremità a borchia con gancetto; nel centro un piccolo pendaglietto; e fra questo e l'altra etremità è sospeso altro pendaglio costituito da un idoletto d'Iside-Fortuna con la mezza luna ed il fior di loto sul capo, il cornucopia nella sinistra ed il timone nella dritta.
AO: Unbekannt
Lit.: A.Sogliano, NSc 1901, 427.

Kat.Nr.9/16 Armbänder
FO: Thermopolium 7 (Fg.8)
Mat.: Gold. **Maße:** -
Beschreibung: *Due braccialetti apritoi, formati ciascuno di due ordini di mezzi gusci di avellane in numero di ventiquattro (dodici per ciascuna ordine), con penietto infilato in tre occhielli per chiudere il braccialetto.*
AO: Unbekannt
Lit.: A.Sogliano, NSc 1901, 427.

Kat.Nr.9/17 Ohrringe
FO: Thermopolium 7 (Fg.8)
Mat.: Gold. **Maße:** -
Beschreibung: *Un paio di orecchini fatti di fili intrecciati a cestino, con perine infilate, sì da formare una superficie continua, convessa, di perle.*
AO: Unbekannt
Lit.: A.Sogliano, NSc 1901, 427.

Kat.Nr.9/18 Merkurstatuette
FO: Thermopolium 7
Mat.: Bronze. **Maße:** H 165 mm
Beschreibung: Merkurstatuette, deren Basis fehlt, mit geflügelten Petasos, Chlamys, Caduceus in der L. und Geldbeutel in der R.
AO: Unbekannt
Lit.: A.Sogliano, NSc 1901, 428.

Kat.Nr.9/19 Merkur
FO: Raum 10
Mat.: Bronze. **Maße:** H 120 mm
Beschreibung: Merkurstatuette mit geflügeltem Petasos, einer Patera in der R. und Geldbeutel in der L. sowie mit geflügelten Stiefeln.
AO: Unbekannt
Lit.: A.Sogliano, NSc 1901, 429.

Kat.Nr.9/19A Tongefäß
FO: Raum 10
Mat.: Ton. **Maße:** -
Beschreibung: Tongefäß in Maskenform mit Phallus im Innern.
AO: Neapel, Museo Nazionale inv.n.125169
Lit.: A.Sogliano, NSc 1901, 429; M.Grant, Eros a Pompei[2] (1975) 129 mit Abb.

Kat.Nr.9/20 Silberspiegel
FO: Raum 10
Mat.: Silber. **Maße:** -
Beschreibung: Ein fragmentierter Silberspiegel mit Griff in der Form einer Keule, auf der Rückseite weiblicher Kopf mit Diadem und Ohrringen.
AO: Unbekannt
Lit.: A.Sogliano, NSc 1901, 429.

Kat.Nr.9/21 Silbergefäß
FO: Raum 10. Im Gefäß 241 Silbermünzen, zwei Gemmen (Kat.Nr.9/22) und ein Bergkristallstück.
Mat.: Silber. **Maße:** H (Gefäß) 122 mm, (mit Henkel) 134 mm; Dm 129 mm (De Cou)
Beschreibung: Kleines, bauchiges Gefäß mit kannelierter Wandung, der reliefverzierte Henkel hat als unteres Ansatzblatt den flach reliefierten Kopf der Medusa, auf dem Henkel sitzt ein kleines Blatt.
AO: Chicago, Field Museum Acc.no.24668.
Lit.: A.Sogliano, NSc 1901, 429; De Cou, Boscoreale 197ff. Taf.150-153; Winkes, Paintings 10 mit Anm.14 Abb.5-7.

Kat.Nr.9/22 Gemmen
FO: Raum 10, in Gefäß Kat. Nr.9/21 **Mat.:** Onyx. **Maße:** -
Beschreibung: a. Gemme mit Pegasos n.l., gefolgt von einem Hund; b. Hälfte einer Gemme mit Zweigespann n.l.
AO: Unbekannt
Lit.: A.Sogliano, NSc 1901, 429.

Kat.Nr.9/23 Goldkette
FO: Raum 10
Mat.: Gold. **Maße:** L 301 mm
Beschreibung: *Una collana di 63 maglie doppie ... ed avente il gancetto e l'occhiello; da questa collana pendono due ciondoletti, l'uno rappresentante un piccolo fallo e l'altro in forma di anelletto aperto, con due bottoncini alle estremità.*
AO: Unbekannt
Lit.: A.Sogliano, NSc 1901, 430.

Kat.Nr.9/23A Anhänger
FO: Raum 10
Mat.: Gold. **Maße:** Dm 17 mm
Beschreibung: Runder Anhänger mit dem Bild eines Phallus.
AO: Mariemont, Musée B 360
Lit.: A.Sogliano, NSc 1901, 430; Kat.Essen 1973, 122 Nr.157; V.Lamy in: Ercolano 1738-1988, 465 Nr.10.

Kat.Nr.9/24 Ring mit Gemme
FO: Raum 10
Mat.: Gold; Granat. **Maße:** -
Beschreibung: Goldring mit Granatgemme, die einen Amor mit Amphore über der r. Schulter und einem Hasen in der anderen Hand zeigt.
AO: Unbekannt
Lit.: A.Sogliano, NSc 1901, 430.

Kat.Nr.9/25 Ring mit Gemme
FO: Raum 10

Mat.: Gold; Granat. **Maße:** -
Beschreibung: Goldring mit Smaragdgemme, die einen n.l. laufenden Löwen zeigt.
AO: Unbekannt
Lit.: A.Sogliano, NSc 1901, 430.

Kat.Nr.9/26 Armbänder
FO: Raum 5
Mat.: Gold. **Maße:** -
Beschreibung: *Braccialetti a getto, aventi nel castone un lapislazzulo, con una figurina muliebre incisa che con l'una mano solleva un lembo del chitone, e con l'altra tiene un fiore.*
AO: Unbekannt
Lit.: A.Sogliano, NSc 1901, 430.

Kat.Nr.9/27 Kette
FO: Raum 5
Mat.: Gold. **Maße:** -
Beschreibung: Eine Kette *a getto di 22 maglie, con gancetto, nel centro un mezzaluna e un pendaglietto rappresentante un Amorino appoggiato ad un tronco d'albero, cui si attortiglia un serpente.*
AO: Unbekannt
Lit.: A.Sogliano, NSc 1901, 430.

Kat.Nr.9/27A Kette
FO: Raum 5
Mat.: Gold. **Maße:** L 330 mm
Beschreibung: *Una piccola collana a getto di 34 maglie, con pendaglietto in forma di anellino* = Kette aus achtförmigen Gliedern mit einem kleinen Amor als Anhänger: die Identifizierung von V.Lamy muß daher unsicher bleiben.
AO: Mariemont, Musée Inv.B. 358
Lit.: A.Sogliano, NSc 1901, 430; Kat.Essen 1973, 122 Nr.153; V.Lamy in: Ercolano 1738-1988, 463f. Nr.7.

Kat.Nr.9/28 Ring mit Gemme
FO: Raum 5
Mat.: Gold; Lapislazuli
Maße: -
Beschreibung: Goldring mit Lappislazuligemme, die einen Vogel zeigt.
AO: Unbekannt
Lit.: A.Sogliano, NSc 1901, 430.

Kat.Nr.9/29 Ring mit Gemme
FO: Raum 5
Mat.: Gold; Rubin (?). **Maße:** -
Beschreibung: Goldring mit einer Gemme aus Rubin (?), die eine Fliege zeigt.
AO: Unbekannt
Lit.: A.Sogliano, NSc 1901, 430.

Kat.Nr.9/30 Ring mit Gemme
FO: Raum a (östlich der Räume 5 und 6)
Mat.: Gold; Karneol. **Maße:** -
Beschreibung: Goldring mit einer Karneolgemme, die zwei sich umarmende Figuren zeigt.
AO: Unbekannt
Lit.: A.Sogliano, NSc 1901, 431.

Kat.Nr.9/31 Minervabüste
FO: Raum a (östl. von 5 und 6)
Mat.: Bronze. **Maße:** H 195 mm
Beschreibung: Kleine Minervabüste auf Sockel.
AO: Ehemals Privatsammlung
Lit.: A.Sogliano, NSc 1901, 431; Hotel Drouot, Catalogue des objets antiques, Collections de Dr.B. et de M.C., 19.- 21.5.1910 (Paris 1910) 13 Nr.114.

Kat.Nr.9/31A Kette
FO: Raum a (östlich der Räume 5 und 6)
Mat.: Gold. **Maße:** L 350 mm
Beschreibung: Kette aus achtförmigen Gliedern mit einem Ring als Anhänger: die Identifizierung von V.Lamy muß daher unsicher bleiben.
AO: Mariemont, Musée Inv.B 335
Lit.: A.Sogliano, NSc 1901, 431; Kat.Essen 1973, 122 Nr.152; V.Lamy in: Ercolano 1738-1988, 464. Nr.8.

Kat.Nr.9/32 Ring mit Gemme
FO: Raum a (östlich der Räume 5 und 6)
Mat.: Gold; grüner Stein
Maße: -
Beschreibung: Goldring mit einer Gemme aus einem grünen, nicht bestimmten Stein, die eine weibliche Figur zeigt.
AO: Unbekannt
Lit.: A.Sogliano, NSc 1901, 431.

Kat.Nr.9/33 Ring mit Gemme
FO: Raum a (östlich der Räume 5 und 6)
Mat.: Gold; Achat. **Maße:** -
Beschreibung: Goldring mit einer Achatgemme, die einen Hahnenkampf zeigt.
AO: Unbekannt
Lit.: A.Sogliano, NSc 1901, 431.

Kat.Nr.9/34 Zwei Ringe mit Gemmen
FO: Raum a (östlich der Räume 5 und 6)
Mat.: Gold; Lapislazuli. **Maße:** -
Beschreibung: Zwei Goldringe mit Lapislazuligemmen, die a. ein männlichen Kopf n.r. und b. einen weiblichen Kopf n.r. zeigen.
AO: Unbekannt
Lit.: A.Sogliano, NSc 1901, 431.

Kat.Nr.9/35 Ring mit Gemme
FO: Raum a (östlich der Räume 5 und 6)
Mat.: Gold; Karneol. **Maße:** -
Beschreibung: Goldring mit einer Karneolgemme, die einen Papagei, hinter dem ein Schmetterling fliegt, zeigt.
AO: Unbekannt
Lit.: A.Sogliano, NSc 1901, 431.

Kat.Nr.9/35A Kette
FO: Raum a (östlich der Räume

5 und 6)
Mat.: Gold; Smaragd
Maße: 335 mm
Beschreibung: Kette aus Goldscheiben und Smaragden.
AO: Mariemont, Musée Inv.B. 359
Lit.: A.Sogliano, NSc 1901, 431; Kat.Essen 1973, 122 Nr.156; V.Lamy in: Ercolano 1738-1988, 464. Nr.9.

Kat.Nr.9/36 Ring mit Gemme
FO: Raum a (östlich der Räume 5 und 6)
Mat.: Gold; Onyx. **Maße:** -
Beschreibung: Goldring mit einer Onyxgemme, die ein weidendes Pferd zeigt.
AO: Unbekannt
Lit.: A.Sogliano, NSc 1901, 431.

Kat.Nr.9/37 Ring mit Gemme
FO: Raum 15
Mat.: Gold; Smaragd. **Maße:** -
Beschreibung: Goldring mit einer Smaragdgemme, die ein weidendes Pferd zeigt.
AO: Unbekannt
Lit.: A.Sogliano, NSc 1901, 435.

Kat.Nr.9/38 Ring mit Gemme
FO: Raum 12
Mat.: Gold; Amethyst. **Maße:** -
Beschreibung: Goldring mit einer Amethystgemme, die einen bärtigen Kopf n.r. zeigt.
AO: Unbekannt
Lit.: A.Sogliano, NSc 1901, 435.

Kat.Nr.9/39 Ring mit Gemme
FO: Kanal zur Grundwasserregulierung, zusammen mit zwei Skeletten, einer Gold-, acht Silber- und acht Bronzemünzen.
Mat.: Gold; Granat. **Maße:** -
Beschreibung: Goldring mit einer Granatgemme, die eine weibliche Figur zeigt.
AO: Unbekannt
Lit.: A.Sogliano, NSc 1901, 436.

Kat.Nr.9/40 Merkur
FO: Unbekannt, gefunden am 20.9.1899
Mat.: Bronze. **Maße:** H 140 mm
Beschreibung: Merkurstatuette mit geflügeltem Pilos, Chlamys über l. Schulter und Geldbeutel in der R.
AO: Unbekannt
Lit.: A.Sogliano, NSc 1901, 436.

Kat.Nr.9/41 Terra sigillata
FO: Die Lokalisierung ist unsicher, da in der Grabung insgesamt vier Gefäße gefunden wurden: in Raum 4 (2); in Raum a, östlich der Räume 5 und 6 und in Raum 15. **Mat.:** Ton
Maße: a. H 85 mm; Dm 199 mm. H 95 mm; Dm 215 mm
Beschreibung: Zwei Terra sigillata-Reliefschüsseln der Form Dragendorff 29. a.: Reliefverzierung in zwei Registern, oben Rankenfries, unten vier Medaillons mit Armor, dazwischen figürliche und geometrische Füllmotive. Innen auf dem Boden Töpferstempel: VITALIS (La Graufesenque).
b.: Reliefverzierung in zwei Registern, oben je zwei Lotusblüten mit Rosetten alternierend, unten Halbkreis mit Zweig darin mit Kreuzmotiven alternierend. Innen auf dem Boden Töpferstempel: OF(.)VRII, möglicherweise Saurius (Winkes).
AO: Chicago, Field Museum Acc.no.24669. 24670.
Lit.: De Cou, Boscoreale 203ff. Taf.156-161; Winkes, Paintings 10 Abb.8-11.

Kat.Nr.9/42 Hermaphrodit
FO: Raum B, vor der Ostwand
Mat.: Griechischer Inselmarmor
Maße: H 785 mm
Beschreibung: Der Hermaphrodit trägt eine Art Kopftuch und einen Mantel über der rechten Schulter. Im linken Arm hält er in den Mantel gelegt ein kleines Kind. Ein Teil des Kopfes des Hermaphroditen und der obere Teil des Kindes waren stuckiert und gingen verloren.
AO: Boston, Museum of Fine Arts Acc.no.1981.754
Lit.: R.Paribeni, NSc 1902, 576f. Abb.4; Winkes, Paintings 14; Neudecker 179 Nr.33.7; C.C.Vermeule - M.V.Comstock, Sculpture in Stone and Bronze in the Museum of Fine Arts, Boston. Additions to the Collection of Greek, Etruscan, and Roman Art 1971 - 1988 (1988) 40f. Nr.29.

Kat.Nr.9/43 Wanddekoration
FO: Peristyl D
Beschreibung: Gelbgrundige Wanddekoration des 4. Stils, die in regelmäßigen Abständen durch Aediculen untergliedert wird.
Lit.: R.Paribeni, NSc 1902, 570 Abb.2; D.L.Caskey, Pompeian Frescoes, BMus FA 38, 1938, 13ff. Abb.3. 4; Kat. Boston II 1978, 150ff. Nr.87; Winkes, Paintings 14ff.; Rekonstruktion: Kat.Boston II 1978 a.O.; Winkes, Paintings 16 Abb.14.
9/43a Ausschnitt
Maße: H 2,01 m; B 1,445 m
Beschreibung: Aedicula
AO: Boston, Museum of Fine Arts Acc.no.33.497
Lit.: Kat.Boston 1978 II, 151. 153 Nr.87.
9/43b Ausschnitt
Maße: H 190,7 m; B 146,5 m
Beschreibung: Aedicula
AO: Boston, Museum of Fine Arts Acc.no.33.496
Lit.: Kat.Boston 1978 II, 151. 153 Nr.87.
9/43c Ausschnitt
Maße: H 205,2; B 136,5 cm
Beschreibung: Aedicula
AO: Boston, Museum of Fine Arts Acc.no.33.498
Lit.: Kat.Boston 1978 II, 151f.

Nr.87; L.D.Caskey, BMusFA 37, 1939, 14 Abb.5.

9/43d Ausschnitt
Maße: H 193,8; B 139,3 cm
Beschreibung: Aedicula
AO: Boston, Museum of Fine Arts Acc.no.33.500
Lit.: Kat.Boston 1978 II, 152f. Nr.87; L.D.Caskey, BMusFA 37, 1939, 14 Abb.6.

9/43e Ausschnitt
Maße: H 210 cm; B 139 cm
Beschreibung: Aedicula
AO: Chicago, Field Museum Acc.No.24671
Lit.: De Cou, Boscoreale 174ff. Taf.128; Winkes, Paintings 14 Abb.13.

9/43f Ausschnitt
Maße: H 33 cm; B 43,8 cm
Beschreibung: Ausschnitt aus der Oberzone zwischen den Aediculen
AO: Providence, Museum of Art Acc.no.38.058.11
Lit.: Winkes, Paintings 44 Nr.12.

9/43g Ausschnitt
Maße: H 26,4 cm; 48,3 cm
Beschreibung: Wie 9/43f
AO: Providence, Museum of Art Acc.no.38.058.12
Lit.: Winkes, Paintings 44 Nr.13.

9/43h Ausschnitt
Maße: H 137 cm; B 75,2 cm
Beschreibung: Wie 9/43f
AO: Boston, Museum of Fine Arts Acc.no.33.506
Lit.: Kat.Boston 1978 II, 151. 153 Nr.87.

9/43i Ausschnitt
Maße: H 135 cm; B 97,8 cm
Beschreibung: Wie 9/43f
AO: Boston, Museum of Fine Arts Acc.no.33.501
Lit.: Kat.Boston 1978 II, 151f. Nr.87; L.D.Caskey, BMusFA 37, 1939, 14f. Abb.7.

Kat.Nr.9/44 Hercules
FO: Peristyl, siehe Abb.13 („D")
Mat.: Bronze
Maße: H mit Basis 900 mm
Beschreibung: Hercules sitzt auf einem Felsen. Seine L. faßt das Ende der auf den Felsen aufgesetzten Keule, die in Blickrichtung vorgestreckte R. hält einen Skyphos.
AO: Neapel, Museo Nazionale inv.136683
Lit.: R.Paribeni, NSc 1902, 572ff. Abb.3; Winkes, Paintings 14 Abb.12; Jashemski, Gardens I 320 Farbtafel Abb.496; Neudekker 179 Nr.33.1 Taf.3,4; Collezioni Napoli 1989, 146 Nr.253.

Kat.Nr.9/45 Vier Hermen
FO: In den Ecken des Peristyls
Mat.: Attischer Marmor.
Maße: H a-d. 890 mm
Beschreibung: Vier Doppelhermen:
a. Bachus/Mänade
b. Jugendlicher Bacchus/ Kind
c. Silen/Mänade
d. Mercur/bärtiger Bacchus
(Beschreibung nach Vermeule - Comstock)
AO: Boston, Museum of Fine Arts Acc.no.1980.202 - 205
Lit.: R.Paribeni, NSc 1902, 572; Winkes, Paintings 14; Neudecker 179 Nr.33.2-5; Vermeule - Comstock a.O. (Kat.Nr.9/42) 48f. Nr.41.

Kat.Nr.9/46 Brunnen
FO: In der Mitte des Peristyls
Mat.: Attischer Marmor.
Maße: H 1067 mm
Beschreibung: Ein rundes Brunnenbecken wird von einem knienden Satyr über dem Kopf gehalten.
AO: Boston, Museum of Fine Arts Acc.no.1980.206
Lit.: R.Paribeni, NSc 1902, 575; Winkes, Paintings 14; Neudecker 179 Nr.33.6; Vermeule - Comstock a.O. (Kat.Nr.9/42) 48f. Nr. 41.

Kat.Nr.9/47 Tisch
FO: Östliche Porticus
Mat.: Attischer Marmor
Maße: H 711 mm
Beschreibung: Rechteckige Tischplatte (von einem anderen Tisch ? - Vermeule - Comstock), die auf zwei Stüzen ruht, die auf jeder Seite als Greifen gebildet sind.
AO: Boston, Museum of Fine Arts Acc.no.1980.201
Lit.: R.Paribeni, NSc 1902, 575f.; Winkes, Paintings 14; Vermeule - Constock a.O. (Kat.Nr. 9/42) 48f. Nr.41.

Kat.Nr.9/48 Lychnouchos
FO: Die Lokalisierung des betreffenden Raumes ist unklar, s. Kap.2.3.1.
Mat.: Bronze
Maße: H ohne Basis 514 mm; H max. 589 mm
Beschreibung: Statue eines eilenden Amors, der in der vorgestreckten L. eine Fackel hält.
AO: New York, Metropolitan Museum; ehemals Sammlung J.Pierpont Morgan
Lit.: R.Paribeni, NSc 1902, 577f. Abb.4; G.M.A.Richter, Greek, Etruscan and Roman Bronzes (1915) 85f. Nr.131 mit Abb; Winkes, Paintings 14; Neudecker 180 Nr.33.8.

Kat.Nr.10 „Villa des P.Fannius Synistor"

ORT: Boscoreale, in via Grotta (Kockel-Nr.16; CB Nr.5)
AUSGRÄBER: Vincenzo de Prisco. **BESITZER:** Francesco Vona
AUSGRABUNGSZEITRAUM: 17.7.1899 - 15.11.1900
GRABUNGSBERICHTE: F.Barnabei, La villa pompeiana di P.Fannio Sinistore (1901) - Kommissionsbericht.
ARCHIVMATERIALIEN: Arch.Pomp. IV/1: *giornali dello scavo* vom 17.7.1899 bis 6.4.1900, vom 7.5.1900 bis 7.10.1900, vom 18.2.1901 bis 24.2.1901 und vom 2.12.1901 bis 8.12.1901 sowie Briefverkehr. Arch.Pomp. IV/4: Liste der Funde vom 17.7.1899 bis zum 15.11. 1900.
LITERATUR: R.C.Carrington, JRS 21, 1931, 112. 119. 127. 129 Nr.16; J.Day, YaleClSt 3, 1932, 177. 184. 187 Taf. B.C Nr.16; G.Lugli, La tecnica edilizia romana (1957) 426 Liste VII; EAA II (1959) s.v. Boscoreale 141ff.; Rossiter, Farm Buildings 33. 59f. Nr.5 Abb.7b; D'Arms in: Pompei 79, 77 Abb.33; Casale-Bianco 30f. Nr.5 Abb.4 (oben); Jashemski, Gardens I 319, II 285 Nr.584 Plan 124; A.Allroggen-Bedel in: Regione sotterrata 523; Rossiter, Pompeii 176ff.; De Vos, Pompei 255f. mit Abb; Jongman, Economy 118.
Zur Wandmalerei (Auswahl): Beyen 89ff.; A.Sambon, Les fresques de Boscoreale (1903); Ph.W.Lehmann, Roman Wall Paintings from Boscoreale in the Metropolitan Museum of Art (1953); B.Andreae in: NFP 71ff.; K.Fittschen in: NFP 93ff.; M.L.Anderson, Metropolitan Museum of Art Bulletin, Winter 1987/88, 3ff.; V.J.Bruno, The Mariemont Fragments from Boscoreale in Color, in: Functional and Spatial Analysis of Wall Painting, Proceedings of the Fifth International Congres of Ancient Wall Painting, Amsterdam 1992 (1993) 223ff. Taf.5-8. **Zu den Inschriften:** Della Corte, Case[3] 429ff.; Jongman, Economy 129.
BESCHREIBUNG DER RÄUME: Neben der insbesondere für die Wanddekorationen maßgeblichen Publikation von Barnabei werden auch die *giornali dello scavo* zitiert. Die in besonderem Maße interessanten *giornali* sind mit * gekennzeichnet und werden im Anhang 5.2. wiedergegeben.
Porticus B (Barnabei 11. 14f.): Weißer Mosaikboden, schwarz eingerahmt.- Wanddekoration: schlecht erhalten. Auf der dritten Säule von Osten Inschrift. An der Westwand leeres Lararium.- Funde: auf dem Boden lag das Skelett eines Mannes.
Fauces C (Barnabei 21ff.): Bunter Mosaikboden mit geometrischem Muster.- Wanddekoration (Kat.Nr.10/1).
Raum D (Barnabei 36ff.; Arch.Pomp. IV/1: *giornali* vom 10.-12.7. und vom 1.8.1900): Weißer Mosaikboden, durch doppeltes schwarzes Band eingefaßt.- Wanddekoration (Kat.Nr.10/2).- Funde: eine Waage mit Merkurbüste (Kat.Nr.10/3) und eine Bronzekanne (Kat.Nr.10/4). In der Füllschicht: Bronzelampe (Kat.Nr.10/4A).
Peristyl E (Barnabei 23ff.; Arch.Pomp. IV/1: *giornali* vom 13. und 14.10.1899, vom 16.1., vom 5., 6. und 14.7., vom 21. und 25.8. und vom 18.9.1900): Boden: Opus signinum.- Wanddekoration (Kat.Nr.10/5).- Funde: in der westlichen Porticus waren ca. 300 Dachziegel an der Wand aufgestellt, die zur Erneuerung des Daches der Porticus dienen sollten. Neben der Nordostsäule steht ein Marmorbecken (16.1.1900). In der Südwestecke wurde in der Füllschicht eine Sonnenuhr (Kat.Nr.10/6) gefunden.
Raum F (Barnabei 66ff.): Wanddekoration (Kat.Nr.10/7).
Saal G (Barnabei 63ff.; Arch.Pomp. IV/1: *giornali* vom 1., 2. und 5.3., 2. und 4.4.1900): Mosaikboden.- Wanddekoration (Kat.Nr.10/8).
Saal H (Barnabei 47ff.; Arch.Pomp. IV/1: *giornali* vom 23.1., 1., 2., 7., 15. und 20.2.1900): Boden: Wanddekoration (Kat.Nr.10/9).- Funde: neun Bronzescharniere von der Tür.
Raum I (Barnabei 61f.; Arch.Pomp. IV/1: *giornale* vom 26.5.1900): Weißer Mosaikboden, durch schwarzes Band eingefaßt.- Wanddekoration (Kat.Nr.10/10).
Raum L (Barnabei 39ff.; Arch.Pomp. IV/1: *giornale vom 21.5. 1900)**: Weißer Mosaikboden, durch doppeltes schwarzes Band eingefaßt.- Wanddekoration (Kat.Nr.10/11).
Raum M (Barnabei 72ff.; Arch.Pomp. IV/1: *giornale vom 22.5. 1900)**: Weißer Mosaikboden, durch doppeltes schwarzes Band eingefaßt.- Wanddekoration (Kat.Nr.10/12).- Funde: ein fragmentiertes Eisengitter vom Fenster.

Saal N (Barnabei 69f.; Arch.Pomp. IV/1: *giornale vom 23.5.1900)**: Weißer Mosaikboden, durch doppeltes schwarzes Band eingefaßt.- Wanddekoration (Kat.Nr.10/13).- Funde: zahlreiche Beschlagteile von Wagen aus Bronze und Eisen sowie acht Eisenreifen von Rädern.
Raum O (Barnabei 71f.; Arch.Pomp. IV/1: *giornale vom 25.5.1900)**: Wanddekoration (Kat.Nr. 10/14): Keine Funde.
Raum 2 (Barnabei 16): Eine Öffnung zum Peristyl war zugemauert worden.- Keine Funde.
Gang 4 (Barnabei 16; Arch.Pomp. IV/1: *giornale vom 29.9.1899)**: Funde: zwei Bronzegefäße (Kat.Nr.10/15.16).
Raum 7 (Arch.Pomp. IV/1: *giornali* vom 4. - 7.9.1899; vgl. Barnabei 16): In der Südwand befindet sich eine Larariumsnische.- Funde: eine Münze und eine Fibel aus Bronze, ein Glasfläschchen, eine Amphore, ein weiteres Gefäß sowie eine Lampe aus Ton, mehrere Eisengeräte und fünf kleine Bleistücke.- Barnabei 16 gibt als Inventar der Räume 5-7 einige Amphoren und weitere Gefäße aus Ton und Glas, mehrere Eisengeräte und *altri oggetti comuni di suppellettile domestica* an.
Raum 8 (Arch.Pomp. IV/1: *giornali* vom 21. - 24. 8.1899): Mosaikboden.- Funde in der Füllschicht: zwei Bronzescharniere von der Tür. Funde auf dem Boden: ein Bronzering mit Schlangenköpfen (Dm 25 mm) und eine Fibel. **(Arch.Pomp. IV/1: *giornale* vom 22.9.1899; vgl. Barnabei 16):** Funde: ein Bronzekandelaber (Kat.Nr.10/17), eine Kasserolle (Kat.Nr.10/18), ein kleiner Löffel aus Bein, ein weiterer und eine Strigilis aus Bronze und ein Tongefäß.
Raum 9 (Arch.Pomp. IV/1: *giornali* vom 18. - 22.9.1899; vgl. Barnabei 16): Funde: ein Goldring mit Gemme (Kat.Nr.10/19), vier Münzen aus Silber und 81 aus Bronze sowie ein Bronzering von einer Tür, drei Glasgefäße, fünf Tongefäße und zwei Amphoren.
Raum 10 (Arch.Pomp. IV/1: *giornale* vom 24.8.1899): Mosaikboden.- Funde: ein einfacher Bronzedreifuß (H 62 cm), eine flache Schale (Dm 42 cm, H 9 cm), ein Trichter (H 25 cm, Dm 19 cm), eine *caldaia di forma conica* (H 38 cm; Dm 29 cm), ein Behältnis (H 15 cm, Dm 2 cm) mit zwei Bronzespateln, ein Glasgefäß, eine Tonlampe und vier Tongefäße.
Latrine 11 (Barnabei 17): Keine Funde.
Gang 12 (Barnabei 12. 18): Der Gang besitzt eine Treppe zu einem Untergeschoß. Dort wurde das Skelett eines Pferdes gefunden.
Räume 13 und 14 (Barnabei 18): Wände: ein Ofen und eine Kochstelle.- Funde: eine Mühle, mehrere Bronzekessel, Eisendreifüße, Gefäße, Amphoren und Lampen aus Ton.- Beide Räume lassen sich in den *giornali* (Arch.Pomp. IV/1) nicht sicher identifizieren. Möglicherweise sind sie identisch mit mehreren Rauminventaren, für die den *giornali* nur eine ungefähre Lokalisierung innerhalb des südöstlichen Gebäudeteils zu entnehmen ist. **Inventar vom 14.8. 1899:** Eine *caldaia di forma conica a larga bocca col fondo concavo* (H 270 mm; Dm Mündung 390 mm), - schlecht erhalten. **Inventar vom 26.10.1899 (Raum in der Südostecke der Grabung):** eine Bronzepfanne *(padella)*, ein Scharnier und ein Griff aus Bronze, sechs einfache Tonlampen und eine Bildlampe (Sphinx ?), acht schwarze Schüsseln und vier weitere Tongefäße. **Inventar vom 2.11.1899 (zwei Räume in der Südostecke des Gebäudes):** Acht Amphoren, eine Bildlampe (Hahn), drei Tongefäße, eine Scherbe eines großen Terra sigillata-Tellers, ein Bronzegefäß *(vaso cilindrico, schiacciato)* und mehrere Eisengeräte.
Peristyl 15 (Barnabei 17): Weißer Mosaikboden, der schwarz-weiße Rahmen zeigt eine Stadtmauer (Kat.Nr.10/20).
Caldarium 18 und 19 (Barnabei 17): Boden: *suspensurae*.- Keine Funde.
Apodyterium 20 (Barnabei 17; Arch.Pomp. IV/1: *giornale* vom 27.3.1900): Mosaikboden.- Gelbe Wanddekoration aus gemalten Vorhängen.- Funde: ein Bronzekandelaber (Kat.Nr.10/25) und zahlreiche Hühnerskelette.
Frigidarium 21 (Barnabei 17; Arch.Pomp. IV/1: *giornale* vom 28.3.1900): Boden: *rustico*.- Wände: gelbgrundig.
Raum 22 (Arch.Pomp. IV/1: *giornale* vom 26.3.1900): Wände: gelbe und rote Felder über schwarzem Sockel.
Raum 23 (Arch.Pomp. IV/1: *giornale* vom 3.4.1900): Schwarzer Mosaikboden.- Wanddekoration bestehend aus schwarzen Feldern.- Die Identifizierung der Angaben im *giornale* ist nicht eindeutig, wegen der Nähe zu Saal (G) aber sehr wahrscheinlich (*giornali* vom 2. bis 4.4.1900).

Torcularium 24 (Barnabei 18f.; Arch.Pomp. IV/1: giornali vom 31.7., 17.8. und vom 12. und 13.9.1900): Funde: das Becken einer Olivenpresse, eine fragmentierte Trichterrandkanne (Kat.Nr.10/21), ein Gefäß mit Bacchus-Statuette als Henkel (Kat.Nr.10/22) und eine weitere Trichterrandkanne (Kat.Nr.10/23) sowie mehrere Eisengeräte.

KATALOG DER FUNDE AUS DER VILLA KAT.NR.10

Kat.Nr.10/1 Wanddekoration des 2. Stils
FO: Fauces C
AO: Paris, Louvre Inv.Nr.P101 (MND 615); Inv.Nr.P102 (MND 616)
Lit.: Barnabei 21ff.; Sambon Nr.1. 2; Beyen 245 Abb.93; V.Tran Tam Tinh, Catalogue du peintures romaines des musée du Louvre (1974) 48f. Nr.24. 25 Abb.28. 29.

Kat.Nr.10/2 Wanddekoration des 2. Stils
FO: Raum D
AO: Paris, Louvre Inv.Nr.P100 (MND 614)
Lit.: Barnabei 36ff.; Sambon Nr.3; Beyen 241ff. Abb.89; V.Tran Tam Tinh, Catalogue du peintures romaines des musée du Louvre (1974) 46f. Nr.23 Abb.25.

Kat.Nr.10/3 Waage
FO: Raum D
Mat.: Bronze. **Maße:** L Balken 307 mm; H Gewicht 115 mm
Beschreibung: Schnellwaage mit einem Laufgewicht in Form einer Merkurbüste.- Die Schale der in Boscoreale gefundenen Waage verzierte ein Reliefbild. Die Schale in Washington trägt dagegen nur Drehrillen und ist daher offenbar nicht zugehörig, s.Kap.2.3.2. Arch.Pomp. IV/4 (Elenco): *No.22 Una bilancia a stadera, con rilievo nel piatto, rappresentante una figurina virile nuda, seduta, che regge con la mano destra piccola maschera comica; il suo romano rappresenta mezzo busto di Mercurio.*
AO: Washington, Dumbarton Oaks Collection Acc.no.40.55; Ehemals Sammlung A.Ruesch
Lit.: Kat.Slg.Ruesch 13 Nr.111 Taf.32; G.M.A.Richter, Catalogue of Greek and Roman Antiquities in the Dumbarton Oaks Collection (1956) 40ff. Taf.16 B.

Kat.Nr.10/4 Kanne
FO: Raum D
Mat.: Bronze. **Maße:** -
Beschreibung: *Misura per i liquidi di forma sferica, con un manico arcato che ha superiormente un dito ripiegato verso la parte interna del vaso e nella parte inferiore una foglia di vite* (Arch.Pomp. IV/1: *giornale* vom 11.7.1900).
AO: Unbekannt
Lit.: Unpubliziert

Kat.Nr.10/4A Lampe
FO: Raum D, in der Füllschicht
Mat.: Bronze.
Maße: H 160; L 260 mm
Beschreibung: Große Bronzelampe mit Fledermaus am Henkel (Arch.Pomp. IV/1: *giornale* vom 12.7.1900).
AO: Ehemals Slg. A.Ruesch
Lit.: Kat.Slg.Ruesch 17 Nr.149 Taf.35. 46.

Kat.Nr.10/5 Wanddekoration
FO: Peristyl E
Lit.: Barnabei 21ff.; Lehmann 208ff. Nr.15-17 Taf.27-29.
Südwand, östl. des Eingang
10/5a Säule
AO: New York, Metropolitan Museum Acc.no.03.14.1
Lit.: Barnabei 24f. Abb.5; Sambon 8 Nr.7 mit Abb. Taf.5; Lehmann 208f. Nr.15 Taf.37.
Südwand, zwei Interkolumnien westl. des Eingangs
10/5b Sonnenuhr
AO: New York, Metropolitan Museum Acc.no.03.14.2
Lit.: Barnabei 26f.; Sambon 10 Nr.12 mit Abb.; Lehmann 209f. Nr.16 Taf.38.
Westwand
10/5c Säule und Girlande
AO: Neapel, Museo Nazionale inv. s.n.
Lit.: Barnabei 32 Abb.7; Beyen 209; Collezioni Napoli 1986, 126 Nr.28.
Nordwand, westlich des Eingangs zu Saal H
10/5d Flügeldämon
Maße: H 1,26 m
AO: Paris, Louvre MND 613
Lit.: Barnabei 29f. Abb.6; Sambon 9 Nr.10; B.Andreae in: NFP Abb.60; V.Tran Tam Tinh, Catalogue du peintures romaines des musée du Louvre (1974) 45f. Nr.22 Abb.24.
Nordwand, östl. des Eingangs zu Saal H
10/5e Flügeldämon
AO: Amsterdam, Allard Pierson Museum. Inv.Nr. s.n.
Lit.: Barnabei 29f.; Sambon 9 Nr.11; B.Andreae in: NFP Abb.61.
Nordwand, zwischen den Eingängen der Räume N und O
10/5f Krater
AO: New York, Metropolitan Museum Acc.no.03.14.3
Lit.: Barnabei 28f.; Sambon 9

Nr.8 mit Abb.; Lehmann 210f. Nr.17.
10/5g-i Girlanden
AO: Unbekannt
Lit.: Sambon 7f. Nr.4-6.
10/5j Kranz
AO: Unbekannt
Lit.: Sambon 9 Nr.9.
10/5k Tisch mit Kampfpreisen
AO: Neapel, Museo Nazionale inv. s.n.
Lit.: Beyen 210 mit Anm.3; Collezioni Napoli 1986, 128 Nr.29.
10/5l Situla
AO: Neapel, Museo Nazionale inv.n.9965
Lit.: Lehmann 11 Abb.9; Collezioni Napoli 1986, 128 Nr.30.

Kat.Nr.10/6 Sonnenuhr
FO: Peristyl E, Südwestecke, in der Füllschicht
Mat.: Marmor. **Maße:** H 400 mm; B 350 mm; T 220 mm
Beschreibung: Eine rechteckige Sonnenuhr mit viertelkreisförmigen Ausschnitt. s. Kap.2.3.2.
AO: Ehemals Slg. Ruesch
Lit.: Kat.Slg.Ruesch 25 Nr.220

Kat.Nr.10/7 Wanddekoration des 2. Stils
FO: Raum F (Bei Sambon ist auf dem Plan fälschlich Raum 23 für die Nr.33-35 angegeben)
Lit.: Barnabei 66ff.; Sambon 19f. Nr.33-35 mit Abb.; Lehmann 211ff. Nr.18-20 Taf.40-42.
10/7a
Maße: H 1,54 m, B 0,94 m
Beschreibung:
AO: New York, Metropolitan Museum Acc.no.03.14.10
Lit.: Barnabei 66ff.; Sambon 19 Nr.33 mit Abb.; Lehmann 211 Nr.18 Taf.40.
10/7b
Maße: H 1,78 m, B 0,84 m
Beschreibung:
AO: New York, Metropolitan Museum Acc.no.03.14.11
Lit.: Barnabei 66ff.; Sambon 20 Nr.35 mit Abb.; Lehmann 212 Nr.19 Taf.41.
10/7c
Maße: H 1,94 m; B 1,137 m
Beschreibung:
AO: New York, Metropolitan Museum Acc.no.03.14.12
Lit.: Barnabei 66ff.; Sambon 19f. Nr.34 mit Abb.; Lehmann 212f. Nr.20 Taf.42.

Kat.Nr.10/8 Wanddekoration des 2. Stils
FO: Saal G
Lit.: Barnabei 63ff.; Beyen 91ff.
10/8a Westwand
AO: Neapel, Museo Nazionale inv. s.n.
Lit.: Barnabei 64f. Abb.13; Beyen 91ff.; Collezioni Napoli 126 Nr.27.
10/8b Südwand
AO: Mariemont, Musée R 56
Lit.: Sambon Nr.29-31; Beyen 91ff.; Les antiquités egyptiennes, greques, etrusques, romaines et gallo-romaines du Musée de Mariemont (1952) 148 Nr.56.
10/8c Fragment der Nordwand
AO: Unbekannt
Lit.: Sambon Nr.32; L.Curtius, Die Wandmalerei Pompejis (1929) 83 Abb.57; Beyen 92 Anm.1.

Kat.Nr.10/9 Wanddekoration des 2. Stils
FO: Saal H
Lit.: Barnabei 45ff.; Lehmann 23ff. 181ff. Nr.1-6 Taf.1-9A. Zur Rekonstruktion: B.Andreae in: NFP 71ff. Zur Deutung: K.Fittschen in: NFP 93ff.
Südwand
10/9a Säule
AO: New York, Metropolitan Museum Acc.no.03.26.4
Lit.: Sambon 15f. Nr.22; Lehmann 189 Nr.6 Taf.9A; Andreae Abb.66.
Westwand
10/9b Seher, Makedonia und Persia
AO: Neapel, Museo Nazionale inv. s.n.
Lit.: B.Andreae in: NFP Abb.70. 71.
Nordwand
10/9c Gemalter Schrein
AO: New York, Metropolitan Museum Acc.no.03.14.8
Lit.: Sambon 16 Nr.25; Lehmann 187 Nr.4 Taf.8B; B.Andreae in: NFP Abb.64.
10/9d Venus
AO: Neapel, Museo Nazionale inv. s.n.
Lit.: B.Andreae in: NFP Abb.63.
10/9e Fragment des oberen Teiles der Wand
AO: Neapel, Museo Nazionale inv. s.n.
Lit.: B.Andreae in: NFP Abb.62.
10/9f Gemalter Schrein
AO: New York, Metropolitan Museum Acc.no.03.14.9
Lit.: Sambon 16 Nr.24; Lehmann 188f. Nr.5 Taf.8A; B.Andreae in: NFP Abb.65.
Ostwand (von N nach S)
10/9g Kitharaspielerin
AO: New York, Metropolitan Museum Acc.no.03.14.5
Lit.: Sambon 13f. Nr.19; Lehmann 182f. Nr.1 Taf.1-3; B.Andreae in: NFP Abb.67.
10/9h Thronender Mann und sitzende Frau
AO: New York, Metropolitan Museum Acc.no.03.14.6
Lit.: Sambon 14 Nr.20; Lehmann 183ff. Nr.2 Taf.4.5; B.Andreae in: NFP Abb.68.
10/9i Schildträgerin
AO: New York, Metropolitan Museum Acc.no.03.14.7
Lit.: Sambon 15 Nr.21; Lehmann 185ff. Nr.3 Taf.6.7; B.Andreae in: NFP Abb.69.
10/9j Maske
Maße: H 0,57 m; B 0,43 m
AO: Unbekannt
Lit.: Sambon 16 Nr.23.

Kat.Nr.10/10 Wanddekoration
FO: Raum I
Beschreibung: Wanddekoration des 2. Stils aus kleinen, marmorimitierenden Feldern.
Lit.: Barnabei 61f.; Beyen 244f.
10/10a Westwand
AO: Brüssel, Musée du Cinquantenaire
Lit.: Sambon 17 Nr.26; Beyen 244 Abb.91; Lehmann 77 Abb. 46.
10/10b.c Zwei Fragmente
AO: Mariemont, Musée
Lit.: Sambon 17 Nr.27. 28; Beyen 245 Abb.92a.b; Les antiquités egyptiennes, greques, etrusques, romaines et gallo-romaines du Musée de Mariemont (1952) 149 Nr. R.57. 58 Taf.54; Lehmann 77 Abb.47. 48.

Kat.Nr.10/11 Wanddekoration des 2. Stils
FO: Raum L
Lit.: Barnabei 39ff. Abb.8-10; Sambon 11 Nr.15-18 Taf.VI; Lehmann 207f. Nr.14 Taf.34-36.
10/11a Westwand: südl. Teil
Maße: H 1,94 m; B 2,72 m
AO: Mariemont, Musée R.61
Lit.: Barnabei 44ff. Abb.8. 9; Sambon 11 Nr.16; Les antiquités egyptiennes, greques, etrusques, romaines et gallo-romaines du Musée de Mariemont (1952) 149 Nr.R.61. 58 Taf.54
10/11b Westwand: Mitte und nördlicher Teil
Maße: H 1,96 m; B 2,72 m
AO: New York, Metropolitan Museum. Inv.Nr.03.14.4
Lit.: Barnabei 44ff. Abb.10; Sambon 11 Nr.15; Lehmann 207f. Nr.14 Taf.34-36.
10/11c.d Zwei Fragmente der Ostwand
Maße: c. H 1,85 m; B 1,10 m; d. H 1,80 m; B 1,20 m
AO: Amiens, Musée
Lit.: Barnabei 42f.; Sambon 11 Nr.17. 18; V.Tran Tam Tinh, Catalogue du peintures romaines des musée du Louvre (1974) 48 Anm.1 Abb.26. 27.

Kat.Nr.10/12 Wanddekoration des 2. Stils
FO: Cubiculum M
Maße: H 2,44 m
Lit.: Sambon 21ff. Nr.39-46; Lehmann 82ff. 190ff. Nr.7-13 Taf.9B-33; Kat.New York 1990, 97f. Abb. S.95.
10/12a Südwand: Fragment
AO: New York, Metropolitan Museum Acc.no.03.14.13A
Lit.: Sambon 22 Nr.39; Lehmann 192f. Nr.7 Taf.9B.
10/12b Südwand: Fragment
AO: New York, Metropolitan Museum Acc.no.03.14.13G
Lit.: Sambon 22 Nr.40; Lehmann 193 Nr.8 Taf.9c.
10/12c Westwand: Triptychon
AO: New York, Metropolitan Museum Acc.no.03.14.13F
Lit.: Sambon 22 Nr.41; Lehmann 193ff. Nr.9 Taf.11-14. 26A. 27A. 28A. 29A. 31A. 31B. 32A.
10/12d Westwand: Alkoven
AO: New York, Metropolitan Museum Acc.no.03.14.13E
Lit.: Sambon 23f. Nr.43-45; Lehmann 203ff. Nr.12 Taf.18. 33A.
10/12e Nordwand: Alkoven
AO: New York, Metropolitan Museum Acc.no.03.14.13D
Lit.: Sambon 24f. Nr.46; Lehmann 204ff. Nr.13 Taf.20-25.
10/12f Ostwand: Alkoven
AO: New York, Metropolitan Museum Acc.no.03.14.13C
Lit.: Sambon 23f. Nr.43-45; Lehmann 291ff. Nr.11 Taf.19. 33B.
10/12g Ostwand: Triptychon
AO: New York, Metropolitan Museum Acc.no.03.14.13B
Lit.: Sambon 23. Nr.42; Lehmann 199ff. Nr.10 Taf.15-17. 26B. 27B. 28B. 29B. 30. 31C. 32B.

Kat.Nr.10/13 Wanddekoration des 2. Stils: zwei Fragmente
FO: Triclinium N
AO: Mariemont, Musée
Lit.: Barnabei 69ff.; Beyen 223ff.; Sambon 20 Nr.36. 37; Les antiquités egyptiennes, greques, etrusques, romaines et gallo-romaines du Musée de Mariemont (1952) 149 Nr.R.59. 60. Taf.54

Kat.Nr.10/14 Wanddekoration des 2. Stils
FO: Raum O
AO: Unbekannt
Lit.: Barnabei 71f.; Sambon 21 Nr.38.

Kat.Nr.10/15 Bronzegefäß
FO: Gang 4
Mat.: Bronze. **Maße:** H 180 mm; Dm Mündung 69 mm
Beschreibung: *Vaso di forma sferica, con il collo cilindrico e bocca circolare* (Arch. Pomp. IV/1: *Giornale* vom 29.9. 1899)
AO: Unbekannt
Lit.: Unpubliziert

Kat.Nr.10/16 Bronzegefäß
FO: Gang 4
Mat.: Bronze. **Maße:** -
Beschreibung: *Un pignattino a due manichi, uno de'quali manca* (Arch. Pomp. IV/1: *Giornale* vom 29.9.1899)
AO: Unbekannt
Lit.: Unpubliziert

Kat.Nr.10/17 Kandelaber
FO: Raum 8
Mat.: Bronze
Maße: H 122 mm
Beschreibung: Kandelaber, dessen Fuß aus drei Löwentatzen besteht. Vom oberen Teller fehlt ein Teil des Randes (Arch.Pomp. IV/1: *Giornale* vom 22.9.1899).
AO: Unbekannt
Lit.: Unpubliziert

Kat.Nr.10/18 Kasserolle
FO: Raum 8. **Mat.:** Bronze
Maße: L 270 mm; H 60 mm
Beschreibung: Kasserolle, deren Griff ein abgerundetes Ende mit Loch besitzt (Arch.Pomp. IV/1: *Giornale* vom 22.9.1899).
AO: Unbekannt
Lit.: Unpubliziert.

Kat.Nr.10/19 Goldring
FO: Raum 9
Mat.: Gold, Karneol.
Maße: Dm Ring 20 mm
Beschreibung: Einfacher Goldring mit Karneolgemme, in die eine nicht genauer erkennbare Figur eingeschnitten ist (Arch. Pomp. IV/1: *Giornale* vom 20.9.1899).
AO: Unbekannt
Lit.: Unpubliziert

Kat.Nr.10/20 Mosaik
FO: Peristyl 15
Maße: L 1,02 m
Beschreibung: Ausschnitt einer Stadtmauer: Tor zwischen zwei Türmen.
AO: Mariemont, Musée Inv.Nr. B 100
Lit.: Kat.Essen 1973, 200 Nr.282.

Kat.Nr.10/21 Kanne
FO: Torcularium 24
Mat.: Bronze. **Maße:** H 385; Dm Mündung 188 mm
Beschreibung: Fragmentierte Trichterrandkanne, deren Boden fehlt. In den inneren Mündungsrand ist eine Inschrift graviert: P FANNI SYNISTORIS XXIII
AO: Boscoreale, Antiquarium inv.n.16994
Lit.: Barnabei 19f. Abb.3; S.Tassinari in: Kat.Pompei 1988, 71 Nr.89.

Kat.Nr.10/22 Kanne
FO: Torcularium 24
Mat.: Bronze. **Maße:** H 380 mm
Beschreibung: *Un vaso a forma di cipolla ad un manico finiente con una figurina, Bacco (?) placcata in argento.* Das Gefäß ist stark fragmentiert (Arch. Pomp. IV/1: *Giornale* vom 17.8. 1900).
AO: Unbekannt
Lit.: Barnabei 19.

Kat.Nr.10/23 Kanne
FO: Torcularium 24
Mat.: Bronze. **Maße:** H 320 mm; Dm Mündung 80 mm
Beschreibung: Schlecht erhaltene Trichterrandkanne, der Griff gleicht dem der Kanne Kat.Nr.10/21 (Arch.Pomp. IV/1: *Giornale* vom 13.9.1900).
AO: Unbekannt
Lit.: Unpubliziert

Kat.Nr.10/24 Siegel
FO: Unbekannt, gefunden am 15.1.1901
Mat.: Bronze. **Maße:** L 87 mm
Beschreibung: Auf der der Vorderseite des Siegels spiegelverkehrte Inschrift: L.HER.FLO. Auf der Rückseite halbrunder Henkel, darauf geflügelter Caduceus.
AO: New York, Metropolitan Museum Acc.no.30.11.2
Lit.: Lehmann 5 Abb.2; H.Bloch in: Lehmann 214ff. (mit weiterer Literatur)

Kat.Nr.11 Villa in Boscoreale, fondo Vitiello

ORT: Boscoreale, contrada Centopiedi al Tirone (Kockel-Nr.22)
AUSGRÄBER: Carlo Rossi. **BESITZER:** Pasquale Vitiello
AUSGRABUNGSZEITRAUM: 31.10.1901 - 18.1.1902
GRABUNGSBERICHTE: R.Paribeni, NSc 1903, 64ff.
ARCHIVMATERIALIEN: Arch.Pomp. I/4 (Briefe); Arch.Pomp. V/1 (*giornali dello scavo* = Anhang 6), eine Skizze mit Eintragung einiger Funde sowie Briefe.
LITERATUR: R.C.Carrington, JRS 21, 1931, 117. 121 Nr. Abb.16 S. 126.129; J.Day, YaleClSt 3, 1932, Taf. B.C Nr.22; E.Fabricotti, CronPomp 2, 1976, 35 Nr. I.B.a. Abb.2; Casale-Bianco 36 Nr.30 Abb.12; A.Allroggen-Bedel in: Regione sotterrata 522; Jongman, Economy 117.
GRABUNGSUMSTÄNDE: Der Fußboden von einem der Räume wurde 5,40 m unter der Oberfläche angetroffen. Die Verschüttungsschicht betrug an dieser Stelle 4 m (Lapilli: 3 m, Asche: 1 m) (R.Paribeni, NSc 1903, 64).
BESCHREIBUNG DER RÄUME: Da im Grabungsplan nur drei Räume nummeriert sind, erfolgt hier eine Neunumerierung aller Räume. **Gang 1 (Arch.Pomp. V/1: *giornale* vom 16.-22. Nov. 1901):** Funde: ein Tongefäß und zwei Eisenhacken. Neben einer Zisternenöffnung lag ein Eimer (Kat.Nr.11/1).- Die Lokalisierung der Zisternenöffnung ist wegen fehlender genauer Angaben im *giornale* nicht sicher.
Saal 3 (NSc 1903, 66 n.3; Arch.Pomp. V/1: *giornale* vom 4.-10. Nov. 1901): Cioccopesto-Boden mit Giallo antico-Bruchstücken.- Wanddekoration 2. Stils (Kat.Nr.11/2).- Funde: vier z.T. fragmentierte Möbelfüße aus Bronze und Eisen, ein Kandelaber (Kat.Nr.11/3), ein Topf oder Eimer (Kat.Nr.11/4), eine kleine Kasserolle, eine Trifoliarkanne (Kat.Nr.11/5), fünf Schnallen, ein kleiner Reif und ein kleiner Schlüssel aus Bronze, mehrere Nägel und sechs Geräte aus Eisen, ein kleines Bleigewicht, fünf Scharniere aus Bein, vier Amphoren und zwei weitere Tongefäße. In den oberen Schichten: eine Kasserolle, zwei Schnallen und ein Eisengerät.
Atrium 4 (Arch.Pomp. V/1: *giornale* vom 20. 25.-30. Nov. und 9. Dez. 1901): Mehrere fragmentierte Dolien, ein Eisenschloß und Fragmente eines weiteren. Sechs Lampen und ein Gefäß aus Ton sowie vier Bronzemünzen. Elf Eisenstifte.
Raum 5 (Arch.Pomp. V/1: *giornale* vom 11.-17. Nov. 1901): Westwand: gelbe und grüne Felder; Nord- und Ostwand: verschiedene Marmorsorten imitierende Felder, Sockelzone und Gesims grün.- Funde: in Raum 5 oder 6 lag ein Skelett.
Raum 6 (Arch.Pomp. V/1: *giornale* vom 11.-17. Nov. 1901): Wände: *a riquadri gialli sopra una fascia paonazza*.- Funde: s. Raum 5.
Räume 7-9: Laut Grabungsbericht **(NSc 1903, 66 n.2)** besitzt Raum 8 eine Wanddekoration 1 Stils, die aber nicht stuckiert, sondern gemalt ist. Die Angabe zu den Räumen 7-9 *dipinti dello stesso stile (?)* im *giornale* vom 25. bis 30. Nov. bezieht sich auf die Dekoration von Raum 14 und bleibt unklar. Jedenfalls beschreibt sie die Dekoration aller drei Räume und nicht nur die von Raum 8. In einem dieser Räume wurden gefunden (*giornale* vom 18.-24. Nov. 1901): ein Sieb (Kat.Nr.11/6), eine Amphore (H 25 cm), ein Griff und drei kleine Ringe aus Bronze, einige Eisennägel und sechs Amphoren sowie vier weitere Gefäße aus Ton.
Pförtnerraum 10 (Arch.Pomp. V/1: giornale vom 25.-30. Nov. 1901): Wanddekoration mit großen Feldern.
Saal 11 (Arch.Pomp. V/1: giornale vom 11. und 12. Dez. 1901): Wanddekoration 1. Stils.- Funde: Zwei Dolien und eine Amphore.- Die Identifizierung der Dekoration und Funde mit Raum 11 bleibt unsicher, weil im *giornale dello scavo* die Raumgröße mit nur 6,30 x 3,65 m vermerkt ist, während unter dem 28. Nov. die Größe von Saal 11, dem Plan entsprechend, mit 3,65 x 7,50 m angegeben wird. Möglicherweise handelt es sich bei dem Maß von 6,30 m fälschlicherweise um die Länge der Westwand des Saales.
Raum 12 (Arch.Pomp. V/1: *giornale* vom 28. Nov.1901): Wände: große Felder auf gelbem Grund.
Caldarium 14 (NSc 1903, 65f. n.1): In der Westwand befindet sich eine Nische mit einem marmorverkleideten Becken. Der kleine Ofen in der Südostecke ist später als die Wanddekoration des 2. Stils (Kat.Nr.11/7).

Unklar ist die Lokalisierung eines Rauminventars (Arch.Pomp. V/1: *giornale* vom 18.-24. Nov. 1901), bestehend aus zahlreichen Scherben, darunter eine Terra sigillata-Scherbe mit dem Stempel C.P.I. Die Angabe *ad o. dell'atrio* kann sich kaum auf Raum 3 beziehen, da dieser bereits ausführlich beschrieben wurde. Die Lesung *ad oriente* würde eine Identifizierung mit Raum 11 ermöglichen, bleibt aber unsicher.

KATALOG DER FUNDE AUS DER VILLA KAT.NR.11

Kat.Nr.11/1 Eimer
FO: Neben einer Zisternenöffnung in Gang 1.
Mat.: Bronze
Maße: H 250 mm; B Eisenband 80 mm
Beschreibung: Eimer mit Eisenband um die Mündung und Eisenhenkel, der fehlt: *pentola* (Arch. Pomp. V/1: *giornale* vom 16.-22. Nov. 1901) = *secchia con orlo di ferro e manico ad arco (manca)*. - Notiz zum *giornale dello scavo*.
AO: Unbekannt
Lit.: Unpubliziert

Kat.Nr.11/2 Wanddekoration
FO: Saal 3
Beschreibung: Wanddekoration des 2. Stils ... *a grandi colonne, con ricco epistilio e fascia di foglie d'edera tra una colonna e l'altra* ...
AO: Neapel, Museo Nazionale ?
Lit.: R.Paribeni, NSc 1903, 66.

Kat.Nr.11/3 Kandelaber
FO: Saal 3
Mat.: Bronze. **Maße:** H 1500 mm (vermerkt in den Notizen zum *giornale dello scavo)*
Beschreibung: Kandelaber, mit drei Puttenköpfen verziert, auf drei Tiertatzen.
AO: Unbekannt
Lit.: R.Paribeni, NSc 1903, 67.

Kat.Nr.11/4 Bronzegefäß
FO: Raum 3. **Mat.:** Bronze
Maße: H 250 mm *(secchia)*
Beschreibung: *pignatta* (Arch.Pomp. V/1: *giornale* vom 4.-10. Nov. 1901) oder *secchia a manico ad arco* in den Notizen zum *giornale dello scavo*. Der Text und eine kleine Zeichnung bezeugen für den Eimer Sirenenkopfattaschen, wie sie der Eimer aus Scafati in Berlin (Kat.Nr.5/3) besitzt. Die Identifizierung von *pignatta* mit dem Eimer ist aber nicht sicher und resultiert nur daraus, daß ein ähnliches Bronzegefäß sonst nicht nachweisbar ist. Vgl. hierzu die sichere Zuweisung Kat.Nr.11/1.
AO: Unbekannt
Lit.: Unpubliziert

Kat.Nr.11/5 Trifoliarkanne
FO: Saal 3
Mat.: Bronze. **Maße:** H 200 mm
Beschreibung: Trifoliarkanne: *La procoe è un'oinochoe trilobata, ansa che termina in zampa felina, alto cm 20, e sopra all'orlo ha in bocca un bucranio.* (Arch.Pomp.V/1, Notizen zum *giornale dello scavo)*
AO: Unbekannt
Lit.: Unpubliziert

Kat.Nr.11/6 Sieb
FO: Raum 7, 8 oder 9
Mat.: Bronze. **Maße:** -
Beschreibung: Rundes, tiefes Sieb mit Lochmuster und Inschrift: PERTVDIT POMPEIS FELICIO.
AO: München, Antikensammlungen Inv.3938
Lit.: M.Della Corte, NSc 1921, 426 Abb.6; J.Sieveking, AA 1919, 28f. Abb.3. 4; BaBiB 28.

Kat.Nr.11/7 Wanddekoration
FO: Caldarium 14
Beschreibung: Wanddekoration des 2. Stils *a grandi riquadri marmorei e superiormente bugne: lo zoccolo verde antico.* (Arch. Pomp. V/1: *giornale* vom 25.-30. Nov. 1901)
Lit.: R.Paribeni, NSc 1903, 6.
Westwand: Beckenvorderseite
11/7a Fresko
Maße: -
Beschreibung: Zwei Delphine.
AO: Wahrscheinlich in situ
Lit.: R.Paribeni, NSc 1903, 66.
Ostwand, Sockelzone
11/7b Fresko
Maße: 0,67 x 2,08 m
Beschreibung: Palaestra-Szene: in der Mitte Herme, links zwei Faustkämpfer, rechts sich einölender Athlet.
AO: Neapel, Museo Nazionale inv. s.n.
Lit.: R.Paribeni, NSc 1903, 66; Collezioni Napoli 1986, 170 Nr.338.
Südwand, Sockelzone
11/7c Fresko
Maße: -
Beschreibung: Palaestraszene: zwei nackte Faustkämpfer mit panathenäischer Amphora.
AO: Neapel, Museo Nazionale inv.n. ?
Lit.: R.Paribeni, NSc 1903, 66.

Kat.Nr.12 Villa in Boscoreale, fondo Prisco

ORT: Boscoreale, contrada Civita-Giuliana (Kockel-Nr.25)
AUSGRÄBER: Carlo Rossi-Filangieri. **BESITZER:** Antonio Prisco
AUSGRABUNGSZEITRAUM: Februar-Juli 1903
GRABUNGSBERICHTE: M.Della Corte, NSc 1921, 415ff.
ARCHIVMATERIALIEN: Arch.Pomp. I/4 und I/5: Briefe
LITERATUR: R.C.Carrington, JRS 21, 1931, 121. 116 Nr.25; J.Day, YaleClSt 3, 1932, Taf. A.C Nr.25; E.Fabricotti, CronPomp 2, 1976, 41ff. Nr.II.a.b Abb.9; Casale-Bianco 35 Nr.26 Abb.10; Jongman, Economy 117; Flach, Agrargeschichte 228ff. Abb.12.
BESCHREIBUNG DER RÄUME:
Eingang A (NSc 1921, 415f.): Lehmboden.- Auf den seitlichen Pilastern je eine Sphinx (Kat.Nr.12/1).- Funde: die beiden Bronzelager der zweiteiligen Holztür, eine *caldaia conica* und eine „Pastetenform“ aus Bronze, ein Eisengerät, eine Glasflasche und vier Tonlampen.
Eingang A' (NSc 1921, 416): Lehmboden.- In einem Zwischengeschoß befanden sich zahlreiche Amphoren und Tongefäße, die bei ihrer Auffindung fast alle fragmentiert waren.
Hof B (NSc 1921, 416): Lehmboden.
Vorraum C (NSc 1921, 416f.): Lehmboden.- Den breiten Durchgang zum Hof flankierten zwei dorische Säulen (H 4,50 m) aus Nocera-Tuff. In der Nordostecke befindet sich der Sockel für eine Holztreppe.- Funde: Eisenteile und Bronzebeschläge, die nach Della Corte zu einem Wagen gehörten.
Raum 1 (NSc 1921, 417): Wände: in der Westwand befand sich ein Schrank.- Funde: in den oberen Schichten: Bronzeschale von einer Waage. Auf dem Boden: Teile mehrerer Flöten aus Bein und Bronze. Im Schrank: ein frgt. Spiegel, eine Kasserolle und eine *caldaia conica* (Dm 15 cm) aus Bronze, ein kleiner weibl. Marmorkopf (H 14 cm), zwei kleine Bleistücke sowie vier Lampen und sechs Gefäße aus Ton.
Torcularium 2 (NSc 1921, 417): Boden und Wände: Cocciopesto.
Raum 3 (NSc 1921, 417f.): Cocciopesto-Boden.- Wände: weiße Felder, unterteilt durch gelbe Bänder. In der Mitte der Felder entweder Maske, männliche Sphinx oder anderes geflügeltes Mischwesen in Gelb.- Funde: eine innen durchbohrte Säule aus weißem Marmor (H 60 cm), ein *pignattino* (H 20 cm) aus Bronze, ein Glasfläschchen (H 10 cm), ein rechteckiges Bleistück und eine Bildlampe (Diana lucifera), eine Terra sigillata-Schüssel (Dm 17 cm) und vier einfache Gefäße aus Ton.
Raum 4 (NSc 1921, 418): Cocciopesto-Boden.- Wände: imitiertes, bossiertes Quaderwerk mit roten Unterteilungen.- Funde: zwei Bronzegriffe und drei Scharniere, möglicherweise von einem Holzkasten, ein Bronzefläschchen, drei Tongefäße und zwei Bleigewichte.
Saal 5 (NSc 1921, 418): Cocciopesto-Boden.- Wände: weiß, Sockelzone schwarz.- Funde: an der Nordwand konnte eine Holzkline mit Beineinlagen nachgewiesen werden. Ebenso gilt dies für einen Holzschrank, der an der Westwand stand. Das darin befindliche zahlreiche Tongeschirr war fast vollständig fragmentiert.
Raum 6 (NSc 1921, 419f.): Funde: ein Marmortisch (Kat.Nr.12/2), eine *situla* (H 40 cm) mit Eisenhenkel, ein *lebete* (Dm 26 cm), die Henkel enden in Schlangenköpfen, eine Griffschale (Dm 20 cm) mit Widderkopfgriffende, eine bauchige Kanne (*oleare*, H 19 cm), zwei *oinochoai* (H 14/16 cm), die Henkel bilden am Bauchansatz ein Blatt bzw. eine Maske, eine *caldaia conica* (H 16 cm), eine weitere, *lenticulare* (B 35 cm) mit Bügelhenkel aus Bronze sowie mehrere Glasgefäße, davon neun Flaschen, zwei Fläschchen und eine kleine Schale (Dm 15 cm), sowie 15 Tongefäße, Einlegearbeiten aus Bein und ein Eisengitter.
Räume 7-9 (NSc 1921, 420): Calcestruzzo-Böden.- Funde: Fragmente einiger Geräte, in Raum 7 sind drei Dolien eingelassen.
Frigidarium 10 (NSc 1921, 420): Cocciopesto-Boden, das Becken ist mit Marmorplatten verkleidet.- Wände: einfach verputzt.
Caldarium 11 (NSc 1921, 420f.): Schwarz-weißer Mosaikboden (Kat.Nr.12/3).- Wände: dunkelgrün, Tonnengewölbe weiß. **Küche 12 (NSc 1921, 421):** Lehmboden.- An der Südwand befinden sich eine Kochstelle und ein Ofen zum Erhitzen des Wassers. In der NW-Ecke ist ein Ofen installiert. Eine Mühle aus Vesuvgestein.- Funde: zwei Bleistücke, zwei Griffe und eine Kasserolle aus Bronze.

Raum 13 (NSc 1921, 421): Lehmboden, durch einfaches Dach abgedeckt.- Funde: fünf frgt. Dolien, ein bauchiges Gefäß (H 15 cm), eine eiförmige *situla* (H 22 cm) und eine *caldaia sferica* (B 30 cm) aus Bronze, zwei Scharniere aus Bein und drei Tonamphoren. Hier lagen auch sechs menschliche Skelette, darunter das eines Kindes, und zwei Hundeskelette.

Obergeschoß (NSc 1921, 421): Fragmentiertes Fresko (Kat.Nr.12/4).

Grabmonument (NSc 1921, 421f.): Quadratischer Bau (H 5,45 m; B 3,30 m), weiß verputzt. In die Westseite ist eine große Marmorplatte eingelassen (1 x 0,65 m), die jedoch keine Inschrift trägt. Unterhalb der Platte standen zwei Porträts (Kat.Nr.12/5.6) in halbrunden Nischen (H 90 cm). Das Columbarium im Innern war ausgeraubt.

KATALOG DER FUNDE AUS DER VILLA KAT.NR.12

Kat.Nr.12/1 Zwei Sphingen
FO: Eingang A, auf den seitlichen Pilastern
Mat.: Nocera-Tuff, weiß verputzt
Maße: H 900 mm
Beschreibung: Sphinx mit weibl. Kopf (a), von einer zweiten (b) blieb nur der Kopf.
AO: a. Pompeji (Della Corte). b. Unbekannt.
Lit.: M.Della Corte, NSc 1921, 415.

Kat.Nr.12/2 Tisch
FO: Raum 6
Mat.: Marmor, Platte aus Pavonazetto, Kopf aus Rosso antico, Stütze aus Africano, Fuß aus Giallo antico
Maße: Platte L 750, B 470; Hermenstütze H 920 mm (Della Corte)
Beschreibung: Die rechteckige Tischplatte wird von einer hermenartigen Stütze mit bärtigem Gesicht getragen
AO: Ehemals Slg. A.Ruesch
Lit.: M.Della Corte, NSc 1921, 420 Abb.2; Kat.Slg. Ruesch 24 Nr.217 Taf.46.

Kat.Nr.12/3 Mosaik
FO: Caldarium 11
Mat.: schwarze und weiße Steinchen.
Maße: -
Beschreibung: Auf weißem Grund sind mehrere Mischwesen und Tiere dargestellt: oben Kentaur mit Fischschwanz n.r., er bläst die Pansflöte und hält in der R. ein Feldzeichen (?); darunter Hippocamp n.l.; unten zwei Delphine.
AO: Unbekannt
Lit.: M.Della Corte, NSc 1921, 420 Abb.3; Kat.Slg.Ruesch Taf.39.

Kat.Nr.12/4 Fresko
FO: Obergeschoß
Maße: 500 x 600 mm
Beschreibung: ... *affresco ... limitato da una fascia rossa, e, nel fondo, cospano di foglie di pino. Vi è rappresentato, di prospetto, il busto, coronato di pino, di un giovane satiro, il quale, mentre regge sulla spalla sinistra il fanciuletto Bacco, nudo, coronato di foglie di vite, e bevente il contenuto di una coppa emisferica, leva in alto con la d. un grappolo d'uva. Chiude la rappresentanza una corona di foglie e frutti di hypomelis (lazzeruole) gialle.*
AO: Unbekannt
Lit.: M.Della Corte, NSc 1921, 421.

Kat.Nr.12/5 Büste
FO: Grabmonument
Mat.: Travertin
Maße: H 730 mm
Beschreibung: Hermenartige weibliche Büste
AO: Unbekannt
Lit.: M.Della Corte, NSc 1921, 422 Abb.4a.

Kat.Nr.12/6 Büste
FO: Grabmonument
Mat.: Travertin
Maße: H 730 mm
Beschreibung: Hermenartige männliche Büste
AO: Unbekannt
Lit.: M.Della Corte, NSc 1921, 422 Abb.4b.

Kat.Nr.13 Villla in Boscoreale, fondo Brancaccio

ORT: Boscoreale, contrada Civita-Giuliana (Kockel-Nr.26)
AUSGRÄBER: Carlo Rossi-Filangieri. **BESITZER:** Raffaele Brancaccio
AUSGRABUNGSZEITRAUM: Januar-März 1904
GRABUNGSBERICHTE: M.Della Corte, NSc 1921, 423ff.
ARCHIVMATERIALIEN: Arch.Pomp.V/4: Briefe
LITERATUR: R.C.Carrington, JRS 21, 1931, 122 Nr.26 Abb.16; J.Day, YaleClSt 3, 1932, Taf.C Nr.26; Rossiter, Farm Buildings 45 Nr.2 Abb.13a; Casale-Bianco 41 Nr.65 Abb.17; Jongman, Economy 116f.; Flach, Agrargeschichte 239f. Abb.17.
BESCHREIBUNG DER RÄUME: Wenn nicht anders vermerkt, besitzen die Räume Lehmböden und unverputzte Wände.
Eingang A (NSc 1921, 423): Links vom Eingang sind drei Dolien in den Boden eingelassen.
Gang B (NSc 1921, 423): Direkt am Eingang zur Villa befindet sich der Ofen, daneben ist eine Dolie eingelassen. In der Westwand ist ein halbrundes Lararium (H 53 cm). Davor lagen die Skelette von zwei Menschen und von zwei Hunden. Vor der Trennwand der Räume 3 und 4 befand sich auf einem Podest eine kleine Handmühle. In der Latrine d lag das Skelett eines Hundes.
Raum 3 (NSc 1921, 423f.): Funde: Reste von gedrehten Scheiben aus Bein, die einen Möbelfuß bildeten. Drei Tonlampen, eine davon mit dem Bild einer Sphinx. Ein *pignattino ovoidale* (H 16 cm) und ein zylindrisches Gefäß (H 9 cm) aus Bronze sowie eine Glasflasche (H 19 cm), zehn Tongefäße, in einem davon wurde Hirse nachgewiesen, und vier Amphoren sowie ein Terra sigillata-Teller (Dm 14 cm). Drei Geräte und drei Schlüssel aus Eisen.
Raum 6 (NSc 1921, 424): Wände: verputzt.
Trapetum 7 (NSc 1921, 424): In der Mitte des Raumes befindet sich eine Olivenpresse aus Vesuvgestein. Funde: Bleikessel mit umlaufenden Band mit drei Henkeln aus Eisen (H 30 cm).
Raum 9 (NSc 1921, 424): Funde: zwei Tonlampen, eine *situla cilindrica* (H 14 cm) und eine Kasserolle (Dm 13 cm) aus Bronze. Fünf Tongefäße sowie zwei Amphoren.
Raum 10 (NSc 1921, 424): Funde: zwei Amphoren.
Raum 12 (NSc 1921, 425): Verkohltes Stroh.
Raum 13 (NSc 1921, 425): Im nördlichen Teil lagerte verkohltes Kastanienholz. Funde: eine Tonlampe, die Teile zweier Bronzelaternen, ein Bleigewicht, ein Tongefäß sowie sechs gestempelte Scherben von Terra sigillata-Gefäßen.

Kat.Nr.14 Villa in Gragnano, fondo Marchetti

ORT: Gragnano, contrada Carità (S.Maria La Carità) (Kockel-Nr.34)
AUSGRÄBER: Carlo Rossi-Filangieri. **BESITZER:** Agnello Marchetti
AUSGRABUNGSZEITRAUM: September 1904-26.11.1905 (s.Kap.2.4.1.)
GRABUNGSBERICHTE: M.Della Corte, NSc 1923, 275ff. Nr.VIII
ARCHIVMATERIALIEN: Arch.Pomp. V/7: *giornali dello scavo* vom 9.1. bis 27.8.1905 und vom 11.9. bis 8.10.1905 sowie vom 30.10. bis 26.11.1905, je eine Liste aller Funde und des Staatsanteiles sowie Briefe.
LITERATUR: R.C.Carrington, JRS 21, 1931, Nr.34; J.Day, YaleClSt 3, 1932, Taf.A.B.C Nr.34; Rossiter, Farm Buildings 43f. 46. 60. Nr.12 Abb.12b.; Jongman, Economy 115; Miniero, Ricerche 255 Nr.75 Abb.32; Flach, Agrargeschichte 240ff. Abb.18.
GRABUNGSUMSTÄNDE: Della Corte geht davon aus, daß die Villa mit Ausnahme von Raum 20 bereits durchsucht wurde (NSc 1923, 278).
BESCHREIBUNG DER RÄUME: Die Wände sind jeweils unverputzt (NSc 1923, 275).
Eingang A (NSc 1923, 276): Funde: in einer oberen Schicht fand sich eine spätkaiserzeitliche Münze.
Peristyl B (NSc 1923, 275): Im Hof und in der nordöstlichen Ecke des Peristyls befinden sich ein Tontrog bzw. ein gemauertes Becken und ein Tontrog.- Funde in der östlichen Porticus (NSc 1923, 277): Zwei Lampen und drei Gefäße aus Ton sowie eine Glasflasche. Funde in der **südlichen Porticus (NSc 1923, 276f.):** zwei mit Bleiklammern reparierte Dolien (H 1,30 m), eine Amphora. In der Südwestecke fanden sich eine Bodenscherbe einer großen Terra sigillata-Schüssel mit Stempel, neun Tongefäße, vier Tonlampen und zwei Teile aus Bronze von einer großen Waage. Funde in der **westlichen Porticus (NSc 1923, 277):** fünf Eisengerätschaften unbekannter Verwendung, eine Amphore und neun einfache Gefäße, zwei glatte Terra sigillata-Schüsseln und eine weitere mit Reliefverzierung (Kat.Nr.14/1) sowie Bodenscherben von drei weiteren und eine Lampe.
Raum 2 (NSc 1923, 275): Funde: Skelette von zahlreichen Pferden und Rindern.
Hof C (NSc 1923, 277): Funde: ein Herd, auf dem ein großer Bronzekessel *(caldaia)* (Dm 1,06 m; H 32 cm) stand. In der Nähe des Herdes wurden ein Topf *(una pignatta ovoidale:* H 35 cm) und Bronzeteile von einer Tür oder von einem Kasten sowie zwei Fragmente eines ionischen Kapitells aus Marmor, eine Glasflasche, ein Tongefäß und eine Terra sigillata-Bodenscherbe mit Stempel gefunden. Die beiden Bronzegefäße sind fragmentiert (Arch.Pomp. V/7 Nr.58 Nr.5.19).
Raum 6 (NSc 1923, 278): Funde: eine Bronzemünze und ein Tongefäß.
Raum 8 (NSc 1923, 278): Funde: eine Amphore, ein weiteres Gefäß und zwei Lampen sowie zwei *fritilli* für das Würfelspiel aus Ton.
Raum 9 (NSc 1923, 278): Funde: eine Amphore, vier einfache Gefäße und eine Terra sigillata-Schüssel (Kat.Nr.14/2).
Raum 10 (NSc 1923, 278): Funde: vier Amphoren und drei weitere Tongefäße.
Raum 13 (NSc 1923, 278): Funde: zwei Tongefäße.
Backstube 14/15 (NSc 1923, 280): In der Nordwestecke Vorrichtung für das Dreschen des Korns. Mühle aus vulkanischem Gestein. Im südlichen Teil befindet sich ein sehr großer Ofen.
Hof D (NSc 1923, 277f.): Funde: zwei Amphoren und eine leiterartige Eisenkonstruktion, die zum Fesseln von Sklaven diente (Kat.Nr.14/3). Sie war an einem in den Boden eingelassenen Balken befestigt.
Raum 17 (NSc 1923, 278): Funde: eine Amphore.
Raum 20 (NSc 1923, 278f.): Funde: ein Paar Goldohrringe (Kat.Nr.14/4), ein großer Armreif aus Silber und zahlreiche Bronzegefäße: kleine Amphora (H 15 cm), die zerdrückt ist (Arch.Pomp.V/7 Nr.58: Liste Nr.41), die Henkelansätze sind jeweils mit Masken verziert, ein Schöpflöffel (Dm 8 cm, H Griff 37 cm), eine Kasserolle (Dm 13 cm), eine weitere mit Stempel (Kat.Nr.14/5), ein Sieb (Kat.Nr.14/6), ein zylindrischer Tiegel (?) (H 18 cm), Fragmente von zwei Kesseln mit Rundböden und zylindrischem Hals (Dm 25/30 cm), ein Eimer (Kat.Nr.14/7), ein zylindrischer Eimer *(situla)* mit flachem Rand (H 17 cm) und zwei Kannen (Kat.Nr.14/8). Aus Bronze waren weiterhin zwei Schnallen und drei kleine Ringe. Funde aus Eisen: drei Schlüssel, eine Spitze, zwei Beschlagbleche und eine Waage mit *aequipondium* aus Blei. Ein Glasfläschchen, einfache Tongefäße, ein Terra sigillata-Napf, zwei Lampen, eine davon mit dem Bild einer

komischen Maske und ein *fritillo* für das Würfelspiel.
Raum 21 (NSc 1923, 279): Funde: eine Amphore.
Raum 22 (NSc 1923, 279): Funde: eine Amphore und ein Tongefäß.
Raum 23 (NSc 1923, 279): Funde: vier Amphoren und ein Tongefäß.
Raum 25 (NSc 1923, 279): Funde: zehn große Eisenklammern (L 28 cm), zwei kleine Glasflaschen und fünf Tongefäße.
Raum 26 (NSc 1923, 279): Funde: der Knauf (H 6 cm) eines Stocks, aus einzelnen gedrehten Ringen bestehend, eine Kasserolle mit zerbrochenem Boden aus Bronze, sowie zwei Pferdezügel aus Eisen, jeweils mit einem Bronzering, eine Dolie (H 55 cm), sechs Amphoren, fünf einfache Gefäße, ein Terra sigillata-Gefäß *(scodella pseudo-aretina)* und drei Lampen.
Raum 27 (NSc 1923, 275): Funde: große Anzahl von Holzbalken, von denen einer (L 7 m) nach Pompeji transportiert wurde.
Raum 32 (NSc 1923, 279): Funde: zwei Tongefäße, die Scherben einer Terra sigillata-Schüssel, eine Lampe sowie ein Pinienzapfen und Reste eines Korbes aus Weide.
Raum 33 (NSc 1923, 279): Funde: fünf Tongefäße und zwei Amphoren.
Raum 34 (NSc 1923, 279f.): Funde: Reste eines Marmortischs (Kat. Nr.14/9), eine bauchige Bronzekanne (H 25 cm) mit einem kleinen Deckel am Henkel, und eine Tonkanne derselben Form.
Raum 35 (NSc 1923, 280): Funde: drei Amphoren, ein weiteres Tongefäß und ein Eisenstab.

KATALOG DER FUNDE AUS DER VILLA KAT.NR.14

Vorbemerkung: zu den in Pompeji befindlichen Tongefäßen s. Kap.2.4.1.

Kat.Nr.14/1 Terra sigillata
FO: Westliche Porticus
Mat.: Ton. **Maße:** Dm 120 mm
Beschreibung: Terra sigillata-Schüssel *(scodella)* mit Reliefverzierung, bestehend aus Pferdeköpfen und Rosetten, mit dem Stempel Cori(nthus).
AO: Pompeji, Antiquarium (Arch.Pomp.V/7 Nr.58: Nr.63 - vgl. Kap.2.4.1.).
Lit.: M.Della Corte, NSc 1923, 277.

Kat.Nr.14/2 Terra sigillata
FO: Raum 9
Mat.: Ton. **Maße:** -
Beschreibung: Terra sigillata-Schüssel, innen Stempel: SUCCES(si), außen auf dem Boden Graffito: SVTOR.
AO: Pompeji, Antiquarium (Arch.Pomp.V/7 Nr.58: Nr.97 - vgl. Kap.2.4.1.).
Lit.: M.Della Corte, NSc 1923, 278.

Kat.Nr.14/3 Eisengestell
FO: Hof D
Mat.: Eisen. **Maße:** -
Beschreibung: Eisengestell, mit dem maximal 14 Sklaven an einem Bein gefesselt werden konnten (Della Corte)
AO: Unbekannt
Lit.: M.Della Corte, NSc 1923, 277f. Abb.4.

Kat.Nr.14/4 Paar Ohrringe
FO: Raum 20
Mat.: Gold. **Maße:** L 30 mm
Beschreibung: *un paio di orecchini ..., formati di una sbarretta orizzontale sonontata da un dischetto, e nei cui capi si articolano due verghette desinenti in piccole perle.*
AO: Unbekannt
Lit.: M.Della Corte, NSc 1923, 278.

Kat.Nr.14/5 Kasserolle
FO: Raum 20. **Mat.:** Bronze
Maße: Dm 110 mm
Beschreibung: Der Griff besitzt ein halbmondförmiges Loch. Die Kasserolle trägt auf dem Griff den Stempel Cip.. Polybi.
AO: Neapel, Museo Nazionale (Arch.Pomp.V/7 Nr.58: Nr.44.).
Lit.: M.Della Corte, NSc 1923, 278.

Kat.Nr.14/6 Siebschale
FO: Raum 20. **Mat.:** Bronze
Maße: Dm 230 mm
Beschreibung: Die Bezeichnung *colabrodo* und der Durchmesser lassen vermuten, daß das Sieb der Siebschale Kat.Nr.5/18 entspricht. Fragmentiert (Arch. Pomp.V/7 Nr.45)
AO: Unbekannt
Lit.: M.Della Corte, NSc 1923, 278.

Kat.Nr.14/7 Eimer
FO: Raum 20
Mat.: Bronze. **Maße:** H 300 mm
Beschreibung: *Una situla a recipiente semiovoidale, alta m. 0,30, munita di ansa ad arco, di ferro, ed esternamente protetta*

da fascie verticali di ferro, partenti da un unico cerchio situato sotto il fondo. Bei diesem Eimer wurde eine Eisenkette gefunden, die aus 30 achtförmigen Kettengliedern besteht und in einem großen Ring endet. Vgl. Kat.Nr.1/21; 5/19.
AO: Unbekannt
Lit.: M.Della Corte, NSc 1923, 278.

Kat.Nr.14/8 Zwei Kannen
FO: Raum 20
Mat.: Bronze. **Maße:** H 330 mm
Beschreibung: Die Bezeichnung *vasi da misura a grossa pancia e larga bocca* (Arch.Pomp.V/7 Nr.58; Liste Nr.39) sowie die Beschreibung der Henkel erlaubt eine Identifizierung als Trichterrandkannen. Die Henkel bilden über der Mündung einen Zeigefinger, auf dem Ansatzblatt: a. nackter Bacchus, mit der L. auf Silen gestützt, dieser mit Thyrsos, gießt aus einem Kantharos in R. Wein aus, der unten von einem Panther aufgenommen wird. b. Frau n.r. schreitend, nackt bis auf einen Mantel, der die Hüfte verdeckt und um den l. Arm geschlungen ist. In der L. Lanze, in der ausgestreckten Rechten korinthischer Helm.
AO: Unbekannt
Lit.: M.Della Corte, NSc 1923, 279.

Kat.Nr.14/9 Marmortisch
FO: Raum 34
Mat.: Marmor
Maße: Basis 300 x 300 mm
Beschreibung: Reste eines Marmortischs, bestehend aus einem Pfeiler (Giallo antico), Basis und Kapitell in Bardiglio, vorne kleine Merkurbüste in weißem Marmor.
AO: Unbekannt
Lit.: M.Della Corte, NSc 1923, 279f.

Kat.Nr.15 Boscoreale, fondo D'Acunzo

ORT: Boscoreale (Kockel-Nr.28), *posto immediatamente a mezziogiorno del piazzale della stazione ferroviaria di Boscoreale (ferrovie dello Stato).*
AUSGRÄBER: Ferruccio de Prisco. **BESITZER:** D'Acunzo. **AUSGRABUNGSZEITRAUM:** 1903
GRABUNGSBERICHTE: M.Della Corte, NSc 1921, 436ff.
LITERATUR: R.C.Carrington, JRS 21, 1931, 116. 122. Abb.16 Nr.28; J.Day, YaleClSt 3,1932, Taf. A.C Nr.28; Rossiter, Farm Buildings 12f. Abb.4b. 59f. Nr.4; Casale-Bianco 35f. Nr.29 Abb.11; Jashemski, Gardens I 320, II 287 Nr.589 Plan 127; Jongman, Economy 118; Flach, Agrargeschichte 231ff. Abb.13.
BESCHREIBUNG DER RÄUME: Sämtliche Wände waren einfach verputzt (NSc 1921, 436).
Vor Eingang A (NSc 1921, 437): Das Vordach wird durch einen Pilaster gestützt (Kat.Nr.15/1), der mit mehreren Inschriften versehen ist. Zwischen dem Pilaster und der Außenmauer von Raum 1 verläuft eine halbhohe Schutzmauer. Davor befanden sich ein Herd mit eingelassenem bleiernen Kessel und eine Sitzbank. An der östlichen Außenmauer sind eine Tränke für Tiere und eine weitere Sitzbank eingerichtet. Die zweiflügelige Holztür war zum Zeitpunkt der Katastrophe verschlossen. **Gang B (NSc 1921, 437)**: Funde: eine *situla* (H 20 cm) aus Bronze. **Raum 1 (NSc 1921, 437)**: Ein kleiner Ofen befand sich in der Südostecke, in der Südwestecke war ein Becken mit geglätteter Oberfläche installiert. Daneben war in die Westmauer ein mit Holzbrettern unterteilter Schrank eingelassen. Darin fanden sich ein Kessel (Kat.Nr.15/2), ein Schöpflöffel und vier Münzen aus Bronze, ein kleines schwarzes Gefäß, eine Puppe (Kat.Nr.15/3) und Amphore aus Ton sowie 14 Eisengeräte. Außerdem lagen in dem Raum die Skelette mehrerer Hühner. **Hof C (NSc 1921, 437)**: In der Südwestecke ist das Viridarium D gelegen, 80 cm über dem Niveau des Hofes und durch eine gemauerte Brüstung eingefaßt. In der Nordostecke des Viridariums befindet sich ein Puteal zur Aufnahme von Regenwasser. Dabei lagen mehrere Amphoren.
Torcularium 2 (NSc 1921, 437f.): In der Außenwand befindet sich links vom Eingang eine Lararienni-sche, in der Fragmente einer Statuette einer unbestimmten Gottheit aus Gips lagen. Das Preßbecken, das 60 cm über dem Boden liegt, besitzt einen Verputz aus Cocciopesto. **Raum 3 (NSc 1921, 438):** Funde: ein Eisengerät, eine Bronzemünze sowie Fragmente von mehreren Dolien, darunter eine Randscherbe mit Stempel. **Raum 4 (NSc 1921, 438)**: Funde: eine Bronzewaage (Kat.Nr.15/4). **Raum 5 (NSc 1921, 438)**: Funde: eine Glasflasche (H 15 cm) sowie ein Gefäß (H 7 cm) und eine kleine glasierte Amphore (Kat.Nr.15/5) aus Ton. **Raum 6 (NSc 1921, 438)**: Funde: eine Kasserolle (Dm 16 cm), ein Kastengriff, ein Haken und fünf Münzen aus Bronze. Vier Glasflaschen, ein Hämmerchen aus Bein in Fragmenten (L mit Griff 20 cm) und ein Bleigewicht. Aus Ton sind zwei Lampen (eine davon mit Bild: drei Masken), sieben einhenkelige Kannen, zwei weitere Gefäße und eine kleine Amphore (H 26 cm), drei Terra sigillata-*Schüsseln (pseudo-aretina)*, ein Ringaskos (Kat.Nr.15/6). **Saal 7 (NSc 1921, 438)**: Ein Kalkhaufen und einige Amphoren. **Küche 8 (NSc 1921, 438f.):** An der Westwand befindet sich ein großer Backofen. In der Mitte des Raumes ist ein quadratisches Podium mit zwei Kochstellen installiert. In der Südostecke ist ein kleines Becken mit geglätteter Cocciopesto-Oberfläche eingerichtet. Darin lagen vier Würfel aus Bein und eine rote Tonflasche. In der Südwestecke bilden zwei kleine Mauern einen Verschlag. Dort wurden gefunden: Zwei Travertingewichte mit Bronze- bzw. Eisenhenkel, ein Terra sigillata-Teller *(pseudo-aretino)* und ein Ton-Becken (Dm 40 cm) mit Inschrift. **Raum 10/11 (NSc 1921, 439):** In der Mitte des Raumes wurde eine noch in der Antike entfernte Trennmauer nachgewiesen. In der Mitte von Raum 10 steht eine große Mühle aus Vesuvgestein. An der Südwand von Raum 11 befinden sich ein Becken mit geglätteter Oberfläche und ein Verschlag aus Ziegeln. Darin wurde das Skelett eines Schafes gefunden, dabei lag eine Bronzeglocke (H 4 cm). Im Material der östlichen Mauer, die während der Grabung zerstört wurde, lag eine kleine weibliche Tonmaske (H 14 cm). **Raum 12 (NSc 1921, 440f.):** An der Ostwand und in der Südwestecke je ein Sockel. Funde aus Bronze: eine Waage, eine Kasserolle (L 28 cm), eine rechteckige Lampe mit Ketten zum Aufhängen, vier halbrunde Schnallen und vier Ringe, eine Trifoliarkanne (H 15 cm), ein Schöpflöffel (H 11 cm), eine ovale „Pastetenform" (L 20 cm), ein bauchiger *pignattino* (H 13 cm), eine *pignatta conica* (H 17 cm), eine *situla ovoidale* (H 24 cm), ein *vasettino emisferico a piede circolare*, ein Trichter (Dm Mündung 16 cm), ein rechteckiger Spiegel (15 x 13 cm), eine große Kanne (Kat. Nr.15/7), eine *torta* (L 20 cm), zwei kleine Geräte, ein frgt. Schloß und 35 Münzen sowie fünf Denare aus Silber, ein Bändchen in Filigranarbeit aus Gold und eine Karneolgemme (Kat.Nr.15/8), ein Löffel (L 12

cm), ein Phallus, ein Hündchen und zwei Würfel aus Bein sowie aus Porphyr ein spitzovales *unguentarium* (H 5 cm), zehn Eisengeräte, mehrere Glasgefäße: drei kleine Amphoren, fünf Flaschen, zwei Schälchen, eine kleine Patera (Dm 13 cm), ein dunkler Krater, der Fuß fehlt. Aus Ton waren zwei Lampen und 22 Gefäße, davon drei Terra sigillata-Schüsseln. Auf dem Podium an der Ostwand standen sieben Bronzestatuetten (Kat.Nr.15/9).
Raum 13 (NSc 1921, 441): In der Nordostecke befindet sich eine Tränke, in der Nordwestecke lagen Scherben von Glasgefäßen, die, wie Della Corte vermutet, in einem Holzschrank aufgestellt waren.

KATALOG DER FUNDE AUS DER VILLA KAT.NR.15

Kat.Nr.15/1 Pilaster
FO: Vor Eingang A. **Maße:** -
Beschreibung: Auf dem Pilaster waren mit roter Farbe mehrere Inschriften gemalt (CIL IV 6868-74. 6878-6881)
AO: Pompeji, „Museo Pompeiano“ (Della Corte)
Lit.: M.Della Corte, NSc 1921, 437.

Kat.Nr.15/2 Kessel
FO: Raum 1, Schrank
Mat.: Bronze
Maße: H 160; Dm 330 mm
Beschreibung: *Caldaia a tronco di cono*
AO: Unbekannt
Lit.: M.Della Corte, NSc 1921, 437.

Kat.Nr.15/3 Puppe
FO: Raum 1, Schrank
Mat.: Ton. **Maße:** -
Beschreibung: Torso einer kleinen Figur mit jeweils einem Loch an der Ansatzstelle von Armen und Beinen.
AO: Unbekannt
Lit.: M.Della Corte, NSc 1921, 437.

Kat.Nr.15/4 Waage
FO: Vorraum 4
Mat.: Bronze, ehemals Holz
Beschreibung: Der Balken der Waage war ehemals aus Holz und an den Enden mit Bronzebeschlägen versehen.
AO: Unbekannt
Lit.: M.Della Corte, NSc 1921, 438. 441f.; ders. Mon.Ant.21, 1912, 5ff. Abb.1. 4.

Kat.Nr.15/5 Kleine Amphore
FO: Raum 5
Mat.: Ton. **Maße:** 150 mm
Beschreibung: Kleine Amphore mit gelblichem Glasurüberzug
AO: Unbekannt
Lit.: M.Della Corte, NSc 1921, 438.

Kat.Nr.15/6 Ringaskos
FO: Raum 6. **Mat.:** Ton, dunkelrot, eher grob (Sogliano)
Maße: Dm 260 mm
Beschreibung: Das Gefäß besteht aus einem hohlen Ring (Dm außen 45 mm), der, mit Lorbeerblättern und Beeren bedeckt, den Eindruck eines Kranzes erweckt. Bei dem der Mündung gegenüberliegenden Henkelansatz blieb ein Teil des Nagels haften, an dem das Gefäß ursprünglich an der Wand aufgehängt worden war.
AO: Unbekannt
Lit.: M.Della Corte, NSc 1921, 438 Abb.10.

Kat.Nr.15/7 Kanne
FO: Raum 12
Mat.: Bronze. **Maße:** H 300 mm
Beschreibung: *una grossa urna vinaria, la cui ansa termina in su in dito umano ed in giù in foglia.*
AO: Unbekannt
Lit.: M.Della Corte, NSc 1921, 440.

Kat.Nr.15/8 Gemme
FO: Raum 12
Mat.: Karneol. **Maße:** -
Beschreibung: Quadriga n.l. An der Gemme noch wenige Reste eines Ringes aus Eisen.
AO: Unbekannt
Lit.: M.Della Corte, NSc 1921, 440.

Kat.Nr.15/9a-g Sieben Götterstatuetten
FO: Raum 12, auf dem Podium der Ostwand. **Mat.:** Bronze
AO: Baltimore, Walters Art Gallery
Lit.: M.Della Corte, NSc 1921, 440f. Abb.11; D.Kent Hill, Catalogue of Classical Bronze Sculpture in the Walters Art Gallery (1949) S. XXXI Taf.5 unten.
15/9a Stehender Jupiter
Maße: H 106 mm.
Inv.: 54.749
Lit.: Kent Hill a.O. 8f. Nr.12.
15/9b Thronender Jupiter
Maße: H 87 mm. **Inv.:** 54.750
Lit.: Kent Hill a.O. 11f. Nr.18.
15/9c Mercur (?)
Maße: H 118 mm. **Inv.:** 54.748
Lit.: Kent Hill a.O. 17 Nr.27.
15/9d Sol (?)
Maße: H 91 mm. **Inv.:** 54.2290
Lit.: Kent Hill a.O. 29 Nr.51.
15/9e Genius
Maße: H 86 mm. **Inv.:** 54.752
Lit.: Kent Hill a.O. 65 Nr.138.
15/9f Isis-Fortuna
Maße: H 118 mm. **Inv.:** 54.751
Lit.: Kent Hill a.O. 101 Nr.222.
15/9g Isis-Fortuna
Maße: H 92 mm. **Inv.:** 54.747
Lit.: Kent Hill a.O. 101 Nr.223.

Kat.Nr.16 „Villa des Asellius“

ORT: Boscoreale, contrada Pisanella (Kockel-Nr.27)
AUSGRÄBER: Vincenzo de Prisco. **BESITZER:** De Martino
AUSGRABUNGSZEITRAUM: August (?) 1903 - 27.11.1904 (s.Kap.2.4.2.)
GRABUNGSBERICHTE: M.Della Corte, NSc 1921, 426ff. Nr.III
ARCHIVMATERIALIEN: Arch.Pomp.IV/1: *Giornali dello scavo* vom 4.7. bis zum 10.7.1904 und vom 18.7.1904 bis zum 27.11.1904 sowie Briefe; Arch.Pomp.IV/5: *Giornale dello scavo* vom 11.7.1904 bis zum 17.7.1904.
LITERATUR: R.C.Carrington, JRS 21, 1931, 111. 112. 119. Abb.16 S. 128f. Nr.27; J.Day, YaleClSt 3, 1932, 185 Taf. A.B.C Nr.27; H.Drerup, MarbWPr (1959) 5 Abb.5; E.Fabricotti, CronPomp 2, 1976, 59f. Nr.II.b.a. Abb.24; Casale-Bianco 40 Nr.57 Abb.16; Jashemski, Gardens I 319, II 286 Nr.587 Plan 125; A.Allroggen-Bedel in: Regione sotterrata 525; Flach, Agrargeschichte 215ff. Abb.7.
BESCHREIBUNG DER RÄUME: Vorbemerkungen: soweit nicht anders vermerkt, waren die Räume einfach verputzt oder schlicht verziert: 1.7.12.14.17. 21-23.25.27.28. Die Angabe der Fußböden folgt der zusammenfassenden Aufstellung von M.Della Corte (NSc 1921, 428).
Nördliche Porticus (NSc 1921, 428): Cocciopesto - Boden.- Sowohl die Wände als auch die Säulen und Schranken waren bis zu einer Höhe von 1,57 m rot und darüber weiß verputzt.
Küche B (NSc 1921, 428f.): Lehmboden.- In der Nordwand kleine halbrunde Nische, einfach verputzt (H vom Boden 1,30 m), daneben ein rechteckiges Becken, über diesem Wasserhahn aus Bronze; in der Nordostecke befindet sich das Praefurnium. In der Mitte des Raumes war ein großer, zylindrischer Bleikessel (H 43 cm / Dm 33 cm) mit Rundboden und drei Eisenhenkeln an drei oben zusammenführenden Eisenstäben aufgehängt. In der Südostecke befindet sich die mit Asche und Kohle bedeckte Kochstelle. In der Nähe wurden 13 Bronzemünzen, ein Tongefäß und eine Bildlampe (Büste der Diana lucifera) gefunden.
Raum 3 (NSc 1921, 429): Lehmboden.- Funde: eine Kasserolle, eine Oinochoe (H 13 cm), eine „Pastetenform“ in der Form einer Muschel (Dm 12 cm), zwei Fragmente eines Spiegels, ein herzförmiger Anhänger, ein Griff, ein kleiner Ring sowie ein Kettenglied aus Bronze, zwei kleine Flaschen und eine Schale aus Glas, zwei Tongefäße und zwei Eisengeräte.
Frigidarium 5 (NSc 1921, 429): Cocciopesto-Boden. Über zwei Stufen ist ein großes Becken (1,80 x 80) zu erreichen.- Funde: Türgriff aus Bronze, eine Amphore und drei Tongefäße.
Tepidarium 6 und Caldarium 7 (NSc 1921, 428f.): Die *suspensurae* und die *tegulae mammatae* waren entfernt worden. Boden: zerstört.- Wände: unverputzt.
Raum 8 (NSc 1921, 429f.): Cocciopesto-Boden.- Wanddekoration (Kat.Nr.16/1).- Funde: sieben Bildlampen (Juppiterbüste mit Adler, Adler und Blitz; Maske; Delphin; Adler; Diana-Büste; unkenntliche Büste), eine zweiflammige Lampe mit zwei Armormasken sowie fünf einfache Lampen mit dem Stempel H auf dem Boden und Scherben eines großen Glasgefäßes.
Raum 9 (NSc 1921, 430): Cocciopesto-Boden.- Spärliche Reste von schwarzgrundiger Wanddekoration 2. Stils. Rechts vom Eingang zugesetztes Fenster, links vom Eingang halbrunde Nische (H 1,13 vom Boden).- Funde: in der Nische lagen eine republikanische Bronzemünze (Janus/Prora), ein kleiner Bronzering, ein Stab aus Glas und einer aus Bein. Funde im Raum: ein großes Bleigefäß (Dm 1 m), bronzene Beschlagteile von der Tür, ein Stäbchen aus Bein und ein Tongefäß.
Raum 10 (NSc 1921, 430): Cocciopesto-Boden.- In den Wänden Löcher für Holzbalken.- Funde: fünf Bronzescharniere und Teile von Schlössern.
Raum 11 (NSc 1921, 430): Cocciopesto-Boden.- Gelbgrundige Wanddekoration 4. Stils, in Felder gegliedert durch Kandelaber und Architekturdurchblicke. In der Mitte der Felder fliegende Sphingen, Schwäne und Mischwesen.- Funde: eine bronzene *caldaia* (H 28 cm) mit Rundboden und eine Tonamphore.
Raum 12 (NSc 1921, 430): Cocciopesto-Boden.- Gelbgrundige Dekoration des 4. Stils (Kat.Nr.16/2), ähnlich wie Raum 11.
Saal 13 (NSc 1921, 430f.): Cocciopesto-Boden.- Dekoration des 2. Stils (Kat.Nr.16/3).- Funde: ein Travertingewicht.
Raum 14 (NSc 1921, 431): Cocciopesto-Boden.- Funde: zwei Schlösser mit einem Eisenschlüssel und eine Türangel aus Bronze.

Raum 15 (NSc 1921, 431): Cocciopesto-Boden.- Gelbgrundige Dekoration des 4. Stils (Kat.Nr.16/4).
Raum 16 (NSc 1921, 431): Weißer Mosaik-Boden.- Gelbgrundige Dekoration des 4. Stils (Kat.Nr.16/5).
Westliche Porticus (NSc 1921, 434): Boden und Wände: vgl. nördl. Porticus.- Funde: nahe bei der letzten Säule fünf zweiteilige Scharniere und elf Muscheln. In der Südwand in Fortsetzung der Säulenreihe Bronzewasserhahn (L 27 cm).
Eingang A (NSc 1921, 428): Cocciopesto-Boden.- Über einer Schwelle aus vulkanischem Gestein war eine zweiflügelige Holztür angebracht. Zwei rote Bänke. Der Eingangsbereich war einfach überdacht.
Pförtnerraum 17 (NSc 1921, 432): Einige der Funde hingen an Nägeln an der Wand. Bronze: ein Siegel (Kat.Nr.16/6), ein Pfanne mit Griff (Dm 30 cm), ein Kandelaber (Kat.Nr.16/7), ein Spiegel (Dm 11 cm), ein Riegel und ein Griff, ein Gefäßgriff, das Ende einer Eisenstange in Form eines Katzenkopfes, zwei Schnallen, ein großer kannelierter Reif (Dm 7 cm), zwölf kleinere Ringe, ein Schloß mit Eisenschlüssel, das einst mit Nägeln mit Katzenköpfen auf Holz befestigt war, zwei Fragmente von weiteren Schlössern, ein kleines, zweihenkeliges Gefäß (H 10 cm), an deren Henkeln sich eine kleine Kette befindet, an der auch der Deckel hängt.- Ein Glasgefäß (H 5,5 cm), das ursprünglich in ein jetzt zerbrochenes Silbergefäß eingefaßt war, das auf der Außenseite einen Fries von Viergespannen zeigt; auch der Deckel ist stark fragmentiert. Eine Haarnadel aus Bein (Kat.Nr.16/8), aus Glas eine kleine Amphore (H 15 cm), zwei Flaschen, ein Simpulum, dessen Griff fehlt und ein kleiner Pithos (H 9 cm). Aus weißem Marmor eine Schüssel (Dm 31 cm), in zwei Teile zerbrochen, mit Stößel. Ton: ein ovaler *fritillo* und zwei Gefäße.
Raum 18 (NSc 1921, 432f.): Weißer Mosaikboden, in der Mitte schwarz-weißes geometrisches Muster.- Rotgrundige Wanddekoration des 4. Stils (Kat.Nr.16/9).- Funde: ein Bronzegerät.
Raum 19 (NSc 1921, 433f.): Weißer Mosaikboden, in der Mitte schwarz-weißes geometrisches Muster.- Rotgrundige Wanddekoration des 4. Stils (Kat.Nr.16/10).
Raum 20 (NSc 1921, 434): Weißer Mosaikboden.- Funde: vier Bronzescharniere und ein Gerät.
Östliche Porticus (NSc 1921, 434): Boden und Wände vgl. nördliche Porticus.- Funde in der Südwestecke: Bleikessel mit drei Ringhenkeln aus Eisen. Nahe dem *puteal:* (Tür)-Riegel aus Eisen ähnlich dem aus Raum 17 (L 27 cm). Nahe bei der Bank Bronzescharnier (L 20 cm).
Eingang A' (NSc 1921, 431): Cocciopesto-Boden.- Wie Eingang A, aber nur eine Bank.- Funde: fünf Skelette, dabei 17 Bronzemünzen, vier Denare und ein Bronzekessel aus Bronze (Dm 22 cm).
Raum 22 (NSc 1921, 434): Cocciopesto-Boden.- In der Südwand in einer Höhe von 2 m Nische mit Lararienbild (Kat.Nr.16/11).- Funde: zwei Tongefäße.
Raum 23 (NSc 1921, 434): Cocciopesto-Boden.- Funde: zwei Glasflaschen.
Durchgang 24 (NSc 1921, 435): Lehmboden.- An der Südwandand Landschaft (Kat.Nr.16/12).
Raum 26 (NSc 1921, 435): Cocciopesto-Boden.- Gelbgrundige Dekoration des 4. Stils (Kat.Nr.16/13).
Raum 27 (NSc 1921, 435): Cocciopesto-Boden.- In den Wänden befanden sich mehrere Löcher.
Raum 28 (NSc 1921, 435): Cocciopesto-Boden.- Funde: nahe beim Eingang vier Bronze-Scharniere.

KATALOG DER FUNDE AUS DER VILLA KAT.NR.16

Kat.Nr.16/1 Wanddekoration
FO: Raum 8
Beschreibung: Gelbgrundige Wanddekoration des 4. Stils. Die Felder der Ost- und Westwand werden durch Kandelaber auf rotem Grund getrennt. Die Felder der zentralen Nordwand werden dagegen durch Architekturdurchblicke unterteilt. In der Mitte der Felder der Ost- und Westwand befinden sich kleine Bilder (39 x 18 cm), die einen Pfau oder einen Vogel zeigen.

16/1a Bild der Nordwand
Maße: 68 x 65 cm
Beschreibung: Das Bild zeigt die stehende und mit Tunica und Mantel bekleidete Venus. Rechts von ihr hält Amor einen Spiegel. Eine weitere Figur ist nur noch schlecht zu erkennen. Links von der Göttin ist ein weißer Vogel zu sehen.
AO: Unbekannt, aber offenbar schlecht erhalten und daher möglicherweise noch in situ.
Lit.: M.Della Corte, NSc 1921, 429f.

Kat.Nr.16/2 Wanddekoration
FO: Raum 12
Beschreibung: Gelbgrundige Wanddekoration des 4. Stils, der Aufbau ähnlich wie in Raum 11

16/2a Bild aus dem zentralen Feld der Nord oder Südwand
Maße: H 28 cm
Beschreibung: Monochromes weißes Bild: Bacchus, nur mit einem Mantel über dem l. Arm, hält in der L. den Thyrsosstab und lehnt an einer Säule. Mit der R. gießt er aus einem Kantharos (?) Wein, den ein Panther zu seinen Füßen trinkt.
AO: Unbekannt
16/2b Bild aus dem zentralen Feld der Nord- oder Südwand
Maße: H 28 cm
Beschreibung: Monochromes weißes Bild: stehende Fortuna mit Steuerruder in der Rechten.
AO: Unbekannt
Lit.: M.Della Corte, NSc 1921, 430.

Kat.Nr.16/3 Wanddekoration
FO: Saal 13
Beschreibung: Nach Della Corte sehr qualitätvolle Wandmalerei des 2. Stils, die an mehreren Stellen sehr einfach *(ignobile intonacco laterizio)* ausgebessert wurde: *La decorazione pittorica, di II stile, volle qui rappresentare un fastoso oecus corinthiacus dalle colonne gialle auree, con capitelli candidi corintii, a sostegno di un grandioso cornicione aggettante, dal quale sviluppavasi l'intradosso della volta: fra le colonne erano tesi dei ricchi festoni di foglie, fiori e frutta con uccelli beccanti: le pareti, dietro le colonne, imitavano un bugnato di marmi policromi, nei quali si alternavano il verde, il giallo, il rosso, il nero.*
AO: Unbekannt
Lit.: M.Della Corte, NSc 1921, 430f.

Kat.Nr.16/4 Wanddekoration
FO: Raum 15
Beschreibung: Gelbgrundige Wanddekoration des 4. Stils, *nei cui riquadri erano, oltre a quattro minuscoli paesaggi in altrettanti medaglioni di m. 0,24 di diametro, due nella parete nord e due nella parete sud, tre quadretti di m. 0,39 x 0,18 con le rapresantanze di crostacei e seppie, una copra al pascolo, un soggetto irriconoscibile.*
AO: Unbekannt
Lit.: M.Della Corte, NSc 1921, 431.

Kat.Nr.16/5 Wanddekoration
FO: Raum 16
Beschreibung: Gelbgrundige Wanddekoration des 4. Stils. Die Westwand ist zerstört. Zwischen Architekturdurchblicken befinden sich folgende Darstellungen:
16/5a Südwand
Beschreibung: Weibliche geflügelte Figur mit Bogen und Pfeil (H 22 cm); Amor mit Rython und Situla (H 24 cm).
AO: Unbekannt
16/5b Ostwand
Beschreibung: Drei fliegende Eroten, einer mit Syrinx und Pedum, einer mit grünem Mäntelchen und Pedum, der dritte mit Mäntelchen und Schwert (H 200 mm).
AO: Unbekannt
16/5c Nordwand: Nische
Beschreibung: Seitlich der Pilaster der Nische sind zwei monochrome, grüne Tiger (16 x 13 cm) zu sehen. Neben den Kapitellen dieser Pilaster befinden sich zwei Bilder (38 x 19 cm - links schlecht erhalten), die auf dunkelrotem Grund monochrome, weiße Gladiatorenkämpfe zeigen. Die Pilaster, die Kapitelle und der Bogen der Nische waren stukkiert. Im Bogen befinden sich zwei Medaillone (Dm 200 mm) mit je einer weiblichen Büste mit kleinem Amor auf der Schulter. In der Nische sind auf weißem Grund zahlreiche Blumen, dazwischen zwanzig Vögel, verschiedene Masken und Gefäße.
AO: Unbekannt
Lit.: M.Della Corte, NSc 1921, 431.

Kat.Nr.16/6 Siegel
FO: Pförtnerraum 17
Mat.: Bronze. **Maße:** -
Beschreibung: Inschrift spiegelverkehrt: THALLI
ASEL.PRO
AO: Pompeji (Della Corte)
Lit.: M.Della Corte, NSc 1921, 428.

Kat.Nr.16/7 Kandelaber
FO: Pförtnerraum 17
Mat.: Bronze. **Maße:** H 135 mm
Beschreibung: Kandelaber, der Fuß besteht aus drei Löwentatzen mit jeweils einem Blatt dazwischen.
AO: Unbekannt
Lit.: M.Della Corte, NSc 1921, 432.

Kat.Nr.16/8 Haarnadel
FO: Pförtnerraum 17
Mat.: Bein. **Maße:** 150 mm
Beschreibung: Die Nadel endet am oberen Ende in einer Hand, die mit drei Fingern eine weibliche Gewandbüste hält, um das Handgelenk ein Schlangenarmreif.
AO: Unbekannt
Lit.: M.Della Corte, NSc 1921, 432 Abb.8.

Kat.Nr.16/9 Wanddekoration
FO: Raum 18
Beschreibung: Rotgrundige Wanddekoration des 4. Stils. Die Westwand war undekoriert, die Dekoration der Ostwand blieb nur schlecht erhalten. Nord- und Südwand: Sockelzone, einfache floreale Motive, Hauptzone: drei große Felder werden durch Architekturdurchblicke getrennt, die

in die Oberzone mit Arabesken und Girlanden hineinragen. In der Mitte der Felder der Haupt- und Oberzone befindet sich in der Mitte jeweils eine figürliche Darstellung. Nordwand, Hauptzone, westl. Feld: Personifikation des Sommers (zerstört); mittl. Feld: nackter stehender Bacchus mit Thyrsos (H 48 cm), östl. Feld; Personifikation des Frühlings (sehr schlecht erhalten), Oberzone, westl. Feld: Silen (H 50 cm) mit Mantel um die Hüften; mittleres Feld: nackter Satyr auf einem Weinschlauch, mit Pinienkranz und Kantharos; östl. Feld: Mänade (?) (H 50 cm).
Südwand, Hauptzone, östl. Feld: Personifikation des Winters, in der ausgestreckten R. zwei Enten (?); mittleres Feld: Apollon Lykaios; westl. Feld: weibl. Personifikation des Herbstes (H 40 cm) mit unklaren Gegenständen; Oberzone, östl. Feld: männl. Figur mit Mantel und mit Efeu bekränzt, die einen Kantharos ausgießt; mittleres Feld: kniende Muse oder Musikantin (H 42 cm), die die Lyra spielt; westl. Feld: Priesterin, in der R. Patera mit unbestimmten Gegenständen, in der L. Praefericulum. In den Durchblicken jeweils Stilleben *(xenia)*; erhalten blieben lediglich die der Südwand: östl. Stilleben: Pfau n.r. (?) (H 60 cm); westl. Stilleben: an einem Nagel aufgehängte Fische (H 45 cm).
AO: Unbekannt
Lit.: M.Della Corte, NSc 1921, 432f.

Kat.Nr.16/10 Wanddekoration
FO: Raum 19
Beschreibung: Rotgrundige Wanddekoration des 4. Stils. Die Süd- und die Westwand waren undekoriert. Die Ost- und die Nordwand entsprachen im Aufbau Kat.Nr.16/9. Ostwand: In den Architekturdurchblicken jeweils weibliche Figur, im nördlichen Durchblick (schlecht erhalten) mit Diptychon, rechts zerstört.
In der Frieszone über dem Eingang Bild (1260 x 730 mm) mit tafelndem Liebespaar auf einer Kline. Davor ein Tisch mit Gefäßen. Im Hintergrund Textilien. Rechts stellt ein Diener einen Kantharos und eine Oinochoe auf einen weiteren Tisch. Eine Dienerin bringt eine Tonamphore.
Nordwand: Sockelzone (H 430 mm) mit grünen Pflanzen, Hauptzone (1640 mm), Oberzone (H 800 mm). In den roten Seitenfeldern befinden sich zwei Medaillons (Dm 300 mm) mit jeweils einem schwebenden Eros, der eine mit Bogen und Jagdspieß, der andere im Mäntelchen mit Situla in der R. und Hydria. Im mittleren roten Feld Bild (570 x 630 mm): Liebespaar auf Lectus. In der Mitte der Frieszone Frau mit Pyxis und Kantharos (H 430 mm), r. ein Mann im Mantel, schlecht erhalten, in der gleichen Größe; die Figur l. ist verloren. Ganz links und rechts große Muscheln mit Girlanden, darüber jeweils Figur (H 330 mm): r. Mann im Mantel sitzend mit Füllhorn, l. kniende, nackte Mänade mit unklarem Gegenstand.
AO: Unbekannt
Lit.: M.Della Corte, NSc 1921, 433f.

Kat.Nr.16/11 Lararienbild
FO: Raum 22 **Maße:** -
Beschreibung: Auf weißem Grund stehender Bacchus mit Mantel und Stiefeln, mit Weinlaub bekränzt, in der L. Thyrsos, in der R. Patera, aus der er Wein auf einen Altar mit Girlanden und zwei Widderköpfen gießt, rechts großer Korb mit Trauben, ganz oben Girlande aus Blättern und Blüten an drei Nägeln hängend. Um die Nische herum auf einer Breite von 28 cm weißer Stuck, auf dem oben und an den Seiten eine Girlande aus bunten Blumen gemalt ist. Unten: Schlange *agathodemone* schlängelt sich n.l. und leckt an den Gaben auf dem Altar aus gelbem Marmor.
AO: Unbekannt
Lit.: M.Della Corte, NSc 1921, 434.

Kat.Nr.16/12 Sakralbild
FO: Durchgang 24
Maße: H 1100 mm
Beschreibung: Südwand: Sockel, der dunkelgrünen Marmor imitiert (H 1200 mm). Das Bild zeigt zwei Schlangen, die sich auf einen Rundaltar zwischen ihnen zubewegen. Auf dem Altar Korb mit Früchten, links und rechts je ein Baum, oben reiche Girlande mit Blättern, Früchten und Blüten, die an drei Nägeln hängt.
AO: Unbekannt
Lit.: M.Della Corte, NSc 1921, 435.

Kat.Nr.16/13 Wanddekoration
FO: Raum 26
Beschreibung: Gelbgrundige Wanddekoration des 4. Stils. Die Felder werden durch Architekturdurchblicke getrennt. In jedem der gelben Felder war ein Bild (200 x 420 mm). Lediglich drei schlecht erhaltene Landschaftsdarstellungen blieben erhalten.
AO: Unbekannt
Lit.: M.Della Corte, NSc 1921, 435.

Kat.Nr.17 Villa in Scafati, fondo de Prisco

ORT: Scafati, contrada Crapolla (Kockel-Nr.36)
AUSGRÄBER UND BESITZER: Vincenzo de Prisco
AUSGRABUNGSZEITRAUM: Juni - Dezember 1906 (s. Kap.2.4.2.)
GRABUNGSBERICHTE: M.Della Corte, NSc 1923, 284ff. Nr.X.
ARCHIVMATERIALIEN: Arch.Pomp. IV/6: *Giornali dello scavo* vom 18.6.1906 bis zum 12.8.1906 sowie einige Briefe
LITERATUR: J.Day, YaleClSt 3, 1932, Taf. A.B.C Nr.36; E.Fabricotti, CronPomp 2, 1976, 45f. II.a.d. Abb.11; Casale-Bianco 43 Nr.73 Abb.20; Jongman, Economy 116.
GRABUNGSUMSTÄNDE: Della Corte geht davon aus, daß die Villa bereits durchsucht wurde. Die Verschüttungshöhe betrug lediglich 4,30 m (M.Della Corte, NSc 1923, 284).
BESCHREIBUNG DER RÄUME: Die Angabe der Wandverputze und der Böden folgt der Zusammenstellung von M.Della Corte (NSc 1923, 284f.).
Porticus (NSc 1923, 286f.): Zwischen den Pilastern aus Opus latericium befinden sich Schranken aus Opus incertum. Funde in der nördlichen Fortsetzung der Porticus, zwischen den Räumen 11 und 12: sechs Eisenwerkzeuge. Nahe dem Eingang von Raum 8 befanden sich vier Dolien und eine Eisenegge. Außerdem wurden in der Porticus gefunden: fünf Amphoren, ein Becken (Dm 38 cm) und ein Trichter.
Raum 1 (NSc 1923, 285): Cocciopesto-Boden.- Wände: laterizio. In der Westwand befindet sich eine durch ein kleines Vordach geschützte Nische, darin Rußspuren.
Raum 2 (NSc 1923, 285): Lehmboden. Eine kleine Mauer stützte den etwas höher gelegenen südlichen Teil des Raumes ab, der wahrscheinlich als Futterkrippe diente.- Funde: Die Skelette eines Pferdes und mehrerer Hühner.
Küche 3 (NSc 1923, 285): Lehmboden. In der Raummitte Podium (1,75 x 2,05 m), darauf Reste von Kohle und Asche. Vor der Westwand stand ein großer Mörser aus Vesuvgestein. In der Südwestecke zeugt ein Steinsockel von einer aufgehenden Holztreppe.
Raum 4 (NSc 1923, 285f.): Lehmboden mit Becken an der N-Wand, in der Südwestecke Ofen.
Raum 5 (NSc 1923, 286): Lehmboden. Der östliche Teil des Raumes wird von einem Podium (H 20 cm) eingenommen, auf dessen südlichen Ende sich ein rundes Becken befindet. Das kleinere Podium in der Südwestecke des Raumes war mit Asche bedeckt.
Apodyterium 6 (NSc 1923, 286): Cocciopesto-Boden.- Wände: weißer Verputz über hohem roten Sokkel. Holztür.
Caldarium 7 (NSc 1923, 286): Cocciopesto-Boden.- Wände: weißer Verputz über schwarzer Sockelzone. Holztür.- Funde: Rechteckiges Becken mit Öffnung (Dm 20 cm), in der ein Bronzegefäß saß, das Kontakt mit dem Feuer hatte.
Raum 8 (NSc 1923, 286): Lehmboden. In der Südostecke befand sich das Praefurnium.
Raum 11 (NSc 1923, 286): Lehmboden.- Wände: grober weißer Verputz, links vom Eingang Darstellung der Juno (H 340 mm) mit Golddiadem und Pfau zu ihren Füßen.
Raum 12 (NSc 1923, 286): Calcestruzzo-Boden.- Wände: *laterizio*. In den Wänden Abdrücke der in drei Reihen übereinander angebrachten Regalbretter.- Funde: eine bauchige, einhenkelige Kanne (H 20 cm) und ein Sieb mit Mäanderverzierung in Fragmenten, der Knauf eines Stabes, eine Schnalle aus Bronze sowie ein kleines Gefäß (*pisside* - H 90 mm; Dm 60 mm) aus Eisenbändern bestehend, außen ursprünglich, so vermutet Della Corte, mit Talk verkleidet, mit Bronzedeckel. Ein ovales Bleigewicht mit Eisenhenkel.
Raum 13 (NSc 1923, 285): Calcestruzzo-Boden.- Wände: *laterizio*.
Funde aus den oberen Schichten (NSc 1923, 286): Zwei Bronzemünzen von Marc Aurel und Lucilla.

Kat.Nr.18 „Villa des Agrippa Postumus“

ORT: Boscotrecase, contrada Rota (Kockel-Nr.31)
AUSGRÄBER UND BESITZER: Ernesto Santini. **AUSGRABUNGSZEITRAUM:** 1903 - 1905
GRABUNGSBERICHTE: M.Della Corte, NSc 1922, 459ff. Nr.XI.
ARCHIVMATERIALIEN: Arch.Pomp. II/1 (Fundlisten der zweiten Grabungsphase vom 28.7.1904 bis zum 19.9.1905 sowie Briefe)
LITERATUR: R.C.Carrington, JRS 21, 1931, 111. 112. 116. 121 Abb.16; S.128. 129 Nr.32; J.Day, YaleClSt 3, 1932, 177. 185 Taf. A.B.C Nr.31; Rossiter, Farm Buildings 40f. 46 Nr.6. Abb.12a; J.H.d'Arms in: Pompei 79, 67 Abb.25; Casale-Bianco 31f. Nr.10 Abb.7; Jashemski, Gardens I 320, II 292 Nr.591 Plan 129; A.Allroggen-Bedel in: Regione sotterrata 524; M.L.Anderson, Metropolitan Museum of Art Bulletin, Winter 1987/88, 3ff.; ders. in: Ercolano 1738-19988 155ff.; Mielsch, Villa 13f.; Jongman, Economy 129f.; Richardson, Pompeii 242ff.; Blanckenhagen. **Zu den Inschriften:** M.Della Corte, NSc 1922, 477f.; Della Corte, Case[3] 414ff.; Jongman, Economy 118f.
GRABUNGSUMSTÄNDE: Die nur zu Teilen ausgegrabene Villa wurde beim Vesuvausbruch vom 28.6.1906 mit Lava bedeckt (M.Della Corte, NSc 1922, 460).
BESCHREIBUNG DER RÄUME:
Hof A (NSc 1922, 460ff.): Säulen und Pilaster aus unverputztem Opus latericium, dazwischen Schranken (H 0,85 m). In der Nordostecke des Hofes befindet sich eine zweiarmige Tränke. An der westlichen Wand liegt ein Podium mit drei rechteckigen Herdstellen und einem Ofen. Nördlich davon ist ein Verschlag gelegen, dessen östliche und südliche Wände aus Holz bestanden.- **Funde im Verschlag:** Bronze: zwei Siegel (Kat.Nr.18/1), ein *vaso conico* (Dm Boden 12 cm), zwei *caldaie a recipiente cilindrico* (H 200 mm), zwei weitere Kessel (Kat.Nr.18/2.3), eine Kanne (Kat.Nr.18/4), eine Oinochoe (H 15 cm) eine Situla (H 290 mm), sieben Scharniere, eine Nadel, eine Flasche (Kat.Nr.18/5) an einem Ring zusammen mit vier Strigiles aus Eisen, fünf kleine Glocken, ein runder Spiegel (Dm 130 mm) und Fragmente eines weiteren, ein Ende einer großen Waage, 124 einzelne Bronzemünzen, etwa 100 zusammenkorrodierte Bronzemünzen sowie verschiedene Teile von Schlössern. Eisen: zwei lange Messer, acht Schlüssel und eine große Anzahl von zum Teil zusammenkorrodierten Eisenwerkzeugen. Blei: ein kleines Gefäß und zwei kleine Teile von einer Waage. Glas: drei große und drei kleine Flaschen und eine kleine Schale sowie 71 Glaspasteperlen. Außerdem wurden ein rundes Becken aus Basalt und vier Hauer von Wildschweinen, zwei Stäbchen und eine Spindel aus Bein, vier Muscheln sowie ein Messergriff, ein Möbelornament und ein Dolch (Kat.Nr.18/6) aus Elfenbein gefunden. Aus Ton eine Amphore und acht weitere Gefäße.
Raum 1 (NSc 1922, 462): Funde: Eisenkonstruktion zum Fesseln von Sklaven (Kat.Nr.18/7).
Vor Raum 3, entlang der Nordwand von Raum 1 (NSc 1922, 462): Fünf Löcher von gleich voneinander entfernten Pfosten für Pferdeboxen (Della Corte).
Stabulum 3 (NSc 1922, 462f.): Futterkrippen an der Nord- und der Ostwand.- Funde: eine *coppa* (Dm 11 cm) und einige Überreste von Zaumzeug aus Bronze.
Räume 4-12 sowie neun weitere Räume im Obergeschoß (NSc 1922, 463): Lehmboden.- Wände einfach verputzt; jeweils in der Nähe des Eingangs kleine Feuerstelle, eine kleine Nische in der Wand für eine Lampe und ein kleines Fenster in der Ostwand.
Raum 5 (NSc 1922, 463f.): Funde: zwei Gemmen und zwei Kameen (Kat.Nr.18/8-11), zwei kleine miteinander verbundene Ringe aus Gold, ein Hündchen aus Bernstein, fünf Löffelchen aus Silber, ein kleines Gefäß mit Deckel, eine Scheibe und zwei Würfel aus Bein, vier kleine Bleigewichte. Aus Bronze sind Reste von Pferdezaumzeug (Kat.Nr.18/12), Teile von einer Tür, ein Kandelaber (Kat.Nr.18/13), vier Gewichte, ein Wasserverteilungskasten, drei Pinzetten, ein Sieb (Kat.Nr.18/14), ein Spiegel (Dm 12 cm), 16 Bronzemünzen und zwei Kettenglieder. Aus Glas sind ein Simpulum, 14 kleine Flaschen, ein kleines zylindrisches Gefäß (H 3,5 cm), ein Schälchen aus weißem Opakglas mit Spiralverzierung (Dm 8 cm) und weitere fünf kleine Gefäße, z.T. in Scherben, ein Knopf und 14 Spielsteine. Außerdem wurden eine einfache Lampe und zwei Bildlampen (Satyr/Amor mit Stange über der Schulter, an der zwei Eimer hängen), ein Gefäß mit einfacher figürlicher Reliefverzierung und eine Flasche aus Ton sowie acht Muscheln gefunden.
Raum 6 (NSc 1922, 464): Funde: ein Kandelaber (Kat.Nr.18/15), eine Waage, 21 Anhänger von einem Zaumzeug (Della Corte), Teile eines Schlosses und zwei kleine Ringe aus Bronze, zwei Eisengeräte, eine

kleine weiße Marmorsäule (H 45 cm), 107 Glasanhänger und ein Terra sigillata-Gefäß.
Nahe den Eingängen zu den Räumen 11 und 12 (NSc 1922, 462): Drei Eisengeräte, zwei Bronzemünzen, drei Amphoren und sieben weitere Tongefäße.
Raum 11 (NSc 1922, 464): Funde: zwei Bronzemünzen, verschiedene Tongefäße und drei Amphoren, eine Terra sigillata-Schüssel und eine einfache Schüssel, ein Rohr (?) (Dm 300 mm; H 430 mm) und ein Travertinstück.
Raum 12 (NSc 1922, 464f.): Funde: eine Flasche (H 12 cm) aus Alabaster, zwei Flaschen und zwei Fläschchen aus Glas, eine *caldaia* (H 21 cm) aus Blei, der runde Deckel eines kleinen Gefäßes (Dm 8 cm), eine Kasserolle (Kat.Nr.18/16), ein Knauf und drei Schnallen aus Bronze, drei Amphoren und sieben weitere Gefäße, drei Lampen und ein Antefix (Medusa) aus Ton.
Südwestecke des Hofes, nahe dem Eingang zu Raum 13 (NSc 1922, 465): Ein Pferdezaumzeug, die Teile eines Modius (Kat.Nr.18/17), 21 Anhänger und zwei Fläschchen aus Glas, eine Bildlampe (komische Maske), zwei Terra sigillata-Gefäße und drei Terra sigillata-Bodenscherben aus Ton.
Vor dem Eingang zu Raum 13 (NSc 1922, 462): Funde: Neun Scharniere, eine große *caldaia a tronco di cono* (H 29 cm) und ein Ring, an dem ein Haken und ein zum Ring verbogenes Stäbchen hängen, aus Bronze sowie eine Bildlampe (Lamm) aus Ton.
Raum 13 (NSc 1922, 465ff.): Wanddekoration des 4. Stils (Kat.Nr.18/18).
Unter der Treppe (NSc 1922, 466): Vier Kessel (Kat.Nr.18/19-21), drei *tegghie a basso fondo* (Dm 300-430 mm), eine Pfanne (Dm 180 mm), darin verkohlte Trauben (?), zwei Siebe (Kat.Nr.18/22), zwei Eimer (Kat.Nr.18/23.24), eine *stampa elittica da pasticceria* (L 22 cm), ein *recipiente di pianta triangolare* (H 200 mm), eine Patera (Dm 13 cm), eine Kasserolle (Dm 200 mm), ein Simpulum (H 130 mm), eine Schale mit beweglichen Henkeln (Kat.Nr.18/25) und sechs Glöckchen aus Bronze, zwei Amphoren, zwölf weitere Tongefäße, zwei zweiflammige Bildlampen (Rosette / Adler, der einen Hasen greift), drei Terra sigillata-Gefäße und ein großes, rechteckiges Gefäß (Kat.Nr.18/26) aus Ton sowie 20 Bleigewichte, ein Glasgefäß und eine Muschel. Weitere Funde **im Raum verteilt:** Ein Spiegel (Dm 70 cm), sieben Schnallen, ein Knauf in der Form eines Katzenkopfes, eine *padellina* (Dm 160 mm), ein bauchiges Fläschchen (H 80 mm), zwei Klumpen von Objekten, die durch Eisenoxid verbunden werden, im ersten befinden sich ein Bronzeschlüssel und mehrere Kugeln aus Glaspaste, in dem zweiten wurden Fibeln, Schlüssel, Reifen und ein Schloß erkannt, drei Münzen, zwei Glöckchen, eine Nadel, zwei herzförmige und ein halbmondförmiger Anhänger, drei Scheiben, offenbar wie die oben aufgeführten Schnallen zum Zaumzeug gehörig (Della Corte), und ein weiterer Beschlag aus Bronze, in der Mitte Silbermedaillon mit der Darstellung von zwei kämpfenden Eroten als Gladiatoren. Außerdem wurden eine Glasschale (Dm 12 cm), zwei Bildlampen (Springender Satyr/Amor mit Stange über der Schulter, an der zwei Eimer hängen), ein Terra sigillata-Gefäß, zwei Amphoren und fünf weitere Tongefäße gefunden.
Raum unter der Terrasse D, mit Raum 13 verbunden (NSc 1922, 467): Funde: vier Schnallen und zwei Scharniere aus Bronze.
Zweiter Raum unter der Terrasse D (NSc 1922, 467): Funde: eine Trichterrandkanne (Kat.Nr.18/28), eine Kasserolle (Kat.Nr.18/27), zwei Situlen (H 300/330 mm) mit Ring und Henkel aus Eisen und zwei rechteckige Beschläge (130 x 70 mm) aus Bronze, eine Travertinkugel, eine Marmortischplatte (Kat.Nr.18/29), drei Tongefäße und eine Muschel.
Terrasse D (NSc 1922, 467): Cocciopesto-Boden mit weißen Marmorbruchstücken und Brüstung (H 800 mm).
Raum 15 (NSc 1922, 468ff.): Weißer Mosaikboden, in der Mitte und auf der Schwelle geometrische Motive.- Wände: „schwarzer Raum“ (Kat.Nr.18/30).- Funde: ein *vaso conico* (H 150 mm), eine Kasserolle (Dm 160 mm), eine Oinochoe (H 200 mm), am unteren Henkelansatz Maske, eine Siebkelle (Kat.Nr.18/31), 13 kleine Ringe, eine Laterne (Kat.Nr.18/32), ein Kandelaber (Kat.Nr.18/33) und eine Münze aus Bronze, ein Kristallanhänger, ein Bleigewicht, ein Terra sigillata-Napf, drei Flaschen, zwei Bildlampen (Löwe / Amor als Seemann), fünf Amphoren und drei weitere Gefäße aus Ton sowie ein Fragment der Wand (430 x 500 mm) mit Inschrift.
Raum 16 (NSc 1922, 470ff.): Weißer Mosaikboden, auf den drei Schwellen einfache geometrische Muster.- Wände: „roter Raum“ (Kat.Nr.18/34).- Funde: zwei Amphoren.

Raum 17 (NSc 1922, 474): Weißer Mosaikboden, in der Mitte Feld mit geometrischem Muster und Blume in Rosa. Auf den Schwellen geometrische Muster; nur die nördliche Schwelle ist aus weißem Travertin, darin befinden sich Einlassungen für eine zweiteilige Holztür.- Wände: weiß verputzt.
Raum 18 (NSc 1922, 474f.): Boden: Opus signinum.- Wände: weiß verputzt, auf der Westwand Inschrift.
Raum 19 (NSc 1922, 475f.): Weißer Mosaikboden, von einem doppelten schwarzem Band eingefaßt.- Wände: „mythologischer Raum" (Kat.Nr.18/35).
Raum 20 (NSc 1922, 476): Weißer Mosaik-Boden.- Weißgrundige Wanddekoration des 3. Stils, sehr qualitätvoll, aber weitgehend zerstört (Kat.Nr.1/36).
Gang zwischen 20 und 21 (NSc 1922, 476): Cocciopesto-Boden.- Wände einfach verputzt.
Gang zwischen 20 und 22 (NSc 1922, 476): Funde: eine kleine Amphore (H 23 cm), deren Henkel in Pferdehufen enden, und eine Situla (H 30 cm) aus Bronze mit Eisenring und Eisenhenkel sowie eine Tonamphore.
Räume 21 und 22 (NSc 1922, 476): Cocciopesto-Böden.- Wände: unverputzt.
Raum 23 (NSc 1922, 476): Holz auf Lehmboden.- Funde: die Scheibe einer Bildlampe (Adler), Scherben weiterer Lampen sowie ein Amphorenfuß.
Peristyl B (Ebenda): Säulen (Dm unten 660 mm) aus Opus latericium, sauber weiß verputzt, kanneliert bis zum Drittel der Höhe. Vor der östlichen Porticus steht ein Altar, gemauert und mit Stuck (Girlande) verkleidet. Die Wanddekoration des 2. Stils war offenbar nach dem Erdbeben nicht ausgebessert worden (Della Corte), ein Rest befindet sich in der Südostecke. Jeder Säule des Peristyls entspricht eine gemalte. In der Nähe des Altares lag eine Bronzemünze, und nahe der Zisternenöffnung wurde ein Bronzeeimer (Kat.Nr.18/37) gefunden.
Aus den oberen Schichten des Südwestecke (NSc 1922, 476f.): Zwei christliche Lampen (eine davon 477 Abb.15).

KATALOG DER FUNDE AUS DER VILLA KAT.NR.18

Kat.Nr.18/1 Zwei Bronzesiegel
FO: Hof A, im Verschlag zusammen mit Eisenwerkzeugen
Mat.: Bronze. **Maße:** -
Beschreibung: a. (seitenverkehrt): TI.CL.EV.
b. (seitenverkehrt): EVTYCHI
CAESARIS.L
AO: Unbekannt
Lit.: M.Della Corte, NSc 1922, 460.

Kat.Nr.18/2 Kessel
FO: Hof A, im Verschlag
Mat.: Bronze. **Maße:** H 420 mm
Beschreibung: Großer Kessel mit Rundboden, der sich bis zur horizontalen Schulter leicht verjüngt. Der enge Hals ist annähernd zylindrisch.
AO: Unbekannt
Lit.: M.Della Corte, NSc 1922, 461 Abb.2a.

Kat.Nr.18/3 Kessel
FO: Hof A, im Verschlag
Mat.: Bronze. **Maße:** H 250 mm
Beschreibung: Die Form wie Kat.Nr.18/2. Im Gefäß verkohlte Bohnen.
AO: Unbekannt
Lit.: M.Della Corte, NSc 1922, 461.

Kat.Nr.18/4 Trifoliarkanne
FO: Hof A, im Verschlag
Mat.: Bronze. **Maße:** H 230 mm
Beschreibung: Bauchige Kanne mit engem Hals, Trifoliarmündung und überrandständigem Henkel.
AO: Unbekannt
Lit.: M.Della Corte, NSc 1922, 461 Abb.2g.

Kat.Nr.18/5 Flasche
FO: Hof A, im Verschlag
Mat.: Bronze. **Maße:** 120 mm
Beschreibung: Kleine kugelförmige Flasche mit aufgesetztem, engem Hals.
AO: Unbekannt
Lit.: M.Della Corte, NSc 1922, 461 Abb.2d.

Kat.Nr.18/6 Dolch
FO: Hof A, im Verschlag
Mat.: Elfenbein, Eisen
Maße: L 111 mm
Beschreibung: Dolch mit Elfenbeingriff in der Form eines Schiffsbugs *(novacula)*. Die Klinge ist aus Eisen.
AO: Pompeji, Antiquarium inv.n.15385
Lit.: M.Della Corte, Ausonia 9, 1919, 141f. Abb.1; ders., NSc 1922, 462.

Kat.Nr.18/7 Eisenkonstruktion
FO: Raum 1
Mat.: Eisen. **Maße:** -
Beschreibung: Leiterartige Eisenkonstruktion zum Fesseln von Sklaven (Della Corte). Der Schlüssel steckte im Gerät.
AO: Pompeji, Antiquarium inv.n.18205
Lit.: M.Della Corte, NSc 1922, 462 Abb.3.

Kat.Nr.18/8 Gemme
FO: Raum 5. **Mat.:** Karneol
Maße: 25,1 x 16 mm
Beschreibung: Victoria mit Kranz und Palmenzweig
AO: Neapel, Museo Nazionale inv.n.132759
Lit.: M.Della Corte, NSc 1922, 463 mit Abb.; U.Pannuti, Catalogo della Collezione Glittica I (1983) 65 Nr.97 mit Abb.

Kat.Nr.18/9 Gemme
FO: Raum 5. **Mat.:** Karneol
Maße: 20,4 x 11,5 mm
Beschreibung: Athena Alkis
AO: Neapel, Museo Nazionale inv.n.132760
Lit.: M.Della Corte, NSc 1922, 463f. . mit Abb.; U.Pannuti, Catalogo della Collezione Glittica I (1983) 15 Nr.14 mit Abb.

Kat.Nr.18/10 Kamee
FO: Raum 5. **Mat.:** Glaspaste
Maße: 42,2 x 29,3 mm
Beschreibung: Minerva-Büste
AO: Neapel, Museo Nazionale inv.n.132758
Lit.: M.Della Corte, NSc 1922, 463f. mit Abb.; U.Pannuti, Catalogo della Collezione Glittica I (1983) 18 Nr.20 mit Abb.

Kat.Nr.18/11 Kamee
FO: Raum 5. **Mat.:** Glaspaste
Maße: 23,2 x 14,3 mm
Beschreibung: Aphrodite Anadyomène
AO: Neapel, Museo Nazionale inv.n.132757
Lit.: M.Della Corte, NSc 1922, 463f. mit Abb.; U.Pannuti, Catalogo della Collezione Glittica I (1983) 20 Nr.23 mit Abb.

Kat.Nr.18/12 Trense
FO: Raum 5
Mat.: Bronze. **Maße:** -
Beschreibung: Eine Trense aus Bronze.
AO: Unbekannt
Lit.: M.Della Corte, NSc 1922, 264 Abb.2i.

Kat.Nr.18/13 Kandelaber
FO: Raum 5
Mat.: Bronze. **Maße:** -
Beschreibung: Kandelaber auf drei Löwentatzen mit Blättern dazwischen.
AO: Unbekannt
Lit.: M.Della Corte, NSc 1922, 464.

Kat.Nr.18/14 Siebschale
FO: Raum 5. **Mat.:** Bronze
Maße: Dm 220 mm
Beschreibung: Halbrunde Siebschale
AO: Unbekannt
Lit.: M.Della Corte, NSc 1922, 464 Abb.2e.- Zum Typ vgl. Kat. Nr.5/18.

Kat.Nr.18/15 Kandelaber
FO: Raum 6
Mat.: Bronze. **Maße:** H 900 mm
Beschreibung: Kandelaber mit kanneliertem Schaft und Fuß auf drei Tiertatzen.
AO: Unbekannt
Lit.: M.Della Corte, NSc 1922, 464.

Kat.Nr.18/16 Kasserolle
FO: Raum 12. **Mat.:** Bronze
Maße: Dm 140 mm
Beschreibung: Kasserolle
AO: Unbekannt
Lit.: M.Della Corte, NSc 1922, 465 Abb.2p.

Kat.Nr.18/17 Modius
FO: S-W-Ecke von Hof A, nahe dem Eingang von Raum 13
Mat.: Bronze und ehemals Holz
Maße: H 265 mm; Dm oben 280 mm, unten 340 mm.
Beschreibung: Von dem Modius blieben die bronzenen Teile erhalten: der obere Ring mit drei Speichen, ein mittlerer schmaler Reifen und der untere breitere. Der mittlere Eisenstab fehlt. Die Holzteile wurden ergänzt.
AO: Unbekannt
Lit.: M.Della Corte, NSc 1922, 465 Abb.5.

Kat.Nr.18/18 Wanddekoration
FO: Raum 13
Beschreibung: Wanddekoration des 4. Stils. Jede Wand besteht aus einem gelben Feld zwischen zwei roten Feldern. In den gelben Feldern befindet sich jeweils ein Bild. Die Dekoration ist einfach ausgeführt und schlecht erhalten (Della Corte).
18/18a Bild
Maße: 380 x 380 mm
Beschreibung: Apollon Lykaios mit Lyra und Rabe
AO: Unbekannt
Lit.: M.Della Corte, NSc 1922, 465f.
18/18b Bild
Maße: 380 x 380 mm
Beschreibung: Mythos von Kybele und Attis.- Della Corte vergleicht Komposition und Ausführung mit NSc 1908, 41.
AO: Unbekannt
Lit.: M.Della Corte, NSc 1922, 465f.
18/18c Bild
Maße: 380 x 380 mm
Beschreibung: Opferszene mit Ziegenbock vor Altar und mehreren Personen.
AO: Unbekannt
Lit.: M.Della Corte, NSc 1922, 465f.

Kat.Nr.18/19 Kessel
FO: Raum 13, unter der Treppe
Mat.: Bronze. **Maße:** H 240 mm
Beschreibung: Bauchiger Kessel mit Rundboden, weiter Mündung und Bogenhenkel.
AO: Unbekannt
Lit.: M.Della Corte, NSc 1922, 466 Abb.2b.

Kat.Nr.18/20 Zwei Kessel
FO: Raum 13, unter der Treppe
Mat.: Bronze
Maße: a. H 180 ; b. H 190 mm
Beschreibung: Form wie Kat. Nr.18/19
AO: Unbekannt
Lit.: M.Della Corte, NSc 1922, 466.

Kat.Nr.18/21 Kessel
FO: Raum 13, unter der Treppe
Mat.: Bronze
Maße: Dm 380 mm
Beschreibung: Niedriger Kessel mit Rundboden, tiefliegendem Wandungsknick und weiter Mündung.
AO: Unbekannt
Lit.: M.Della Corte, NSc 1922, 466 Abb.2c.

Kat.Nr.18/22 Zwei Siebe
FO: Raum 13, unter der Treppe
Mat.: Bronze
Maße: a.b. Dm 250 mm
Beschreibung: Zwei Siebschalen mit Mäanderverzierung
AO: Unbekannt
Lit.: M.Della Corte, NSc 1922, 466.- Zum Typ vgl. Kat.Nr.5/18

Kat.Nr.18/23 Eimer
FO: Raum 13, unter der Treppe
Mat.: Bronze. **Maße:** H 190 mm
Beschreibung: Bauchiger Eimer (situla) mit eingezogenem Hals und weiter Mündung.
AO: Unbekannt
Lit.: M.Della Corte, NSc 1922, 466 Abb.2m.

Kat.Nr.18/24 Eimer
FO: Raum 13, unter der Treppe
Mat.: Bronze. **Maße:** H 280 mm
Beschreibung: *situla conica*
AO: Unbekannt
Lit.: M.Della Corte, NSc 1922, 466 Abb.20.

Kat.Nr.18/25 Bronzeschale
FO: Raum 13, unter der Treppe
Mat.: Bronze. **Maße:** -
Beschreibung: Schale mit beweglichen Henkeln
AO: Unbekannt
Lit.: M.Della Corte, NSc 1922, 466 Abb.2l.- Zum Typ vgl. Kat. Nr.1/53.

Kat.Nr.18/26 Tongefäß
FO: Raum 13, unter der Treppe
Mat.: Ton. **Maße:** H 800 mm
Beschreibung: *Vaso di pianta rettangolare, la cui parte superiore si va sempre restringendo, a diverso ripiani, verso l'orlo, sempre rettangolare.*
AO: Unbekannt
Lit.: M.Della Corte, NSc 1922, 466 Abb.6.

Kat.Nr.18/27 Kanne
FO: Zweiter Raum unter der Terrasse D
Mat.: Bronze. **Maße:** H 200 mm
Beschreibung: Kleine Trichterrandkanne, deren Griff über der Mündung einen Finger bildet und am Gefäßbauch in einem Weinblatt endet.
AO: Unbekannt
Lit.: M.Della Corte, NSc 1922, 467 Abb.2f.- Zum Typ vgl. Kat. Nr.1/49.

Kat.Nr.18/28 Kasserolle
FO: Zweiter Raum unter der Terrasse D. **Mat.:** Bronze
Maße: Dm 180 mm
Beschreibung: Kasserolle
AO: Unbekannt
Lit.: M.Della Corte, NSc 1922, 467 Abb.2h.

Kat.Nr.18/29 Tischplatte
FO: Zweiter Raum unter der Terrasse D
Mat.: Marmor, Bronze.
Maße: B 652 mm
Beschreibung: Marmorplatte, die durch tauschierte Bronzeleisten eingefaßt wird. Zum Tischfuß s. Kap.2.4.3.
AO: New York, Metropolitan Mus. Acc.no.06.1021.301.
Lit.: M.Della Corte, NSc 1922, 467; G.M.A.Richter, Greek, Etruscan and Roman Bronzes (1915) 355f. Nr.1211; L.Pirzio Biroli Stefanelli (Hrsg.), Il bronzo dei Romani (1990) 261 Nr.26 Abb.245.

Kat.Nr.18/30 Wanddekoration
FO: Raum 15
Beschreibung: Wanddekoration des 3. Stils: „schwarzer Raum"
Lit.: M.Della Corte, NSc 1922, 468ff.; Blanckenhagen.
18/30 a Ausschnitt: Westwand
AO: New York, Metropolitan Museum of Art Acc.no.20.192.6.
Lit.: Blanckenhagen Taf.10,1.
18/30 b Ausschnitt: Westwand
AO: New York, Metropolitan Museum Acc.no.20.192.4.
Lit.: BlanckenhagenTaf.10,2.
18/30 c Ausschnitt: Westwand
AO: New York, Metropolitan Museum Acc.no.20.192.11.
Lit.: Blanckenhagen Taf.11.
18/30 d Ausschnitt: Westwand
AO: Unbekannt
Lit.: M.Della Corte, NSc 1922, 469 Abb.8; Blanckenhagen Taf. 13,1.
18/30 e Ausschnitt: Westwand
AO: Neapel, Museo Nazionale inv.n.138993
Lit.: Blanckenhagen Taf.14,2.
18/30 f Ausschnitt: Westwand
AO: Neapel, Museo Nazionale inv.n.138999
Lit.: Blanckenhagen Taf.15,2.
18/30 g Ausschnitt: Westwand
AO: Neapel, Museo Nazionale
Lit.: Blanckenhagen Taf.16,1.
18/30 h Ausschnitt: Nordwand
AO: New York, Metropolitan Museum Acc.no.20.192.2.
Lit.: Blanckenhagen Taf.4,1.
18/30 i Ausschnitt: Nordwand
AO: New York, Metropolitan Museum Acc.no.20.192.3.
Lit.: Blanckenhagen Taf.4,2.

18/30 j Ausschnitt: Nordwand
AO: New York, Metropolitan Museum of Art Acc.no.20.192.1.
Lit.: Blanckenhagen Taf.1. 5.
18/30 k Ausschnitt: Ostwand
AO: New York, Metropolitan Museum Acc.no.20.192.10.
Lit.: Blanckenhagen Taf.13,2.
18/30 l Ausschnitt: Ostwand
AO: Neapel, Museo Nazionale inv.n.138992
Lit.: Blanckenhagen Taf.14,1.
18/30 m Ausschnitt: Ostwand
AO: Neapel, Museo Nazionale inv.n.138998
Lit.: Blanckenhagen Taf.15,1.
18/30 n Ausschnitt: Ostwand
AO: New York, Metropolitan Museum Acc.no.20.192.8.
Lit.: Blanckenhagen Taf.16,2.
18/30 o Ausschnitt: Ostwand
AO: New York, Metropolitan Museum Acc.no.20.192.5.
Lit.: Blanckenhagen Taf.17,1.
18/30 p Ausschnitt: Ostwand
AO: New York, Metropolitan Museum Acc.no.20.192.7.
Lit.: Blanckenhagen Taf.17,2.

Kat.Nr.18/31 Siebkelle
FO: Raum 15
Mat.: Bronze. **Maße:** -
Beschreibung: Halbrunde Siebkelle mit langem Griff
AO: Unbekannt
Lit.: M.Della Corte, NSc 1922, 470.

Kat.Nr.18/32 Laterne
FO: Raum 15
Mat.: Bronze. **Maße:** -
Beschreibung: Laterne mit Dekkel und Hängevorrichtung
AO: Unbekannt
Lit.: M.Della Corte, NSc 1922, 470.- Zum Typ vgl. Kat.Nr. 1/59.

Kat.Nr.18/33 Kandelaber
FO: Raum 15. **Mat.:** Bronze
Maße: H 1180 mm
Beschreibung: Kandelaber mit kanneliertem Schaft, Lampenteller auf einem Kapitell sowie einem Fuß aus drei Löwentatzen und einem großen Teller.
AO: Unbekannt
Lit.: M.Della Corte, NSc 1922, 470 Abb.2m.- Zum Typ vgl. Kat. Nr.1/63

Kat.Nr.18/34 Wanddekoration
FO: Raum 16
Beschreibung: Wanddekoration des 3. Stils: „roter Raum"
Lit.: M.Della Corte, NSc 1922, 470ff.; Blanckenhagen.
18/34 a Ausschnitt: Westwand
AO: Neapel, Museo Nazionale inv.n.147504
Lit.: Blanckenhagen Taf.20,2. 26. 28,1. 29,1.3.
18/34 b Ausschnitt: Westwand
AO: Neapel, Museo Nazionale inv.n.147503
Lit.: Blanckenhagen Taf.30. 32,1.
18/34 c Ausschnitt: Nordwand
AO: Neapel, Museo Nazionale inv.n.147501
Lit.: Blanckenhagen Taf.20,1. 21-25.
18/34 d Ausschnitt: Ostwand
AO: Neapel, Museo Nazionale inv.n.147505
Lit.: Blanckenhagen Taf.27. 28,2. 29,2.4.
18/34 e Ausschnitt: Ostwand
AO: Neapel, Museo Nazionale inv.n.147502
Lit.: Blanckenhagen Taf.19,2. 31. 32,2. 33.

Kat.Nr.18/35 Wanddekoration
FO: Raum 19
Beschreibung: Wanddekoration des 3. Stils: „mythologischer Raum"
Lit.: M.Della Corte, NSc 1922, 475f.; Blanckenhagen.
18/35 a Ausschnitt: Westwand
AO: New York, Metropolitan Museum Acc.no.20.192.12.
Lit.: Blanckenhagen Taf.39. 40,2.
18/35 b Ausschnitt: Westwand
AO: New York, Metropolitan Museum Acc.no.20.192.17.
Lit.: Blanckenhagen Taf.42. 44. 45.
18/35 c Ausschnitt: Nordwand
AO: New York, Metropolitan Museum Acc.no.20.192.14.
Lit.: Blanckenhagen Taf.35.
18/35d Ausschnitt: Ostwand
AO: New York, Metropolitan Museum Acc.no.20.192.13.
Lit.: Blanckenhagen Taf.38. 40,1. 41,1.
18/35 e Ausschnitt: Ostwand
AO: Neapel, Museo Nazionale inv.n.138997
Lit.: Blanckenhagen Taf.41,2.
18/35 f Ausschnitt: Ostwand
AO: New York, Metropolitan Museum Acc.no.20.192.16.
Lit.: Blanckenhagen Taf.43. 46.47.

Kat.Nr.18/36 Wanddekoration
FO: Raum 20
Beschreibung: Wanddekoration des 3. Stils: „weißer Raum"
Lit.: M.Della Corte, NSc 1922, 476; Blanckenhagen.
18/36 a Ausschnitt
AO: New York, Metropolitan Museum Acc.no.20.192.15.
Lit.: Blanckenhagen Taf.48,1. 49,2.
18/36 b Ausschnitt
AO: New York, Metropolitan Museum Acc.no.20.192.9.
Lit.: Blanckenhagen Taf.48,2. 49,1.

Kat.Nr.18/37 Eimer
FO: Peristyl B, beim Puteal
Mat.: Bronze
Maße: H 350 mm; L Kette 2 m
Beschreibung: *Situla crateriforme*. Das Gefäß wird von einem Eisenblech umgeben, daß vom Boden ausgehend den Eimer umfaßt. Am Eisenhenkel ist noch die Eisenkette befestigt.
AO: Unbekannt
Lit.: M.Della Corte, NSc 1922, 476.

Kat.Nr.19 Villa in Gragnano, fondo Matrone

ORT: Gragnano (S.Maria La Carità), contrada Messigno (Kockel-Nr.33)
AUSGRÄBER UND BESITZER: Giacomo Matrone
AUSGRABUNGSZEITRAUM: 14.10.1904 - 14.8.1905 (s. Kap.2.4.4.)
GRABUNGSBERICHTE: M.Della Corte, NSc 1923, 271ff.
ARCHIVMATERIALIEN: Arch.Pomp. I/2 (*Giornali dello scavo* vom 14.10.1904 bis zum 14.8.1905; Briefe); IV/5 (Brief)
LITERATUR: R.C.Carrington, JRS 21, 1931, Nr.19; J.Day, YaleClSt 3, 1932, Taf. A.B.C Nr.19; E.Fabricotti, CronPomp 2, 1976, 46f. Nr.II.a.e Abb.12; Jongman, Economy 113f.; Miniero, Ricerche 255 Nr.74 Abb.31.
GRABUNGSUMSTÄNDE: Die Fundsituation ist möglicherweise vom hohen Grundwasserspiegel, der für einige Monate im Jahr mehr als 1 m über dem Niveau von 79 n.Chr. lag und damit die Grabung erschwerte, beeinträchtigt worden. Die Verschüttungshöhe beträgt weniger als 5 m (NSc 1923, 271).
BESCHREIBUNG DER RÄUME: Vorbemerkung: Soweit die Wände nicht dekoriert waren, erfolgt keine gesonderte Erwähnung. Die Böden bestanden in den *camere principali* aus Cocciopesto und aus Opus signinum (NSc 1923, 272).
Eingang a (NSc 1923, 274): Funde: zwei Tongefäße, eine Bildlampe (Siegreicher Hahn).
Peristyl B (NSc 1923, 273f.): Funde: in der Mitte des Hofs wurden Holzstangen für den Weinanbau (Della Corte) gelagert. In der Südwestecke lagen drei Tonamphoren, *un bel lebete* (Dm 35 cm) aus Bronze, dessen Henkel jeweils in Schwanenköpfen auslaufen, zwei Glasgefäße, neun Tongefäße, drei Travertingewichte und eine Mühle aus Vesuvgestein.
Raum 1 (NSc 1923, 273): Funde: ein einfaches Tongefäß, vier Ts-Gefäße (Kat.Nr.19/1.2), eine Tonplatte.
Raum 2 (NSc 1923, 273): Funde: eine kleine bauchige Amphore und zwei Weinamphoren.
Raum 3 (NSc 1923, 273f.): Funde: eine Bildlampe (Siegreicher Hahn), zwei einfache Lampen, zwei *fritilli*, eine Amphore aus Ton und eine Bronzemünze.
Küche 4 (NSc 1923, 273): Funde: Ofen und *mola*.
Raum 7 (NSc 1923, 274): Funde: eine Amphore.
Cella vinaria C (NSc 1923, 274): Funde: 35 Dolien, eine Amphora und zwei Tongefäße.
Torcularium D (NSc 1923, 273): Cocciopesto-Boden.
Atrium A (NSc 1923, 272. 274): Rotgrundige Wanddekoration des 4. Stils.- Funde: eine *grossa caldaia, ovoidale* (H 30 cm) aus Bronze und eine Amphore aus Ton.
Raum 8 (NSc 1923, 272): Gelbgrundige Wanddekoration des 4. Stils.
Exedra 9 (NSc 1923, 271f.): Gelbgrundige Wanddekoration des 4. Stils.- Funde: Sarkophag (Kat.Nr.19/3).
Raum 11 (NSc 1923, 272): Gelbgrundige Wanddekoration des 4. Stils.
Caldarium 15 (NSc 1923, 272. 274): Wanddekoration des 4. Stils, abwechselnd gelbe und rote Felder.- Funde: zwölf Gefäße und eine Amphore aus Ton, ein Eisendreifuß und ein großes Marmorbecken (Dm 70 cm).

KATALOG DER FUNDE AUS DER VILLA KAT.NR.19

Kat.Nr.19/1 Terra sigillata
FO: Raum 1
Mat.: Ton
Maße: Dm 110 mm
Beschreibung: Zwei Terra sigillata-Becher *(coppe)*, die Stempel sind jeweils unleserlich.
AO: Pompeji, Antiquarium ?
Lit.: M.Della Corte, NSc 1923, 273.

Kat.Nr.19/2 Terra sigillata
FO: Raum 1. **Mat.:** Ton
Maße: Dm a.21; b 260 mm
Beschreibung: Zwei Terra sigillata-Schüsseln *(scodelle)*, von der zweiten nur Scherben. Stempel: X.M.F und C.P.P
AO: Pompeji, Antiquarium ?
Lit.: M.Della Corte, NSc 1923, 273.

Kat.Nr.19/3 Sarkophag
FO: Raum 9
Mat.: Nocera-Tuff
Maße: L 2,30 m
Beschreibung: Aus einem Stück gefertigter Sarkophag
AO: Pompeji, Antiquarium ?
Lit.: M.Della Corte, NSc 1923, 272 Abb.2.

Kat.Nr.20 Villa in Scafati, fondo Matrone

ORT: Scafati, contrada Spinelli (Kockel-Nr.35)
AUSGRÄBER UND BESITZER: Gennaro Matrone
AUSGRABUNGSZEITRAUM: -
GRABUNGSBERICHTE: M.Della Corte, NSc 1923, 280ff.
ARCHIVMATERIALIEN: -
LITERATUR: R.C.Carrington, JRS 21, 1931, 121 Nr.35; J.Day, YaleClSt 3,1932, Taf. A.B.C Nr.35; H.Drerup, MarbWPr (1959) 4f. Abb.4; E.Fabricotti, CronPomp 2, 1976, 44f. Nr.II.a.c. Abb.10; Casale-Bianco 37 Nr.39 Abb.14; A.Allroggen-Bedel in: Regione sotterrata 522; Jongman, Economy 116.
GRABUNGSUMSTÄNDE: Die Villa wurde nur teilweise freigelegt. Nicht ergraben wurden die Südwestecke und der östliche Teil des Gebäudes. Die Verschüttungsschicht betrug hier etwa 4 m bei fast völligem Fehlen von Asche. Della Corte geht daher von späteren Durchsuchungen aus, mit denen er Funde, die unter der Humusschicht gefunden wurden, in Verbindung bringt (NSc 1923, 281f.). Dazu gehören Freskenfragmente (Kat.Nr.20/1), ein Akroterziegel der Sima, ein fragmentierter Marmortisch (Kat.Nr.20/2), ein Eisengerät, eine kaiserzeitliche und eine byzantinische Bronzemünze. Es ist aber durchaus fraglich, ob diese Funde, insbesondere die Fresken, bei früheren Durchsuchungen „hervorgewühlt" wurden, oder ob es sich zum Teil um Funde aus dem oberen Stockwerk handelt. Diese letztere, m.E. plausiblere Vermutung läßt sich aber nicht beweisen.
BESCHREIBUNG DER RÄUME:
Peristyl A (NSc 1923, 282f.): Rote Wanddekoration. In den durch weiße Faszien unterteilten Feldern einzelne oder mehrere Tiere: springender Panther, ein Krokodil, fliegender Schwan, zwei Vögel. Die Säulen bestehen aus weiß verputztem Opus latericium und sind durch eine rote Schranke (H 1,20 m) miteinander verbunden. In der nördlichen Porticus befand sich westlich von Raum 4 in der Wand eine halbrunde Nische (H 45 cm), in der zwei Statuetten (Kat.Nr.20/3.4) sowie Bronzeteile von einem Holzkasten gefunden wurden. Funde in der nördlichen Porticus aus Bronze: eine Schnalle, eine Waage, ein Becken (Dm 340 mm) ohne Henkel, eine Griffschale und eine Kanne (Kat.Nr.20/5.6). Aus Glaspaste ein sehr kleiner Skarabäus (L 7 mm), aus Eisen fünf Geräte und ein Teil einer Waage. Ein großes Hirschgeweih. Zwei Amphoren und eine Terra sigillata-Bodenscherbe aus Ton. Funde in der westlichen Porticus: acht Amphoren und drei weitere Gefäße aus Ton. Funde nahe der großen Tränke aus Bronze: Teile eines Pferdezaumzeuges. Funde am südlichen Ende der östlichen Porticus: Bronze: weitere Teile des Zaumzeuges, eine Münze. Funde nahe dem Zugang zur Treppe: eine Bronzeamphora (Kat.Nr.20/7) und zwei Eisengeräte.
Dolienhof B (NSc 1923, 283): Funde: einige Perlen aus Glaspaste.
Raum 1 (NSc 1923, 283): Weißgrundige Wanddekoration des 4. Stils, keine Funde.
Raum 2 (NSc 1923, 283): Weißgrundige Wanddekoration des 4. Stils, keine Funde.
Raum vor Raum 3 (NSc 1923, 283): An der Ostwand Abdrücke eines Holzschranks. Dort wurden mehrere Bronzen gefunden: frgt. *pignatta ovoidale* (H 300 mm), frgt. Henkelbecken (Dm 300 mm), die Henkel enden in Schlangenköpfen, eine *pignatta ovoidale* (H 280 mm), zwei kleine Ringe (Dm 30 mm).
Raum 3 (NSc 1923, 283): Weißgrundige Wanddekoration des 4. Stils (Kat.Nr.20/8).
Raum 4 (NSc 1923, 283): Gelbgrundige Wanddekoration des 4. Stils (Kat.Nr.20/9).- Funde: Überreste des Türschlosses und eine Waagschale aus Bronze sowie zwei Tongefäße.
Apodyterium 5 (NSc 1923, 283): Rotgrundige Wanddekoration des 4. Stils (Kat.Nr.20/10).- Funde: ein Terra sigillata-Gefäß und ein weiteres Tongefäß.
Caldarium 6 (NSc 1923, 283f.): Rotgrundige Wanddekoration des 4. Stils (Kat.Nr.20/11).- Funde: eine Bronze-Kasserolle (Kat.Nr.20/12) und zwei Lampen.
Küche C (NSc 1923, 284): Funde an der Rückwand von Raum 4: ein Beil aus Eisen und ein Travertingewicht. Von den Kesseln des Praefurniums blieb nur der Abdruck erhalten.
Raum 9 (NSc 1923, 283f.): Schwarzgrundige Wanddekoration des 4. Stils (Kat.Nr.20/13).- Funde: vier Eisengeräte und ein Glasfläschchen.
Raum 10 (NSc 1923, 284): Funde: 74 Bronzemünzen, fünf Amphoren und ein weiteres Tongefäß.
Raum südlich von Raum 10 (NSc 1923, 284): Funde: aus Bronze ein *pignattino ovoidale* (H 14 cm) und eine Bronzemünze Neros. Aus Ton zwei Lampen, Scherben einer dritten und ein Terra sigillata-Gefäß

(scodella pseudoaretina).
Raum 11 (NSc 1923, 284): Funde: Überreste des Türschlosses und eine Bronzemünze, zehn Scharniere aus Bein von einem Holzmöbel, zwei Tongefäße und eine Lampe.

KATALOG DER FUNDE AUS DER VILLA KAT.NR.20

Kat.Nr.20/1 Freskofragmente
FO: Unter der Humusschicht
20/1a Freskofragment
Maße: - . **Beschreibung:** *Un cane rossiccio legato mediante corda.*
AO: Unbekannt
Lit.: M.Della Corte, NSc 1923, 281.
20/1b Freskofragment
Maße: 700 x 700 mm
Beschreibung: *Un busto virile, sopra fondo bianco.*
AO: Unbekannt
Lit.: M.Della Corte, NSc 1923, 281.
20/1c Freskofragment
Maße: L 500 mm
Beschreibung: *La metà inferiore di una figura ammantata, ed in lontananza un bue bianco e la parte posteriore di un bue di colore scuro.*
AO: Unbekannt
Lit.: M.Della Corte, NSc 1923, 281.
20/1d Freskofragment
Maße: 420 x 550 mm
Beschreibung: *Un paesaggio con un grande portico e alcuni alberi su fondo bianco.*
AO: Unbekannt
Lit.: M.Della Corte, NSc 1923, 281.

Kat.Nr.20/2 Marmortisch
FO: Unter der Humusschicht
Mat.: weißer Marmor, die Hermenbüste aus *rosso antico*
Maße: Platte 750 x 450 mm
Beschreibung: In Fragmenten gefundener Tisch, bestehend aus Platte, Pilaster mit angesetzter Erosbüste und Basis.
AO: Unbekannt
Lit.: M.Della Corte, NSc 1923, 282.

Kat.Nr.20/3 Tierstatuette
FO: In der Nische der nördlichen Porticus
Mat.: Bronze. **Maße:** H 55 mm
Beschreibung: *Un leone a bocca spalancata, in atto di spiccare un salto in avanti: al disotto delle zampe anteriori, rialzate, sorge dalla basetta una palmetta di sostegno.*
AO: Unbekannt
Lit.: M.Della Corte, NSc 1923, 282.

Kat.Nr.20/4 Tierstatuette
FO: Wie Kat.Nr.20/3
Mat.: Bronze. **Maße:** H 55 mm
Beschreibung: *Un cavallo, della stessa altezza, privo di base, incedente al trotto, di fattura molto scadente, specie negli arti che sono rozzamente contorti.*
AO: Unbekannt
Lit.: M.Della Corte, NSc 1923, 282.

Kat.Nr.20/5 Griffschale
FO: Nördliche Porticus
Mat.: Bronze
Maße: Dm 200 mm
Beschreibung: Griffschale mit Widderkopfende
AO: Unbekannt
Lit.: M.Della Corte, NSc 1923, 282.

Kat.Nr.20/6 Kanne
FO: Nördliche Porticus
Mat.: Bronze. **Maße:** H 150 mm
Beschreibung: Trifoliarkanne. Der Henkel ist oben mit einer Maske und unten mit einer Tatze verziert.
AO: Unbekannt
Lit.: M.Della Corte, NSc 1923, 282.

Kat.Nr.20/7 Amphora
FO: Südliche Porticus, nahe der Treppe
Mat.: Bronze. **Maße:** H 400 mm
Beschreibung: Von der Amphora fehlt ein Henkel. Der erhaltene Henkel besitzt ein einfaches, herzförmiges Ansatzblatt.
AO: Unbekannt
Lit.: M.Della Corte, NSc 1923, 283.

Kat.Nr.20/8 Wanddekoration
FO: Raum 3
Beschreibung: Weißgrundige Wanddekoration des 4. Stils, deren Aufbau unbekannt ist.
20/8a Bild
Maße: H 470 mm
Beschreibung: *Sileno ebbro, sdraiato sul suolo, e al quale un Erote porge il tirso.*
AO: Unbekannt
Lit.: M.Della Corte, NSc 1923, 283.
20/8b Bild
Maße: H (des Bildes) 470 mm (Della Corte); H 1587 mm; B 1168 mm
Beschreibung: Herakles und Omphale
AO: Providence (R.I.), Museum of Art Acc.no.38.058.10
Lit.: M.Della Corte, NSc 1923, 283 Taf.c; Winkes, Paintings 52 Nr.22 mit Abb.

Kat.Nr.20/9 Wanddekoration
FO: Raum 4
Beschreibung: Gelbgrundige

Wanddekoration, deren Aufbau unbekannt ist.

20/9a.b Zwei Bilder

Maße: -

Beschreibung: *Due quadretti rettangolari, nei quali sono rispettivamente ritratti una fiscella di ricotta, e dei pesci.*

AO: Unbekannt

Lit.: M.Della Corte, NSc 1923, 283.

Kat.Nr.20/10 Wanddekoration

FO: Raum 5

Beschreibung: Rotgrundige Wanddekoration des 4. Stils, deren Aufbau unbekannt ist.

20/10a Detail

Maße: -

Beschreibung: *Un pavone gradiente.*

AO: Unbekannt

Lit.: M.Della Corte, NSc 1923, 283.

20/10b Detail

Maße: -

Beschreibung: *Un grifo alato, volante.*

AO: Unbekannt

Lit.: M.Della Corte, NSc 1923, 283.

20/10c Detail

Maße: -

Beschreibung: *Rappresentenza agonistica: un vaso sferico ed una palma presso un pilastrino.*

AO: Wahrscheinlich Providence, Museum of Art Acc.no.38.058.7

Lit.: M.Della Corte, NSc 1923, 283; Winkes, Paintings 38 Nr.7.

Kat.Nr.20/11 Wanddekoration

FO: Raum 6

Beschreibung: Rotgrundige Wanddekoration des 4. Stils, deren Aufbau unbekannt ist.

20/11a Detail

Maße: -

Beschreibung: *Una coppia di lottatori nudi.*

AO: Unbekannt

Lit.: M.Della Corte, NSc 1923, 283 Taf.a.

20/11b Detail

Maße: -

Beschreibung: *Una matrona nuda che ha cuffia bianca in testa e grossa armilla al braccio destro, con i piedi in una vaschetta metallica, circolare, compie le sue abluzioni con l'assistenza di una serva, nuda anche essa, che ha in mano una mappa.*

AO: Unbekannt

Lit.: M.Della Corte, NSc 1923, 283 Taf.b

Kat.Nr.20/12 Kasserolle

FO: Raum 6

Mat.: Bronze

Maße: Dm 140 mm

Beschreibung: Kasserolle, im Griff halbmondförmiges Loch

AO: Unbekannt

Lit.: M.Della Corte, NSc 1923, 283.

Kat.Nr.20/13 Wanddekoration 4. Stils

FO: Raum 9

Beschreibung: Schwarzgrundige Wanddekoration des 4. Stils, deren Aufbau unbekannt ist.

20/13a Detail

Maße: -

Beschreibung: *Un rhyton pendente da una cornice.*

AO: Unbekannt

Lit.: M.Della Corte, NSc 1923, 283.

20/13b Detail

Maße: -

Beschreibung: *Una pantera gradiente.*

AO: Unbekannt

Lit.: M.Della Corte, NSc 1923, 283.

20/13c.d Zwei Details

Maße: -

Beschreibung: *Due piccoli paesaggi di molto scarsa conservazione e di esecuzione trascurata.*

AO: Unbekannt

Lit.: M.Della Corte, NSc 1923, 283.

Kat.Nr.21 „Villa des N.Popidius Florus“

ORT: Boscoreale, contrada Pisanella (Kockel-Nr.29)
AUSGRÄBER UND BESITZER: Giovanna Zurlo-Pulzella
AUSGRABUNGSZEITRAUM: 11.12.1905-26.8.1906
GRABUNGSBERICHTE: M.Della Corte, NSc 1921, 442ff. Nr.V
ARCHIVMATERIALIEN: Arch.Pomp. IV/4: Listen aller Funde sowie der Funde für den Staat.
LITERATUR: R.C.Carrington, JRS 21, 1931, 119. 127 Nr.29; J.Day, YaleClSt 3, 1932, Taf. A.B.C Nr.29; E.Fabricotti, CronPomp 2, 1976, 60ff. Nr.II.b.b. Abb.25; Casale-Bianco 30 Nr.2 Abb.2; Jashemski, Gardens I 319f., II 287 Nr.588 Plan 126; A.Allroggen-Bedel in: Regione sotterrata 523 mit Anm.19; Jongman, Economy 118; J.Percival, The Roman Villa (1988) 55 mit Anm.11 Abb.9; Flach, Agrargeschichte 219f. Abb.8. **Zu den Inschriften:** M.Della Corte, NSc 1921, 460; Carrington a.O. 112f. Nr.29; Della Corte, Case 448ff.; Jongman, Economy 129.
BESCHREIBUNG DER RÄUME: Die Angabe der Böden folgt der Zusammenstellung von M.Della Corte, NSc 1921, 443f.

Peristyl (NSc 1921, 444f. 458): Die östliche Porticus besitzt einen Cocciopesto-Boden. Die drei Pilaster der südlichen Porticus mit Calcestruzzo-Boden sind durch niedrige Schranken verbunden. Funde: ein Tongefäß. In der Westwand befinden sich zwölf schmale Lichtöffnungen. Der Dolienhof ist von einer niedrigen Schranke umgeben (0,9 m), die als Balustrade bemalt ist. Die Schranke bildet zwei quadratische Altäre, in die je ein Marmortäfelchen (16 x 16 cm) eingelassen war:

zur südl. Porticus:	N.POPIDIVS FLORVS I.O.M	zur östl. Porticus:	N.POPIDIVS FLORVS VEN.LIB.HERC

Im Dolienhof wurden sieben Dolien sowie Fragmente von weiteren und einige Amphoren gefunden. Die Fundlage (f) einer Sonnenuhr (Kat.Nr.21/1) weist darauf hin, daß sie von der Südmauer des Raumes 2 herabgefallen ist.

Raum 1 (NSc 1921, 445): Cocciopesto-Boden.- Wände: undekoriert.- In dem nur 1,75 m hohen Raum befindet sich an der nördlichen und an der südlichen Seite je eine Sitzbank.

Saal 2 (NSc 1921, 445ff.): Calcestruzzo-Boden.- Wanddekoration des 4. Stils (Kat.Nr.21/2), in der Ostwand 1,45 m über dem Boden halbrunde Nische (H 520 mm). - Eine Mühle, daneben ein großer Mörser sowie drei Dolien. Rechts vom Fenster zum Hof befand sich ein Eisendreifuß über Kohleresten. Nahe dabei lagen *un oleare di bronzo, panciuto, mancante dell'ansa* (H 200 mm) und eine Kanne (Kat.Nr.21/3). Außerdem wurden ein Eimer (Kat.Nr.21/4) und die bronzenen Füße von zwei Möbeln gefunden.

Raum 3 (NSc 1921, 445): Calcestruzzo-Boden.- Wände: undekoriert.- Funde: mehrere Amphoren und Tongefäße.

Raum 4 (NSc 1921, 448f.): Cocciopesto-Boden.- Wanddekoration des 3. Stils (Kat.Nr.21/5).- Bronzegefäße: zwei Kannen (Kat.Nr.21/6), eine *pignatta ovoidale* (H 24 cm) und eine *caldaia* mit eisernem Bogenhenkel. Eine Lampe aus Bronze (Kat.Nr.21/7) und zwei aus Ton. Eine kleine Bronzeglocke, mehrere Beschlagteile aus Bronze sowie zahlreiche aus Bein. Eine Lanzenspitze, eine Dolchklinge, zwei sichelförmige Klingen und mehrere Geräte aus Eisen.

Raum 5 (NSc 1921, 449): Opus signinum-Boden.- Wanddekoration des 2. Stils (Kat.Nr.21/8).

Praefurnium 6 (NSc 1921, 449f.): Lehmboden.- Wände: undekoriert. Der Befund wurde durch frühere Ausgräber gestört (Della Corte).

Frigidarium 7 (NSc 1921, 450f.): Cocciopesto-Boden mit schwarz-weißem Mosaik-Emblema (Kat.Nr.21/9).- Wände: Sockelzone schwarz, Hauptzone bestehend aus sich abwechselnden gelben und roten Feldern mit roten und grünen Lisenen, durch schwarze Pilaster getrennt, Oberzone weiß.- Zwei Bleileitungen führten Wasser von außen heran, eine in das Becken, die andere in ein Louterion (Kat.Nr.21/10). Die beiden Wasserhähne aus Bronze waren verziert (Kat.Nr.21/11).- Funde: eine Glasflasche (H 13 cm), eine Lampe, ein Gefäß und zwei Amphoren aus Ton, eine Fibel und ein Türschloß aus Bronze, ein Becken (Dm 35 cm) aus Vesuvgestein mit roter Farbe auf dem Boden.

Raum 8 (NSc 1921, 451): Lehmboden.- Wände: undekoriert.

Tepidarium 9 (NSc 1921, 452): Weißer Mosaikboden, durch schwarzes Band eingefaßt.- Wände: Sok-

kelzone rotgrundig; Hauptzone gelbgrundig.- Im Durchgang zwischen 7 und 9 mit Holztür befindet sich ein schwarz-weißes Mosaik mit dem Muster einer Raute, die ihrerseits aus vier Rauten besteht. An der östlichen und an der südlichen Seite standen je eine Bank. Kleinere Bronzefunde, zumeist von der Tür.
Caldarium 10 (NSc 1921, 452ff.): Mosaikboden (Kat.Nr.21/12), das Becken (1,60 x 0,74 m) war mit Marmorplatten ausgekleidet.- Wanddekoration des 4. Stils (Kat.Nr.21/13). - An der Ostwand Bank aus weißem Mamor; in der Apsis Louterion (Kat.Nr.21/14). Zwei Wasserleitungen enden in einfachen Wasserhähnen aus Bronze.
Raum 11 (NSc 1921, 454f.): Cocciopesto-Boden.- Wände: undekoriert.- Es wurden zahlreiche Objekte geborgen, die möglicherweise in Schränken aufbewahrt wurden. Bronzegefäße: *una pignatta ovoidale* (H 32 cm), vier Kannen (Kat.Nr.21/15-17), eine Griffschale (Dm 19 cm) mit Widderkopfgriffende, zwei Muschelschalen (Kat.Nr.21/18), vier Kasserollen (Kat.Nr.21/19-21), ein Kessel (Kat.Nr.21/21A), ein sehr kleines Gefäß (Kat.Nr.21/22), zwei Strigiles (Kat.Nr.21/23), ein Spiegel (130 x 110 mm), ein weiterer runder (Dm 90 mm), zwei Waagen (Kat.Nr.21/24), zwei Spatel (L 170 mm) und weitere kleinere Objekte. Drei Bronzemünzen, ein Kandelaber (H 1 m) und mehrere Geräte aus Eisen. Glas: *un portalampada a recipiente sferico-conico* (H 21 cm), *con l'ansa a nastro imposata sull'orlo circolare e ripiegata in su ad angolo acuto*, sieben kleine Flaschen (H 100-140 mm) und ein blaues Schälchen (Dm 80 mm). Vier Tongefäße, je ein Gewicht aus Blei und Travertin, eine kleine Platte (40 x 60 mm) aus Schiefer und ein kleines Stück rote Koralle. Einlegearbeiten aus Bein von Holzmöbeln, dabei auch figürliche Darstellungen. Ein Tisch aus Schiefer und Marmor (Kat.Nr.21/25).
Raum 12 (NSc 1921, 455f.): Mosaikboden (Kat.Nr.21/26).- Wanddekoration des 4. Stils (Kat.Nr.21/27).
Raum 13 (NSc 1921, 456): Weißer Mosaikboden.- Wanddekoration des 4. Stils (Kat.Nr.21/28).- Aus Alabaster ein Tablett (Kat.Nr.21/29) und ein kleiner Teller. Eine Glasflasche. Bronze: *un vaso a tronco di cono a basi ellittiche, largo m. 0,35 con orlo orizzontale (vaso da lavaggi);* ein Gefäßhenkel, verschiedene Beschlagteile und Schlösser. Ton: Zwei Lampen, drei große Gefäße, ein Trichter, fünf Amphoren.
Raum 14 (NSc 1921, 456): Cocciopesto-Boden. - Wände: undekoriert. Funde: ein Gefäß zum Zerstoßen von Farben (Dm 400 mm), und ein weiteres Tongefäß.
Gang zu Raum 15 (NSc 1921, 456): Wände: weiß mit rotem Sockel.
Raum 15 (NSc 1921, 456): Cocciopesto-Boden.- Wanddekoration des 4. Stils (Kat.Nr.21/30).
Saal 16 (NSc 1921, 457f.): Lehmboden.- Wände: undekoriert.- Bronzene Beschlagteile der Tür und eine Lampe aus Bronze. Außerhalb des Raumes liegt vor dem östlichen Fenster (B 2,40 m) ein auf drei Seiten gemauertes einräumiges Haus mit gelb verputzten Wänden.
Torcularium 17 (NSc 1921, 458): Cocciopesto-Boden.- Wände: Cocciopesto bis zu einer Höhe von 1,70 m. Lararium, gelb ausgemalt, davor drei Tonlampen (Kat.Nr.21/31-33). Nahe bei den Lampen wurden gefunden: ein Greifenkessel (Kat.Nr.21/34), ein Becken aus Ton und ein Simaziegel mit Löwenkopfspeier, sowie zahlreiche Bronzeteile von einem Zaumzeug.
Raum 18 (NSc 1921, 458f.): Opus signinum-Boden.- Einfache Dekoration des 4. Stils: Sockel dunkelrot; Hauptzone gelbe und rote Felder, die durch vertikale schwarze Faszien getrennt werden; Oberzone gelb.
Raum 19 (NSc 1921, 459): Opus signinum-Boden.- Wanddekoration des 4. Stils ähnlich wie Raum 18.
Raum 20 (NSc 1921, 459): Opus signinum-Boden.- Wanddekoration des 4. Stils ähnlich wie Raum 18.- Funde: zwölf Glasflaschen.
Raum 21 (NSc 1921, 459f.): Weißer Mosaikboden, in der Mitte schwarz gerahmtes Quadrat (L 1,24 m).- Wanddekoration des 4. Stils (Kat.Nr.21/35).

KATALOG DER FUNDE AUS DER VILLA KAT.NR.21

Kat.Nr.21/1 Sonnenuhr
FO: Hof (f)
Mat.: Nocera-Tuff, Gnomon aus Bronze. **Maße:** H 340 mm
Beschreibung: In den Steinblock ist ein viertelkreisförmiger Einschnitt eingearbeitet.
Archiv: Arch.Pomp. IV/4 Nr.6: Nr.65
AO: Unbekannt
Lit.: M.della Corte, NSc 1921, 444 Abb.17c.

Kat.Nr.21/2 Wanddekoration
FO: Raum 2
Beschreibung: Wanddekoration des 4. Stils (schlecht erhalten) - Sockelzone schwarz, Haupt- und Oberzone rot. Durch weiße, ver-

tikal verlaufende Lisenen wird die Hauptzone in große Felder eingeteilt, in denen jeweils Bilder angeordnet sind: sieben Stilleben, drei mit Masken, vier mit Gefäßen und Früchten und eine Landschaftsdarstellung. Die schlecht erhaltene Landschaftsdarstellung (NSc 1921, 448) wurde nicht herausgeschnitten.
Lit.: M.Della Corte, NSc 1921, 446f.
21/2a Bild
Maße: H 330; L 330 mm
Beschreibung: Die Masken von Herakles und einer Frau
Archiv: Arch.Pomp. IV/4 Nr.6: Nr.130 = Anhang 7
AO: Neapel, Museo Nazionale inv.n.150595
Lit.: Allroggen-Bedel, Maskendarstellungen 118 Nr.5.1.
21/2b Bild
Maße: H 330; L 330 mm
Beschreibung: Drei tragische Masken.
Archiv: Arch.Pomp. IV/4 Nr.6: Nr.129 = Anhang 7
AO: Neapel, Museo Nazionale inv.n.150596
Lit.: Allroggen-Bedel, Maskendarstellungen 118 Nr.5.2.
21/2c Bild
Maße: H 330; L 330 mm
Beschreibung: Zwei satyreske Masken.
Archiv: Arch.Pomp. IV/4 Nr.6: Nr.126 = Anhang 7
AO: Neapel, Museo Nazionale inv.n.150597
Lit.: Allroggen-Bedel, Maskendarstellungen 118 Nr.5.3.
21/2d Bild
Maße: H ca. 300; L 300 mm
Beschreibung: Stilleben: Korb mit verschiedenen Früchten, darunter Granatapfel.
Archiv: Arch.Pomp. IV/4 Nr.6: Nr.127 oder 131 = Anhang 7
AO: Neapel, Museo Nazionale inv.n.150598
Lit.: J.-M.Croisille, Les natures mortes campaniennes (1965) 63 Nr.140 Taf.15,29.
21/2e Bild
Maße: H ca. 300; L 300 mm
Beschreibung: Stilleben: Gefäß mit Früchten, links Birne, darunter Granatapfel (?).
Archiv: Arch.Pomp. IV/4 Nr.6: Nr.127 oder 131 = Anhang 7
AO: Neapel, Museo Nazionale inv.n.150599
Lit.: J. -M.Croisille, Les natures mortes campaniennes (1965) 62f. Nr.138 Taf.15,30.
21/2f Bild
Maße: H ca. 300; L 300 mm
Beschreibung: Stilleben: eine Kanne und mehrere Früchte.
Archiv: Arch.Pomp. IV/4 Nr.6: Nr.128 = Anhang 7
AO: Neapel, Museo Nazionale inv.n.150600
Lit.: J.-M.Croisille, Les natures mortes campaniennes (1965) 63 Nr.139.
21/2g Bild
Maße: H ca. 300; L 300 mm
Beschreibung: Stilleben: Früchte und ein Vogel.
Archiv: Arch.Pomp. IV/4 Nr.6: Nr.132 = Anhang 7
AO: Unbekannt
Lit.: Unpubliziert

Kat.Nr.21/3 Kanne
FO: Raum 2
Mat.: Bronze. **Maße:** H 200 mm
Beschreibung: Bauchige Kanne mit waagerechter Lippe, der Henkel besitzt über der Mündung einen fingerartigen Aufsatz.
AO: Unbekannt
Lit.: M.Della Corte, NSc 1921, 445 Abb.18,1.- Zum Typ vgl. Kat.Nr.4/2.

Kat.Nr.21/4 Eimer
FO: Raum 2
Mat.: Bronze. **Maße:** H 250 mm
Beschreibung: Eimer mit Rundboden und Eisenband um die Mündung, an dem ein Henkel aus Eisen angebracht ist.
AO: Unbekannt
Lit.: M.Della Corte, NSc 1921, 444f.- Zum Typ vgl. Kat.Nr.5/3

Kat.Nr.21/5 Wanddekoration des 3. Stils
FO: Raum 4
Beschreibung: Schwarzgrundig, Sockel- und Hauptzone werden von einem weißen Band getrennt. Hauptzone: In der Mitte jeder Wand wird ein großes, gelbes Feld mit Bild darin von einfacher Architektur eingerahmt.
Lit.: M.Della Corte, NSc 1921, 448; Neuerburg, Catalogue 42ff. Nr.93; Ancient Art in the Virginia Museum (1973) 120.
21/5a Ausschnitt: Nord- oder Südwand
Maße: H 2,37 m; B 1,16 m
Beschreibung: In der Mitte des gelben Feldes befindet sich eine Sakrallandschaft.
Archiv: Arch.Pomp. IV/4 Nr.6: Nr.135 = Anhang 7
AO: Richmond, Virginia Museum Acc.No.66.35 (1966 erworben)
Lit.: M.Della Corte, NSc 1921, 448 Abb.13; Ancient Arts in the Virginia Museum, Richmond, Virginia (1973) 120 Nr.137; Moormann, Pittura 93 Nr.005.
21/5b Ausschnitt: Nord- oder Südwand
Maße: H 1,07 m; B 0,86 m
Beschreibung: Ausschnitt mit Bild mit ähnlicher Landschaft wie Kat.Nr.21/5a
Archiv: Arch.Pomp. IV/4 Nr.6: Nr.136 = Anhang 7
AO: Unbekannt
Lit.: M.Della Corte, NSc 1921, 448.
21/5c Ausschnitt: Ostwand
Maße: H 2,47; B 1,30 m
Beschreibung: Das Bild im gelben Feld zeigt einen sitzenden Bärtigen und eine stehende Frau (Sokrates und Diotima ?).

Archiv: Arch.Pomp. IV/4 Nr.6: Nr.133 = Anhang 7
AO: Malibu, J.Paul Getty Museum Acc.no.70 AG 91 (1970 erworben)
Lit.: M.Della Corte, NSc 1921, 448 Abb.14; Neuerburg, Catalogue 42f. Nr.93a mit Abb.- Die Dekoration der Westwand mit dem offenbar schlecht erhaltenen Bild einer sitzenden Kitharaspielerin und einer Sängerin (vgl. M.Della Corte, NSc 1921, 448) wurde nicht herausgeschnitten.

21/5d.e Zwei Ausschnitte des Wandaufbaus
Maße: c: H 2,20 m; B 1,80 m; d: H 2,15 m; B 1 m
Zwei weitere schwarzgrundige Fragmente, die den Wandaufbau mit einer Aedicula und einem davorstehenden Kandelaber zeigen, lassen sich vorerst keiner bestimmten Wand zuordnen.
Archiv: Arch.Pomp. IV/4 Nr.6: Nr.134.137 = Anhang 7
AO: Malibu, Getty Museum Acc.no.72 AG 97 (1972 erworben)
Lit.: Neuerburg, Catalogue 42f. - Nr.93b.c mit Abb.

21/5f Ausschnitt des Wandaufbaus
Maße: H 1,42 m; B 0,93 m
Beschreibung: Schwarzgrundiges Fragment mit Architekturelementen
Archiv: Arch.Pomp. IV/4 Nr.6: Nr.139 = Anhang 7
AO: Unbekannt
Lit.: Unpubliziert

21/5g Ausschnitt
Maße: H 0,47 m; B 0,51 m
Beschreibung: Schwarzgrundiges Fragment mit kleiner Landschaftsdarstellung
Archiv: Arch.Pomp. IV/4 Nr.6: Nr.138 = Anhang 7
AO: Unbekannt
Lit.: Unpubliziert

Kat.Nr.21/6 Zwei Kannen
FO: Raum 4
Mat.: Bronze. **Maße:** H 140 mm
Beschreibung: Zwei bauchige Kannen mit engem Hals. Der Henkel bildet am Gefäßbauch jeweils einen Frauenkopf.
AO: Unbekannt
Lit.: M.Della Corte, NSc 1921, 449 Abb.18,2.5.- Zum Typ vgl. Kat.Nr.5/26

Kat.Nr.21/7 Lampe
FO: Raum 4
Mat.: Bronze. **Maße:** L 140 mm
Beschreibung: Kleine Bronzelampe
AO: Unbekannt
Lit.: M.Della Corte, NSc 1921, 449 Abb.18,11.

Kat.Nr.21/8 Wanddekoration
FO: Raum 5, Westwand
Maße: H 3,55 m; B 2,60 m
Beschreibung: Wanddekoration des 2. Stils .. *a fondo rosso, di cinabro. La parete occidentale (distaccata) di 3,55 x 2,60, reca di tre grandi riquadri tra lo zoccolo aggettante ed il fregio trattato, come di solito, a piccole bugne orizzontali di marmi policromi; l'aggetto del padiglione intermedio, molto semplice nella sua struttura architettonica, reca ai lati due colonnine corintie rosse, finamente decorato di un meandro aureo, floreale, le quali, raggiunto il fregio, terminano in due basi su cui posano due anforette metalliche, panciute, mentre nel mezzo riposa uno svelto cratere argenteo ricolmo di frutta: al sommo del fregio, nei lati, posano invece due maschere, l'una, a sinistra, di una Menade, l'altro, a destra, di un Satiro.*
Archiv: Arch.Pomp. IV/4 Nr.6: Nr.143 = Anhang 7
AO: Unbekannt
Lit.: M.Della Corte, NSc 1921, 449.

Kat.Nr.21/9 Mosaik
FO: Frigidarium 7
Mat.: Schwarze und weiße Steinchen
Maße: H 1,10 m; B 1,20 m
Beschreibung: Zwei aufeinander zugehende nackte Ringkämpfer. Darunter die Inschrift HAVE SALVE.
Archiv: Arch.Pomp. IV/4 Nr.6: Nr.141 = Anhang 7
AO: Unbekannt
Lit.: M.Della Corte, NSc 1921, 450f. Abb.15; J.R.Clarke, Roman Black-and-White Figural Mosaics (1979) 18 Anm.34.

Kat.Nr.21/10 Louterion
FO: Frigidarium 7
Mat.: Marmor. **Maße:** Becken Dm 740; Säule H 600 mm
Beschreibung: Breites, flaches Becken auf kannelierter Säule.
AO: Unbekannt
Lit.: M.Della Corte, NSc 1921, 451 Abb.17,B.

Kat.Nr.21/11 Wasserhähne
FO: Frigidarium 7
Mat.: Bronze.
Maße: a. L 200 mm; b. -
Beschreibung: Zwei Wasserhähne, Öffnung in der Form a. eines Löwenkopfes und b. einer Kanne.
AO: Unbekannt
Lit.: M.Della Corte, NSc 1921, 451 Abb.18,10. 12.

Kat.Nr.21/12 Mosaik
FO: Caldarium 10
Mat.: Schwarze und weiße Steinchen. **Maße:** -
Beschreibung: Meerestiere: Tintenfisch, Krebs etc.
AO: In situ
Lit.: M.Della Corte, NSc 1921, 452 Abb.16; J.R.Clarke, Roman

Black-and-White Figural Mosaics (1979) 18 Anm.44.

Kat.Nr.21/13 Wanddekoration
FO: Caldarium 10
Beschreibung: Wanddekoration des 4. Stils aus roten Feldern (H 1,67 m), die durch vertikale gelbe Faszien (B 340 mm) mit Kandelabern (21/13a-c) getrennt werden, über einem dunkelroten Sockel. In der Mitte der Felder der Nordwand von l. n. r.: Greif, mehrere Gefäße, Greif (21/13d-f). Die ähnlichen Bilder der anderen Wände wurden nicht herausgeschnitten.
Lit.: M.Della Corte, NSc 1921, 453f.
21/13a-c
Maße: a. H 2,60; B 0,48 m;
b. H 1,70 m; B 0,35 m;
c. H 1,40 m; B O,48 m
Beschreibung: Drei Kandelaber auf rotem und gelben Grund.
Archiv: Arch.Pomp. IV/4 Nr.6: Nr.145 = Anhang 7
AO: Unbekannt
Lit.: Unpubliziert
21/13d-f Motive der Nordwand
Maße: d. H 350; B 350 mm;
e. H 520 mm; B 360 mm; f. -
Beschreibung: Drei zentrale Motive der Felder der N-Wand: Greif, mehrere Gefäße, Greif
Archiv: Arch.Pomp. IV/4 Nr.6: Nr.158.157.159 = Anhang 7
AO: Unbekannt
Lit.: Unpubliziert

Kat.Nr.21/14 Louterion
FO: Caldarium 10
Mat.: weißer Marmor
Maße: B Becken 910 mm; H Untersatz 660 mm
Beschreibung: Breites, flaches Becken auf sich nach oben hin verjüngender Säule.
AO: Unbekannt
Lit.: M.Della Corte, NSc 1921, 453 Abb.17,A.

Kat.Nr.21/15 Zwei Kannen
FO: Raum 11
Mat.: Bronze. **Maße:** -
Beschreibung: Bauchige Kanne mit waagerechter Lippe, der Henkel besitzt über der Mündung einen fingerartigen Aufsatz.
AO: Unbekannt
Lit.: M.Della Corte, NSc 1921, 455 Abb.18,7.9.- Zum Typ vgl. Kat.Nr.4/2

Kat.Nr.21/16 Kanne
FO: Raum 11
Mat.: Bronze. **Maße:** -
Beschreibung: Bauchige Kanne mit weiter Mündung und Henkel.
AO: Unbekannt
Lit.: M.Della Corte, NSc 1921, 455 Abb.18,6.

Kat.Nr.21/17 Kanne
FO: Raum 11
Mat.: Bronze. **Maße:** -
Beschreibung: Bauchige Kanne mit weiter Mündung und überrandständigem Henkel.
AO: Unbekannt
Lit.: M.Della Corte, NSc 1921, 455 Abb.18,13.

Kat.Nr.21/18 Muschelschalen
FO: Raum 11
Mat.: Bronze. **Maße:** Dm a. 120 mm; b. 130 mm
Beschreibung: Zwei Schalen in der Form einer Muschel
AO: Unbekannt
Lit.: M.Della Corte, NSc 1921, 455 Abb.18,8.14.- Zum Typ vgl. Kat.Nr.5/4

Kat.Nr.21/19 Kasserollen
FO: Raum 11. **Mat.:** Bronze
Maße: Dm a. 150; B 170 mm
Beschreibung: Zwei Kasserollen mit jeweils halbmondförmigem Loch im Griff.
AO: Unbekannt
Lit.: M.Della Corte, NSc 1921, 455.- Zum Typ vgl. A.Carandini in: L'instrumentum domesticum di Ercolano e Pompei (1977) 163ff. Typ VI.

Kat.Nr.21/20 Kasserolle
FO: Raum 11. **Mat.:** Bronze
Maße: Dm 140 mm
Beschreibung: Kasserolle mit rundem Loch im Griff.
AO: Unbekannt
Lit.: M.Della Corte, NSc 1921, 455.- Zum Typ vgl. Carandini a.O. (Kat.Nr.21/19) 163ff. Typ VIII.

Kat.Nr.21/21 Kasserolle
FO: Raum 11. **Mat.:** Bronze
Maße: Dm 180 mm
Beschreibung: Kasserolle mit zwei Schwanenköpfen am Griffende.
AO: Unbekannt
Lit.: M.Della Corte, NSc 1921, 455.- Zum Typ vgl. Carandini a.O. (Kat.Nr.21/19) 163ff. Typ II.

Kat.Nr.21/21A Kessel
FO: Raum 11. **Mat.:** Bronze
Maße: Dm 350 mm
Beschreibung: *Un lebete, con le anse ad arco saldate alla pancia per la transizione di due borchie circolari.*
AO: Unbekannt
Lit.: M.Della Corte, NSc 1921, 455.

Kat.Nr.21/22 Gefäß
FO: Raum 11
Mat.: Bronze. **Maße:** H 40 mm
Beschreibung: Sehr kleines Gefäß.
AO: Unbekannt
Lit.: M.Della Corte, NSc 1921, 455 Abb.18,4.

Kat.Nr.21/23 Strigiles
FO: Raum 11
Mat.: Bronze. **Maße:** H 210 mm
Beschreibung: Die Griffe der beiden Strigiles waren in Holz eingelegt.

AO: Unbekannt
Lit.: M.Della Corte, NSc 1921, 455 Abb.18,15.18

Kat.Nr.21/24 Zwei Waagen
FO: Raum 11
Mat.: Bronze. **Maße:** L 160 mm
Beschreibung: Zwei Schnellwaagen mit Laufgewicht auf der einen und Haken auf der anderen Seite.
AO: Unbekannt
Lit.: M.Della Corte, NSc 1921, 455 Abb.18,16.17

Kat.Nr.21/25 Tisch
FO: Raum 11
Mat.: Platte: Schiefer; Sockel: weißer Marmor. **Maße:** -
Beschreibung: Die Stütze ist mit einem bärtigen, bekränzten Kopf verziert.
Archiv: Arch.Pomp. IV/4 Nr.6: Nr.42 = Anhang 7
AO: Unbekannt
Lit.: M.Della Corte, NSc 1921, 455 Abb.19.

Kat.Nr.21/26 Mosaik
FO: Cubiculum 12
Mat.: Schwarze und weiße Marmorsteinchen
Maße: 0,85 x 0,85 m
Beschreibung: ... *nel centro del pavimento il musaico esibiva, sul fondo bianco, un rosane nero di m. 0,72 di lato, con fiore a sei petali chiuso in un cerchio, nel mezzo, e un cratere con foglie e fiori per ciascuno degli angoli.*
Archiv: Arch.Pomp. IV/4 Nr.6: Nr.142 = Anhang 7
AO: Unbekannt
Lit.: M.Della Corte, NSc 1921, 455.

Kat.Nr.21/27 Wanddekoration
FO: Cubiculum 12
Beschreibung: Einfache weißgrundige Dekoration des 4. Stils. In den Feldern Harpyien, Pegasos oder Sirenen.
Lit.: M.Della Corte, NSc 1921, 455f.

21/27a-d Vier Motive
Maße: a.b. H 350 mm; B 350 mm; c.d. -
Beschreibung: a. Pegasos; b-d. Harpyie.
Archiv: Arch.Pomp. IV/4 Nr.6: Nr.150. 152-154 = Anhang 7
AO: Unbekannt
Lit.: Unpubliziert

Kat.Nr.21/28 Wanddekoration des 4. Stils
FO: Cubiculum 13
Beschreibung: Sockelzone dunkelrot, in der Mitte jeder Wand ovale Scheibe mit Buckel (Omphalosschale?). Hauptzone weißgrundig, die Mitte wird von einem großen gelben Feld eingenommen, darin schwebender Erote. In den jeweils seitlich liegenden, durch Lisenen eingefaßten weißen Feldern sind rot gerahmte Rechtecke mit Darstellungen von Masken und Gefäßen angebracht. Oberzone weißgrundig, mittig über den gelben Feldern Aedicula mit fliegendem Schwan, zu den seitlichen Aediculen Querverbindung durch Girlanden und Bänder.

21/28a Mittelteil der N-Wand
Maße: H 3,10 m; L 1,50 m
Beschreibung: Der Ausschnitt zeigt den Mittelteil der Wand in der gesamten Höhe einschließlich des Stuckgesimses. Zentral im gelben Feld ein nach l. schwebender bekränzter Amor, in der L. ein Blumenkorb, in der R. ein Stab. Die Identifizierung des Ausschnitts mit der Nordwand ergibt sich aus der Beschreibung des Amors im Grabungsbericht.
Archiv: Arch.Pomp. IV/4 Nr.6: Nr.160 = Anhang 7
AO: Malibu, J.Paul Getty Museum Acc.no.70 AG 89
Lit.: M.Della Corte, NSc 1921, 456; Neuerburg, Catalogue 44f. Nr.94a.

21/28b Ausschnitt: Westwand
Maße: H 0,50 m; B 0,50 m
Beschreibung: Der Ausschnitt zeigt einen Amor auf gelben Grund, vgl. Kat.Nr.21/28a.
Archiv: Arch.Pomp. IV/4 Nr.6: Nr.151 = Anhang 7
AO: Unbekannt
Lit.: M.Della Corte, NSc 1921, 456.

21/28c Haupt- und Oberzone der Ostwand
Maße: H 2,20 m; L 2,70 m; Fensterausschnitt: H 0,85; L 1,10 m
Beschreibung: Der Ausschnitt zeigt den oberen Teil der Wand von der Mitte der Hauptzone bis zum runden Giebelfeld. In der Hauptzone befindet sich anstelle des gelben Feldes der Fensterausschnitt. In den seitlichen Feldern seitlich je ein rechteckiges Bild darin, l. drei satyreske Masken mit Metallgefäß, r. drei Masken mit Korb. Die Identifizierung dieses Ausschnitts mit der Ostwand ergibt sich aus der Beschreibung dieser beiden Bilder. Das Tonnengewölbe verlief somit in Ost-West Richtung (Der Grabungsbericht läßt infolge eines Druckfehlers beide Möglichkeiten offen, M.Della Corte, NSc 1921, 444).
Archiv: Arch.Pomp. IV/4 Nr.6: Nr.161 = Anhang 7
AO: Malibu, J.Paul Getty Museum Acc.no.70 AG 90
Lit.: M.Della Corte, NSc 1921, 456; Neuerburg, Catalogue 44f. Nr.94b.

21/28d Bild mit Masken von der Südwand
Maße: -
Beschreibung: Zwei Masken und eine Amphora
Archiv: Arch.Pomp. IV/4 Nr.6: Nr.147 = Anhang 7
AO: Unbekannt
Lit.: M.Della Corte, NSc 1921, 456.

21/28e Bild mit Masken von der Westwand
Maße: -
Beschreibung: Maske, Korb mit Schlange und Greif.
Archiv: Arch.Pomp. IV/4 Nr.6: Nr.149bis = Anhang 7
AO: Neapel, Museo Nazionale inv.n.150602
Lit.: M.Della Corte, NSc 1921, 456; Allroggen-Bedel, Maskendarstellungen 119 Nr.6.1.

21/28f Bild mit Masken von der Westwand
Maße: -
Beschreibung: Drei Masken mit blauem Krug.
Archiv: Arch.Pomp. IV/4 Nr.6: Nr.148 = Anhang 7
AO: Neapel, Museo Nazionale inv.n.150603
Lit.: M.Della Corte, NSc 1921, 456; Allroggen-Bedel, Maskendarstellungen 119 Nr.6.2.

21/28g Bild mit Masken von der Süd- oder Nordwand
Maße: 420 x 280 mm
Beschreibung: Drei Masken
Archiv: Arch.Pomp. IV/4 Nr.6: Nr.146 = Anhang 7
AO: Unbekannt
Lit.: M.Della Corte, NSc 1921, 456.

21/28h Bild mit Masken von der Süd- oder Nordwand
Maße: -
Beschreibung: Drei Masken
Archiv: Arch.Pomp. IV/4 Nr.6: Nr.149 = Anhang 7
AO: Unbekannt
Lit.: M.Della Corte, NSc 1921, 456.

21/28i Bild mit Masken von der Nordwand
Maße: 350 x 350 mm
Beschreibung: Zwei Masken mit einer Cista
Archiv: Arch.Pomp. IV/4 Nr.6: Nr.155 = Anhang 7
AO: Unbekannt
Lit.: M.Della Corte, NSc 1921, 456.

Kat.Nr.21/29 Tablett
FO: Cubiculum 13
Mat.: Alabaster.
Maße: 130 x 230 mm
Beschreibung: Kleines Alabastertablett
AO: Ehemals Zürich, Sammlung A.Ruesch
Lit.: M.Della Corte, NSc 1921, 456 Abb.19; Kat.Slg.Ruesch 26 Nr.232 („Schreibplatte“).

Kat.Nr.21/30 Wanddekoration
FO: Raum 15
Beschreibung: Gelbgrundige Wanddekoration des 4. Stils. In der Mitte der Felder einfache Motive, die nicht herausgeschnitten wurden: Harpyien, Pegasos, Fische. Nur ein Medaillon der Westwand wurde abgenommen.

21/30a Medaillon
Maße: 425 x 425 mm; Dm Medaillon 240 mm
Beschreibung: Medaillon mit Landschaftsdarstellung
Archiv: Arch.Pomp. IV/4 Nr.6: Nr.156 = Anhang 7
AO: Unbekannt
Lit.: M.Della Corte, NSc 1921, 456.

Kat.Nr.21/31 Lampe
FO: Torcularium 17
Mat.: Ton. **Maße:** Dm 150 mm
Beschreibung: Große, runde Tonlampe
AO: Unbekannt
Lit.: M.Della Corte, NSc 1921, 458 Abb.19.

Kat.Nr.21/32 Lampe
FO: Torcularium 17
Mat.: Ton. **Maße:** L 350 mm
Beschreibung: Sehr große zweiflammige Lampe, in den Zwikkeln Pferdeköpfe, auf dem runden Griff Blattaufsatz.
AO: Unbekannt
Lit.: M.Della Corte, NSc 1921, 458 Abb.19.

Kat.Nr.21/33 Lampe
FO: Torcularium 17
Mat.: Ton. **Maße:** L 130 mm
Beschreibung: Kleine zweiflammige Lampe
AO: Unbekannt
Lit.: M.Della Corte, NSc 1921, 458 Abb.19.

Kat.Nr.21/34 Greifenkessel
FO: Torcularium 17
Mat.: Bronze
Maße: Dm 310 mm
Beschreibung: *Un lebete di bronzo, a sezione di sfera con le anse, a corpo tondo rastremato, desinenti in teste di grifi.*
AO: Unbekannt
Lit.: M.Della Corte, NSc 1921, 458.

Kat.Nr.21/35 Wanddekoration
FO: Cubiculum 21
Beschreibung: Wanddekoration des 4. Stils: Roter Sockel mit Pflanzen und Vögeln. Hauptzone jeweils aus drei blauen Feldern, darin Amoretten und Stilleben. Oberzone gelb mit Architekturelementen.
Archiv: Arch.Pomp. IV/4 Nr.6: Nr.144 = Anhang 7
AO: Boscoreale, Antiquarium
Lit.: M.Della Corte, NSc 1921, 459f.; zu c und e: J.-M.Croisille, Les natures mortes campaniennes (1965) 120 Nr.339 Taf.108,202; 112,210. Die Publikation durch L.Fergola ist in Vorbereitung.

Kat.Nr.22 Villa in Boscoreale, fondo Marchese Imperiali

ORT: Boscoreale, contrada Cività de Nitto oder Cività Giuliana (Kockel-Nr. -)
AUSGRÄBER UND BESITZER: Marchese Giovanni Imperiali
AUSGRABUNGSZEITRAUM: 26.9.1907 - 25.1.1908
GRABUNGSBERICHTE: -
ARCHIVMATERIALIEN: Arch.Pomp. III/1: Briefe, die Liste der dem Staat zustehenden Funde sowie folgende *giornali* (mit Angabe der Fundnummern): 11.-17.11.1907 (121-138); 18.-24.11.1907 (-); 25. 11.-1.12.1907 (139-171); 2.-8.12.1907 (172-195); 9.-15.12. 1907 (196-199); 16.-22.12.1907 (-); 23.-30.12.1907 (200); 31.12. 1907-5.1.1908 (201-205); 6.-12.1.1908 (206-218); 13.-19.1.1908 (-); 20.1.-2.2.1908 (-); 3.-9.2.1908 (-). Vgl. Stefani 12 Anm.16.
LITERATUR: Stefani.
BESCHREIBUNG DER RÄUME: Die Raumzählung folgt den *giornali*. Die Fundnummern (F.-Nr.) beziehen sich auf die nicht mehr erhaltene Gesamtfundliste. Eine ausführliche Beschreibung der Funde in allen Räumen gibt jetzt Stefani 12ff.

Peristyl, Süd-Ost-Ecke

Raum 9 (Arch.Pomp.III/1 *giornali* vom 11. bis 13.11.1907): Nahe bei einem Skelett lagen: eine Glasflasche, eine Eisensichel (F.-Nr.121.122), zwei Armbänder, drei Ringe und ein Paar Ohrringe aus Gold (Kat. Nr.22/1-5), zwanzig Goldmünzen von Nero (16), Vitellius (1) und Vespasian (3) (F.-Nr.125), ein Trichter, ein Simpulum und eine Mercurstatuette aus Silber (Kat.Nr.22/6-8) sowie vier Bronzefüße von einem Kasten, eine Münze und zwei kleine Ringe aus Bronze (F.-Nr.129-131).
Raum 10 (Arch.Pomp.III/1 *giornali* vom 15 und 16.11.1907): Funde: ein Ofen aus Eisen mit Bronzekessel (Kat.Nr.22/9), eine Amphore, eine Lampe und vier Gefäße aus Ton (F.-Nr.133-137) sowie ein Bronzeteller (F.-Nr.138).
Raum 11 (Arch.Pomp.III/1 *giornali* vom 27.11.1907): Funde: drei Bronzegefäße (Kat.Nr.22/10-12), ein Schlangenarmreif (Dm 75 mm), ein Ring und 26 Münzen aus Bronze (F.-Nr.142-144), eine Silbermünze und ein Eisenring mit Gemme *(pietra rosa)* mit Darstellung der Fortuna (F.-Nr.145. 146).
Raum 12 (Arch.Pomp.III/1 *giornali* vom 29. und 30.11.1907): Funde: ein Kandelaber (H 1,27 m - F.-Nr.147), ein Krater auf Untersatz, eine Amphore, eine Kanne, eine Schüssel, eine Laterne und ein Bekken (Kat.Nr.22/13-18), eine „Pastetenform“ (L 230 mm - F.-Nr.154), vier Kannen (Kat.Nr.22/19-21), zwei Dreifußuntersätze (Kat.Nr.22/22.23), eine kleine Schale (Dm 150 mm) mit flachem Griff (F.-Nr.160 - Badeschale ?), zwei Griffschalen (Kat.Nr. 22/24), eine Muschelschale (L 150 mm - F.-Nr.163), eine Kasserolle (Dm 120 mm) mit Loch im Griffende (F.-Nr.164) und eine Waage aus Bronze (F.-Nr.165), zwei Glasflaschen (F.-Nr.166. 169), zwei Tonlampen (F.-Nr.167. 171), ein Terra sigillata-Gefäß (Dm 140 mm - F.-Nr.170) und ein weiteres Tongefäß (F.-Nr.168).

Ostseite des Gebäudes

Raum 13 (Arch.Pomp.III/1 *giornali* vom 2.12.1907): Funde: Amphorenfragment (F.-Nr.172).
Raum 14 (Arch.Pomp.III/1 *giornali* vom 6., 7. und 13.12.1907): In den Boden sind zwei große Dolien eingelassen (F.-Nr.196).- Funde: vier Tongefäße (F.-Nr.173-176), eine Glasflasche und 22 Glasflußperlen (F.-Nr.177. 178), eine Tonlampe (F.-Nr.179), eine Bronzemünze (F.-Nr.180), ein großes Tonbecken (F.-Nr.181), ein Tuff-Block (H 240 mm) mit Phallus im Relief (F.-Nr.182), eine Tonamphore (F.-Nr.183), ein rechteckiges Marmorgefäß in Fragmenten (F.-Nr.184), zahlreiche Glasscherben einer Scheibe (F.-Nr.185), ein Tongefäß (F.-Nr.186) und ein Deckel aus Eisen (F.-Nr.195).
Raum 15 (Arch.Pomp.III/1 *giornali* vom 7.12.1907): Funde: zwei Kandelaber (Kat.Nr.22/25.26), eine kleine Glasamphora (F.-Nr.189), eine Lampe und zwei Gefäße aus Ton (F.-Nr.190-192), drei Bleigewichte (F.-Nr.193), ein Löffel und ein kleines Gerät aus Bein (F.-Nr.194).

Hof östlich der zuerst ausgegrabenen Räume

Östliche Porticus (Arch.Pomp.III/1 giornali vom 31.12.1907 und 8. und 9.1.1908): Am südlichen Ende befindet sich in der Wand ein Lararium (Kat.Nr.22/27).- Funde: ein Catillus aus Vesuvgestein (F.-Nr.201), mehrere Ziegel und Amphoren (F.-Nr.202-205), ein Glasgefäß, ein Löffel aus Bein und ein Eisenschloß (F.-Nr.208.216.218), 7 Tongefäße (F.-Nr.206.207.209.210.211.215.217), drei Tonlampen (F.-Nr.212-214).

KATALOG DER FUNDE AUS DER VILLA KAT.NR.22

(Die in Italienisch gegebenen Beschreibungen sind den Archivmaterialien entnommen)

Kat.Nr.22/1 Armreifen
FO: Raum 9. **Mat.:** Gold
Maße: a. Dm 79 mm; Gewicht: 128 g; b. Gewicht 126 g
Beschreibung: *Massiccia armilla foggiata a serpe, la cui coda si avvolge al corpo in due spire. Mancano gli occhi: la testa e la coda sono trattate a squame, mentre il resto del corpo è liscio.*
Archiv: Arch.Pomp. III/1: *Giornale* vom 13.11.1907 Nr. 123a.b.
AO: Unbekannt
Lit.: Stefani 50 Nr.170. 171 Taf.10,2

Kat.Nr.22/2 Ring
FO: Raum 9. **Mat.:** Gold
Maße: Gewicht: 9,5 g
Beschreibung: *Grosso anello, internamente vuoto, riempito di pastiglia, di 0,023 di diam., con ametista ovale nel castone in cui è inciso, come sembra, Ercole in piedi con clamide nella destra.*
Archiv: Arch.Pomp. III/1: *Giornale* vom 13.11.1907 Nr. 124a.
AO: Unbekannt
Lit.: Stefani 50 Nr.172.

Kat.Nr.22/3 Ring
FO: Raum 9. **Mat.:** Gold
Maße: Dm 23 mm; Gewicht 8 g
Beschreibung: *Grosso anello, vuoto, recante nel castone un diaspro ovale con la impronta cava di una testina senile barbata a sin.*
Archiv: Arch.Pomp. III/1: *Giornale* vom 13.11.1907 Nr. 124b.
AO: Pompej, Magazin (2/2383, inv.23175)
Lit.: Stefani 50 Nr.173 Taf.10,3.

Kat.Nr.22/4 Ring
FO: Raum 9
Mat.: Gold. **Maße:** Dm 19mm; Gewicht 4,5 g
Beschreibung: *Piccolo anello pieno con piccolo rubino nel castone, esibente la incisione di una piccolissima Minerva galeata con lancia nella d. e Nike nella din. protesa avanti.*
Archiv: Arch.Pomp. III/1: *Giornale* vom 13.11.1907 Nr. 124c.
AO: Unbekannt
Lit.: Stefani 50f. Nr.174.

Kat.Nr.22/5 Ohrringe
FO: Raum 9. **Mat.:** Gold
Maße: Gewicht insgeamt 5 g
Beschreibung: *Paio di orecchini, ognuno dei quali risulta di due perline infilate ad uncinetti, che pendono dalle estremità di una larghetta sormontata da una calottina dietro cui è saldato un lungo spillone o uncino da in filare all'orecchio.*
Archiv: Arch.Pomp. III/1: *Giornale* vom 13.11.1907 Nr. 126.
AO: Unbekannt
Lit.: Stefani 51 Nr.195.

Kat.Nr.22/6 Trichter
FO: Raum 9. **Mat.:** Silber
Maße: H 100 mm; Dm 70 mm
Beschreibung: *Imbuto al largo orlo e corpo rigonfio, molto ossidato.*
Archiv: Arch.Pomp. III/1: *Giornale* vom 13.11.1907 Nr. 127.
AO: Unbekannt
Lit.: Stefani 51 Nr.196.

Kat.Nr.22/7 Simpulum
FO: Raum 9. **Mat.:** Silber
Maße: H 100; Dm 62 mm
Beschreibung: *Simpulum, rotto nel manico e nella pancia.*
Archiv: Arch.Pomp. III/1: *Giornale* vom 13.11.1907 Nr. 128a.
AO: Ehemals Pompeji, Antiquarium. Kriegsverlust
Lit.: Stefani 51 Nr.197.

Kat.Nr.22/8 Mercur
FO: Raum 9
Mat.: Silber. **Maße:** H 80 mm
Beschreibung: *Statuetta vuota die Mercurio avvolto in manto col braccio d. portato al mento e il sinistro pregato a gomito lungo il lato sin.*
Archiv: Arch.Pomp. III/1: *Giornale* vom 13.11.1907 Nr. 128b.
AO: Ehemals Pompeji, Antiquarium. Kriegsverlust
Lit.: Stefani 51 Nr.197.

Kat.Nr.22/9 Ofen
FO: Raum 10
Mat.: Eisen, Bronze.
Maße: H 1,07 m; Dm 0,37 m
Beschreibung: *Stufa cilindrica in ferro, soretta da tre piedi in ferro; contenente nel suo terzo superiore un vaso modanato e chiuso da coperchio.*
Archiv: Arch.Pomp. III/1: *Giornale* vom 15.11.1907 Nr. 132.
AO: Unbekannt
Lit.: Stefani 52 Nr.203.204.

Kat.Nr.22/10 Kanne
FO: Raum 11
Mat.: Bronze. **Maße:** H 370 mm
Beschreibung: *Robusto vaso a cono tronco rovescio, a largo collo a tronco di cono e con orlo decorato di cerchietti fra due lineette orizzontali. Il manico*

termina in giù in scudo con palmetta incisa, e in su in dito umano fra due alette laterali a testa di oca.
Archiv: Arch.Pomp. III/1: *Giornale* vom 27.11.1907 Nr. 139.
AO: Unbekannt
Lit.: Stefani 53 Nr.211 Taf.14,2.

Kat.Nr.22/11 Amphore
FO: Raum 11
Mat.: Bronze. **Maße:** H 200 mm
Beschreibung: Bauchige Amphora, deren einfache Henkel am Gefäßbauch in herzförmige Blätter enden.
Archiv: Arch.Pomp. III/1: *Giornale* vom 27.11.1907 Nr.140.
Photo: AFS Pompei D 38089 (gesamt); D 33469 (Henkel)
AO: Pompeji, Magazin inv.n.15356
Lit.: Stefani 54 Nr.212 Taf.15,2. - Zum Typ vgl. BaBiB 43 Nr.5.6 Taf.7.

Kat.Nr.22/12 Bronzegefäß
FO: Raum 11
Mat.: Bronze. **Maße:** B 290 mm
Beschreibung: *Vaso a cesta di forma ellittica, munito di due anse conteste sui lati lunghi, girevoli in due ornamenti saldati sull'orlo e terminati ai capi in teste di anitra.*
Archiv: Arch.Pomp. III/1: *Giornale* vom 27.11.1907 Nr. 141.
AO: Unbekannt
Lit.: Stefani 54 Nr.213.

Kat.Nr.22/13 Krater
FO: Raum 12. **Mat.:** Bronze
Maße: H 570; Dm 340 mm
Beschreibung: Hoher Kelchkrater mit weit ausladender Mündung und kleinem Fuß. Der Untersatz besteht aus einem durch Profile gegliederten Ständer auf drei Tiertatzen.
Archiv: Arch.Pomp. III/1: *Giornale* vom 29.11.1907 Nr. 148.
Photo: AFS Pompei C 163
AO: Unbekannt
Lit.: Stefani Nr.247 Taf.16. - Zum Typ des Kraters vgl. BaBiB 41f. Nr.1 Taf.1a. Vom Untersatz ist nur der obere Teil zu vergleichen.

Kat.Nr.22/14 Amphora
FO: Raum 12
Mat.: Bronze. **Maße:** H 300 mm
Beschreibung: *Anforetta a corpo ovoidale, orlo circolare. Le due anse recano incisi motivi floreali.*
Archiv: Arch.Pomp. III/1: *Giornale* vom 29.11.1907 Nr. 149.
AO: Unbekannt
Lit.: Stefani 56 Nr.248 Taf.1,2.

Kat.Nr.22/15 Kanne
FO: Raum 12
Mat.: Bronze. **Maße:** H 220 mm
Beschreibung: *Oinochoe a labbro tondo. Il corpo, panciuto, ètrattato a strie verticali l quali, convergendo in su, formano fogliame. Al collo è una corona di festoncini. L'ansa termina, nelle due alette sull'orlo, in due teste di uccello; e, in giù, in due teste di montone, affrontate.*
Archiv: Arch.Pomp. III/1: *Giornale* vom 29.11.1907 Nr. 150.
AO: Pompeji, Magazin (2/2351) inv.n.15343
Lit.: Stefani 57 Nr.249 Taf.15,1.

Kat.Nr.22/16 Bronzegefäß
FO: Raum 12
Mat.: Bronze. **Maße:** L 330 mm
Beschreibung: *Vaso di forma ellittica, simile all'altro registrato al N°141* (= Kat.Nr. 22/12), *salvo che qui gli ornamenti saldati sull'orlo e da cui partono le anse, terminano in teste equine.*
Archiv: Arch.Pomp. III/1: *Giornale* vom 29.11.1907 Nr. 151.
AO: Unbekannt
Lit.: Stefani 57 Nr.250.

Kat.Nr.22/17 Laterne
FO: Raum 12
Mat.: Bronze. **Maße:** H 220 mm
Beschreibung: *Lanterna con coperchio mobile a calotta, sul fondo rimane tuttora il vasetto cilindrico contenente lo stoppino e uno smoccolataio di bronzo, vuoto, lungo 0,15.*
Archiv: Arch.Pomp. III/1: *Giornale* vom 29.11.1907 Nr. 152.
AO: Unbekannt
Lit.: Stefani 57 Nr.251 Taf.17,2. - Zum Typ vgl. Kat.Nr.1/59a.

Kat.Nr.22/18 Becken
FO: Raum 12
Mat.: Bronze. **Maße:** B 240 mm
Beschreibung: *Pelvi a piede circolare munito di due anse (1 manca) foggiate a ponte e terminanti ai capi in teste di serpi.*
Archiv: Arch.Pomp. III/1: *Giornale* vom 29.11.1907 Nr. 153.
AO: Unbekannt
Lit.: Stefani 57f. Nr.252.

Kat.Nr.22/19 Kannen
FO: Raum 12
Mat.: Bronze. **Maße:** H 120 mm
Beschreibung: *Pariglia di boccali a largo orlo, corpo ovoidale, muniti di un'ansa semplice, terminante in giù in scudo cuoriforme.*
Archiv: Arch.Pomp. III/1: *Giornale* vom 29.11.1907 Nr. 155.
AO: Unbekannt
Lit.: Stefani 58 Nr.254. 255 Taf.XVII,2.

Kat.Nr.22/20 Kanne
FO: Raum 12
Mat.: Bronze. **Maße:** H 230 mm
Beschreibung: Trifoliarkanne mit Henkel, der am Gefäßbauch in eine Sirenenfigur ausläuft.
Archiv: Arch.Pomp. III/1: *Giornale* vom 29.11.1907 Nr. 156.
Photo: AFS Pompei B 85; B 86
AO: Unbekannt
Lit.: Stefani 58 Nr.256 Taf.15,3. - Zum Typ vgl. Kat.Nr.4/4.

Kat.Nr.22/21 Trifoliarkanne
FO: Raum 12
Mat.: Bronze. **Maße:** H 180 mm
Beschreibung: Trifoliarkanne ähnlicher Form wie Kat.Nr.22/20 mit Henkel, der am Gefäßbauch in ein Lotusblatt ausläuft.
Archiv: Arch.Pomp. III/1: Giornale vom 29.11.1907 Nr. 157.
AO: Unbekannt
Lit.: Stefani 59 Nr.257 Taf.15,3.

Kat.Nr.22/22 Dreifußuntersatz
FO: Raum 12
Mat.: Bronze. **Maße:** H 152 mm
Beschreibung: Dreifußuntersatz aus einem flachen Zylinder, der auf drei Beinen steht, die jeweils in Raubtierklauen enden und untereinander durch Rankenblätter verbunden sind. - Zur Identifizierung s. Kap.2.4.6.
Archiv: Arch.Pomp. III/1: *Giornale* vom 29.11.1907 Nr. 158.
Photo: AFS Pompei A 7177
AO: New York, Metropolitan Museum Acc.no.08.258.12
Lit.: G.M.A.Richter, Greek, Etruscan and Roman Bronzes (1915) 376 Nr.1318; Stefani 59 Nr.258 Taf.17,1. - Zum Typ vgl. BaBiB 51 Nr.33 Taf.27.

Kat.Nr.22/23 Dreifußuntersatz
FO: Raum 12. **Mat.:** Bronze
Maße: H 110; B 100 mm
Beschreibung: Dreifußuntersatz ähnlich wie Kat.Nr.22/22.
Archiv: Arch.Pomp. III/1: *Giornale* vom 29.11.1907 Nr. 159.
AO: Unbekannt
Lit.: Stefani 59 Nr.259.

Kat.Nr.22/24 Griffschalen
FO: Raum 12. **Mat.:** Bronze
Maße: Dm a. 150; b. 210 mm
Beschreibung: Zwei Griffschalen mit Hundkopfgriffenden.
Archiv: Arch.Pomp. III/1: *Giornale* vom 29.11.1907 Nr. 161.162.
Photo: AFS Pompei B 88 (nur Griffe)
AO: Unbekannt
Lit.: Stefani 59f. Nr.261.262.

Kat.Nr.22/25 Kandelaber
FO: Raum 15
Mat.: Bronze. **Maße:** H 1,36 m
Beschreibung: *Candelabro a fusto semplice, scanalato, e piede costituito da tre zampe feline alternate con tre foglie di vite.*
Archiv: Arch.Pomp. III/1: *Giornale* vom 7.12.1907 Nr.187.
AO: Unbekannt
Lit.: Stefani 64 Nr.287 Taf.18,1.

Kat.Nr.22/26 Kandelaber
FO: Raum 15. **Mat.:** Bronze
Maße: H erhalten 0,76 m
Beschreibung: *Metà superiore di altro candelabro con capitello ionico che sostiene la coppa terminale, lavorata a iscizione di motivi floreali.*
Archiv: Arch.Pomp. III/1: *Giornale* vom 7.12.1907 Nr.188.
AO: Unbekannt
Lit.: Stefani 65 Nr.288.

Kat.Nr.22/27 Lararium
FO: Hof östlich der zuerst ausgegrabenen Räume, östliche Porticus
Beschreibung: *Sulla parete dell'ambulacro (estremità sud) del portico in corso di scavo si è oggi messo allo scoperto un dipinto larario costituito da una nichietta di forma quadrata (0,44 di lato) ornata nel davanti di due colonnine a sostegno di un timpano di stucco (questo e quelle ora cadute giù in frantumi), ai cui lati sono dipinti due Lari (altezza 0,60) nell'atteggiamento consueto di far cadere cioè il vino dal ryton nel secchietto. Hanno alti calzari allacciati, i vestono l'uno un chitone corto rossiccio, orlato di azzurro e l'altro egualmente un chitone corto, una di colore paonazzo, orlato di celeste. Un manto verde compie l'abbigliamento dei due Lari ed è dal vento gonfiato dietro le loro spalle a mo'di conchiglia.*
Completa la rappresentanza, nella parte inferiore, una bassa ara cilindrica scanalata, sulla quale sono deposte le solite offerte, mentre dall'uno lato e dall'altro vi accostano la testa i serpenti agathodemoni, squiscanti fra verdi pianticelle.
Archiv: Arch.Pomp. III/1: *Giornale* vom 9.1.1908 (M.Della Corte)
22/27 a Lar
Beschreibung: Lar in roter Tunica und blauem Pallium
AO: Minneapolis, Institute of Arts Acc.No.79.21
Lit.: M.W.Anderson, AJA 86, 1982, 252; Fröhlich, Lararienbilder 305 Nr.L 126 Taf. 51.3; Stefani 70 Nr.323 Taf.9,2.

22/27 b Lar
Beschreibung: Lar, s. Kat.Nr. 22/27
AO: Unbekannt
Lit.: Stefani 70f. Nr.324.

Kat.Nr.23 Villa in Boscoreale, fondo Di Palma

ORT: Boscoreale, contrada Pisanella, fondo „Agricoltura" (Kockel-Nr.30)
AUSGRÄBER UND BESITZER: Giovanni Di Palma
AUSGRABUNGSZEITRAUM: 9.-23.7.1906; 6.7.1908-5.1.1909 (Arch.Pomp. IV/11 Nr.38 S.1)
GRABUNGSBERICHTE: M.Della Corte, NSc 1921, 461ff. Nr.VI.
ARCHIVMATERIALIEN: Arch.Pomp. IV/11: unpubliziertes Grabungsberichts-Manuskript (Nr.38); Briefe von 1929
LITERATUR: R.C.Carrington, JRS 21, 1931, 119 Nr.30; J.Day, YaleClSt 3, 1932, Taf. A.B.C Nr.30; K.D.White, Roman Farming (1970) 444 Nr.30; F.L.Bastet, CronPomp 2, 1976, 112ff.; E.Fabricotti, Cron Pomp 2, 1976, 47 Nr.II.a.f. Abb.13; F.L.Bastet-M.de Vos, Il terzo stile pompeiano (1979) 68f. Taf.33,60; 34,62; Casale-Bianco 30 Nr.3 Abb.3 (unten); A.Allroggen-Bedel in: Regione sotterrata 524 mit Anm.22; V.Kokkel, AA 1985, 521; Erhardt, Untersuchungen 114f.; Jongman, Economy 117f.
Zu den Inschriften: M.Della Corte, NSc 1921, 466f.
BESCHREIBUNG DER RÄUME: Die Angabe der Fußböden folgt der zusammenfassenden Aufstellung von M.Della Corte, NSc 1921, 462. Außer dem Grabungsbericht wird jeweils auch der Aufsatz von F.L.Bastet, CronPomp 2, 1976, 112ff., der unpublizierte Grabungsphotos enthält, zitiert. Die Funde werden nach der unpublizierten Fassung des Grabungsberichtes von M.Della Corte (Arch.Pomp.IV/11 Nr.38) zitiert.
Porticus B (NSc 1921, 462; CronPomp 2, 1976, 116f. 140 Abb.2. 4. 15; Arch.Pomp.IV/11 Nr.38 S.5): Boden: Opus signinum.- Den südlichen Abschluß der Porticus bildet eine weißgrundige Wand (1), vor der ein marmorverkleideter Sockel steht. Darüber erhob sich ein Holzschrank (H 2,35 m nach Abdruck an der Wand). Funde in der Porticus: verschiedene Bronzeteile; nahe der nördlichen Schranke: ein Travertingewicht, ein Eisenmesser sowie mehrere Eisengeräte und ein Bronzegefäß (Kat.Nr.23/1).
Raum 2 (NSc 1921, 462; CronPomp 2, 1976, 117): Boden: Cocciopesto.- Wände: *intonacco laterizio*.
Küche 3 (NSc 1921, 462; CronPomp 2, 1976, 118): Lehmboden.- Wände: unverputzt, an der Südwand Kochstelle, an der Ostwand Praefurnium. Die Bleikessel fehlen.
Raum 4 (NSc 1921, 462; CronPomp 2, 1976, 136f.; Arch.Pomp.IV/11 Nr.38 S.9): Boden in der südlichen Hälfte: Cocciopesto mit Buntmarmorfragmenten.- Südwand: schwarzgrundig, mit weißer Stuckbegrenzung.- Funde: eine Tonlampe.
Apodyterium 5 (NSc 1921, 462f.; CronPomp 2, 1976, 118. 130ff. 137f. Abb.13; Arch.Pomp. IV/11 Nr.38 S.10): Boden: Opus sectile.- Rotgrundige Wanddekoration des 3. Stils (Kat.Nr.23/2).- Funde: mehrere Bronzeteile von der Tür.
Caldarium 6 (NSc 1921, 463; CronPomp 2, 1976, 118. 138): Der Boden aus Opus sectile und die Wanddekoration (rotgrundige Sockelzone) waren weitgehend zerstört. Die Nische war schwarz ausgemalt. Das Becken war ebenfalls zerstört und seiner Marmorverkleidung beraubt, deren Abdrücke nachgewiesen wurden.
Torcularium 7 (NSc 1921, 463; CronPomp 2, 1976, 115. 135f. Abb. 2. 3. 14; Arch.Pomp. IV/11 Nr.38 S.13f.): Boden und Wände bis zu einer Höhe von 1,50: Cocciopesto, darüber unverputzt. Auf der Nordwand, über der Dolie, Lararienbild (Kat.Nr.23/3).- Funde: mehrere Bronzeteile, ein fragmentierter Eisenkandelaber und ein Amphorenhals.
Raum 8 (NSc 1921, 463; CronPomp 2, 1976, 118. 134. 138 Abb.5. 15; Arch.Pomp.IV/11 Nr.38 S.17): Boden: Opus signinum.- Rotgrundige Wanddekoration des 3. Stils.- Funde: fragmentierte Beineinlagen eines Holzmöbels, eine Bronzelampe, zwei Bleistücke (40 x 60 mm), ein Tongefäß, eine Beinnadel, zwei Bronzeteile von Schlössern, drei Eisengeräte.
Raum 9 (NSc 1921, 463f.; CronPomp 2, 1976, 118. 134. 138 Abb.5. 15; Arch.Pomp.IV/11 Nr.38 S.18): Boden: Opus signinum.- Schwarzgrundige Dekoration des 3. Stils.- Funde: mehrere Bronzeteile.
Saal 10 (NSc 1921, 464 Abb.23; CronPomp 2, 1976, 118ff. 138 Abb.6. 7. 15; Arch.Pomp.IV/11 Nr.38 S.19): Boden: Opus signinum.- Schwarzgrundige Dekoration des 3. Stils.- Funde: ein Tongefäß.
Raum 11 (NSc 1921, 466; CronPomp 2, 1976, 117. 124ff. 139f. Abb.2. 10. 11. 15; Arch. Pomp. IV/11 Nr.38 S.19): Boden: Opus signinum, in der Mitte der östlichen Hälfte Quadrat mit geometrischem Muster aus Kreisen und Vierecken.- Gelbgrundige Wanddekoration des 3. Stils.- Funde: ein Bronzetopf (*pignatta*

ovoidale - H 200 mm), eine Kasserolle (Dm 150 mm), deren Griff fehlt, eine Schüssel und eine Kleeblattkanne aus Ton.

KATALOG DER FUNDE AUS DER VILLA KAT.NR.23

Kat.Nr.23/1 Bronzegefäß
FO: Porticus B
Mat.: Bronze. **Maße:** H 300 mm
Beschreibung: *Una pignatta ... di forma conico-cilindrica, chiusa con coperchio, restaurata nel fondo dagli antichi stessi.* (Arch.Pomp. IV/11 Nr.38 S.6)
AO: Unbekannt
Lit.: Unpubliziert

Kat.Nr.23/2 Wanddekoration
FO: Apodyterium 5
Beschreibung: Rotgrundige Wanddekoration des 3. Stils. Bekannt ist der Aufbau der Ostwand. Sockelzone: schwarzgrundig, durch gelbe Linien unterteilt. Hauptzone: rotgrundig, in der Mitte Säule, l. und r. je ein paralleles Band, das jeweils durch drei Medaillone mit Masken unterbrochen ist. Oberzone: rotgrundig, auf dem Kompositkapitell der durchgehenden Säule ist der untere Teil eines Dreifußes zu sehen, seitlich davon einfache Architekturen mit Schwänen und Greifen.
Lit.: M.Della Corte, NSc 1921, 462f.; F.L.Bastet, CronPomp 2, 1976, 130ff. Abb.13.

23/2 a Fragment der Ostwand
Maße: H 960; B 634 mm
AO: Malibu, Getty Museum Acc.no.71 AG 111
Lit.: Neuberburg, Catalogue 41f. Nr.92a.

Kat.Nr.23/3 Lararienbild
FO: Torcularium 7
Maße: H 1,05 m; B 0,91 m
Beschreibung: Bacchus umgeben von Weinranken hält in der L. Thyrsosstab und gießt mit der R. aus einem Gefäß Wein zu einem Panther herab.
AO: Unbekannt; dem Aquarell von V.Esposito (s. Lit.) zufolge wurde das Bild in sehr schlechtem Zustand angetroffen und befindet sich daher wahrscheinlich noch in situ.
Lit.: M.Della Corte, NSc 1921, 463 Abb.22; F.L.Bastet, Cron Pomp 2, 1976, 135f. Abb.14.

ANHANG

Anhang 1. Liste der verwendeten Archivmaterialien in Pompeji

Archivmaterial zu den untersuchten Grabungen befindet sich im Archivio dell'Uffico degli Scavi di Pompei **(Arch.Pomp.)**. Hierbei handelt es sich um *giornali di scavi*, Fundlisten sowie Briefe, die in fünf Ordnern, *H 10, fascioli degli scavi privati*, aufbewahrt werden. Weder die Ordner noch die einzelnen Akten sind numeriert. Um innerhalb dieser Arbeit das Zitieren dieses Archivmaterials zu erleichtern, werden hier die verwendeten Akten jeweils mit einer Kennziffer versehen. Die Auflistung der Akten erfolgt nach Ordnern getrennt. Soweit die Schriftstücke einer Akte eine durchgehende Numerierung besitzen, wird diese zitiert.

Beim Zitieren der Schriftstücke werden zusätzlich folgende Abkürzungen verwendet:

DIR.M.N. = Direzione del Museo Nazionale di Napoli

Scav.Pomp. = Scavi di Pompei

Liste der die zwischen 1894 und 1908 privat ausgeführten Grabungen betreffenden Akten im Archivio dell'Uffico degli Scavi di Pompei *(H 10, fascioli degli scavi privati)*

I. Ordner

I/1 *Scavo Carlo Knight. (Giuliana) Torre Annunziata, 1899 - 1900* [Casale-Bianco Nr.129]

I/2 *Scavo Giacomo Matrone. Gragnano (Contrada Messigno)* [Kat.Nr.19]

I/3 *Boscoreale. Scavo in proprietà D'Acunzo Pasquale*

I/4 *Boscoreale. Scavo Carlo Rossi-Filangieri. Contrada Civita-Giuliana - 1901-1902-1903* [Kat.Nr.11.12]

I/5 *Scavi archeologici, Pratica Generale* [Kat.Nr.12]

I/6 *Bottaro (Torre Annunziata), Scavo Matrone Gennaro. Anno 1899* [Kat.Nr.9]

I/7 *Scavo Malerba. (Muregine), Scafati. Anno 1899* [Kat.Nr.8]

I/8 *Scafati (contrada S.Abbondio), Stazione ferroviaria. Casa di Lapillo Cipriano* [Kockel-Nr.32]

I/9 *Scavo Maria Liguori (contrada Muregine - Scafati), Anno 1897* [Kat.Nr.7]

I/10 *Scavi Archeologici. Pratica Generale, Scavi abusivi e fortuiti* [Casale-Bianco Nr.74]

II. Ordner

II/1 *Boscotrecase, Scavo Santini. Anno 1903* [Kat.Nr.18]

II/2 *Terreni limitrofi a Pompei. Causa d'Aquino* [Kat.Nr.6]

Anhang 1: Liste der verwendeten Archivmaterialien in Pompeji

III. Ordner

III/1 *Marchese Giovanni Imperiali, Boscoreale (1907 - 1908)* [Kat.Nr.22]

III/2 *Fondo Barbatelli D'Aquino. Vertenza D'Aquino* [Kat.Nr.6]

III/3 *Scavo Masucci D'Aquino. Contrada Civita - Torre Annunziata. Anni 1897 - 98 - 99 - 1900* [Kat.Nr.6]

III/4 *Bottaro - Scavo sul fondo dell'Ing.re Matrone Gennaro* [Kat.Nr.9]

IV. Ordner

IV/1 *Boscoreale (contrada Pisanella). Scavo De Prisco - Fondo Vona - contrada Grott Franchini* [Kat.Nr.10]

IV/2 *Scavi privati, Pratica generale* [Kat.Nr.23]

IV/3 *Scavo Di Palma, fondo Iossa - Scafati*

IV/4 *Villa Pisanella, Scavo De Prisco* [Kat.Nr.1.10.21]

IV/5 *Scavi Privati. Pratica Generale* [Kat.Nr.16.19]

IV/6 *Scavo Vincenzo de Prisco. Crapolla - Scafati* [Kat.Nr.17]

IV/7 *Scavi privati. Pratica generale / Tomba Cuma*

IV/8 *Scavo De Prisco, fondo Acanfora (Spinelli) Scafati. Anno 1899* [Kat.Nr.5]

IV/9 *Scavo Giacomo Matrone, fondo Tirone, Boscoreale 1901* [Kockel-Nr.59; Casale-Bianco Nr.159]

IV/10 *Eredi Filangieri. Mortai litici*

IV/11 *Scavo di Palma* [Kat.Nr.23]

V. Ordner

V/1 *Boscoreale. Rossi Filangieri, Scavo incontrada Tirone* [Kat.Nr.15]

V/2 *Boscotrecase. Scavo De Prisco. Prop. Vitelli Nicola* [Kat.Nr.4]

V/3 *Boscotrecase. Scavo Guastafierro. Anno 1900* [Casale-Bianco Nr.32]

V/4 *Boscoreale. Scavo Rossi Filangieri, contrada Civita Giuliana. Anno 1904* [Kat.Nr.13]

V/5 *Boscoreale (contrada Pisanella). Scavo De Prisco* [Kat.Nr.1]

V/6 *Boscoreale. Scavo De Prisco (Mercato). Anno 1897* [Kat.Nr.3]

V/7 *Gragnano, Scavo Marchetti. Anno 1901* [Kat.Nr.14]

V/8 *Bosoreale, Scavi di Prisco (Fondo Zurlo). Anno 1897* [Kat.Nr.2]

Anhang 2. Materialien und Listen zu Kat.Nr.1

Anhang 2.1. Auszüge aus Arch.Pomp. IV/4 Nr.1

Liste der Bronzegefäße nach dem *Catalogo di tutti gli oggetti che si conservano presso il Sig. Vincenzo De Prisco e che furono trovati negli scavi della villa rustica in località Pisanella - Settetermini presso Boscoreale* (Arch.Pomp. IV/4 Nr.1), die im Besitz von V.de Prisco verblieben: vgl. *Indice - stima degli oggetti compresi nel Catalogo descrittivo scoperti nella villa rustica della Pisanella - Settetermini e donati dal Sig. Vincenzo De Prisco al Museo di Pompei* (Arch.Pomp. IV/4 Nr.3).

Vasi di bronzo

2. *Grande olla per fornello con corpo ovoidale allungato con fondo piano, e con orlo breve e saliente, come dovesse ricevere un coperchio. Nella sommità del corpo vi sono privi ordini di solcature orizzontali fatte colla mota, sebbene questo vaso sembri apparentemente tirato tutto a martello. Alt. mmm. 550; diam. dell'orlo mm. 450.*

8. *Altro calderotto simile, tirato a martello, con coperchio identico tuttora fissato alla catenella. Alt. mm. 135; diam. mm 125.*

15. *Ansa di oinochoe inferiormente limitata da rozza foglia e di sopra da bottone rialzato per dare luogo alla cerniera del coperchio. Alt. mm. 120.*

32. *Piccola casseruola a lungo manico forato ad occhietto circolare in cima, e con fondo tornito a solchi profondi. Diam. mm. 125; lungh. complessiva mm. 240.*

34. *Piccola casseruola con ansa ad occhietto e fondo tornito. Diam. mm. 123, lungh. complessiva mm. 240.*

38. *Patina di forma piatta massiccia e tornita con molti listelli sotto il fondo. Il lungo manico ha in fine uno squarto rettangolare e la marca di fabbrica che è evantià, inoltre è terminato da pallottole. Diam. mm. 180; lungh. complessiva mm. 310.*

Anhang 2.2. Liste der von Pasqui ohne Nummer erwähnten Bronzen

Alle Zitate nach Pasqui. Die Materialangabe „*di bronzo*" wird jeweils ausgelassen. Die Nummern des Kataloges der nach Pompeji gekommenen Funde (ebenda Sp. 525ff.) werden mit P. zitiert.

a. Gefäße

Nr.1: 410 Abb.4 - *specie di anfora im forma ovoidale, fusa e con anse attaccate poco sotto all'orlo e nella metà del ventre:* **Kat.Nr.1/1**.

Nr.2: 410 - *ciotole di lamina:* -.

Nr.3: 410 - *rozza casseruola a coppa emisferica:* -.

Nr.4: 415 - *due grandi vasi-misure, uno dei quali con ansa decorata in basso da foglia di vite e con indice distesso entro la bocca:* -.

Nr.5: 416 Abb.11 - *patera fusa e tornita:* **Kat.Nr.1/8**.

Nr.6: 424 Abb.16.17 - *due grandi vasche da bagno:* **Kat.Nr.1/22**.

Nr.7: 432 - *piccolo orcio in forma di otre, a bocca trilobata, piede a disco ed ansa ad arco, che attraversa superiormente il corpo, e che in basso terminava con una placchetta, dove era raffigurato ad alto rilievo un amorino recombente con cesta di frutta sulla spalla sinistra, e con fascia di argento o balteo de faretra attraverso il corpo:* **Kat.Nr.1/28**.

Nr.8: 433 Abb.25 - *grande vaso da mescere con collo a tronco di cono e con ansa fusa, nella cui estremità inferiore sono rappresentati a basso rilievo due galli combatenti:* **Kat.Nr.1/29a**.

Nr.9: 433 - *vaso simile al precendente, ma in cattivo stato di conservazione:* - (vgl. **Kat.Nr.1/29b**).

Nr.10: 433 - *frammenti di altri vasi:* -.

Nr.11: 444 Abb.41 - *grande bacino a pareti fuse e tornite e con due anse molto robuste, ottenute mediante la fusione e saldate*: **Kat.Nr.1/36**.

Nr.11a: 475 - *vasi con rilievi finissimi:* -.

Nr.12: 478 - *patera con lungo manico e con una testa di ariete rilevata nel mezzo della cavità:* -.

Nr.13: 478 Abb.56 - *coppia di vasi, in forma di oinochoai, a ventre espanso e con manichi saldati e ornati nell'attaccatura inferiore da una maschera di baccante:* **Kat.Nr.1/47a.b**.

Nr.14: 478 Abb.57 - *grande vaso da mescere, di forma elegante, con alta ansa ritorta che sopra era ornata da un busto di cavallo, sporgente entro la bocca, e in basso da una maschera gorgonica:* **Kat.Nr.1/48**.

Nr.15: 480 - *gruppo di vasi di bronzo, cioè infundiboli e simpoli, usati forse per travasare il vino. Alcuni di essi ben conservati avevano nell'attaccatura delle anse ornamenti e maschere a grande rilieva:* -.

Nr.16: 481 - *grande vaso con orlo rotondo, collo breve ed a tronco di cono e fondo sferiforme. Il suo manico, fuso e saldato all'orlo ed alla metà del ventre, terminava sopra con larghe branche, tra cui un dito sporgente nell'orifizio, e terminava sotto con una foglia di vite* (vgl.Abb.24): **Kat.Nr.1/49**.

Nr.17: 481 - *Frammenti di altri vasi. Consistevano in piccoli urceoli, in anforette ed in altri vasi da contenere liquidi, le cui anse erano ornate di testine o di foglie a rilievo:* -.

Nr.18: 481 Abb.59 - *Uno di essi, il solo che fu estratto intero, era una grande vaso da mescere con corpo a doppio tronco di cono, con robuste orlo e con ansa fusa e superiormente compita da una foglia arricciata:* **Kat.Nr.1/50**.

Nr.19: 481 Abb.60 - *vaso o misura:* **Kat.Nr.1/51**.

Nr.19a: 483 - *Attingitoi e prefericoli d'uso comune, se si giudica dalla loro rozza fattura e dalle semplici anse a nastro, inchiodate all'orlo ed al ventre:* -.

Nr.20: 490 Abb.62 - *Specie di fruttatiera con manichi intrecciati sopra e con attaccature dei medesime a larghi girali:* Kat.Nr.1/53.

Nr.21: 491 Abb.63 - *grande bacino con manichi molto robusti, le cui branche erano rappresentate da figurine schematiche d'ippocampi:* **Kat.Nr.1/54**.

Nr.22: 491 vgl. Abb.40 - *piccola caldaia della forma più commune:* P.146 ?

Nr.23: 491 - *casseruola:* vgl.P.170.175

Nr.24: 493 - *un „modius", o misura di grossa lamina di bronzo, in forma di largo tronco di cono, e con maschera leonina, forata nella bocca ed applicata in basso:* -.

Nr.25: 493 - *alcuni vasi di bronzo, cioè piccole caldaie, attingitoi e casseruole:* -.

Nr.26: 495 - *calderotto di rame, simile a quelli trovati nelle due camere precedenti:* -.

Nr.27: 496 - *calderetto:* P.147 ?

Nr.28: 496 - *casseruola:* vgl.P.170.175

Nr.29: 496 - *preferícolo:* -.

Nr.30: 496 - *inoltre di ciotole, boccaletti*

Nr.31: 499 Abb.68 - *due urceoli ...:* **Kat.Nr.1/58a.b**.

Nr.32: 504 - *due attingitoi di lamina, con manichi fusi, ornati sopra da una foglia arricciata ed in basso da una protome femminile:* **Kat.Nr.1/60.**

Nr.33: 510 - *molti vasi, alcuni dei quali assai grandi e in forma di olle per fornello, tirati da lamine e segnati con più solchi a tornio* (vgl.P.152.179). *Altri vasi ripetevano le forme più communi degli utensili da cucina e da mensa, cioè infundiboli, colatoi di varia forma* (vgl.P.147), *casseruole fuse e tornite* (vgl.P.170,174), *di cui la maggior parte era internamente inargentata, calderotti chiusi da coperchio* (vgl.P.143) *e vasi da mescere per l'acqua e per il vino* (P.148.151.156.158. 171.176) (Sp.510). Zudem sind vermutlich in dieser Sammelgruppe unterzubringen: *conca* (P.154.155), *ramaiuolo* (P.161-3), *specie di teglia* (P.173.177).

Nr.34: - 514 - *due grandi olle tirate a martello e rifinite a tornio:* - P.141.142.

Nr.35: 514 vgl. Abb.40 - *alcuni calderotti ansati e coperti con disco di lamina:* -.

Nr.36: 514 Abb.75 - *patera di bronzo fusa e tornita ...:* **Kat.Nr.1/63**.

b. Beleuchtungsgerät

Nr.37: 418 Abb.23 - *statuetta rappresentante Eros alato / lucerna:* **Kat.Nr.1/10.26**.

Nr.38: 478 - *candelabro, alto m. 1,35, con fusto ottangonale, piattello fuso e tornito e con tre sostegni a zampe ferine:* - (Vgl. **Kat.Nr.1/45**).

Nr.39: 499 Abb.69 - *due lanterne di bronzo, di varia grandezza ma di forma identica, le quali si rinvennero entro la buca dell'arbor:* **Kat.Nr.1/59a.b**.

Nr.40: 509: *due candelabri* - (Nr.107 = **Kat.Nr.1/62**); *l'altro assai grande, con fusto scannellato, con sopperto per lucerna e con piattello alla base, da cui muovevano tre zampe ferine:* **Kat.Nr.1/63**.

Nr.41: 509 - *lucerna di forma semplicissima, ...* : -.

Nr.42: 516 - *lucerna di forma semplice, con ansa ad anello, ornata sopra da una mezza luna e con coperchietto ansato che copriva l'infundibolo:* -.

Nr.43: 516 - *lucerna:* -.

Nr.44: 517 - *sostegno di candelabro, a forma di zampa caprina:* P.108.

c. Verschiedenes

Nr.45: 478 Abb.55 - *tavolo ...:* **Kat.Nr.1/46**.

Nr.46: 506 Abb.71 - *maniglie:* **Kat.Nr.1/61**.

Nr.47: 518 Abb.76 - *bridone:* -.

Anhang 3. Materialien zu Kat.Nr.4: Auszug aus Arch.Pomp. V/2 Nr.13 *(Giornale)*

Giornale dello scavo che si esegue per conto dell'onorevole Vincenzo De Prisco, nel fondo del Sig. Nicola Vitelli, nel comune di Boscotrecase alla contrada di Setari - Di vigilanza il custode Borrelli Giacomo di sorveglianza il Soprastante Camillo Lembo.

23 Dicembre 1898: *L'onorevole Vincenzo De Prisco ha fatto iniziare due saggi di scavo facendo fare un primo fosso, internamente 20 metri verso il lato Nord del muro del lato Sud della strada Setari, di proprietà del Signor Nicola Vitelli, ed un secondo fosso anche internamente 20 metri di detta strada Setari, e precisamente 12 metri distante verso il lato Nord, da una cisterna con vasca esistente ivi.*

12 Gennaro 1899: *Nel 2° fosso presso la cisterna anzidetta, alla profondità di metri 2,60 incominciassa ad apparire ruderi di fabbriche antiche romane. Fra il materiale di risulta si osservano dei frammenti d'intonache dipinte, di cornici, di laterizii e cocci di vasi, che indicano chiaramente esservi praticati altri ricercatori di oggetti. Stimando necessaria la sorveglianza e l'asistenza continua, si è destinato il custode Borrelli Giacomo come piantone.*

15 detto: *Seguitando lo scavo al 2° fosso presso la cisterna, alla profondità di metri 6,50, è uscito a luce un forno, la cui volta fu abbattuta dai ricercatori antecedenti. Presso questo fosso si è raccolta:*

Ferro: Una pala circolare col manico forato per infissarvi l'asta di legno, per infornare il pane. Diametro mill[imetri] 236. Lunga m.m. 460.

Pietra lava: Un mulino, la cui parte superiore è alta m.m. 590, con lettere dipinte in rosso, e la pietra inferiore è alta m.m. 670.

26 Gennaro 1899: *Gli scorsi giorni si è lavorato senza rinvenimenti di oggetti. Oggi disterrando una stanza al lato opposto del forno (il cui pavimento trovasi alla profondità di metri 7 dal livello della superficie), si sono rinvenuti i seguenti oggetti:*

Bronzo: Un vaso con piede, che lo sorregge di forma quadrata a quattro zampe leonine con due manichi superiori, ai lati finienti ognuno a due teste di Medusa. In parte rotto e dissaldato. Diametro della bocca mill[imetri] 400.
Altro vaso a forma cilindrica stringendosi verso il collo, con manico superiormente finiente a forma di dito umano e teste di cigni. Alto mill[imetri] 330.
Una patera con manico striato, finiente a testa di pantera. Diametro millimetri 290.
Altro vasetto nasiterno, procoe, con manico finiente inferiormente a sfinge. Alto millimetri 170.
Altro vaso col manico superiormente a forma di dito umano e teste di cigni. Alto m.m. 125.
Altro vasetto oleare senza manico. Alto m.m. 200.
Un passabrodo. Diametro m.m. 330.
Una fiaschetta con tre catenelle per sospenderla. Diametro m.m. 85.
Un tondo. Diametro m.m. 190.
Uno specchio di forma circolare col manico. Diametro m.m. 80.
Uno scudo di serratura di forma circolare. Diam[etro] 100.

<u>Vetro:</u> Una bottiglia di forma quadrata, rotta frammentata nel fondo. Il suo manico è attaccato quasi al collo. Alta mill[imetri] 230.
Una tazzetta . Diametro m.m. 95.
Altra simile. Diam[etro] m.m. 80.
Altra simile. Diam[etro] m.m. 80.
Altra simile frammentata all'orlo. Diam[etro] m.m. 90.
Una bottiglia sferoidale a lungo collo. Alta m.m. 170.

<u>Terracotta:</u> Un vasetto rotto e in frammenti di creta verniciata di color grigio giallognolo, ornato di pampini di vite e grappoli di uva.
Una scodella d'imitazione di terracotta aretina, ornata esteriormente d'arabeschi e vari animali a risalti. Diametro m.m. 190.
Un piatto di argilla nera molto fina. Diametro m.m. 150.
Una procoe ad manico. Alta m.m. 300.
Un orcio. Alto mill[imetri] 150.
Altro orcio senza manico. Alto m.m. 140.
Una scodella. Diametro m.m. 125.
Altra simile di Diam[etro] m.m. 160.
Una pignatta a due manichi. Diametro della bocca m.m. 130.
Un pignattino ad un manico alto m.m. 80.
Una tazzetta. Diam[etro] mill[imetri] 60.
Una lucerna ad un luminello, sulla quale vi è un ippopotamo che si avventa su di un coccodrillo. Diametro m.m. 75.

<u>Ferro:</u> Un ronciglio frammentato.
Una stecca. Lunga su m.m. 190.
Uno spillo frammentato.

<u>Conchiglie:</u> Varie conchiglie.
Tutt'i sopradetti oggetti trovansi depositati e conservati in casa del Signor Nicola Vitelli in Boscotrecase.

***27 e 28 detto:** Si è lavorato e disterrare le terre superiori. Nulla si è rinvenuto.*

***29 d[etto]:** Domenica, non si è lavorato.*

Il custode	*Il Soprastante*
Borrelli Giacomo	*Camillo Lembo*

Anhang 4. Materialien zu Kat.Nr.5: Auszug aus Arch.Pomp. IV/8: *(Giornale)*

Giornale dello scavo che si esegue per conto dell'on[orevole] Vincenzo de Prisco nel fondo di Matteo Acanfora nel comune di Scafati, confinante colla contrada Spinelli di Boscoreale. Di sorveglianza i custodi Borrelli Giacomo e Sullo Pasquale. D'ispezione il Soprastante Camillo Lembo.

Presso la strada che da Scafati mena ai Passanti v'è un punto appartenente al comune di Scafati che confina colla contrada Spinelli nel comune di Boscoreale. Sul lato sinistro del suddetto sito v'è un'abitazione rurale dalla quale alla distanza di circa m. 5 (lato ovest) si sono proseguiti gli scavi sopra alcuni saggi già fatti.

Dal 13 al 17 Marzo 1899: *Si è lavorato scoprendo le mura superiori di abitazioni antiche romane. Si è scoverta una stanza che non si può precisare, dove si è rinvenuto:*

Oro: *Un paio di orecchini di forma sferica con pietre bleù.*
Piccola foglia e piccoli frammenti di catenina.
Argento: *Piccola statuetta d'Iside; altez[za] con la base mm: 130.*
Piccola Venere; alt[ezza] con la base mm: 90.
Una serpe; con base alt[ezza] mm: 50.
Una mezzaluna; alta mm: 100.
Bronzo: *Un vitello; alto con base mm: 167.*
Una patera.
Un timbro con la leggenda retrograde: [spiegelverkehrt:] CNDOMITI / AUCTI.
Piccola testa d'Ariete.
Un semplice manico.
Due manici con maschere.
Diversi frammenti di cerniere e serrature.
Tre spilli.
Una pinzetta.
Terracotta: *Tre anforette ed altri piccoli oggetti.*
Vetro: *Diverse ampolline e piccoli vasi.*
Avorio: *Piccoli utensili.*

Pompei 19 Marzo 1899
I custodi — *Il Soprastante*
Sullo Pasquale — *Camillo Lembo*
Borrelli Giacomo

20 marzo 1899: *Continua il lavoro all'istesso punto della scorsa settimana cioè al lato occidentale della casa rurale del proprietario Matteo Acanfora. Lo strato che copre l'antico suolo è di altezza m: 6; composto il 1° di lapilli, di alt[ezza] m: 2,50, il 2° di cenere ammassato (tuono) m: 2,50, ed il 3° di terra vegetale è di m: 1. Si è sterrata una stanza dipinta colle pareti a riquadri giallo e rosso, intermezzate da pantere ed ippogrifi. Al lato sud di detta stanza si è manifestato il principio di un atrio ? dove sono apparsi:*

Terracotta: Numero sei dolii. È venuta a luce anche una bocca di cisterna. In questa località e precisamente presso il vano della stanza si è raccolto:
Pastavitrea: Trentadue globetti per collana.

Bronzo: Due fibule e due ciondoli.
Una pinzetta.
21 detto: *Ferro: Due gladii, dei quali uno contiene l'impugnatura rivestita di avorio, distaccata, è lungo mm: 470, l'altro mm: 420.*
Bronzo: Piccolo imbuto.
Terracotta: Grossa lucerna e vasettino ad un manico.
22 detto: *Vetro: Due bottiglie di forma cilindrica, l'una alta mm: 350, l'altra mm: 260.*
Bronzo: Una stadera colla sua coppa, il di cui peso rappresenta un busto inedito.
Colabrodo.
Grande lucerna.
Secchia con manico mobile alta mm: 210.
Vasetto con manico a collo convesso.
Marmo: Un mortaio col suo pistello.
Terracotta: Parecchi vasettini, undici anfore grandi e diverte piccole, fra le quali due con graffiti.
Quattro tegole con marca di fabbrica.
Diversi altri piccoli oggetti di varie forme e materia.
23 e 24 detto: *Si è lavorato senza nulla rinvenire.*
25 e 26 detto: *Non si è lavorato.*
Pompei 27 Marzo 1899

I custodi	*Il Soprastante*
Sullo Pasquale	*Camillo Lembo*
Borrelli Giacomo	

27 e 28 detto: *Lo scavo prosegue come la scorsa settimana. Presso il peristilio si sono rinvenuti due scheletri, vicino ai quali si è raccolto:*
Bronzo: Due briglie e vari ornamenti per guarnimenti di cavallo.
Pastavitrea: Diversi globetti forati.
Terracotta: Un mortaio.
29 e 30 marzo 1899: *Seguitando il lavoro come ieri si sono raccolte:*
Bronzo: Due bilancine - Grande secchia con anse figurate rappresentanti 4 teste di cani. Alta mm: 320 x 220 - Coppa a due manichi figurante una conchiglia.
Piombo: Vari pesi.
Ferro: Una zappa.
31 marzo e 1 aprile 99: *Si è lavorato. Nulla s'è rinvenuto.*
2 aprile: *Domenica, non si è lavorato.*
Travertino: Due pesi con maniglie di ferro.

I Custodi	*Il Soprastante*
Borrelli Giacomo	*Camillo Lembo*
Sullo Pasquale	

Scavo de Prisco
3 [aprile] 1899: *Si è lavorato all'istesso punto della scorsa settimana, cioè al lato Sud del peristilio. Nulla s'è rinvenuto.*
4 e 5 '' *: Idem. Niun trovamento di oggetti.*
6 '' *: Si è lavorato e si sono rinvenuti i seguenti oggetti:*

<u>Terracotta:</u> Un'anfora ed altre rotte - Due piccoli vasettini, un colabrodo, una coppa con due figure a bassorilievo in frammenti.
<u>Ferro:</u> Una serratura ed altri frammenti indescrivibili.
7 e 8 *'' : Si è lavorato lo stesso, senza nulla rinvenire.*
9 *'' : Domenica, non si è lavorato.*

I Custodi *Il Soprastante*
Borrelli Giacomo *Camillo Lembo*

10 aprile *'' : Si è lavorato allo stesso sito della scorsa settimana.*
11 *'' '' : Continuando lo scavo verso il lato ovest del peristilio, si è sterrata una stanza ad uso di palinento, in cui vedesi il sito dove schiacciavano le uva. Lunghi met[ri] 4,20 x 3,40, nella quale si sono raccolti:*

Ferro: Due rastrelli.
2 seghe rotte.
Due roncigli.
Due ganci.
3 zappe.

12, 13 e 14 detto: *Verso il lato Nord di detto peristilio, si è scoperto un vano, alto m. 2,20 x 1,00, dal quale si entra in un vestibolo che da adito in due cubiculi ambidue lunghi m: 3,70 x 2,30, le di cui pareti sono dipinte a semplici riquadri gialli e rossi con i vani d'ingresso alti metri 1,90 x 0,75. Nel 1° s'è raccolto:*

<u>Bronzo:</u> Conca a due anse. Diam[etro] m: 3,30.
Vaso ad un manico; alto mm: 150.
Altro vasetto di forma sferico.
<u>Ferro:</u> Due lance.
Un gladio.
Un palo da muratore.
Una cucchiaia da muratore.
Una martellina.
Tre diversi scalpelli.
Un'ascia da legnainolo.
Un zappello e altri utensili in frammenti.
<u>Terracotta:</u> Tre anfore con sigle.
Un frammento di tegola con marca di fabbrica.
Un pignattino ad un manico.
<u>Bronzo:</u> 3 monete corrose.
<u>Piombo:</u> Due pesi.
<u>Pastavitrea:</u> Un fallo per uso di amuleto.
Si è potuto esplorare la cisterna col puteale nell'atriolo e si è misurata lunga metri 28, larga m: 1,50, profonda m: 2,40.
15 aprile '99: *Prosegue il lavoro. Nulla s'è rinvenuto.*
16 *'' '' : Domenica, Non s'è lavorato.*

I Custodi *Il Soprastante*
Borrelli Giacomo *Camillo Lembo*

17 al 20 *'' '' : Continua lo scavo verso il lato meridionale del peristilio. In prosieguo della stanza col palmento per pigiare le uva. Si sono sterrate due altre piccole stanzette rustiche. All'angolo della 1ª vi è: Terracotta: Un gran dolio rotto e mancante di una parte.*

Nella 2ª stanzetta si sono raccolti i due scheletri umani.

Bronzo: Una conca a due anse; alta mm: 150 e di diam[etro] magg[i]ore mm: 400.

Una caldaia, diam[etro] mm: 350.

Ferro: Una graticola.

Terracotta: Due urceoli.

'' aretina: Un piatto in frammenti.

21 al 23 aprile 1899: *Si è lavorato, ma nulla si è rinvenuto.*

I Custodi *Il Soprastante*

Borrelli Giacomo *Camillo Lembo*

24 e 25 *'' : Si è continuato a lavorare come gli scorsi giorni al lato occidentale per disterrare altri due cubicoli. Nulla si è rinvenuto.*

26 *'' : Continuando lo scavo sempre verso il lato occidentale del peristilio, si sono disterrati due altri rustici cubiculi, in continuazione di altri già scoperti. Il 1° largo m: 3,50 x 2,50, col vano nell'atrio largo m: 1,05, ed il 2° lungo m: 3,40 x 2,50 anche col vano nell'atrio largo m: 1,05 dove si è raccolto: Terracotta: Due anfore con sigle grafito. – Pietra lava: Un mulinello di diam[etro] mm: 400. – Materia organica: Un teschio di cane. – Bronzo: Una caldaia mal conservata. Diam[etro] mm: 290.*

27 *'' : In prosieguo delle anzidette stanze è venuta a luce una cucinetta di fabbrica di forma arenata, larga mm: 650 e alto mm: 650. A lato all'anzidetta cucinetta evvi un piccolo forno, la cui bocca è larga mm: 400 e alta mm: 470, presso questo forno si è raccolto: Ferro: Una porta per chiusura di forno – Una pala per infornare il pane. – Terracotta: Una lucerna.*

28 e 29 *'' : Proseguendo lo scavo all'anzidetta lato occidentale in continuazione delle sopradette stanzette rustiche, se ne è disterrata un'altra che forma il 5° ed ultimo cubicolo lungo m. 4,00 x 2,30 con vano sporgenteverso il lato Sud, largo m. 1,80. Questa stanzetta da termine da questo lato al fabbricato che dal principio dello scavo dove furono rinvenute le statuette d'argento, il toretto di bronzo, gli orecchini in oro etc. accumava ad essere una grande magione invece da tutto l'insieme del fabbricato finora scoperto si vede chiaro ch'è una modesta villetta appartenente ad un industrioso proprietario.*

30 *'' : Domenica, non si è lavorato.*

I Custodi *Il Soprastante*

Borrelli Ciacomo *Camillo Lembo*

Anhang 5. Materialien und Listen zu Kat.Nr.10

5.1. Sambon-Register

Raum	Sambon	Museum	Kat.Nr.
Fauces C	1	Paris, Louvre Inv.Nr. P 101 (MND 615)	10/1a
	2	Paris, Louvre Inv.Nr. P 102 (MND 616)	10/1b
Raum D	3	Paris, Louvre Inv.Nr. P 100 (MND 614)	10/2
Peristyl E	4	Unbekannt	10/5g
	5	Unbekannt	10/5h
	6	Unbekannt	10/5i
	7	New York, Metropolitan Museum (Lehmann Nr.15)	10/5a
	8	New York, Metropolitan Museum (Lehmann Nr.17)	10/5f
	9	Unbekannt	10/5j
	10	Paris, Louvre Inv.Nr. P 23 (MND 613)	10/5d
	11	Amsterdam, Allard Pierson Museum s.n.	10/5e
	12	New York, Metropolitan Museum (Lehmann Nr.16)	10/5b
Peristyl 15	13	Mariemont R.62	10/20
Obergeschoß	14	Unbekannt	-
Raum L	15	New York, Metropolitan Museum (Lehmann Nr.14)	10/11a
	16	Mariemont R.61	10/11b
	17	Amiens, Musée	10/11c
	18	Amiens, Musée	10/11d
Saal H	19	New York, Metropolitan Museum (Lehmann Nr.1)	10/9g
	20	New York, Metropolitan Museum (Lehmann Nr.2)	10/9h
	21	New York, Metropolitan Museum (Lehmann Nr.3)	10/9i
	22	New York, Metropolitan Museum (Lehmann Nr.6)	10/9a
	23	Unbekannt (Maske)	10/9j
	24	New York, Metropolitan Museum (Lehmann Nr.5)	10/9f
	25	New York, Metropolitan Museum (Lehmann Nr.4)	10/9c
Raum I	26	Brüssel	10/10a
	27	Mariemont R.57	10/10b
	28	Mariemont R.58	10/10c
Raum G	29	Mariemont R.56	10/8b
	30	Mariemont R.56	10/8b
	31	Mariemont R.56	10/8b
	32	Unbekannt	10/8c
Raum F	33	New York, Metropolitan Museum (Lehmann Nr.18)	10/7a
	34	New York, Metropolitan Museum (Lehmann Nr.20)	10/7c
	35	New York, Metropolitan Museum (Lehmann Nr.19)	10/7b
Saal N	36	Mariemont R.59	10/13a
	37	Mariemont R.60	10/13b
Raum O	38	Unbekannt	10/14
Raum M	39	New York, Metropolitan Museum (Lehmann Nr.7)	10/12a
	40	New York, Metropolitan Museum (Lehmann Nr.8)	10/12b
	41	New York, Metropolitan Museum (Lehmann Nr.9)	10/12c
	42	New York, Metropolitan Museum (Lehmann Nr.10)	10/12g
	43-45	New York, Metropolitan Museum (Lehmann Nr.11.12)	10/12f.d
	46	New York, Metropolitan Museum (Lehmann Nr.13)	10/12e
	47	Unbekannt	-
	48	Unbekannt	-

5.2. Auszüge aus Arch.Pomp. IV/1 *(Giornale dello scavo)*

21 maggio 1900 *... Il detto ambiente* [Raum L] *è di forma rettangolare, largo met: 4,80 x 5,20 di lunghezza; le sue pareti sono dipinte a grandi riquadri rossi, con ricchi festoni composti di svariate fiori e frutta. I detti festoni sono legati con le loro estremità sulle corna di una testa di bue; la quale, sorregge fra i denti, legata ad un nastro, una maschera comica. Sulle medesime pareti vi si osservano ancora cestini di vimini, contenenti foglie di edere, fra le quali si vede una serpe in'atto di fuggire; vi sono anche sospesi da nastri, due campanelli, ed altre maschere comiche, barbate.*
Il pavimento di detto ambiente è a musaico bianco, orlato da una doppia fascia, anche di musaico nero. Nulla fu rinvenuto.

22 detto *Si disterra completamente un cubicolo* [Raum M], *posto a destra dell'ambiente sopra descritto; esso è riccamente dipinto, le sue quattro pareti sono divise in 14 riquadri, di color minio, su cui vi si osservano, artisticamente dipinti paesaggi, con stupende ville, boschetti, che hanno maestosi ingressi, adorni di decorazioni varie, monumenti con statue muliebri, colonne con statuette, vasi di varie forme, storiati, maestosi per i stili, grotte di rocce, con svariati uccelli, laghi con pesci, vasi di vetro, contenenti frutta e fiori varii, colonne dipinte con arabeschi sormontate di capitelli di ordini varii; il tutto e ben conservato; come pure il pavimento, lavorato a finissimo musaico bianco, listato a doppia fascia di musaicò nero; ben conservato.*
Sul muro settentrionale di detto ambiente avvi una larga finestra, la quale, internamente era garantita da una inferriata, rinvenuta in frammenti. Nessun oggetto fu rinvenuto in questo ambiente.

23 detto *Si scopre completamente un grande ambiente* [Saal N], *posto a destra del suddetto cubicolo, che ha un largo ingresso verso il peristilio. Le pareti di detto ambiente sono decorate a grandi riquadri rossi con colonne; superiormente un freggio composto di svariate mensolette che sorreggono una graziosa cornice di colori vari.*
Due grandiose finestre con griglie di ferro davano luce a questo ambiente, una posta ad occidente, ed un'altra a settentrione. Il pavimento è di musaico bianco, circoscritto da due fasce di musaico nero; nel mezzo un piccolo quadrato con figure geometriche, anche di musaico, ben conservato.
In detto ambiente si rinvenuto,
- Bronzo - Svariati ornamenti di bighe, come borchie, anelli, staffe, pomi, maniglie, due puntali di timoni a teste di leoni, una mascheretta imberbe, e diverse fascette; pochi di essi sono ben conservati.
- Ferro - Otto cerchioni di ruote, ossidati, ed una gran quantità di ornamenti di bighe, completamente informe per l'ossidazione.

24 maggio *Giorno festivo - Non si è lavorato.*

25 detto *Si procede al disterro di un piccolo ambiente* [Raum O] *posto a Nord della casa in corso di scavo, senza alcun trovamento.*

26 detto *Prosegue lo scavo nella suddetta località; cioè in un piccolo ambiente* [Raum I], *di forma quadrata che ha il suo ingresso verso il lato Est; ed anche due finestre verso il lato Nord, poste l'una su l'altro, quella inferiore con inferriata e l'altra a luce ingrediente. Le pareti di questo piccolo ambiente sono dipinte, per tutto la loro superficie da piccole bugne rettangolari al colri marmorei di diverse specie.*
Nulla si è rinvenuto.
Il pavimento è a musaico bianco con bordo nero.

Anhang 6. Materialien zu Kat.Nr.11: Arch.Pomp. V/1 *(Giornale)*

Bei dem erhaltenen *giornale dello scavo* handelt es sich um eine zusammenfassende, formlose Abschrift unbekannten Datums aller einzelnen *giornali dello scavo*, die somit den gesamten Grabungszeitraum abdeckt. Der z.T. sehr knappe Text wird im folgenden wortgleich wiedergegeben, wobei lediglich die Mehrzahl der zahlreichen Abkürzungen ausgeschrieben wird. Die im Original an diesen Text angefügten Notizen zu den gefundenen Objekten werden, soweit sie über die im *giornale dello scavo* enthaltenen Angaben hinausgehen, jeweils im Katalog zitiert (Kat.Nr.11/1.3.4.5.).

Centopiedi - Vitiello Pasquale (Arch.Pomp.V/1)

31. ott. - 3. nov.: *Inizio dello scavo.*

4. - 10. nov.: ***5. nov***, *in una camera rettangolare - terre alte - casseruola col manico rotto e due fibbie. - Ferro. Una roncola.* ***6. nov.***, *nella stessa camera (la prima in ordine di scavo): -Bronzo. Pignatta, cinque fibbie, un cerchietto e una chiavetta. - Osso. cinque cerniere. - Terracotta. Quattro anfore (due col collo rotto) e un urceo monoansato, un piccolo piatto rustico.* ***7. nov.***, *stessa camera: - Bronzo. Piccola casseruola, piede di mobile in ferro e bronzo e altri tre piedi in frammenti. -Piombo. Un piccolo peso. - Ferro. Chiodi. 8. nov., sempre nella stanza detta che ha il pavimento di coccio con inframezzati dadetti giallo antico.* **Descrizione delle parete:** *Grandi riquadri verdi, gialli e pavonazzetti listati in rosso, divisi da fascia di marmi antichi, da colonne ornate di ramoscelli a spirale con capitelli corinti poggiante su basi circolari di verde antico. Sui riquadri cornice modonata gialla e su di essa fascia rettangolare imitante l'alabastro sormontata da fascia con tralci di uva e limitata da cornice dentellata su fondo verde. Il tutto è superiormente chiuso da tre ordini di bugne gialle, pavonazette e verde e cornici finali modanate. Lo zoccolo è a bugne gialle, verde pavonazette. La parete sud ha finestra 1,70 x 1,80, l'entrata è nella parete orientale, alto m.2,30, larga 1,10.*
Seguita il giornale: Stesso giorno: - Bronzo. Un candelabro decorato di tre puttini (teste) e tre piedi - zampe feline, una procoe ad un manico. - Ferro. Tre frammenti di sega, un rastrello a sei denti, una zappa, una ascia da carpentiere, un frammento di falcetto, un martello.

11 - 17 nov., *un scheletro il 13 nov. si trovò in una stanza di due rustiche sul lato nord del fattoria, dove null'altro si rinvenne; le due stanze, 365 x 270 (a riquadri gialli sopra una fascia paonazza) e 345 x 340 (parete sin. del vano a riquadri gialli e verdi mentre le pareti destra e di fronte ha riquadri di marmori diversi, zoccolo e cornice di verde. Il vano di comunicazione fra i due ambienti è di m 2,30 x 0,70 e una finestra 60 x 50. Il 15. nov. si parla di una colonna laterizia ricoperta di stucco bianco. Il 16. nov. un'altra.*

18. - 24. nov., *di seguito al precedente: Frammento aretino ? C.P.I in una stanza ad o. dell'atrio con molti rottami cotti.*

20. nov., *dolii nell'atrio, tutto rotto. - Ferro: Una serratura collo scudo di bronzo, frammenti di serratura.* ***21. nov.***, *in una camera nell'atrio: Tre pignatte di terracotta e tre anfore. -Bronzo. Una maniglia. - Ferro. Chiodi.* ***22. nov.***, *terminando lo scavo della camera nell'atrio: - Bronzo. Un colabrodo, un anfora alta 25, tre cerchietti. - Terracotta. Tre anfore e un vasetto con un coperchio di pignatta.* ***23. nov.***, *nell'atrio. - Terracotta. Cinque lucerne di cui tre con H e due con X; un pignattino. - Bronzo: Tre monete.*

25. - 30. nov., *in un atrio non ancora scavato: - Bronzo. Una moneta.- Terracotta. Una lucerna frammentata. Sotto il 28 leggesi: Sterrato quasi tutta la casa; verso il lato sud vi è un vano di m 1,50 che dà sull'atrio che misura 880 x 680, detto atrio ha due colonne di laterzio rivestite d'intonaco il cui intercolumnio infila col stesso vano. A destra di chi entra è un cubicolo di 435 x 320 con vano largo 95 alto 210, le cui pareti si scorge che sono dipinte a grandi riquadri. Segue a destra altro vano 120 x 250 che dà in stanza 750 x 365 avanti descritta; e da questa si entra in una stanza 355 x 276 a grandi riquadri su fondo giallo la quale per un vano di cm 70 x 230 communica con una stanza 340 x 30 che ha decorazione a grandi riquadri marmorei e superiormente bugne: lo zoccolo verde antico. Di fronte all'atrio tre celle in mezzo 240 x 280 e i laterali 260 x 195, i quali sono dipinti dello stesso stile (?).*

2. a 8. dic., *nulla.*

9 - 15 dic.: 9. dic., *undici grossi perni di ferro nell'ambiente con due colonne laterizie e vasche.* ***11. dic.***, *due dolii riunciti in un ambiente contiguo al primo. 12. dic., nello stesso ambiente un'anfora iscritta (l. nere). La camera con affreschi misura 6,30 x 3,65 (1. stile).*

16. - 22. dic., *bolli di tegole, tre: LVC. 18. dic., addossato a un parapetto: un'olla frammentata e ferro: due zappe. Si èscoperto un arco con pozzetto superiore e piscina inferiore e si è rinvenuto: Bronzo. Una pentola alta 25 con fascia di ferro larga cm. 8.*

23. - 29. dic., *nulla.*

30. dic. 1901 - 6. Genn. 1902, *nulla.*

6. - 11. Genn., *nulla.*

13. - 18. Genn., *nulla.*

Anhang 7. Materialien und Listen zu Kat.Nr.21: Auszug aus Arch.Pomp. IV/4 (Elenco)

Elenco degli oggetti rinvenuti negli scavi eseguiti dalla signora Giovanna Zurlo vedova Pulzella a Boscoreale (Pisanella) dal di 11 Dicembre 1905 al 26 Agosto 1906 **[datiert: 12 Settembre 1906]**

Affreschi:* *N°126 *Quadro di cm. 33,5 nel quale sono rappresentate tre maschere sileniche su fondo rosso L. 15.00 -* ***N°127*** *Quadro di cm.33,5 (un vaso con frutta, su fondo rosso) L. 15.00 -* ***N°128*** *Quadro di cm. 33,5 (un'anfora e vasi con frutta su fondo rosso) L. 15.00 -* ***N°129*** *Quadro di cm. 33,5 (gruppo di tre maschere su fondo rosso) L. 15.00 -* ***N°130*** *Quadro di cm. 33,5 (gruppo di due maschere su fondo rosso) L. 15.00 -* ***N°131*** *Quadro di cm. 33,5 (vassoio con frutta su fondo rosso) L. 15.00 -* ***N°132*** *Quadro di cm. 33,5 (frutta e un uccello su fondo rosso) L. 15.00 -* ***N°133*** *Porzione di parete - m. 2,60 x 1,35 - fondo nero - contenente nel mezzo un quadretto rappresentante un filosofo nudo, seduto, con accanto una donna in piedi L. 300.00 -* ***N°134*** *Porzione di parete di m. 1,90 x 2,36 - fondo nero - contenente un fregio sostenuto da colonnine L. 40.00 -* ***N°135*** *Affresco di m. 2,45 x 1,25 - fondo nero - contenente un vasto specchio limitato da colonne e dal fregio superiore, con in mezzo un paesaggio L. 150.00 -* ***N°136*** *affresco di m. 1,07 x 0.86 con paesaggio simile al precedente L. 50.00 -* ***N°137*** *Affresco di m. 2,14 x 1 - fondo nero - fregio sorretto da colonnine L. 40.00 -* ***N°138*** *Affresco di m. 0,47 x 0,51, contenente un minuscolo paesaggio su fondo nero L. 20.00 -*

N°139 *Affresoc di m. 1,42 x 0,93 - fondo nero - disegno architettonico L. 20.00 -* ***N°143*** *Affresco di m. 3,55 x 2,60, parete occidentale di secondo stile (a bugne tramezzate da colonne) dell'oecus situato all'angolo N-O del giardino L.200.00 -* ***N°144*** *Stanza a fondo celeste, con zoccolo rosso, zona media celeste in cui campeggiano amorini in vari atteggiamenti, e zona superiore gialla con motivi architettonici L. 500.00 -* ***N°145*** *Tre candelabri in fondo giallo e rosso, misuranti (?) m. 2,60 x 0,48; 1,70 x 0,35; e 1,40 x 0,48 L. 90 -* ***N°146*** *Affresco di cm. 42 x 28 (quadretto esibente un gruppo di tre maschere, fondo bianco L. 10.00) -* ***N°147*** *Quadretto simile al precedente (due maschere sileniche con un'anfora) L. 10.00 -* ***N°148*** *Altro quadretto di eguali proporzioni (tre maschere con un vaso) L. 10.00 -* ***N°149*** *Altro simile (tre maschere) L.10.00 -* ***N°149bis*** *Altro (maschera isiaca curaeus e sfinge) L. 10.00 -* ***N°150*** *Altro di cm. 35,5 (un pegaso su fondo bianco) L. 10.00 -* ***N°151*** *Affresco di cm. 50x2 (amorino alato su fondo giallo) L. 20.00 -* ***N°152*** *Affresco di cm. 35,5 (arpia monocroma su fondo bianco) L. 10.00 -* ***N°153*** *Quadretto simile al precedente L. 10.00 -* ***N°154*** *Quadretto simile all'altro al N°150 L. 10.00 -* ***N°155*** *Quadretto di cm. 35,5 (due maschere sileniche con in mezzo una cista scoverchiata) L. 10.00 -* ***N°156*** *Quadretto di cm. 42,5 (medaglione con paesaggio) L. 10.00 -* ***N°157*** *Quadretto di cm. 52 x 36 (gruppo di vasi da toletta su fondo rosso) L. 20.00 -* ***N°158*** *Quadretto di cm. 35,5 (grifo su fondo rosso) L. 10.00 -* ***N°159*** *Simile al precedente L. 10.00 -* ***N°160*** *Porzione di parete di m. 3,20 x 1,50, contenente in uno specchio giallo della parete bianca un amorino alato L. 50.00 -* ***N°161*** *Affresco di m.2,65 x 3,20 contenente due quadretti (gruppi di maschere) su fondo bianco, ai lati del vano di una finestra L. 30.00 -* ***N°163*** *Porzione di uno zoccolo - m. 1,21 x 0,50, contenente una maschera da cui partono due festoni laterali L. 20.00* ***Totale Lire 1785.00***

Abbildungs- und Tafelverzeichnis

Abb. 1 Nach Pasqui 511f. Abb.74

Abb. 2 Nach A.Mau, Pompeji in Leben und Kunst² (1908) Taf.4 zu S.382

Abb. 3 Nach NSc 1897, 392 Abb.1

Abb. 4 Nach NSc 1921, 443 Abb.12

Abb. 5 Hypothetische Rekonstruktion auf der Grundlage von NSc 1921, 443 Abb.12

Abb. 6 Hypothetische Rekonstruktion auf der Grundlage von NSc 1921, 443 Abb.12

Abb. 7 Nach NSc 1921, 427 Abb.7

Abb. 8 Nach NSc 1923, 281 Abb.6

Abb. 9 Nach Flach, Agrargeschichte 234 Abb.14

Abb.10 Nach Barnabei, Villa Taf.2

Abb.11 Nach NSc 1923, 276 Abb.3

Abb.12 Nach NSc 1922, 459 Abb.1

Abb.13 Nach NSc 1902, 569

Abb.14 Nach L.D.Caskey, BMusFA 37, 1939, 9 Abb.2

Abb.15 Nach NSc 1899, 236 und CTP III Plan 5

Abb.16 Nach NSc 1899, 236

Abb.17 Nach NSc 1921, 436

Abb.18 Nach NSc 1921, 416 Abb.1

Abb.19 Nach NSc 1921, 424 Abb.5

Abb.20 Nach NSc 1923, 272 Abb.1

Abb.21 Nach NSc 1898, 420

Abb.22 Nach NSc 1923, 285 Abb.6

Abb.23 Nach NSc 1923, 461 Abb.21

Abb.24 Nach NSc 1899, 297

Abb.25 Hypothetische Rekonstruktion auf der Grundlage von NSc 1899, 297

Abb.26 Nach NSc 1899, 392 Abb.1

Abb.27 Nach NSc 1903, 65

Abb.29 Rekonstruktion auf der Grundlage von CTP III Plan 5 und 7

Abb.30 Wie Abb.29

Abb.32 Rekonstruktion auf der Grundlage von W.Johannowsky in: Regione sotterata 105 Abb.1

Abb.33 Karte auf der Grundlage von V.Kockel, AA 1985, 534 Abb.23

Taf. 1 Deutsches Archäologisches Institut, Rom. Inst.Neg.2977

Taf. 2 Deutsches Archäologisches Institut, Rom. Inst.Neg.31.2681

Register

Aufbewahrungsorte

Orte

Personen und Sachbegriffe

Tafeln 1–2

Taf.1 „Silberschatzvilla“ (Kat.Nr.1), Blick in das Peristyl (A) und den Dolienhof (Q)

Taf.2 „Silberschatzvilla“ (Kat.Nr.1), Blick in den Dolienhof (Q)